투자자산
운용사

4

금융투자협회
Korea Financial Investment Association

1. 투자자산운용사의 정의

집합투자재산, 신탁재산 또는 투자일임재산을 운용하는 업무를 수행하는 인력

2. 응시자격

금융회사 종사자, 학생, 일반인 등

3. 시험과목 및 문항수

시험과목		세부 교과목	문항수
제1과목	금융상품 및 세제	세제관련 법규 · 세무전략	7
		금융상품	8
		부동산관련 상품	5
소 계			20
제2과목	투자운용 및 전략 Ⅱ	대안투자운용 · 투자전략	5
		해외증권투자운용 · 투자전략	5
	투자분석	투자분석기법	12
		리스크관리	8
소 계			30
제3과목	직무윤리 및 법규	직무윤리	5
		자본시장 관련 법규	11
		한국금융투자협회규정	3
	투자운용 및 전략 Ⅰ	주식투자운용 · 투자전략	6
		채권투자운용 · 투자전략	6
		파생상품투자운용 · 투자전략	6
		투자운용결과분석	4
	거시경제 및 분산투자	거시경제	4
		분산투자기법	5
소 계			50
시험시간		120분	100 문항

* 종전의 일임투자자산운용사(금융자산관리사)의 자격요건을 갖춘 자는 제1, 3과목 면제
* 종전의 집합투자자산운용사의 자격요건을 갖춘 자는 제2, 3과목 면제

4. 시험 합격기준

70% 이상(과목별 40점 미만 과락)

■ 한국금융투자협회는 금융투자전문인력의 자격시험을 관리 · 운영하고 있습니다.
금융투자전문인력 자격은 「자본시장과 금융투자업에 관한 법률」 등에 근거하고 있으며,
「자격기본법」에 따른 민간자격입니다.

■ 자격시험 안내, 자격시험접수, 응시료 및 환불 규정 등에 관한 자세한 사항은
한국금융투자협회 자격시험접수센터 홈페이지(https://license.kofia.or.kr)를 참조해
주시기 바랍니다.

(자격시험 관련 고객만족센터: 02-1644-9427, 한국금융투자협회: 02-2003-9000)

contents

part 01

주식투자운용 및 투자전략

certified investment manager

chapter 01

운용과정과 주식투자

section 01 자산운용과정

자산운용은 계획(plan), 실행(do), 평가(see)의 3단계 활동이 긴밀하게 연결되어 있는 의사결정체계이다. 즉, 자산운용이란 다음과 같은 기능이 지속적으로 반복되는 과정이다.

❶ 투자목적, 위험선호도 인식, 제약조건을 파악하고 가공하여 투자정책(investment policy)을 명확하게 정의
❷ 투자정책을 달성할 수 있도록 금융자산과 실물자산의 최적결합을 선택함으로써, 투자전략을 개발하여 실행하는 것
❸ 시장 상황, 자산의 상대적 가치, 투자자 환경 등의 변화를 실시간으로 감시
❹ 변수에 대한 중요한 변화가 발생하였을 때 이를 반영하여 포트폴리오를 수정
❺ 의사결정이나 자산운용행위에 대한 성과평가를 실시하여, 자산배분 전략이나 자금 운용자를 변경하는 의사결정을 실행

이와 같은 자산운용과정을 그림으로 표현하면 〈그림 1-1〉과 같다.[1]

---

1 J.L. Maginn, D.L. Tuttle, J.E. Pinto, D.W. McLeavey, *Managing Investment Portfolios: A Dynamic Process*, 3rd ed. 2007.

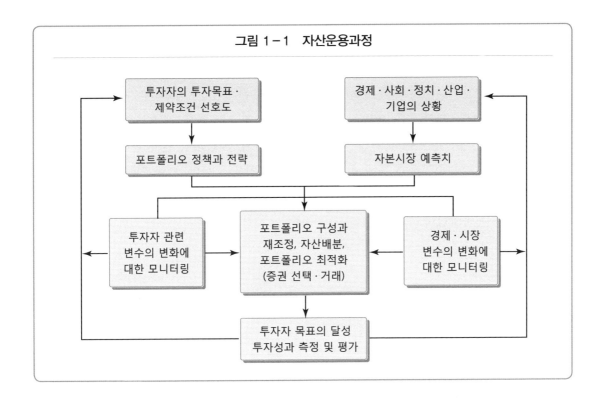

그림 1-1   자산운용과정

```
┌──────────────────────┐        ┌──────────────────────┐
│ 투자자의 투자목표·     │        │ 경제·사회·정치·산업·  │
│ 제약조건 선호도       │        │ 기업의 상황           │
└──────────────────────┘        └──────────────────────┘
            │                                │
            ▼                                ▼
┌──────────────────────┐        ┌──────────────────────┐
│ 포트폴리오 정책과 전략 │        │ 자본시장 예측치       │
└──────────────────────┘        └──────────────────────┘

┌──────────────┐    ┌──────────────────┐    ┌──────────────┐
│ 투자자 관련   │    │ 포트폴리오 구성과 │    │ 경제·시장     │
│ 변수의 변화에 │ →  │ 재조정, 자산배분, │ ←  │ 변수의 변화에 │
│ 대한 모니터링 │    │ 포트폴리오 최적화 │    │ 대한 모니터링 │
└──────────────┘    │ (증권 선택·거래)  │    └──────────────┘
                    └──────────────────┘
                             │
                             ▼
                    ┌──────────────────┐
                    │ 투자자 목표의 달성 │
                    │ 투자성과 측정 및 평가 │
                    └──────────────────┘
```

1   투자상황의 파악과 전략 수립

〈그림 1-1〉의 왼편(투자자 특성 → 포트폴리오 정책과 전략)은 투자자의 특성을 파악하여 포트폴리오 전략을 수립하는 과정을 의미한다. 투자자가 원하는 시기별 자금흐름이나 목표수익률을 포함하며 보다 구체적으로 해당하는 목표를 달성하기 위한 투자대상과 투자방법 등의 전략이 포함된 투자정책(investment policy)의 형태로 구체화된다. 기금의 경우 기금 가입자의 목적에 부합되는 투자지침서(investment policy statement)를 만드는 것을 의미하며, 자산운용회사 펀드의 경우 운용회사가 약관에 투자대상과 투자방법을 기재하는 것을 의미한다. 자산운용회사의 경우 투자자의 특성에 관한 정보는 주로 마케팅 부서, 판매회사 등에서 수집된다.

2 장기전망

〈그림 1-1〉의 오른편(경제·정치·사회·산업·기업의 상황 → 자본시장 예측치)은 자본시장의 미래 움직임을 예측하여 포트폴리오 전략 수립 시 기초 자료로 사용하는 기능을 의미한다. 기금이나 자산운용회사 내부에 있는 독자적인 리서치팀에 의해 수행되며, 만약 리서치팀이 없다면 외부의 경제연구소나 증권사를 통해 리서치 자료를 구입해야 한다. 이들 자료를 활용하여 구체적으로 주식, 채권, 각종 경제상황에 영향을 주는 변수들의 미래 수익률을 예측하거나 변수 간의 상관관계를 파악한다.

3 투자집행 및 모니터링

〈그림 1-1〉의 중간단계인 포트폴리오 구성 및 재조정 부분에서는 이미 파악된 투자정책과 장기적인 자본시장 예측치를 결합하여 이루어진다. 이는 자산운용에 있어서 가장 어렵고 중요한 단계로서, 주로 자산배분 전략(asset allocation strategy)이라고 알려져 있다. 그러나 최선의 자산배분 전략이란 규명되기 어렵기 때문에, 각 운용회사별로 주관적인 방법이나 계량적인 방법 등을 다양하게 사용하고 있다.

4 사후평가 및 피드백

자산배분 전략이나 증권선택과 같은 의사결정별 공헌도 평가는 사전에 결정된 투자정책, 운용방법, 리스크의 한도 등을 고려해야 정확한 평가가 가능하다. 즉, 의사결정 단계별로 주어진 권한과 책임에 적합한 벤치마크(benchmark)가 이미 정해져 있기 때문에 이를 이용한 평가를 실시해야 한다. 각 계층별 자금운용자는 최선을 다해 자신에게 주어진 권한 내에서 운용업무를 수행해야 하며, 기금관리자는 각 분야별 개별적인 운용행위를 총괄하여 기금의 전체적인 투자목표를 달성할 수 있도록 해야 한다. 이때 각 부분별로 사전에 주어진 벤치마크를 제대로 달성하였는가를 평가하는 것은 운용의 마지막 단계에서 여러 운용기능에 피드백 정보를 산출하는 차원에서 매우 중요한 활동이 된다. 성과평가란 단순한 수익률과 위험의 측정이 아니라 투자과정 전체를 진단함으로써 궁극적으로는 기금의 투자목적을 달성할 수 있도록 의사결정의 변경을 유도할 수 있는 피드백 정보를 산출하는 기능을 수행한다.

5 이상적인 기금운용과정

연기금이나 자산운용회사와 같은 대규모 기금(fund)을 운용할 때의 이상적인 프로세스는 자산배분 전략과 자산부채 종합관리를 강조한다. 자산부채 종합관리란 기금의 운용목표가 투자자금의 사용용도에 의해 유도된다는 점을 강조하는 것으로 투자기간, 최소요구수익률, 위험자산투자비중, 유동성 자금의 필요 수준 등을 결정하는 기법이다. 자산배분 전략은 자산부채종합관리에서 도출된 투자목표와 제약조건을 전제로 장단기 자산구성을 결정한다. 기금운용조직에서는 이렇게 결정된 장단기 자산배분 전략을 전제로 증권 선택과 매매를 수행하게 된다. 이때 내부에서 직접 펀드매니저를 고용하여 운용할 수도 있지만, 외부의 펀드매니저들에게 자금운용을 위탁하는 것도 가능하다. 최종적으로는 성과평가를 통하여 투자목표의 달성도, 투자전략의 수행 정도 등을 평가하고 부족한 부분을 재조정할 수 있도록 피드백을 주게 된다.

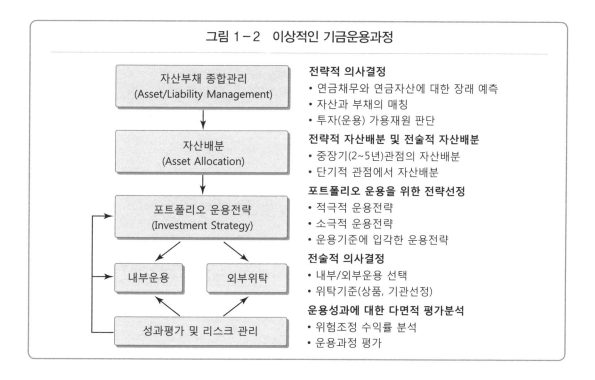

그림 1-2 이상적인 기금운용과정

자산부채 종합관리
(Asset/Liability Management)

자산배분
(Asset Allocation)

포트폴리오 운용전략
(Investment Strategy)

내부운용

외부위탁

성과평가 및 리스크 관리

전략적 의사결정
- 연금채무와 연금자산에 대한 장래 예측
- 자산과 부채의 매칭
- 투자(운용) 가용재원 판단

전략적 자산배분 및 전술적 자산배분
- 중장기(2~5년)관점의 자산배분
- 단기적 관점에서 자산배분

포트폴리오 운용을 위한 전략선정
- 적극적 운용전략
- 소극적 운용전략
- 운용기준에 입각한 운용전략

전술적 의사결정
- 내부/외부운용 선택
- 위탁기준(상품, 기관선정)

운용성과에 대한 다면적 평가분석
- 위험조정 수익률 분석
- 운용과정 평가

자산운용조직

1 자산운용의 계층적 성격

자산운용조직은 기업리서치, 전략의 수립, 매매팀, 리스크 관리, 컴플라이언스, 사후관리 등 다양한 기능이 결합되어 있다. 따라서 투자자산을 펀드매니저 한 명에게 전적으로 맡기기보다는 운용조직에 소속된 모든 조직원들이 운용에 참여하는 집단 운용체계를 갖추는 것이 보편화되어 있다. 만약 자금운용자[2]가 개인 단위로 주식, 채권, 해외증권 등의 다양한 자산에 대해 투자결정을 하며, 나아가서는 각 자산 내에 들어 있는 수천 개의 종목에 대해 분석을 한다고 가정해보자. 이는 아무리 능력이 뛰어난 자금 운용자라도 과도한 업무량이 되므로 업무 효율성이 떨어지거나 운용상 발생하는 불법행위를 방지하기 어려워진다. 또한 증권 시장 상황이 안정적일 경우에는 별 문제가 발생하지 않을 수 있지만 시장이 급변하는 경우 효과적인 대응이 불가능해진다. 그러므로 자산운용은 여러 가지 기능이 결합된 집단 운용체계를 지향하되 각 참여자들의 권한과 책임이 잘 구분된 운용체계를 갖추고 있다.

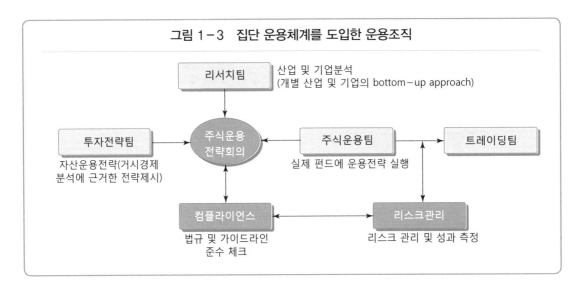

그림 1-3 집단 운용체계를 도입한 운용조직

---

2 자금운용자란 포트폴리오 매니저, 펀드매니저 등으로도 불린다.

〈그림 1-3〉은 자산운용회사의 조직구조이다. 모든 운용책임자들이 참여하는 주식운용전략 회의를 통해 미래의 자산구성, 종목 선택의 기본방향 등을 결정하며, 이렇게 결정된 기본 원칙 하에서 각 운용부서에서 구체적인 운용활동이 이루어진다. 동시에 각종 법규나 운용계획에서 벗어난 운용이 발생하지 않도록 리스크관리나 컴플라이언스 부문에서 실시간 감시활동을 하게 된다.

2 전략·전술 수립과 증권 선택 기능의 분리

자산운용조직에서는 무엇보다도 증권 선택활동(securities selection)과 자산구성 활동(asset allocation)을 구분하는 추세가 강해지고 있다. 분업화의 목적은 견제와 균형(check & balance)에 의해 운용의 투명성과 효율성을 높이기 위해서이다. 자산운용의 경우 어느 누구도 조직 전체의 운용철학과 약관상 투자목적에서 벗어난 독단적인 행위를 하지 못하도록 견제해야 하며, 동시에 펀드운용의 독창성과 유연성을 살릴 수 있는 구조를 만들어야 한다. 그러므로 운용조직은 투자전략과 같은 핵심적인 기능을 수행할 수 있는 위원회나 전담팀을 구성하고 이를 통하여 자산구성 비율, 투자종목의 범위, 위험부담의 한계, 펀드운용의 각종 제한 등을 설정하고, 하부조직에 있는 펀드매니저들이 이를 준수하도록 강제화하고 있다.

section 03 주식투자의 중요성

1 개관

개인투자자나 기관투자자에게 있어서 주식투자는 자산배분에서 중요한 고려요소가 되고 있으며, 주식 포트폴리오를 구성하는 것은 중요한 포트폴리오 최적화 과정이다. 장기투자자에게 있어서 이 단계는 전체 프로세스에서 크고 중요한 부분이다.

전통적인 자산 중 주식은 기대수익률이 가장 높은 동시에 위험도 가장 큰 자산이다. 따라서 장기적으로는 주식투자의 비중이 높을수록 실현 가능한 수익률이 높다. 그러나 높은 위험으로 인해 적정하게 관리되지 않는다면 손실을 초래할 가능성이 상존한다. 따라서 자산배분에 있어서도 주식비중을 얼마만큼 유지하며 어떻게 관리할 것인가가 자산배분 및 장기적인 운용전략에서 중요한 위치를 차지하고 있다.

주식 포트폴리오를 구성하는 경우에는 전통적으로 우수한 종목선택을 통해 높은 초과수익률을 올릴 수 있다는 기대 때문에 액티브(적극적) 운용이 주를 이루었다. 그러나 미국에서는 1980년대 말부터 특히 대형 기관투자자를 중심으로 주식운용에서 패시브(보수적) 운용이 점차 중요하게 인식되고 있다.

국내의 대형 기관투자자나 일반 운용사들이 운용하는 펀드는 여전히 액티브펀드가 주류를 이루고 있다. 그러나 저성장 기조와 함께 성과가 보다 안정적이라는 관점에서 패시브 펀드가 꾸준히 비중을 확대하고 있다. 국내 최대의 기금인 국민연금기금의 경우에는 기금이 운용하는 주식의 규모가 국내 주식시장에서 차지하는 비중이 계속 증가함에 따라 전통적인 액티브 운용을 통해 초과수익률을 지속적으로 창출하기가 어려워질 수도 있다는 관점에서 패시브 운용과 액티브 운용의 적절한 조합을 찾기 위한 노력을 기울이고 있다.

2 주식투자의 역할

과거 국내 주식시장의 높은 변동성으로 인해 기금 수익률의 안정성을 우선시 하였던 국내의 대형 기금들의 주식투자 비중은 5% 이내로 매우 낮은 수준이었다. 2004년 이후 국내 주식시장의 변동성이 낮아지고 기금 또한 단기적인 손실 가능성을 감내하고 장기적인 수익을 추구해야 한다는 시각이 높아짐에 따라, 대부분의 연기금들이 주식비중을 높이고 있다. 특히 한국수출기업들의 경쟁력 약화 및 국내 디플레이션 우려로 해외 주식 비중을 높이는 추세이다.

1997년까지는 국내 주식 가격의 일중 등락 제한폭이 4% 내외로 좁게 유지됨에 따라 주식시장의 변동성이 크지 않았으나, 1997년 IMF 금융위기의 혼란과 가격제한폭의 확대로 변동성이 크게 확대되었다. 이후 변동성이 지속적으로 낮아지는 추세를 보였으나 2008년의 세계적인 금융위기가 시작되면서 변동성이 다시 확대되었다. 2015년 6월 15일부터는 주가 상하한폭이 30%로 확대되며 시장의 기능을 강화하려는 시도도 있었다. 기간별로는 변동성에 차이가 있지만 역사적으로 국내 주식은 25% 내외이며, 국내 채권은 3% 내외를 나타내고 있다.

과거 자료를 보면, 국내 주식의 변동성은 국내 채권의 변동성의 10배 정도로 나타난다. 국내 주식과 국내 채권으로 구성된 포트폴리오의 수익률의 변동성에 대한 국내 주식의 영향 정도는 국내 채권의 영향에 비해 10배에 달한다는 것을 의미한다. 따라서 국내 주식에 투자하기 위해서는 국내 채권에 투자하는 것에 비해 훨씬 많은 노력이 필요하다.

수익률 관점에서 국내 주식의 평균적인 수익률은 국내 채권에 비해 비슷하거나 약간 높은 수준에 머물렀던 기간도 많았다. 이는 국내 주식이 변동성은 높음에도 불구하고 그에 따르는 충분한 수익률로 보상해 주지 않았다는 것을 의미하며, 이에 따라 국내 주식은 대형 투자자들의 관심에서 멀어져 있었다.

그럼에도 불구하고 포트폴리오의 관점에서 중요한 것은 국내 주식과 국내 채권의 상관계수가 거의 0으로 매우 낮다는 점이다. 상관계수가 −1에 가까워질수록 포트폴리오의 분산투자 효과는 확대되는데, 국내 채권과 국내 주식의 상관계수가 0이라는 것은 국내 주식에 일부를 투자한 포트폴리오가 국내 채권에만 투자한 포트폴리오와 수익률은 비슷하면서도 변동성은 더 작을 수 있다는 것을 의미한다.

국내 주식과 국내 채권의 상관성이 거의 0이기 때문에 효율적인 포트폴리오 구성에서도 주식을 적정한 비율로 포함하는 것이 유리하고 최근 몇 년간 국내 주식시장의 변동성이 낮아지면서도 수익률은 국내 채권보다 높아지고 있기 때문에, 단기적인 성과보다는 장기적인 성과를 추구해야 하는 연기금의 관점에서 주식에 대한 투자는 점점 더 중요한 주제가 되고 있다.

2000년대 중반 이후 해외투자에 대한 관심도는 매우 증가하였다. 특히 2003년 이후 지속적으로 상승을 보이던 국내 주식시장이 2006년 하반기부터 횡보 국면을 보이고 동남아를 비롯한 개발도상국의 주식시장 가운데 투자기회를 제공하는 곳이 나타남에 따라 해외 주식투자규모가 국내 주식투자규모를 앞설 정도로 인기를 끌고 있다.

전 세계의 주식시장 대부분을 대상으로 하는 MSCI ACWI[3]의 변동성은 2008년의 금융위기로 상당히 높아졌지만, 국내 주식시장에 비해서는 여전히 낮은 수준이다. 미국 주식시장을 대표하는 S&P 500의 변동성은 MSCI ACWI보다 약간 낮은 수준을 보이고 있다.

또한 해외 주식은 국내 주식과의 상관성이 상대적으로 낮기 때문에 효율적인 주식 포트폴리오를 구성하는 전략적 관점에서 매우 중요하다.

---

3 MSCI Barra사에서 발표하는 전 세계의 주식시장(23개의 선진국과 25개의 신흥국을 포함) 성과를 측정하기 위한 지수 (All Country World Index) www.mscibarra.com 참조.

3   효율적 시장가설과 포트폴리오 관리 방식

포트폴리오의 관리 방식을 본격적으로 다루기 전에 효율적 시장가설이 포트폴리오 관리에 주는 의미를 살펴볼 필요가 있다. 효율적 시장가설은 액티브 운용을 반대하는 논거로 이용되곤 한다.

약형(weak form)의 효율적 시장가설에 의하면 과거 주가의 움직임은 미래 주가의 움직임의 방향이나 그 크기에 대한 어떤 정보도 제공하지 않는다. 다른 말로 하면 기술적 분석은 아무런 가치가 없다. 준강형(semi-strong form)의 효율적 시장가설에 의하면 일단 정보가 공개되면 즉각적으로 주가에 반영되기 때문에 공개된 정보는 종목을 선정하는데 아무런 도움이 되지 않는다. 따라서 공개된 정보로부터 이익을 얻는 것은 불가능하다. 강형(strong form)의 효율적 시장가설에 의하면 기업에 대해 알려졌거나 알 수 있는 정보는 주식의 분석에 도움이 되지 않는다. 알려진 정보나 예측 가능한 정보라면 이미 주가에 반영되었을 것이며, 예측할 수 없는 정보라면 그 효과 또한 불규칙적이다.

만약 강한 형태의 효율적 시장가설을 신뢰한다면, 어떤 형태의 액티브 운용도 시도할 필요가 없다. 그러나 약형이나 중간형의 효율적 시장가설을 신뢰한다면 액티브 운용을 배제할 필요는 없다. 특히 시장의 효율성은 국면별로 다르다. 불확실성이 클수록 투자자들은 과잉반응(over-reaction)을 보이게 되고, 초과이익(alpha)의 기회가 주어진다.

4   패시브(보수적) 운용과 액티브(적극적) 운용의 구분

패시브 운용과 액티브 운용을 구분하는 기준은 무엇인가? 액티브 주식 매니저는 3가지 전략 중의 하나 또는 그 이상을 통해 벤치마크 수익률 이상의 초과이익을 얻으려고 한다. 이 세 가지 전략에는 마켓타이밍(market timing), 테마선택(theme selection), 종목 선택(stock selection)이 있다.

마켓타이밍은 근본적으로 수익률을 높이기 위하여 주식시장에 들어가거나 나와야 할 시점을 결정하는 것이다. 사실 이것은 자금을 다른 자산군으로 이전하는 것을 요구하기 때문에 주식전략에서 발생하는 자산배분 전략과 동일하다.

테마 선택은 주식 내에서 특정한 세부 자산군을 선택하는 것이다. 예를 들면 대형주보다는 소형주를 중시하거나 특정 산업을 다른 산업에 비해 높은 가중치를 부여하며 성장성이나 배당과 같은 요소를 강조하는 것 등이 해당된다. 해외 주식을 포함한 포트폴리오에서는 특정 국가의 가중치를 높게 유지하는 것이 좋은 예이다.

종목 선택은 시장지수 또는 업종별 지수에 비해 높은 수익성이 기대되는 종목을 선정하여 포트폴리오를 구성함으로써 수익률을 높이려는 전략이다.

패시브 운용은 마켓타이밍, 테마 선택, 종목 선택 등의 전략이 관계되지 않는 운용이다. 패시브 운용은 보다 나은 시장 예측활동이나 주가가 잘못 형성된 종목을 발견하는 능력을 통해 벤치마크보다 나은 성과를 올리려는 시도를 하지 않고 벤치마크를 추종하여 그 정도의 수익률을 얻으려는 전략이다. 항상은 아니지만 패시브 운용에 의한 주식 포트폴리오는 잘 분산되어 있는 것이 보통이다.

chapter 02

자산배분 전략의 정의 및 준비사항

section 01 | 자산배분 전략의 정의

자산배분(asset allocation)이란 위험 수준이 다양한 여러 자산집단(asset class)을 대상으로 투자 자금을 배분하여 포트폴리오를 구성하는 일련의 투자과정을 뜻한다. 여기서 자산집단이란 자산(asset)보다 좀 더 세분화된 개념으로 주식이라는 자산 내에서도 투자대상이 될 수 있는 소형주, 중형주, 대형주라는 세부적인 자산집단이 여러 개 존재할 수 있다. 그러므로 자산배분이란 거시적인 관점에서는 장기적으로 투자목적을 달성하기 위해 자산집단을 대상으로 포트폴리오를 형성하는 의사결정이라고 정의할 수 있으며, 미시적으로는 중기 또는 단기적으로 수익률을 제고하기 위해 자산집단의 구성비율을 적극적으로 변경하는 행위라고 정의할 수 있다. 자산배분 전략이란 넓게는 기금이나 운용회사의 시스템적인 자금 운용과정 전체를 가리키는 말이며, 좁게는 기금이나 펀드의 자산 구성비를 적극적으로 변경하여 높은 수익을 획득하고자 하는 투자전략을 의미한다.

자산배분 전략이라는 개념이 보편화된 1980년대 중반 이전에는 시장 예측활동(market timing)이라는 용어가 많이 사용되었다. 이 말은 증권 가격의 이동평균선이나 거래량 등의 지표를 통해 주식과 채권 간의 투자수익률의 상대적인 매력도만을 판단하여 투자하는 상황을 가리킨다. 시장 예측활동이라는 말은 주식 또는 채권의 가격이 어떻게 변할 수 있다는 사실만을 나타낼 뿐이지, 어떻게 포트폴리오를 수정해 나갈 것인가를 말해주지 못한다. 따라서 기금이나 운용회사와 같은 기관투자가들이 사용하기에는 적합하지 않고 증권브로커들이나 개인투자자들이 주로 사용하는 개념이다. 이에 반해 자산배분 전략은 투자자가 제시한 제약조건하에서 포트폴리오 구성을 결정하며, 투자위험에 대한 관리, 투자목표의 달성을 위한 최적화 등의 여러 가지 과정을 포함하는 과학적이며 포괄적인 전략을 의미한다는 점에서 시장 예측활동과는 크게 개념 차이가 있다.

section 02 자산배분 전략의 중요성

1 자산배분의 중요성에 관한 연구

운용결과를 평가한 연구결과들에 의하면, 기관투자가의 투자성과는 시장지수(market index) 또는 벤치마크(benchmark portfolio)에 의해 영향받는 부분이 매우 크다는 사실이 발견되고 있다. 즉, 시장의 움직임을 단기적으로 예측하거나 몇 개의 종목 선택으로부터 얻은 수익률은 전체 수익률에서 차지하는 비중이 매우 낮으며, 대부분의 성과가 시장 움직임을 반영하면서 이루어진다는 것이다. 이런 인식이 확산되면서 기관투자가들은 종목 선택이나 단기적인 주가나 금리를 예측하기보다는 장기적인 자산배분과 같은 거시적 활동을 중요시하기 시작하였다.

이러한 견해를 확립한 가장 유명한 연구로 Brinson, Hood, Beebower의 분석 결과를 들 수 있다. 이들은 1977년~1987년 동안 미국의 82개 대형 연금에 대한 운용 결과를 평가하여, 대형 기금의 투자수익률을 결정하는 요소가 무엇인지를 규명하고자 하였다.[1] 이들은 투자행위를 자산집단에 대한 구성비율을 결정하는 자산배분활동(asset allocation)과, 주식과 채권 등의 증권 선택활동(securities selection)으로 구분하였다. 자산배분활동은 다시 장기적인 자산 구성비율을 고수하는 소극적인 자산배분과 단기적으로 가격 등락을 예상하여 구성비율을 변화시키는

---

1 G.P. Brinson, L.R. Hood, G.L. Beebower, "Determinants of Portfolio Performance," *Financial Analysts Journal*, July-August 1986, pp. 39~44. 이 연구는 나중에 다시 개정되어 발표되었다. G.P. Brinson, B.D. Singer, G.L. Beebower, "Determinants of Portfolio Performance Ⅱ : An Update," *Financial Analysts Journal*, May-June 1991, pp. 40~48.

적극적인 자산배분으로 나누었다. 또한 증권 선택활동은 인덱스전략과 같이 종목을 시가비중과 동일하게 매수하는 소극적인 선택과 기업분석을 통해 가격상승이 예상되는 종목을 매수하는 적극적인 선택활동으로 구분하였다.

〈표 2-1〉의 네 가지 사분면에 대한 설명은 다음과 같다.

표 2-1 투자활동별 수익률

		증권 선택활동	
		적극적 선택활동 R_{ai}	소극적 선택활동 R_{pi}
자산 배분 활동	적극적 자산배분 W_{ai}	IV (Actual Return)	II (Policy and Timing Return)
	소극적 자산배분 W_{pi}	III (Policy and Securities Selection Return)	I (Policy Return : Passive Benchmark)

❶ I 사분면 수익률 : 기금의 목표를 달성하기 위해 장기적으로 가져가는 자산집단의 구성으로 인해 달성할 것으로 예상되는 수익률을 나타냄. 장기적인 자산집단의 구성은 주로 운용위원회에서 결정하는데, 전략적 자산배분(Strategic Asset Allocation)이라고 함. I 사분면 수익률은 전략적 자산배분에서 할당한 자산집단별 구성비와 각 자산집단별 시장평균 수익률을 이용하여 계산할 수 있음. 이렇게 계산된 I 사분면 수익률은 각 사분면의 활동에 대한 평가기준이 되는 벤치마크로 사용. I 사분면의 수익률은 앞으로 운용조직에서 행하게 되는 실제의 운용행위에 대한 벤치마크가 됨

❷ II 사분면 수익률 : I 사분면에서 II 사분면으로 이동한다는 것은 전략적 자산배분을 단순히 추종하는 것에서 벗어나 적극적으로 자산집단별 구성비를 변경한다는 것을 의미. II 사분면 수익률은 실제 운용 결과로 나타나는 자산집단별 구성비와 각 자산별 시장 평균 수익률을 이용하여 계산. 따라서 II 사분면 수익률과 I 사분면 수익률 간의 차이를 기금운용조직이 적극적으로 자산구성을 변경함으로써 달성한 부가가치를 의미. 전략적 자산배분과 다른 자산 구성비를 유지하는 것은 I 사분면 수익률보다 높은 수익률을 달성하기 위한 것으로, 운용자가 자산 가격의 변화 방향을 예상하거나 기본적 분석으로 자산 가격의 불균형 발견 등을 이용해 부가가치를 창출할 수 있다고 판단되는 경우

❸ Ⅲ사분면 수익률 : Ⅰ사분면에서 Ⅲ사분면으로 이동한다는 것은 자산집단별 구성비율
은 변경하지 않고 자산집단 내에서 종목 선택활동만을 적극적으로 하는 경우를 의미.
즉, 자산집단 내에서 해당 자산집단을 구성하는 개별 종목을 시장 비중대로 구성하여
시장 평균 수익률을 달성하는 것이 아니라, 개별 종목에 대한 분석을 통해 높은 수익률
이 예상되는 종목에 대한 투자비중을 높임으로써 시장 평균보다 높은 수익률을 추구.
Ⅲ사분면 수익률은 전략적 자산배분의 자산집단별 구성비와 실제 투자활동을 통해 달
성한 자산집단별 수익률을 이용하여 측정

❹ Ⅳ사분면 수익률 : 운용자가 실제로 달성한 수익률로 자산집단의 구성비의 변경과 자산
집단 내에서의 적극적인 종목 선택활동의 결과를 모두 반영

　　1991년에 새롭게 발표한 연구결과에 의하면, 분석기간 중 미국의 연금기금 자산구성
은 평균적으로 주식 53%, 채권 24.5%, 현금자산 12.1%, 기타 10.5%를 보이는 것으로
나타났다. 수익률에 대한 분석 결과, 실제로 연금기금들이 달성한 수익률(Ⅳ사분면)
13.41%는 전략적 자산배분에 따라 소극적으로 운영했을 때 예상되는 Ⅰ사분면의 수익
률 13.49%보다 하회하는 것으로 나타났다. 이는 분석기간 중 연금기금들은 적극적인
투자행위로 인해 −0.08%의 수익률 하락을 초래하였다는 점을 의미하여, 적극적인 운
용의 결과 장기적으로 벤치마크 수익률을 초과하지 못하고 있다는 점을 보여준다.

　　특히 Ⅱ사분면 수익률이 Ⅰ사분면 수익률보다 낮다는 사실은 자산운용 전문가들이
자산 가격을 단기적으로 예측하는 능력을 가지고 있지 못하다는 결과를 시사한다. 따라
서 자금운용 정책자들은 자산운용자가 지나치게 단기적으로 주가나 금리의 변화를 예
측하면서 운용하는 것은 기금의 장기적인 수익률을 악화시킬 가능성이 높다는 생각을
갖게 되었다.

　　만약 자산운용자들이 종목 선택활동을 하게 되었을 때 성과는 어떤 영향을 초래하게
되는가? 이 질문에 대한 답은 〈표 2-2〉에서 적극적인 종목 선택을 통해 Ⅱ사분면에서

표 2-2　투자활동별 평균 연간 수익률

		증권선택활동	
		적극적	소극적
자산배분활동	적극적	Ⅳ. 13.41%	Ⅱ. 13.23%
	소극적	Ⅲ. 13.75%	Ⅰ. 13.49%

표 2-3 수익률 변동에 대한 설명 비율

		증권 선택활동	
		적극적	소극적
자산배분활동	적극적	IV. 100%	II. 93.3%
	소극적	III. 96.1%	I. 91.5%

IV사분면으로 이동(I사분면에서 III사분면으로 이동한 경우도 동일함)한 결과를 보면 된다. 위 표에서 종목 선택 활동으로 인해 기금수익률은 연 13.23%에서 13.41%로 상승했다. 따라서 자산운용 전문가들은 비록 주가나 금리의 변화를 예측하는 능력이 떨어지지만, 종목 선택 능력을 가지고 있다는 사실을 의미한다.

각각의 운용활동이 실제 운용 결과 달성한 IV사분면 수익률의 변동을 설명하는 정도를 분석한 결과가 〈표 2-3〉에 요약되어 있다. 장기적인 자산구성에 의한 I사분면 수익률이 91.5%의 설명력을 가지며, 시장 예측을 통해 중단기적 자산배분활동에 의한 II사분면 수익률이 93.3%의 설명력을 가진다. 또한 자산집단별 구성비는 전략적 자산배분대로 유지하면서 종목 선정만을 통한 III사분면 수익률이 96.1%의 설명력을 가진다. 요약하면, 운용수익률의 90% 이상을 전략적 자산배분으로 설명할 수 있으며, 증권 선택이나 시장 예측활동이 운용수익률을 설명하는 정도는 10% 미만이라는 것을 의미한다.

2 자산배분활동에 대한 검증 결과의 시사점

이와 같은 분석 결과에서 나타난 사실은 투자에 있어서는 적극적인 자산배분활동이나 종목 선택 활동보다는 전략적 자산구성을 제대로 수립하는 것이 가장 중요하다는 점이다. 즉, 연금기금의 장기적인 자산배분을 인덱스 투자전략을 이용하여 달성한 수익률(I사분면)이 최종 수익률(IV사분면)의 절대적인 부분을 결정하며, 적극적으로 자산배분을 변경하거나 증권을 선택함으로써 추가한 수익률은 매우 미미하다는 사실이다.

3   자산배분활동의 중요성 인식 확산

Brinson, Hood, Beebower의 연구결과로 인해 오늘날 대부분의 기관투자가들은 포트폴리오 수익률의 절대적인 부분이 자산배분 전략에 의해 결정되므로 운용과정에서 자산배분 전략이 가장 중요하다는 점을 잘 인식하게 되었다. 과거 적극적인 종목 선택이나 자산배분이 기금성과에 결정적일 것이라고 생각하였지만, 분석 결과 장기적인 자산구성이 훨씬 중요하다는 것으로 밝혀졌기 때문이다. 따라서 기관투자가들은 자산배분을 통해 전략을 미리 수립하고, 구체적인 운용지침을 자산운용자들에게 전달해 줌으로써 운용의 효율성을 높이는 조직구조를 갖추기 시작하였다. 운용전략위원회, 운용전략팀, 리스크관리위원회와 같은 자산배분에 관한 의사결정을 하는 조직을 상위에 두고, 운용실무 부서를 그 하위에 소속하게 하는 움직임이 보편화되었다.

이러한 연구결과로부터 자산배분에 관한 중요성은 기관투자가들뿐만 아니라 개인투자자들의 투자에도 큰 영향을 주었다. 국내외에서 활발하게 활동하고 있는 재무설계사(Financial Planner)는 바로 개인투자자에게 장기적인 자산구성을 결정해주는 조언자 역할을 수행하고 있다. 오늘날 개인투자자들도 노후생활을 설계하는데 있어서 개별 종목이나 펀드의 선정보다 장기적인 자산배분, 즉 재무계획 수립이 더 중요하다는 사실을 잘 인식하게 되었다.

4   자산배분 전략의 도입 목적

기관투자가들은 자산배분 전략을 통해 주식, 채권 등의 자산집단에 대한 수익률 예측, 투자위험의 추정, 투자자의 위험 감수 정도 파악 등을 종합적으로 수행하는 운용과정을 수립하게 된다. 자산배분 전략은 다음과 같은 도입목적을 갖고 있다.

❶ 체계적인 자산운용전략을 수립 : 사전적으로 기금의 자산 구성비를 정교하게 결정함으로써 자금운용자들로 하여금 종목 선택활동에 치중할 수 있도록 유도. 따라서 투자자의 투자목표를 정확하게 수용함과 동시에 투자위험을 통제하고 우월한 성과를 달성할 수 있는 새로운 투자전략을 수립하도록 유도

❷ 상품개발과정의 체계화 : 자산배분 전략은 투자자산에 대한 기대수익의 수준과 투자위험을 동시에 고려하여 자산집단의 구성비율을 결정함으로써 체계적인 상품개발에 응용

할 수 있음

❸ 투자자의 투자목표를 적극적으로 수용 : 투자자의 위험 감수(risk tolerance) 정도를 적극적으로 수용하여 기금이나 펀드를 관리함으로써 투자자의 특성별 운용전략이 가능하게 함

❹ 투자성과의 관리평가 : 기금이나 펀드의 운용성과를 자산배분활동과 주식선택활동으로 인해 달성한 요소로 분해해낼 수 있기 때문에, 자금운용자의 책임과 권한을 구분하여 투자성과를 체계적으로 관리할 수 있음

section 03 자산배분 전략의 변화

1 최근 자산운용기관들의 운용전략

최근 자산운용기관에서는 일반적으로 효율적인 자산운용을 하기 위해 자산배분, 스타일 배분 등의 여러 단계의 의사결정을 거친다.

❶ 자산배분을 가장 먼저 결정 : 기관투자가들은 기금운용이나 펀드설정 이전에 투자목적에 부합되는 자산구성 비율을 결정. 이들은 기금의 운용목적이나 정책목표에 부합되는 자산구성을 운용전략 차원에서 먼저 결정하여 문서로 기술한 다음 각 자산집단별로 구체적인 운용에 착수

❷ 벤치마크 수익률을 상회하는 운용을 지향 : 미리 정해진 자산집단별 투자자금에 대해 해당되는 벤치마크 수익률을 상회하기 위한 투자에 들어감. 따라서 자금운용자들은 기본적으로 인덱스를 초과하기 위한 운용전략(beating the index)을 사용해야 함. 모든 기금이나 펀드는 한 가지 이상의 벤치마크를 반드시 정하고 있으며, 운용 도중에 벤치마크를 함부로 변경하지 않음. 따라서 기금운용의 결과는 가장 기초적인 투자지표인 벤치마크에 의해 평가되므로 자연스럽게 벤치마크 수익률을 상회하도록 운용하며, 결과적으로 인덱스를 상회하기 위해 노력하는 액티브 인덱스전략(active index strategy)이 적용되는

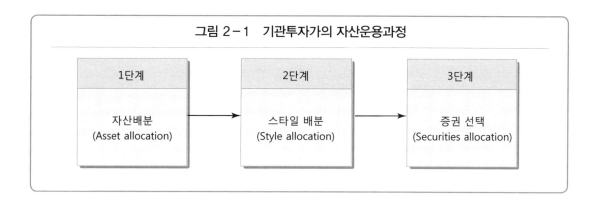

그림 2-1   기관투자가의 자산운용과정

1단계	2단계	3단계
자산배분 (Asset allocation)	스타일 배분 (Style allocation)	증권 선택 (Securities allocation)

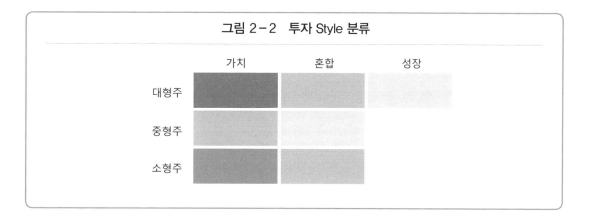

그림 2-2   투자 Style 분류

	가치	혼합	성장
대형주			
중형주			
소형주			

셈임

❸ 스타일 투자 적용 : 특히 최근에는 자금운용자가 자신이 전문으로 하는 특정한 분야 (sector)를 미리 정하고, 이 분야를 대변하는 인덱스 수익률을 상회하기 위해 노력하는 경향을 가지고 있음. 이때 펀드매니저별로 내세우는 특정 분야에 대한 투자특성을 투자스타일(investment style)이라고 함. 스타일 투자전략이란 자금운용자나 펀드매니저들이 가지고 있는 전문 분야별로 자금을 배분함으로써, 투자의 전문성을 기하여 높은 수익을 달성하고자 하는 전략을 의미. 따라서 투자스타일은 투자자나 기금관리자 입장에서는 펀드매니저의 투자위험을 상당한 수준으로 예측할 수 있도록 하는 긍정적인 효과가 존재

스타일 투자의 유형으로는 중소형 성장주, 대형가치주, 벤처전용펀드, 신용등급 우량 회사채펀드, 정크본드펀드, 국공채 장기형 등 다양하다. 투자자들은 스타일 투자전략을 통해 ① 펀드매니저의 전문분야를 알 수 있으며, ② 펀드매니저의 성과에 대해 사후적으로 평가기준

을 명확하게 할 수 있으며, ③ 자산집단에 대한 분산투자를 효과적으로 달성 가능하며, ④ 자산배분과정에 대한 통제권을 향상시킬 수 있다. 특히 스타일 투자전략이란 투자 결정을 자산배분, 스타일 배분, 증권 선택과 같은 단계로 결정할 때 적용할 수 있다.

2   과거의 자산배분 전략

자산배분 전략에 대한 개념이 국내 기관투자가들에게 보급되기 전에 이들의 투자전략은 주로 목표수익률의 달성, 단기적인 투자행위, 종목 선택을 중요시하는 운용, 파생상품을 대규모로 사용하는 투자 등의 특징을 가지고 있었다.

❶ 목표수익률 달성을 추구 : 우리나라 투자자들은 단기적인 목표수익률을 가지고 자금을 운용하는 경우가 많음. 펀드매니저에게 6개월이나 1년과 같은 특정한 기간에 미리 정한 목표수익률을 달성할 것을 요구하게 되므로, 펀드매니저는 단기간에 일정한 수익을 달성해야 하는 부담을 가지게 됨. 목표수익률이란 대부분 정기예금$+\alpha$, 원금보장, 벤치마크 대비 일정률 이상의 수익률 등의 다양한 형태를 가지고 있음

❷ 동적 자산배분 전략을 사용 : 기금운용자와 펀드매니저가 주가나 채권 가격이 어떻게 움직이더라도 목표투자수익률을 달성하기 위해 활발하게 자산집단 간 자금을 이동시켜야 함. 이는 나중에 언급하게 될 동적 자산배분(dynamic asset allocation)을 사용해야 함.[2] 동적 자산배분 하에서는 펀드 내에서 주식-채권 간에 자산구성을 변화시키는 자산배분이 중요해지므로, 투자자들은 펀드매니저에게 자산배분에 관한 모든 권한을 위양할 수밖에 없음. 따라서 투자자 측면에서 투자위험에 대한 사전적인 통제 및 예측은 불가능하므로 펀드운용과정의 투명성과 효율성을 확보하기 어려움. 또한 펀드매니저는 투자가능한 모든 투자대안들을 혼합하여, 가장 높은 수익률 또는 목표수익률을 달성하기 위한 자산배분을 만들어 내야 하므로, 자산배분과 종목 선택을 동시에 수행해야 함. 그러므로 펀드매니저의 권한은 매우 광범위해지고 활동이 복잡해지므로 오히려 운용성과는 악화될 가능성이 높아짐

---

2 동적 자산배분에는 적극적인 수익률을 달성하기 위한 전술적인 자산배분(tactical asset allocation)과 위험을 방지하기 위한 보험자산배분(insured asset allocation)이 있다.

표 2-4 과거와 최근 자산배분 전략 비교

구분	최근의 변화	기존의 자산배분 전략
투자목표	(스타일)인덱스 초과수익률	목표수익률
투자전략 종류	적극적인 인덱스 투자전략	적극적 자산배분 전략
펀드매니저 권한	정해진 스타일 내에서 투자 (종목 선택 능력만을 발휘 가능)	목표수익률 달성을 위한 모든 권한(자산배분·종목 선택 등 모두 활용)
투자경향	장기투자가 기본	단기투자가 기본
자산배분	펀드 밖에서 이루어짐 (장기적인 자산배분)	펀드 내에서 이루어짐 (단기적인 자산배분)

장점	• 자산배분 권한이 투자자에게 있음
	  * 판매자와 고객 간에 많은 대화 발생
	• 펀드운용의 전문화 달성 가능
	• 펀드성과에 대한 평가기준 명확
	• 저성과에 대한 책임이 명확
		• 고성과 달성 가능
		  (그러나 일관성을 보장하기 어려움)
		• 펀드매니저의 활동이 넓어짐

단점	• 투자자와 판매인력의 수준 향상이 선행되어야 함
	  * 판매자-고객 간의 심층적인 상담에 대한 부담
	• 스타일별 장기수익률이 우수해야 함
	• 상당히 장기적인 투자방법이므로 단기투자 자금에 부적합
		• 상품이 밸런스형 펀드 또는 자산배분형 펀드로 획일화됨
		• 투자자 입장에서 위험에 대한 사전적 통제력이 낮음
		• 저성과 달성 시 펀드매니저의 책임이 크게 부각됨
		  * 고객과의 분쟁이 빈번

section 04 자산배분 전략의 준비사항

자산배분 전략을 본격적으로 실행하기 위해서는 가장 먼저 기금이나 투자자의 투자목표, 제약조건, 위험허용도 등을 파악하여 기금운용의 골격을 형성하는 것이 중요하다. 다음으로는 투자대상 자산집단의 종류, 기대수익률, 위험, 자산 간 상관관계 등을 측정하여 구체적인 자산배분 전략을 수립해야 한다.

기관투자가들의 자산운용전략은 기금의 임무, 투자목표, 위험허용도 등을 정확하게 수용해야 한다. 자산운용전략으로 인해 기금의 장기적인 운용방침이 규정화되며 이를 실행하기 위한 운용조직의 특성이 결정되며, 각 조직구성원의 책임과 권한이 명확하게 정해진다. 사전적으로 투자목적이 정의되어야 체계적으로 운용조직을 구성할 수 있으며, 투자에 앞서 미리 투자위험을 예상하고, 각 투자담당자들이 지향해야 할 최선의 역할을 할당할 수 있다.

이렇게 사전적으로 최선을 다해 운용목표를 정하고 운용행위를 통제한 결과, 사후적으로 이루어지는 운용결과에 대한 평가에 대해 논란의 여지가 없이 명확한 결론을 내릴 수 있게 된다. 만약 어느 기관투자가의 자산운용전략이 수립되어 있지 못하면 기금운용 관련자들의 권한과 책임이 모호해지며, 자산운용 관련자들의 능력이 극대화 되지 못하게 된다.

기금운용전략에는 필수적으로 기금의 목적, 자산구성, 자산구성의 실행방법, 운용성과의 평가 및 보상방법이 기재되어야 한다. 이런 사항들이 자세히 기재된 서류를 자산운용지침서 (Investment policy statement : IPS)라고 한다. 우리나라 연기금들은 과거 오랫동안 자산운용지침서를 작성하지 않고 단편적으로 기금을 운용해왔지만 기획재정부는 모든 연기금으로 하여금 2004년부터 자산운용지침서를 작성하도록 강제화하였다. 기획재정부는 자산운용지침서를 작성할 때 〈표 2-5〉와 같은 항목들이 포함되도록 권고하였다.

표 2-5 자산운용지침서의 구성요소

목차	주요 내용
1. 개 요	−기금 연혁 및 주요 사업, 조성·운용 규모 등 −자산운용지침의 의의 및 효력 등
2. 자산운용 관련 법령	−각 기금의 자산운용 관련 법규 체계 및 주요 내용
3. 자산운용의 목적	−기금 자산운용의 목적 및 자산운용 원칙
4. 자산운용체계	−자산운용 의사결정 체계 −자산운용조직의 권한 및 의무 등
5. 자금수지계획	−자금 유·출입 규모 산정 −운용자금 분류 및 적정 유동성 산출
6. 목표수익률 및 허용위험도	−목표수익률 설정 원칙 및 내용 −허용위험도의 설정 원칙 및 내용
7. 자산배분정책	−투자가능 자산(상품) 및 투자제한사항 −자산배분안(각 자산별 벤치마크 수익률도 포함) −파생상품 운용
8. 위험관리정책	−위험종류별 정의 및 허용한도, 관리방법 −위험관리 조직 및 보고체계 등
9. 내부운용 및 외부운용	−내·외부 운용의 배분정책 −외부운용의 배분비율 −위탁운용의 원칙, 운용기관 선정기준, 절차 및 관리방법
10. 성과평가	−성과평가 원칙, 주기, 결과보고 −성과평가 기준
11. 감사 및 공시	−감사 및 공시 내용 및 절차
12. 주식투자 시 의결권 행사	−의결권 행사의 범위·원칙 −의결권 행사의 위임 등
13. 행위준칙	−자산운용 담당자가 지켜야 할 의무

2 자산집단의 선택

자산배분 전략의 의사결정 대상은 개별 증권이 아니라 개별 증권이 모여 마치 큰 개념의 증권처럼 움직이는 자산집단이다. 자산집단은 일반적으로 말하는 주식과 채권 등의 자산종류를 뜻하는 '자산'(asset)이라는 용어와 구분하기 위해 '자산집단'(asset class) 또는 '자산군'이라는 용어를 사용하고 있다. 자산배분을 결정하는 자금운용자는 먼저 의사결정의 대상이 되는 자산집단에 대한 정의를 명확하게 내려야 한다.

자산배분 전략의 의사결정대상이 되는 자산집단은 몇 가지 기본적인 성격을 지녀야 한다.

❶ 동질성(homogeneity) : 자산집단 내의 자산들은 상대적으로 동일한 특성을 가져야 함. 자산집단 내의 자산들은 경제적 또는 자본시장 관점에서 비슷한 속성을 가져야 함을 의미

❷ 배타성(exclusiveness) : 자산집단이 서로 배타적이어서 겹치는 부분이 없어야 함을 의미. 자산집단이 서로 겹치게 되면 실제 자산별 투자결정에 어려움이 있으며 위험통제에서도 자산배분의 효율성이 떨어짐

❸ 분산 가능성(diversifiability) : 각 자산집단은 분산투자를 통해 위험을 줄여서 효율적 포트폴리오를 구성(〈그림 2-3〉 참조)하는 데 기여해야 함. 이를 위해서는 각 자산집단이 서로 독립적이어야 함. 그러나 개별 자산집단 간의 상관계수(pairwise correlation)는 높지 않음에도 불구하고 자산집단의 선형결합 간에는 상관계수가 높게 나타날 수 있다. 이런 경우에는 분산효과가 거의 나타나지 않음

기존의 포트폴리오에 새로운 자산집단을 추가했을 때 분산효과를 얻을 수 있는지를 판단하기 위해서는 다음의 판단기준이 적용될 수 있음. 다음의 식을 충족하는 경우에는 새로운 자산집단을 포함함으로써 기존의 포트폴리오보다 더 높은 샤프비율(Sharpe Ratio)을 갖는 새로운 포트폴리오를 구성할 수 있음

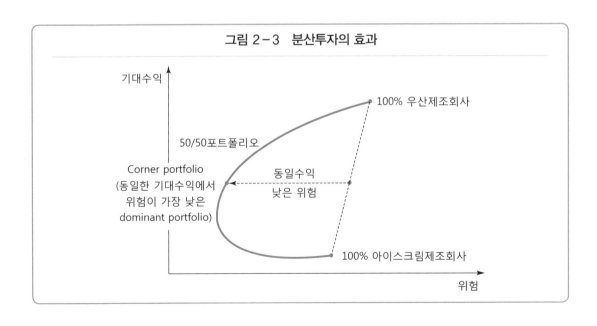

그림 2-3 분산투자의 효과

$$SR_c > SR_p \cdot Corr(R_c, R_p), \text{ 또는}$$

$$\frac{E(R_c) - R_F}{\sigma_c} > \frac{E(R_p) - R_F}{\sigma_p} \cdot Corr(R_c, R_p)$$

단, SR_c : 새로운 후보 자산집단의 샤프비율

SR_p : 기존 최적 포트폴리오의 샤프비율

$Corr(R_c, R_p)$: 새로운 후보 자산집단과 기존 최적 포트폴리오의 상관계수

❹ 포괄성(collectivity) : 자산배분의 대상이 되는 자산집단들 전체는 투자 가능한 대부분의 자산을 포함하는 것이 좋음. 투자대상이 확대될수록 동일위험 수준에서 획득 가능한 수익률의 수준이 올라감으로써 효율적 투자기회선이 확대되는 결과를 낳게 됨. 또한 액티브 운용을 통해 초과수익을 달성할 가능성도 높아짐

❺ 충분성(abundance) : 자산집단 내에서 실제 투자할 대상의 규모와 수가 충분해야 함을 의미. 투자자의 투자활동에 따른 유동성의 문제가 발생하지 않을 정도로 개별 자산집단의 규모가 충분히 커야 함. 또한 자산집단 내에서 액티브 운용을 통해 초과수익을 추구하기 위해서는 실제 투자대상이 되는 개별 자산의 수도 충분히 많아야 함

전통적으로 자산배분의 대상이 되는 자산집단으로는 주식, 채권, 현금이 있었다. 기본적인 자산집단들은 또 다시 세부적인 자산집단으로 나누어진다. 주식의 경우 기업의 규모와 저평가 정도(valuation multiple)로 자산집단으로 구분한다. 규모 측면에서는 대형주, 중형주, 소형주로 구분되며, 저평가 정도로는 가치주(value stock)와 성장주(growth stock)로 구분된다. 이 밖에도 세계 각 지역별 주식으로 구분되며, 첨단기술 관련주나 바이오산업 등 테마(theme)로도 구분된다. 이렇게 주식이라는 하나의 기본적인 자산집단은 여러 가지 세부 자산집단으로 또 다시 분류될 수 있다.

채권의 경우 신용등급과 듀레이션으로 여러 가지의 자산집단을 구분할 수 있다. 우선 정부 발행채권, 회사채 중 투자등급 이상의 채권, 투기등급채권으로 구분된다. 이들 신용등급별 채권은 또다시 장기채권, 중기채권, 단기채권으로 구분된다. 그 밖에 전환사채 등 각종 옵션부 채권, 전 세계의 지역별 채권도 자산집단으로 분류된다. 또 기업의 부실 발생 시 원금의 변제를 나중에 받는 후순위채(subordinated debt)도 있다. 이런 관점에서 후순위채는 주식과 채권의 중간형태로 볼 수 있고, 금융기관 자기자본의 충실성(capital adequacy)을 개선시키기 위해 발행량이 늘고 있다.

1990년대 초부터는 부동산이 기존의 주식이나 채권과 다른 별도의 자산집단으로 포함되기

시작하였다. 최근에는 부동산을 포함하여 사모주식펀드(PEF), 헤지펀드 등 전통적인 자산과 구분되는 투자대상을 하나의 대체투자로 인식하는 경우가 많다. 그러나 대체투자로 불리는

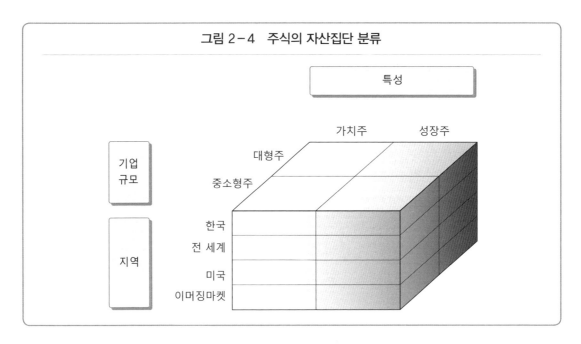

그림 2-4 주식의 자산집단 분류

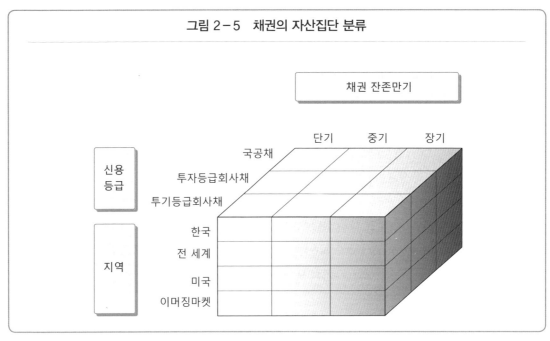

그림 2-5 채권의 자산집단 분류

각각의 집단 간의 상관계수는 −0.5~0.5로, 대체투자를 하나의 자산집단으로 보기에는 동질성이 높지 않다. 따라서 부동산, 사모주식, 헤지펀드, 천연자원 등을 각각 별도의 자산집단으로 구분하는 것이 바람직하다.

이들 자산집단은 전통적인 자산집단에 비해 유동성이 낮고 운용비용이 높은 것이 일반적이다. 따라서 이들 자산집단의 기대수익률 등을 추정하기 위해서는 이러한 문제를 충분히 반영하여야 한다.

3   자산집단의 기대수익률 추정

자산배분 전략을 수행하기 위해서는 자산집단의 기대수익률, 자산집단의 위험, 자산집단 수익률 간 상관관계, 위험선호도(risk tolerance)와 같은 투자자 특성 등을 추정해야 한다. 특히 중요한 것은 자산집단의 기대수익률을 추정하는 것인데, 다음과 같은 방법들이 이용되고 있다.

❶ 추세분석법(technical analysis) : 자산집단에 대한 과거의 장기간 수익률을 분석하여 미래의 수익률로 사용하는 방법. 미국, 영국과 같이 일찍부터 자본시장이 발달하여 장기간 수익률 자료가 입수되는 경우 사용하기 편리한 방법이지만 우리나라처럼 기간이 짧은 경우에는 사용하기 어려움

우리나라의 최근 10년간 소비자 물가 상승률이 상당히 낮아졌으며, 금융 자산에서는 채권의 수익률이 상당히 낮아졌음. 실물 자산의 가치 변화에 민감한 KOSPI의 상승률이나 아파트 가격의 상승률은 큰 폭의 상승세를 보이고 있음. 이러한 금리 수준과 실물경제의 변화는 우리나라의 경제 및 금융구조가 근본적으로 변했다는 것을 암시. 이러한 경우에는 과거 자료의 평균을 그대로 활용하는 것은 적절하지 않으며, 추세의 변화를 반영할 수 있는 방법을 적용하는 것이 보다 적합

❷ 시나리오 분석법(multi-scenario analysis) : 단순하게 과거 수익률을 사용하기 보다는 여러 가지 경제변수 간의 상관성을 고려하여 시뮬레이션 함으로써 수익률 추정의 합리성을 높이는 방법. 주요 거시경제변수의 예상 변화 과정을 여러 가지의 시나리오로 구성하고, 각각의 시나리오별 발생 확률을 부여하여 경제변동 및 업종별 경기추세를 고려하는 자산별 기대수익을 추정하는 방법. 이 방법은 시나리오별 발생 확률을 주관적으로

결정해야 한다는 단점을 가지고 있음. 그래서 이 방법은 자산집단의 기대수익률을 정하기 위해 사용되기보다는 이미 정해져 있는 자산배분 전략이 다양한 시나리오가 발생할 때 어떤 수익률과 위험이 발생하는지를 모의분석(simulation)할 때 주로 사용

❸ 근본적 분석방법(fundamental analysis) : 과거 자료를 바탕으로 하되 미래의 발생상황에 대한 기대치를 추가하여 수익률을 예측하는 방법으로 회귀분석, CAPM, APT 등의 방법이 있음. 주로 과거 시계열 자료를 토대로 하되 각 자산집단별 리스크 프리미엄 구조를 반영하는 기법. 가장 먼저 무위험 채권수익률 추정 후, 신용리스크와 잔존만기의 길이에 대해 리스크 프리미엄을 붙여서 국채, 회사채에 대한 기대수익률을 추정. 주식에 대해서는 채권에다 주식투자로 인한 리스크 프리미엄을 가산. 이렇게 단기금리를 바탕으로 리스크 프리미엄을 더해가는 방식을 '벽돌쌓기(Building Block) 방식'이라고 함. 단, 이는 장기요구수익률(required return)이며 실제 기대수익률(expected return)과 다를 수 있음. 따라서 현재 해당 자산의 고평가·저평가 여부를 파악하여 요구수익률을 조정한 후 사용

❹ 시장공통 예측치 사용방법 : 시장참여자들 간에 공통적으로 가지고 있는 미래수익률에 대한 추정치를 이용하는 방법. 즉 현재 자산 가격에 반영되어 있는 수익률(implied return)임. 채권 기대수익률은 수익률 곡선(yield curve)에서 추정해 내며, 주식 기대수익률은 배당할인 모형이나 현금흐름방법 등이 사용

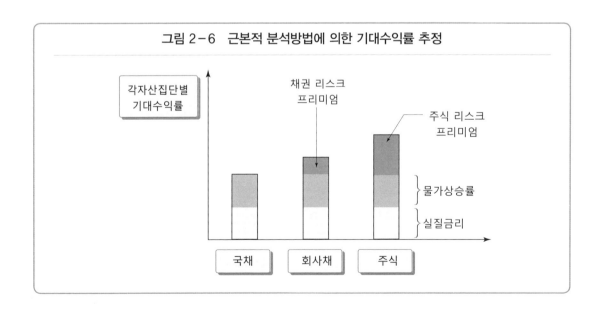

그림 2-6　근본적 분석방법에 의한 기대수익률 추정

그 외에도 자산집단의 기대수익률을 추정하는 방법으로 경기순환 접근방법, 시장 타이밍방법, 전문가의 주관적인 방법 등이 있다.

4   자산집단의 위험, 상관관계 추정

여러 가지 자산집단들의 위험과 상관관계를 추정하는 방식으로는 주로 과거 자료를 사용한다.

위험은 주로 자산집단 수익률의 표준편차를 의미하는데 기대수익률과 달리 상당한 안정성과 지속성을 가지고 있기 때문에 과거 자료에서 추정하여 사용하고 있는 것이다. 하지만 최근 들어서는 GARCH(generalized auto-regressive conditional heteroskedasticity)와 같은 추정 방법을 통해 위험을 좀 더 정교하게 추정하기 위해 노력하고 있다.

또한 자산집단 간의 상관관계 역시 표준편차와 마찬가지로 과거 일정기간 동안의 자료를 활용하여 추정한다. 여기에서도 예측력을 높이기 위해서는 일반적인 상관관계 추정방법에 추가하여, 경기사이클을 고려한 상관관계, 회귀분석과 같이 미래의 상관관계를 보다 정확하게 예측하기 위한 기법들을 개발하여 적용하는 것이 바람직하다.

chapter 03

전략적 자산배분

정의

전략적 자산배분(strategic asset allocation : SAA)은 투자목적을 달성하기 위해 장기적인 기금의 자산구성을 정하는 의사결정이다. 좀 더 구체적으로 전략적 자산배분이란 장기적인 기금 내 자산집단별 투자비중과 중기적으로 각 자산집단이 변화할 수 있는 투자비율의 한계(boundary)를 결정하는 의사결정을 뜻한다. 예를 들어 주식의 경우 50%를 투자하되 연간 단위로 ±10%를 변경할 수 있다는 식으로 결정하는 것이다.

전략적 자산배분은 전략 수립에 사용된 각종 변수들에 대한 가정이 근본적으로 크게 변화되지 않는 이상 처음 구성하였던 자산배분을 변경하지 않고 계속하여 유지해 나가는 매우 장기적인 의사결정이다. 만약 애초 세웠던 자본시장에 대한 가정이 크게 변화하게 되면 수정하게 된다.

장기적인 자산구성의 결정은 투자자의 투자목적과 제약조건을 충분하게 반영하여 이루어져야 한다. 투자자의 투자목표는 최소 달성수익률, 기대수익률, 위험에 대한 허용 정도 등의 여러 가지 형태로 정해질 수 있다. 투자 제약조건은 투자기간, 유동성, 세금, 기타 법적 규제 등의 여러 사항이 있다. 예를 들면 연금기금의 경우 매월 지급해야 하는 일정액의 현금이 필요하며, 기금운용 시 이러한 유동성 제약조건을 반드시 충족하도록 운용전략을 수립해야 한다.

1 실행단계

전략적 자산배분은 ① 투자자의 투자목적 및 투자제약조건의 파악, ② 자산집단의 선택, ③ 자산종류별 기대수익, 위험, 상관관계의 추정, ④ 최적 자산구성의 선택의 4가지 단계를 거쳐 실행된다.

❶ 투자자의 투자목적 및 투자제약조건의 파악 : 투자목적은 투자자의 나이, 직업, 재산 등 구체적 상황(profile), 투자자의 투자성향, 투자자금의 성격, 세금 등에 의해 결정. 단기 지출목표를 가진 연기금이나 위험회피적인 투자자의 경우, 최소 요구수익률이나 원금 보장과 같은 강한 제약조건을 가지고 있음. 이와 같이 투자자의 목적 및 제약조건은 포트폴리오 자산구성 시 고려해야 하는 요인이 됨

❷ 자산집단의 선택 : 투자의사 결정의 대상이 될 수 있는 자산집단을 선택해야 함. 자산집단은 주식, 채권뿐만 아니라 부동산, 상품(commodity), 장외파생상품 등 다양하지만, 몇몇 연기금은 내부 규정에 의해 주식과 같은 자산에 투자할 수 없는 경우도 있음

❸ 자산종류별 기대수익, 위험, 상관관계의 추정 : 선택된 자산집단에 대해 미래 수익률과 미래 위험을 추정해야 함. 주로 과거 자료를 분석하여 미래의 수익률이나 위험을 산출하기보다는 적극적으로 미래의 값을 추정하는 작업이 필요

❹ 최적 자산구성의 선택 : 이상에서 주어진 기대수익률, 위험, 상관관계 등의 준비자료를 이용하여 가장 효율적인 투자기회 집합을 추출. 이때 효율적인 투자기회(efficient investment opportunity)란 동일한 위험하에서 가장 높은 기대수익률을 가진 포트폴리오, 그리고 동일한 기대수익률 하에서는 가장 낮은 위험을 가진 포트폴리오를 의미. 여러 가지 경제변수들의 변화를 고려한 시나리오 분석을 통해 효과적인 의사결정을 지향해야 함

전략적 자산배분의 실행 과정

만약 자금운용자가 투자자산의 과대 또는 과소 평가여부를 판단할 수 없다면 최초 수립된 전략적 자산배분에 의한 자산구성을 그대로 유지해야 한다. 전략적 자산배분이란 중단기적인 자산구성으로 인한 투자성과의 저하를 방지하고, 지나치게 단기적인 시장 상황에 의존하는 투자전략으로부터 발생하는 위험을 사전적으로 통제하기 위한 전략이기 때문이다. 그러나 자금운용자가 단기적으로 각 투자자산의 가치가 균형 가격에서 벗어나 있다는 사실을 인식하면 구성자산에 대한 투자비중을 적극적으로 조정해 나가는 전략(전술적 자산배분)을 수행할 수 있다. 전략적 자산배분의 실행 과정을 그림으로 표현하면 〈그림 3-1〉과 같다.

〈그림 3-1〉에서 단절된 부분 ①과 ②는 전략적 자산배분의 기본 취지에 의해 매우 중요한 의미가 있다. ①부분이 단절된 이유는 전략적 자산배분에서는 장기적인 자본시장 예측치를 사용하므로 중단기적으로는 자산의 기대수익률, 위험, 상관관계가 일정하다고 가정하기 때문이다. 즉, 장기적인 투자를 지향하므로 단기적인 시장 상황 변화에 무관한 자산구성을 정하

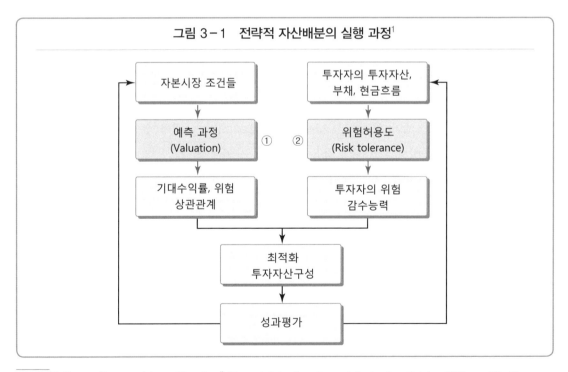

그림 3-1 전략적 자산배분의 실행 과정[1]

---

1 W.F. Sharpe, "Integrated Asset Allocation," *Financial Analysts Journal*, September–October 1987, pp. 25~32.

며, 최적 포트폴리오를 구성할 때 사용한 각종 자료는 시장 상황의 변화에도 불구하고 재조정하지 않는다. ②부분이 단절된 이유는 자본시장에 대한 각종 변수들에 대한 추정치가 고정적이므로, 자본시장 상황의 변화에 따른 투자자의 위험허용 정도의 변화가 없다고 가정하기 때문이다. 즉, 투자자들의 심리구조상 기금 수익률의 상승과 하락에 따라 위험선호도가 변화할 수밖에 없지만, 전략적 자산배분에서는 투자자 위험선호도의 단기적인 변화를 반영시키지 않는다.

〈그림 3-1〉의 전략 수립과정에 대해 단계별로 해설하면 다음과 같다.

❶ 자본시장 조건들 : 각 자산집단에 대한 미래수익률과 위험, 각 자산집단들 간의 상관관계를 추정하는 과정. 이때 유의해야 할 사항은 단순한 과거 자료를 가지고 통계적인 값을 도출하기보다는 적극적으로 미래의 값을 예상해야 한다는 점

❷ 투자자의 투자자금, 위험감수 : 투자자들의 투자자금, 부채, 이들 간의 차액인 순자산의 현재가치는 투자자의 위험에 대한 감수 정도(risk tolerance)를 결정하는 요인. 즉, 전략적 자산배분에 매우 핵심적인 기능으로써 자산부채관리(asset-liability management : ALM)와 같이 부채분석을 통해 자산운용의 목표를 도출하는 기능

❸ 최적화, 투자자산 구성 : 주어진 투자자의 위험 감수 정도, 자산들의 기대수익, 위험, 상관관계에 관한 자료를 이용하여 최적 자산구성을 파악. 최적화는 이차 최적화 기법(quadratic optimization)과 같은 계량적인 기법을 사용할 수 있지만, 주관적인 방법도 사용 가능

❹ 실현수익률과 피드백 과정 : 최적화의 실행결과 결정된 자산구성으로 달성한 실현수익률은 다음 기간의 투자자의 자산을 결정하므로 전략 수립의 최초 단계로 다시 전달되는 피드백 과정을 거치게 됨

3 전략적 자산배분의 결정자

전략적 자산배분은 투자자가 정하는 것이 원칙이다. 먼저 투자자들이 전략적 자산배분을 정한 다음 자금운용자에게 자금운용을 맡긴 경우, 개별 자금운용자 입장에서는 이미 정해진 전략적 자산배분 하에서 일부 자금만을 위양받아 투자할 뿐이므로 자산배분을 하면 곤란하다. 이는 기금 차원이 아니라 개별 펀드매니저가 또다시 자산배분을 하는 경우 전체적으로 자산배분이 혼란스러워지기 때문이다. 따라서 예를 들어 주식매니저의 경우 주어진 자금만으로 종합

주가지수와 같은 벤치마크 수익률을 이기기 위해 노력하면 된다.

전략적 자산배분의 이론적 배경

1 **효율적 투자기회선**

전략적 자산배분은 포트폴리오 이론에 토대를 두고 있다. 포트폴리오 이론은 여러 자산에 분산투자시 구성자산들의 평균 위험보다 포트폴리오의 위험이 낮아진다는 점을 시사하고 있다. 정해진 위험 수준 하에서 가장 높은 수익률을 달성하는 포트폴리오를 효율적 포트폴리오라고 부르며, 여러 개의 효율적 포트폴리오를 수익률과 위험의 공간에서 연속선으로 연결한 것을 효율적 투자기회선(efficient frontier)이라고 한다. 그러나 자산배분에서는 개별 증권보다는 자산집단을 대상으로 의사결정을 해야 하기 때문에 일반적인 투자론에서 말하는 효율적 투자기회선과 달리 〈그림 3-2〉에서의 점은 각 자산집단의 기대수익률과 위험을 의미한다. 원래 마코위츠의 효율적 투자기회선은 개별 증권을 대상으로 포트폴리오를 형성하는 개념이지만,

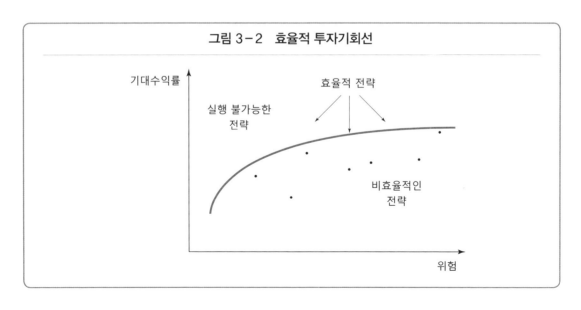

그림 3-2 효율적 투자기회선

1980년대 이후 자산배분 개념이 발달하면서 자산집단을 대상으로 하는 포트폴리오 형성이 시도되고 있다.

2 최적화 방법의 문제점

현실적으로 진정한 효율적 투자기회선을 규명하는 것은 불가능하다. 정확하게 효율적 투자기회선을 규명하기 위해서는 기대수익률, 위험, 자산 간의 상관관계를 정확하게 추정해야 한다. 최적화는 일정한 위험 수준 하에서 최대의 기대수익률을 달성하도록 개별 증권이나 자산집단으로 포트폴리오를 구성하는 기능이다. 또는 반대로 일정한 기대수익률 하에서 최소의 위험을 부담하도록 포트폴리오를 구성한다. 평균-분산 최적화(mean-variance optimization)에 필요한 변수는 증권이나 자산집단의 기대수익률, 기대표준편차, 기대 증권 간 상관관계이다. 만약 이 입력자료들이 정확하다면 평균-분산 최적화로 효율적인 포트폴리오를 구성할 수 있을 것이다.

그러나 입력자료들은 대부분 통계적 추정치(statistical estimate)들로 과거 자료로 추정한 것이기 때문에, 오류와 추정 오차가 내재되어 있기 마련이다. 이런 오류로 인하여 몇몇 자산집단에 대해 과잉투자 또는 과소투자가 이루어지기도 하며,[2] 추정 오류로 인해 비효율적인 포트폴리오가 구성되기도 한다. 이러한 input error 외에 자산배분의 결과가 최적화 과정에서 몇몇 자산들로 편중되는 현상이 발생하기도 한다. 이런 문제점들을 극복하기 위해 Black-Litterman approach가 도입되기도 했다.

3 추정 오차를 반영한 효율적인 투자기회선

현실적으로 미래의 기대수익률과 위험을 제대로 추정할 수 없기 때문에 변수 추정에는 근본적으로 오류가 내재할 수밖에 없다. 따라서 변수 추정에 오류가 존재한다면, 효율적인 투자기회선은 선이 아니라 일종의 영역으로 표시되며, 이를 실무에서는 엄밀한 학술용어는 아니

---

2 Richard O. Michaud, "The Markowitz Optimization Enigma: Is 'Optimized' Optimal?," *Financial Analysts Journal*, January-February 1989, pp. 31~42.

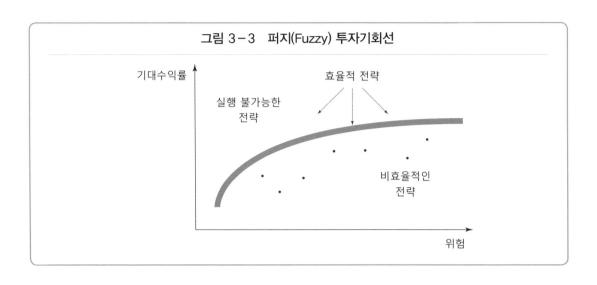

그림 3-3 퍼지(Fuzzy) 투자기회선

지만 퍼지 투자기회선(fuzzy frontier)이라고 부른다. 진정한 효율적인 포트폴리오는 이 영역 내에 존재하게 되며, 포트폴리오 역시 효율적 포트폴리오가 된다.

퍼지 투자기회선의 폭의 넓이는 변수 추정의 오류크기에 따라 결정된다. 기대수익률, 표준편차, 상관관계 등의 변수들이 추정치를 중심으로 흔들리게 되면, 자연스럽게 효율적 투자기회선도 상하좌우로 이동하게 되므로 일종의 영역, 즉 밴드를 형성하게 된다. 이러한 문제점을 해결하기 위해서는 제약조건을 가진 최적화(constrained optimization)를 수행할 수 있다. 모형 분석가가 각 자산집단에 대한 최대와 최소의 투자비중을 제약조건으로 포함시키는 것이다. 제약조건은 상식을 벗어날 만큼 지나치게 한 자산집단에 투자자금이 배분되는 것을 방지하기 위해서이다. 퍼지 투자기회선(fuzzy frontier)의 경우 각 위험 수준에 상응하는 효율적 포트폴리오가 한 개 존재하는 것이 아니라, 비교적 효율적 포트폴리오에 가까운 여러 개의 포트폴리오가 존재한다. 이 경우 발생하는 문제점은 여러 개의 효율적 포트폴리오들이 실제로는 매우 상이한 성과를 보인다는 것이다.

4 최적 자산배분의 선택

투자자의 최적 자산배분(optimal asset mix)은 효율적 투자기회선과 투자자의 무차별곡선(indifference curve)이 접하는 점에서 결정된다. 무차별곡선은 기대수익률 한 단위를 증가시키기

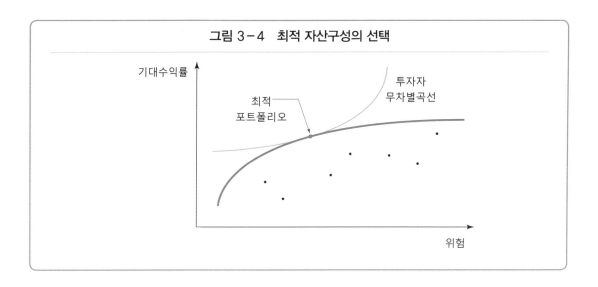

그림 3-4 최적 자산구성의 선택

기대수익률

투자자
무차별곡선

최적
포트폴리오

위험

위해 투자자가 감당할 수 있는 위험 정도를 나타낸다. 투자기회선과 무차별곡선을 수학적으로 정확하게 정의할 수 있다면, 수학적으로 최적인 자산배분을 구할 수 있다. 그러나 실제로는 투자기회선뿐만 아니라 무차별곡선도 정확하게 정의하기 어렵다. 따라서 실무적으로는 투자목적을 만족하는 여러 가지 대안 중에서 적절한 평가기준에 따라 평가하여 최고의 평가를 받은 대안을 선택하는 것이 일반적이다.

평균-분산 관점의 최적 자산배분에서 널리 이용하는 무차별곡선으로는 다음 식과 같은 효용 함수(utility function)가 있다. 이 식에서 기대수익률과 위험은 백분율이 아닌 숫자를 의미한다. 투자자의 위험회피 계수가 6~8이면 위험회피 정도가 매우 높으며, 위험회피 계수가 1~2이면 상대적으로 위험회피 정도가 낮다고 한다.[3]

$$U_m = E(R_m) - \frac{1}{2}\lambda\sigma_m^2$$

단, U_m : 자산배분 m의 효용 함수

λ : 투자자의 위험회피 계수

$E(R_m)$: 자산배분 m의 기대수익률

σ_m^2 : 자산배분 m의 수익률의 분산

자산배분 대안을 평가하기 위한 지표로는 적자 위험(shortfall risk)이 쓰이기도 한다. 적자위험은 포트폴리오의 가치가 최소 허용 수준 이하가 될 수 있는 가능성을 나타낸다. 예를 들어 수

3 W. Ziemba, *Stochastic Programming Approach to Asset, Liability, and Wealth Management*, 2003, p. 6.

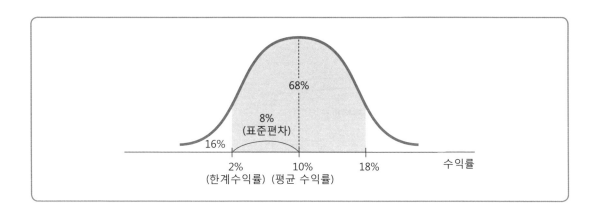

익률이 정규분포를 이룬다고 가정할 때 평균 수익률 10%, 수익률 표준편차 8%, 한계수익률이 2%라고 가정하면 shortfall risk는 16%이다. 따라서 최적 대안으로는 적자 위험이 가장 작은 것이 선택된다. 적자 위험을 이용한 지표로 안전 우선 기준(safety-first criterion)이라는 것이 있다. 안전 우선 기준은 한계 수준(threshold level) 이하가 될 확률이 가장 낮은 자산배분을 선택하는 것으로, 수익률이 정규분포인 경우에는 다음과 같은 안전 우선 비율(safety-first ratio)이 가장 높은 것을 선택하게 된다.

$$SFRatio = \frac{E(R_m) - R_L}{\sigma_m}$$

단, $SFRatio$: 안전 우선 비율

R_L : 한계 수준(threshold level)

$E(R_m)$: 자산배분 m의 기대수익률

σ_m : 자산배분 m의 수익률의 표준편차

5 최적화를 이용한 전략적 자산배분의 문제점

❶ 불안정한 해 : 평균-분산 최적화 기법의 문제점 중 하나는 해가 불안정하다는 점. 입력 자료를 약간만 변화시켜도 포트폴리오가 급변하게 되는 현상을 말함. 만약 어느 기관투 자가가 분기단위로 최적화 기법을 활용하여 자산배분을 결정한다고 가정해 보자. 자산 집단들의 기대수익률이나 위험과 같은 변수에 대해 소규모 수정은 대규모 포트폴리오 변경을 초래할 수 있음. 분기단위로 대규모로 실시되는 포트폴리오 변경은 높은 거래비 용을 초래할 것이므로, 자산배분의 질을 현격하게 저하시키는 역할을 할 것임

❷ 최적화 기법의 난해함 : 평균-분산 최적화는 매우 복잡한 기능으로서 블랙박스와 같이 내용을 이해하기 어려움. 많은 자금운용자들은 자신들이 이해하지 못하는 통계치로 가득 차 있는 이 기능을 두려워하며 기피. 구체적으로 다음과 같은 두 가지 이유로 최적화 기법에 대해 회의감을 표시. 첫째, 평균-분산 최적화를 이해하기 위해서는 통계학, 선형계획법, 포트폴리오 이론을 알아야 함. 둘째, 평균-분산 최적화는 완벽하게 이론으로 뒷받침되지만 직관적으로 이해하기 어려움

　　평균-분산 최적화가 주는 통찰력 중 하나는 단독으로 존재할 때 위험해 보이는 자산도 다른 자산과 상관관계가 낮다면, 전체 포트폴리오의 위험을 줄이는 역할을 수행할 수 있다는 점. 해외 주식이나 부동산이 다른 자산에 비해 상관관계가 낮아서 최적화 기법에 의하면 보다 높은 비율이 나옴에도 불구하고, 의사결정자들의 직관과 부합하지 않기 때문에 상대적으로 적은 비율로 투자되는 것을 흔히 볼 수 있음

❸ 최적화를 둘러싼 운용조직의 갈등 : 평균-분산 최적화는 기금 내에서도 몇몇 자금운용자들의 이해관계와 정면으로 배치되기도 함. 평균-분산 최적화를 위해 기금은 필요한 입력자료를 마련하고 최적화 모형을 작동한 다음, 자산배분 전략을 도출. 이렇게 결정된 자산배분의 결과 투자금액을 전혀 할당받지 못했거나 적은 규모만을 할당받은 자산집단의 매니저는 변수 추정상의 오류 문제를 제기할 수도 있음. 또한 특정 자산집단에 대한 투자를 선호하거나 싫어하는 운용관계자들이 존재하게 되면 자산배분결정에 주관적인 요소가 가미되면서 갈등이 표출되기도 함. 우리나라 기금의 경우 주로 주식투자비중을 정책적 또는 주관적으로 먼저 결정하고 나머지 자산집단에 대한 투자비중을 모형에 의해서 결정하는 식으로 갈등이 조정되기도 함

section 04 　전략적 자산배분의 실행방법

전략적 자산배분에서 최적 포트폴리오는 이론적으로는 위험-수익 최적화 방법을 사용하지만, 일반적으로 여러 가지 주관적인 방법을 동시에 사용하는 경향이 있다. 구체적으로 전략적 자산배분의 경우 다음과 같이 4가지 방법을 적용할 수 있다.

1 시장가치 접근방법

여러 가지 투자자산들의 포트폴리오 내 구성비중을 각 자산이 시장에서 차지하는 시가총액의 비율과 동일하게 포트폴리오를 구성하는 방법이다. 이 방법은 CAPM이론에 의해 지지되는 시장 포트폴리오(market portfolio)를 구성하는 방법이지만, 대형기금이라면 몰라도 소형기금의 경우 시장 포트폴리오를 형성하기 어렵기 때문에 적용할 수 없다.

2 위험수익 최적화 방법

기대수익과 위험 간의 관계를 고려하여, 동일한 위험 수준 하에서 최대한으로 보상받을 수 있는 지배원리(dominance principle)에 의하여 포트폴리오를 구성하는 방법이다. 기대수익과 위험을 축으로 하여 효율적 투자기회선(efficient frontier)을 도출하고, 효율적 투자곡선과 투자자의 효용 함수가 접하는 점을 최적 포트폴리오(optimal portfolio)라고 하며, 이를 전략적 자산배분으로 간주하는 것이다. 이 방법은 매우 엄밀한 도출과정을 거치며 다양한 활용이 가능하지만, 단일기간 모형(single period model)이라는 점과 입력 변수의 수준 변화에 지나치게 민감하다는 점이 약점으로 존재한다.

3 투자자별 특수상황을 고려하는 방법

운용기관의 위험, 최소 요구수익률, 다른 자산들과의 잠재적인 결합 등을 고려하여 수립하는 투자전략이다. 특정 법칙으로 정형화되기보다는 투자자의 요구사항을 고려할 수 있는 다양한 방법이 존재한다.

4 다른 유사한 기관투자가의 자산배분을 모방

연기금, 생명보험, 자산운용회사 등의 기관투자가들의 시장에서 실행하고 있는 자산배분을 모방하여 전략적 자산구성을 하는 방법이다. 상당히 많은 경우 전략적 자산배분의 출발점으로 타 기관투자가의 자산배분을 참고로 하고 있기 때문에 보편화되어 있는 방법이다.

전략적 자산배분의 사례

1 **미국 캘리포니아 공무원연금(CalPERs)**

세계적으로 유명한 미국 캘리포니아 공무원연금(CalPERs)의 전략적인 자산배분을 살펴보자. CalPERs의 자산배분은 국내외 주식, 채권, 유동자산을 대상으로 이루어진다. 〈표 3-1〉은 과거 CalPERS의 전략적 자산배분의 한 사례를 보여준다.

〈표 3-1〉에서 Target(목표비율)이라는 값이 전략적 자산배분을 의미한다. 즉, 전략적 자산배분이란 자산집단 간 예상수익률의 변화가 특별하게 변화하지 않는다면 장기적으로 반드시 유지해야 하는 자산 구성비이다. 추가적으로 만약 중기적으로 자산집단 간 예상수익률에 변화가 발생할 것이라는 확신이 서면 중기적으로 변화시킬 수 있는 자산집단 간 투자비중의 한계(boundary)를 결정하는 것 역시 전략적 자산배분 전략의 일환이다. CalPERs는 대략 5% 전후의

표 3-1 CalPERs의 자산배분 사례

자산집단	시장가치 (10억 달러)	실제 비율 (%)	목표 비율 (%)
현금 등가	2.1	1.0	2.0
채권 총계	49.5	22.6	20.0
대체투자(AIM)	30.6	14.0	14.0
주식	114.6	52.4	49.0
주식 총계	145.2	66.4	63.0
부동산(Real Estate)	15.4	7.0	10.0
인플레이션 연계 채권	6.5	3.0	5.0
총 펀드	218.8	100.0	100.0

* 목표비율(Target allocation)은 2009년 6월부터 시행.
* AIM : Alternative Investment Management

투자비중 변경 한도를 정해두고 있는 것으로 알려지고 있다.

2   국민연금의 중기 자산배분

(1) 자산군의 구분 및 자산군별 벤치마크

전략적 자산배분(중기 및 장기)에서는 자산군을 국내 주식, 국내 채권, 해외 주식, 해외 채권, 대체투자 및 기타 금융상품으로 분류하고 있다. 실제 기금운용본부가 운용하기 위해서는 보다 세부적인 자산군 및 운용스타일에 따라 별도의 벤치마크를 부여하고 있다.

표 3-2   국민연금기금의 자산군별 벤치마크

자산군	벤치마크	특이 사항
국내 주식	KOSPI	총수익 지수
해외 주식	MSCI AC World Index (ex Korea, hedged to KRW)	총수익 지수
국내 채권	BBB+등급까지의 채권을 포함하고 시장비중을 반영한 Customized Index	
해외 채권	Barclays Capital Global Aggregate Index (ex Korea, hedged to KRW)	
대체투자	세부 자산군별로 별도의 벤치마크	자산구분 : 국내 PE, 해외 PE, 국내 부동산, 해외 부동산, 국내 SOC

(2) 자산배분안 수립 절차

국민연금기금의 적립금이 급속히 증가하는 특성과 국가경제에 끼치는 영향 등을 현실성 있게 반영하기 위하여 매년 5년간의 중기 자산배분안을 수정하여 마련하고 있다. 즉, 변화된 대내외 경제여건과 투자환경을 반영하기 위하여 전년도의 중기 자산배분안을 토대로 보완 및 개선이 필요한 사항을 반영하여 조정하고 있다. 당해 연도의 자산배분안은 5년간의 중기 자산배분안의 처음 1년의 계획이라고 볼 수 있다.

(3) 자산배분안의 특징

장기 목표수익률은 '실질경제성장률+소비자물가상승률±조정치'로 설정되어 있다. 여기서 조정치는 목표수익률이 위험한도를 만족시키도록 하기 위한 것으로 조정치의 수준은 기금 운용위원회가 정하도록 하고 있다.

한편, 위험 한도는 shortfall risk를 기준으로 삼고 있는데, '향후 5년 동안의 shortfall risk ≤ 15%'로 되어 있다. 여기서의 shortfall risk는 운용수익률이 소비자물가상승률보다 낮을 가능성을 의미한다. 따라서 향후 5년간의 누적 운용수익률이 향후 5년간의 누적 소비자물가상승률보다 낮을 가능성을 15% 이내로 운용하여야 한다는 것을 의미한다. 또한, 국민연금의 기금 운용지침에는 또 다른 위험요소인 '5년 후 최저 적립금 비율', '연간 손실확률' 등을 고려하여 전략적 자산배분(안)을 결정하여야 한다고 규정하고 있다. '5년 후 최저 적립금 비율'이란 일정 확률 수준에서 5년 후 발생할 수 있는 최저 적립금을 평균 적립금(적립금의 기댓값을 의미)하며, '연간 손실확률'은 연간 운용수익률이 0%에 미치지 못할 확률을 의미한다.

이러한 목표수익률과 위험한도를 바탕으로 2022년에 작성한 중기 자산배분안은 〈표 3-3〉과 같다. 가장 큰 특징은 시간의 경과에 따라서 자산배분비율이 변하고 있다는 점이다. 일반적으로 전략적 자산배분비율은 특별한 사유가 없는 한 기간에 따라 달라지지 않고 일정하지만, 국민연금의 경우에는 기금의 규모가 급격히 증가하고 있고 해외투자나 대체투자의 경험이나 역량의 한계 등을 고려하여 시간의 경과에 따라 비중을 증가시키는 방식을 채택하고 있다. 또 다른 특징은 주식과 대체투자의 비중은 시간이 경과함에 따라 투자비율이 증가하며, 채권은 시간 경과에 따라 투자비율이 감소하는 방안을 채택하였다.

표 3-3 국민연금 중기(2023~2027) 자산배분 및 2023년도 기금운용계획안 개요

구분		2022년 말		2023년 말		2027년 말
		금액(조 원)	비중(%)	금액(조 원)	비중(%)	비중(%)
주식		445.5	44.1	500.2	46.2	55% 내외
	국내주식	164.9	16.3	171.9	15.9	
	해외주식	280.6	27.8	328.3	30.3	
채권		428.9	42.5	434.1	40.0	30% 내외
	국내채권	348.1	34.5	347.4	32.0	
	해외채권	80.8	8.0	86.7	8.0	
대체투자		135.7	13.4	149.7	13.8	15% 이상
금융부문 계		1,010.1	100.0	1,084.0	100.0	100%

chapter 04

전술적 자산배분

정의 및 운용과정

1 정의

전술적 자산배분(tactical asset allocation : TAA)이란 시장의 변화 방향을 예상하여 사전적으로 자산구성을 변동시켜 나가는 전략이다. 이는 저평가된 자산을 매수하고, 고평가된 자산을 매도함으로써 펀드의 투자성과를 높이고자 하는 전략이다. 즉, 전략적 자산배분의 수립시점에 세웠던 자본시장에 관한 각종 가정들이 단기적으로 변화함으로써 자산집단들의 상대적 가치가 변화하는 경우, 이러한 가치 변화로부터 투자이익을 획득하기 위하여 연간이나 분기와 같은 일정 주기마다 자산구성을 변경하는 적극적인 투자전략이다.

그러나 펀드 운용자가 투자자산의 과대 또는 과소 평가 여부를 판단할 수 없다면, 최초 수립된 투자전략에 의한 투자자산 구성, 즉 전략적 자산배분을 유지해야 한다. 단지 펀드 운용자가 각 투자자산의 가치가 균형 가격에서 벗어나 있다는 사실을 정확하게 평가할 수 있다면, 해당 의사결정을 내린 자산운용자의 책임하에 구성자산에 대한 투자비중을 적극적으로 조정해 나갈 수 있다. 각 자산운용기관에서 이러한 의사결정자를 주로 전략가(strategist)라고 부르며, 주로 운용담당 이사, 부장 또는 팀장들이 해당된다. 일부 회사에서는 전술적인 자산배분을 운용전략팀 등의 별도 조직 또는 협의체를 활용하여 실행하기도 한다.

2 운용과정

전술적 자산배분이란 전략적 자산배분에 의해 결정된 포트폴리오를 투자전망에 따라 중·단기적으로 변경하는 실행 과정이다. 주로 연간, 분기, 월과 같은 기간을 단위로 주식이나 채권에 대한 투자가치를 추정하여, 각 자산들의 미래수익률을 비교하여 투자유망성을 판단함으로써 전략적 자산배분에 의해 결정된 포트폴리오의 자산 구성비율을 변경한다. 따라서 전술적 자산배분이란 이미 정해진 자산배분을 운용담당자의 자산 가격에 대한 예측하에 투자비중을 변경하는 행위이며, 이는 중단기적인 가격 착오(mis-pricing)를 적극적으로 활용하여 고수익을 지향하는 운용전략의 일종이다.

3 운용상의 권한과 책임

자산배분의 변경으로 인한 운용성과의 변화는 해당 의사결정자가 책임져야 한다. 즉, 전략적 자산배분을 장기간 고수하도록 되어 있지만, 기금운용자들이 독자적인 판단에 의해 자산 구성을 변경할 경우 그 성공 여부에 대한 책임을 질 수밖에 없다. 만약 자산집단의 가격이 급속하게 변화하였음에도 불구하고 기금운용자들이 자산배분을 유연하게 변경하지 못한 경우 이에 대한 책임도 지도록 되어 있기 때문에 자금운용자들은 항상 시장 상황에 대응하여 운용해야 하는 상황이다.

1 역투자전략

전술적 자산배분은 본질적으로 역투자전략(contrary strategy)이다. 즉, 시장 가격이 지나치게 올라서 내재가치 대비 고평가되면 매도하며, 시장 가격이 지나치게 하락하여 내재가치 대비 저평가되면 매수하고자 하는 운용방법이다. 결과적으로 보면 시장 가격이 상승하면 매도하고 시장 가격이 하락하면 매수하는 모습을 가지므로 시장 가격의 움직임과 반대로 활동하는 역투자전략, 즉 음성피드백전략(negative feedback strategy)을 나타내게 된다.

전술적 자산배분은 평가된 내재가치(intrinsic value)와 시장 가격(market price) 간의 비교를 통해 실행을 판단하게 된다. 일반적으로 내재가치는 시장 가격보다 매우 낮은 변동성을 보이므로 역투자전략의 수행을 용이하게 만든다. 가장 내재가치를 추정하기 어려운 주식의 경우, 주로 내재가치는 기업의 수익 전망을 바탕으로 이익할인, 배당할인, 현금흐름의 할인 등의 다양한 방법으로 추정된다. 하지만 할인에 필요한 기업정보가 수시로 일간 단위로 산출되기보다는 적어도 분기 단위 이상으로 산출되기 마련이다. 그러므로 기업의 내재가치란 수시로 추정할

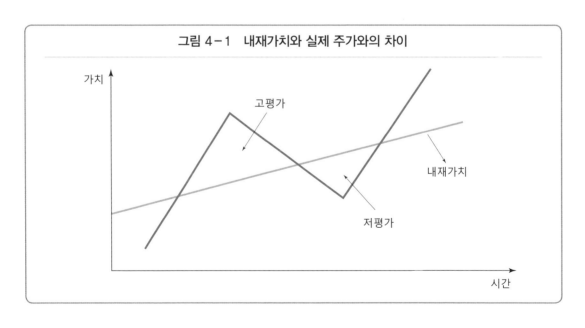

그림 4-1 내재가치와 실제 주가와의 차이

수 없는 중장기적인 변화과정을 보이므로 단기적인 시장 가격과 비교해보면 항상 가격 격차가 크게 발생할 수 있게 되는 것이다.

2 증권시장의 과잉반응 현상

증권시장은 주기적으로 대폭락과 폭등이 반복되어 자산집단의 가치가 과대평가 또는 과소평가되므로 전술적 자산배분을 가능케 한다. 자본시장의 과잉반응이란 새로운 정보에 대해 지나치게 낙관적이거나 비관적인 반응이 발생함으로써 증권의 시장 가격이 내재가치로부터 상당히 벗어나는 가격 착오 현상을 의미한다. 이러한 증권 가격의 비효율적인 움직임으로 인해 미래 증권 가격의 예측이 가능하다는 주장이 가능해지며, 결과적으로 미래의 가격 예측을 통해 높은 초과수익을 달성하고자 하는 적극적인 투자전략의 수립이 가능하게 된다. 따라서 전술적 자산배분은 이와 같은 자본시장의 과잉반응(overreaction)을 활용하는 전략이다.

또한 전술적 자산배분이 성립되기 위해서는 자산집단의 가격이 평균 반전(mean reverting process)과정을 따른다고 가정해야 한다. 평균 반전이란 자산집단의 가격이 단기적으로는 내재가치에서 벗어나지만 장기적으로는 결국 내재가치를 향해 돌아온다는 현상을 의미한다. 수많은 연구들에 의하여 평균 반전 현상이 여러 가지 자산집단에서 광범위하게 발생하고 있다고 한다. 하지만 이에 대해 비판을 제기하는 학자들과 지지하는 학자들의 의견이 대립하고 있어 실제 활용방법에 대한 의견이 정립되지 못하고 있다.

그 논쟁의 기본적인 면을 살펴본다면 다음과 같다. 우선 효율적 시장가설이 성립하는 자본시장에서 자산집단의 가격은 랜덤워크(random walk)를 따른다. 즉, 현재까지 이용가능하며 미래에 예측 가능한 모든 정보가 증권 가격에 반영되어 있으므로, 미래의 증권 가격은 도저히 예측할 수 없다는 것이다. 그러나 평균 반전 현상은 랜덤워크가 아니라 예측 가능한 모습을 띠고 있다. 만약 증권 가격이 균형 가격을 중심으로 반전을 거듭하며 그 균형 가격을 추정할 수 있다면, 결과적으로 미래의 투자수익률을 미리 예측할 수 있는 것이다.

따라서 평균 반전 현상은 증권시장이 비효율적이라는 사실을 의미하므로 기존의 재무이론에 혼란을 초래하게 된다. 예를 들어 투자자들이 평균 반전 현상을 토대로 주식이 과대평가되었으며 동시에 채권이 과소평가되었다는 사실을 알았다고 가정하자. 투자자들은 균형 가격에 도달하여 더 이상 미래의 수익을 기대할 수 없는 수준까지 주식을 매도하고 채권을 매수하려

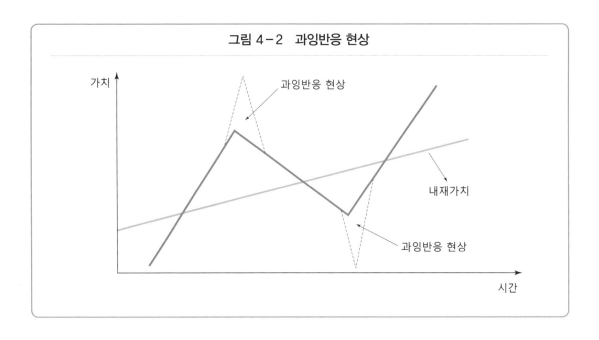

그림 4-2   과잉반응 현상

고 할 것이다. 따라서 만약 평균 반전 현상이 존재한다면 투자자들은 이를 이용하려고 할 것이며, 그 결과 증권 가격은 과대 또는 과소평가가 발생하는 즉시 균형 가격을 향해 수정될 것이다. 즉, 이러한 현상은 존재할 수 없게 되는 것이다.

하지만 현실적으로 시장은 고평가 또는 저평가 국면에서 과잉반응 현상이 복합적으로 나타나며 실제 운용상에 있어 적절한 전술적 자산배분 시점을 택한다면, 즉 과잉반응을 적절히 활용한다면 초과수익을 기대할 수도 있을 것이다.

이상과 같은 투자이론상 논란에도 불구하고 전술적 자산배분의 시사점과 증거는 매우 광범위하게 퍼져가고 있다. 과거 대부분의 연구결과에서 증권 가격이 랜덤워크를 따른다는 가설을 기각 하였지만, 주식 가격과 채권 가격은 장기적으로 보면 자기 자신의 과거치에 대해서 역(−)의 시계열 상관관계를 가지면서 평균 반전 과정을 따른다는 연구가 학계에 보고되고 있다.

3   자금운용자의 리스크 허용도와 TAA

〈그림 4-3〉에서 나타난 바와 같이 경기사이클에 따라 기업의 내재가치가 변화하지만, 시장 참여자들의 심리상태가 반영되는 주식의 시장 가격은 내재가치보다 먼저 그리고 크게 증폭되

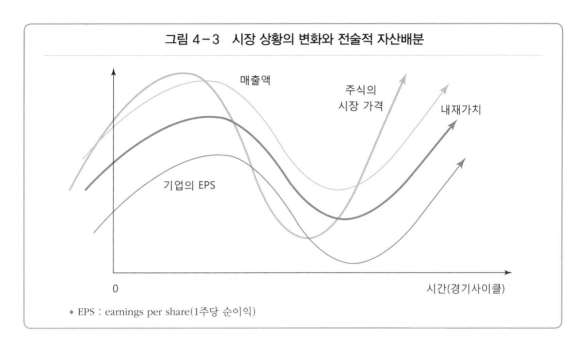

그림 4-3 시장 상황의 변화와 전술적 자산배분

매출액

주식의
시장 가격

내재가치

기업의 EPS

0

시간(경기사이클)

* EPS : earnings per share(1주당 순이익)

어 변화한다. 시장참여자들의 기대감과 실망감은 주가를 내재가치보다 훨씬 위와 아래로 움직이도록 만들기 때문이다. 투자방법을 잘 교육받고 오랫동안 운용경험을 가진 자금운용자들은 냉철한 판단으로 과대평가되었을 때 주식을 매도하며, 과소평가되었을 때 매수할 수 있다고 보는 투자전략이 바로 전술적 자산배분의 핵심이 된다.

그러나 현실적으로는 자금운용자들은 집단적인 사고방식을 따르는 경향을 강하게 가지고 있으므로 전술적 자산배분에서 요구하는 역투자전략을 구사하기 어렵다. 수익률이 상승하는 기간에서는 대부분의 자금운용자들이나 시장 분위기가 낙관적이다. 이때 내재가치 평가를 통해 과대평가되었다는 사실을 자신 있게 표명하면서 매도와 같은 시장 분위기에 역행하는 투자를 해야 한다. 문제는 현실적으로 이러한 역투자전략이 성공으로 판명되기까지는 매우 오랜 기간에 많은 인내력을 필요로 한다는 점이다. 물론 잘못 판단한 경우에는 심각한 처벌이나 징계적인 보상을 받게 된다. 따라서 펀드매니저들은 이러한 전략을 펼치기 어렵게 된다.

〈그림 4-4〉는 기금이나 펀드의 수익률 변화 모습과 시장 움직임 간의 관계를 그린 것이다. 이 곡선의 접선의 기울기는 주식펀드의 경우 주식편입비율, 채권펀드의 경우 채권 편입비중으로 해석될 수 있다. 주가가 현저하게 하락하여 저평가되었을 때 매수하며, 주가가 급등하여 고평가되었을 때 성공적으로 매도하였다고 하면 이런 변화 모습이 발생하게 된다. 즉, 시장과 역으로 투자하는 것은 결국 위로 볼록(convex)한 수익률 곡선을 가지게 된다는 점을 알 수 있다.

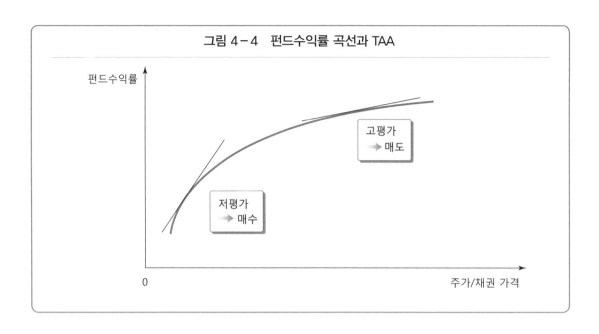

그림 4 - 4   펀드수익률 곡선과 TAA

펀드수익률

고평가
➡ 매도

저평가
➡ 매수

0   주가/채권 가격

전술적 자산배분의 실행 과정

1   가치평가과정

전술적 자산배분의 실행 과정은 크게 두 가지로 나누어진다. 첫 번째로는 자산집단의 가치를 평가하는 활동이며, 두 번째로는 가치판단 결과를 실제투자로 연결할 수 있는 위험허용 여부이다. 우선 전술적 자산배분이 성립하기 위해서는 반드시 가치평가가 전문적으로 이루어져야 한다. 따라서 〈그림 4-5〉에서 가치평가에 관한 ① 부분이 긴밀하게 연결되어 있는 것은 가치평가기능이 자산집단 간의 기대수익률 변화, 즉 내재가치 변화를 추정하는 것이기 때문이다.

전술적인 자산배분은 자산집단의 기대수익률, 위험, 상관관계의 변화를 중기적으로 계속하여 예측하므로 예측기능을 매우 강조한다.

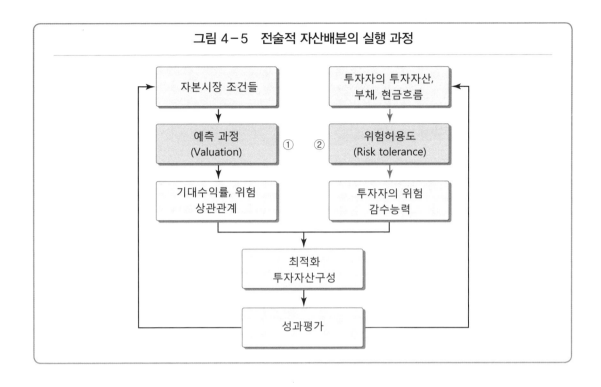

그림 4-5 전술적 자산배분의 실행 과정

2 투자위험 인내 과정

다음으로는 가치평가 결과를 실제의 투자활동으로 연결시키기 위해서는 반드시 위험허용도
가 뒷받침되어야 한다. 〈그림 4-5〉에서 ② 부분이 단절되어 있는 것은 투자자의 위험허용도가
포트폴리오의 실현수익률이라는 상황 변화에 영향받지 않는다고 가정하고 있기 때문이다.

전술적 자산배분의 초점은 자산집단 간의 상대적 수익률 변화에 대한 예측이며, 시장 가격
의 상승과 하락에 관계없이 저평가된 자산집단의 매수, 고평가된 자산집단의 매도를 지향하
기 때문이다. 그러나 실제로는 시장 가격의 상승으로 실현수익률이 높아지면 투자자의 위험
인내력이 증가하므로 낙관적인 투자자세를 갖게 된다. 반대로 시장 가격이 하락하면 실현수
익률이 축소되면서 투자자의 위험 인내력도 동시에 줄어드는 것이 일반적이다. 따라서 실현
수익률의 고저에 무관하게 자산의 가치판단에 의해 자산배분을 변경하기란 매우 어렵다.

전술적 자산배분의 실행 도구

1 가치평가모형

자산 가격은 단기적으로 빈번하게 균형 가격(equilibrium price) 또는 적정가치(fair value)에서 벗어날 수 있지만 중장기적으로 균형 가격으로 복귀한다는 가정을 이용하는 투자전략이다. 따라서 전술적 자산배분은 가치평가에서부터 출발해야 한다.

가치평가를 정확하게 하기 위해서는 다양한 방법이 존재하며 이 방법들을 개별로 적용하는 경우와 과거 자산운용자의 경험치를 결합하여 적용하는 방법 등이 존재한다.

우선 가치평가모형의 첫 번째 모형으로는 전형적인 기본적 분석방법(fundamental analysis)을 들 수 있다. 주식의 경우 이익 할인, 배당할인, 현금흐름 할인 모형 등의 다양한 방법이 존재하며, 채권의 경우 기간구조를 이용한 현금흐름의 할인 모형이 가장 표준적으로 사용된다.

두 번째 모형으로는 요인 모형 방식(Factor Model)을 들 수 있다. CAPM, APT, 다변량 회귀분석 등은 자산집단의 가격을 설명해 낼 수 있는 여러 가지 변수로 가치평가를 판단하기 위한 모형들이다. 물론 단순한 예측모형뿐만 아니라 여러 가지 상황별로 가치가 변화하는 것을 좀 더 효과적으로 추정하기 위한 시뮬레이션 기법을 병행하기도 한다.

어떤 자산집단의 가격이 과소 또는 과대평가되었다는 사실을 판단하기 위해서는 해당 자산집단의 기대수익에 영향을 주는 변수들에 대한 예측이 요구된다. 하지만 정확한 균형 가격을 산출해 내기보다는 균형 가격의 변화 방향성을 추정하는 것과 다른 자산과의 상대적인 가격 비교가 중요하다. 그러나 자산집단의 균형 가격은 어떠한 모형이나 이론으로도 규명되기 어려우므로 전술적인 자산배분은 주관적인 가격 판단을 활용하는 경우도 많다.

2 전술적 자산배분과 기술적 분석

가치평가를 정확하게 하기 위해서는 다양한 방법이 존재하며 이 방법들을 개별로 적용하는 경우와 과거 자산운용자의 경험치를 결합하여 적용하는 방법 등이 존재한다. 특히 실무에서는 자산집단에 대한 가치평가 시 과거 일정기간 동안의 변화 모습을 많이 사용하는데 이는 기술적 분석의 일환이다. 〈그림 4-6〉은 주식과 채권에 대한 과거 26년간의 자료 분석을 통해 주가와 채권 가격의 상대적인 상승확률을 추정한 다음 운용으로 연결한 경우이다.

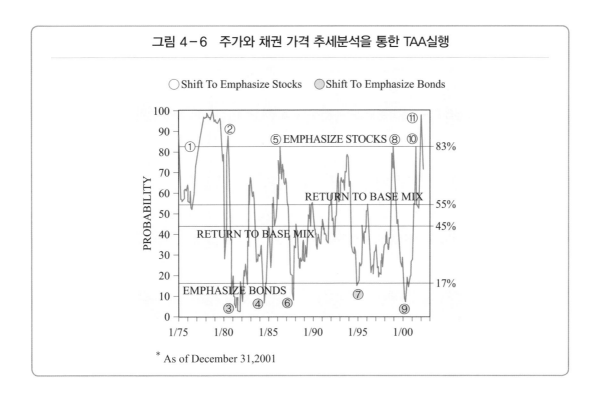

그림 4-6　주가와 채권 가격 추세분석을 통한 TAA실행

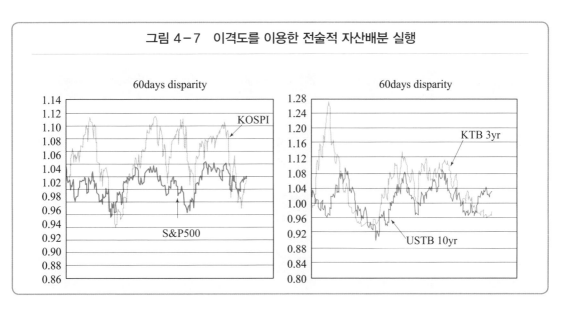

그림 4-7　이격도를 이용한 전술적 자산배분 실행

〈그림 4-7〉은 중·단기적인 자산배분 전략을 실행하는 데 있어 주가 및 채권지수 각각의 이동평균으로 계산한 이격도(disparity)를 이용한 것이다. 주가 및 채권의 과열 및 침체국면을 기술적으로 파악하는 데 도움이 된다.

3 간단한 적용사례 : 포뮬러 플랜(Formula Plan)

막연하게 시장과 역으로 투자함으로써 고수익을 지향하고자 하는 전략의 한 사례로 사용될 수 있는 전략 중 하나가 포뮬러 플랜이다. 이 방식은 주가가 하락하면 주식을 매수하고, 주가가 상승하면 주식을 매도하므로 역투자전략을 지향한다. 정액법과 정률법이 있는데 두 가지 모두 동일한 방법이다. 〈그림 4-8〉에서 일정한 기간마다 주식과 채권의 편입비중을 동일하게 유지하고자 할 때, 위 부분은 주가가 상승한 경우 주식을 매도하여 정률법을 유지하는 경우이며, 아래 부분은 주가가 하락한 경우 주식을 매수하여 정률법을 유지하는 경우이다.

이 전략은 주가와 채권 가격의 추세 움직임만을 사용하므로 단순하게 주가가 하락했다고 해서 주식을 매수하는 문제점을 안고 있다. 운이 좋게 일정한 박스권 내에서 주가가 등락을 거듭하고, 재조정 주기도 주가의 등락에 부합되면 수익을 올릴 수 있지만 그렇지 못할 경우

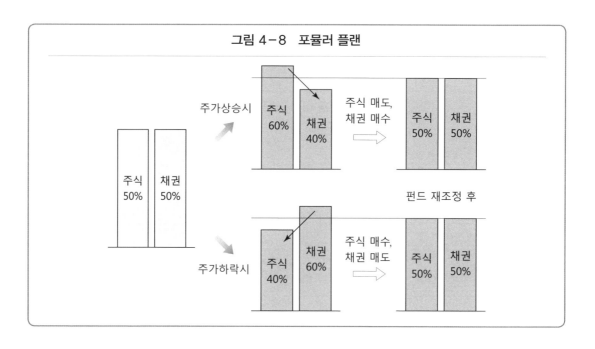

그림 4-8   포뮬러 플랜

큰 손실이 발생하게 된다. 이 방법은 주식과 채권 간의 가치변화를 간단하게 추세적으로 파악하여 전술적인 자산배분을 하게 되므로 초과수익을 달성하기 위한 적절한 방법이라고는 볼 수 없다.

전술적 자산배분의 특성

1   TAA와 운용조직 구조

자산운용회사나 연기금 같은 전문적인 자산운용조직이 전술적 자산배분을 효과적으로 실행하기 위해서는 포트폴리오 관리기능을 의사결정별로 나누는 것이 필요하다. 자산운용의 의사결정 중에서도 자산배분결정과 증권 선택결정을 분리하는 것이 가장 바람직하다. 이러한 자산운용에 관련 의사결정기능이 분화되어 계층적인 구조를 가진다는 사실은 앞서 1장에서 설명한 바 있다. 만약 자산배분결정을 중앙집중화한다면 운용조직은 권한과 책임이 뚜렷하게 구분되는 라인 형태 또는 팀제 형태를 갖추게 된다. 운용위원회, 전략위원회, 투자전략팀, 투자전략가를 통해 전략적 자산배분과 전술적 자산배분이 결정되고, 하부단위에서 실행을 담당하는 자금운용자들은 정해진 전략과 전술 하에서 증권거래를 위주로 실행하는 기능을 담당하게 된다. 물론 운용조직별로는 자금운용자에게 제한적인 자산구성 비율의 변경 권한을 부여할 수도 있다. 이렇게 자산배분에 관한 결정 권한이 분리된 후에는 전반적인 리스크 관리체계를 수립하는 것이 바람직하다.

2   TAA와 자금운용자의 위험선호도

전술적 자산배분은 자금운용자가 고정적인 위험허용한도(constant risk tolerance)를 가지고 있다는 가정을 하고 있다. 즉, 자금운용자들은 시장 가격의 상승기나 하락기에 동일한 위험선호도를 유지하고 있다고 보는 것이다.

그러나 실제로 자금운용자는 시장 상승기에 낙관적인 투자자세로 높은 위험허용도를 갖지만, 시장 하락기에는 비관적인 투자자세로 극도로 위험회피적인 투자자세를 지향하는 것이 일반적이다. 따라서 시장의 가격 변동 상황에 관계없이 일정한 위험허용도를 가진다는 것이 평범한 펀드운용조직이나 자금운용자에게 기대하기 어려운 가정이다. 이때 만약 자산운용조직이 합리적인 평가방법을 세우지 않고 절대수익률과 같은 시장 상황에 좌우되는 평가방법을 제시한다면, 자금운용자들은 자연스럽게 시장수익률을 시장 변화와 같은 방향으로 추적하게 되므로 전술적 자산배분은 불가능하게 된다.

3 TAA와 가치평가모형(valuation model) 간의 관계

시장 하락기에 주식의 저평가 상태를 판단하여 주식을 매입하고, 시장 상승기에 주식의 고평가 상태를 판단하고 주식을 매도하기 위해서는 주관적인 판단의 한계를 보완할 수 있는 계량적인 가치평가모형이 필요하다. 몇몇 운용기관에서는 극단적으로 자금운용자의 주관적인 가치평가를 배제하고 오로지 계량적인 평가방법만으로 시스템적으로 운용하는 투자방법을 내세우기도 한다. 시스템적인 운용방법이란 자금운용자의 주관적인 가치판단을 가능한 배제하기 위해 일정한 투자원칙을 세우고, 이 투자원칙에 의해 펀드를 운용해 나가는 방법을 말한다. 일반적으로 컴퓨터를 이용하여 투자가치나 투자방법을 결정하고, 실행의 마지막 단계에서 자금운용자가 개입하는 전략은 모두 시스템 투자펀드에 해당된다. 그러나 계량모형의 경우 정확성을 확보하기 쉽지 않으므로 계량모형은 내재가치 자체를 정확하게 맞추기보다는 가격 변동의 착오발생 여부와 가격 변동의 방향성 등을 대략적으로 예측하는데 공헌이 더 크다고 본다. 즉, 계량모형은 모형의 정확성보다, 약간의 오류가 있더라도 전술적 자산배분이라는 투자의사결정에 미치는 영향으로 인해 활용가치가 있다는 것이다.

chapter 05

보험자산배분

section 01 ## 정의 및 운용과정

1 정의

보험자산배분(insured asset allocation : IAA)이란 투자자가 원하는 특정한 투자성과를 만들어 내기 위해 기금이나 펀드의 자산 구성비율을 동적으로 변동시켜 나가는 전략을 의미한다.[1] 이는 자산배분을 초단기적으로 변경하는 전략으로써, 가능한 한 미래 예측치를 사용하지 않고 시장 가격의 변화 추세만을 반영하여 운용하는 수동적인 전략이다.

보험자산배분 전략은 일반적인 투자목표나 투자위험을 수용하는 자금보다는 일정기간 동안 목표수익률을 반드시 달성해야 하는 특수한 목적을 가진 자금에 적용할 수 있는 전략이다. 자산운용회사의 경우 일정한 목표수익률을 제시하는 펀드나, 최소 보장수익률이 존재하는 보장형 펀드 등에 적용 가능하다. 또한 일반적인 펀드에도 일정 투자기간 중에 획득한 투자수익을 최소한으로 확보하면서 주식시장의 상승에 참여할 수 있는 투자전략의 일환으로 이용할 수 있다.

---

[1] 동적 자산배분(dynamic asset allocation)이란 중단기적으로 자산집단 간의 상대적인 가격착오를 이용해 고성과를 달성하고자 하는 전술적 자산배분과 초단기적으로 특정한 수익률을 달성하기 위해 운용하는 보험자산배분을 모두 의미하기도 한다.

2 포트폴리오 보험 전략을 선호하는 투자자의 특성

포트폴리오 보험(portfolio insurance) 전략을 원하는 투자자란 정상적인 투자가가 아닌 비정상적인 투자가이다. 위험자산에 투자하면서 극단적으로 위험을 회피하는 전략으로서, 이미 증권시장 내에서는 손절매(stop-loss)제도와 같이 여러 가지 형태로 활용되어 왔다. 이론상 효율적인 시장에서는 평균적인 위험선호도를 가진 투자자들은 포트폴리오 보험을 이용하지 않는다는 사실이 학자들에 의해 주장되고 있다. 즉, 포트폴리오 보험을 선호하는 투자자들은 일반적인 투자자들보다 하락 위험(downside risk)을 더 싫어하는 특성을 가진다는 사실이다. 따라서 매년 보험지급액을 확보해야 하는 보험, 내부규정에 의한 최저투자 수익률을 달성해야 하는 기금, 연금생활자와 같이 정기적으로 이자소득을 목표로 하는 투자자 중 기대수익률이 높은 유형 등의 투자자들이 보험자산배분을 활용한다.

section 02 이론적 배경과 역사

1 이론적 배경

일반적으로 보험자산배분 전략은 자산배분을 통해 미리 설정한 최소한의 수익률을 보장하면서 주가가 상승하는 경우에는 그에 따른 수익을 일정 부분 획득할 수 있도록 하는 포트폴리오 보험을 추구한다.

이론적으로는 위험자산인 주식에 투자하면서, 동시에 일정한 가격 이하로 주가가 하락하는 경우에 대비하여 미리 정해진 행사 가격으로 매도할 수 있는 풋옵션을 결합하면 포트폴리오 보험의 수익구조를 만들 수 있다. 이러한 포트폴리오를 보험 포트폴리오(insured portfolio)라고 부르는데, 〈그림 5-1〉에서 보듯이 보험 포트폴리오는 주가수익률이 큰 폭으로 하락하는 경우에도 목표수익률 또는 최저 보장수익률을 달성하며, 주가가 상승하는 경우에는 그에 따른 수

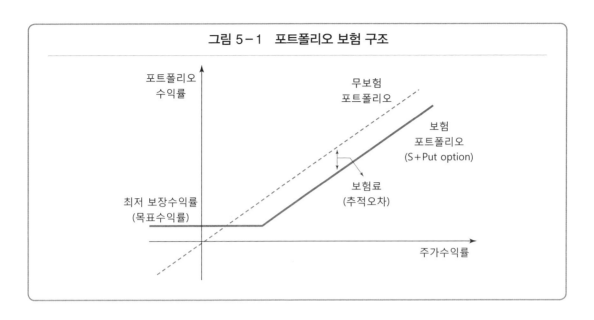

그림 5-1 포트폴리오 보험 구조

포트폴리오
수익률

무보험
포트폴리오

보험
포트폴리오
(S+Put option)

보험료
(추적오차)

최저 보장수익률
(목표수익률)

주가수익률

익도 향유하게 된다. 가장 중요한 사항인 최저 보장수익률 또는 목표수익률은 반드시 무위험 자산수익률 이하로 결정해야 한다.

보험자산배분 전략은 옵션을 이용하지 않고 보험 포트폴리오의 수익구조를 창출하기 위한 것으로, 위험자산(주식)과 무위험자산 간의 투자비율을 지속적으로 조정함으로써 그러한 목적을 달성할 수 있는데 구체적으로는 옵션의 가격 모형을 이용하는 방법과 고정비율 포트폴리오 보험으로 나눌 수 있다.

2 보험자산배분 전략의 실행 메커니즘

보험자산배분 전략의 실행 메커니즘의 기본특성은 다음과 같다.

① 보험자산배분 전략은 위험자산과 무위험자산 간에 투자자금을 할당하는 방식을 토대로 한다. 이 방식은 오로지 포트폴리오 가치에만 의존한다. 미래 시장 상황에 대한 견해와 투자성과에 대한 예측은 위험자산의 선택에만 영향을 주지 위험자산과 무위험자산 간의 투자자금 할당에는 영향을 미치지 못한다.

② 포트폴리오 가치가 하락함에 따라 무위험자산에 대한 투자비중이 높아지고, 포트폴리오 가치가 상승함에 따라 위험자산에 대한 투자비중이 상승하는 자산배분 원칙을 가진다.

❸ 위험자산의 시장 가격이 하락하여 최저 보장수익을 보장할 수 없을 만큼 치명적인 최저 수준에 도달하기 전에 포트폴리오 전체가 완전히 무위험자산에 투자되도록 만든다.

위와 같은 특성을 가진 자산운용방법은 모두 포트폴리오 보험을 제공해준다. 포트폴리오 보험을 추구하는 투자자는 위의 투자원칙에 의하여 주식 가격이 상승할 때 주식을 매입하게 되고 주식 가격이 하락할 때 주식을 매도하게 된다. 그러나 낮은 가격에 주식을 매입하고 높은 가격에 주식을 매도하고자 하는 가치투자자(value investor)들은 포트폴리오 인슈런스의 고가매입-저가매도(buy high/sell low) 전략에 대하여 반감을 보일 수도 있다.[2]

3 포트폴리오 보험의 실행 과정

이 전략은 투자자가 일정 수준 이하의 수익률 하락을 감수할 수 없는 위험 허용 함수를 가진 경우에 적용해야 하므로, 전략의 수립과정에서 투자자산의 가치 하락 위험을 정확하게 통제하는 것이 중요하다. 전략을 실행하기 위해서는 먼저 투자목표상 반드시 달성해야 하는 최저 수익률(floor)을 규명한 후, 이를 달성할 수 있는 포트폴리오 조정방법을 선택해야 한다.

❶ 과정을 생략한 이유 : 포트폴리오 보험에서는 투자기간 동안 자산의 기대수익, 위험, 상관관계는 변화하지 않는다고 가정하고 있음. 즉, 자본시장의 변화에 대해 미리 예측하여 투자함으로써 고수익을 달성하기보다는, 지금 현재의 시장 가격의 움직임을 받아들여 위험자산에 대한 투자비중을 줄이거나 높여나가는 것이 이 전략의 초점이기 때문임

❷ 단계가 활성화된 이유 : 포트폴리오 보험은 투자자의 위험 허용도가 순자산가치의 변화에 매우 민감하게 반응하며 변화한다는 가정을 가지고 있음. 즉, 포트폴리오의 현재가치와 최저 보장수익의 현재가치 간의 차이인 쿠션(cushion)이 커질수록 위험 허용치가 증가하고, 쿠션이 작아질수록 위험 허용치가 줄어든다고 가정. 따라서 〈그림 5-2〉에서 ② 부분은 이 전략수행에서 가장 핵심적인 역할을 수행. 결과적으로 투자자산의 가치가

---

2 포트폴리오 보험을 구입하는 것이 아니라 매각한 경우, 즉 포트폴리오 보험과 정반대의 투자전략을 실행하는 경우에는 저가매입-고가매도(buy-low/sell-high) 전략을 사용하며, 이를 전술적 자산배분(tactical asset allocation)이라고 한다. 그러므로 포트폴리오 보험 실행자와 전술적 자산배분 실행자는 서로 행동이 정반대이므로, 시장 하락 시 포트폴리오 보험에 의해 촉발되는 주식 매도를 역행투자자(contrarian investor)의 성격을 가진 전술적 자산배분 실행자들이 소화해 냄으로써 주식시장의 하락폭을 줄일 수 있다. 그러나 시장(또는 한 자산)의 폭락 시 전략적 자산배분 포트폴리오 내 해당 자산의 비중이 너무 커져 그 기능이 작동하지 않을 수 있다.

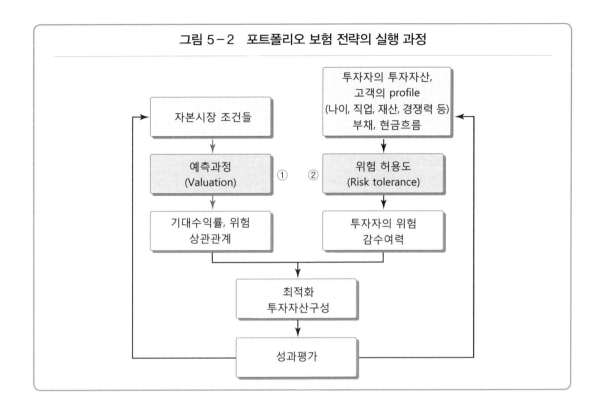

그림 5-2 포트폴리오 보험 전략의 실행 과정

투자자의 투자자산,
고객의 profile
(나이, 직업, 재산, 경쟁력 등)
부채, 현금흐름

자본시장 조건들

예측과정
(Valuation)

① ②

위험 허용도
(Risk tolerance)

기대수익률, 위험
상관관계

투자자의 위험
감수여력

최적화
투자자산구성

성과평가

상승하면 위험자산에 대한 투자비중이 증가하고, 투자자산의 가치가 하락하면 위험자산에 대한 투자비중이 감소하는 positive feedback strategy의 구조를 가짐

4 포트폴리오 보험의 역사

보험자산배분은 일반적으로 포트폴리오 보험(portfolio insurance)이라고도 한다. 포트폴리오 보험은 1981년 Leland와 Rubinstein이 개발하여 실용화한 기법으로 위험자산과 무위험자산에 대한 투자비중을 조정함으로써 위험자산과 풋옵션을 결합하여 만든 합성 포트폴리오(synthetic portfolio)의 성과, 즉 시장의 변화와 무관하게 최저 수익률을 달성하고, 동시에 위험자산의 가격이 상승하면 일정 부분 그 수익률을 향유할 수 있다는 사실을 처음으로 인식하였다.

Leland와 Rubinstein은 O'Brien과 함께 LOR(Leland O'Brien Rubinstein Associates)이라는 투자자문사를 설립한 후 포트폴리오 보험을 상품화하여 1980년대에 큰 명성을 얻었다. 포트폴리오 보험은 개발된 지 2~3년 후부터 본격적으로 연기금을 주된 고객으로 하여 운용되기 시작하였다. 1987년 10월 19일 미국 증시의 대폭락(Black Monday)이 발생하기 직전에는 투자자산 규모가 1,000억 달러에 달하였다. 그러나 증시 대폭락 시 이론과 달리 손실을 제한하는 보험기능이 작동되지 않아 큰 손실을 입게 되었다.

블랙먼데이가 발생하였을 때 포트폴리오 보험이 제대로 작동되지 않고 대규모 손실을 본 이유는 여러 가지로 설명할 수 있다. 우선 1,000억 달러에 달하는 거액의 포트폴리오 보험 펀드들이 동시에 주가 하락으로 인한 매도주문을 시장에 냈다는 점이다. 이를 방아쇠 효과(trigger effect)라고 하는데, 포트폴리오 보험은 거의 유사한 시점에 매도신호를 인식하도록 구조화되어 있기 때문에 이로 인한 집중적인 매도가 시장을 폭락시키면서 보험이 불가능하도록 만들었다는 사실이다.

다음으로는 포트폴리오 보험은 주식 편입비를 조정하면서 발생하는 거래비용을 절감하기 위하여 현물 주식 대신 주가지수선물을 매수하거나 매도하는 경우가 많은데, 단기간에 주가지수선물에 대한 매도주문의 집중으로 선물과 현물 간 가격 격차가 차익거래(arbitrage)로 해소될 수 없을 만큼 커졌다는 점이다. 따라서 1987년의 미국 증시 대폭락 시 포트폴리오 보험의 운용자산들은 원래 의도한 최저 수익률 확보에 실패하고 심각한 손실을 기록하였기 때문에, 투자자들은 이 전략으로는 시장 폭락에 대처하지 못한다는 사실을 인식하게 되었고, 그 결과 포트폴리오 보험전략은 급격하게 퇴조하였다.

section 03 옵션모형을 이용한 포트폴리오 보험(OBPI)

1 개요

포트폴리오 보험의 가장 이상적인 형태는 투자기간과 동일한 만기를 가지며 행사 가격이 최소 보장금액과 동일한 유럽형 주가지수 풋옵션이 존재하는 것이다. 그러나 현실세계에서는 이러한 풋옵션이 존재하지 않으므로 풋옵션을 모사해낼 필요성이 발생하게 된다. 포트폴리오 보험전략의 가장 고전적인 기법인 합성 풋옵션 전략은 주식과 채권 사이의 투자비율을 동적으로 조정해 감으로써 마치 위험자산과 이에 대한 풋옵션을 함께 보유한 경우와 동일한 성과, 즉 방어적 풋(protective put)의 성과를 모방해 내고자 하는 전략이다. Leland와 Rubinstein은 Black-Scholes의 옵션 가격 공식을 이용하여 위험자산과 무위험자산의 구성비율을 동적으로 변경함으로써 옵션의 성과(Payoff)를 복제할 수 있다는 사실을 발견하였다.[3] 여기서 무위험자산은 대상기간의 이자율이 확정된 증권으로서 보험기간 최초일과 만기가 일치하는 할인채권과 같은 것을 대상으로 하였다.

옵션모형을 이용한 포트폴리오 보험(option-based portfolio insurance : OBPT)이란 근본적으로 옵션의 '델타 헤징(delta hedging)'에서 발전된 개념이다. 델타 헤징이란 옵션의 가격 변동과 기초자산의 가격 변동의 비율인 델타를 위험자산 투자비중과 일치시키는 기법이다. 예를 들어, 콜옵션 델타란 콜옵션 가격을 기초자산의 가격에 대해 미분한 값($\frac{\partial C}{\partial S}$, 단, C : 콜옵션 가격, S : 주식 가격)을 의미한다. 델타 헤징은 옵션과 기초자산의 가격 변화에 따라 연속적으로 변동하는 옵션 델타를 계산해 내고, 이에 의하여 자산의 투자비중을 동적으로 조정하는 일종의 동적 자산관리 방법이다.

2 OBPI 실행 방법

풋옵션 복제전략을 이해하기 위해서는 주식과 풋옵션 매입 포지션으로 구성된 방어적 풋을 먼저 살펴볼 필요가 있다. 최초에 보유하고 있는 주식의 규모를 $s(0)$라고 할 때, 만기 시에 최저 보장금액 $g(T)$를 달성하기 위해서는 추가적으로 행사 가격이 $g(T)$인 풋옵션을 매입해야 한다. 이렇게 구성된 포트폴리오의 가치는 다음의 식으로 표현된다(여기에서는 풋옵션 가격의 모형으로 배당이 없는 경우의 블랙-숄즈 모형을 이용하였다. 필요한 경우 풋옵션 가격 모형을 적절한 것으로 교체하여 나타낼 수 있다).

방어적 풋의 구성＝주식＋최저 보장가치 행사 가격으로 하는 풋옵션 매입

0시점의 포트폴리오 가치
$$= s(0) + P(s(0),\ T,\ g(T))$$
$$= s(0) + [g(T) \times e^{-rT} \times N(-d_2) - s(0) \times N(-d_1)]$$

3 M. Rubinstein and H. Leland, "Replicating Option with Positions in Stock and Cash," *Financial Analysts Journal*, July~August 1981, pp. 63~72.

$$d_1 = \frac{\ln\dfrac{s(0)}{g(T)} + \left(r + \dfrac{1}{2}\sigma^2\right) \times (T)}{\sigma\sqrt{T}}, \quad d_2 = d_1 - \sigma\sqrt{T}$$

단, T : 만기 시점

$P(\ \ )$: 풋옵션 가격

$s(0)$: 0시점의 주식 가치

$g(T)$: 만기 시 최저 보장금액

위 식에 의한 포트폴리오의 만기 시 가치는 보유하고 있는 주식의 가치가 최저 보장가치 이하인 때에는 풋을 행사함으로써 최저 보장가치를 확보하게 된다. 만기 시 주식의 가치가 최저 보장가치 이상인 때에는 풋의 가치는 0이 되므로 포트폴리오의 가치는 주식의 가치와 동일하며, 수익률은 다음의 식으로 나타낼 수 있는데 여기서 $s(0)/(s(0)+P)$는 주가 상승에 대해 이 전략이 얻을 수 있는 수익의 비율을 나타내는 것으로 참여율(participation rate)이라고 부른다.

최저 보장가치 이상일 때의 수익률

$$= \frac{s(T)}{s(0)+P} - 1 = \frac{s(T)}{s(0)} \times \frac{s(0)}{s(0)+P} - 1$$

실제로는 방어적 풋을 구성할 것이 아니라 주식과 무위험자산에 대한 투자금액을 조정함으로써 동일한 효과를 올리려는 것이므로, 각 자산집단의 규모를 알기 위해서는 위의 수식을 다음과 같이 조정해야 한다.

0시점의 포트폴리오 가치

$$= s(0) - s(0) \times N(-d_1) + g(T) \times e^{-r(T-t)} \times N(-d_2)$$
$$= s(0) \times (1 - N(-d_1)) + g(T) \times e^{-r(T-t)} \times N(-d_2)$$

위의 식으로부터, 보유하고 있던 주식 중 $N(-d_1)$비율만큼 매도함으로써 주식은 $s(0) \times (1-N(-d_1))$만큼만 보유하고, 포트폴리오에서 주식 보유액을 차감한 $g(T) \times e^{-r(T-t)} \times (1 - N(d_1))$의 금액은 무위험자산에 투자해야 함을 추론할 수 있다.

예를 들어 10.0억 원의 주식을 보유하고 있는 투자자가 원하는 1년 후의 최저 보장가치를 9.0억 원이라고 하자. 이를 달성하기 위해서는 현재가치 10억 원 행사 가격 9.0억 원인 풋옵션을 매입해야 한다. 이 풋의 가격이 0.4억 원이라면, 이 투자자는 추가적으로 0.4억 원이 필요하게 되고 결과적으로 총 투자금액은 10.4억 원이 된다. 또한 이 풋의 델타를 −0.24라고 하면, 옵션 복제전략을 이용하기 위해서 보유해야 할 주식규모는 $10 \times (1-0.24) = 7.6$억 원이며,

무위험자산의 규모는 전체 포트폴리오와 주식 보유액의 $10.4 - 7.6 = 2.8$억 원이다.

이러한 방식은 총투자금액이 사전에 확정되지 않는 문제점이 있다. 위의 예에서 투자자는 현재 10억 원인 자산의 1년 후 최저 보장가치가 9억 원이기를 원하였지만, 실제로 실행된 전략은 10.4억 원을 투자하여 1년 후의 최저 보장가치가 9억 원인 전략으로 투자자가 원하는 것과는 다른 것이다. 또한 시간이 경과하면서 자산의 가치가 변함에 따라 자산 구성비율을 변경해야 하는데, 이때 어떤 식으로 포트폴리오를 조정해야 하는지를 적절하게 설명하지 못하며 추가 투자가 필요할 수도 있다. 이러한 상황은 투자금액이 확정적으로 주어지는 일반적인 투자환경과 다른 것이다.

따라서 총투자금액이 사전적으로 정해지는 일반적인 투자 환경에서 활용하기 위해서는 주어진 총투자금액(또는 포트폴리오 규모) = 주식규모 + 풋옵션 가격이 되도록 주식규모를 결정해야 한다. 이러한 과정은 만기까지의 매시점별로 포트폴리오를 조정하는 경우에 동일한 방식으로 적용될 수 있다. 이를 반영하여 OBPI 실행절차를 다음과 같이 나타낼 수 있다.

❶ 단계 1 : 포트폴리오의 가치를 산정. 포트폴리오의 가치는 주식의 현재가치와 무위험자산의 현재가치의 합. 최초에 현금으로만 투자되었다면, 포트폴리오의 규모는 현금이 됨
   - t시점의 포트폴리오 가치 = 주식 평가액 + 무위험자산 평가액

❷ 단계 2 : 다음의 식을 만족시키는 $s(t)$를 구함. 옵션 가격 모형에 포함된 $g(T)$는 최저보장가치. $s(t)$는 시행착오(trial and error)나 최적화 방법을 이용하여 구할 수 있음. 여기서 구해진 $s(t)$는 방어적 풋에서 t시점의 주식규모를 의미. 특히 $s(0)/(s(0) + P(s(0), T, g(T))$는 이 전략 실행 시점에서 예상되는 참여율
   - t시점의 포트폴리오 가치

$$= s(t) + [g(T) \times e^{-r(T-t)} \times N(-d_2) - s(t) \times N(-d_1)]$$
$$= s(t) + P(s(t), T-t, g(T))$$

$$d_1 = \frac{\ln \dfrac{s(t)}{g(T)} + \left(r + \dfrac{1}{2}\sigma^2\right) \times (T-t)}{\sigma\sqrt{T-t}}, \quad d_2 = d_1 - \sigma\sqrt{T-t}$$

단, T : 만기 시점

t : 만기 이전의 임의 시점$(t < T)$

$P(\ \ )$: 풋옵션 가격

$s(t)$: t시점의 주식 가치

$g(T)$: 만기 시 최저 보장금액

❸ 단계 3 : 옵션 복제전략에서 t시점에 보유해야 할 주식과 무위험자산의 규모를 다음 식에 의해 산정. $-N(-d_1)$은 풋옵션의 델타를 의미

- t시점에 보유해야 할 주식의 규모 $= s(t) \times (1 - N(-d_1))$

  즉 얼마만큼 주식비중을 줄여 풋옵션 가격 상승을 통한 포트폴리오 가치 보호를 설명할 수 있느냐는 것임

- t시점에 보유해야 할 무위험자산의 규모 $= t$시점의 포트폴리오 가치 $-t$시점에 보유해야 할 주식의 규모

❹ 단계 4 : 다음과 같이 포트폴리오를 조정

- t시점의 주식 매수 규모 $= t$시점에 보유해야 할 주식의 규모 $-$ 주식 평가액
- t시점의 무위험자산 매수 규모 $= t$시점에 보유해야 할 무위험자산의 규모 $-$ 무위험자산 평가액

❺ 단계 5 : 만기 시까지 단계 1부터 단계 4를 반복

3 OBPI 실행 사례

최초의 투자금액이 100억 원, 만기 시의 최저 보장가치 90억 원, 투자기간 1년, 포트폴리오 조정주기 1 영업일인 포트폴리오 인슈런스를 실행하고자 한다. 행사 가격은 90으로 동일하며 주가 수준과 잔존기간이 다른 풋옵션들의 가격과 델타는 〈표 5-1〉과 같다고 가정하자.

$t = 0$: 최초의 투자금액을 100억 원이라고 가정하자.

❶ 단계 1 : 포트폴리오의 가치 $= 100,000$

❷ 단계 2 : 방어적 풋을 가정한 경우의 주식 규모를 위에서 주어진 표를 이용하여 구함. 주가＋옵션 가격의 합이 포트폴리오의 가치와 동일한 주가가 원하는 값. 정확한 값이 없는 경우에는 다음과 같이 보간법을 이용하여 근사치를 구함. 컴퓨터 계산 프로그램을 이용하면 보다 정확한 값을 구할 수 있음

- 방어적 풋에서의 주식 규모

  $= 94 + (95 - 94) \times (100 - 99.705)/(100.389 - 99.705) = 94.431$

❸ 단계 3 : 각 자산집단별로 보유해야 할 규모를 계산. 우선 먼저 단계 2에서와 같은 방식으로 풋옵션의 델타를 계산

표 5-1 행사 가격이 90인 풋옵션들의 가격 및 델타

주가	잔존기간=1년			잔존기간=0.994년		
	옵션 가격	델타	주가+옵션 가격	옵션 가격	델타	주가+옵션 가격
91,000	6.745	-0.371	97.745	6.734	-0.371	97.734
92,000	6.382	-0.355	98.382	6.371	-0.355	98.371
93,000	6.036	-0.339	99.036	6.025	-0.339	99.025
94,000	5.705	-0.323	99.705	5.694	-0.323	99.694
95,000	5.389	-0.308	100.389	5.378	-0.308	100.378
96,000	5.088	-0.294	101.088	5.077	-0.294	101.077
97,000	4.802	-0.279	101.802	4.791	-0.279	101.791
98,000	4.530	-0.266	102.530	4.518	-0.266	102.518
99,000	4.270	-0.253	103.270	4.259	-0.253	103.259

- 풋옵션의 델타
  $= -0.323 + (-0.308 - (-0.323)) \times (100 - 99.705)/(100.389 - 99.705)$
  $= -0.317$
- 보유해야 할 주식의 규모 $= 94.431 \times (1 - 0.317) = 64.530$
- 보유해야 할 무위험 자산의 규모 $= 100 - 64.530 = 35.470$

❹ 단계 4 : 최초의 투자이므로 64.53억 원의 주식을 매입하고 35.47억 원은 무위험자산을 매입

$t=1$: 1일 경과 후(잔존기간=0.996년) 주가가 1.1% 상승하여 주식평가액이 65.255억 원이며, 무위험자산의 평가액은 35.476억 원이라고 가정하자.

❶ 단계 1
  - 포트폴리오 가치 $= 65.255 + 35.476 = 100.731$

❷ 단계 2 : 위의 표를 이용하여 방어적 풋의 주식규모의 근사치를 구함
  - 방어적 풋에서의 주식 규모 $= 95.505$

❸ 단계 3 : 풋옵션의 델타 $= -0.301$
  - 보유해야 할 주식의 규모 $= 95.505 \times (1 - 0.301) = 66.780$
  - 보유해야 할 무위험 자산의 규모 $= 100.731 - 66.780 = 33.951$

❹ 단계 4 : 주식 매수 규모 $= 66.780 - 65.255 = 1.525$(억 원)

• 무위험 자산 매수 규모＝33.951－35.476＝－1.525(억 원)

위의 과정을 투자 만기까지 반복하여 수행하게 된다. 〈표 5-2〉는 만기까지 위의 과정을 수행한 활동을 요약한 표의 일부이다.

〈그림 5-3〉은 OBPI에서 시장 상황에 따라 주식과 무위험자산의 규모가 어떻게 변하는지를 알기 위한 시뮬레이션 결과를 나타낸 것이다. 투자기간은 1년(250 영업일)을 가정하였으며, 상승기(1년 수익률 33%인 경우와 18%인 경우)와 하락기(누적수익률 －28%인 경우와 －3%인 경우)로 구분하여 모두 4가지의 결과를 보여준다.

표 5-2　OBPI 시뮬레이션 결과

경과 일수	주가 상승률	평가액			보유해야 할 규모		투자활동	
		주식	무위험자산	총자산	주식	무위험자산	주식	무위험자산
0				100.00	64.54	35.46	－35.46	35.46
1	0.40%	64.80	35.46	100.26	65.38	34.88	0.58	－0.58
2	－1.49%	64.41	34.89	99.30	62.41	36.89	－2.01	2.01
3	－1.94%	61.21	36.90	98.11	58.53	39.58	－2.68	2.68
4	－0.15%	58.44	39.58	98.03	58.28	39.75	－0.17	0.17
5	1.63%	59.24	39.75	98.99	61.49	37.50	2.25	－2.25
6	－0.96%	60.90	37.51	98.41	59.60	38.81	－1.30	1.30
7	－1.64%	58.64	38.81	97.45	56.36	41.09	－2.28	2.28
8	0.45%	56.61	41.10	97.71	57.28	40.43	0.67	－0.67
9	－2.12%	56.08	40.44	96.51	53.06	43.45	－3.01	3.01
10	2.06%	54.17	43.46	97.63	57.04	40.59	2.87	－2.87
...				...				
241	－0.17%	126.02	0.00	126.02	126.02	0.00	0.00	0.00
242	－0.59%	125.27	0.00	125.27	125.27	0.00	0.00	0.00
243	－0.38%	124.80	0.00	124.80	124.80	0.00	0.00	0.00
244	0.84%	125.86	0.00	125.86	125.86	0.00	0.00	0.00
245	－1.43%	124.08	0.00	124.08	124.08	0.00	0.00	0.00
246	－0.02%	124.05	0.00	124.05	124.05	0.00	0.00	0.00
247	0.00%	124.05	0.00	124.05	124.05	0.00	0.00	0.00
248	1.22%	125.57	0.00	125.57	125.57	0.00	0.00	0.00
249	0.68%	126.43	0.00	126.43	126.43	0.00	0.00	0.00
250	－0.98%	125.20	0.00	125.20				

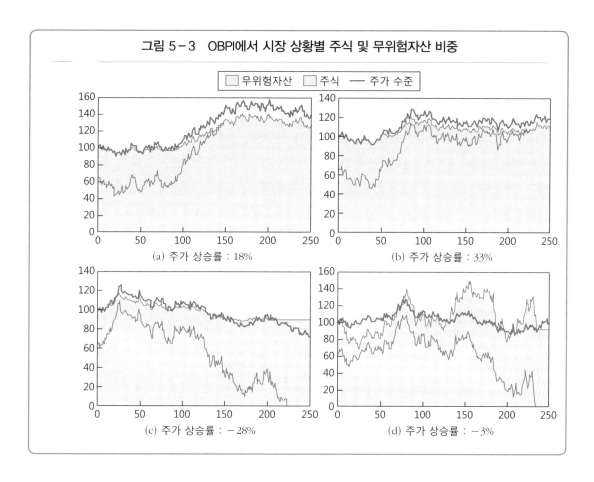

그림 5-3 OBPI에서 시장 상황별 주식 및 무위험자산 비중

무위험자산 　주식 　주가 수준

(a) 주가 상승률 : 18%

(b) 주가 상승률 : 33%

(c) 주가 상승률 : -28%

(d) 주가 상승률 : -3%

　시뮬레이션 결과 OBPI 전략은 주가 상승기에는 주가 상승률보다 낮은 수익률을 나타내며, 주가 하락기에는 최소 보장가치를 확보하는 데 그쳤다. 주가 상승기에는 만기가 도래하기 전에 포트폴리오 전체가 주식으로 운용되었으며, 주가 하락기의 예에서는 만기가 도래하기 전에 포트폴리오 전체가 무위험자산으로 운용되었음을 보여준다.

4 옵션모형을 이용한 포트폴리오 보험의 문제점

　옵션모형을 이용한 포트폴리오 보험은 최초 개발 이후 현재까지도 많이 사용되고 있지만 다음과 같은 한계점을 가지고 있다. 첫째, 모형에서 주가의 연속적인 변화(continuous process)를 가정하고 있지만 실제로 주가는 불연속적인 움직임(jump process)을 나타내고 있기 때문에 포트폴리오 인슈런스의 목표도달의 효율성이 떨어질 수 있다. 둘째, 자산 구성비율의 조정이 주가의 움직임과 동일하게 연속적으로 이루어져야 하지만, 실제 운용할 경우 어느 정도의 시간 간격을 가지고 재조정(rebalancing)이 이루지기 때문에 전략의 효율성이 저하된다. 셋째, 만기일에 주가가 충분하게 상승하거나 하락한 경우에는 극단적으로 포트폴리오가 주식 100% 또는 채권 100%로 구성되는 경우가 빈번하게 발생한다. 이러한 경우에 투자기간을 연장하여 포트폴리오를 재구성해야 한다면 상당한 비용과 시간이 소요된다. 그 밖에도 모형을 실행하는 데에는 많은 기술이 요구되며, 옵션모형을 이용하기 위해서는 주식 가격의 변동성(σ)을 정확하게 추정해야 한다는 점, 무위험 수익률이 고정적이어야 하는 점, 투자기간이 확정적이어야 하는 점 등의 여러 가지 사항을 해결해야 한다.

5 변동성 추정 문제

포트폴리오 보험이 풋옵션을 모사해 내는 것이라고 할 때, 전략의 수행에 필요한 모수(母數)들은 무위험이자율, 위험자산의 현재 가격, 잔존기간, 기초자산 가격의 변동성 등이다. 이들 모수들은 대부분 관찰 가능하지만 위험자산 가격의 변동성은 유일하게 직접 관찰할 수 없다. 변동성은 과거의 주식 가격 자료로부터 추정해 낼 수 있지만 그것은 과거의 변동성이지 현재나 미래의 변동성은 아니다. 변동성에 대한 과잉 또는 과소추정은 전략의 성과에 많은 영향을 미친다. 특히 합성 풋옵션 복제전략을 실행할 때 변동성을 잘못 추정하여 사용하면 전략의 최종성과가 목표한 바와 다르게 나타나므로 변동성의 정확한 추정 및 예측은 합성 풋옵션 복제전략의 수행에 있어서 가장 중요하다.

만약 변동성을 실제로 실현된 변동성보다 더 큰 값으로 예측한 경우에는 위험자산의 가격 하락 위험이 상당히 증폭되어 인식된다. 따라서 그 결과 포트폴리오의 가치가 하한 이하로 하락할 위험이 높은 것으로 판단되므로 위험자산에 대한 투자비중을 적정 수준보다 작게 유지한다. 또한 변동성을 작게 예측한 경우에는 위와는 반대로 위험을 과소평가하게 되어 위험자산에 대하여 과도한 투자를 실시한다.

변동성을 과대 또는 과소 계산한 어떠한 경우도, 만약 주가가 상당히 하락하여 풋옵션이 내가격(in-the-money)으로 끝난 경우는 원래 최초에 정해 놓은 최저수익을 정확하게 달성해 낼 수 있다. 그러나 시장이 상당히 상승하여 풋옵션이 외가격(out-of-the-money)으로 끝난 경우에 변동성을 과대예측하면 위험자산에 대하여 과소투자하였으므로 시장 상승에 참여하는 정도가 낮게 되므로 정상적인 경우보다 낮은 성과를 실현하게 될 것이다. 따라서 변동성의 정확한 추정 및 예측은 포트폴리오 보험에서 가장 중요한 역할을 하게 된다. 증권가격의 미래 변동성을 예측하는 방법은 다양하지만, 그 어느 모형도 최선의 예측 결과를 보장해 주지는 못한다.

포트폴리오 보험 전략은 자금운용자가 미래의 시장 상황에 대한 예측을 반영하여 변동성을 결정할 수도 있다. 만약 주식시장이 상승하는 추세를 가질 것으로 예상한다면 분산을 좀 더 작게 추정함으로써 위험자산에 대한 투자비중을 높게 하며, 하락할 것으로 예상하면 분산을 크게 하여 위험자산에 대한 과도한 투자를 방지하는 것이 바람직하다. 그러나 어떠한 시장 상황하에서도 최소 보장수익 이하로 투자성과가 하락하는 것을 방지하고자 하는 포트폴리오 보험의 특징을 잘 유지하기 위해서는 가능한 한 펀드 운용자의 주관적인 판단요소를 배제하여 여러 가지 계량적인 예측모형에 의해 변동성을 예측하도록 해야 한다.

section 04 | 고정비율 포트폴리오 보험(CPPI) 전략

1 | 개요

Perold와 Black-Jones는 1986년 선형재조정법칙(linear rebalancing rule)을 이용하여 포트폴리오 인슈런스를 실행하는 방법에 관한 논문을 발표하였다. 이들의 매우 직관적인 간단한 법칙을 토대로 하는 고정비율 포트폴리오 보험(constant proportion portfolio insurance : CPPI) 전략으로 인해 손쉽게 포트폴리오 인슈런스전략을 수행할 수 있게 되었다.[4] CPPI전략이 타 전략보다 우

---

4 Estep과 Kritzman은 고정비율 포트폴리오 보험과 모든 면에서 거의 유사하지만 하한의 설정을 약간 변형시킨 시간불변 포트폴리오 보험을 발표하였다. Tony Estep and Mark Kritzman, "TIPP: Insurance without complexity," *The Journal of Portfolio Management*, Summer 1988, pp. 38~42., Michael J. Brennan and Eduardo S. Schwartz, "Time-Invariant Portfolio Insurance Strategies," *Journal of Finance vol.* 43, 1988, pp. 283~299. TIPP전략은 투자시작시점에서 하한을 포트폴리오 최초 투자금액의 80%와 같이 설정하여 놓고 시간이 경과하여 위험자산의 가치 상승으로 포트폴리오의 평가액이 증가한다면 그 증가된 포트폴리오 평가액의 80%를 새로운 하한으로 설정하는 방법이다. TIPP전략의 최소 보장수익은 투자기간 중의 최대 포트폴리오 가치의 일정 비율만큼이 된다. 따라서 CPPI전략과 TIPP전략의 차이점은 하한(floor rate)의 설정과 갱신 방법에 있다. 그러나 TIPP전략은 사전적으로 최소 보장수익을 정할 수 없는 단점이 있다.

수한 점은 전략의 단순성(simplicity)과 유연성(flexibility)이다. 단순성이란 컴퓨터를 사용하지 않고도 어떠한 거래가 필요한지를 쉽게 계산해 낼 수 있을 정도로 간단한 모형을 사용한다는 점이다. 유연성이란 투자 개시 시점 또는 투자 실행 과정에서 투자자가 여러 가지 변수에 대한 값을 수시로 변경할 수 있기 때문에, 투자자가 원하는 대로 다양한 전략을 수립할 수 있다는 점이다.

2 CPPI전략의 특성

CPPI전략의 특성은 다음과 같다.

❶ 포트폴리오 가치는 사전적으로 정의된 각 시점별 최저 보장가치 이하로 하락하지 않음. 각 시점별 최소 보장가치는 만기시 최저 보장가치의 현재가치
❷ 각 시점별 최저 보장가치는 무위험수익률만큼 매일 증가
❸ 계산과정은 매우 간단하여 합성 풋옵션전략과는 달리 블랙-숄즈 옵션모형이나 변동성의 추정이 필요하지 않음
❹ 투자기간(investment horizon)이 반드시 사전에 정해질 필요는 없음

3 CPPI전략의 투자공식

CPPI전략은 다음과 같은 투자공식을 가지는 전략이다.

주식투자금액 = 승수(乘數) × (포트폴리오 평가액 − 최저 보장수익의 현재가치)
채권투자금액 = 전체 포트폴리오 평가액 − 주식투자금액

이때 승수란 양수이며 자금운용자의 경험에 의해 주관적으로 정해진다. 승수가 낮을수록 위험자산에 대한 투자비중이 낮아지며, 승수가 높을수록 주식투자금액 증가를 초래한다. 자산가치와 만기 최저 보장수익의 현재가치 간의 차이를 쿠션(cushion)이라고 하며, 쿠션에 승수를 곱한 값을 익스포저(exposure)라고 한다. 익스포저는 주식투자금액을 뜻하며, 최저 하한은 만기 시에 보장받고자 하는 투자금액을 뜻한다.

CPPI의 근본적인 실행 메커니즘을 알아보기 위하여 승수가 1인 경우, 최초 투자금액이 100이며, 보장 수준이 100(원본보장), 무위험수익률이 4%라고 가정하자.

$$쿠션(\text{cushion}) = 100 - \frac{100}{1+0.04} = 100 - 96.15 = 3.85$$

$$주식투자금액 = 3.85 \times 1(승수) = 3.85$$

$$채권투자금액 = 100 - 3.85 = 96.15$$

투자기간 말의 채권부문 평가액이 $96.15 \times 1.04 = 100$이 되므로 승수가 1인 경우는 보장받고 싶은 최저 보장수익의 현재가치만큼을 무위험자산에 투자하고, 나머지를 주식에 투자하는 것이다. 승수가 1인 전략은 주식의 투자비중을 동적으로 조정해 간다고 할 수 없으며 오히려 최초에 설정한 자산 배분량을 최종 시점까지 그대로 유지해가는 것과 동일하므로 매입-보유 전략(buy and hold strategy)의 일종이라고 할 수 있다. 만약 승수를 1보다 높게 결정하면 최저보장수익을 보장하기 위한 금액을 초과하는 부분(쿠션)에 승수를 곱하여 주식을 매입하게 되고, 주식의 가치가 하락하여 최저 보장수익의 현재가치에 다가가면 주식에 대한 투자금액이 급격히 감소하게 된다.

4 CPPI전략의 투자실행단계

CPPI전략의 투자 실행단계를 정리하면 다음과 같다(투자기간이 1년인 경우를 가정).

❶ 단계 1 : 포트폴리오의 가치를 평가
- 포트폴리오 가치 = 주식평가액 + 채권평가액
- 주식은 포트폴리오에 포함된 주식들의 평가 시점의 시장 가격을 이용
- 채권의 평가액은 다음과 같이 근사적으로 계산된 이자만큼 채권 가치를 증가시킴. 완전한 형태의 무위험자산이 아닌 경우 시장 가격을 이용

$$채권이자 = 전일의\ 채권\ 원금 \times r \times \frac{경과일\ 수}{365}$$

❷ 단계 2 : 다음과 같이 쿠션을 계산
- 하한의 현재가 = 투자만기 시점의 최소 보장가치 $\times \dfrac{1}{\left(1 + r \times \dfrac{잔존일수}{365}\right)}$

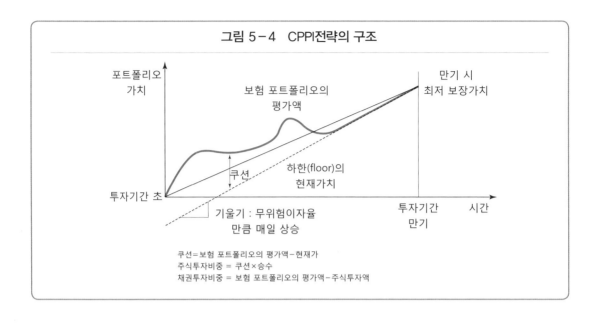

그림 5-4 CPPI전략의 구조

쿠션＝보험 포트폴리오의 평가액－현재가
주식투자비중 ＝ 쿠션×승수
채권투자비중 ＝ 보험 포트폴리오의 평가액－주식투자액

- 쿠션＝포트폴리오의 평가액－하한의 현재가
❸ 단계 3 : 위 단계 2에서 구한 쿠션에 승수를 곱하여 주식에 투자해야 할 금액인 익스포
  저를 결정하고 여기서 결정된 익스포저와 전일에서 넘어온 주식의 평가액의 차액을 매
  수 또는 매도하여 포트폴리오를 재조정
  - 익스포저＝쿠션×승수
  - 주식매수 또는 매도금액＝익스포저－단계 1에서의 주식 평가액
❹ 단계 4 : 주식에 투자하고 남은 금액을 채권부문에 배분
  - 채권투자금액＝단계 1의 포트폴리오 평가액－익스포저

투자자가 CPPI전략을 수행하기 위해서는 투자 개시 시점에서 승수와 만기 시의 최저 보장
가치를 결정해야 한다. 최저 보장가치의 현재가치는 시간이 경과함에 따라 무위험수익률만큼
증가한다. 결론적으로 CPPI전략은 단순히 쿠션에다 승수를 곱한 값만큼의 금액을 주식에 투
자하면 된다. 단 리밸런싱(rebalancing)을 너무 자주하면 수수료 부담이 생기고, 운용자금 규모
에 따라 사고, 팔 때 유동성의 문제가 발생하기도 한다. 파생상품을 사용해도 거래비용이 추
적오차(tracking error)를 내기 충분할 수 있다. 만일 1일 1회 리밸런싱을 한다면 현재 한국 주
식의 1일 상하한폭이 30%임을 감안할 때 3.3 이상의 승수는 이론적으로 최저보장에 실패할
가능성을 내포한다.

즉 승수가 3.3일 경우 주가가 하한가를 기록하면 쿠션을 모두 잃어버릴 수 있다는 것이다. 따라서 현실적으로는 투자하고 있는 위험자산(주식)의 성격, 현 국면에서의 변동성(volatility) 등을 감안하여 승수를 결정하도록 한다.

5 CPPI전략의 실행(예시)

가정 : 할인율(무위험이자율) 4%, 최저 보장수익 또는 목표수익=원본

시작일 : 2××1년 1월 1일, 만기일 : 2××1년 12월 31일

주식과 채권 포트폴리오는 인덱스펀드를 가정

채권투자액은 매일 무위험이자율만큼 상승

펀드의 리밸런싱은 매일 주식 종가를 이용하여 실시

승수=9.0 가정

표 5-3 CPPI전략의 실행결과

날짜	주가	기준 가격	주식 평가액	채권 평가액	총평가액	하한 현재가	쿠션	주식투자 금액	채권투자 금액
01-02	520.95	1,000.00	0	0	1,000	961.54	38.46	346.15	653.85
01-03	521.43	1,000.39	346.47	653.92	1,000.39	961.85	38.54	346.87	653.52
01-04	558.02	1,024.80	371.21	653.59	1,024.80	961.95	62.85	565.63	459.17
01-05	580.85	1,047.99	588.77	459.22	1,047.99	962.06	85.94	773.42	274.57
01-08	586.65	1,055.80	781.14	274.66	1,055.80	962.37	93.44	840.93	214.87
01-09	589.92	1,060.51	845.62	214.89	1,060.51	962.47	98.04	882.39	178.12
01-10	560.81	1,016.99	838.85	178.14	1,016.99	962.57	54.42	489.75	527.24
01-11	561.79	1,017.90	490.61	527.29	1,017.90	962.68	55.23	497.04	520.87
01-12	587.87	1,041.03	520.11	520.92	1,041.03	962.78	78.25	704.27	336.76
01-15	599.00	1,054.47	717.61	336.87	1,054.47	963.09	91.38	822.46	232.01
01-16	603.42	1,060.57	828.53	232.04	1,060.57	963.19	97.37	876.37	184.19
01-17	595.83	1,049.56	865.35	184.21	1,049.56	963.30	86.27	776.41	273.15
01-18	604.05	1,060.31	787.12	273.18	1,060.31	963.40	96.91	872.15	188.16
01-19	619.78	1,083.04	894.86	188.18	1,083.04	963.50	119.53	1,075.80	7.24
01-22	627.45	1,096.35	1,089.11	7.24	1,096.35	963.81	132.54	1,096.35	—

01-26	591.73	1,033.94	1,033.94	—	1,033.94	964.23	69.71	627.39	406.55
01-29	596.54	1,039.17	632.49	406.68	1,039.17	964.54	74.63	671.67	367.50
01-30	591.34	1,033.35	665.81	367.54	1,033.35	964.64	68.71	618.40	414.96
…				…				
12-04	649.90	1,011.36	129.62	881.74	1,011.36	997.10	14.25	128.29	883.06
12-05	688.31	1,019.04	135.88	883.16	1,019.04	997.21	21.83	196.43	822.61
12-06	686.61	1,018.64	195.94	822.70	1,018.64	997.32	21.32	191.89	826.75
12-07	704.50	1,023.73	196.89	826.84	1,023.73	997.42	26.30	236.72	787.00
12-10	668.77	1,011.97	224.72	787.26	1,011.97	997.75	14.23	128.06	883.91
12-11	670.08	1,012.32	128.31	884.01	1,012.32	997.85	14.47	130.21	882.11
12-12	681.43	1,014.62	132.41	882.21	1,014.62	997.96	16.66	149.95	864.68
12-13	676.59	1,013.65	148.88	864.77	1,013.65	998.07	15.58	140.23	873.42
12-14	665.20	1,011.38	137.87	873.51	1,011.38	998.17	13.21	118.86	892.52
12-17	648.28	1,008.65	115.84	892.81	1,008.65	998.50	10.15	91.35	917.30
12-18	643.76	1,008.11	90.71	917.40	1,008.11	998.60	9.50	85.54	922.57
12-19	647.05	1,088.64	85.97	922.67	1,008.64	998.71	9.93	89.40	919.25
12-20	664.51	1,011.16	91.81	919.35	1,011.16	998.82	12.34	111.03	900.12
12-21	644.71	1,007.94	107.72	900.22	1,007.94	998.93	9.02	81.16	926.78
12-24	646.49	1,008.47	81.38	927.08	1,008.47	999.25	9.22	82.97	925.50
12-26	653.87	1,009.61	83.91	925.70	1,009.61	999.46	10.15	91.35	918.26
12-27	668.55	1,011.76	93.40	918.36	1,011.76	999.57	12.19	109.73	902.03
12-28	693.70	1,015.99	113.86	902.13	1,015.99	999.68	16.31	146.78	869.20
12-31	693.70	1,016.27	146.78	869.48	1,016.27	1,000.00	16.27	146.41	869.86

표 5-4 CPPI전략의 결과

구분		승수 3	승수 6	승수 9
주식 편입비율	평균	12.4%	17.9%	19.5%
	최대값	18.7%	54.9%	100.0%
	최소값	6.0%	2.3%	0.0%
최종기준 가격		1,058.78	1,024.64	1,016.27

　　승수가 3, 6, 9로 변화함에 따라 CPPI에 의한 보험자산배분 전략의 최종 수익률은 상이하게 나타났다. 세 가지 경우 모두 원본보장이라는 운용목표를 넘어서는 높은 성과를 달성하였다. 이는 연말에 주가가 매우 급등하였기 때문이다.

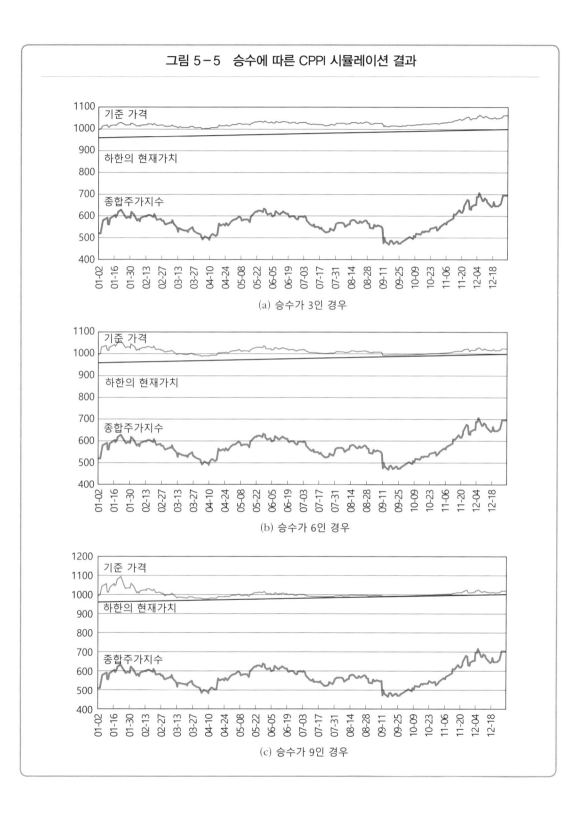

그림 5-5 승수에 따른 CPPI 시뮬레이션 결과

(a) 승수가 3인 경우

(b) 승수가 6인 경우

(c) 승수가 9인 경우

포트폴리오 보험의 특징

1 포트폴리오 보험의 속성

보험된 포트폴리오(insured portfolio)의 수익률과 위험은 통상의 포트폴리오와는 전혀 다르기 때문에 이를 이해하기 위하여 보험된 포트폴리오의 속성을 정리해보면 다음과 같다.[5]

❶ 투자 만기 시에 최소 보장가치(minimum guaranteed value) 이하의 투자성과가 발생할 확률이 0

❷ 포트폴리오의 가치가 최소 보장 수준 이상일 때, 포트폴리오의 가치는 완전히 위험자산에 투자한 경우 획득 가능한 이익의 일정 비율만큼이며 이는 예측 가능

❸ 만약 포트폴리오가 주식과 채권에만 투자할 수 있고 주식의 기대수익률이 채권의 기대수익률보다 높다면, ①, ②의 성질을 가지는 모든 투자전략 중에서 보험 포트폴리오의 기대수익률이 가장 높음. 투자의 성과가 일정 수준 이하로 하락할 위험을 방지하고자 하는, 즉 위의 ① 속성을 가진 여러 가지 투자전략 중 가장 간단한 Stop-loss 주문은 ② 속성이 결여되어 있기 때문에 위험자산의 가격 상승 시 이에 대처하지 못함. 따라서 포트폴리오 보험이 최소 수익을 보장하면서 가장 높은 성과를 달성할 수 있는 최상의 투자전략

2 포트폴리오 보험의 장·단점

포트폴리오 보험전략은 많은 단점과 장점을 가지고 있다. 우선 단점으로는 첫째, 마케팅 전략상의 한계점이다. 포트폴리오 보험상품은 일반적인 투자자를 대상으로 하기보다는 위험회피도가 높은 일부 투자자를 대상으로 하는 상품이므로, 수익증권 판매회사나 자산운용회사의 주력 상품이 되어서는 곤란하다. 둘째, 자본시장 여건상 문제점이다. 포트폴리오 보험에서 목

---

5 Mark Rubinstein, "Alternative Paths to Portfolio Insurance," *Financial Analysts Journal*, July-August 1985, pp. 42~52.

표로 하는 최저 투자수익률을 제대로 달성하기 위해서는 투자자산의 매수·매도 시 발생하는 거래비용을 절감하기 위해 각종 금융선물(financial future)을 활용해야 한다. 셋째, 구조상 한계가 존재한다는 점이다. 포트폴리오 보험을 적용하는 경우 투자기간 말에 주식시장이 급등하면 주가 상승을 제대로 추적하지 못하는 문제점이 있다. 또한 포트폴리오 보험을 적용하면 주가 상승을 추적하는 능력에 한계가 크므로 주가 상승기에 저조한 성과를 달성하게 된다. 원래 이 전략은 주가 상승을 추적하기보다는 하락 위험을 방지하는데 초점이 맞추어져 있으므로, 고수익을 원하는 일반투자자들에게는 불만을 초래할 가능성이 높다.

그러나 포트폴리오 보험은 다음과 같은 몇 가지 장점을 가지고 있다. 우선 최소한 달성해야 할 목표수익률이 존재하는 경우 적용할 수 있는 운용전략이라는 점이다. 여러 명의 자금운용자들이 매달려 만기 시 달성해야 할 최저 수익률을 확보하기 위해 많은 비용을 소요하기보다는 컴퓨터를 이용한 시스템투자를 행함으로써 인력을 절감하고 동시에 목표수익률을 체계적으로 관리할 수 있는 방안으로 활용될 수 있는 장점을 가지고 있다. 둘째, 투자자가 복잡한 투자수익구조를 원하는 경우, 포트폴리오 보험은 이러한 요구를 충족시킬 수 있는 전략으로 활용할 수 있다. 포트폴리오 보험전략은 결국 펀드수익률을 자금운용자가 원하는 모습으로 변형시키는 옵션기법을 이용하는 시스템 투자기법의 일종이다. 따라서 일부 투자자들이 요구하는 복잡한 펀드성과에 응할 수 있는 기초전략으로 사용할 수 있는 장점을 가지고 있다.

3 포트폴리오 보험의 실행수단

포트폴리오 보험 전략은 주로 위험자산인 주식과 무위험자산인 채권을 대상으로 하여 이루어지지만, 주식이나 채권의 현물을 직접 거래하면 거래비용의 과다, 매수·매도 과정에서의 실행상의 어려움 등이 존재한다. 따라서 외국의 많은 기관투자자들은 포트폴리오 보험 전략의 수행 시 현물보다는 주가지수선물을 이용하여 거래비용과 유동성 등의 문제를 최소화하고 있다. 주가지수선물의 이용전략은 주가가 상승할 때는 위험자산을 현물로 매입하지 않고 주가지수선물로 매입하고, 주가가 하락할 때는 위험자산을 매각하기보다는 주가지수선물을 매각하여 포지션을 조정하는 방법이다.

주가지수선물을 이용할 때의 장·단점은 〈표 5-5〉와 같다.

그동안의 몇몇 연구들에 의하면 선물 가격에 내재하는 가격 변동 위험성과 선물 가격의 오류(mis-pricing) 등으로 인하여 대규모의 포트폴리오가 주가지수선물을 이용하는 것이 비효율적인 경우도 있다고 논의되고 있다.

표 5-5	주가지수선물을 이용한 포트폴리오 보험 전략의 장·단점
장점	• 거래비용의 절감 • 선물시장의 뛰어난 유동성으로 신속한 거래 가능 • 선물의 당일결제제도로 자산들의 동시적 거래 가능 • 기초자산들의 운용을 변동없이 유지 • 포트폴리오 채권이자수입의 흐름을 안정적으로 유지
단점	• 불리한 방향으로 선물 가격이 잘못 형성될 위험(mis-pricing risk)존재 • 선물과 포트폴리오의 베이시스 리스크 존재 • 선물운용에 따른 마진 요구에 응하기 위해 현금자산을 보유해야 할 필요성 존재 • 선물의 매일 결재에 응하기 위해 주식이나 채권을 팔아야 할 가능성이 존재 • 선물을 보유함으로써 적극적인 현물자산이 인덱스화 자산으로 대체되는 효과 존재

4   재조정(rebalancing)방법

실행 과정에서 자산 구성비의 재조정은 여러 가지 기준으로 실행될 수 있다. 이때 위험자산에 대한 투자비중은 주식 가격의 변화에 따라서 변경되어진다. 그러나 매분이나 매시간 마다 포트폴리오를 조정한다면 시장의 대폭락과 같은 시장 상황에 즉각적으로 대응할 수 있지만, 거래비용이 너무 많이 발생하게 된다.

따라서 일정 수준의 위험 허용한도(risk tolerance)를 정해 놓고 이 범위 내의 가치 변동에 대해서는 포트폴리오를 조정하지 않고 유지하다가 이 범위를 넘어서게 되면 포트폴리오를 재조정하는 방법을 사용하고 있다.

위험 허용한도에 따라 포트폴리오를 조정하는 방법에는 다음과 같은 방법이 있다.

❶ 매일, 매주 또는 매월과 같이 일정기간마다 재조정을 하는 방법
❷ 위험자산의 시장 가격이 일정 비율 변했을 때 조정하게 되는 방법
❸ 포트폴리오 자산의 구성비중이 모형에서 요구하는 값으로부터 일정 수준 이상 벗어나면 재조정하는 방법

chapter 06

주식 포트폴리오 운용전략

주식투자에는 다양한 접근방법이 있다. 주식투자는 전통적으로 액티브 운용(active management)이 주를 이루었으나, 액티브 운용의 평균적인 성과가 벤치마크를 초과하지 못한다는 실증적인 분석에 따라 패시브 운용(passive management)이 관심을 끌게 되었다. 그러나 여전히 초과수익을 추구할 여지가 있다는 판단에 따라 액티브 운용과 패시브 운용의 장점을 결합한 준액티브 운용(semi-active management)이 나타났다. 준액티브 운용은 사용하는 액티브 정도에 따라 세분화되어 다양한 이름으로 불리기도 한다. 한편, 주식과 채권 간의 동적 자산배분을 통해 다양한 형태의 수익구조를 갖는 구조화된 펀드(structured funds)도 나타나고 있다.

패시브 운용[1]은 투자대상에 대한 기대수익률이나 위험을 반영하여 주식구성을 변경시키려 하지 않는다. 가장 대표적인 패시브 운용방식은 인덱스펀드인데, 이것은 특정한 벤치마크와 동일한 성과를 내기 위해 노력한다. 인덱스펀드가 패시브하게 운용된다고 해서 운용활동이 전혀 없는 것은 아니며, 새로운 종목이 상장되거나 증자 등을 통해 추가 상장되는 경우에는 벤치마크 수익률을 추적하기 위하여 포트폴리오를 조정하게 된다. 1970년대에 도입된 후 현

---

1 소극적 운용이라고 번역되기도 하지만, 소극적이라는 표현은 부정적인 의미가 포함되기 때문에 잘 사용하지 않는다. 패시브 운용은 초과수익을 추구하지 않고 거래활동이 활발하지 않을 뿐 액티브 운용에 비해 보다 나은 성과를 추구한다는 관점에서 부정적인 의미가 있지는 않다.

재에도 미국의 기관투자자들의 인덱스 운용은 주식에 대한 자산배분에서 핵심적인 역할을 하고 있다.

액티브 운용은 벤치마크보다 나은 성과를 달성하기 위해 노력하는 운용방식이다. 벤치마크보다 나은 성과를 달성할 것으로 예상되는 종목을 발견하여 매입하거나 벤치마크보다 못한 성과를 보일 것으로 예상되는 종목을 배제하는 등의 방법으로 초과수익을 달성하게 된다. 최근에 패시브 운용방식이 빠르게 증가하고 있으나, 여전히 액티브 운용방식의 주식투자가 우위를 점하고 있다.

준액티브 운용은 흔히 인핸스드 인덱스(enhanced index) 또는 위험통제된 액티브 운용(risk-controlled active management)이라고 불리기도 한다. 위험을 통제하기 위하여 계량분석방법을 널리 이용한다는 관점에서 계량적 액티브 운용(quantitative active management)이라는 표현이 사용되기도 한다. 이 방법은 벤치마크 대비 초과수익을 추구한다는 점에서 액티브 운용이지만, 일반적인 액티브 운용에 비해 추적오차를 적게 유지할 수 있는 포트폴리오를 구성한다는 차이점이 있다.

〈표 6-1〉은 각 운용방식별로 성공적인 펀드들의 초과수익률(excess return), 추적오차(tracking error), 정보비율(information ratio)을 예시적으로 보여주고 있다. 초과수익률은 벤치마크를 초과하는 액티브 수익률을 의미하며, 추적오차는 초과수익률의 표준편차로 액티브 위험을 나타낸다.

표 6-1 운용방식별 특성 비교

	인덱스 방식	인핸스드 인덱스	액티브
초과수익률(연간)	0%	1 − 2%	2%＋
추적오차	＜1%	1 − 2%	4%＋
정보비율	0	0.75	0.50

패시브 운용(Passive Management)

1 특징

패시브 운용의 대표적인 형태가 인덱스펀드이다. 인덱스펀드는 공개된 벤치마크의 성과를 내도록 설계된 펀드이다. 가장 대표적인 국내 벤치마크로는 KOSPI가 있으며, 해외지수로는 MSCI ACWI가 있다.

인덱스펀드는 학술적으로는 효율적 시장가설의 영향을 받았다. 시장이 효율적이라면 주식 가치의 정확한 추정치는 현재의 주가이다. 따라서 종목 선택을 통해 수익률을 높이려고 노력할 필요가 없으며 단지 시장을 사기만 하면 된다.

투자 실무적으로는 시간가중 수익률에 의한 성과측정방법이 도입된 것이 중요한 영향을 끼쳤다. 이 방법에 따라 일관성 있게 성과측정이 이루어질 수가 있었고, 이러한 성과를 시장이나 다른 매니저와 비교할 수 있게 되었는데, 그 결과는 고무적이지 않았다. 즉, 기존에 액티브 운용을 하는 펀드들 중 중간 순위의 펀드의 수익률이 S&P 500의 상승률보다 낮은 경향을 보였다. 여러 실증적인 분석에 의하면, 액티브 운용 펀드들의 평균성과는 비용차감 전 수익률의 관점에서 패시브 운용 펀드들의 성과와 같으며, 비용차감 후 액티브 운용 펀드들의 평균 수익률은 비용만큼 패시브 운용 펀드들의 성과보다 낮은 것으로 나타나고 있다. 결과적으로 비슷한 투자목적을 가진 액티브 운용에 비해 패시브 운용이 가지는 장점은 낮은 거래회전율과 낮은 운용보수로 인해 장기적으로 비용차감 후 수익률이 높을 것으로 기대된다는 점이다.

2 주가지수

주가지수는 주식 포트폴리오의 성과를 평가하기 위한 벤치마크로 흔히 이용된다. 벤치마크는 자산집단의 성과를 측정하는 데 쓰일 뿐만 아니라, 운용자가 투자대상으로 삼는 범위에 대한 정보를 주기도 한다. 여러 펀드에 투자하고 있는 투자자는 각 펀드들의 벤치마크를 통해 자신의 전체 포트폴리오의 특성을 알 수 있고 운용자들을 적절한 그룹으로 묶어서 비교할 수 있다.

주가지수는 인덱스펀드를 구성하기 위한 기초로서 시장의 수익률을 측정하는 데 사용되며, 주가 변동에 영향을 끼치는 요인을 분석하고 기술적 분석을 행하며 주식의 체계적 위험을 측정하기 위한 목적으로 사용될 수 있다.

주가지수는 모집단의 범위, 지수에 편입하는 기준, 종목의 가중치 결정 방법, 수익률 계산 방법의 4가지 요소에 따라 특성이 달라진다. 산업이나 규모 등의 관점에서 모집단의 범위가 넓고 종목 수가 많을수록 시장 평균성과를 더 잘 측정할 수 있으며, 모집단이 좁을수록 특정 집단의 성과를 더 잘 측정할 수 있다. 지수에 편입하는 기준은 모집단에 포함된 종목에서 요구되는 특성을 형성할 수 있게 한다. 종목별 가중치로는 주가가중, 시가가중, 유동주식 시가 가중, 동일가중 등이 이용된다. 수익률 계산방법으로는 주가수익률 방식과 총수익률 방식이 있는데, 총수익률 방식은 자본평가이익, 배당, 배당의 재투자효과를 모두 반영한다.

❶ 주가가중(price weighted) 주가지수 : 절대적인 주당 가격이 가중치가 됨. 주가지수는 각 주가의 합을 조정된 주식수로 나눈 값. 주식수를 조정하는 것은 주식분할이나 합병, 유무상 증자 등으로 인해 주가가 변함으로써 지수가 변경되는 것을 방지하기 위한 것. 지수를 구성하는 모든 종목을 1주씩 매입하여 보유함으로써 주가가중 방식의 주가지수 수익률을 얻을 수 있음

❷ 시가가중(value weighted 또는 market capitalization weighted) 주가지수 : 발행된 주식 수에 주가를 곱한 값인 시가총액이 가중치가 됨. 지수를 구성하는 종목의 모든 발행 주식을 보유했을 때의 성과를 나타낸다. 주식분할 또는 주식합병은 별도의 조정작업이 필요하지 않으나, 새로운 종목의 상장이나 유상증자 등의 경우에는 조정이 필요. 한편, 정부나 지배주주 등이 보유하고 있는 주식을 제외하고 실제로 거래 가능한 주식을 유동주식(free float)이라 하는데, 유동주식 수에 주가를 곱한 값인 유동시가총액을 가중치로 사용하는 지수를 유동시가가중 주가지수라 함. KOSPI와 KOSPI 200도 유동시가가중방식을 채택하고 있음

❸ 동일가중(equal weighted) 주가지수 : 각 종목의 가중치가 동일하게 적용. 이 지수의 성과는 각 종목에 동일한 금액을 투자했을 때의 성과를 나타냄. 각 종목의 상승률이 동일하지 않으면 가중치가 변하기 때문에, 가중치를 일치시키기 위하여 주기적으로 가중치를 조절해야 함

주가 가중방식은 주가가 높은 종목의 가중치가 커진다는 문제점을 가진다. 주가가 2만 원인 주식은 주가가 1만 원인 주식에 비해 2배로 주가지수에 반영된다. 주가는 주식분할이나 합병과 같이 주식발행자의 결정에 따라 달라질 수 있으므로, 주가 가중방식으로 투자하는 것은 적절하지 않다. 그럼에도 불구하고 종목별로 1주씩만 보유하면 지수의 성과를 얻을 수 있는 단순함이 하나의 장점이다. 다우존스 산업평균(Dow Jones Industrial Average)이 이런 방식으로 계산되고 있으며, 일본의 NIKKEI 225도 기본적으로 이런 방식을 취하고 있다.

시가 가중방식은 시가총액이 큰 종목의 가격 변화를 잘 반영한다. 시가총액이 크다는 것은 대형이며 성숙기에 있는 기업이거나 주가가 이미 최고로 상승하여 과대평가된 종목일 가능성을 내포하고 있다. 과대평가됨에 따라 가중치가 높아지는 문제점을 해결하기 위하여 기본적 가치 가중방식(PER과 같이 주가와 기본적 가치의 비율이 높거나 낮은 경우 시가총액을 조정하는 방법)이 제안되기도 했다.[2] 여러 가지 문제점에도 불구하고 최근에는 유동시가 가중방식이 인덱스 포트폴리오를 위한 표준으로 인식되고 있다. 왜냐하면 다양한 자산 가운데 주식으로의 현금유출입을 가장 잘 반영하고 있기 때문이다.

동일 가중방식은 모든 종목을 동일하게 취급한다. 그러나 실제적으로는 훨씬 많은 수의 소형기업이 존재하기 때문에 소형기업의 가중치가 높아지는 경향을 가진다. 이 방식에 따라 인덱스 포트폴리오를 구성하면 가중치를 일치시키기 위해 주기적으로 거래가 발생하고 결과적으로 많은 거래비용이 발생하게 된다.

3 인덱스펀드(index fund) 구성 방법

인덱스의 성과를 얻기 위한 방식으로는 현물로 인덱스 포트폴리오를 구성하는 방법, 현금을 보유하고 인덱스 선물을 매입하는 방법, 현금을 보유하고 인덱스 스왑을 매입하는 방법이 있을 수 있다. 펀드에서는 현물 포트폴리오를 이용하는 방법과 선물을 이용한 방법이 흔히 이용된다.

주식 현물을 이용하여 인덱스펀드를 구성하는 방법은 완전복제법, 표본추출법, 최적화법의 3가지 유형으로 나눌 수 있다.

---

2 Robert D. Arnott, Jason Hsu, and Phillip Moore, "Fundamental Indexation," *Financial Analysts Journal*, vol. 61, no. 2, 2005, pp. 83~99.

❶ 완전복제법(full replication) : 벤치마크를 구성하는 모든 종목을 벤치마크의 구성비율대로 사서 보유하는 것으로 가장 단순하고 직접적인 방법. 이 방법은 매우 간단하면서도 벤치마크를 거의 완벽하게 추종할 수 있음. 운용 및 관리 보수, 포트폴리오 조정을 위한 거래비용, 새로운 투자나 투자회수에 따른 거래 비용, 보유하고 있는 현금과 주식지수 수익률의 차이 등으로 벤치마크에 비해 수익률이 낮게 나타남

❷ 표본추출법(representative sampling 또는 stratified sampling) : 벤치마크에 포함된 대형주는 모두 포함하되 중소형주들은 펀드의 성격이 벤치마크와 유사하게 되도록 일부의 종목만을 포함하는 방식. 펀드의 성격을 벤치마크와 유사하게 만들기 위해서는 중소형주들을 산업에 따라 분류하고 해당 산업의 대표 종목을 선정할 수도 있음. 보다 더 정교하게 하기 위해서는 산업뿐만 아니라 시가총액규모, 배당수익률, 성장주 또는 가치주의 구분 등 보다 여러 가지 관점에서 벤치마크와 유사하게 펀드를 구성하기도 함. 이 방법에 의하면, 벤치마크를 구성하는 모든 종목을 보유하지 않으면서도 벤치마크의 핵심적인 특징을 유사하게 유지하는 포트폴리오를 만듦으로써 관리비용과 거래비용을 낮추면서도 벤치마크의 성과와 상당히 유사한 성과를 얻을 수 있음

❸ 최적화법(optimzation) : 포트폴리오 모형을 이용하여 주어진 벤치마크에 대비한 잔차 위험이 허용 수준 이하인 포트폴리오를 만드는 방식. 이 방법의 장점은 완전복제법이나 표본추출법에 비해 훨씬 적은 종목이면서도 예상되는 잔차가 충분히 낮은 인덱스펀드를 만들 수 있다는 점. 이 방식의 문제점은 근본적으로 이 모형에 사용된 가격정보가 과거 자료라는 점이며, 사용된 모형이 주식의 속성을 정확하게 반영하지 못한다는 점. 따라서 미래의 시장이 과거와 상당히 다르다면 실제로 실현된 잔차는 인덱스펀드를 구성할 때 추정된 잔차와 상당히 다를 수도 있음(model risk)

인덱스펀드를 구성하거나 또는 인덱스펀드의 수익률을 높이기 위해 주가지수선물이 이용되기도 한다. 주가지수선물이 공정 가격에 거래된다면 주가지수선물을 매수하고 무위험 자산에 투자함으로써 벤치마크의 성과를 달성할 수 있다. 주가지수선물을 이용함으로써 현물을 이용한 인덱스펀드를 구성하는데 따르는 불편함, 즉 개별 종목의 유동성 부족 문제와 여러 종목을 동시에 거래하기 어려움 등의 문제를 해소할 수 있다. 인덱스펀드의 성과를 높이기 위하여 선물의 시장 가격과 공정 가격의 차이를 이용하기도 한다. 선물의 시장 가격이 공정 가격보다 낮다면, 선물을 매수하고 인덱스펀드가 보유한 주식을 매도한다. 선물의 시장 가격이 공정 가격보다 높아지거나 같으면 보유한 선물 포지션을 청산하고 주식 포트폴리오를 다시 구

성함으로써 초과수익을 실현할 수 있다. 단, 현선물의 수급 차이에 의하여 현선물 간의 공정 가격 차이(parity)가 지켜지지 않는 경우도 있다.

4 맞춤형 인덱스펀드(Customized index fund)

벤치마크가 맞춤형 지수인 패시브 펀드를 구성할 수도 있다. 공개된 지수를 추종하는 펀드를 인덱스펀드라고 하고, 맞춤형 인덱스를 추종하는 펀드를 맞춤형 인덱스펀드로 구분할 수 있다. 맞춤형 벤치마크를 만드는 가장 큰 이유는 법규상, 사회적 이유 등에 따라 투자할 수 있는 종목에 제한이 있는 경우이다.

시장 전체를 추종하는 것이 아니라 고성장, 중소형주, 높은 배당수익률 등 특정 요인의 성과만을 나타내도록 만들어진 지수를 추종하기 위한 펀드를 스타일 펀드라고 한다. 금융주나 IT주와 같이 특정 산업에만 집중적으로 투자하기도 한다. 이러한 펀드는 비용이 낮으면서도 액티브 운용의 대안으로 활용될 수 있다. 특히 시장국면에 따라 전체 주가지수보다 성과가 좋을 것으로 추정되는 유망한 산업 또는 테마(theme)에 일정한 원칙을 갖고 투자하여 적은 비용으로 초과수익률을 도모할 수 있다. 즉 스타일 펀드는 액티브펀드에 하나의 투자원칙을 가미한 중간형태로 볼 수 있다. 이에 따라 특정 스타일이나 섹터에만 투자하는 패시브 펀드들도 많이 나타나고 있다.

section 03 액티브 운용(Active Management)

1 액티브 운용의 특징

액티브 운용은 주어진 위험 범위와 주어진 제약조건 내에서 벤치마크의 성과에 대비해서 가능한 한 가장 좋은 초과이익(alpha)을 얻으려는 운용방식이다. 부가가치를 올리기 위해서는 액티브 운용자는 다른 운용자에 비해 경쟁적 우위를 점할 수 있도록 정보와 통찰력과 투자지원 도구들을 잘 가다듬어 벤츠마크 수익률을 상회할 수 있는 뚜렷한 투자원칙을 세우고, 이를 일관성 있게 지켜야 한다. 투자지원 도구들로는 주식 가치평가 모형을 포함한다.

효율적 시장 가설이 주식운용에 많은 영향을 끼쳤지만, 다른 한편으로는 효율적이지 않은 시장 특성을 많이 발견함으로써 액티브 운용의 여지가 상당히 많이 있음을 보여주고 있다. 또한 많은 투자자들은 벤치마크보다 높은 수익률을 달성하기를 원하며 그러한 능력을 가진 운용자를 선정해서 자금을 맡길 수 있다고 생각한다. 실제로 장기간에 걸쳐 좋은 성과를 달성한 다양한 스타일의 액티브 매니저들이 있기도 하다.

2 운용 스타일

투자 스타일이란 비슷한 수익 패턴을 보이는 운용 방식의 집합을 말한다. 전통적으로 주식의 투자 스타일은 가치(value)와 성장(growth)의 관점에서 구분되었다. 특별히 구분되지 않는 투자스타일을 혼합(hybrid 또는 blend) 또는 시장지향(market oriented) 스타일이라고 한다.

스타일은 리스크 관리와 성과평가에서 중요한 역할을 한다. 모든 스타일은 시장지수에 비해 좋은 성과를 낼 때와 그렇지 못할 때가 있다. 소형주 펀드를 운용하는 매니저가 실제로 부가가치를 올렸더라도 시장 전체에 비해서는 낮은 성과를 달성했을 수도 있다. 이런 경우에 성과평가가 적절하게 이루어지지 않는다면 이 펀드매니저의 능력이 분명히 드러나지 않을 수도 있다. 따라서 특정 스타일을 가진 펀드매니저를 정확히 평가하기 위해서는 적절한 벤치마크를 이용한 성과 요인 분석이 중요하다.

스타일 투자를 행하는 펀드나 펀드매니저를 평가하기 위해서는 해당 스타일에 적합한 스타일 벤치마크와 비교하여야 한다. 스타일 벤치마크에 비해 높은 수익률을 달성하였다면 시장 전체를 나타내는 지수에 비해 낮은 성과를 냈더라도 그 능력을 인정해야 한다. 또한 해당 스타일이 좋은 성과를 나타냄으로써 펀드의 수익률은 양호하였으나 펀드매니저가 종목 선택을 통해 추가 수익을 달성하지 못했다면 해당 펀드매니저는 좋은 평가를 받을 수 없다.

(1) 가치투자 스타일(value investment style)

가치투자 스타일은 기업이 미래 성장성보다는 현재의 수익이나 자산의 가치 관점에서 상대적으로 가격이 싼 주식에 투자하는 운용방식이다. 이러한 운용방식을 지지하는 논거로 제시하는 몇 가지 주장이 있다. 첫 번째는 기업의 수익은 평균으로 회귀하는 경향을 가진다는 점이다. 최근의 이익이 평균보다 낮았고, 그 결과 미래의 이익전망이 과도하게 하향조정되어 PER이 낮았던 기업의 이익은 평균 회귀 경향에 따라 증가하게 되고 결국 PER이 높아지게 될 것이라는 점이다. 또한 가치 투자자는 투자자들이 성장주의 나쁜 점은 무시하고 좋은 점만을 과대평가해서 높은 가격을 지불한다고 생각한다. 그러나 이러한 주장은 정확하게 미래의 수익이나 위험을 근거로 하는 주장이 아니다.

실증적인 많은 연구결과는 가치투자가 상당히 장기간에 걸쳐 시장대비 높은 수익을 올렸음을 보여주었다. 그러나 파마와 프렌치[3]는 자산에 비해 가격이 낮은 주식은 재무적 위험에 처할 가능성이 높으며 따라서 그러한 위험을 보상하기 위하여 기대수익률이 높다고 주장한다. 또한 미국 주식에 대한 연구결과[4]는 가치투자에서 나타난 초과수익의 대부분은 시가총액이 낮은 7%의 종목에 집중되어 있는 것으로 나타났는데, 이는 가치투자가 아닌 유동성에 따른 초과수익일 수도 있음을 의미한다.

가치투자의 위험은 투자자들이 충분히 인정해주지 않으면 가격이 쌀 수밖에 없다는 경제적인 기본 원칙을 제대로 이해하지 못하는 점이다. 또한 투자자가 예상하는 투자기간 내에 저평가된 정도가 회복되지 않을 위험도 존재한다.

가치투자 스타일에는 저 PER 투자, 역행투자(contrarian), 고 배당수익률 투자 방식 등이 포함된다. 즉 가치투자는 장기적인 통찰력을 바탕으로 가치평가에 확신이 있는 종목에 집중하는 경향이 있다. 그래서 진입장벽이 높고, 이익의 swing factor가 적은 방어주들이 선택되는 경우가 많고, 이는 워렌 버핏의 투자에서도 확인된다.

(2) 성장투자 스타일(growth investment style)

성장투자 스타일은 수익성에 높은 관심을 가진다. 기업의 주당순이익이 미래에 증가하고 PER이 낮아지지 않는다면 주가는 최소한 주당순이익(EPS)의 증가율만큼 상승할 것이라고 가정한다.

성장 모멘텀 투자자들은 성장률이 높은 기업에 대해 시장 PER보다 높은 가격을 지불한다. 또한 성장률이 높은 산업에 투자하는 경향을 가진다. 성장주는 매출증가율이 시장보다 높으

---

3 E. Fama and K. French, "Multi-factor Explanations of Asset Pricing Anomalies," *Journal of Finance*, vol. 51, no. 1, 1996, pp. 55~84.
4 L. Phalippou, "What Drives the Value Premium?" Working Paper, INSEAD.

며, 높은 PER, 높은 PBR을 보인다. 성장 모멘텀 투자의 위험은 예측했던 EPS증가율이 예상대로 실현되지 않는 것이며, 이러한 경우에는 EPS뿐만 아니라 PER도 낮아지기 때문에 투자손실은 더욱 확대된다. 그래서 기업의 이익이 예상(consensus)을 상회했는지 또는 하회했는지가 주가에 큰 영향을 미친다.

성장 스타일에는 지속적인 성장성에 투자하는 방식과 이익의 탄력성(earning momentum)에 투자하는 방식이 있다. 지속적인 성장성은 장기간에 걸쳐 성장성이 나타나는 것을 의미하며 높은 PER을 갖는 경향이 있다. 이에 비해 이익의 탄력성은 단기간에 높은 이익을 나타내는 것을 의미하는데, 훨씬 더 높은 성장 잠재력을 가지고 있지만 지속성이 떨어진다. 또 일부의 투자자들은 상대강도지표(relative strength indicator : RSI)와 같은 주가 탄력성을 이용하여 단기적인 투자에 활용하기도 한다.

(3) 혼합투자 스타일(hybrid investment style)

가치투자와 성장투자를 절충한 형태로 시장지향 스타일(market-oriented style)이라고도 하는데, 이러한 스타일의 포트폴리오는 전체 시장의 평균적인 특성을 보여준다. 이러한 투자에서는 가치주나 성장주와 관계없이 내재가치보다 주가가 낮다고 판단되는 종목을 매입하려는 경향을 보인다. 대체로 현금할인 모형과 같이 내재가치를 측정하기 위한 원칙을 사용한다. 이러한 스타일의 투자를 통해 시장과 비슷한 정도의 수익률만 올린다면 인덱스나 인핸스드 인덱스에 비해 높은 비용으로 인해 상대적으로 수익률이 낮을 수 있다는 단점이 있다.

이러한 투자 스타일에는 가치 편향 혼합투자, 성장 편향 혼합투자, 적정 가격을 가진 성장투자, 스타일 선택형(style rotator) 투자 등이 속한다. 스타일 선택형은 상대적으로 단기간에 호평을 받을 것으로 예상되는 스타일을 찾아서 스타일을 변경시키는 투자방식을 말한다.

(4) 시장가치(size)에 의한 투자 스타일

주식의 시가총액을 기준으로 대형(large-cap), 중형(mid-cap), 소형(small-cap) 등으로 투자 스타일을 구분하기도 한다. 소형주 스타일은 시가총액이 가장 낮은 종목에 투자한다. 소형주 투자에는 대형 우량주보다 조사분석이 적게 행해지는 소형주에서 가격이 적정하게 책정되지 않은 종목을 발견할 가능성이 높다는 인식이 깔려있다. 소형주는 대체로 초기 기업이 많기 때문에 성장성이 높을 것이라는 인식이 있기도 하다. 소형주 내에서 가치, 성장, 혼합으로 구분하기도 한다.

중형주는 대형주에 비해 적게 분석이 이루어지므로 가격이 적절하게 책정되지 않은 종목이 발견될 가능성이 높으면서도 소형주에 비해서는 재무적으로 안정성이 낮고 변동성도 적다는 장점을 가진다. 대형주 운용자는 상대적으로 재무적 안정성이 높은 시가총액이 큰 종목을 선호하며, 뛰어난 분석과 통찰력으로 부가가치를 창출할 수 있다고 믿는다.

(5) 스타일 지수

일반적으로 성장주는 주당순이익의 증가율이 과거의 평균적인 증가율보다 높으며, PER이 평균보다 높으며 배당수익률은 평균보다 낮은 특성을 갖는다. 가치주는 PBR이 평균보다 낮은 것이 일반적이며, 보조적으로 낮은 PER과 높은 배당수익률의 특성을 가진다. 그러나 가치주와 성장주를 구분하는 공통적인 기준이 존재하지는 않으며, 스타일 지수를 제공하는 여러 정보제공자들의 분류기준도 조금씩 차이를 보인다.

〈표 6-2〉는 대표적인 정보제공자들의 스타일 구분 방법을 보여준다.

표 6-2 정보제공자별 스타일 구분 방식

정보제공자	가치 기준	성장 기준	비고
Dow Jones Wilshire	예측 PER, 예측 이익증가율, PBR 배당수익률, 과거 PER 평균 과거이익증가율 평균		2개 스타일 스타일 간 중복 없음
Morningstar	주가/예상 EPS PBR PSR 배당수익률 PCR	장기 예상 EPS 증가율 과거 이익증가율 과거 매출 증가율 과거 현금흐름 증가율 과거 장부가 증가율	3개의 스타일
Russell	PBR	IBES 성장률 추정치	2개 스타일 스타일 간 중복
MSCI	PBR 12개월 예상 EPS/주가 배당수익률	장기 예상 EPS 증가율 단기 예상 EPS 증가율 장기 과거 EPS 증가율 추이 장기 과거 주당 매출액	2개 스타일 스타일 간 중복 없음
S&P/Citigroup	장부가치/주가 매출액/주가 현금흐름/주가 배당수익률	5년 평균 내부성장률(ROE× 유보율) 5년 과거 EPS 증가율 5년 주당매출액 증가율	스타일인덱스 : 2개, 중복 순수스타일인덱스 : 2개 스타일, 중복 없음

3 　사회적 책임투자

사회적 책임투자(socially responsible investing : SRI) 또는 윤리투자는 윤리적 가치와 사회적 관심을 투자결정과 연계한다. 개인투자자나 공공기금 또는 종교단체들이 SRI를 요구하는 경우가 많아졌다. SRI는 일반적으로 SRI 관점에서 걸러진 종목에 투자한다. 담배·도박·무기와 관련된 산업이나 환경오염·인권·노동기준·기업지배구조에서 취약한 기업이 배제되는 것이 일반적이다.

사회적 책임투자는 시장과 다른 편향된 특성을 보이게 된다. 특정 산업이 배제됨으로써 성장성으로 편향된 포트폴리오가 구성될 수도 있으며, 상대적으로 대형주가 많이 배제됨으로써 중소형주로 편향된 포트폴리오가 구성될 수도 있다.

section 04 　준액티브(Semi-Active) 운용

1 　특징

준액티브(semi-active) 운용전략은 추가적인 위험을 많이 발생시키지 않으면서 벤치마크에 비해 초과수익을 획득하려는 전략이다. 액티브 운용과의 가장 큰 차이는 벤치마크와 괴리될 위험을 적절하게 통제하는 데에 있다. 준액티브 운용자는 자신의 투자 통찰력을 반영하여 포트폴리오를 구성하면서도 거기에 수반되는 위험요소들을 중립화해야 한다. 준액티브 운용에서도 잔차 위험은 증가할 수밖에 없지만 증가된 수익률이 그러한 위험을 보상하고도 남을 수준이 되어야 한다.

예를 들어 순수한 의미의 액티브 운용자는 벤치마크와 무관하게 그 가치를 판단할 수 없는 종목은 포트폴리오에 포함하지 않지만, 준액티브 운용자는 분석되지 않아서 판단할 수 없는 종목은 벤치마크에서 차지하는 비중만큼을 보유한다는 점에서 그 차이가 있다.

준액티브 운용은 월등하게 좋은 성과를 내는 종목이나 사건을 발견하기 보다는 조그만 성과를 낼 수 있는 종목이나 사건을 많이 발견하는 데에 초점을 맞춘다. 그리놀드와 칸의 액티브 운용의 기본법칙[5]에 따르면, 액티브 운용의 성과를 측정하는 지표인 정보비율(information ratio : IR)은 다음 식과 같이 정보계수(information coefficient : IC)와 전략의 폭(breath : BR)으로 나타낼 수 있다. 여기서 정보계수는 능력을 나타내는 지표로 예측치와 실제 결과의 상관계수를 의미하며, 전략의 폭은 1년 동안 서로 독립적인 초과수익률을 예측하는 숫자를 의미한다.

$$IR = IC \cdot \sqrt{BR}$$

예측 능력이 매우 뛰어난 M운용자(IC=0.06)가 연간 100종목에 대해 예측을 행하는 경우와 예측 능력이 뛰어나지는 않지만(IC=0.03) 모든 종목(종목수 600)에 대한 예측을 활용하는 N매니저를 비교해 보면, M의 IR은 0.60이고 N의 IR은 0.67로 N의 운용성과가 더 좋은 것으로 나타난다. 이 예에서 M은 액티브 운용자의 특성과 가깝고 N은 준액티브 운용자의 특성과 가깝다.

2 인핸스드 인덱스펀드(enhanced index fund)

전통적인 인덱스펀드는 낮은 운용비용을 바탕으로 액티브펀드보다 나은 성과를 추구했었으나, 인핸스드 인덱스펀드는 인덱스펀드의 장점을 살리면서도 초과수익을 추구함으로써 안정적으로 인덱스펀드보다 나은 성과를 달성하려는 목적을 가지고 있다. 이런 관점에서 흔히 '인덱스＋알파 펀드'라고 부른다.

이런 유형의 펀드는 인덱스펀드의 일반적인 특성인 낮은 운용비용, 낮은 회전율, 분산투자라는 속성을 여전히 가지고 있다. 이러한 속성 이외에도 초과수익을 추구하기 위하여 전통적인 인덱스펀드와 다른 새로운 전략을 포함하게 되는데, 이러한 전략에는 다음과 같은 것들이 있다.

❶ 인덱스 구성 방법의 변경 : 일반적인 인덱스펀드는 흔히 알려진 제3자가 제공하는 지수를 추적하는 것을 목표로 하는데 비해, 인핸스드 인덱스펀드는 더 나은 성과를 낼 수 있는 지수를 스스로 만들어 사용하기도 함. 인덱스 구성방법을 변경하는 방식으로는 인덱

---

5 R.C. Grinold and R. N. Kahn, "*The Fundamental Law of Active Management*," Active Portfolio Management, 1995. pp. 117~135

스 구성에 포함될 종목을 변경하는 것과 인덱스를 구성하는 종목의 가중치를 조절하는 방법이 있음

　일반적인 지수는 대부분의 종목을 포함하는데 비해, 성과가 저조할 것으로 예상되는 종목을 의도적으로 제외하고 지수를 만들기도 함. 성과가 저조할 것으로 예상되는 종목에는 부채비율이 과도하거나 이미 부도가 난 종목을 들 수 있음

　개별 종목이 인덱스에서 차지하는 가중치로는 일반적으로 시가총액이나 유동주식수를 반영한 시가총액이 쓰이지만, 보다 나은 성과를 낼 수 있도록 하기 위해 내재가치총액을 반영하는 등 개별 종목의 가중치를 조절하기도 함

❷ 거래를 통한 초과수익 추구 : 거래에 따른 가격 변동 위험(price impact cost)을 최소화하거나 시장적인 요소로 인해 주가가 낮게 형성된 종목을 효과적으로 거래함으로써 초과수익을 추구하기도 함. 유동성이 낮은 종목을 매입하거나 시장 충격을 주지 않을 정도의 규모로 분할하여 매도함으로써 시장 충격을 최소화하는 방법이 있음

❸ 포트폴리오 구성 방식의 조정 : 매매 신호가 발생하더라도 일정기간 동안 유예기간을 줌으로써 회전율을 낮추기도 함. 회전율이 낮으면 거래비용을 낮춤으로써 초과수익에 기여할 수도 있음. 즉 초과이익에 대한 의욕도 있지만 벤치마크를 따라가는 데 더 우선순위가 있기 때문임

❹ 세부 자산군을 선택하는 전략 : 보다 나은 성과를 보일 것으로 기대되는 세부 자산군에 집중된 지수를 이용하는 방법. 일종의 스타일 지수를 추적하기 위한 인덱스펀드가 여기에 해당할 수 있는데, 순수한 인덱스펀드와의 차이는 해당 스타일이 시장 전체를 대상으로 하는 지수보다 나은 성과를 보일 것으로 기대한다는 점이 다름. 가치투자를 지향하는 운용을 예로 들 수 있음

인핸스드 인덱스펀드는 초과수익을 추구한다는 점에서 액티브 운용의 성격도 가지고 있다. 즉, 예측력을 이용하는 액티브 운용의 장점과 낮은 비용 및 원칙을 유지하는 패시브 운용의 장점을 모두 취하려는 운용전략이다. 결과적으로 나타나는 성과를 보다 정교한 숫자로 표현한다면, 인핸스드 인덱스펀드는 인덱스펀드에 비해 연 0.5~2.0% 정도의 초과수익을 추구하되 해당 지수에 대한 추적오차는 연 1.5% 이내로 낮은 수준을 유지하는 것으로 정의하기도 한다.

3 계량분석방법(quantitative analysis approach)

과거 자료를 이용한 계량적인 시뮬레이션 분석을 통해 마련된 최적의 운용전략에 따라 운용하는 방식을 말한다. 이러한 전략은 다음과 같은 3가지의 특징을 가진다.

❶ 과거에 이러한 전략이 왜 성공적이었으며, 미래에도 이러한 전략이 성공적일 것이라는 것에 대해 나름대로의 이론적 근거를 가짐
❷ 명시적으로 계량화된 전략을 가짐
❸ 과거 데이터의 관점에서 최적인 전략을 확인할 수 있음

예를 들어 수익률이 높았던 종목을 팔고 수익률이 낮았던 종목을 사는 전략을 들 수 있다. 이때 업종이나 섹터의 비중은 벤치마크의 비중과 동일하게 유지하면서 해당 섹터 내에서의 매수종목은 과거 수익률이 나빴던 종목 중심으로 이루어진다.

종목교체를 위해 필요한 성과가 좋았던 종목의 수익률 수준이나 종목교체의 주기 등은 과거 자료의 분석을 통해 최적의 기준을 찾을 수 있다. 이 사례는 계량분석방법의 특징을 모두 갖추고 있다. 즉, 주가는 평균으로 회귀한다는 이론적 배경을 가지며, 계량화된 전략이 가능하고, 과거 자료 관점에서는 최적의 전략을 만들 수 있다.

일반적인 액티브 운용은 적극적으로 주식의 내재가치를 발견하여 그것보다 저평가된 섹터나 종목을 선택하려는 데 비해 계량분석 모형은 기업의 적극적인 가치를 발견하는 것이 아니라 과거 주가 변동 패턴을 이용하여 귀납적으로 전략을 마련한다는 특징을 가진다. 기술적 분석(technical analysis)을 계량적으로 나타냈다고도 볼 수 있다. 따라서 과거의 주가패턴이 반복된다면 유효한 전략이 될 수 있으나, 주가패턴이 변화한다면 이러한 전략은 더 이상 유효하지 않다는 기술적 분석의 한계를 이 운용방식도 동일하게 가진다.

수익·위험구조 변경을 위한 운용

1 운용방법

수익과 위험의 구조가 주식과 다른 형태를 띠는 상품으로는 선도거래, 선물, 옵션, 워런트 등의 파생상품이 일반적이다. 이들 파생상품을 선형적으로 결합함으로써 더욱 다양한 수익·위험구조를 갖는 상품을 만들 수 있다. 특히 다양한 형태의 옵션들이 등장하면서 거의 모든 형태의 수익과 위험구조도 창출할 수 있게 되었다. 초기에는 단순한 주식연계증권(Equity-Linked Note : ELN)이 주를 이루었으나 최근에는 2종목의 성과를 연계한 상품, knock-in 또는 knock-out형태의 상품 등 다양한 형태의 ELS(Equity-Linked Securities)가 나오고 있다.

주식이나 선물을 이용하여 구조화된 형태의 수익·위험 구조를 가지도록 하는 운용방식이 나타났는데, 이를 금융공학기법(financial engineering technique)[6]을 이용한 운용이라고 부른다. 이러한 운용전략은 근본적으로 델타 헤징전략(delta hedging strategy)을 이용한다. 즉, 투자기간의 만기까지 원하는 수익·위험구조와 동일한 델타를 가지도록 주식이나 선물 등의 포지션을 지속적으로 변화시킴으로써, 결과적으로 만기에 원하는 수익·위험 구조가 달성되도록 하는 운용방식이다. 이러한 운용의 대표적인 것이 옵션 복제 방식에 의한 포트폴리오 인슈런스 전략이다.

모든 수익·위험 구조는 여러 개의 파생상품의 조합으로 분해할 수 있는데, 이것을 이용하여 특정 조건(잔존기간, 기초자산의 가격 등)하에서 주어진 수익·위험구조를 갖는 상품의 델타를 구할 수 있다. 따라서 이론적으로는 금융공학상품이 만들어 낼 수 있는 수익·위험구조는 파생상품을 이용하여 만들 수 있는 다양한 수익·위험구조를 모두 포함한다. 그러나 현실적으로는 수익률 곡선이 연속성을 가지지 않는 경우의 수익·위험구조를 현물과 선물만으로 구현하기는 대단히 어렵다.

---

6 패시브 운용이나 액티브 운용에 관계없이 계량적인 모형을 적극적으로 이용하는 운용방식 전체를 가리키기도 한다.

델타 헤징을 이용하여 수익·위험구조를 변경시키는 전략은 기존의 원금보존형 상품이나 전환형 상품에 비해 장점을 가진다. 기존의 상품은 정상적인 액티브 전략으로 운용하다가 최저 수익률 또는 목표수익률에 도달하는 경우 모든 자산을 무위험자산으로 운용하는 방식을 취했다. 따라서 원금보장형 상품의 경우 일단 최저 수익률에 도달하면 그 이후에 다시 주가가 상승하더라도 그에 따른 보상을 받을 방법이 없었다. 또한 전환형 상품의 경우에도 주가지수 상승률의 성과를 내거나 목표수익률에 도달할 뿐, 목표수익률을 초과할 수도 있는 가능성을 포기한 것에 대한 대가를 주지 않는다. 이에 비해 델타 헤징을 이용한 상품은 파생상품을 이용한 전략과 동일하게 콜옵션 매도에 따른 초과수익률을 창출할 수 있는 수익·위험구조를 추구한다.

원하는 수익·위험구조를 창출하기 위하여 파생상품을 이용하는 데에는 다음과 같은 문제가 있다.

❶ 거래 가능한 파생상품의 만기가 다양하지 않다. 특히 장내에서 거래되는 파생상품의 만기는 상당히 짧음. 따라서 원하는 투자기간의 만기를 갖는 파생상품을 찾기가 쉽지 않음

❷ 파생상품의 거래에는 비용을 수반하므로 전반적으로 수익률이 낮아지는 경향이 있음. 특히 장외 파생상품의 경우에는 운용에 따른 위험 비용과 중개수수료가 포함되는 것이 일반적

❸ 파생상품의 가격은 근본적으로 과거의 자료에 의해 추정된 모수들에 의해 결정되는데, 이것은 미래에 실현된 실제의 모수와 다른 것이 일반적

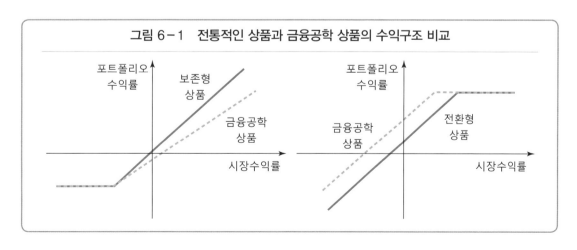

그림 6-1   전통적인 상품과 금융공학 상품의 수익구조 비교

이에 비해 델타 헤징을 이용한 운용은 ① 투자기간에 대한 제한이 없으며, ② 사전에 지불해야 하는 비용이 없고, ③ 운용기간 동안의 실제 시장 상황을 반영하여 수익·위험구조가 결정된다. ④ 현물 운용 시 액티브 운용을 통해 추가적인 수익을 기대할 수 있다는 장점이 있다. 그럼에도 불구하고 ① 사전에 수익·위험구조가 확정되지 않고 운용능력에 따라 변화할 가능성이 존재하며, ② 델타 헤징에 따른 매매수수료가 과다하게 발생하여 파생상품의 거래수수료보다도 높은 비용이 발생할 수도 있고, ③ 실제의 모수가 미래의 모수보다 불리한 경우에는 수익률이 낮아질 수 있는 등의 단점도 가지고 있다.

이러한 전략은 시장의 등락이나 섹터 또는 개별 종목의 가치분석을 통해 적극적으로 초과수익을 추구하지 않는다는 관점에서는 패시브 전략으로 볼 수도 있으며, 패시브 전략에 비해서는 거래가 빈번하다는 관점에서는 액티브 운용의 방식으로 볼 수도 있다. 이러한 두 가지 성격을 동시에 보유하고 있으면서도 기존의 액티브 운용과 패시브 운용이 추구하는 수익·위험구조와 다른 수익·위험구조를 가지며 또한 성공적인 운용을 위한 핵심적인 기술이 상이하다는 관점에서 전혀 새로운 운용방식이라고 할 수 있다.

section 06 혼합 전략

1 운용자 수준의 혼합 전략

혼합 전략은 액티브 기법과 패시브 기법을 선택적으로 활용하는 전략이다. 운용자는 여러 가지의 리스크 중에서 선택적으로 취한다. 특정한 분야에서 능력을 가졌다고 생각하는 운용자는 그러한 영역에서 리스크를 취함으로써 초과수익을 추구한다. 그리고 특별한 능력을 가지지 않은 다른 분야에서는 패시브 운용방식을 유지하는 것이 바람직하다.

이러한 운용방식을 효과적으로 유지하기 위해서는 매니저가 가진 능력의 분야를 판정할 수 있는 성과 요인 분석 모형이 필요하다. 성과 요인 분석 모형은 운용자가 취한 리스크를 분석하고 이러한 리스크가 수익률과 어떤 관계를 가지고 있는지를 분석한다. 예를 들어 성과 요인 분석을 통해 운용자가 마켓타이밍 활동을 주로 활용하는지, 특정 산업의 가중치를 조절하는 방식을 사용하는지, 가치주에 집중투자하는 것처럼 특정 요인에 가중치를 주는지, 개별 종목의 선정을 주로 이용하는지를 판단할 수 있다.

성과 요인 분석의 결과 소형주에 집중적으로 투자하는 펀드가 종목 선택으로부터 추가적인 수익률을 올리지 못했다면, 액티브 운용 대신 소형주에 주로 투자하는 패시브 운용을 고려해 볼 수 있다. 종목 선정을 통해 추가적인 수익률을 올릴 수 없다면, 관리비용이나 거래비용이 저렴한 패시브 운용방식이 더 매력적인 투자방법이 될 수 있다.

2 대형 기금의 혼합 전략

대형 기금들은 내부와 외부를 포함하여 여러 명의 주식 운용자를 두고 있다. 여러 스타일의 액티브 운용자를 두고 있으며, 대다수의 기금들은 패시브 운용자를 두고 있기도 하다. 이때 액티브와 패시브 요소는 어떻게 조합되는 것이 최선인가, 즉 액티브 운용의 역할은 무엇이며 패시브 운용의 역할은 무엇인가 하는 문제가 발생한다.

투자 규모가 큰 투자자는 다양한 전략과 여러 운용자별로 금액을 나누어 운용을 맡기는 것이 일반적이다. 이때 각 전략 또는 운용자별로 배분되는 자금의 규모는 투자자 자신의 선호도가 가장 높도록 결정된다. 초과수익률에 대한 선호도를 2차 효용 함수로 나타낼 수 있고 각 펀드의 전략이 서로 독립적이어서 초과수익률 간에 상관성이 없다고 가정하면, 다음의 식을 만족하는 최적해가 각 펀드에 배분되는 비율이다.

$$\text{최대화} \quad U_A = r_A - \frac{\lambda}{2}\sigma_A^2$$

$$\text{단,} \ r_A = \sum_{i=1}^{n} h_{Ai} r_{Ai}$$

$$\sigma_A = \sqrt{\sum_{i=1}^{n} h_{Ai}^2 \sigma_{Ai}^2}$$

λ : 기금의 위험회피 계수

h_{Ai} : i 펀드의 비중

r_{Ai} : i 펀드의 액티브 수익률

σ_{Ai} : i 펀드 액티브 수익률의 표준편차

모든 최적화 문제에 있어서 투자자의 효용 함수를 수학적으로 명확히 표현하기 어렵다는 문제에 봉착한다. 특히 2차 효용 함수를 가정하더라도 거기에 필요한 위험회피 계수를 추정하기가 쉽지 않다. 따라서 실무적으로는 기금이 허용할 수 있는 액티브 위험의 수준에서 액티브 수익률이 가장 높은 조합을 찾는 방식이 흔히 이용된다.

각각의 펀드가 스타일 투자를 행한다면 펀드의 벤치마크(b_s)와 투자자의 벤치마크(b_i)는 동일하지 않을 것이며, 이에 따라 다음과 같은 식이 성립한다.

$$r_p - b_i = (r_p - b_s) + (b_s - b_i)$$

총 액티브 수익률＝순 액티브 수익률＋스타일 액티브 수익률

$$\sigma^2(r_p - b_i) = \sigma^2(r_p - b_s) + \sigma^2(b_s - b_i)$$
$$(총\ 액티브\ 위험)^2 = (순\ 액티브\ 위험)^2 + (스타일\ 액티브\ 위험)^2$$

총 액티브 수익률과 총 액티브 위험을 위의 식과 같이 2가지 요소로 구분함으로써 효과적으로 각 펀드별 비중을 정할 수 있다. 일반적으로는 스타일 액티브 위험을 최소화하는 것이 바람직한 것으로 인식되지만, 스타일 액티브 위험을 보유하는 것에 비해 스타일 액티브 수익률이 충분히 크다면 적정한 수준의 액티브 위험을 보유하는 것이 성과측정지표의 관점에서 보다 나은 포트폴리오를 구성할 수도 있다.

(1) 핵심-위성(core-satellite) 조합

액티브 · 핵심조합이라고도 불리는 형태로, 패시브 펀드와 준액티브는 기금 전체에서 절대적인 비중을 차지하는 핵심 포트폴리오(core portfolio)로서 벤치마크와 유사한 성과를 내기 위해 구성종목이 넓게 분산되며, 액티브펀드는 특화된 운용으로 초과수익률을 달성하기 위해 이용된다. 예를 들어 KOSPI를 벤치마크로 하는 기금이 KOSPI 200을 추종하는 인덱스펀드를 핵심 포트폴리오로 채택하였다면, KOSPI 200에서 제외되어 있는 중소형주에 투자하는 중소형주펀드가 특화된 운용의 대상이 될 수 있다. 패시브로 운용되는 핵심 포트폴리오의 벤치마크가 KOSPI로 설정되는 등 시장 전체를 대상으로 하고 있는 경우에도, 가치주와 성장주로 구분되어진 특화된 펀드를 설정하여 액티브 운용의 대상으로 삼을 수도 있다.

(2) 액티브-보완(active-completeness) 조합

패시브 운용을 보완펀드의 목적으로 이용하는 것을 말한다. 우선 액티브 운용자가 초과수

익을 달성할 수 있는 분야를 선정하여 해당 분야에 집중적으로 투자하는 펀드를 설정한 후, 액티브 운용이 담당하지 않는 분야만을 대상으로 운용하는 펀드(이를 보완펀드(completeness fund)라고 한다)를 설정하면 기금이 투자하고자 하는 벤치마크 전체에 대해 투자하는 포트폴리오를 구성할 수 있다.

예를 들어 국내 주식시장 전체(유가증권시장과 코스닥시장)에 투자하고자 하는 기금이 액티브펀드를 통해 KOSPI 전체와 KOSDAQ의 대형주를 담당하도록 했다고 하자. 이때 KOSDAQ 시장에서 KOSDAQ 대형주를 제외한 종목만으로 구성된 정상 포트폴리오를 벤치마크로 하는 패시브 펀드를 추가로 설정함으로써, 기금이 투자하는 대상은 국내 주식 시장 전체로 확대될 수 있다.

(3) 차이점 비교

액티브·핵심 조합과 액티브·보완 조합의 차이는 패시브 펀드(준액티브펀드 포함)를 이용하는 방식에 있다. 액티브·핵심 조합은 패시브 펀드를 핵심 포트폴리오로 활용하고 액티브펀드는 초과수익을 올리기 위한 특수 포트폴리오로 이용하는 것이다. 액티브·보완펀드 조합에서는, 초과 성과를 내기 위한 액티브 운용의 분야에 초점이 맞춰져 있고 액티브 운용 전체는 시장 전반을 담당하며, 패시브 펀드는 액티브 운용에서 제외된 분야를 보충하기 위한 펀드로 이용된다.

section 07 대형 기금의 주식 포트폴리오 구성 사례

국민연금기금의 운용위원회에서 정한 국민연금기금의 국내 주식투자의 벤치마크는 KOSPI로 설정되어 있다. 실제 기금을 운용하는 국민연금운용본부에서는 국내 주식을 운용담당자와 운용 대상에 따라 구분하고 각각의 단위별로 별도의 벤치마크를 부여하고 있다.

운용을 담당하는 담당자의 소속에 따라 국내 주식을 직접운용과 위탁운용으로 구분하여 운용한다. 직접운용은 국민연금이 직접 고용한 운용자에 의해 운용되며, 위탁운용은 기금운용을 위탁하기 위한 운용사를 선정하여 그곳에 맡김으로써 외부의 운용자에 의해 운용이 이루

표 6-3	국민연금기금의 주식투자 관련 부서 및 역할	
부서		**역할**
국민연금 운영본부	주식운용실	• 국내주식 포트폴리오 관리, 직접운용 및 위탁운용
	해외주식실	• 해외주식 포트폴리오 관리, 직접운용 및 위탁운용

어진다.

직접운용 전체의 벤치마크는 KOSPI 200으로 설정되어 있는데, 이것을 다시 핵심 포트폴리오와 패시브 포트폴리오로 구분하고 있다. 핵심 포트폴리오는 원칙적으로 액티브 운용을 채택하고 있지만, 그 규모가 매우 크고 리서치팀에서 설정한 투자가능 종목과 모델 포트폴리오를 전제로 운용되기 때문에 위탁운용사들이 운용하는 액티브펀드에 비해서는 리스크가 적은 경향이 있다.

패시브 펀드는 KOSPI 200을 벤치마크로 하는 인덱스펀드로 구성되어 있다. 직접운용 전체는 점차적으로 패시브 성격을 강화하면서 국민연금 전체의 핵심 포트폴리오 성격을 지향하고 있다.

위탁운용은 액티브 운용과 패시브 운용으로 구분되며, 액티브 운용은 투자대상의 범위에 따라 순수주식형, 중소형주형 등으로 구분하고 벤치마크를 별도로 설정하고 있다.

패시브 운용은 주로 KOSPI 200을 벤치마크로 하는 인덱스펀드이다. 위탁운용은 여러 운용사를 이용하고 있기 때문에 개별 운용단위의 규모가 상대적으로 작은 특성을 이용하여 액티브 운용을 통해 초과수익을 적극적으로 추구하고 있다.

기금 전체의 벤치마크가 KOSPI로 설정되어 있는 데에 비해 실제 기금에서 운용하는 세부 운용단위별 포트폴리오는 KOSPI 200의 비중이 상대적으로 높으며, 기금 전체의 벤치마크에 포함되지 않은 KOSDAQ이 일정 부분 포함되어 있다.

따라서 국민연금기금은 섹터의 관점에서 대형주와 KOSDAQ 분야의 비중을 강조함으로써 섹터·스타일 선정을 통한 초과수익을 추구하고 있다. 한편 각 운용단위에서는 대부분 주식 편입비를 90% 이상 유지하도록 요구함으로써 종목 선정을 통한 초과수익을 기대하고 있다.

표 6-4 국민연금 포트폴리오 추이(금융부문) (단위 : 십억 원, 2022년 7월 말 기준)

구분	2022년	2021년	2020년	2019년	2018년	2017년
금융부문	915,002	948,106	833,138	736,079	638,217	621,018
국내주식	138,834	165,808	176,696	132,261	108,914	131,520
해외주식	250,835	256,625	192,752	166,528	112,961	108,279
국내채권	316,999	339,991	326,099	320,751	310,993	289,401
해외채권	67,562	63,896	44,883	30,462	26,587	23,274
대체투자	137,828	119,305	90,660	84,295	76,620	66,817
단기자금	2,949	2,481	2,049	1,782	2,143	1,727

* 각 수치는 반올림으로 세부내역 및 합계의 단수차이가 발생할 수 있음.
* 2022년 수치는 잠정치임

chapter 07

주식 포트폴리오 구성의 실제

주식 포트폴리오 구성 과정

1 개요

실제 주식 포트폴리오의 구성은 향후 운용성과를 결정짓는 중요한 운용행위이다. 어떤 주식으로 포트폴리오를 구성하느냐가 문제인데 포트폴리오 구성 시 우선적으로 고려해야 할 사항은 투자자의 투자목적과 투자환경에 대한 분석을 통해 명확한 목표를 설정하는 것이다. 이 단계에서 주식 포트폴리오의 성격이 결정되며 한번 결정된 포트폴리오의 성격은 위의 두 가지 요인이 크게 바뀌지 않는 한 지속적으로 펀드매니저가 유지하여야 한다.

포트폴리오를 구성하기 위한 방법은 여러 가지가 있는데 이 역시 투자자의 투자목적과 펀드매니저의 운용철학 및 운용스타일에 따라 다양하게 나타난다. 하지만 결국 펀드매니저의 궁극적인 목적은 최적의 주식 포트폴리오를 구성·유지하는 것이며 이는 곧 현대 포트폴리오 이론에 따르면 투자대상의 투자가치를 기대수익과 위험, 두 가지 요인을 고려하여 위험이 동일하다면 기대수익이 가장 높은 최적의 포트폴리오를 구성하는 데 주력한다는 것이다. 단 여전히 투자자의 목표수익률과 위험에 대한 인내력 안에서 결정되어야 한다. 즉 위험 대비 투자수익률이 높다고 무조건 좋은 portfolio는 아니다.

주식운용전략에 따라 과정이 서로 다르지만, 액티브 운용에 적용되는 프로세스는 일반적으로 〈그림 7-1〉과 같이 몇 단계로 구분할 수 있다.

첫 단계는 투자 가능 종목에 대한 1차 선정과정을 거쳐 투자 유니버스(Universe : 투자 가능 종목군)를 만드는 것이다. 이 단계의 목적은 전체 시장의 종목을 대상으로 투자목적에 부합하는 1차 선정기준을 적용하여 투자에 부적합한 종목을 걸러 내는 과정이라고 볼 수 있다. 이때 적용되는 기준은 거래 유동성, 재무위험, 기업규모 등으로 주로 계량적인 방법으로 과정을 수행하게 된다. 좀 더 유니버스를 적극적으로 관리하는 경우는 충분히 조사, 분석된 종목들로만 포트폴리오를 구성한다. 이를 통해 투자실수를 미연에 방지하고, 시장에 어떤 event가 생겼을 때 신속한 대응이 가능하여 투자수익률을 제고시킬 수 있다. 유니버스를 보고 해당 포트폴리오의 투자철학 및 원칙을 발견할 수 있다.

두 번째 단계는 투자 유니버스를 대상으로 모델 포트폴리오를 구성하는 단계이다. 모델 포트폴리오의 목적은 실제 포트폴리오를 구성하기 위한 기준이 되는 포트폴리오로서 투자자의 투자목적과 그에 따른 펀드매니저의 운용스타일에 근거하여 제시된 벤치마크를 추종할 수 있

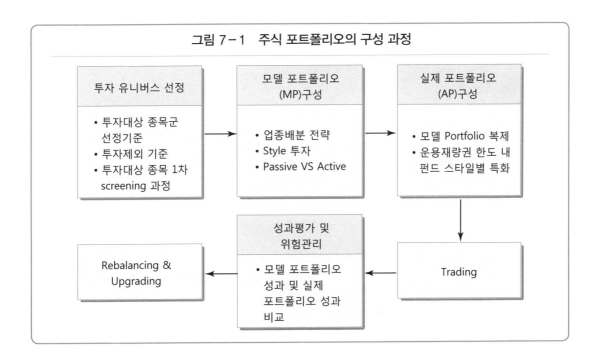

그림 7-1   주식 포트폴리오의 구성 과정

도록 최적의 포트폴리오를 구성하는 것이다. 패시브 포트폴리오(Passive Portfolio)의 경우 모델 포트폴리오는 벤치마크 수익률과의 오차를 최소화하기 위한 포트폴리오 구성이 이루어지며 액티브 포트폴리오(Active Portfolio)의 경우에는 시장 국면에 따라 벤치마크 수익률을 초과달성하기 위한 다양한 포트폴리오 구성전략을 가져간다.

세 번째 단계는 실제 포트폴리오(Actual Portfolio)를 구성하는 단계로서 모델 포트폴리오를 근간으로 하여 시장 상황을 고려, 펀드의 실제 포트폴리오를 구성하는 단계이다. 현실적으로 모델 포트폴리오를 완벽하게 복제한다는 것은 펀드운용의 여러 가지 제약으로 인하여 어려울 수도 있기 때문에 모델 포트폴리오의 복제 비율을 일정 비율 이상으로 제한하여 재량권을 부여하기도 한다.

네 번째는 트레이딩(Trading) 단계로서 펀드매니저의 의도대로 실제 포트폴리오가 구성될 수 있도록 주식을 실제 매매하는 단계이다.

다섯 번째 단계는 실제 포트폴리오와 모델 포트폴리오와의 성과를 측정하여 실제 포트폴리오 및 모델 포트폴리오의 재조정의 필요 여부를 판단하는 단계이다. 항상 최적의 포트폴리오를 유지하기 위하여 마지막으로 재조정 단계를 거치는데 이를 포트폴리오의 리밸런싱(Rebalancing)과 업그레이딩(Upgrading)이라고 한다. 리밸런싱은 기존의 모델 포트폴리오에서 주가의 변동으로 인하여 발생된 투자비중의 변화를 원래의 의도대로 복구를 시키는 과정인데 초기 모델 포트폴리오를 구성할 때의 모든 가정이 변하지 않았을 경우에 행해진다. 업그레이딩은 주가의 변동으로 인해 변화된 포트폴리오를 기준으로 그 시점에서 다시 최적의 포트폴리오를 구성하는 방법으로서 처음 모델 포트폴리오를 구성할 때와 대비하여 시장 상황이 변하여 새로운 포트폴리오를 구성할 필요가 있을 경우에 이루어진다.

3   종목 선정방법

주식 포트폴리오의 구성은 펀드의 성격, 펀드 스타일, 펀드의 규모에 따라 종목 선정의 기준이 다르게 구분될 수 있기 때문에 펀드매니저의 취향에 따라서도 차이가 많이 난다. 하지만 종목 선정의 목적이 최적의 포트폴리오를 구성하는데 있다고 본다면 다음 몇 가지에 유의해야 필요가 있다. 첫째는 주식 포트폴리오의 성격을 충분히 반영할 수 있는 종목이어야 한다는 것이며, 둘째는 주어진 벤치마크를 추종할 수 있는 종목이어야 한다는 것이다. 마지막으로는 주식의 유동성이 주식 포트폴리오로의 편입과 편출에 용이할 정도로 충분해야 한다는 것이다.

최종적인 종목 선정은 개별 기업에 대한 분석을 통해 저평가된 종목을 선정하는 상향식 방법(bottom-up approach)이 일반적이지만, 거시경제적인 접근방식을 가미하기 위해 섹터비중결정(Sector weighting)과 종목 선정이라는 과정을 구분한 하향식 방법(Top-Down approach)을 이용하기도 한다.

(1) 하향식 방법(top-down approach)

종목 선정보다는 섹터, 산업, 테마의 선정을 강조하는 방법을 일반적으로 하향식 방법이라고 부른다. 개별 종목은 선정된 섹터, 산업, 테마에 합당한 종목을 중심으로 선정된다. 예를 들어 원유나 비금속광물처럼 원재료의 가격이 상승할 것으로 예상되어 원재료산업에 대한 투자비중을 높이려는 매니저는 그러한 특성을 가진 종목을 찾게 된다.

섹터별 비중을 정하기 위해 〈그림 7-2〉와 같은 스코어링(scoring) 과정을 거치기도 한다. 섹터별 비중 결정과정이 효율적으로 이루어지려면 우선 섹터에 대한 분류를 어떻게 할 것인가가 중요하다. 섹터가 너무 포괄적이거나 너무 세부적으로 구분되어 있으면 최종적인 종목 선정과정을 어렵게 만들 수도 있다. 또 한 가지 중요한 것은 섹터를 서로 비교할 수 있는 요인을 추출해내는 것인데 섹터 간의 공통적인 특성과 개별적인 특성을 구분하여 비교할 수 있도록 해야 한다.

섹터별 비중이 결정되면 각 섹터별로 종목을 선정하게 된다. 섹터 내에서 종목을 선정하는 방식에는 개별 종목의 가치분석은 무시하고 섹터의 성격을 잘 나타내는 종목을 선정하는 방

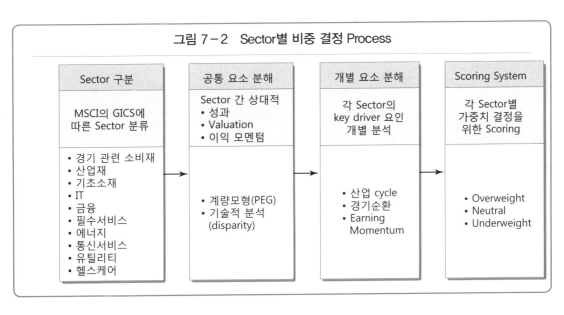

그림 7-2 Sector별 비중 결정 Process

법과 개별 종목의 가치분석에 따라 섹터 내에서 저평가된 종목을 선정하는 방법이 있다.

(2) 상향식 방법(bottom-up approach)

상향식 방법은 유망한 개별 종목을 선정하는 것을 중요하게 여긴다. 상향식 방법은 어떤 형식으로든 개별 종목의 내재가치를 측정하는 기법을 가지고 있다. 내재가치에 비해 시장 가격이 낮을수록 투자하기에 유망한 종목으로 인정되며 포트폴리오에서 차지하는 비중 또한 높아진다. 산업이나 섹터, 국가별 요소는 부차적인 요소이다.

4 이상현상(Anomaly)과 종목 선정

이상현상이란 '예외적인 현상'이라는 의미로 시장이 효율적이라면 발생하지 않을 현상이 실제 주식시장에서 나타나기 때문에 붙여진 이름이다. 종목 선정의 목적이 주식시장의 정상적인 수익보다 더 많은 수익을 내는 것이라면 실제 주식시장이 이론처럼 효율적이지 않기 때문에 발생하는 이상현상을 적극적으로 활용하려 할 것이다.

이상현상은 어떤 규칙에 의해 투자하면 시장 평균보다 더 많은 수익을 올리는 투자기법을 의미하므로 투자의사결정의 기본이 되는 정보와 깊은 관계가 있다.

개별 이상현상과 정보의 관계를 생각해 보면 주로 정보의 전달에 관한 시간 차이에 관계되는 것과 정보의 해석에 관계되는 것으로 구분할 수 있다. 〈그림 7-3〉에서는 이러한 관점을 정보를 축으로 하여 세로축에 나타냈다.

가치형 또는 성장형 등으로 일컫는 적극적 운용은 일반적인 의미로는 개별 기업에 대한 정보의 해석에서 우위를 점하려 하므로 정보의 축의 해석 쪽의 끝에 위치한다고 볼 수 있다.

또 한 가지 주가와의 연관성에서 주가 움직임에 대해 어느 정도 반응하는가 하는 관점에서도 투자전략으로서의 이상현상을 분류할 수 있는데 그림에서는 이것을 주가의 축으로 하여 가로축에 표시하였다.

주식의 수익률 변동에 대한 정(正)의 상관관계를 취할 것인가, 역(逆)의 상관관계를 취할 것인가 하는 구체적인 투자전략에 따라 이 축에서의 위치를 결정하고 있다.

〈그림 7-3〉에서 이상현상은 정보비효율 그룹, 상대적 저가주 효과 그룹, 수익률 역전 그룹으로 크게 세 가지로 분류할 수 있으며 각 그룹에서 나타나는 효과는 다음과 같다.

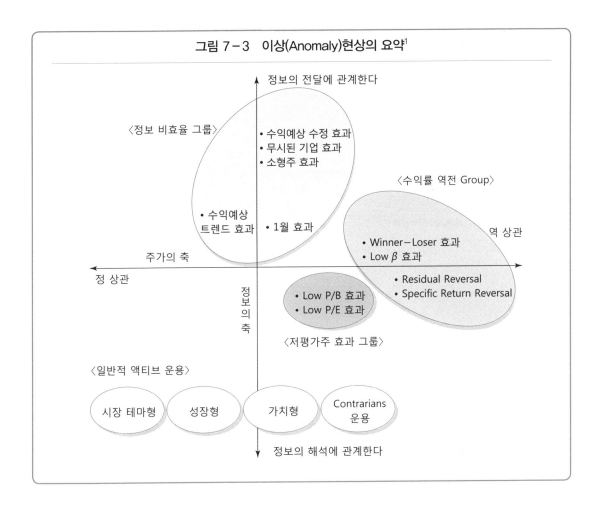

그림 7-3 이상(Anomaly)현상의 요약[1]

정보의 전달에 관계한다

〈정보 비효율 그룹〉

• 수익예상 수정 효과
• 무시된 기업 효과
• 소형주 효과

〈수익률 역전 Group〉

• 수익예상 트렌드 효과   • 1월 효과

역 상관

• Winner-Loser 효과
• Low β 효과

주가의 축

정 상관

정보의 축

• Residual Reversal
• Specific Return Reversal

• Low P/B 효과
• Low P/E 효과

〈저평가주 효과 그룹〉

〈일반적 액티브 운용〉

시장 테마형   성장형   가치형   Contrarians 운용

정보의 해석에 관계한다

(1) 정보비효율 그룹

❶ 수익예상 수정 효과(Earning Estimation Revision Effect)

❷ 수익예상 추세 효과(Trend in Earning Estimation)

❸ 무시된 기업 효과(Neglected Firm Effect)

❹ 소형주 효과(Small Firm Effect)

❺ 1월 효과(January Effect)

---

1 山崎 元(김재욱 외 역), "펀드매니지먼트," 1997, 세계경영연구소.

(2) 상대적 저가주 효과 그룹

① 저 PER 효과

② 저 PBR 효과

(3) 수익률 역전(Return Reversal) 그룹

① 장기 수익률 역전현상(Return Reversal)/Winner−Loser 효과

② 저 β 효과

③ 잔차수익률 역전현상(Residual Return Reversal)

④ 고유수익률 역전현상(Specific Return Reversal)

---

section 02 | 포트폴리오 구성 시 고려사항

1 벤치마크(Benchmark)

벤치마크란 운용성과를 평가할 때 기준이 되는 구체적인 포트폴리오로 평가기준임과 동시에 운용자가 추구해야 할 가장 이상적인 포트폴리오라고 볼 수 있다. 또한 벤치마크는 약관이나 투자설명서에 포함된 다양한 운용방식을 가장 함축적으로 나타내며 잘못 이해할 가능성이 매우 낮기 때문에, 벤치마크는 투자자와 펀드매니저 사이의 효과적인 의사소통 수단이 된다.

벤치마크를 투자자가 미리 결정한 경우 펀드매니저의 입장에서는 이를 존중하여 포트폴리오를 구성하기도 하나 투자자와 협의하여 투자목적에 맞는 적합한 벤치마크를 선정하거나 새롭게 만들 수도 있다. 이렇게 결정된 벤치마크에는 기대수익률($E(R_b)$)과 위험(σ_b)이 포함되어 있으며, 결과적으로 투자자의 위험선호도가 반영되어 있다고 볼 수 있다. 무위험 수익률(R_F)이 존재하며 투자자의 효용이 2차 함수라고 가정하면, 해당 벤치마크를 선택한 투자자의 효용함수는 다음 식으로 나타낼 수 있는데, 운용자는 해당 펀드를 운용함에 있어서 벤치마크에 내재된 투자자의 효용 함수를 고려하여야 한다.

벤치마크에 내재된 위험선호도 $\lambda_b = \dfrac{E(R_b) - R_F}{\sigma_b^2}$

벤치마크에 내재된 효용 함수 $U = R_p - \dfrac{1}{2}\lambda_b\sigma_p^2$

벤치마크는 다양하지만 다음의 세 가지 조건을 기본적으로 충족해야만 한다.

❶ 구체적인 내용(편입종목과 가중치)이 운용 이전에 명확하게 정해져야 한다.
❷ 벤치마크의 성과를 펀드매니저가 추적하는 것이 가능해야 한다.
❸ 실제 운용의 목표와 부합되는 운용상을 반영하고 있어야 한다.

특히 투자자는 벤치마크의 적용에 있어서 위의 조건들을 명확히 인식해야만 하는데 그 이유는 만약 위의 조건을 충족시키지 못하는 벤치마크가 지정된다면 이는 펀드매니저의 운용에 심각한 장애를 초래할 수도 있기 때문이다.

2 위험(Risk)

펀드의 위험이란 투자자가 원하는 기대수익을 얻기 위해 부담해야 하는 비용(위험의 크기)를 말한다. 따라서 리스크에 대한 허용도는 투자자가 주관적으로 결정해야 할 수치이다. 즉, 리스크 허용도는 투자자가 펀드매니저에게 지정해야 할 항목이라고 할 수 있다. 그러나 실제로 펀드매니저는 투자자의 대리인 관계에 있기 때문에 반드시 투자자가 선호하는 위험허용도를 바탕으로 포트폴리오를 관리한다고는 볼 수 없다. 따라서 중요한 것은 충분한 이해와 커뮤니케이션을 바탕으로 양자가 의견을 일치시키는 것이며, 리스크에 대한 보상방식을 나타내는 위험허용도를 충분히 이해하고 사용하는 것이 중요하다고 볼 수 있다.

투자자의 입장에서 펀드매니저의 운용에 따른 리스크를 판단하기 위해서 몇 가지 판단 도구가 있다. 첫째로 정보비율(Information Ratio : IR)을 들 수 있다. 정보비율이란 펀드수익률에서 벤치마크 수익률을 차감한 값(초과수익률 또는 액티브 수익률이라 함)을 펀드수익률과 벤치마크 수익률 간의 추적오차(잔차 위험이라고도 함)로 나누어 계산한 수치이다. 예를 들어 벤치마크 수익률이 KOSPI의 수익률이라면, 펀드매니저로 하여금 KOSPI 이상의 위험을 허용하는 데 따라 달성해야 하는 초과수익의 크기를 말해 준다. 목표로 하는 정보비율을 정하기 위해서는 기대하는 액티브 수익률($E(\alpha)$)과 잔차 위험(ω)이 필요한데 이들의 값은 운용형태에 따라 달라질 수밖에 없다. 이들 목표치로부터 투자자가 초과수익률에 대해 느끼는 효용을 다음의 수식으로 나타낼 수 있다.

$$\text{초과수익률에 대한 위험선호도} \quad \lambda_a = \frac{E(\alpha)}{\omega^2}$$

$$\text{초과수익률에 대한 효용 함수} \quad U_a = \alpha_p - \frac{1}{2}\lambda_a\omega_p^2$$

둘째, VaR(Value at Risk)인데, 포트폴리오의 가치 혹은 포트폴리오의 수익률이 정규분포를 가진다고 가정할 때, 주어진 신뢰 수준에서 일정기간 동안 발생할 수 있는 '최대 손실금액(률)'을 의미한다. 투자자나 펀드매니저 입장에서 포트폴리오에 대한 위험허용도 대비 실제 포트폴리오의 위험 수준을 판단할 수 있는 유용한 지표이다. 예를 들어 95% 신뢰 수준에서 포트폴리오의 1주일 동안 VaR가 10억 원이라는 의미는 포트폴리오의 1주일 동안 발생할 수 있는 최대 손실금액이 10억 원이고, 10억 원보다 큰 손실이 발생할 확률이 5%라는 의미이다. 또한 포트폴리오의 기대수익률이 연간 8%이고, 표준편차가 5%일 때 신뢰도 95%에서 최대 손실률을 계산하면 $8\% - (5\% \times 1.96) = -1.8\%$가 된다.

$$\text{VaR} = \text{포지션의 가치(수익률)} \times \text{1일 수익률의 표준편차} \times \text{신뢰 수준 } Z\text{값} \times \sqrt{t}$$

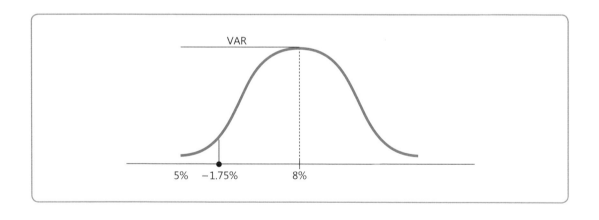

3   **투자가능 종목군(Universe)**

주식 포트폴리오를 구성하는 데 있어 그 대상 종목 수는 상장된 주식 전부라 할 수 있다. 따라서 원칙적으로 펀드매니저는 상당한 노력과 주의를 기울여 모든 종목에 대한 분석과 상대비교를 통해 종목을 선정해야 할 의무를 지니고 있다고 볼 수 있다. 하지만 현실적으로 펀드매니저 입장에서는 1차적인 선정기준을 정하여 투자에 부적합한 종목을 제외시켜 선택의 폭을 줄이려고 하는 경향이 있으며 이러한 과정을 거쳐 일반적으로 투자 가능 종목군이라는 것을 만든다. 이러한 과정은 제한된 자원하에서의 효율적으로 종목 선택 업무를 수행하기 위해 필요한 작업이기도 하나 다음의 사항을 주의하여야 한다.

❶ 모든 종목에 대하여 판단하고 주의를 기울여야 한다.
❷ 임의적인 잣대로 확실히 부적당하지 않은 종목을 제외시키지 않도록 해야 한다.

4 포트폴리오 편입종목수

포트폴리오 편입종목수에 대한 잘못된 오해가 몇 가지 있는데 첫째, 펀드매니저가 관리상 문제가 있으니 너무 많은 종목을 보유하지 않는 것이 좋다는 것이다. 종목수의 제한은 마치 제한된 종목에 대한 투자가 마치 효율적인 투자라는 의미를 내포하고는 있으나 이는 오히려 펀드매니저가 객관성을 잃을 위험을 내포하고 있으며 분산투자의 효과를 반감시킬 위험도 있다고 볼 수 있겠다.

둘째, 종목수가 많으면 인덱스펀드와 다름없다는 말이다. 하지만 펀드매니저는 종목수가 많으면서도 인덱스펀드와는 달리 적극적인 투자위험을 높게 가져갈 수 있기 때문에 무작정 종목수에 대한 투자자 및 운용책임자의 우려는 오히려 불필요한 위험을 펀드매니저에게 강요하는 경우가 될 수도 있다.

5 매매비용과 매매의 원칙

'많은 수익을 낸 종목은 저평가된 종목으로 교체해야 좋다'라는 말인데 실제 경우에 있어 반드시 교체를 하지 않아도 될 상황이 많이 존재한다. 그 이유는 적정가치 수준에 도달하거나 그 이상으로 상승한 고평가 종목이 추가 수익 확보에는 기여를 하지 못할 수 있으나 이러한 종목이 위험헤지에는 도움을 줄 수도 있기 때문이다. 더구나 종목교체 비용까지 감안한다면 종목교체는 신중히 고려해야 될 문제이다.

　실무적으로 여러 가지 매매 원칙이 이용된다. 기존 포트폴리오를 대체할 종목을 지속적으로 발굴하며, 이미 보유한 포트폴리오 중에서 기본적 가치가 하락하는 종목을 발견함으로써 교체하는 것을 교체전략이라고 한다. 평가기준에 따라 저평가된 종목을 편입한 경우 동일한 평가기준에 따라 적정한 가치까지 상승한 경우에 매도하는 방식을 취할 수도 있다. 경우에 따라서는 매입 가격의 일정 수준 이하로 하락하면 매도하기도 하며, 매입 가격에서 일정 수준 이상으로 상승하면 매도함으로써 이익을 확정하는 전략이 사용되기도 한다.

　매매가 많아짐에 따라 매매회전율이 높아지고 이것은 매매비용을 발생시킨다. 일반적으로 가치 스타일 투자는 매매회전율이 낮으며, 성장 스타일 투자는 매매회전율이 높다. 논리적으로는 매매비용을 포함한 모든 비용을 차감한 후 얻어지는 효용이 기존의 포트폴리오를 보유했을 때 얻어지는 효용보다 높은 경우에만 그러한 매매활동이 정당성을 확보할 수 있는 것이다. 매매비용은 증권 중개자에게 지급하는 직접적인 비용만이 아니라 해당 투자자의 매입과 매도에 따른 시장 충격을 감안한 총 비용이 적용되어야 한다. 거래량과 규모가 큰 대형주는 시장 충격에 따른 비용이 거의 없지만, 거래량과 시가 규모가 크지 않은 중소형주의 경우에는 시장 충격에 따른 비용이 적지 않다.

section 03 　주식 포트폴리오 모형

1 　포트폴리오 모형의 종류

　포트폴리오 모형은 포트폴리오가 가지는 특성을 분석함으로써 투자의사결정에 활용하기 위한 모형이다. 그런데 투자수익률은 위험을 부담한 것에 대한 보상의 결과로 나타나기 때문에 포트폴리오의 특성을 이해하기 위해서는 투자대상의 위험특성에 초점을 맞추게 된다. 이러한 관점에서 포트폴리오 모형은 리스크 모형이라고 불리기도 한다.

　액티브 운용에서는 초과수익을 내기 위한 위험요소를 선택하기 위해서 포트폴리오 모형을 이용하며, 패시브 운용에서는 포트폴리오의 위험요소를 벤치마크의 위험요소와 동일한 수준으로 유지하기 위한 목적으로 이용하기도 한다.

(1) 다중 요인 모형

가장 대표적인 리스크 모델은 다중 요인 모형이다. 다중 요인 모형은 주식의 리스크를 베타, 규모, 성장성, 레버리지, 해외시장 노출도, 산업 등 여러 가지 체계적인 요인으로 구분한다. 이러한 요인 이외의 리스크는 비체계적 위험 또는 개별 주식 고유위험으로 불린다.

이러한 요인들은 포트폴리오 관점에서 합산되고, 매니저는 자신이 취한 위험의 정도를 벤치마크와 대비하여 알 수 있고 또한 어떤 분야의 위험이 존재하는지를 파악할 수 있다.

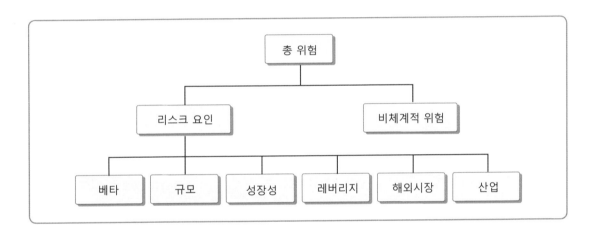

금융산업에 대한 노출 정도만을 벤치마크에 비해 더 많이 취하고자 했던 매니저가 이러한 모형 분석을 통해서 자신의 의도와는 달리 대형주에도 노출 정도가 더 커진 것을 발견할 수도 있다. 대형주에 대한 과도한 노출이 좋은 결과를 줄지 또는 나쁜 결과를 줄지 알 수는 없지만, 적어도 그러한 위험이 존재한다는 것을 알 수 있게 된다.

(2) 2차 함수 최적화 모형

포트폴리오를 구성하기 위하여 2차 함수의 최적화 모형(quadratic optimization model)을 이용하기도 한다. 이 방법은 기대수익률과 추정 위험 간의 최적의 균형점을 찾을 수 있도록 한다. 이것은 매니저에게 여러 가지 관점에서 유용한 도구지만, 최소한 투자정보를 효율적으로 이용하기 위한 체계를 제시해준다.

그럼에도 불구하고 최적화 방법에는 몇 가지 문제가 있기 때문에 그대로 이용되는 경우는 많지 않다. 이러한 모형은 근본적으로 기대수익과 기대위험을 이용하고 있는데, 이것의 추정치에는 오류가 개재되어 있기 마련이다. 기대수익이 높고 기대위험이 낮게 추정된 주식은 과도하게 투자되며, 반대로 기대수익이 낮고 기대위험이 높게 추정된 주식은 투자비중이 낮은 현상이 나타난다. 이런 추정치의 오류가 모형이 잘못된 결과를 주게 하는 가장 큰 원인이다.

현실적으로는 기대수익과 기대위험에 대한 정확한 값을 찾을 수 없으므로, 다양한 위험요인에 의한 내재적인 위험을 분산시키기 위하여 선형 모형에서 흔히 이용하는 제약조건하에서 최적화시키는 기법을 이용하는 것이 일반적이다. 이러한 제약조건이 있는 최적화 기법(constrained optimization model)은 일반적인 위험요소뿐만 아니라 투자자의 위험선호도를 적극적으로 반영할 수 있는 장점이 있다.

(3) 선형계획 모형

2차 함수의 최적화 모형의 대안으로 선형계획 모형(linear programming model)이 제안되기도 한다. 즉, 선형계획 모형은 일정한 제약조건을 만족시키는 포트폴리오 중에서 기대수익률을 최대화하는 것을 찾는 방법을 취한다.

제약조건에는 규모, 산업별 분산 정도, 배당수익률, 거래비용, 유동성 등이 포함될 수 있다. 제약조건은 벤치마크에서 차지하는 비중을 중심으로 일정한 변동범위를 정하는 방식이 일반적이다.

이러한 모형은 투자자나 펀드매니저가 보다 더 직관적으로 이해할 수 있다는 장점이 있다. 또한 사전에 위험의 크기를 정확히 측정하지 못했던 위험요소가 있는 경우에도 해당 위험요소의 범위를 사전에 통제함으로써 결과적으로 커다란 위험에 처할 가능성이 줄어든다.

---

2 **포트폴리오 모형의 활용**

(1) 운용의사결정 지원 목적

포트폴리오 모형을 가장 적극적으로 이용하는 것은 액티브 운용을 지원하기 위한 목적이다. 액티브 매니저가 초과수익을 올리기 위해서는 벤치마크와 다른 위험을 취할 수밖에 없다. 적절한 위험만을 택해서 부가가치를 높이는 것이 요구된다. 매니저는 투자할 수 있는 대상종목 중에서 어떤 종목이 나은 성과를 보이고 어떤 종목이 저조한 성과를 보일지를 판단해야 한다. 이러한 판단은 수도 없이 많은 방식으로 이루어진다.

액티브 운용이 이러한 모형을 이용하기 위해서는 특정 위험요소로부터 창출될 것으로 기대되는 예상수익률을 추정하거나 개별 종목의 고유한 요인에 의한 예상 수익률을 추정하고, 각각의 위험요소가 나타내는 예상 위험의 크기를 표준편차 등의 공통된 위험지표로 추정한다. 또한 예상하지 못한 위험요소로부터 발생할 수 있는 커다란 위험을 방지하기 위하여 각 위험요소별로 포트폴리오가 취할 수 있는 범위를 정하기도 한다.

결국 포트폴리오 모형에서 제약조건을 가진 최적화 과정을 통해 투자대상 종목과 투자비중이 결정된다. 운용과정 중에 주가의 변화 등 환경의 변화는 기대수익률 및 기대위험에 영향을 주게 되며, 결국 포트폴리오 모형을 이용한 포트폴리오 재조정(revision) 과정을 거치게 된다.

패시브 운용에서도 포트폴리오 모형은 이용된다. 순수한 패시브 운용은 포트폴리오를 벤치마크와 동일하게 유지하는 것이 목적이므로 기대수익률과 기대위험의 추정이 필요하지 않다. 다만, 포트폴리오가 가지는 위험요인의 크기와 벤치마크가 가지는 위험요인의 크기를 일치시키기 위해서 포트폴리오 모형을 이용한다. 포트폴리오 모형에는 투자성과의 변동성에 영향을 끼치는 위험요소들이 체계적으로 분류되고 정의되어 있으므로 위험요인의 크기를 특정한 수준(패시브 운용에서는 벤치마크가 갖고 있는 위험요인의 크기)에 맞추기 위해서 이용될 수 있다.

인핸스드 인덱스의 운용을 위해서는 액티브 운용과 마찬가지로 각 위험요소별 기대수익률과 위험의 크기를 측정하는 것이 필요하다. 다만 허용되는 잔차 위험의 범위를 액티브 운용에 비해 적게 유지함으로써 벤치마크로부터 괴리될 가능성을 줄일 수 있다. 결과적으로 예상되는 초과수익률도 액티브 운용에 비해 적을 수밖에 없다.

(2) 성과 요인 분석 목적

포트폴리오 모형을 이용하여 벤치마크의 성과 분석을 통해 각 위험요소로부터 나타난 수익률의 정도를 측정할 수 있다. 위험요소별 기여수익률의 추이를 통해 각 위험요소로부터 기대할 수 있는 수익률의 수준을 판단하는 데 도움을 줄 수 있다.

또한 각 포트폴리오의 성과분석을 통해 각 포트폴리오가 취한 위험의 크기를 측정할 수 있다. 각 위험요인별 수익률과 포트폴리오가 취한 위험요인을 비교함으로써, 매니저가 취한 위험노출 정도가 적절했는지를 판단하게 된다. 수익률 증가에 기여한 성과 요인의 노출은 계속하여 허용하되, 수익률 증가에 기여하지 못하는 위험요인에 대한 노출은 시장의 위험크기로 유지하는 패시브 운용의 상태를 유지하도록 하는 것이 보다 나은 성과를 도출하는 데 기여할 것이다.

section 04　국내 주식펀드의 운용

1　패시브 및 준액티브 운용 펀드

국내에서 운용되는 펀드 중에는 순수하게 지수를 추적하고자 하는 인덱스펀드는 찾아보기 어려우며, 어떤 형태로든 초과수익을 추구하는 인핸스드 인덱스펀드의 형태를 띠고 있다.

(1) 가장 패시브한 운용을 하는 상장지수펀드(ETF)

ETF는 추종하는 지수의 수익률을 달성하는 펀드를 설정한 후 펀드가 발행한 증권을 거래소에 상장함으로써 현물 주식의 매매에 따른 시장 충격을 방지하면서 투자자에게 인덱스펀드와 동일한 수익률을 제공하는 장점을 가진다.

ETF는 1993년 미국에서 처음으로 등장했다. 국내에는 2002년 KOSPI 200과 KOSPI 50을 벤치마크로 하는 ETF가 등장하였다. 2006년 6월에는 정보기술(IT), 은행, 자동차 등 업종별로 투자가 가능한 '섹터 ETF'가 도입돼 선택의 폭이 넓어졌다.

지수의 수익률을 획득하고자 하는 투자자가 펀드의 기준가가 추종하고자 하는 지수와 동일하게 유지함으로써 가장 완전한 형태의 인덱스펀드로 알려진 ETF조차도 초과수익을 추구하고 있다. 일반적으로 공개된 주가지수는 배당에 의한 수익을 반영하지 않기 때문에, 주가지수를 완전하게 복제한 ETF라 하더라도 주가지수에 비해 높은 초과수익률이 발생한다. 더구나 보다 더 적극적으로 초과수익을 추구한다면, 주가지수와 ETF 수익률의 괴리는 더욱 커질 수도 있다. ETF와 주가지수 간의 수익률 차이가 발생해서 ETF의 기준가와 주가지수의 값에 차이가 발생하면 현금배당의 형태로 분배함으로써 ETF의 기준가와 주가지수가 동일하게 유지되도록 하고 있다.

(2) 차익거래를 통해 초과수익을 추구하는 인덱스펀드

국내에서 흔히 인덱스펀드라고 불리는 패시브 펀드는 실제로 인핸스드 인덱스펀드의 형태를 띠고 있다. 특히 주가지수와 주가지수 선물의 가격 차이를 적극적으로 이용하면서 초과수익을 추구하는 전략을 주로 사용한다.

인덱스펀드가 추적하고자 하는 시장지수는 선물과의 연계성 및 거래의 편의성을 고려하여 대부분 KOSPI 200으로 되어 있다. KOSPI 200을 기초자산으로 하는 선물이 상장되어 있으므로 주가지수 차익거래를 통해 초과수익을 추구하기가 용이하다. 또한 KOSPI 200을 구성하는 종목은 시가총액이 크고 유동성이 풍부하므로 프로그램 매매나 대량매매를 수행하기가 용이하다.

(3) 초과수익을 추구하기 위한 맞춤형 지수의 구성

시장지수보다 나은 성과를 보일 것으로 예상되는 주가지수 구성방법을 마련하고 이러한 지수를 추적하는 패시브 펀드가 출시되기도 하였다.

시장에서 형성되는 주가는 정확하게 해당 주식의 내재가치를 반영하고 있지 않으며 장기적으로는 내재가치로 회귀하는 경향을 가진다는 원칙을 이용하여 주가지수를 구성하는 것이 한 가지 예이다. 내재가치에 비해 주가가 높게 형성된 주식의 비중은 시가총액비중보다 낮게 부여하며, 내재가치에 비해 주가가 낮게 형성된 주식의 비중은 시가총액의 비중에 비해 높게 부여하게 된다.

내재가치를 가중하는 방식으로 지수를 만드는 경우, 내재가치가 변할 때마다 인덱스의 가중치가 달라지고 하는 경우 해당 인덱스를 추적하는 포트폴리오를 구성하기 위해서는 지속적으로 매매가 발생할 수밖에 없으므로 낮은 거래비용을 특징으로 하는 패시브 운용의 장점이 많이 훼손될 수 있다. 또한 내재가치를 보다 정교하게 측정하기 위해서는 적극적인 증권분석 활동이 수반될 수밖에 없는데, 이렇게 운용한다면 나은 성과를 보일 것으로 예상되는 종목 선택을 추구하는 액티브 운용과 유사할 가능성도 존재한다.

2 액티브 운용 펀드

(1) 시장지수를 대상으로 하는 주식형 펀드

가장 대표적인 펀드로 가장 많은 수를 차지하는 유형이다. 대체로 KOSPI를 벤치마크로 삼고 있으나, KOSPI 200을 벤치마크로 삼는 펀드도 존재한다. 평균적인 주식 편입비는 90% 내외로 주식과 현금 간 적극적인 자산배분보다는 종목 선정을 통해 초과수익을 올리려는 펀드가 대부분이다. 그러나 주식시장의 상승과 하락추세가 지속되는 경우에는 주식편입비를 80~95%의 범위에서 조절함으로써 시장 예측을 통한 초과수익을 추구하기도 한다.

(2) 시장지수를 대상으로 하는 자산배분형 펀드

시장지수를 벤치마크로 삼고 있다는 점에서는 주식형 펀드와 유사하지만, 보다 더 적극적으로 시장 예측을 통해 자산배분 전략을 이용한다는 점에서 차이가 난다. 일반적으로 주식비중이 60% 이상을 유지하는 경우가 대부분이지만, 보다 더 적극적으로 0~100%의 범위에서 자유롭게 주식 편입비를 조절하는 펀드도 존재한다. 그러나 주식, 채권, 부동산, 환율, 원자재, 대체자산 등 다양한 자산 간 배분이 선행되고, 그 이후 주식투자에 배정된 자금이 대부분이므로 가급적 현금보다 주식의 비중을 높게 유지하는 것이 일반적이다.

(3) 특정 산업이나 섹터를 대상으로 하는 주식형 펀드

초기에는 중소형주나 배당주 펀드가 주류를 이루었으나, 금융산업 또는 IT산업과 같이 특정 산업을 대상으로 하는 펀드, 중소형주나 대형우량주 등의 섹터를 대상으로 하는 펀드, 대형 그룹에 속한 종목만을 대상으로 하는 펀드 등 다양한 형태의 펀드들이 나오고 있다. 이러한 펀드들은 기본적으로 액티브 위험이 높은 특징을 가진다.

가치나 성장 관점의 스타일 펀드가 일부 있지만, 가치와 성장의 구분이 명쾌하게 정립되지 않은 상황에서 제대로 그 스타일을 판단하거나 인정하기 어려운 실정이다. 상당히 많은 수의 주식형 펀드들이 가치 스타일을 주장하지만 시장지수와의 차별성을 찾기 어렵기도 하다. 이러한 펀드의 성격을 보다 정확히 판단하기 위해서는 가치와 성장을 구분할 수 있는 적절한 벤치마크의 출현이 필요하며, 운용사들의 운용전략도 보다 더 정교하게 다듬어질 필요가 있다.

3 　운용형태별 수익률과 위험

(1) 수익률과 총 위험

　패시브 운용과 액티브 운용의 결과로 나타나는 변동성(표준편차)과 수익률의 관계를 그래프 위에 나타내면, 패시브 펀드는 보다 더 집중되어 나타나며 액티브펀드는 폭넓게 분포하는 것으로 나타난다. 이에 따라 그래프 상에서는 중심부위에 패시브 펀드가 위치하며 주위에 액티브펀드가 위치하는 듯한 모양을 가진다. 특히 ETF처럼 순수 인덱스펀드는 패시브 펀드들 중에서도 중심부를 차지하고 있다.

　변동성(표준편차)의 관점에서 액티브 운용 펀드의 위험은 패시브 운용펀드의 위험보다 큰 것과 작은 것이 대등하게 분포하고 있다. 수익률의 관점에서도 액티브 운용 펀드의 수익률은 패시브 운용펀드의 수익률보다 높은 것과 낮은 것이 대등하게 분포하고 있다.

　주식시장이 평균적으로 상승한 시기에는 높은 위험을 택한 펀드들이 다소 높은 수익률을 나타내는 경향을 보여주었다. 그러나 주식시장이 평균적으로 하락한 시기에는 높은 위험을 취한 펀드들의 수익률이 다소 낮아지는 경향을 보인다. 그러나 위험과 수익률과의 관계가 획일적이지는 않으며, 회귀직선(regression line)에서 다소 떨어져서 상당히 높은 수익률을 보이는 특이한 펀드들도 볼 수 있다.

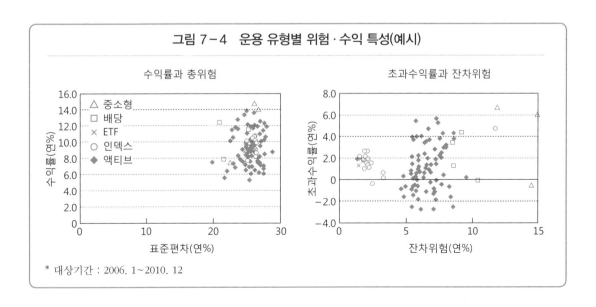

그림 7-4　운용 유형별 위험·수익 특성(예시)

(2) 초과수익률과 잔차 위험

잔차 위험과 초과수익률의 관계를 그래프에 나타내보면 운용 유형별 특징이 더욱 분명하게 드러난다.

패시브 펀드의 잔차 위험은 액티브펀드의 잔차 위험에 비해 현지하게 낮아서 그래프 상에서 겹치는 부분이 거의 없는 것으로 나타난다. 특히 ETF는 패시브 펀드 중에서도 가장 낮은 잔차 위험을 보이고 있다. 액티브펀드의 위험은 패시브 운용보다는 상당히 높은 수준에서 폭넓게 분포하고 있다. 패시브 펀드들의 수익률은 상당히 집중되어 있으나, 액티브펀드들의 수익률은 넓게 분포되어 있다.

주식시장이 상승기라고 하더라도 초과수익률의 관점에서는 잔차 위험이 낮았던 패시브 펀드의 초과수익률이 액티브펀드에 비해 낮은 경향을 보이지는 않는 것으로 보인다. 다만 유형 내에서는 다소 다른 패턴을 보여주었다. 즉, 패시브 펀드 내에서는 잔차 위험의 크기와 초과수익률의 관계가 거의 없는 것으로 보이지만, 액티브펀드에서는 잔차 위험이 클수록 초과수익률도 다소 상승하는 것으로 보인다.

이러한 현상은 패시브 펀드에서는 체계적 위험의 변동 없이 순수한 잔차 위험이며 이에 따른 초과수익률은 특정한 패턴을 형성하기 어려우나, 액티브펀드에서 나타나는 잔차 위험은 체계적 위험의 차이를 반영하고 있기 때문에 시장이 상승을 보이는 경우에는 잔차 위험이 클수록 수익률 증대 현상으로 나타난 것으로 보인다.

[참고] ESG 투자에 대한 이해

1) ESG의 기본 개념과 대두 배경

ESG는 기존의 재무정보에 포함되어 있지 않으나 기업의 중장기 지속가능성에 영향을 미칠 수 있는 요인들을 환경, 사회, 지배구조로 나누어 체계화한 기준으로 자본시장에서 기업을 평가하는 새로운 프레임워크(Framework)로 발전되었다. 기업이나 조직 관점에서 이를 반영한 경영을 ESG 경영이라 하고 금융의 관점에서 이를 반영한 투자는 ESG 투자 혹은 책임투자 등으로 일컬어진다.

ESG(Environmental, Social, Governance)는 금융기관을 중심으로 발전된 개념으로 1900년대 초반 이후 유럽시장을 중심으로 발전해 왔다. 2005년 UN 코피아난 사무총장이 대형 금융기관에 서신을 보내 ESG를 반영한 책임투자에 앞장서 줄 것을 요청했고 금융기관들이 이에 응하면서 2006년 책임투자 원칙을 실행하고자 하는 금융기관의 이니셔티브인 PRI(Principal of Responsible Investment)가 결성되면서 본격적으로 확산되었다.

2008년 금융위기를 겪으며 금융자본의 바람직한 역할이 강조되고, 2020년 COVID-19의 전 세계적인 유행으로 위기에 대한 대응 능력이 회복 탄력성(resilience)의 개념으로 대두되면서 ESG가 회복 탄력성의 중요한 요소로 강조되고 있다.

한편, 2021년 파리기후협약 이행기가 도래함에 따라 각국 정부의 탄소중립안에 따른 다양한 관련 정책 및 법제가 정비·발효됨에 따라 환경을 중심으로 기업경영에 실질적으로 미치는 영향이 증가하면서 ESG에 대한 중요성은 점차 확대될 전망이다.

2) ESG 투자 방식과 시장 규모

ESG 요소를 반영한 투자는 책임투자(Responsible Investing) 혹은 지속가능투자(Sustainable Investing)로 일컬어지는데 책임투자가 조금 더 보편적으로 사용되고 있는 용어이다. 2014년 주요국의 기관투자자 연합이 함께 결성한 GSIA(Global Sustainable Investment Association)는 매 2년 ESG 투자 방식을 적용한 펀드의 규모를 통해 책임투자 시장 규모를 발표하고 있다.

시장 규모를 논하기 전 먼저 살펴봐야 하는 것은 ESG 투자를 규정하는 방식이다. GSIA는 ESG의 투자방식을 대표적으로 7가지 방식으로 정의하고 이 중 하나 이상의 투자 기준을 적용하고 있는 펀드를 책임투자로 정의하고 있다.

GSIA에 따른 투자 방식은 크게 아래 7가지 방식으로 나뉜다(표 1 참조).

7가지 투자 방식 중 하나 이상을 적용한 투자에 대한 기관투자자의 서베이를 기초로 한 GSIA의 2021년 7월 발표에 따르면 2020년 글로벌 지속가능투자 시장 규모는 35.3조 달러로 2018년 대비 15% 성장한 것으로 조사되었다.

이 자료에서 흥미로운 점은 유럽의 지속가능투자 시장 규모가 감소한 것으로 나타났다는 것이다.

2018년 주요 대륙별 비중에서 47%로 가장 높은 비율을 차지했던 유럽의 책임투자 규모가 2020년 들어 감소한 것은 유럽이 EU Taxonomy 정비 등을 통해 환경과 관련한 기준을 정비하고 SFDR1 규제 등을 금융기관에 지속가능투자와 관련한 공시를 의무화함에 따라 기타 지역에서의 친환경에 대한 분류기준이나, 이에 따른 공시제도가 유럽에 비해 미미하다는 점에서 동일기준으로 비교하는 것은 다소 무리가 있다.

따라서 2020년 유럽시장의 책임투자 규모 감소를 시장의 감소로 해석하기보다는 시장의 자정작용을 통한 보다 실질적이고 체계적인 시장 정립을 위한 진통으로 이해하는 것이 바람직하다.

유럽뿐만 아니라 타지역에서도 분류체계 수립 및 금융기관의 ESG 상품에 대한 공시의 강화가 예상됨에 따라 과거에는 ESG 투자로 분류되던 성격도 향후 분류기준이 명확해지고 이를 공시하게 될 경우 시장 규모 수치에 불확실성이 내포될 수 있다.

한국의 경우, 책임투자의 시작은 2006년 9월 국민연금 책임투자형 위탁펀드 운용이라 볼 수. 있다. 국민연금을 시작으로 이후 사학연금, 공무원연금 등 일부 연기금의 위탁형 사회책임투자 펀드에서 술·도박·담배 등에 대한 네거티브 스크리닝 등의 제한적이나마 ESG를 반영한 투자가 적용되었으나 수익률 위주의 평가와 적절한 벤치마크의 부재 등으로 이러한 사회책임형 투자 펀드의 성장은 제한적이었다.

그러나, 2018년 이후 국민연금의 ESG 투자 확대를 위한 정책 및 제도 정비가 빠르게 진행되었다. 국민연금은 2018년 7월 수탁자 책임에 관한 원칙을 도입하고, 2019년 11월 책임투자 활성화 방안을 수립하고 책임투자 원칙을 도입했다. 그리고, 2019년 12월 국민연금기금 수탁자 책임에 관한 원칙 및 지침을 개정하고 국민연금기금의 적극적 주주활동 가이드라인을 마련하였다. 또한 2020년 1월에는 「국민연금기금운용지침」 제4조 5대 기금운용 원칙에 '지속가능성 원칙'을 추가하여 ESG 확산을 위한 제도적 기반을 확충하였다.

2017년 9월부터 직접운용 주식자산 일부에 ESG를 고려해 온 국민연금은 2019년 11월 책임투자 활성화 방안을 통해 기존 국내주식 액티브형에 한정되어 온 ESG 고려를 2021년 이후 국내주식 패시브형, 해외주식과 채권 자산 등으로 순차적으로 확대하고 있다.

표 1	국민연금 책임투자 활성화 방안(2019.11) 주요 내용
구분	**내용**
책임투자 대상 자산군 확대	• 주식 패시브 운용(21년부터), 해외주식 및 국내채권(21년부터) • 대체투자(사모, 부동산, 인프라) : 도입 시기 추가 검토 예정 • 2022년까지 전체 자산의 50%에 ESG 반영 계획
책임투자 추진 전략 수립	• ESG 통합전략의 확대적용(국내외 주식 및 채권) • 기업과의 대화(Engagement)의 확대(해외주식으로 확대추진) • 다만, 네거티브 스크리닝 전략의 경우 추가 검토 필요
위탁운용의 책임투자 내실화	• 2020년 SRI형 위탁운용을 위한 ESG 중심의 벤치마크 신규개발 및 적용계획 • 책임투자형 위탁펀드의 운용보고서에 책임투자 관련 사항을 포함하도록 의무화 추진 • 2022년에는 적용대상을 국내외 주식 및 채권의 전체 위탁 운용사의 운용보고서로 확대 • 위탁운용사 선정평가 시 가점부여 제도 추진 검토
책임투자 활성화 기반 조성	• 기업 ESG 정보 공시 개선을 위한 인센티브 제공 검토 • 지속적인 ESG 지표 개발 및 활용 강화 방안 마련

자료 : 국민연금

2020년 국내주식의 국민연금기금 연차보고서에 따른 ESG 고려 방식은 투자가능종목군 신규 편입 종목 검토시 ESG 세부정보를 확인해 하위등급에 해당할 경우 검토보고서에 운용역 의견 및 ESG 보고서를 첨부하는 방식이다. 또한, 투자가능종목군 점검시 C등급에 해당하는 종목에 대해서 벤치마크 대비 초과 편입여부를 확인하여 초과 편입 유지시 사유와 투자의견을 검토보고서에 작성하는 것이다.

ESG 고려가 100%로 확대되었으나 ESG 통합의 고도화라기보다는 기초적인 수준에서 ESG를 점검하는 수준이다. 한편, 공모펀드 시장에도 주식형, 채권형, 혼합형 등의 많은 ESG 펀드가 출시되었으나 실제 그 활용정도나 적용방법 등에 대해서는 구체적인 평가가 어려운 상황이다.

책임투자의 실질적이고 효과적인 적용을 위해서는 전문인력으로 구성된 전담조직, 외부 리소스 활용 등 상당한 자원의 투자가 필요하다는 점에서 최근의 국내 ESG 펀드의 ESG 반영방식은 아직은 매우 기초적인 수준일 것으로 추정된다.

2 ESG 정보 공시

1) ESG 공시 제도

ESG를 반영한 투자가 확산되는 만큼, ESG 워싱(washing) 논란도 함께 확대되고 있다. 앞서 살펴본 바와 같이 ESG 투자를 결정하는 기준이 명확하지 않으며 이를 확인할 수 있는 공시 등의 제도적 장치가 미비함에 따라 마케팅 목적 중심의 ESG 워싱이 확대되고 있어 주의가 필요하다.

2021년 DWS(도이체방크의 자산운용 부문)의 전직 지속가능책임자의 내부 고발을 통해 "DWS 가 실제 자산의 50% 이상에 ESG를 적용한다는 것은 허위이며, DWS의 ESG 리스크 관리 시스템은 구식이며 외부 평가기관의 ESG 등급에 의존해 ESG 자산을 편의적으로 평가하고 있다"고 밝혔다. 이러한 폭로로 독일 금융당국은 감사에 착수했으며 한때 DWS의 주가는 14% 이상 급락하기도 했으며 대표이사가 사임하기도 했다.

또한, 세계최대 자산운용사인 블랙록의 전직 지속가능책임자 역시 월스트리트의 ESG 전략이 과대광고와 홍보로 얼룩져 있으며 불성실한 약속에 지나지 않는다고 폭로하기도 하였다.

해외를 중심으로 ESG 목표나 활동을 과장하거나 모호한 내용을 ESG로 포장한 기업들의 경우 시민단체 등으로부터 소송을 당하기도 하는 사례가 증가하며 그린워싱(Green Washing) 논란이 확대되고 있다.

이에 따라 각국은 기업의 지속가능정보 공시에 대한 규정을 강화하고, 금융당국에 의한 ESG 상품에 대한 기준 수립 및 공시제도를 정비하고 있다.

이러한 제도정비에 가장 앞서 있는 지역은 유럽이다. EU는 환경, 사회에 대한 분류체계 (Taxonomy)를 수립해 ESG의 기준을 제시하고, 일정 규모 이상 기업에 지속가능정보 공시를 규정하는 기업지속가능성 보고지침(CSRD, Corporate Sustainability Reporting Directive)을 확대 시행하고, 지속가능금융공시규제(SFDR, Sustainable Finance Disclosure Regulation)를 통해 금융기관의 ESG 전략 및 반영 방식, ESG 투자 규모 등의 공시를 의무화했다.

미국 또한 2022년 3월 증권거래위원회(SEC, Securities and Exchange Commission)가 등록신고서 와 정기 공시에 기후 관련 항목을 포함시키는 공시 규칙 개정안(Regulation S-K, Regulation S-X) 을 제안하고 6월 17일까지 공개 의견을 수렴한 데 이어 2022년 말까지 기후 공시안 확정을 목표로 하고 있다.

2022년 5월 SEC는 그린워싱 방지 및 투자자에 대한 정확하고 일관성 있는 정보 제공을 위해 ESG 펀드명 규칙 제정과 함께 ESG 투자상품의 새로운 공시 규정안(ESG Disclosures)을 발표하였다.

국내에서도 정보공시 확대를 위해 환경기술산업법에 따른 환경정보 공시 대상을 녹색기업, 공공기관 및 환경영향이 큰 기업 외에도 연결기준 자산 2조원 이상 기업으로 확대하고, 2025년 이후 자산 2조원 이상 기업을 시작으로 코스피 상장 기업에 대해 단계적으로 기업지속가능보고서 작성이 의무화되었다. 그러나, 금융기관의 ESG 투자 및 상품 관련 정보 공시에 대한 제도화 논의는 미진하다.

이하에서는 금융기관 대상 상품과 정책에 대한 포괄적인 공시 기준인 유럽의 지속가능금융공시 규제(SFDR)와 각국 및 ISSB[1]의 기후 공시안의 초석으로 기후 공시 표준화 프레임워크 역할을 하고 있는 TCFD에 대해 보다 상세히 살펴보고자 한다.

2) SFDR (Sustainable Finance Disclosure Regulation)

유럽에서는 2021년 3월부터 지속가능금융공시규제(SFDR) 1단계가 시행되면서 일정규모 이상의 금융기관은 주체단위, 상품단위의 ESG 정보를 공시해야 한다.

주체 단위에서는 지속가능성 위험 정책과 주요 부정적인 지속가능성의 영향에 대해 설명하고, 이에 대한 실사정책을 설명해야 한다. 또한, 지속가능성 위험을 통합하는 것이 보수정책에 반영된 방식 등에 대해 설명해야 한다.

상품단위로는 상품을 지속가능성의 반영 정도에 따라 ESG 투자 무관상품과 라이트 그린 펀드, 다크 그린 펀드로 나누어 그 비중 등을 공시해야 한다.

표 2   SFDR에 따른 금융기관 1단계 공시 사안

구분	항목	세부 내용
주체 단위	지속가능성 리스크 정책 (제3조)	투자 의사결정 프로세스에 지속가능성 리스크 통합(RMP) 혹은 지속가능성 리스크 정책(SRP)
	주요 부정적인 지속가능성 영향 (제4조)	지속가능성 요인에 대한 투자결정 시 주요 부작용(Principal Adverse Impact) 고려사항
		실사 정책(due diligence) 설명
	보수 정책 (제5조)	보수 정책이 지속가능성 리스크 통합과 어떻게 일관성을 가지는지에 대한 정보
상품 단위	ESG 투자 무관 상품 (제6조)	투자결정에 지속가능성 리스크 통합 방법, 해당 상품의 지속가능성 리스크에 대한 잠재적 영향 평가
	라이트 그린 펀드 (제8조)	환경, 사회적으로 긍정적 영향을 미치거나 (혹은 네거티브 스크리닝 실시) 지배구조가 우수한 기업에 대한 투자상품의 ESG 정보
	다크 그린 펀드 (제9조)	ESG 임팩트 펀드, 지속가능성 투자, 탄소배출 감축 목표 투자 상품 등의 ESG 정보

---

1   IFRS 재단이 지속가능성 보고 표준화 작업을 위해 구성한 국제지속가능성기준위원회(International sustainability Standard Board)

SFDR은 단계적으로 시행되는데, 2단계는 2023년 1월에 적용되며 2단계가 적용되면 자율적인 방식으로 설명하던 주요한 부정적 영향을 정해진 기준에 따른 18개 항목으로 나누어 공시해야 한다. 기업에 대한 투자 시 14개 항목, 국가 및 초국가적 주체에 대해서는 2개 항목, 부동산에 대해 2개 항목의 부정적 영향을 공시해야 한다.

주요 공시 지표들은 온실가스 배출량, 온실가스 집약도, 에너지 사용량, 화석연료 노출 등 주로 환경적인 지표들이며 인권, 이사회의 성별 다양성, 논란이 되는 무기에 대한 노출도 등 사회 지표들이 포함되어 있다.

표 3 SFDR에 따른 금융기관의 2단계 공시 사안(2단계, 2023년 1월 적용)

주제	대분류	투자 대상에 적용되는 지표
\multicolumn{3}{c}{기업 투자에 대한 적용 지표}		
환경	온실가스 배출	1. 온실가스 배출량
		2. 탄소 발자국
		3. 투자대상 기업의 온실가스 집약도
		4. 화석연료 부문 노출도
		5. 비재생 에너지 소비와 생산 비율
		6. 기후 고영향 부문별 에너지 소비 강도
	생물다양성	7. 생물다양성 민감한 지역에 부정적인 영향을 미치는 활동
	물	8. 오염수 배출
	폐기물	9. 유해 폐기물 비율
사회	인권존중, 반부패, 다양성 등	10. UNGC 원칙 및 다국적기업에 대한 OECD 지침 위반
		11. UNGC 원칙 및 다국적기업에 대한 OECD 지침 준수 모니터링 프로세스 및 컴플라이언스 장치 여부
		12. 조정되지 않은 성별 임금 격차
		13. 이사회의 성별 다양성
		14. 논란성 무기에 대한 노출도(대인지뢰, 집속탄, 생화학 무기 등)
\multicolumn{3}{c}{국가 및 초국가적 주체에 대한 투자 시 적용 지표}		
	환경	15. 온실가스 집약도
	사회	16. 사회적 폭력에 노출된 투자대상국
\multicolumn{3}{c}{부동산자산 투자 시 적용 지표}		
	환경	17. 부동산 자산을 통한 화석연료 노출도
	환경	18. 에너지 비효율 부동산 자산에 대한 노출도

출처 : EU Commission

3) TCFD(Task Force on Climate-Related Financial Disclosure)

TCFD는 파리협약 목표 이행 요구와 금융시장 참여자들로부터 기후 관련 정보 수요가 증가하면서 G20 정상이 금융안정위원회(FSB)에 기후변화 관련 위험과 기회에 대한 정보공개 프레임을 요청함에 따라 2015년 설립된 이니셔티브이다.

영국, 뉴질랜드, 홍콩 등 개별 국가에서 TCFD에 따른 기업 및 금융기관의 정보공시를 의무화하고 있으며 글로벌 차원에서도 TCFD에 따른 기후 공시 의무화 논의가 계속되고 있다. 최근 ESG 정보공시 표준화 움직임이 강화되며 IFRS 재단 산하 ISSB가 공시 초안을 발표했는데, 이 지표 역시 TCFD에 기반하고 있다.

2017년 6월 발표된 초안에서는 지배구조, 경영전략, 리스크 관리, 지표 및 목표의 네 가지 구분에 따라 기후변화와 관련된 정보공개 지침을 제시했고, 금융의 4개 산업 및 비금융기관 4개 산업에 대해서는 추가적인 보충 지침을 발표했다.

이후, 2021년 10월 개정된 지침에서는 전산업에 대한 세부 기후 공시 지표를 제시하고, 4개 금융산업의 보충지침 중 관련 자산의 탄소배출량 등에 대한 공시 규정을 세분화해 제시하였다.

개정안에서는 전산업에 걸친 기후공시의 주요 지표로 탄소배출량, 전환위험과 물리적 위험에 노출된 자산 및 비즈니스 활동의 규모 및 비율, 기후관련 자본지출 및 투자, 내부 탄소

표 4 　 TCFD에 따른 기후변화 공시 프레임워크

구분	내용
지배구조	• 기후변화의 위험과 기회에 관한 이사회의 감독 역할 • 기후변화의 위험과 기회를 평가하고 관리하는 경영진의 역할
경영전략	• 조직이 단기, 중기, 장기에 걸쳐 파악한 기후변화의 위험과 기회에 대한 설명 • 기후변화의 위험과 기회가 조직의 사업, 경영전략, 재무계획에 미치는 영향 설명 • 조직의 사업, 전략, 재무계획에 미치는 기후 변화 시나리오별 영향(2℃ 시나리오 포함)
리스크관리	• 기후변화의 위험을 식별하고 평가하기 위한 조직의 절차 • 기후변화의 위험을 관리하기 위한 조직의 절차 • 조직의 전사적 위험 관리 프로세스와 기후 변화 위험 파악, 평가 및 관리방법 프로세스의 통합
지표 및 목표	• 조직이 경영전략 및 위험관리 절차에 따라 기후변화의 위험과 기회를 평가하기 위해 사용한 지표 • Scope1, 2, 3 온실가스 배출량 및 관련 리스크 공개 • 기후변화의 위험 및 기회, 목표 달성도를 관리하기 위해 조직이 채택한 목표 및 목표대비 성과

자료 : TCFD

가격, 기후요인과 연계된 경영진의 보상 비율 등의 지표를 제시했고, 이는 ISSB의 기후공시 초안의 지표와 동일하다.

자산운용사에 대해서는 파리협정 온도 경로에 부합하는 포트폴리오 부합성, 자금배출지표 등 정보 공시 내용 및 수준이 크게 심화되었다.

| 표 5 | TCFD 전산업에 적용되는 기후관련 지표 가이드(2021년 10월) |

구분	지표	단위	목적
탄소배출량	Scope 1, Scope 2, Scope 3; 배출량 집약도	MT of CO_2e	밸류체인에 걸친 절대 배출량과 배출량 집약도는 기후변화에 따른 정책, 규제, 시장, 기술 대응에 따라 조직이 영향을 받을 수 있는 정도를 가늠할 수 있음
전환위험	전환위험에 취약한 자산과 비지니스 활동	양 또는 %	자산의 손상 및 좌초 가능성, 자산과 부채의 가치에 대한 추정 제품과 서비스에 대한 수요 변화 추정
물리적 위험	물리적 위험에 취약한 자산과 비지니스 활동	양 또는 %	자산의 손상 및 좌초 가능성, 자산과 부채의 가치에 대한 추정 비즈니스 중단 등에 대한 비용 추산
기후관련 기회	기후관련 기회가 될 수 있는 매출, 자산, 비지니스 활동	양 또는 %	동종 산업(Peer Group) 대비 포지션이나 전환경로, 매출 및 수익성에 대한 잠재적인 변화가능성의 추정
자본 배치	기후관련 자본지출, 금융조달, 투자	보고 통화	장기적인 기업가치 변화 정도를 가늠하는 지표
내부 탄소가격	내부적으로 이용하는 톤당 탄소가격	보고통화/ MT of CO_2e	내부적인 기후 위험과 기회 전략의 합리성과 전환 리스크에 대한 탄력성을 가늠할 수 있는 지표
보상	기후 요인과 연계된 경영진 보상 비율	%, 가중치, 설명, 보고통화 기준 금액 등	조직의 기후관련 목표 달성을 위한 인센티브 정책 측정 기후 관련 이슈를 관리하는 책임, 감독, 지배구조 체계 등에 대한 실효성 등을 분석할 수 있음

자료 : TCFD, 2021 Guidance on Metrics, Targets, and Transition Plans

세부 산업	항목	내용
은행	전략	• 탄소관련 자산에 대한 노출도 보고 목적으로, 제안된 자산의 정의를 TCFD의 2017년 보고서에서 식별된 모든 비금융 그룹을 포함하도록 확장함
은행	지표 및 목표	• 2℃ 이하 시나리오에 부합하는 대출 및 금융 중개 활동의 정도에 대한 공시 • 대출 및 금융 중개 활동의 온실가스 배출량(데이터와 방법론이 허용하는 한에서 공시)
보험	지표 및 목표	• 2℃ 이하 시나리오와 부합하는 보험 언더라이팅 활동 정도에 대한 공시 • 상업 부동산 및 특별 사업의 가중평균 탄소집약도 혹은 탄소배출량에 대한 공시(데이터와 방법론이 허용하는 한에서 공시)
자산소유자	지표 및 목표	• 2℃ 이하 시나리오에 부합하는 소유자산, 펀드, 투자전략의 규모 공시 • 소유한 자산에 대한 탄소배출량 공시(데이터와 방법론이 허용하는 한에서 공시)
자산운용사	지표 및 목표	• 관련성이 있는 경우, 2℃ 이하 시나리오에 부합하는 운용중인 자산, 상품, 투자전략의 규모 공시 • 운용중인 자산의 탄소배출량(데이터와 방법론이 허용하는 한에서 공시)

표 6 TCFD 2021년 10월 금융산업 보충지침 주요 개정 내용

01 다음 중 전략적 자산배분에 대한 설명으로 옳은 것은?

① 시장의 변화 방향을 예측하여 사전적으로 자산별 구성비를 변경시킨다.

② 대체로 시장의 흐름과 반대되는 방향의 투자형태로 나타난다.

③ 중단기적인 자산배분으로 인해 투자성과가 저하될 가능성을 통제한다.

④ 사전에 정해진 기준 수익률 이상의 수익률이 달성되도록 하는 데 유용하다.

02 전략적 자산배분 또는 주식투자를 위한 모형에 흔히 이용되는 최적화 방법에 대한 설명으로 적절하지 않은 것은?

① 최적화를 위해 추정한 각종 입력 변수에는 오류나 추정 오차가 내재되어 있다.

② 입력 변수의 추정치의 변화가 크지 않음에도 불구하고 자산구성이 급변하기도 한다.

③ 입력 변수들이 정확하다면 최적화 기법에 의한 자산구성은 효율적인 포트폴리오가 된다.

④ 입력 변수에 추정 오차가 있는 경우에는 효율적인 프런티어(efficient frontier)가 선으로 나타난다.

03 옵션 가격 모형을 이용한 포트폴리오 보험(OBPI)과 고정비율 포트폴리오 보험(CPPI)에 대한 설명으로 옳은 것은?

① 2가지 모형 모두 만기시 최소 보장가치 이하가 될 확률은 이론상 0이다.

② OBPI에서 변동성을 과대하게 추정되면 위험자산을 과도하게 편입하게 된다.

③ OBPI의 성과가 CPPI의 성과보다 양호하다.

④ CPPI에서 승수가 커질수록 만기 시의 수익은 안정적이다.

해설

01 ①, ②는 전술적 자산배분의 특징, ④는 보험 자산배분의 특징

02 ④ 입력 변수에 추정 오차나 오류가 있는 경우에는 효율적인 프런티어는 선이 아니라 일정한 영역으로 표현된다.

03 ② 위험자산을 과소편입, ③ 성과의 우열을 판단할 수 없음, ④ 승수가 커질수록 수익은 불안정해짐

04 다음 설명이 가리키는 인덱스펀드 구성방법으로 옳은 것은?

> ㉠ 벤치마크와의 추적오차가 가장 작음
> ㉡ 벤치마크의 구성비율대로 사서 보유하는 전략

① 완전복제법　　　　　　　　　② 표본추출법
③ 최적화법　　　　　　　　　　④ 제약조건을 가진 최적화법

05 구조화된 장외파생상품을 이용하지 아니하고 비슷한 위험-수익 특성이 나타나도록 운용하는 펀드의 장단점을 모두 고른 것은?

> ㉠ 현물과 선물을 이용한 동적 자산배분 방식을 이용하는 것이 일반적이다.
> ㉡ 구조화된 파생상품을 이용한 것에 비해 자유롭게 만기를 선택할 수 있다.
> ㉢ 장외파생상품과 달리 사전에 위험-수익구조가 확정되지 않는다.
> ㉣ 기존의 전환형이나 목표달성형보다 나은 성과 구조를 추구한다.

① ㉠　　　　　　　　　　　　② ㉠, ㉡
③ ㉠, ㉡, ㉢　　　　　　　　④ ㉠, ㉡, ㉢, ㉣

06 다음의 설명이 가리키는 운용방식으로 옳은 것은?

> ㉠ 해당 전략이 과거에 왜 성공적이었으며 미래에도 성공적일 것이라는 논리적 근거가 있다.
> ㉡ 명시적으로 계량화된 전략을 가진다.
> ㉢ 과거 데이터의 관점에서 최적인 전략을 찾을 수 있다.

① 하향식 방법(top-down approach)　　② 상향식 방법(bottom-up approach)
③ 계량분석방법(quantitative analysis approach)　　④ 상향식-하향식 혼합 방법

해설

06 ③ 계량분석방법은 과거 데이터의 분석을 통해 전략을 발견하는 방법

07 주식운용전략 중 액티브펀드와 패시브 펀드의 수익과 위험의 특성을 설명한 것으로 적절하지 않은 것은?

① 액티브펀드들의 수익률 편차는 크게 나타난다.

② 액티브펀드들의 표준편차는 패시브 펀드들의 표준편차보다 크다.

③ 액티브펀드들의 초과수익률 편차는 크게 나타난다.

④ 액티브펀드들의 잔차 위험은 패시브 펀드들의 잔차 위험보다 크다.

※ P기금의 전략적 자산배분을 담당하는 운용위원회는 20×8년부터 향후 10년간 적용할 전략적 자산배분계획을 수립하였다. 현금자산, 채권, 주식으로 구성된 가상의 전략적 자산배분의 입력변수 및 자산집단별 비중이 다음 표에 요약되어 있다. 다음 질문에 답하시오(08~09).

	수익률 (연 %)	표준편차 (연 %)	상관계수			자산배분비율		
			채권	주식	현금자산	평균	최소	최대
채권	5.0	2.5	1.0	−0.2	0.0	70	65	75
주식	10.0	25.0	−0.2	1.0	0.0	20	15	25
현금자산	3.0	0.0	0.0	0.0	1.0	10	10	12

주) 현금자산은 일시적인 기금 수요에 충당하기 위해 10% 이상을 보유.

08 20×8년 초에 1,000억 원의 자금을 전략적 자산배분비율대로 투자하였으나 20×8년도에 주식시장의 급락(−50%)에 따라 20×8년 말의 자산규모는 920억 원으로 감소하였다. 기금운용위원회는 여러 분석자료를 검토한 결과 각 자산의 장기적인 기대수익률과 위험은 변하지 않을 것으로 판단하였다. 2009년도의 적용될 전략적 자산배분상 주식의 비중은?

① 15%   ② 20%

③ 25%   ④ 30%

해설

07 ② 액티브펀드의 절대적인 위험(표준편차)은 패시브 펀드에 비해 작은 것도 많이 존재한다.

08 ② 근본적인 변화가 없는 한 자산배분의 비중은 그대로 유지되어야 한다.

09 P기금의 운용팀장들로 구성된 투자위원회는 외부전문가의 의견과 자체적인 분석을 통해 20×8년의 주가 급락은 투자자의 패닉에 의한 것으로 매우 짧은 시간 내에 급락 이전의 수준으로 회복할 것으로 예상하였다. 이러한 결정을 반영할 경우 20×9년의 주식투자비중으로 가장 적절한 것은?

① 15% ② 20%

③ 25% ④ 30%

10 주식을 4개의 세부 집단으로 구분하여 각 집단별로 1개 종목씩 선정하고, 각 종목별 비중은 세부집단의 비중을 적용하는 기존의 포트폴리오가 다음 표와 같다. 분석된 새로운 종목 중 기존의 종목과 교체하는 것이 바람직한 것은? (단, 각 변수의 값을 백분율이 아닌 숫자로 표시했을 때 투자자의 효용 = 액티브 수익률 − 5 × 액티브 수익률의 분산)

보유종목	기대 초과수익률	잔차 위험	비중
A	1%	1%	40%
B	2%	2%	30%
C	3%	6%	20%
D	4%	10%	10%

① A의 대체종목, 기대 초과수익률 : 1.5%, 잔차 위험 : 1%, 시장 충격효과 : 1%

② B의 대체종목, 기대 초과수익률 : 2.5%, 잔차 위험 : 2.5%, 시장 충격효과 : 0.5%

③ C의 대체종목, 기대 초과수익률 : 5%, 잔차 위험 : 8%, 시장 충격효과 : 1.5%

④ D의 대체종목, 기대 초과수익률 : 6%, 잔차 위험 : 9%, 시장 충격효과 : 2.5%

해설

09 ③ 전술적인 차원에서는 전술적 자산배분에서 허용한 투자범위를 준수하여야 한다.

10 ③ A와 B대체 종목은 기존 종목보다 열위에 있으므로 고려의 대상이 되지 않음. 기존 포트폴리오의 효용 = 1.85%, C를 대체했을 때의 효용 = 1.90%, D를 대체했을 때의 효용 = 1.81%

11 N기금은 다음과 같이 스타일별로 자금을 배분하여 주식을 운용하고 있다. 각 스타일별 잔차 위험은 서로 독립이라고 할 때, 기금의 운용방식과 기금 전체의 잔차 위험으로 가장 적절한 것은?

펀드명	기대 초과수익률	잔차 위험	금액
A	0%	0%	400
B	0.5%	1%	400
C	3%	6%	100
D	4%	10%	100

① 핵심 – 위성 전략, 1.23%   ② 핵심 – 위성 전략, 2.00%
③ 핵심 – 보완 전략, 1.23%   ④ 핵심 – 보완 전략, 2.00%

※ 다음 표는 펀드매니저별로 성과를 분석한 자료를 요약한 것이다. 다음 물음에 답하시오(12~13).

	수익률(%)		성과 요인(%)	
	운용수익률	초과수익률	시장 예측	증권 선택
A매니저	12.0	4.0	−2.0	6.0
B매니저	13.0	5.0	2.0	3.0
C매니저	9.0	1.0	0.3	0.7
D매니저	5.0	−3.0	−2.0	−1.0

12 각각의 매니저가 초과수익을 내기 위해 노력하는 투자활동을 효율적으로 통제할 수 있다고 가정할 때 가장 높은 초과수익률을 낼 것으로 예상되는 매니저와 해당하는 초과수익률은?

① A매니저, 6.0%   ② B매니저, 5.0%
③ C매니저, 1.0%   ④ D매니저, −1.0%

해설

11 ① A는 인덱스 B는 준액티브, C와 D는 액티브. 패시브 또는 준액티브 운용을 중심으로 한 방식을 핵심 – 위성 방식이라 함. 포트폴리오의 잔차 위험 $= \sqrt{0^2 \times 0.4^2 + 0.01^2 \times 0.4^2 + 0.06^2 \times 0.1^2 + 0.1^2 \times 0.1^2} = 1.23\%$

12 ① A매니저가 종목 선택활동에만 집중하면 6.0%의 초과수익률이 예상된다.

13 각 매니저의 성과를 통제하는 방법으로 적절하지 않는 것은?

① A매니저 – 펀드 자산 전체를 주식에 투자하도록 한다.

② B매니저 – 현재의 상태를 유지한다.

③ C매니저 – 현재의 상태를 유지한다.

④ D매니저 – 펀드 자산 전체를 주식에 투자하도록 한다.

14 다음의 표는 행사 가격이 100.0이며 만기가 1년인 풋옵션의 주가 수준에 따른 옵션 프리미엄과 델타를 나타낸 것이다. 이 자료에 기초하여 풋옵션 복제전략을 통해 포트폴리오 보험(투자금액 1억 원, 만기 1년, 만기 보장금액 1억 원)을 행하고자 할 때, 현재 시점에 보유해야 하는 주식의 규모는?

주가	행사 가격	옵션 프리미엄	델타
65.0	100.0	33.5	− 0.94
70.0	100.0	29.0	− 0.89
75.0	100.0	24.5	− 0.83
80.0	100.0	20.5	− 0.75
85.0	100.0	17.0	− 0.67
90.0	100.0	14.0	− 0.59
95.0	100.0	11.0	− 0.50
100.0	100.0	9.0	− 0.42

① 0.42억 원

② 0.16억 원

③ 0.10억 원

④ 0.09억 원

해설

13 ④ D매니저는 종목 선택과 시장예측활동을 모두 배제하는 것이 바람직하다(결국 운용형태는 인덱스 형태가 된다).

14 ② 주가+옵션 프리미엄=1억 원인 주가는 0.775억 원이며 이때의 델타=(−0.83−0.75)/2=−0.79, 보유할 주식규모=0.775×(1−0.79)=약 0.16억 원

※ 다음 표는 패시브 운용, 인핸스드 인덱스, 액티브 운용에 대한 수익률과 위험의 관계를 정리한 표이다. 다음 물음에 답하시오(15~18).

	초과수익률(%)	잔차 위험(%)	위험조정 성과지표(정보비율)
A	0	<1	
B	1~2%	1~2%	
C	2%+	4%+	

＊ 정보비율＝초과수익률/잔차 위험

15 A의 운용형태로 적절한 것은?

16 A의 운용형태에서 기대되는 위험조정 성과지표(정보비율)는?

17 가장 높은 위험조정 성과지표(정보비율)가 예상되는 운용형태는 어떤 것이며, 그 명칭으로 적절한 것은?

18 C의 운용형태에 대한 명칭으로 적정한 것은?

정답

15 패시브 운용

16 0

17 B, 인핸스드 인덱스

18 액티브 운용

※ 다음 표는 대형 연기금들의 운용성과를 분석하여 요약한 표이다. 다음 질문에 답하시오(19~20).

투자활동별 연평균 수익률 및 수익률에 대한 설명 비율(연평균 수익률/설명 비율)

		증권 선택활동	
		적극적	소극적
자산배분활동	적극적	13.41% / 100.0%	13.23% / 93.3%
	소극적	13.75% / 96.1%	13.49% / 91.5%

19 적극적인 증권 선택활동이 실제운용성과에 기여한 수익률은?

20 적극적인 운용활동(증권 선택과 자산배분활동 포함)이 실제 운용성과를 설명하는 정도는 몇 %?

※ 근본적 분석방법을 이용하여 자산집단의 기대수익률을 추정하기 위하여 다음과 같은 항목별 추정치를 얻었다. 다음 질문에 답하시오.

실질금리	물가상승률	채권 리스크 프리미엄	주식 리스크 프리미엄
1.5%	2.5%	1.0%	5.0%

21 국채에 투자했을 때의 기대수익률과 주식집단의 기대수익률은?

19 $13.75 - 13.49 = 0.26\%$

20 $100 - 91.5 = 8.5\%$

21 $1.5 + 2.5 = 4.0\%$, $1.5 + 2.5 + 5 = 9.0\%$

※ 다음 표는 최적화법에 따라 행한 가상의 전략적 자산배분(계획기간:20×8년부터 10년)의 입력 변수와 결과를 요약한 것이다. 다음 물음에 답하시오(22~25).

	기대수익률 (연 %)	표준편차 (연 %)	상관계수			자산배분 비율
			채권	주식	부동산	
채권	5.0	2.5	1.0	−0.2	0.1	70
주식	10.0	25.0	−0.2	1.0	0.2	20
부동산	12.0	20.0	0.1	0.2	1.0	10

주) 단, 부동산은 유동성 등의 문제로 10% 이상을 초과할 수 없음.

22   전략적 자산배분 계획기간 동안에 예상되는 기대수익률은?

23   자산배분의 대상이 되는 자산의 규모가 10조 원일 때, 전략적 자산배분에 따라 각 자산집단별로 투자되어야 하는 자산의 규모는?

24   20×8년에 1번에 따라 자산집단별로 투자한 후 결산한 채권, 주식, 부동산의 수익률이 각각 3%, −30%, −10%로 나타났다. 전략적 자산배분에 따라 20×9년도의 각 자산집단별로 할당되어야 하는 금액은?

25   전략적 자산배분을 위해 입력된 변수의 값에 추정 오류(입력된 추정치를 중심으로 상하 동일한 수준의 추정 오차가 있다고 가정)가 있다면 자산배분비율에는 어떤 변화가 있을지를 설명하시오.

22   6.7%(0.7×5%+0.2×10%+0.1×12%)

23   채권 : 7조 원, 주식 : 2조 원, 부동산 : 1조 원

24   채권 : 6.363조 원, 주식 : 1.86조 원, 부동산 : 0.909조 원(자산가치의 하락으로 자산 규모는 9.09조이며, 각 자산집단별 투자비율은 전략적 자산배분비율이 유지되어야 하므로)

25   전략적 자산배분비율이 하나의 확정된 값으로 나타나지 않고 주어진 최적 배분비율을 중심으로 일정한 영역을 형성

※ 투자자 W는 주식시장이 적정한 범위에서 등락을 보이는 변동 성장세가 상당기간 지속될 것으로 판단하고 이를 효과적으로 활용하기 위해 주식과 채권의 비율을 5:5로 유지하는 포뮬러 플랜을 실행하기로 결정하였다(각 자산집단에 대한 비율은 3개월 단위로 조정). 다음 물음에 답하시오 (26~29).

26 초기(1분기)의 투자금액이 1,000만 원이라고 할 때, 초기에 각 자산집단별 투자금액은?

27 1분기 동안의 주식 투자수익률이 11%이고 채권 투자수익률이 1%라고 하면 W의 1분기 동안의 수익률과 총 자산규모는?

28 2분기 초에 W가 행해야 하는 투자 활동은?

29 2분기 동안의 주식투자수익률이 -13%이고 채권투자수익률이 1%라고 하면, W의 2분기 말 자산규모는?

26 주식 : 500만 원, 채권 500만 원

27 6.0%, 1,060만 원

28 주식 25만 원 매도(주식규모 530만 원 유지), 채권 25만 원 매수(총자산 1,060만 원을 주식과 채권의 비율이 5 : 5가 되도록 만들기 위함)

29 996.4만 원($530 \times (1-13\%) + 530 \times (1+1\%)$)

※ 현재 투자가용 자금 5,000만 원을 보유한 투자자가 투자기간 1년, 만기 시의 최소 보장가치 4,500만 원을 확보하기 위하여 주식과 현금성 자산에 투자하는 고정비율 포트폴리오 인슈런스를 실행하려고 한다. 다음 물음에 답하시오(30~33).

30 현금성 자산의 연 수익률이 4%라고 하면, 최소 보장가치의 현재가치는?

31 쿠션은 얼마인가?

32 승수가 2라면, 주식과 현금성 자산에 투자해야 하는 금액은 각각 얼마인가?

33 1개월 후 투자한 주식 수익률이 5%였고, 현금성 자산의 수익률이 4%로 변하지 않았다면 주식투자금액은 얼마로 조정되어야 하는가?

30 $4,500/(1+0.04)=4,327$만 원

31 $5,000-4,327=673$만 원

32 주식 투자금액 : $673\times2=1,346$만 원, 현금성 자산 투자금액 : $5,000-1,346=3,654$만 원

33 1개월 후의 포트폴리오 평가액 : $1,346\times(1+0.05)+3,654\times(1+0.04/12)=5,079$만 원

※ 다음 표는 펀드매니저별로 성과를 분석한 자료를 요약한 것이다. 다음 물음에 답하시오(34~37).

	수익률(%)			성과 요인(%)	
	운용수익률	벤치마크 수익률	초과수익률	시장 예측	증권 선택
A매니저	12.0	8.0	4.0	−2.0	6.0
B매니저	15.0	10.0	5.0	2.0	3.0
C매니저	9.0	8.0	1.0	0.3	0.7

34 가장 패시브하게 운용한 매니저는?

35 B매니저에게 증권 선택활동을 하지 않고 시장 예측활동만을 행하는 액티브 운용을 요구하면, B매니저로부터 예상되는 초과수익률은?

36 A매니저의 시장 예측활동에 의한 영향을 효과적으로 통제할 수 있다면, A매니저로부터 예상되는 초과수익률은?

37 각 매니저의 투자활동을 효율적으로 통제할 수 있다면 어떤 매니저가 가장 높은 초과수익률을 낼 것으로 예상되는가?

정답

34 C매니저(패시브한 운용의 경우 초과수익을 내기 어려움)

35 2%(성과 요인 분석상 시장 예측활동이 기여하는 것만이 초과수익률로 예상됨)

36 6%(시장 예측 효과는 0으로 나타나고, 증권 선택활동에 의한 효과만 남게 됨)

37 A매니저

38 다음 중 ESG 요소를 반영한 책임투자에 대한 설명으로 옳은 것은?

① 글로벌 책임투자 시장 규모는 국제 금융기구에 의해 매해 심사를 거쳐 집계되고 있다.

② 책임투자는 선량한 관리자의 의무와는 무관하며 마케팅 목적이 중요하다.

③ ESG Intergration은 포트폴리오 편입 이후 기업과의 대화 및 의결권 행사 등 주주활동을 말한다.

④ 책임투자에 대한 세부기준은 기관투자자의 자율이나, 책임투자 전략, 기준, 투자규모에 대한 공시가 점차 의무화되고 있다.

39 다음 중 ESG 요소를 반영한 책임투자관련 글로벌 이니셔티브에 대한 설명으로 옳은 것은?

① UN글로벌 콤팩트는 글로벌 최대의 기관투자자 연합으로 책임투자에 대한 다양한 정보를 제공한다.

② GRI는 산업별 차이를 반영한 중요한 이슈에 대해 회계정보에 준하는 공시기준(Metrics)를 제공한다.

③ TCFD는 기후변화에 대한 정보공시 프레임워크를 제시하고 있으며 점차 글로벌 표준으로 자리잡고 있다.

④ SASB는 기업이 자율적인 중대성 평가를 통해 중요한 이슈를 정하고 공시할 것을 권장한다.

해설

38 ④

39 ③

정답 38 ④ | 39 ③

part 02

채권투자운용 및 투자전략

certified investment manager

chapter 01

채권의 개요와 채권시장

채권의 개요

채권은 정부, 공공기관, 특수법인과 주식회사의 형태를 갖춘 기업이 일반대중과 기관투자자들로부터 비교적 거액의 장기자금을 일시에 대량으로 조달하기 위하여 발행하는 일종의 차용증서이다.

채권은 보통의 차용증서와는 달리 공신력이 높은 정부나 금융기관 또는 상법상의 주식회사가 일반 대중을 상대로 발행하기 때문에 법적인 제약과 보호를 받게 된다.

첫째, 채권은 발행할 수 있는 기관과 회사가 법률로써 정해진다. 일반적으로 정부·지방자치단체·특수법인 및 상법상의 주식회사만이 채권을 발행할 수 있다.

둘째, 발행자격이 있더라도 정부는 국회의 동의를 받아야 하고 주식회사가 이를 공모할 경우에는 금융감독원에 등록하고 증권신고서를 미리 제출하여야 한다.

셋째, 채권은 주식과 마찬가지로 시장에서 자유롭게 거래될 수 있다.

1 채권의 일반적 특성

(1) 확정이자부증권

고정금리부채권이든 변동금리부채권이든 채권은 발행 시에 이미 발행자가 지급해야 하는 이자와 원금의 상환금액이나 또는 그 조건이 확정되어 있다. 따라서 투자원금에 대한 수익은 발행 시에 이미 결정되는 것이므로 발행자의 원리금 지급능력이 가장 중요시 된다. 이와 같이 채권은 확정이자부 증권이기 때문에, 채권 발행은 여타 확정이자부 금융자산과 경쟁하게 되므로 발행자는 채권 발행 시 항상 금리 수준을 고려해야 한다.

(2) 기한부증권

채권은 원금과 이자의 상환기간이 사전에 정해져 있는 기한부 증권이다. 기한부 증권이란 채권의 특성으로 인하여 잔존기간이 투자결정 요소로서 그 중요성을 가지며 시장금리는 경제상황에 따라 변동하는 것이 일반적이므로 잔존기간의 장·단이 채권 투자수익에 큰 영향을 준다.

(3) 이자지급증권

채권은 주식과 달리 발행자의 손익 발생 여부와 관계없이 이자를 지급하여야 한다. 채권의 이자지급은 채권 발행자가 부담하는 금융비용 중에서 큰 비중을 차지하므로 기업의 손익과 성장에 많은 영향을 주게 된다. 또한 채권은 국민 대중에게 안정적인 저축수단을 제공하고 통화에 대한 대체성을 가지므로 정부는 통화량 조절수단인 공개시장 조작에 채권을 매개물로 이용할 수 있다.

(4) 장기증권

채권은 CP(기업어음), CD(양도성 정기예금증서)와 같은 단기확정이자부 증권과는 달리 장기증권이다. 따라서 채권은 원리금 상환 문제 이외에도 장기적으로 존속해야 하고 환금성이 부여되어야 하므로 유통시장의 존재가 필수적이다. 즉, 채권은 장기증권이므로 유통(환금)에 대한 보증 없이는 환금성이 떨어지게 되고 투자자는 투자를 유보할 수밖에 없기 때문에 유통시장이 있어야 채권 발행이 용이하여 채권시장의 발전이 가능하다.

2 채권의 장점

(1) 수익성

채권의 수익성이란 투자자가 어떤 특정한 채권을 보유함으로써 얻을 수 있는 투자수익의 획득을 의미한다. 투자자가 채권을 보유함으로써 얻을 수 있는 수익으로 이자소득과 자본소득이 있다. 이자소득은 채권을 보유함으로써 발생 시점에 약속된 표면이율만큼 이자를 지급받는 것을 말한다. 이 표면이율은 금융시장의 환경이 어떻게 변하든지 그리고 발행자의 영업실적이 어떻게 되든지 간에 전혀 변경되지 않는다. 또한 자본소득은 채권 가격의 변동으로 인하여 투자자가 구입한 채권의 가격보다 시장 가격이 높을 때 발생하는 수익이다. 자금 여유가 있는 투자자들은 채권을 낮은 가격으로 구입해서 높은 가격으로 유통시장에 팔면 자본이득을 올릴 수 있고 그 반대의 경우 자본손실이 발생한다.

(2) 안전성

채권의 투자 시에는 다양한 위험에 직면할 수 있다. 채권은 본질적으로 채무증권이기 때문에 정도의 차이는 있으나 어느 채권의 투자에서나 채무불이행 위험에 직면하게 된다. 채무불이행 위험은 채권에 약속된 원금의 상환과 이자의 지급이 약속대로 지켜지지 않을 가능성이 존재하는 위험을 말하나, 다른 금융상품보다 안정성이 높은 편이다. 시장위험은 투자자가 채권을 매입했을 때 채권의 시장 가격이 매입 가격보다 낮아질 가능성을 말한다. 이는 시장 전체 위험으로 분산투자로서 위험을 경감할 수 있으나 완전한 위험 회피는 어려운 실정이다.

(3) 유동성

채권의 유동성이란 투자자가 돈이 필요할 경우 화폐가치의 손실 없이 즉시 채권을 현금으로 전환할 수 있는 정도를 말한다. 채권은 어음이나 수표 등의 유가증권에 비해 유통시장이 발달되어 있어 현금화할 수 있다. 채권의 유동성은 채권 유통시장이 발달하면 할수록 커진다.

일반적으로 채권은 다음과 같은 두 가지 특성을 갖는 경우에 유동성이 크다고 할 수 있다. 첫째, 채권 발행자의 신뢰도가 높아 채무이행이 완전히 보장될 때, 둘째, 만기가 비교적 단기여서 채권수익률이 변화하여도 채권 가치에 미치는 효과가 크지 않을 때이다.

1　채권의 분류

(1) 발행주체에 따른 분류

채권은 발행주체에 따라 국채, 지방채, 특수채, 회사채 등으로 분류할 수 있다(자본시장법 제4조). 국제 채권의 경우 외국채(Foreign Bonds)와 유로채(Euro Bonds) 등이 있다.

❶ 국채 : 국채는 정부가 발행하는 채권으로 정부가 원리금을 지급. 정부의 공공사업과 사회복지 지출 등 정부의 재정지출이 재정수입보다 많은 국가에서는 국채의 발행잔고가 채권 중에서 제일 많고 유통시장에서 거래량도 대규모인 반면, 재정수지 흑자로 국채 발행 요인이 크지 않은 경우에는 국채 발행규모가 상대적으로 작은 편

　국고채, 국민주택채권, 재정증권 및 외국환평형기금채권 등이 국채에 속함

❷ 지방채 : 지방채는 지방 공공기관인 자방자치단체들이 지방재정법의 규정에 의거하여 특수목적 달성에 필요한 자금을 조달하기 위해 발행한 채권. 지방채는 국채보다 발행액 수가 적고, 그 신용도도 국채에 비해 비교적 떨어져 유통성이 국채에 비해 낮은 편. 지방채는 서울특별시 등 지하철 건설자금을 조달하기 위해 발행되는 지하철공채, 각 지방자치단체가 특정 사업의 재원을 조달하기 위해 발행하는 지역개발공채가 있음

❸ 특수채 : 특수채는 한국전력공사 등과 같이 법률에 의해 직접 설립된 기관이 특별법에 의하여 발행하는 채권. 이는 공채와 사채의 성격을 모두 갖추고 있으며, 안정성과 수익성이 비교적 높다고 할 수 있음. 종류에는 한국전력공사채권, 기술개발금융채권, 토지개발채권, 예금보험공사채권 등이 있음. 통화량 조절을 위해 한국은행이 발행하는 통화안정증권을 비롯하여 산업금융채권 등은 금융특수채

❹ 회사채 : 회사채란 상법상 주식회사가 일반대중으로부터 자금을 집단적, 대중적으로 조달하고 회사가 채무자임을 표시해 발행하는 유가증권. 회사채는 보통 3년에서 5년 사이의 만기로 발행되며, 확정금리부와 변동금리부의 두 종류로 발행. 회사채의 발행자로는 일반기업은 물론 일반은행 및 여신전문기관 등도 있음. 일반기업이 발행하는 회사채는

일반회사채 또는 비금융회사채로, 일반은행이나 여신전문기관이 발행하는 회사채는 금융회사채로 불림. 한편 일반회사채는 원리금상환 기반에 따라 보증 및 담보의 유무에 따라 보증사채, 무보증사채, 담보부사채로 구분될 수 있으며, 사채권자에게 특수한 권리가 부여된 전환사채, 교환사채, 신주인수권부사채, 옵션부사채 등이 있음. 그리고 회사채의 채권자는 주주들의 배당에 우선하여 이자를 지급받게 되며, 기업이 도산하거나 청산할 경우에도 주주들에 우선하여 기업자산에 대한 청구권을 가짐

ㄱ. 보증사채 : 사채의 원금상환 및 이자지급을 금융기관 등이 보증하는 사채. 투자자 입장에서는 투자의 안정성이 보장되기 때문에 선호되고 있으나 발행자 입장에서는 보증료 지급으로 발행비용 상승요인이 되고 있음. 사채원리금 지급보증기관은 은행, 신용보증기금, 종합금융회사, 보증보험회사 등이 있음

ㄴ. 담보부사채 : 사채의 원금상환 및 이자지급을 물적으로 보증하기 위하여 물적담보가 붙여진 사채로 「담보부사채신탁법」에 의하여 발행

ㄷ. 무보증사채(Debenture) : 사채의 원리금상환에 대하여 금융기관 보증이나 담보공여 없이 발행회사의 자기신용에 의하여 발행되는 사채. 무보증사채는 투자자 입장에서 볼 때 보증사채나 담보부사채보다 투자의 안정성이 적기 때문에 신용도가 우수한 회사들이 주로 발행하고 있으며 발행조건은 자율화되어 있으나 공모발행시 복수의 신용평가 전문기관으로부터 동 사채에 대한 신용평가를 받아야 함

　　IMF 금융위기 이후로는 무보증사채 발행이 회사채 발행의 대부분을 차지하고 있음

(2) 이자지급 방법에 따른 분류

채권은 원리금 상환 방법에 따라 이표채, 할인채 및 복리채 등으로 분류할 수 있다.

❶ 이표채 : 이표채는 채권의 권면에 이표가 붙어 있어 이자지급일에 일정 이자를 지급받을 수 있는 채권. 현재 우리나라에서는 회사채가 대부분 이표채로 발행되고 있으며, 국고채, 비금융특수채 등도 이표채로 발행. 국고채는 6개월마다 이자를 지급하며 회사채는 주로 3개월마다 이자를 지급하고 있으며, 금융채 중에서도 3개월 이표채가 일부 발행되고 있음

❷ 할인채(무이표채권) : 할인채는 만기일 이전에 이자지급이 없는 채권. 대표적인 채권으로는 통화안정증권 등 금융채 일부가 이에 속함. 우리나라 채권시장에서는 이표채 다음

으로 할인채의 발행비중이 높으며 거래도 활발하게 이루어지고 있음

❸ 복리채 : 복리채는 이자가 이자지급기간 동안 복리로 재투자되어 만기상환 시에 원금과 이자를 동시에 지급하는 채권. 대표적인 채권에는 국민주택채권, 지역개발공채, 금융채 중 일부가 이에 해당

❹ 거치분할상환채 : 앞서 설명한 형태의 채권들은 모두 만기 시점에 원금을 지급하는 형태를 지니고 있음. 그러나 원금지급방법 역시 채권을 통한 자금조달 주체의 필요성에 따라 다양한 형태로 이루어질 수 있음. 이러한 형태의 하나로 우리나라에서는 원금을 일정기간 거치 후 분할 상환하는 채권이 발행되기도 하였음. 대표적인 것으로 '99년 8월 이전에 발행된 서울도시철도채권이 있는데 표면이율이 6%인 이 채권은 5년 거치, 5년 원금균등분할상환 방식에 의해 원금과 이자가 지급됨. 한편 '99년 8월 이후에 발행된 서울도시철도채권은 5년 복리, 2년 단리로 원리금 만기일시상환채권으로 발행되고 있음

(3) 통화 표시에 따른 분류

❶ 자국 통화 표시 채권 : 일반적으로 자국인들은 자국 통화 표시로 채권을 발행. 하지만 자국에서 발행되더라도 내국인들에 의해 발행되는 자국 통화 표시 채권인 국내채(domestic bond)와는 달리 외국인들에 의해 발행되는 자국 통화 표시 채권이 외국채(foreign bond)임. 우리나라의 경우 외국인이 발행하는 원화표시 채권을 아리랑본드(Arirang Bond)라고 부르고 있는데 국가마다 자국 내에서 외국인이 발행하는 자국 통화 표시 외국채를 구분하는 고유한 명칭이 있음. 미국의 양키본드(Yankee bond), 중국의 팬더본드(Panda bond), 일본의 사무라이본드(Samurai bond), 영국의 불독본드(Bulldog bond) 등이 대표적

❷ 외화표시 채권 : 자국 통화 이외에 타국의 통화로 채권에 관련된 권리를 표시한 채권. 국내에도 원화 이외에 달러, 엔화 그리고 유로 등 해외통화 표시로 채권들이 발행되는데 이들 채권은 광의의 유로본드(Euro bond)에 속함. 유로본드는 자국 내에서 발행되는 타국 통화표시 채권들을 포함하는데 이를 발행하는 국가별로 통용되는 명칭이 있음

우리나라의 경우 김치본드(Kimchi Bond), 일본의 쇼군본드(Shogun 또는 Geisha bond) 등이 이에 해당. 중국의 딤섬본드(Dim sum bond)는 중국 이외의 지역에서 위안화 표시로 발행되는 채권을 포괄적으로 의미

이와 같은 유로본드와 외국채를 포괄하여 국제채(International bond)라고 한다.

(4) 상환기간에 따른 분류

채권은 만기에 따라 단기채, 중기채, 장기채로 나눌 수 있다. 단기채는 상환기간이 1년 이하인 채권으로 통화안정증권(91일물, 182일물), 금융채 1년 만기 등이 이에 속한다. 중기채는 보통 상환기간이 1년에서 10년 미만의 채권으로 국고채 중기물, 국민주택 1종, 지역개발공채, 금융채, 대부분의 회사채 등이 포함된다. 장기채는 상환기간이 10년 이상의 채권으로 국고채 장기물 등이 이에 속한다.

원래 발행 시점에는 장기채권이라고 할지라도 발행 이후 시간이 경과하여 만기까지의 잔존 기간이 줄어들면 중기채 혹은 단기채라고 지칭하기도 하기 때문에 채권의 실제 투자 시에는

표 1-1 채권 신용등급

AAA	Extremely strong capacity to pay interest and principal 원리금 지급능력이 최상급
AA	Very strong capacity to pay 원리금 지급능력이 우수하지만 AAA의 채권보다는 다소 열위임
A	Strong capacity to pay 원리금 지급능력이 우수하지만 상위등급보다 경제여건 및 환경악화에 따른 영향을 받기 쉬운 면이 있음
BBB	Adequate capacity to pay 원리금 지급능력은 양호하지만 상위등급에 비해 경제여건 및 환경악화에 따라 지급능력이 저하될 가능성을 내포하고 있음
BB	Uncertainties that could lead to inadequate capacity to pay 원리금 지급능력이 당장은 문제가 되지 않으나 장래 안전에 대해서는 단언할 수 없는 투기적 요소를 내포하고 있음
B	Greater vulnerability to default, but currently has the capacity to pay 원리금 지급능력이 결핍되어 있어 투기적이며 불황 시에 이자지급이 확실하지 않음
CCC	Vulnerable to default 원리금 지급에 관하여 현재도 불안요소가 있으며 채무불이행의 위험이 매우 커 매우 투기적임
CC	For debt subordinated to that with CCC rating 상위등급에 비하여 더욱 불안요소가 큼
C	Same as CC or where bankruptcy petition has been filed 채무불이행의 위험성이 높고 전혀 원리금 상환능력이 없음
D	In payment default 채무불이행 상태에 있으며, 원리금의 일방 또는 양방이 연체, 부도상태에 있음

채권의 발행일 및 만기일을 확인할 필요가 있다.

참고로 미국의 경우 단기채는 1년 이하(예 : Treasury Bill), 중기채는 2~10년(예 : Treasury Note), 장기채라 하면 10년 또는 20년 이상의 것(예 : Treasury Bond)을 말한다.

(5) 이자금액의 변동 유무에 따른 분류

채권은 지급이자율의 변동 여부에 따라 고정금리부채권(Fixed Rate Bond)과 변동금리부채권 (Floating Rate Bond)으로 나눌 수 있다. 고정금리부채권이란 확정된 표면이자를 이자지급일에 지급하는 채권으로 국공채와 회사채의 대부분이 이에 해당하며 변동금리부채권은 양도성정기예금증서(CD) 등 기준금리에 연동되어 지급이자율이 변동되는 조건의 채권으로 회사채 중 일부가 이에 해당된다.

❶ 변동금리채권(FRN : floating rate note) : 일정기간마다 '기준금리(reference)＋가산금리 (spread)'로 액면이자를 지급하는 채권. 액면이자율은 기준금리에 연동되어 매 기간 초마다 정해지며 이자지급은 해당 기간 말에 이루어짐. 기준금리는 LIBOR, prime rate, 우리나라 91일 CD 수익률 등. 변동금리채권의 가치는 시장이자율의 변화에 민감하지 않음. 이는 정기적으로 조정되는 액면이자율이 시장이자율의 움직임을 반영하여 결정되기 때문임

❷ 역변동금리채권(inverse floater, reverse FRN) : 액면이자율이 특정 기준금리에 연동되기는 하지만 변동금리채권과는 반대로 기준금리가 상승하면 현금흐름이 감소하도록 설정된 채권(예 : 12%－CD금리)

역변동금리채권의 가치는 '고정금리채권의 가치－변동금리채권의 가치'로 표현. 즉, 균형 시장에서는 액면 100억 원의 고정금리 7% 채권의 가치는 액면 50억 원, CD금리＋2%인 변동금리채권의 가치와 액면 50억 원, 12%－CD금리로 발행된 역변동금리채권의 가치의 합과 같아야 할 것임. 왜냐하면 이 변동금리채권과 역변동금리채권을 동시에 소유하면 CD금리의 변동과 무관하게 항상 7%의 이자수입이 있기 때문임. 즉, {(CD＋2%)＋(12%－CD)}/2＝7%임

(6) 원금지급형태에 따른 분류

만기 일시 상환채권(bullet bonds)은 만기에 원금 전액을 일시에 상환하는 채권으로 대부분의 채권이 이에 해당된다. 액면분할 상환채권은 일정 거치기간 경과 후 원금을 일정하게 분할하

여 상환하는 채권으로서 지하철 공채와 도로공사채 중 일부가 이에 해당된다.

(7) 감채기금사채(sinking fund bond)

발행회사는 감채기금을 적립하여 발행된 사채의 일부분을 매년 상환한다. 감채기금의 설정 이유는 발행기업이 만기일 이전에 조금씩 상환함으로써 만기일에 채무불이행 위험을 감소시키기 위해서이다. 감채기금조건으로 채무불이행 위험을 감소시키므로 그렇지 않은 경우보다 낮은 금리로 자금을 조달할 수 있다. 그러나 감채의 방법이 부분적인 강제 조기상환이 될 수도 있어 조기상환으로 투자자들의 이익이 제한되는 효과가 있으므로 투자자들은 높은 수익률을 요구할 수도 있다. 우리나라의 경우 감채기금사채는 거의 존재하지 않는다.

2 합성채권

(1) 전환사채(CB : Convertible Bond)

❶ 전환사채의 의의 : 전환사채란 일정한 조건에 따라 채권을 발행한 회사의 주식으로 전환할 수 있는 권리가 부여된 채권으로서 전환 전에는 사채로서의 확정이자를 받을 수 있고 전환 후에는 주식으로서의 이익을 얻을 수 있는 사채와 주식의 중간 형태를 취한 채권

❷ 전환사채의 장점 : 발행회사 측면에서는 첫째, 일반사채보다 낮은 금리로 발행되므로 자금조달비용이 경감되며, 둘째, 사채와 주식의 양면성을 지니므로 상품성이 크며, 셋째, 주식으로의 전환 시 고정부채가 자기자본이 되므로 재무구조 개선 효과를 지닌다는 점을 들 수 있음. 투자자 측면에서는 사채로서 투자가치의 안정성과 잠재적 주식으로서 시세차익에 의한 고수익을 기대할 수 있음을 장점으로 들 수 있음

❸ 전환사채의 단점 : 발행회사 측면에서는 주식전환에 의해 경영권 지배에 영향을 받을 수 있고 잦은 자본금 변동 등으로 사무처리가 번잡함을 들 수 있으며, 투자자 측면에서는 보통사채보다 낮은 이자율, 주가의 하락 등으로 전환권을 행사하지 못할 위험이 있음

▶전환사채의 현재가치 = Max(일반채권으로서의 가치, 전환가치) + 미래의 주가 상승 가능성에 대한 시간가치(실현 가능성에 대한 가치)

❹ 하한선＝Max[일반채권으로서의 가치, 전환가치]

❺ 일반채권으로서의 가치＞전환가치일 때 전환사채는 일반채권과 같이 거래

❻ 일반채권으로서의 가치＜전환가치일 때 전환사채는 주식의 가치가 반영되어 거래

❼ 일반채권으로서의 가치＝전환가치일 때 전환사채는 복합 증권처럼 거래

　ㄱ. 전환 가격 : 전환 가격이란 보유채권을 주식 1주로 전환할 때의 금액. 상장법인의 경우 기준주가 이상이어야 하고 주식공모 전의 비상장법인은 액면 가격 이상이어 야 하며 주식공모 이후는 공모 가격 이상이어야 함. 만약 전환 가격이 전환 대상 주 식의 시장 가격보다 낮으면 투자자는 즉시 전환하여 차액을 얻으려고 할 것이기 때 문에 전환 가격이 시장 가격보다 낮게 설정될 수 없음

　ㄴ. 전환 가격의 조정 : 기업의 가치가 희석될 가능성이 있는 신주 발행이 발생하였을 경우 전환 사채권자의 보호를 위해 전환 가격을 조정하여야 함. 즉, 주식수의 증가 로 전환에 의해 발행될 주식의 실질 가치가 하락하게 되는데 이 때 전환 가격을 조 정하여 전환사채권자의 이익을 보호하여야 함

　　a. 조정 전 전환 가격을 하회하는 발행 가격으로 신주를 발행하는 경우

　　b. 무상증자(주식 배당 포함)의 경우

　　c. 전환 가격을 하회하는 발행 가격으로 당해 회사의 주식으로 전환될 수 있는 증 권을 발행하는 경우가 해당

　　　주가가 낮아지면 전환 가격을 낮추어 전환사채 투자를 유지하기도 하는데 이 와 같은 전환 가격 조정을 리픽싱(refixing)이라고 부름

　　　기업가치의 희석화를 방지하기 위한 전환 가격의 조정 후 전환 가격은

$$\frac{(조정\ 전\ 전환\ 가격 \times 기발행주식수 + 신발행주식수 \times 1주당\ 발행\ 가격)}{(기발행주식수 + 신발행주식수)}$$ 로 계

산된다.

　ㄷ. 표면금리 : 자율 결정이 원칙이며 일반적으로 매 사업연도말에 해당 이자를 후급

　ㄹ. 상환기간 : 만기의 개념으로서 자율결정이 원칙

　ㅁ. 전환비율 : 전환사채 액면의 몇 %를 주식으로 전환할 수 있는지를 의미. 부분전환 도 발행이 가능하나 현 시장여건상 100% 전환이 대부분. 100% 전환을 전제로 할 경우 액면금액 100,000원, 전환 가격 20,000원인 전환사채의 전환 주수는 5주임

　ㅂ. 전환청구기간 : 전환사채를 주식으로 전환할 수 있는 기간이며, 공시에 전환청구 시작일, 종료일이 나와 있음. 일반적으로 전환사채 발행일 기준 3개월 경과 후 만기

1개월 전까지임

ㅅ. 만기보장수익률 : 매년 지급하는 표면이자는 조금만 지급하되 주가가 낮아 만기 시까지 전환하지 않았을 경우 만기에 한꺼번에 표면금리와 만기보장수익률과의 차를 연 복리로 계산하여 원금에 더하여 지급

ㅇ. 전환사채의 가격지표 : 전환사채 시장 가격은 그 내재가치에 비해 과대 혹은 과소 평가되어 거래될 수 있으므로 이를 평가하는 수단으로 이론 가격지표를 이용. 전환사채 투자 시 시장 가격의 적정성 매입, 매도 시점의 판단, 주식 등에 직접 투자하는 경우와의 비교 판단 및 적정 전환 시점 모색에 가격지표를 이용하면 편리

ㅈ. 패리티(Parity) : 패리티는 주식적 측면에서 본 전환사채의 이론가치로서 현재의 주가가 전환 가격을 몇 % 상회하고 있는가를 나타냄

$$패리티 = \frac{주가}{전환\ 가격} \times 100\%$$

즉, 전환 가격이 일정하기 때문에 주가가 상승하면 패리티도 오르고 반대로 주가가 떨어지면 패리티도 떨어진다는 주가와 정의 상관관계에 있기 때문에 전환사채 투자를 할 경우 무엇보다도 중요한 지표라 할 수 있음

일반적으로 패리티가 100을 초과(주가가 전환 가격을 상회)하면 초과할수록 주식가치가 크게 되어 주가가 전환사채시장 가격을 변동시키는 큰 요인이 됨

ㅊ. 전환 가치('패리티 가격'이라고도 함) : 전환된 주식들의 시장가치를 나타내며, 일반적으로 전환 대상 주식의 시장 가격을 전환 주수로 곱한 것으로 표시

패리티 가격이 전환사채시장 가격을 상회하는 상태에서는 주식으로의 전환에 의해 보다 많은 이익을 얻을 수 있기 때문에 주식전환이 많이 진행되고 주식의 가격 상승과 더불어 전환가치가 올라가기 때문에 전환사채시장 가격은 한층 더 주가의 움직임을 강하게 반영하게 됨

반면에 패리티 가격이 전환사채시장 가격을 하회하고 있을 경우에는 주식으로 전환하면 손해가 나기 때문에 전환이 되지 않고, 특히 패리티가 100 이하의 상태에 있으면 가격 형성도 점차로 채권 가격으로의 요인이 작용하므로 패리티 변동에 대해서 전환사채시장 가격의 움직임이 둔화됨

ㅋ. 괴리율 평균 : 괴리율 평균은 전환사채의 가격 수준이 적정 투자 가격(패리티 가격)에 비하여 얼마나 싸고 또 얼마나 비싼가의 정도를 나타내는 것으로 주로 주가 연동형

인 패리티 100 이상인 종목의 가격 동향을 관찰하는 데 중요한 척도가 됨

$$괴리(원) = 전환사채시장\ 가격 - 패리티\ 가격$$

$$괴리율(\%) = \frac{전환사채시장\ 가격 - 패리티\ 가격}{패리티\ 가격} \times 100$$

$$괴리율\ 평균(\%) = \frac{각\ 대상\ 종목의\ 괴리율\ 합계}{대상\ 종목수}$$

전환사채시장 가격과 패리티 가격 간의 사이에 괴리가 생기는 것은 주가를 바탕으로 한 이론가치와 전환사채시장에 있어서의 시장 가격이 다르기 때문이며 전환사채 수급관계, 유동성 여부 등에 따라 차이가 생기고 있다.

괴리율이 음의 값이 나온다는 것은 전환사채에 투자한 후 곧바로 전환하여 전환차익을 볼 수 있는 차익거래가 가능함을 의미한다. 그러나 대부분의 경우는 괴리(율)는 양의 값을 띠고 있는데, 이는 전환 대상 주식을 직접 사는 것 보다 전환사채를 통한 투자를 할 때는 현재 주식 가격에 일정한 프리미엄을 지불함을 의미한다. 전환사채의 경우 일반적으로 양의 전환 프리미엄이 발생하며, 전환 프리미엄의 성격은 미래에 오를 수 있는 주식 가격의 가능성을 취득한 권리 비용인 옵션 프리미엄과 동일하다.

(2) 신주인수권부사채(BW : Bond with Warrant)

신주인수권부사채란 사채권자에게 일정기간이 경과한 후에 일정한 가격(행사 가격)으로 발행회사의 일정수의 신주를 인수할 수 있는 권리(신주인수권)가 부여된 사채이다. 전환사채와는 달리 발행된 사채권은 존속하며 단지 그 사채에 신주인수권이라는 옵션이 부여되어 있고 그 옵션은 정해진 기간 내에는 언제든지 사채권자가 행사할 수 있다. 따라서 신주인수권이 행사되면 자본과 자산이 동시에 증가한다.

❶ 신주인수권부사채의 장점 : 발행회사 측면에서는 첫째, 사채발행에 의한 자금조달의 촉진, 둘째, 낮은 표면이자율을 가지므로 자금조달 비용의 절감, 셋째, 인수권 행사 시 추가자금의 조달 가능, 넷째, 재무구조의 개선효과 등을 들 수 있으며 투자자 측면에서는 첫째, 투자의 안정성과 수익성을 동시에 만족, 둘째, 주가상승에 따른 이익 획득, 셋째, 신주인수권 분리를 통한 다양한 투자전략 가능 등을 들 수 있음

표 1-2 전환사채와 신주인수권부사채의 차이점

구분	전환사채	신주인수권부사채
사채에 부여된 권리	전환권	신주인수권
권리행사	전환권 행사 후 사채 소멸	신주인수권 행사 이후에도 사채는 존속
권리행사 시, 자금 추가 소요 여부	전환권 행사에 신규자금 불필요	신주인수권 행사를 위한 별도 자금 필요
권리의 이전	사채와 함께만 가능	분리형일 때 사채와 별도로 인수권만 유통이 가능
신주 취득의 한도	사채금액과 동일	사채금액 범위 내
발행이율	일반사채보다 아주 낮음	일반사채와 전환사채의 중간 수준

❷ 신주인수권부사채의 단점 : 발행회사 측면에서는 신주인수권이 행사된 후에도 사채권이 존속하고, 대주주의 지분율 하락 우려가 있으며 주가 변동에 따른 행사시기의 불확실에 따른 자본구조 불확실을 단점으로 들 수 있음. 투자자 측면에서는 주가가 약세 시에는 불이익을 받을 수 있으며 인수권 행사 후에는 낮은 이율의 사채만 존속하게 되는 단점이 있음.

(3) 교환사채(EB : Exchangeable Bond)

교환사채란 교환사채 소지인에게 소정의 기간 내에 사전에 합의된 조건(교환조건)으로 당해 발행회사가 보유하고 있는 주식으로 교환청구를 할 수 있는 권리(교환권)가 부여된 채권을 말한다. 교환사채는 사채 자체가 상장회사의 소유주식으로 교환되는 것으로 교환 시 발행사의

표 1-3 교환사채와 전환사채의 차이점

구분	교환사채	전환사채
발행회사의 요건	상장법인	상장법인 또는 비상장법인
사채에 부여된 권리	교환권	전환권
대상 증권	발행회사가 소유한 주식	발행회사의 주식
권리행사 후 사채권자 지위	사채권자의 지위 상실, 타 회사 주주의 지위 취득	사채권자의 지위 상실, 발행회사 주주의 지위 취득
주식의 취득 가격	교환 가격	전환 가격
주주가 되는 시기	교환을 청구한 때	전환을 청구한 때

자산(보유 증권)과 부채(교환사채)가 동시에 감소하게 되는 특징이 있으며 수시로 주식과 교환할 수 있고 추가적인 자금유입이 없다는 점에서 신주인수권부사채와 다르고 자본금 증가가 수반되지 않는다는 점에서 전환사채와 다르다.

(4) 이익참가부사채(PB : Participating Bond)

이익참가부사채란 기업 수익의 급증으로 주주가 일정률 이상의 배당을 받을 때 사채권자도 참가할 수 있는 권리가 부여된 사채로서 이익분배부사채라고도 하며 배당을 받지 못했을 경우 다음 연도로 권리가 넘어가는지의 여부에 따라 누적적 이익참가부사채와 비누적적 이익참가부사채로 구분된다. 누적적 이익참가부사채는 회사의 이익분배에 대한 참가권이 부여됨으로써 투자상의 매력이 높아 회사채 발행에 의한 자금조달을 촉진시킬 수 있는 장점이 있으나 이러한 이익분배에 대한 참가권은 그만큼 주식에 대한 배당을 감소시키는 결과를 초래하여 주식발행에 의한 자본조달을 어렵게 할 수 있는 요인이 되기도 한다.

(5) 수의상환채권(bond with call option)과 수의상환청구채권(bond with put option)

채권 발행 시 발행 채권의 일부 또는 전부를 만기일 이전에 일정 조건으로 상환할 수(받을 수) 있는 조건이 첨부된 사채이다. 이 상환조건은 발행기업이 만기 전에 임의로 채권을 상환시킬 수 있는 콜 옵션(call option)과 채권 소유자가 발행기업에 대해 상환을 요구할 수 있는 풋 옵션(put option)으로 구분된다.

❶ 수의 상환 채권(callable bond) : 수의 상환사채란 발행기업이 미래 일정기간 동안에 정해진 가격으로 채권을 상환할 수 있는 권리를 가진 채권. 대체로 처음 일정기간 동안에는 수의 상환권을 행사할 수 없도록 규정하고 있음

시장이자율이 하락하면 채권 발행기업은 수의 상환권을 행사하여 채권을 콜행사 가격(call price, 예시 : '콜＋연간 coupon이자')으로 매입하고 낮은 이자율로 다시 채권을 발행할 수 있음. 그러므로 채권자에게는 불리하여 수의 상환사채는 일반사채보다 높은 액면이자율을 가지며 만기수익률도 높은 것이 일반적. 발행자는 시장수익률이 발행 당시의 수익률을 하회하거나 발행자의 신용등급이 상승하는 경우 기존에 고금리로 발행된 채권을 중도 상환하고 유리한 조건으로(낮은 수익률) 새로이 채권을 발행하고자 할 것임. 또한 전환사채의 경우 발행기업은 배당 수익률보다 이자율이 높은 경우 콜옵션을 행사하여 투자자로 하여금 주식 전환을 유도하고(forced conversion) 재무구조를 개선하고자 할 것

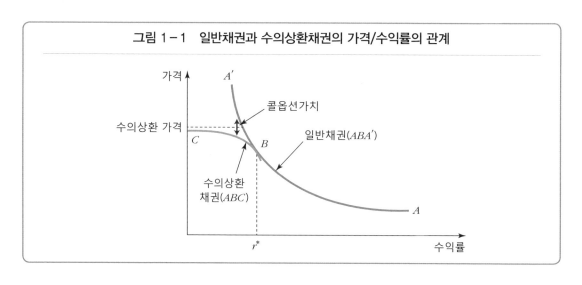

그림 1-1   일반채권과 수의상환채권의 가격/수익률의 관계

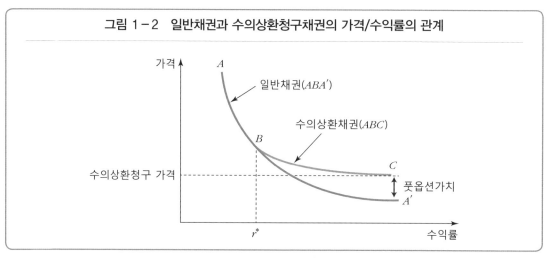

그림 1-2   일반채권과 수의상환청구채권의 가격/수익률의 관계

임. 수의 상환 채권의 가치는 '일반채권가치 – 콜옵션 가치'로 나타냄

   콜옵션부 사채에 투자하는 경우 불리한 점은 첫째, 현금흐름이 일정치 않다는 것이고, 둘째는 수익률이 하락하는 경우 발행자의 중도상환 요구로 재투자위험에 노출될 수 있다는 점

❷ 수의상환청구채권(putable bond) : 채권 보유자가 일정기간 동안 정해진 가격(상환 요구 가격 : put price)으로 원금의 상환을 청구할 수 있는 권리를 가진 채권. 수익률이 상승하여 채권 가격이 상환 요구 가격 이하로 하락하면 투자자는 put option을 행사. 수의 상환청구 채권의 가치는 '일반채권가치 + 풋옵션가치'로 나타냄

section 03 자산유동화증권

1 ABS(Asset Backed Securities)

(1) ABS의 개념

자산유동화증권이란 기업이나 금융기관이 보유하고 있는 자산을 표준화하고 특정 조건별로 집합(pooling)하여 이를 바탕으로 증권을 발행하고 기초 자산의 현금흐름을 상환하는 것을 의미한다.

유동화대상 자산은 유동성이 낮으며 현금흐름의 예측이 가능하고 자산의 동질성이 어느 정도 보장되며 자산의 양도가 가능한 것이 좋다. 동질성이 결여된 자산으로 구성하면 현금흐름 예측의 정확성이 감소하므로 이에 수반되는 신용보강 및 평가에 따른 비용이 증가된다.

(2) ABS의 종류

❶ 현금수취방식 : Pass-through방식은 유동화자산을 유동화증권기관에 매각하면 유동화 중개기관이 이를 집합화하여 신탁을 설정한 후 이 신탁에 대해서 지분권을 나타내는 일종의 주식형태로 발행되는 증권. 이러한 유형의 증권화는 자산이 매각되는 형태이기 때

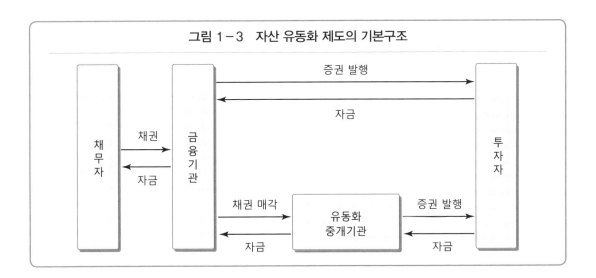

그림 1-3 자산 유동화 제도의 기본구조

문에 자산보유자의 자산에서 해당 유동화자산이 제외. 유동화자산이 매각됨으로써 발행자는 금융위험을 투자자들에게 전가시키는 효과를 얻을 수 있음

Pay-through방식은 유동화 자산집합에서 발행되는 현금흐름을 이용하여 증권화하되 그 현금흐름을 모든 투자자에게 투자지분만큼 균등하게 배분하는 단일증권이 아니라 원금의 상환 우선순위가 다른 다단계의 채권을 발행하는 방식을 의미. 각 단계를 tranche 라 부르며 CBO(Collateralized Bond Obligation)의 선순위채와 후순위채처럼 신용위험이 다른 여러 단계로 나누는 것을 credit tranching, CMO(Collateralized Mortgage Obligation)처럼 조기상환위험과 관련한 다단계화를 prepayment tranching이라 함

❷ 기초 자산에 따른 유동화증권 종류 : 자산유동화증권의 기초 자산으로는 다양한 형태를 보이며 특히 주택저당채권, 자동차 할부금융, 상업용 부동산 담보채권, 대출채권, 신용카드 계정, 리스채권, 기업대출, 회사채 등이 일반적으로 자산유동화가 많이 이루어지고 있는 기초자산 유형

지방정부 세수, 미래 현금흐름, 부실대출, 임대료 등을 자산유동화하는 사례도 보이고 있음

(3) 자산유동화증권 도입 의의

발행자 입장에서 보면 높은 신용등급을 지닌 유동화증권 발행이 가능하기 때문에 발행비용 등의 제반비용에도 불구하고 신용 등급이 낮은 자산보유자가 높은 신용 수준을 지닌 일정 규모 이상의 유동화증권 발행을 통해 조달비용을 낮추는 이득을 얻을 수 있다.

유동화를 통해 자산의 부외화 효과를 거둘 수 있기 때문에 금융기관의 경우 자기 자본관리를 강화하는 방안으로 자산유동화를 추진하기도 한다.

유동화 추진과정에서 자산보유자의 과거 연체, 자산의 회수 등 다양한 리스크 부분에 대한 점검을 하게 되고 이를 통해 위험관리 부문의 강화 효과와 투자자의 경우 상대적으로 높은 신용도를 지닌 증권에 대한 투자기회가 확대됨으로써 투자자 보유자산의 건전도를 제고시킬 수 있는 효과도 지닌다.

다만 자산보유자의 도덕적 해이로 부실 기초자산이 유동화자산으로 편입되고, 이러한 자산을 기초로 하는 파생상품의 규모가 커질 경우 2008년 서브프라임 모기지 사건과 같은 문제를 일으킬 수도 있다.

(4) 자산유동화시장 분석

❶ 미국의 자산유동화증권시장 : MBS(주택저당채권)가 대표적으로 제2차 세계대전 이전부터 주택
   금융을 대상으로 대출채권의 유동화정책이 시행되었으며, 1970년 GNMA(Government National
   Mortgage Association)가 최초로 주택저당대출 자산유동화증권을 공모발행하면서 대출채권
   유동화시장이 확대되었음

❷ Agency MBS(주택저당채권)는 정부보증에 따라 높은 신용등급을 보유하고 있지만 국채에
   비해 수익률이 높아 투자가에게 매력적인 투자대상으로 알려져 대규모의 유통시장이
   형성되었음

❸ 자산유동화증권의 발행주체는 은행, 금융회사, 일반기업 등이며 무보증 사채와는 달리
   특정 자산의 신용력을 담보로 하기 때문에 신용등급이 높고 안정적임

우리나라에서도 1998년 자산유동화법 제정을 시작으로 기초자산의 현금흐름을 기반으로
한 자산유동화증권이 발행되었다. 초기에는 IMF 금융위기에서 발생한 부실자산을 처리하기
위한 수단으로 ABS가 활용되었으나 점차 유동화대상 자산의 종류와 규모가 확대되었다.

2021년 유동화자산별 발행비중은 정기예금 유동화를 중심으로 한 CDO, RMBS 및 커버드
본드, PF loan, 매출채권, 오토론 순서로 발행되었다.

표 1-4   유동화자산 종류별 발행실적   (단위: 조 원)

	2013	2014	2015	2016	2017	2018	2019	2020	2021
대출채권	27.9	19.2	61.7	38.8	37.0	29.9	31.5	52.0	39.8
(MBS)	22.7	14.5	56.0	35.3	31.7	24.8	28.0	49.0	36.6
(개인 및 기업 여신)	5.2	4.7	5.6	3.5	5.3	5.1	3.4	3.4	3.2
매출채권	20.3	18.4	17.7	19.5	18.0	17.3	17.6	20.2	16.3
(소비자금융)	5.9	7.2	11.0	9.5	7.7	5.0	7.6	8.9	7.7
(기업매출채권)	13.8	9.7	4.6	8.6	8.5	10.7	8.6	9.4	7.2
(부동산 PF)	0.6	1.5	2.0	1.4	1.8	1.7	1.4	1.9	1.5
증권	3.0	3.9	3.7	2.3	2.6	2.2	2.6	6.9	5.6
총계	51.3	41.5	83.0	60.7	57.6	49.4	51.7	79.1	61.7

자료: 금융감독원

2   MBS(Mortgage Backed Securities)

주택저당채권은 신용대출과 대비되는 부동산 담보대출을 의미하나 본래 저당(Mortgage)의 의미는 금전소비대차에 있어 차주의 채무변제를 담보하기 위해 차주 또는 제3자 소유 부동산 상에 설정하는 저당권 내지 일체의 우선변제권을 지칭한다.

저당(Mortgage)은 저당대출, 저당증서, 저당금융제도 등 여러 가지 의미로도 사용된다. 저당 은 자금운용면에서 주택금융과 반드시 같은 의미는 아니며 현재 미국에서는 Mortgage를 주택 금융제도로 인식하여 발전시켜 왔기 때문에 흔히 Mortgage제도는 곧 주택금융제도로 이해 한다.

MBS의 제도상 가장 중요한 특징은 Mortgage 그 자체에 있는 것이 아니라 주택금융기관이 주택자금 대출 후 이 대출채권을 담보로 취득한 Mortgage와 함께 매각하거나 유통시킬 수 있 다는 것이다.

MBS는 주택저당대출 만기와 대응하므로 통상 장기로 발행된다. 대상 자산인 주택저당대출 의 형식 등에 따라 다양한 상품으로 구성되며 자산이 담보되어 있고 보통 별도의 신용보완이 이루어지므로 회사채보다 높은 신용등급의 채권을 발행한다. 미국의 경우 회사채보다 유동성 이 뛰어나다. 그러나 조기상환(prepayment)에 의해 수익이 변동하여 현금흐름이 불확실하다. 또 한 일반채권과는 달리 금리가 하락하여도 조기상환으로 인해 call옵션부채권처럼 MBS의 가치 가 일정 수준 이상 상승하지 못하므로, 즉 조기상환위험으로 인하여 동일한 만기의 회사채보 다도 오히려 수익률이 높을 수도 있다. 따라서 이 조기상환 문제를 완화하기 위해 다단계화 한 것이 CMO(Collateralized Mortgage Obligation)이다.

매월 대출원리금 상환액에 기초하여 발행증권에 대해 매달 원리금을 상환하며 채권상환과 정에서 자산관리수수료 등 각종 수수료가 발생한다.

우리나라에는 주택저당채권유동화회사법이 제정된 1999년 한국주택저당채권유동화회사 (KoMoCo)가 설립되어 최초로 MBS를 발행하였으며, 이후 2004년 설립된 한국주택금융공사 (KHFC)가 우리나라의 MBS 발행을 주도하고 있다.

1 발행시장 구조와 기능

(1) 발행시장의 구조

발행시장은 제1차 시장(Primary Market)이라고도 하는데 발행자, 발행기관, 투자자로 구성되어 있으며 발행주체가 투자자로부터 직접자금을 조달하는 직접발행방법과 발행기관으로 하여금 발행업무와 발행채권을 인수케 하여 투자자에게 매출하는 간접발행방법이 있다. 또한 채권종류별로 보면 국·공채발행시장과 사채발행시장으로 나누어 볼 수 있다.

❶ 발행자 : 채권 발행에 의해 자금을 조달하는 주체로서 정부, 지방자치단체, 특별법에 의해 설립된 법인, 주식회사 형태의 기업 등이 있음
❷ 투자자 : 채권 발행시장에서 모집·매출되는 채권의 청약에 응하여 발행자가 발행한 채권을 취득하는 자로서 자금의 대여자. 투자자는 전문적 지식과 대규모 자금으로 법인형태를 취하고 있는 기관투자가와 개인자격으로 자산운용을 목적으로 채권에 투자하는 개인투자자가 있으나 채권의 특성상 기관투자가가 대부분

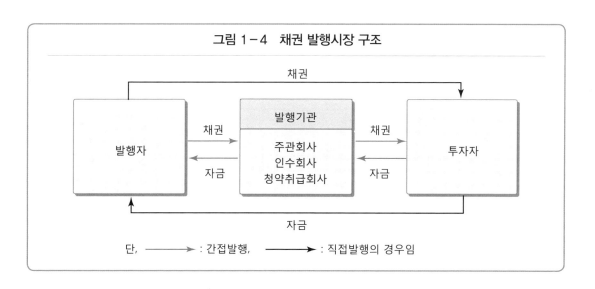

그림 1-4 채권 발행시장 구조

❸ 발행기관 : 채권 발행에 있어 발행자와 투자자 사이에서 채권 발행에 따른 제반업무 수행과 함께 발행에 따른 위험부담 및 판매기능을 담당하는 전문기관

　　ㄱ. 주관회사 : 인수단의 구성원으로서 채권 발행 업무를 총괄하여 당해 채권 발행의 타당성, 소화 가능 여부, 발행시기, 발행조건 등을 발행자와 협의하여 결정. 채권 발행규모가 클 경우에는 공동으로 주관업무를 수행하는 데 이 중 핵심적 역할을 담당하는 회사를 대표주관회사라고 함

　　ㄴ. 인수기관 : 주관회사와 협의하여 발행 채권을 인수하는 기관으로 인수채권을 일반투자자 및 청약기관에 매도하는 역할을 수행

　　ㄷ. 청약기관 : 발행된 채권을 채권 수요자인 일반투자자에게 직접 매매하는 판매회사

(2) 발행시장의 기능

❶ 자본조달 기능 : 거액의 장기자금을 직접적으로 조달하려고 하면 여러 가지 면에서 어려움이 많음. 이 경우 채권을 발행하여 불특정 다수 투자자의 자금을 산업 자금화함으로써 국민경제발전을 위한 밑받침 역할을 함

❷ 공개시장조작 기능 : 통화조절용 채권인 통안증권, 외국환평형기금채권의 매매를 통해 시중의 유동성을 조절하여 통화관리를 담당하는 공개시장조작 기능을 수행

2　채권의 발행형태

채권 발행형태는 사모(Private Placement)와 공모(Public Issues)가 있고, 공모는 다시 발행업무를 누가하느냐에 따라 직접발행과 간접발행으로 구분된다.

(1) 사모발행

사모는 소수의 투자자와 사적 교섭을 통하여 증권을 매각하는 방법으로 보통 유동성이 매우 낮은 회사채의 발행 시 활용된다. 따라서 공모사채보다 이자율이 높고 만기가 짧은 것이 일반적인데, 발행자나 매입자의 특별한 요구를 만족시킬 수 있는 규정을 신축적으로 둘 수 있다. 우리나라에서는 50인 미만의 일반투자자에게 발행될 경우 사모발행으로 간주된다.

(2) 공모발행

공모발행은 불특정 다수의 투자자를 대상으로 채권을 발행하는 방법으로 증권발행업무를 발행자 또는 발행기업이 부담하는 경우를 직접발행이라고 한다. 한편 간접발행 중에서 총액인수와 잔액인수는 인수자가 발행자로부터 발행증권의 전부 또는 일부를 인수하여 발행위험을 부담하고 사무를 직접 담당하는 경우이다. 간접발행 중 위탁모집의 경우 발행자가 발행위험을 부담한다.

❶ 직접발행

ㄱ. 매출발행 : 채권의 발행액을 미리 확정하지 않고 일정기간 내에 개별적으로 투자자에게 매출하여 매도한 금액을 발행총액으로 하는 방식. 우리나라에서는 금융채에 대하여 창구매출발행이 허용되어 있지만 회사채에 대해서는 매출발행을 할 수 없음

ㄴ. 공모입찰발행 : 미리 발행조건을 정하지 않고, 가격이나 수익률을 다수의 응찰자에게 입찰시켜 그 결과를 기준으로 하여 발행조건을 정하는 방법. 입찰방식은 가격입찰과 수익률 입찰로 구분

한편, 낙찰방식은 복수 가격, 단일 가격 그리고 차등 가격 낙찰로 구분

a. 복수 가격(수익률) 낙찰방식 : Conventional Auction 혹은 American Auction이라고 불리는 방식으로 내정 수익률 이하에서 각 응찰자가 제시한 응찰수익률을 낮은 수익률(높은 가격)순으로 배열하여 최저 수익률부터 발행예정액에 달할 때까지 순차적으로 낙찰자를 결정하는 방법. 낙찰자는 응찰 시 제시한 수익률로 채권을 인수하게 되므로 복수의 낙찰 가격이 발생하게 됨. 우리나라에서는 2000년 8월

표 1-5 입찰방식에 의한 구분

입찰방식	내용
가격 입찰방식	발행자 : 쿠폰이율과 발행예정액 제시 입찰자 : 입찰 가격과 금액 제시 결　정 : 높은 가격부터 순차적으로 발행예정액까지 낙찰
수익률 입찰방식	발행자 : 발행예정액 제시 입찰자 : 수익률과 입찰금액 제시 결　정 : 낮은 수익률부터 순차적으로 발행예정액까지 낙찰

16일 이전에 국고채권 등의 발행 시 사용

b. 단일 가격(수익률) 경매방식 : 발행기관이 내부적으로 정한 내정 수익률 이하에서 낮은 수익률 응찰분부터 발행예정액에 달하기까지 순차적으로 낙찰자를 결정. 이때 모든 낙찰자에게는 낙찰된 수익률 중 가장 높은 수익률이 일률적으로 통일 적용됨으로써 단일한 가격으로 발행이 이루어짐. 이 방식은 일반적으로 Dutch Auction이라 불림

c. 차등 가격(수익률) 낙찰방식 : 발행자의 입장에서 볼 때 단일 가격 경매방식은 평균 낙찰수익률보다 높은 발행수익률을 적용해야 하기 때문에 상대적으로 더 많은 채권 발행비용을 지불해야 하는 문제점이 발생. 한편 복수 가격 경쟁방식은 평균 낙찰수익률보다 낮은 수익률로 낙찰되는 것을 원치 않는 잠재적 응찰자들의 응찰의욕을 감퇴시켜 발행시장을 위축시킬 가능성을 낮게 됨

이에 대한 개선방안으로 2009년 9월부터 차등 가격 낙찰방식의 경매제도가 국고채 발행에 도입됨되었음. 이 방식은 최고 낙찰수익률 이하 응찰수익률을 일정 간격으로 그룹화하여 각 그룹별로 최고 낙찰수익률을 적용하는 방식. 차등 가격 낙찰방식은 처음에는 3bps 단위로 그룹화하였으나 2013년부터는 2bps로 바뀌었음

예컨대 응찰수익률의 간격을 2bps(베이시스 포인트 : 0.01%)로 할 경우 최고 낙찰수익률이 5.050%이고 응찰수익률을 (5.055%~5.040%), (5.035%~5.020%), (5.015%~5.000%) 등으로 그룹화할 경우 경매방식별 낙찰수익률은 다음 표와 같음

기관	응찰 금리	낙찰금리		
		차등 가격 낙찰방식	단일금리 결정방식 (Dutch)	복수금리 결정방식 (Conventional)
A	5.005%	A, B : 5.015%	모두 5.055%	A : 5.005%
B	5.010%			B : 5.010%
C	5.025%	C, D : 5.035%		C : 5.025%
D	5.030%			D : 5.030%
E	5.040%	E, F, G : 5.055%		E : 5.040%
F	5.050%			F : 5.050%
G	5.055%			G : 5.055%

❷ 간접발행

ㄱ. 위탁모집(best effort) : 위탁모집은 채권 발행에 관한 제반절차를 인수인에게 위임하여 발행하는 방법으로 인수인은 발행회사의 대리인 자격으로 채권을 발행하는 방법. 이 채권의 모집 또는 매출이 총액에 미달함으로써 생기는 위험은 발행회사가 짐

ㄴ. 인수모집 중 잔액인수방법(stand-by agreement) : 채권 발행업무 일체를 인수기관에 위탁함과 동시에 발행회사의 명의로 채권을 모집 또는 매출하는 것으로 매출 또는 모집액이 총액에 미달할 때에는 인수기관이 그 잔액을 책임 인수한다는 계약에 의한 채권 발행방법

ㄷ. 인수모집 중 총액(전액)인수방법(firm commitment) : 채권 발행업무의 일체를 인수기관이 받아서 처리함과 동시에 채권 발행 총액을 인수기관이 일괄 인수한 후에 인수기관 책임 하에 모집 또는 매출하는 방법으로 발행회사는 모집 또는 매출계약과 동시에 업무가 완료되는 방법이고, 모집 또는 매출 시 가격차에 의한 손익이 인수인에게 귀속. 현재 무보증사채의 발행은 대부분 총액인수에 의한 방법을 이용

(3) 국공채 발행

❶ 의의 : 국공채란 국가, 지방자치단체, 정부투자기관 또는 특별법에 의해 설립된 특수법인이 발행하거나 정부가 원리금 상환을 보증한 유가증권을 말하며, 발행주체에 따라 국채, 지방채, 특수채로 나눌 수 있음. 국공채는 재정지출에 소요되는 경비조달, 통화조절과 특정 산업의 재원조달을 위해서 발행하는 것이 주요 목적이며 향후 지속적 경제성장과 국민소득 증대, 사회보장제도 확대, 사회간접자본시설 확충 및 지방자치단체의 재정적 욕구를 예견해 볼 때 국공채 발행은 앞으로도 채권시장에 중대한 영향을 미칠 가능성이 크다고 하겠음

❷ 국채의 발행방법과 절차

ㄱ. 국채 발행방법

　　a. 경쟁입찰 : 외평채권, 국고채권 등의 국채 발행 시 주로 이용되는 방법

　　b. 첨가소화 : 법령에 의해 첨가소화되는 방법으로 국민주택 채권이 여기에 속함

　　c. 교부발행 : 공공용지 보상채권의 발행방법으로 이용

ㄴ. 국채 발행절차 : 국채 발행에 관한 기본적인 사항은 헌법, 국가재정법 및 국채법 등

에 규정되어 있으며 그 일반적 절차는 다음과 같음

국채를 발행하고자 하는 부처는 발행계획안을 기획재정부에 제출하고 기획재정부는 부처 간의 조정을 거쳐 계획안을 확정하여 국무회의의 심의에 부침. 국무회의의 심의가 결정되면 대통령의 재가를 얻어 국회에 제출하며, 국회에서 의결, 확정되면 기획재정부는 발행을 담당하고, 원금상환, 이자지급 등의 발행 및 관리업무는 한국은행이 대행

(4) 통화안정증권 발행

통화안정증권은 한국은행이 공개시장조작의 일환으로 시중 통화량 조절을 목적으로 발행하는 채권을 말하며, 중앙은행이 발행하기 때문에 국채에 준한다. 통화안정증권은 한국은행법, 한국은행 통화안정증권법에 의거 한국은행이 발행하고, 한은금융망(BOK WIRE+)을 통한 전자입찰을 통해 등록발행하며, 경쟁입찰방식과 창구판매방법 등으로 발행되고 있다.

(5) 지방채 발행

❶ 발행방법
  ㄱ. 공모발행 : 당해 지방과 관계가 깊은 지방은행, 증권회사 등이 인수단을 조직하여 잔액 및 총액인수의 형식으로 인수하는 방법
  ㄴ. 매출발행 : 매출의 방법에 의하여 지방채를 발행하고자 할 경우에는 행정자치부 장관으로부터 지방채 발행에 관한 승인을 얻은 후 법정사항을 공고하여 매출하며, 매출기간 중 매출된 금액이 발행총액이 됨
❷ 발행절차 : 지방채는 지방자치법과 지방재정법에 의거 발행되며, 지방의회 의결을 거친 후 행정자치부장관의 승인을 얻고, 의결 시에는 기채의 방법과 이자율, 상환방법, 발행한도 등을 결정하여야 함

(6) 특수채 발행

특수채는 법률에 의해 직접 설립된 법인이 발행하는 채권을 말하며, 한국토지주택공사, 한국도로공사, 예금보험공사 등 각종 공사법에 의한 공사채와 특수목적하에 설립된 금융기관이 발행하는 금융채로 분류될 수 있다.

특수채는 종류별로 그 발행법인의 설립을 규정하고 있는 법률에 의거하여 발행되고 있으나

거의 모든 채권에 대하여 기획재정부장관의 발행승인을 받아야 한다. 사설 인프라를 통한 공개입찰방식으로 발행된다.

국채 통합발행제도(Fungible Issue)

2000년 5월에 도입된 국채 통합발행제도는 3년 만기 이상 중장기채권을 대상으로 통합하여 발행한다. 발행 시점이 달라도 만기와 액면이자율을 동일하게 하여 동일종목으로 만들어 통합발행하고 일정기간 후에 종목을 바꾼다. 이들 종목들이 집중적으로 거래되면서 거래량이 급증하여 지표채권의 위치를 확보할 수 있게 된다. 또한 유동성 확대로 인한 유동성 프리미엄으로 상대적으로 낮은 금리로 발행되어 국채 발행비용이 절감된다. 이 제도는 국채시장의 활성화를 위해 도입되었다.

---

section 05 유통시장

1 유통시장의 개요

(1) 의의

채권 유통시장은 이미 발행된 채권이 투자자 간에 매매되는 시장을 말한다. 발행시장을 제1차 시장(Primary Market)이라고 한다면 유통시장은 제2차 시장(Secondary Market)이라고 하며 투자자 간에 수평적 이전기능을 담당하는 시장으로 횡적시장이라고도 한다. 은행예금의 경우 자금조달자인 은행이 자금공급자(예금자)에게 유동성을 제공하지만, 일반적인 채권의 경우는 자금조달자인 발행자에게 기한이익이 존재해 자금공급자인 채권투자자가 채권 발행자에게 원금에 대한 유동성을 요구할 수 없다. 채권이 가지는 이와 같은 특성 때문에 유통시장의 존재는 필수적일 수밖에 없다.

발행시장은 간접적 시장인 반면 유통시장은 계속적이며 구체적이고 조직적인 시장이다. 유통시장의 발달과 함께 투자자들은 발행시장에서 취득한 채권을 매도하여 투자원금을 회수하거나 채권을 매입함으로써 자산의 운용수단으로 발전하게 되었다.

(2) 유통시장의 기능

① 채권의 양도를 통하여 유통성과 시장성을 부여
② 투자자에게 투자원본의 회수와 투자수익의 실현을 가능하게 함
③ 채권의 공정한 가격 형성을 가능하게 함
④ 채권의 담보력을 높여줌
⑤ 발행시장에서 발행되는 채권의 가격의 결정을 도와주는 기능을 담당

(3) 유통시장 기능의 수행요건

채권 발행물량이 많아야 하고 화폐와 채권 간의 자본전환이 자유로워야 하며 발행된 채권이 소수의 투자자에 의해 보유되지 않고 불특정 다수 투자자에 의해 분산 보유되어 채권의 매도자와 매입자가 많아야 한다. 또한 채권 매매거래제도가 확립되어 채권매매에 아무런 제약이 없어야 하며 채권 가격과 거래량에 변동성이 있어야 한다.

2 유통시장의 구조

채권 유통시장은 크게 다수의 매도·매수주문이 한곳에 집중되어 상장종목 채권이 경쟁매매를 통해 이루어지는 장내시장과 주로 증권회사에서 증권회사 상호 간, 증권회사와 고객 간 또는 고객 상호 간에 비상장채권을 포함한 전 종목이 개별적인 상대매매를 통해 이루어지는 장외시장으로 구분되는데 주식의 유통시장과는 달리 우리나라를 포함해 대부분의 나라에서 장외시장의 비중이 크게 높은 것이 특징이다.

(1) 장내시장

장내시장에서의 채권거래는 한국거래소라는 구체적으로 지정된 장소에서 집단적으로 행하여지며 매매거래의 대상이 되는 채권은 거래소에 반드시 상장되어 있는 종목에 한정되며, 거래조건이 규격화되어 있고 거래시간도 한정되어 있다.

(2) 장외시장

주식의 유통시장은 투자자들의 주문에 의해 매매를 중개하는 위탁매매가 주류인 거래소시장이 중심인데 반하여 채권의 유통시장은 장내시장보다 장외시장을 중심으로 형성되어 있다.

채권은 주식과는 달리 개인투자자에 의해 소화되기는 어렵기 때문에 대부분 금융기관이나 법인 등 기관투자가 간의 대량매매 형태로 거래되고 개별 경쟁매매보다는 상대매매에 의해 거래가 이루어지므로 장내거래보다는 장외거래가 더 높은 비중을 가지고 있다.

❶ 국채딜러 간 매매거래시장(Inter-dealer Market : IDM)

ㄱ. 국채 전문딜러 제도의 도입배경 : 국채 소화 및 유통의 활성화를 도모하기 위해 도입. 국채시장뿐 아니라 전체 채권시장 발전을 위하여 국채 유통시장의 활성화 및 국채의 지표금리 역할이 중요. 외국의 경우에는 Primary Dealer제도 운영으로 국채시장의 유동성과 효율성이 대폭 제고되었고, 우리나라도 국채전문유통시장이 개설된 1999년에 PD제도가 도입된 이후 PD제도가 자리를 잡아가면서 국채시장의 효율

표 1 - 6   장내거래와 장외거래의 차이점

구분	장내(거래소 시장)	장외(OTC/IDB)
거래장소	거래소	증권회사 장외시장 브로커 창구 IDB회사 창구
거래방법	거래소 단말기에 전산입력	브로커 간의 메신저(K-bond 등), 유선거래
대상채권	상장채권, 주식 관련 사채	제한 없음(단, 주식 관련 사채 및 첨가 매출되는 소액국공채의 경우, 장내거래가 의무화되어 있다.)
가격공시	전산 상에 공시	호가 공시(www.kofiabond.or.kr)
거래방법	경쟁매매, 전산매매	상대매매
거래조건	규격화, 표준화	제한 없이 다양한 조건으로 모든 채권 거래 가능
매매입회시간	주식시장과 동일	제한 없음
거래비용	만기별 수수료율에 의거	제한 없음
매매수량단위	국고채 : 10억 원 주식 관련 사채 : 10만 원 소액채권 : 1천 원	제한 없음
결제방법	당일결제 및 익일결제	T+30일, 대부분 익일결제(단, RP매매, MMF편입채권, 소매채권 매매는 당일결제)
호가단위	가격 및 수익률 호가	제한 없음

성 증가에 이바지. 또한 2011년에는 예비국채딜러(Preliminary PD)제도도 도입

ㄴ. 국채 전문딜러의 지정 : PD 및 PPD로 지정받기 위해서는 자본시장법에 따른 국채에 대한 투자매매업(인수업 포함)의 인가를 받아야 함. 또한 일정 수준 이상의 재무건전성 요건을 갖추고, 인력 및 경력 기준과 실적 기준을 충족하여야 함. 한편 PD로 지정되기 위해서는 우선 PPD로 지정 받아야 함

ㄷ. 국채전문딜러의 의무 : PD는 그 자격을 유지하기 위해서 기획재정부 장관이 정한 의무(국고채권의 발행 및 국고채 전문딜러 운영에 관한 규정)를 이행해야 함

　　a. 국고채 인수 : PD는 지표종목별로 매월 경쟁입찰 발행물량의 10% 이상을 인수해야 함

　　b. 호가 의무 : PD는 국채전문유통시장에서 각 지표종목에 대하여 매수·매도 호가를 각 10개(단, 30년 만기 국고채와 물가연동국고채는 5개) 이상씩 장내시장 개장 시간 동안 제출하여야 함

　　c. 유통 의무 : PD는 은행·증권사별 평균국고채거래량의 110% 이상을 거래해야 함
　　　－원금이자분리채권, 10년 국채선물거래 : 은행·증권사별 평균 거래량의 110% 이상
　　　－기관 간 기일물 Repo거래 : 분기별 기일물 RP 거래금액이 5조 원 이상 또는 해당 PD사의 기관 간 RP거래 중 기일물 RP 비중이 7% 이상

　　d. 보유 의무 : PD는 매분기별 자기매매용 국고채 보유 평균잔액을 1조 원 이상 유지해야 함

표 1-7　재무건전성 기준(PD)

	평가내용	지정기준
은행	• 전문딜러 지정일이 속한 분기의 직전 분기말 자기자본비율 (BIS)	8% 이상
	• 전문딜러 지정일이 속한 분기의 직전 분기말 재무제표상의 자기자본총계	4조 원 이상 (단. 외은지점은 5천억 원 이상)
증권 회사	• 전문딜러 지정일이 속한 분기의 직전 분기말 영업용 순자본비율(NCR)	100% 이상
	• 전문딜러 지정일이 속한 분기의 직전 분기말 재무제표상의 자기자본총계	4천억 원 이상

e. 매입 의무 : 매입 예정 물량의 5% 이상을 낙찰받아야 함

ㄹ. 국채전문딜러의 권한 : PD는 국고채 경쟁입찰에 독점적으로 참여할 수 있으며 발행예정물량의 30%까지 인수할 수 있음. PPD도 입찰에 참여는 할 수 있으나 인수한도는 15%로 제한. 또한 PD에게는 국고채 비경쟁인수권한이 부여됨. 비경쟁입찰권한이라 국고채에 대한 경쟁입찰일 직후 3영업일 동안에 경쟁입찰 최고 낙찰금리로 해당 종목을 추가적으로 인수할 수 있는 권한

국고채 인수를 원활히 할 수 있도록 PD들에게 국고채를 담보로 하여 저리로 대여해주는 국고채 전문딜러 금융지원제도가 운영되고 있음

❷ 채권 자기 매매업자 간 중개회사(IDB : Inter-dealer Broker) : 채권 자기 매매업자 간 중개회사는 채권딜러가 보유물량을 원활히 조절할 수 있도록 딜러의 호가제시를 유도하여 채권중개를 실시간 투명하게 수행하는 회사. 우리나라는 한국자금중개㈜와 KIDB 채권중개㈜가 2000년 6월과 2000년 8월에 각각 영업을 개시

현행의 채권 자기 매매업자 간 중개회사는 IDB 본래의 기능보다는 증권사 브로커와 동일하게 영업을 하고 있어 증권사 브로커의 채권중개업무와 대동소이

STRIPS

국고채 원금이자 분리제도 혹은 스트립(Separate Trading of Registered Interest and Principal of Securities)이란 이표채의 원금과 이표를 분리하여 각각을 별개의 무이표채권(zero coupon bond)으로 매매하는 제도를 가리키며 2006년 3월에 도입되었다. 예를 들어 발행일이 2011. 12. 10인 20년 만기 국고채는 20년 동안 매년 6월 10일과 12월 10일에 이자를 지급하고 2031. 12. 10일에 원금을 지급하는 현금흐름을 가지는데, 이 국고채를 스트립 하면 1개의 원금 스트립(Principal STRIPS)과 40개의 이표 스트립(Coupon STRIPS) 등 총 41개의 개별 무이표채권(할인채)을 만들어 유통시장에서 거래할 수 있게 된다.

chapter 02

채권 가격결정과 채권수익률

채권 가격결정

1 자산 가격결정의 기본원리

주식이나 채권, 옵션과 같은 금융자산은 소유자가 보유기간 동안 그 자산이 발생시킬 것으로 예상되는 기대현금흐름에 바탕을 두고 가치가 결정된다. 금융자산의 경우 기대현금흐름은 보유기간 동안 받게 되는 이자나 배당 그리고 그 자산을 처분하는 경우 받을 수 있는 가격 등의 형태로 발생한다. 즉, 금융자산의 가격은 그 자산으로부터 기대되는 미래 현금흐름의 현재가치라 할 수 있다.

2 채권의 가격결정

$$P = \frac{c}{(1+i)^1} + \frac{c}{(1+i)^2} + \cdots + \frac{c}{(1+i)^n} + \frac{M}{(1+i)^n}$$

$$= c \times PVIFA_{i,\,n} + M \times PVIF_{i,\,n}$$

단, c : 이자지급액(coupon payment)

　i : 요구 수익률(required yield)

　n : 채권만기(number of years)

　M : 채권 액면가(par value)

- 무이표 채권(Zero-Coupon Bond)의 가격결정

$$P = \frac{M}{(1+i)^n}$$
$$= M \times PVIF_{i,\,n}$$

3 　채권 가격결정의 특성

❶ 가격/수익률의 관계 : 채권 가격과 수익률은 서로 역(inverse)의 관계를 가지며 볼록 (convex)한 형태를 가짐

❷ 이표율/수익의 관계 : 이표율＝수익률인 경우 액면가(par)에 거래

　이표율＞수익률인 경우 액면가보다 비싸게(premium) 거래

　이표율＜수익률인 경우 액면가보다 싸게(discount) 거래

❸ 시간 경과에 따른 채권 가격의 진행 경로 : 시간이 지날수록 즉, 만기가 짧아질수록 채권의 가격은 액면가에 수렴하게 되며 이를 'pull-to-par'현상이라 함

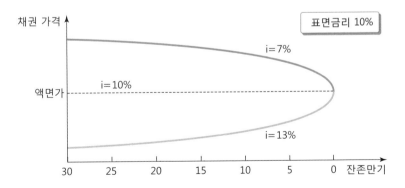

만기 시 일시상환 채권인 할인채, 복리채 등은 만기까지 남은 잔존기간에 따라 연 단위기간은 연 단위 복리로, 나머지 연 단위 미만 기간은 단리로 할인하여 채권 가격을 계산한다.

$$P = \frac{S}{(1+r)^n\left(1 + r \times \dfrac{d}{365}\right)}$$

단, 윤년 고려 시 365일 대신 366일을 사용하기도 함

즉, 현재 시점에서 만기까지의 기간이 n년 d일 남은 만기상환금액 S인 채권을 만기수익률 r로 할인한 채권 가격(P)을 나타낸 것이다.

이와 같은 방식은 채권시장에서 관행적으로 사용되고 있는 계산방법으로 차입원금(P)에 대한 원리금(S)의 지급을 주어진 이자율(r)로 하되, 총 차입기간 중 연으로 정제되는 기간(n)은 복리로, 그 나머지 잔여일수(d)는 단리로 이자지급을 약속한 금융과정과 동일한 의미를 지니고 있다.

$$S = P \times (1+r)^n \left(1 + r \times \frac{d}{365}\right)$$

이와는 달리 이론적 방식으로 불리는 채권 계산방법은 연 단위 이하의 기간도 복리로 계산함으로써 할인방식의 일관성을 꾀하고 있다.

$$P = \frac{S}{(1+r)^n (1+r)^{\frac{d}{365}}} = \frac{S}{(1+r)^{n+\frac{d}{365}}}$$

이 방식은 할인방식에 대한 논리적 일관성에도 불구하고 관행적 방식이 일반적으로 받아들여지고 있는 유통시장의 채권거래에서는 거의 사용되지 않고 있다.

❶ 할인채

통화안정증권 DC019-1231-1820(182일물)을 2019년 8월 16일에 시장 만기수익률 1.300%에 매매 시 매매 가격은?

- 발행일 : 2019년 7월 2일
- 표면이율 : 1.528%
- 만기일 : 2019년 12월 31일
- 원리금지급방법 : 이자선지급, 원금 만기상환

ㄱ. 만기상환금액 : 10,000(원)

ㄴ. 매입 가격 : 발행일 이후 45일 경과하여 잔존기간이 137일이고, 연간 일수가 365일 이므로

$$P = \frac{10,000}{\left(1 + 0.01300 \times \frac{137}{365}\right)} = 9,951 (원\ 미만\ 절사)$$

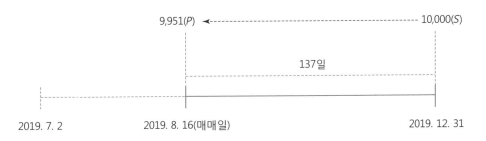

② 이표채

국고채권 01875 − 2906(19 − 4) KR103502G966

다음 6개월 단위 이자 후급채권을 2019년 8월 16일 시장 만기수익률 1.250%로 거래하는 세전 매매 가격을 산출해 보자.

- 발행일 : 2019. 6. 10
- 표면이율 : 1.875%
- 매기 이자지급금액 : 93.75원
- 만기일 : 2029. 6. 10
- 이자지급 단위기간 : 매 6개월 후급

만기일까지 총 20번의 현금흐름이 발생하고, 매매일에서 첫 번째 이자락(2019년 12월 10일)까지의 잔여일수가 112일, 매매일이 포함되는 이자지급 단위기간의 총 일수가 183일이므로, 이 채권의 세전 단가는

chapter 2 채권 가격결정과 채권수익률   179

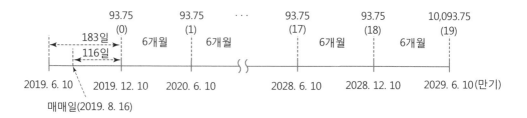

매매일을 기준으로 볼 때 첫 번째 현금흐름 93.75원이 116일 이후 발생하고 이후 만기까지 매 6개월마다 93.75원의 이자와 만기 시 원금 10,000원이 발생한다. 이자지급 단위기간이 6개월(연 2회 지급)이므로, 각기의 현금흐름을 6개월 단위기간으로 남은 잔존기간에 대하여서는 복리방식으로, 6개월 이하인 112일에 대하여서는 단리방식으로 $\dfrac{\text{만기수익률}}{\text{이자지급 횟수}}$의 할인율로 현재가치화하여 이들을 모두 합하면

$$P = \dfrac{93.75 + \dfrac{93.75}{\left(1+\dfrac{0.01250}{2}\right)^1} + \dfrac{93.75}{\left(1+\dfrac{0.01250}{2}\right)^2} + \cdots + \dfrac{93.75}{\left(1+\dfrac{0.01250}{2}\right)^{18}} + \dfrac{10,093.75}{\left(1+\dfrac{0.01250}{2}\right)^{19}}}{\left(1+\dfrac{0.01250}{2}\times\dfrac{116}{183}\right)}$$

$$= 10,609 \text{(원 미만 절사)}$$

이 된다.

❸ 복리채

제1종 국민주택채권 2017-10을 2019년 7월 29일에 만기수익률 2.010%에 매매할 경우 매매 가격을 산출하시오.

- 발행일 : 2017년 10월 31일
- 표면이율 : 1.75%
- 만기일 : 2022년 10월 31일
- 원리금지급방법 : 연단위 복리, 만기 일시상환

만기상환금액 : 10,906(원)[= 10,000×(1+0.0175)5]이고, 만기일까지의 잔존기간이 3년 94일이므로

$$P = \dfrac{10,906}{(1+0.02010)^3\left(1+0.02010\times\dfrac{94}{365}\right)} = 10,221 \text{(원 미만 절사)}$$

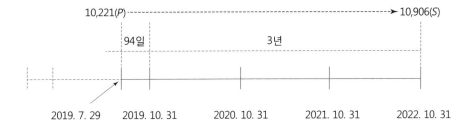

④ 분할상환채권

서울시 도시철도채 96-1

원금은 5년 거치 후 5년 균등 분할 상환한다.

이자는 1차 지급년도(5년차)에 복리계산 지급, 이후부터는 연 단위 미상환분에 대해 단리 적용한다.

- 발행일 1996. 1. 31
- 매매일 1996. 8. 14
- 만기일 2005. 1. 31(만기9년)
- 수익률 12.0%
- 표면금리 6%

| 표 2-1 | 현금흐름표 | | | | |

구분	2001. 1. 31	2002. 1. 31	2003. 1. 31	2004. 1. 31	2005. 1. 31
원금	2,000	2,000	2,000	2,000	2,000
이자	3,382*	480**	360	240	120
원리금	5,382	2,480	2,360	2,240	2,120

* $3,382 = \{1 + 0.06)5 - 1\} \times 10,000$

** $480 = (10,000 - 2,000) \times 0.06$

$$P = \left[\frac{5,382}{(1+0.12)^4} + \frac{2,480}{(1+0.12)^5} + \frac{2,360}{(1+0.12)^6} + \frac{2,240}{(1+0.12)^7} + \frac{2,120}{(1+0.12)^8} \right] \times \frac{1}{\left(1 + 0.12 \times \frac{170}{365}\right)} = 7,474 \,(원)$$

section 02 채권수익률

1 경상 수익률(Current Yield)

CY = 연이자 지급액(Annual Payment Coupon Interest)/채권의 시장 가격

경상 수익률(Current Yield)이란 주식의 배당수익률처럼 가격 대비 발행자로부터 직접 수령하는 이자(주식의 경우 배당)의 비율을 의미한다. 할인 채권 매입자에 대한 잠재적 이익과 할증 채권 매입자에 대한 자본손실을 고려하지 못하는 단점이 있다.

2 만기수익률(Yield-to-Maturity : YTM)

❶ 만기수익률은 채권의 내부수익률(Internal Rate of Return : IRR)을 의미하며 채권으로부터 발생하는 현금흐름의 현재가치와 그 채권의 시장 가격을 일치시켜주는 할인율을 의미

❷ 만기수익률(YTM)의 계산방법으로는 시행 착오법(trial and error), 재무계산기 사용(financial calculator), 간이법(approximation formula) 등이 있음

간이법 : $YTM \fallingdotseq \dfrac{C + (F-P)/n}{(F+P)/2}$

C : 연이자 지급액
F : 액면가
P : 채권 가격
n : 잔존만기

우리나라 채권 장외유통시장에서 채권의 가치를 호가하거나 채권 가격을 산출하기 위해 사용되는 할인율이 바로 이 만기수익률임

❸ 수익률의 연율화와 그 문제점 : 관행적으로 '기간 수익률×이자지급 횟수'로 계산하고, 이를 채권 등가 수익률(bond equivalent yield)이라 함. 일년에 두 번 이상 이자가 지급되는 경우에는 이는 실효 연수익률(effective annual yield)보다 더 작게 나타남

예시

반기 수익률(semi-annual yield) = 4.75%

채권 등가 수익률(bond equivalent yield) = 4.75% × 2 = 9.5%

실효 연수익률(effective annual yield) = $(1+0.0475)^2 - 1 = 0.0973 = 9.73\%$

즉, 6개월마다 이자가 지급되는 채권의 경우, 만기수익률이 9.5%라 하면 이는 실제로 6개월간 수익률이 4.75%라는 의미이어서 1년간 실효수익률은 9.73%로 만기수익률보다 높다.

❹ 일년 이표지급채권과 반년 이표지급채권의 수익률 비교

$$(1+x/2)^2 = (1+y)$$

단, x는 채권 등가 베이시스(bond equivalent basis)에 의한 반년 이표지급 채권의 수익률, y는 연 이표지급 채권의 수익률

 예시

채권 등가 베이시스에 의한 반년 이표지급 채권의 수익률이 9.15%일 때 연 이표지급 기준(annual pay basis)에 의한 만기수익률(YTM)은?

$$\left(1+\frac{0.0915}{2}\right)^2 = (1+y)$$
$$y = 0.0936 = 9.36\%$$

3 콜옵션 행사 수익률(Yield to Call : YTC)

콜옵션 행사 수익률(YTC)이란 콜옵션 행사가 가능한 첫날 call이 행사된다고 가정하고 그 날까지의 수익률을 의미한다. YTC와 YTM 등을 비교하여 낮은 수익률을 YTW(Yield To Worst)라 한다. 액면가 미만으로 거래되는 채권의 YTC는 YTM보다 항상 높다.

$$P = \frac{C}{(1+y)^1} + \frac{C}{(1+y)^2} + \cdots + \frac{C}{(1+y)^{n^*}} + \frac{CP}{(1+y)^{n^*}}$$

단, n^* : 최초 콜옵션 행사 시까지의 기간

CP : 옵션 행사 스케줄에 의한 콜옵션 행사 시 채권의 가격

$$\text{YTC 추정값} = \frac{C + (CP - P)/n *}{(CP + P)/2}$$

4   포트폴리오 수익률(Portfolio Yield)

❶ 가중 평균법(Weighted Average) : 채권 포트폴리오의 수익률을 포트폴리오에 포함된 각 채권수익률의 가중평균으로 하는 방법

$$y_p = w_1 y_1 + w_2 y_2 + \cdots + w_k y_k$$

❷ 포트폴리오 내부 수익률법(Portfolio Internal Rate of Return) : 먼저 포트폴리오를 구성하는 모든 채권의 현금흐름을 결정한 다음 그 현금흐름들의 현재가치와 포트폴리오의 시장가치를 일치시켜주는 할인율을 찾으면 이 할인율이 포트폴리오의 내부수익률이 됨

---

section 03 | 채권투자 수익

1   채권투자 수익의 원천

❶ 기간별 이자 지급액(Periodic coupon interest payments)
❷ 자본이득 또는 손실(Capital gain or loss)
❸ 기간별 이자지급액의 재투자로부터 발생하는 수입(Income from reinvestment of periodic interest payments)

> **예시**
>
> 15년 만기, 이표율 7%, 채권 가격 $769.40, 6개월 단위 이자지급 → YTM 10%인 경우 총 수익은 얼마인가?

총 이자 수입(total coupon interest)은 $\$35 \times 30 = \$1,050$

이자에 대한 이자(interest on interest)는 $\$35 \times FVIFA_{5\%,\,30} - \$1,050$

$$= \$1,275.36$$

자본 이득(capital gain)은 $\$1,000 - \$769.40 = \$230.60$

총 수익(total dollar return)은 $\$2,555.96 = \$769.40 \times (1.05)^{30} - \$769.4$

총 채권투자 수익의 절반은 지급이자의 재투자에 의해서 발생하고 있다.

2 만기수익률(YTM)과 재투자 위험(Reinvestment Risk)

❶ 만기수익률(YTM)은 채권을 만기까지 보유하고 지급된 이자가 만기수익률로 만기까지 재투자 될 때만 실현될 수 있는 약속된 수익률

❷ 만기가 길어질수록 또는 이표율이 높을수록 만기수익률을 실현하기 위해서는 더욱더 이자에 대한 이자(interest on interest)에 의존하게 되며 이는 곧 재투자 위험이 증가함을 의미

❸ 무이표채(zero-coupon bond)의 경우 만기까지 보유 시 약속된 만기수익률을 실현할 수 있으며 이는 재투자위험이 존재하지 않음을 의미

section 04 채권 가격 변동성

1 말킬(Malkiel)의 채권 가격 정리(Bond Price Theorem)

채권 가격은 채권에서 발생되는 현금흐름, 잔존기간 및 만기수익률에 의해 영향을 받는다. 이중 현금흐름은 발행시장에서 결정된 표면이자율, 원리금 지급방식에 의해 결정된다.

❶ 채권 가격은 수익률과 반대방향으로 움직임. 수익률이 오르면 채권 가격은 하락하고 수익률이 내리면 채권 가격은 상승

❷ 채권의 잔존기간이 길수록 동일한 수익률 변동에 대한 가격 변동폭은 커짐(듀레이션이 길어지므로). 수익률이 변동할 때 채권 가격 변동은 만기가 길어질수록 커짐

❸ 채권수익률 변동에 의한 채권 가격 변동은 만기가 길어질수록 증가하나 그 증감률(변동률)은 체감. 이는 투자 전략적으로 시세차익을 높이는데 만기가 너무 긴 채권의 필요성이 적어짐을 의미

❹ 만기가 일정할 때 채권수익률 하락으로 인한 가격 상승폭은 같은 폭의 채권수익률 상승으로 인한 가격 하락보다 큼(볼록성)

❺ 표면이자율이 높을수록 동일한 크기의 수익률 변동에 대한 가격 변동률은 작아짐. 수익률 변동으로 인한 가격의 변동은 표면이율이 높을수록 적어지며 이자지급주기가 짧아지는 경우에도 가격 변동률은 적어짐

이상의 채권 가격정리는 일반 채권들(할인채나 고정금리채권)에 적용되며 변동금리채권, 옵션부채권 등 특수한 채권에는 적용되지 않을 수 있다.

2 채권 가격 변동성의 특성

❶ 가격 변동성 : 채권의 수익률 변화에 따른 채권 가격의 변화($=\Delta BP/\Delta y$)가 채권의 가격변동성

❷ 가격(Price) · 수익률(Yield)의 관계 : 채권 가격과 수익률은 서로 역(inverse)의 관계를 가지며 볼록(convex)한 형태를 가짐

ㄱ. 채권 가격 변동성은 수익률의 작은 변화에 대해서 대략적으로 대칭적인 관계를 가짐

ㄴ. 채권 가격 변동성은 큰 폭의 수익률 변화에 대해서는 대칭적이지 않음

ㄷ. 큰 폭의 수익률 변화에 대해서 채권의 가격 상승폭은 채권의 가격 하락폭보다 큼

❸ 변동성에 영향을 주는 채권의 특성

ㄱ. 이표율이 낮을수록 채권의 변동성은 커짐

ㄴ. 만기가 길어질수록 채권의 변동성은 커짐

ㄷ. 만기수익률의 수준이 낮을수록 채권의 변동성은 커짐

3　채권 가격 변동성의 측정

① 베이시스 변화에 따른 채권 가격 변화(Price Value of a Basis Point : PVBP) : 1베이시스 포인트(0.01%) 수익률 변화에 따른 채권 가격의 변화가 PVBP

예시

이표율 14%, 만기 5년, 채권 가격 $115.44347, YTM 10%일 때

　　　$115.40112　for　10.01%(PVBP＝$0.04235)
　　　$115.48584　for　9.99%(PVBP＝$0.04237)

chapter 03

듀레이션과 볼록성

듀레이션(Duration)

멕컬레이(Macaulay)는 채권투자의 평균기간은 이자지급 및 원금상환의 현금흐름과 화폐의 시간적 가치를 고려하여야 한다고 주장하면서 듀레이션을 다음과 같이 정의하였다. 듀레이션은 각 시점의 현금흐름의 현가가 총현금흐름의 현가에서 차지하는 비율을 가중치로 사용하여 이를 각 현금흐름의 시간 단위에 곱하여 산출한 '현가로 산출된 가중평균 만기(A weighted average maturity, where the weights are stated in present value term)'이다.

채권의 각 현금흐름을 회수하는 데 걸리는 가중평균 기간을 Macaulay Duration이라 하며, 여기서 가중치(weight)는 각 시점에서의 현금흐름 현가를 총 현금흐름의 현가로 나눈 비율을 의미한다.

$$Macaulay\ Duration = \frac{1 \times PVCF_1 + 2 \times PVCF_2 + \cdots + n \times PVCF_n}{PVTCF}$$
$$= \left[\sum_{t=1}^{n} t \times \frac{CF_t}{(1+y)^t} \right] \times \frac{1}{P}$$

$$Macaulay\ Duration = \frac{\dfrac{1C}{1+y} + \dfrac{2C}{(1+y)^2} + \cdots + \dfrac{nC}{(1+y)^n} + \dfrac{nM}{(1+y)^n}}{P}$$

$$= \frac{\displaystyle\sum_{t=1}^{n} \dfrac{tC}{(1+y)^t} + \dfrac{nM}{(1+y)^n}}{P}$$

예시 1

▶ 듀레이션의 계산 실례 1

잔존기간이 3년, 표면이율 8%인 연단위 후급 이자지급 이표채의 만기수익률이 10%일 경우 이 채권의 멕컬레이 듀레이션은?

t	CF_t	$CF_t/(1+r)^t$	$t \times CF_t/(1+r)^t$
1	800	$727.27 = 800/(1+0.1)^1$	$727.27 = 727.27 \times 1$
2	800	$661.16 = 800/(1+0.1)^2$	$1,322.32 = 661.16 \times 2$
3	10,800	$8114.20 = 10,800/(1+0.1)^3$	$24,342.60 = 8114.20 \times 3$
합계		9,502.63	26,392.19

$$듀레이션 = \frac{26,392.19}{9502.63} = 2.78\,(년)$$

예시 2

▶ 듀레이션의 계산 실례 2

만기 5년, 표면이자율 12%, 이자는 매 3개월 후급, 수익률 12%인 회사채의 멕컬레이 듀레이션 계산은 다음과 같이 한다.

기간(t)	현금흐름	할인요소	현재가치	가중 현재가치 (현재가치×기간)
1	300	0.971	291.3	291.3
2	300	0.943	282.9	565.8
3	300	0.915	274.5	823.5
4	300	0.888	266.4	1,065.6
5	300	0.862	258.6	1,293.0
6	300	0.937	251.2	1,507.2
7	300	0.813	243.9	1,707.3
8	300	0.789	236.7	1,893.6
9	300	0.766	229.8	2,068.2
10	300	0.744	223.3	2,233.0
11	300	0.722	216.6	2,382.6
12	300	0.701	210.3	2,523.6
13	300	0.681	204.3	2,655.9
14	300	0.661	198.4	2,777.6
15	300	0.642	192.6	2,889.0
16	300	0.623	186.9	2,990.4
17	300	0.605	181.5	3,085.5
18	300	0.588	176.4	3,175.2
19	300	0.570	171.2	3,252.8
20	10,300	0.554	5,703.1	11,406.2
계			10,000	153,171.1

멕컬레이 듀레이션 $D = \dfrac{\text{가중 현재가치}}{\text{현재가치}} = \dfrac{153,171.1}{10,000} = 15.317$ 기간 즉, $15.317/4 = 3.83$년이다.

 예시 3

▶ 듀레이션의 계산 실례 3

만기 3년, 표면이자율 10%, 이자는 매 6개월 후급, 수익률 12%인 회사채의 멕컬레이 듀레이션 계산은 다음과 같이 할 수도 있다.

이표채의 채권 가격 구성과 듀레이션

현금흐름	현금흐름 잔존기간	현재가치	현재가치 가중치	가중된 잔존기간
제1회차 이표	1단위 기간	471.698	0.04961	0.04961
제2회차 이표	2단위 기간	444.998	0.04680	0.09360
제3회차 이표	3단위 기간	419.810	0.04415	0.13246
제4회차 이표	4단위 기간	396.047	0.04165	0.16661
제5회차 이표	5단위 기간	373.629	0.03930	0.19648
제6회차 이표 및 원금	6단위 기간	7,402.086	0.77849	4.67094
합계		채권 가격(P) 9,508.268	1.00000	듀레이션(D) 5.30970단위기간

멕컬레이 듀레이션은 약 5.3 기간 즉, 5.3/2＝2.65년이다. 이렇게 구하여진 멕컬레이 듀레이션은 채권 현금흐름의 무게 중심 역할을 하는 균형점이기도 하다.

▶ 무게 중심 역할을 하는 균형점으로서의 듀레이션

다음 그림에서 듀레이션이 무게 중심이라는 말은 듀레이션 왼쪽의 각 현재가치에 듀레이션까지의 거리를 곱한 값들의 합과 오른쪽의 각 현재가치에 듀레이션까지의 곱한 값들의 합이 일치한다는 것을 의미한다. 이를 직접 계산을 통해 확인해보면 다음과 같다.

① 왼쪽 현재가치의 무게

$$471.698 \times (5.3097 - 1) + 444.998 \times (5.3097 - 2) + 419.810 \times (5.3097 - 3)$$
$$+ 396.047 \times (5.3097 - 4) + 373.629 \times (5.3097 - 5) = 5,110$$

② 오른쪽 현재가치의 무게

$$7,402.086 \times (6 - 5.3097) = 5,110$$

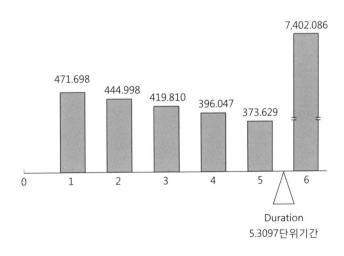

1 맥컬레이 듀레이션의 의의와 특성

ㄱ. 듀레이션은 채권의 일련의 현금흐름 잔존기간을 그 현재가치를 가중치로 사용하여 가중평균한 가중평균 잔존만기

ㄴ. 듀레이션은 최초 투자 당시의 만기수익률에 의한 투자수익을 수익률 변동 위험 없이 실현할 수 있는 투자의 가중평균 회수기간(면역 전략)

ㄷ. 듀레이션은 시점이 다른 일련의 현금흐름을 가진 채권을 현금흐름이 한 번만 발생하는 채권으로 등가 전환할 때의 그 채권의 잔존만기에 해당

ㄹ. 듀레이션은 일련의 현금흐름의 현재가치들의 무게 중심 역할을 하는 균형점

ㅁ. 무액면금리채권(zero coupon bond)의 만기는 바로 듀레이션

ㅂ. 이표채권의 경우 액면금리가 낮을수록 듀레이션은 길어짐

ㅅ. 만기가 길수록 듀레이션 역시 길어짐(deep discount bond는 예외)

ㅇ. 이자율이 i%인 영구채권의 듀레이션은 $\dfrac{1+i}{i}$

예시

이자율이 10%인 영구채권의 듀레이션은 $\dfrac{1+0.10}{0.10} = 11$년이다.

ㅈ. 이표채의 듀레이션은 항상 만기보다 짧음

    a. 수의상환사채의 call provision은 채권의 듀레이션을 감소시킴

    (∴ 수의상환권의 행사는 원금상환시간을 감소시킴)

    b. 회사채의 감채기금(sinking fund provision), 상환요구조항(put provision), 주택담보부증권(MBS)의 조기상환조항(prepayment provision)도 듀레이션을 감소시킴

1   듀레이션(Duration)과 채권 가격 변동성

$$P = \frac{C}{1+y} + \frac{C}{(1+y)^2} + \cdots + \frac{C}{(1+y)^n} + \frac{M}{(1+y)^n} \qquad (3\text{-}1)$$

$$\frac{dP}{dy} = \frac{(-1)C}{(1+y)^2} + \frac{(-2)C}{(1+y)^3} + \cdots + \frac{(-n)C}{(1+y)^{n+1}} + \frac{(-n)M}{(1+y)^{n+1}} \qquad (3\text{-}2)$$

$$\frac{dP}{dy} = -\frac{1}{1+y}\left[\frac{1C}{1+y} + \frac{2C}{(1+y)^2} + \cdots + \frac{nC}{(1+y)^n} + \frac{nM}{(1+y)^n}\right] \tag{3-3}$$

$$\frac{dP}{dy}\frac{1}{P} = -\frac{1}{1+y}\left[\frac{1C}{1+y} + \frac{2C}{(1+y)^2} + \cdots + \frac{nC}{(1+y)^n} + \frac{nM}{(1+y)^n}\right]\frac{1}{P} \tag{3-4}$$

위의 식 (3-4)에서 [   ]를 채권의 가격으로 나눈 것이 Macaulay duration이며 이를 $(1+y)$로 나눈 것을 수정 듀레이션(modified duration : MD)이라 한다. 수정 듀레이션은 만기수익률 1% 포인트 변동 시 발생하는 채권 가격 변동률을 나타낸다.

$$\frac{dP}{P} = -D\times\frac{dy}{(1+y)} = -\frac{D}{(1+y)}\times dy = -MD\times dy$$

여기서 y는 이자지급주기의 기간수익률(periodic rate)이다(YTM/m, m은 연 이자지급 횟수). 즉, 할인채나 연지급 이표채의 경우에는 만기수익률이고, 6개월지급 이표채의 경우에는 만기수익률/2가 된다.

예시 1

이표율 8%, 반년마다 이자지급(semi-annual coupon paid), 만기 15년, YTM 10%, 채권 가격 $84.63일 때

Macaulay duration(in years)=8.45, MD=8.45/(1+0.05)=8.05

수익률이 10.00%에서 10.10%로 상승했을 때(10 bp상승), 채권의 가격은 0.805% 하락하게 된다 ($= -8.05\times(0.001) = -0.00805$).

예시 2

수정 듀레이션이 5.0이고 만기수익률이 9.00%에서 9.10%으로 10베이시스 포인트가 상승할 경우 채권 가격 변동률을 계산하면 다음과 같다.

채권 가격 변동률$= -5.0\times0.001\times100 = -0.5\%$

이것은 수익률이 0.1% 상승할 경우 채권 가격은 0.5% 하락함을 의미한다. 이와 같이 수정 듀레이션을 이용하여 채권 가격 변동을 측정할 수 있는데 가격 변동 그 자체는 백분율로 나타낸다. 듀레이션이 큰 채권일수록 시장수익률 변화에 더 민감하며 수정 듀레이션은 채권 가격의 여러 가지 변화

요인들을 하나의 대표적인 숫자로 통합한다는 면에서 유용성이 크다.

 예시 3

표면이자 연 8%, 액면가 10,000원인 3년 만기채권의(1년 단위 후급이표채) 현재 채권수익률이 9%인 경우, 이 채권의 가격은 9,746.86원이며 듀레이션은 2.78년이 된다. 만약 채권수익률이 1% 하락할 경우 이 채권시장은 어떻게 변할까? (듀레이션을 이용하여 구하시오)

(풀이)
① Modified duration $= \dfrac{2.78}{(1 + 0.09/1)} = 2.55$
② 채권 가격 변동률(%) $= -2.55 \times -0.01 \times 100 = 2.55\%$
　　즉, 이 채권은 수익률 1% 포인트 하락(⇒유통수익률 8%)으로 2.55%만큼의 가격 상승 효과를 얻게 된다.
③ 채권 가격 상승분 $= 9,746.86(원) \times 2.55 \div 100 = 248.54(원)$

2　달러 듀레이션(Dollar Duration : DD)

$$\frac{dP}{P} = -MD \times dy \rightarrow dP = -MD \times P \times dy = -DD \times dy$$

 예시

수정 듀레이션이 8.05이고 채권 가격이 84.63달러이면 달러 듀레이션(DD; 금액 듀레이션) $= 8.05 \times 84.63 = 681.27$

이때 수익률 0.1%포인트(10bps) 상승하면 $-681.27 \times 0.001 = -0.6813$

따라서, 채권 가격은 $83.95(= 84.63 - 0.6813)$로 낮아진다.

1 bp 변화의 달러 듀레이션(dollar duration) $= -MD \times P \times (0.0001)$

1 bp 변화의 달러 듀레이션은 PVBP(price value of basis point)와 같다.

수익률 곡선의 접선(tangent line)은 수익률 $y*$ 점에서의 달러 듀레이션(DD)을 의미한다.

3   듀레이션의 결정요인

듀레이션은 현금흐름의 시기, 발생금액 비율 및 시간가치를 고려하고 있는 개념으로서 만기, 채권수익률 및 표면이자율의 크기에 의해 종합적으로 결정되므로 다음 식으로 표시될 수 있다.

듀레이션 $= f($표면이자율, 만기, 채권수익률$)$

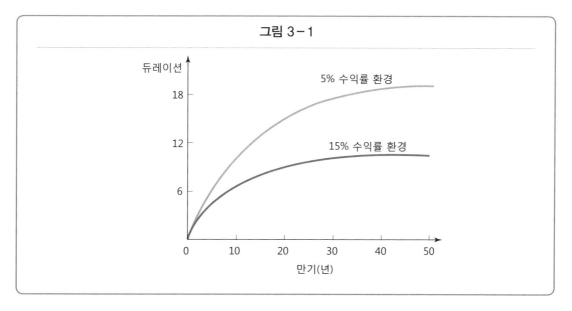

그림 3-1

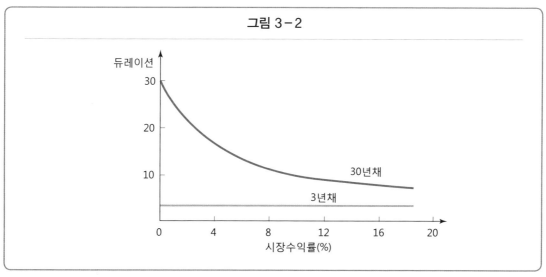

그림 3-2

(1) 만기와 듀레이션

만기가 길면 듀레이션도 증가한다. 이러한 영향은 저수익률 수준, 저쿠폰 채권에서 두드러진다.

(2) 수익률과 듀레이션

듀레이션과 시장수익률은 역의 관계를 가진다. 즉 수익률 수준이 높을수록 듀레이션은 작아지며 그에 따른 채권수익률 변화에 따른 가격 변동성은 작아진다. 이는 수익률의 수준이 높아지면 먼 미래에 발생하는 현금유입 가치가 상대적으로 가까운 미래에 발생하는 현금유입의 현재가치보다 그 비중이 작아지기 때문이다. 이와 반대로 낮은 수익률은 듀레이션을 높게 한다. 특히 이러한 현상은 장기채와 저쿠폰 채권에서 두드러진다.

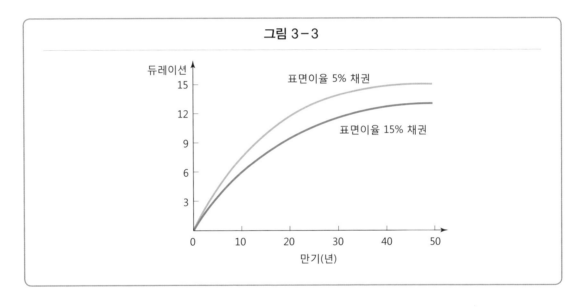

그림 3-3

(3) 표면이자율과 듀레이션

듀레이션은 채권의 표면이자율과 역의 관계가 있다. 이는 높은 표면이자율의 채권은 상대적으로 듀레이션의 계산 시 비중이 적게 반영되는 초기 현금유입이 많기 때문이다.

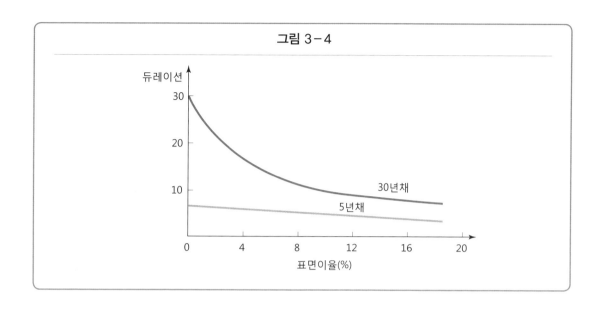

그림 3-4

듀레이션

30

20

10

30년채

5년채

0   4   8   12   16   20

표면이율(%)

4 듀레이션의 용도

듀레이션은 위험 측정, Hedge Ratio 산정 등에 유용하게 이용된다.

(1) 위험 측정(Risk Measure)

Macaulay Duration은 포트폴리오 자산의 듀레이션과 부채 듀레이션을 일치시키는 면역화 전략(Immunization)을 이용한 포트폴리오를 구성하는데 사용된다. 반면 채권의 가격 변동성을 쉽게 파악하여 위험을 측정할 수 있도록 하기 위해 앞에서 설명한 바와 같이 수정 듀레이션을 사용한다.

(2) 가법성(Additivity)

듀레이션의 유용한 점은 가법성에 있다. 즉 채권 포트폴리오의 듀레이션은 구성되어 있는 각 채권 듀레이션의 가중평균치로 간단하게 구할 수 있는 것이다. 가중치는 포트폴리오 내의 채권들의 현재 가격 가치를 반영한 보유 비중을 이용한다.

$$\text{포트폴리오의 (수정)듀레이션}(D_p) = \sum_{t=1}^{N}(D_i \times w_i)$$

D_i : i번째 채권의 (수정)듀레이션

w_i : 채권 포트폴리오에서 i번째 채권의 시장가치 비중

N : 채권 포트폴리오에서 구성하는 채권의 수

(3) 헤지비율의 계산

듀레이션은 채권의 상대적 수익률 민감도를 측정하는 척도이므로 헤지에 이용될 수 있다. 헤지는 채권을 현물 시장에서 매수하고 선물을 매도하거나 다른 채권을 공매도 함으로써 가능하다.

만일 시장 가격이 100억 원이고 듀레이션이 5인 채권을, 듀레이션이 10인 선물을 매도 (short)하여 헤지하고자 한다면, 액면 1억 원의 선물 50 계약을 매도하면 된다.

$$매도계약수 = \frac{5 \times 100}{10 \times 1} = \frac{500}{10} = 50$$

가법성을 감안하여 헤지된 포지션의 듀레이션을 다시 구해보면,

$$헤지된\ 포트폴리오의\ 듀레이션 = \frac{(5 \times 100) - (10 \times 50)}{100} = 0이\ 된다.$$

선물을 매도하는 대신 다른 채권을 공매하였다면 분모는 $(100-50)$이 될 것이다. 다만 이러한 방법은 헤지하고자 하는 대상 채권의 수익률과 헤지에 이용되는 채권 수익률 곡선이 평행 이동한다는 가정을 해야 하는 단점이 있다.

---

5 듀레이션의 한계

수정 듀레이션은 다음과 같은 가정에 바탕을 두고 있어 한계를 지니고 있다.

❶ 수익률의 작은 변화에 한정 : 듀레이션에 의한 가격 변동은 가격/수익률 곡선에 대한 접선에서 추정되는 것이므로 수익률이 작게 변동하였을 때만 실제 가격에 근사한 값을 지님

❷ 수익률의 평행이동 : 장기채와 단기채의 수익률이 동일하게 형성되며 수익률이 변동할 때 장단기채의 구분없이 같은 폭으로 변동한다는 가정. 실제로는 단기채의 수익률이 장기채의 수익률보다 더 많이 변동하는 것이 일반적이므로 수평적 수익률 변동은 극히 예외적인 경우

볼록성(Convexity)

수익률 변화가 작은 경우 수정 듀레이션은 채권 가격 변동 위험을 거의 정확하게 나타내지만 수익률 변화폭이 증가할수록 가격-수익률 곡선은 수정 듀레이션을 표시하는 직선(tangent)에서 멀리 떨어지게 되어 수정 듀레이션으로 가격 변동 위험을 설명하기에는 부족하다. 옵션이 없는 채권의 가격-수익률 곡선은 원점에 대해 볼록하며 듀레이션에 의해 설명될 수 없는 가격 변동을 볼록성에 의한 가격이라 한다.

일반적으로 듀레이션이 긴 채권일수록 더 볼록하며, Convexity를 추가하면 시장 상황에 관계없이 채권 가격 변동성 측정 능력이 보강된다. 즉 볼록성은 수익률이 상승하는 경우에는 듀레이션에 의해 측정한 가격의 하락폭을 축소시키고 수익률이 하락하는 때에는 듀레이션에 근거하여 추정한 가격의 상승폭을 확대해 준다.

동일한 폭의 수익률 등락에 따른 볼록성 효과는 완전히 일치(대칭)하지 않지만 수익률 변화폭이 크거나 듀레이션이 길수록 볼록성이 채권 가격 변동에 미치는 영향은 커지게 된다. 따라서 듀레이션이 긴 할인채의 가격 변동은 대부분 볼록성에 의해 설명할 수 있다. 결국 수익률 변화 시 듀레이션에 근거해서 추정한 가격 변동률은 볼록성에 의한 가격 변동률로 수정함으로써 실제 가격 변동률을 정확하게 산출할 수 있다.

다시 말하면 듀레이션에 의해서 측정되지 못한 가격 변동률은 볼록성에 의해 오차를 줄임으로써 정확하게 측정할 수 있다. 앞에서 살펴본 듀레이션과 볼록성 개념은 개별 채권이나 채권 포트폴리오의 즉각적인 가격 변동 위험을 측정하는 방법이다.

1 듀레이션과 채권 가격의 볼록성

듀레이션을 활용하여 변동된 채권 가격을 추정할 수 있다. 듀레이션을 통해 추정된 채권 가격 변동은 실제의 채권 가격 변동을 정확히 반영할 수 있는가? 채권 가격 변동의 실제값과 추정값을 살펴보면 약간의 오차가 있음을 발견할 수 있다. 그리고 수익률이 5% 수준에 있을 때의 추정 오차가 15%였을 때의 추정 오차보다 더욱 크다는 것도 알 수 있다.

이러한 추정 오차의 원인은 추정에 사용된 듀레이션의 특성에서 기인한다. 채권 가격 변동성의 지표로서의 듀레이션은 채권 가격식의 수익률에 대한 미분과정으로부터 유도되었다. 어떤 함수관계를 갖는 두 변수 사이에 제1차 미분은 두 변수가 그리는 곡선에 접하도록 직선을 그었을 때 그 직선, 즉 접선의 기울기를 의미한다. 따라서 힉스 듀레이션은 우하향하면서 볼록하게 휘어진 채권 가격 곡선의 접선의 기울기이다. 이로부터 추정된 채권 가격은 원래 볼록한 곡선인 채권 가격 곡선을 힉스 듀레이션을 기울기로 하는 직선을 따라 추정된 값이다.

그림의 (r_0, P_0)점에서 채권 가격 곡선에 접하는 접선의 기울기는 수익률 r_0에서의 이 채권의 힉스 듀레이션 값이다. 이 접선은 실제의 채권 가격 곡선을 직선으로 근사시킨 것으로써 빗금친 영역은 채권 가격의 볼록성에 따른 오차 영역이다. 만약 수익률 수준이 Δr만큼 변동할 때 힉스 듀레이션을 활용하여 추정한 변동 후의 채권 가격은 b점 또는 d점이 된다. 이 점들은

표 3-1 듀레이션을 통한 가격 변동 추정과 실제 가격 변동의 비교

기준 수익률 5%, 기준 가격 7,835.26				기준 수익률 15%, 기준 가격 4,971.77			
수익률 변동폭	실제 가격 변동	듀레이션 추정 변동	추정오차	수익률 변동폭	실제 가격 변동	듀레이션 추정 변동	추정 오차
0.01%P	−3.73	−3.73	0	0.01%P	−2.16	−2.16	0
0.1%P	−37.20	−37.31	0.11	0.1%P	−21.56	−21.62	0.06
1.0%P	−362.68	−373.11	10.43	1.0%P	−210.64	−216.16	5.52

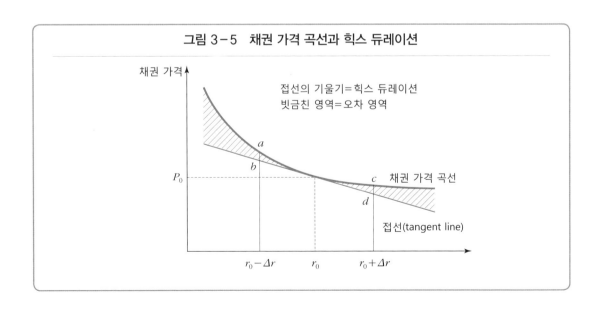

그림 3-5 채권 가격 곡선과 힉스 듀레이션

실제 채권 가격인 a점, c점과 $(a-b)$ 또는 $(c-d)$만큼의 추정 오차를 지니게 된다. 이 추정 오차는 수익률 변동폭을 크게 할수록 커지며 수익률 수준이 낮은 구간일수록 크게 나타나고 수익률 수준이 높을수록 줄어드는 성질을 갖는다. 이는 수익률이 높은 수준에서는 힉스 듀레이션이 낮아지므로 채권 가격 곡선이 매우 평평해지기 때문이다. 이러한 추정 오차의 문제는 채권 가격 변동성의 지표로서의 힉스 듀레이션이 지니는 한계를 알려주고 있다.

힉스 듀레이션이 지니는 한계로는 첫째, 힉스 듀레이션은 동일 시점에서의 수익률 변동에 따른 채권 가격 변동성을 알려주는 지표이다. 수익률 변동은 시점을 달리하면서 시간에 걸쳐서도 일어난다. 오늘의 수익률이 한 달이 지난 후에도 똑같을 수는 없다. 그런데 힉스 듀레이션은 두 시점에 걸쳐서 일어나는 수익률 변동과 채권 가격 변동을 측정할 수 있는 지표는 되지 못한다. 왜냐하면 한 채권을 서로 다른 시점에서 평가할 경우에는 채권 가격 곡선 자체도 이미 변해있을 뿐만 아니라 듀레이션도 당연히 변화하기 때문이다. 힉스 듀레이션은 단지 동일 시점의 채권 가격 변동을 측정하는 정태적 분석지표일 뿐이다.

둘째, 힉스 듀레이션을 통한 채권 가격 변동성 측정은 수익률의 미세한 변화에 대해서만 유용하다. 이는 힉스 듀레이션을 유도한 미분의 원리가 지니는 본질적인 한계이다. 수익률 변동폭을 크게 할 경우에는 채권 가격의 볼록성으로 인한 추정 오차가 크게 나타나기 때문에 유용한 지표가 되지 못한다. 힉스 듀레이션을 통해 산출되는 변동 후의 채권 가격은 항상 실제의 채권 가격보다 낮게 추정된다. 만약 시장수익률의 상승·하락폭이 크게 나타나는 시장환경이라면 힉스 듀레이션은 수익률 변동폭이 약 0.1%P 이내에서는 정확한 지표 역할을 하는 것으로 검증되고 있다.

셋째, 채권 포트폴리오의 가격 변동성을 힉스 듀레이션을 통하여 측정하는 경우 각각 다른 수준에 놓여 있는 수익률들이 동일한 변동폭만큼 동시에 움직인다는 것을 전제하고 있다. 그러나 종목별로 다양하게 형성된 수익률들이 수익률 변동요인도 서로 다른 상황에서 모두 동일한 폭만큼 동시에 평행이동한다고 볼 수는 없다. 예를 들어 전혀 변동하지 않는 채권도 있을 것이고 단기채의 경우에는 다른 채권들보다 더욱 큰 폭으로 움직일 가능성도 있다. 힉스 듀레이션은 수익률들의 비평행적 변동을 적절히 반영할 수 없다. 이러한 힉스 듀레이션의 한계들 중에서 수익률 변동폭이 클 경우에 나타나는 추정 오차의 문제는 채권 가격의 볼록성을 적절히 반영해 주면 다소 보완될 수 있다. 지금까지 힉스 듀레이션만을 고려하여 채권 가격 곡선을 직선으로 근사시키는 대신에 한 걸음 더 나아가 채권 가격의 볼록성을 반영하는 새로운 지표를 도입하여 직선보다 좀 더 부드러운 곡선으로 근사시킨다면 추정 오차를 줄일 수 있는 것이다. 이러한 이유로 새로이 도입된 개념이 볼록성(convexity)의 개념이다.

볼록성은 듀레이션값의 변동성을 설명하는 제2차적 지표이다. 채권수익률이 변동하면 채권 가격과 듀레이션이 모두 변하게 된다. 그렇지만 지금까지의 듀레이션을 통한 가격 변동 측정은 처음에 한번 형성된 듀레이션만을 활용하였다.

예를 들어 수익률이 연 10%에서 연 12%로 큰 폭으로 변동한 경우라면 수익률 10%에서 측정된 듀레이션만으로 가격 변동을 측정하였다. 보다 정확한 측정을 하기 위하여 수익률의 변동 구간인 10%와 12% 사이를 잘게 쪼개어 수익률 변동폭을 0.01% P라고 가정하고, 10%, 10.01%, 10.02%일 때의 듀레이션 변동까지 고려하여 반복적으로 적용한다면 보다 정확한 가격 변동을 구할 수 있다.

그러나 이 과정은 너무 번거롭기 때문에 듀레이션 변동을 측정하는 또 하나의 개념인 볼록성을 활용하는 것이 보다 편리하다. 볼록성 개념까지 고려한 보다 정확한 가격 변동은 테일러 정리를 이용한 채권 가격식의 다음과 같은 전개에 의하여 정리될 수 있다.

$$\text{채권 가격 변동률}: \frac{\Delta P}{P} = -D_H \cdot \Delta r + \frac{1}{2} C \cdot (\Delta r)^2$$

이것은 채권 가격식의 제2차 미분까지를 고려하여 채권 가격 곡선을 2차 곡선으로 근사시킨 것으로서 볼록성은 제2차 미분값에서 유도된다.

채권 가격식을 두 번 미분하면 그 값은 항상+값을 가지게 되는데 이것이 채권 가격을 볼록하게 하는 원인이다.

힉스 듀레이션과 볼록성 두 가지 개념을 모두 적용하여 채권 가격 변동을 추정하게 되면 수익률 변동폭이 클 경우 나타난 추정 오차를 어느 정도 제거하게 된다.

2 볼록성의 계산

❶ 테일러 공식(Taylor expansion)

테일러는 $f(x)$가 현재 채권의 가격 함수일 때 일정한 수익률 변동($dr=X$)에 대한 채권 가격 예측을 위한 다항식을 다음과 같이 제시

$$P_n(x) = f(0) + \frac{f'(0)}{1!}X + \frac{f''(0)}{2!}X^2 + \cdots + \frac{f^n(0)}{n!}X^n$$

결과 수치가 매우 작아
일반적으로 작은 오차로
나타낼 수 있음

단, $Pn(x)$: 수익률 변동($dr=X$)시 새로운 채권의 가격

$f(0)$: 수익률 변동이 없는($dr=X=0$) 채권의 가격 함수

즉 채권투자 시 본래의 $B_0 = \displaystyle\sum_{t=1}^{n} \frac{CF_t}{(1+R)^t}$

$f'(0)$: 채권 가격 함수($dr=X$)에 대해 1차 미분한 것

테일러 공식을 근간으로 dr 변동시 예상 채권 가격 P'는

$$P' = P + \frac{1}{1!}\frac{dp}{dr}(dr) + \frac{1}{2!}\frac{d^2p}{dr^2}(dr)^2 + error$$

$$dp(= p' - p) = \frac{dp}{dr}(dr) + \frac{1}{2}\frac{d^2p}{dr^2}(dr)^2 + error$$

양변을 p로 나누면

수정 듀레이션에 의한   볼록성에 의한
채권 가격 변동률   채권 가격 변동률

$$\frac{dp}{p} = \frac{dp}{dr} \cdot \frac{1}{p}(dr) + \frac{1}{2} \cdot \frac{d^2p}{dr^2} \cdot \frac{1}{p}(dr)^2$$

그런데 convexity에서 $\dfrac{d^2p}{dr^2}$를 수학적으로 나타내면 다음과 같음

$$P = \sum_{t=1}^{n} \frac{CF_t}{(1+r)^t}$$

$$\frac{dp}{dr} = \sum_{t=1}^{n} -t \cdot CF_t(1+r)^{-(t+1)}$$

$$\frac{d^2p}{dr^2} = \sum_{t=1}^{n} t(t+1)CF_t(1+r)^{-(t+2)} = \sum_{t=1}^{n} \frac{t(t+1)CF_t}{(1+r)^{t+2}}$$

$$= \sum_{t=1}^{n} \frac{t(t+1)CF_t}{(1+r)^t} \cdot \frac{1}{(1+r)^2}$$

한편 연간이자를 m회 지급하고 단위기간 수익률이 r일 때의 볼록성은 다음과 같음

$$convexity = \sum_{t=1}^{n} \frac{t(t+1)CF_t}{(1+r)^t} \cdot \frac{1}{p} \cdot \frac{1}{(1+r)^2} \cdot \frac{1}{m^2}$$

 예시 1

▶ 볼록성 계산의 실례

잔존기간이 3년, 표면이율 8%인 연단위 후급 이자지급 이표채의 만기수익률이 10%일 때 가격은 9,502.63원이다. 이 채권의 볼록성은?

t	CF_t	$t(t+1)CF_t$	$t(t+1) \times CF_t / (1+r)^{t+2}$
1	800	$1,600 = 1 \cdot 2 \cdot 800$	$1,202.10 = 1,600/(1+0.1)^{(1+2)}$
2	800	$4,800 = 2 \cdot 3 \cdot 800$	$3,278.46 = 4,800/(1+0.1)^{(2+2)}$
3	10,800	$129,600 = 3 \cdot 4 \cdot 10,800$	$80,471.40 = 129,600/(1+0.1)^{(3+2)}$
합계			84,951.96

$$Convexity = \frac{84,951.96}{9,502.03} = 8.94$$

 예시 2

8.94의 볼록성을 지닌 채권의 만기수익률이 10%에서 9%로 1%포인트 하락할 때 볼록성에 기인한 가격 변동폭과 가격 변동률은?

(풀이)

$$\Delta P = \frac{1}{2} \times 9,502.63(원) \times 8.94 \times (0.01)^2 \simeq 4(원)$$

$$\frac{\Delta P}{P} = \frac{1}{2} \times 8.94 \times (0.01)^2 = 0.000447, \text{ 약 } 0.045\%$$

 예시 3

▶ Macaulay 듀레이션과 볼록성을 이용한 채권 가격 변동 예측

① 회사채

만기 : 5년, 듀레이션 : 3.83, 이자지급 : 3개월 후급, 표면이자율 : 12%, 수익률 12%, 채권 가격 : ₩10,000인 회사채가 있다.

수익률이 2%p 하락할 때 채권의 가격 변동률은?

$$\frac{dp}{p} \approx \frac{dp}{dr} \cdot \frac{1}{p}(dr) + \frac{1}{2} \cdot \frac{d^2p}{dr^2} \cdot \frac{1}{p}(dr)^2$$

단, $\dfrac{d^2p}{dr^2} = \displaystyle\sum_{t=1}^{n} t(t+1)\frac{CF_t}{(1+r)^{t+2}} = 2,750,993$

$$\frac{dp}{p} \approx -Dm \cdot (dr) + \frac{1}{2} convexity \cdot (dr)^2$$

$$\approx -\left(\frac{3.83}{1+0.12/4}\right)\cdot(-2\%) + \frac{1}{2} \times 2,750,993 \times \frac{1}{10,000} \times \frac{1}{4^2} \times (-2\%)^2$$

$$\approx 7.78\%$$

즉, 수익률이 2%p 하락할 때 회사채의 가격은 7.78% 상승한다.

❷ 무이표채(zero-coupon bond)의 볼록성

$$\frac{n(n+1)}{(1+y)^2}$$

❸ 기간(period)에서 연(years)단위로의 볼록성 변환

$$\frac{Convexity}{k^2}$$

단, k=1년 동안의 이자지급 횟수

3   볼록성의 가치

볼록성은 투자자들에게 가치가 있는데 이는 일정한 수익률 변화에 따른 채권 가격 상승폭이 가격 하락폭보다 크기 때문이다. 따라서 볼록성이 큰 채권이 선호되는데 이러한 채권이 상대적으로 볼록성이 작은 채권에 비해서 수익률이 하락할 때 더 큰 가격 상승을 가져오고 수익률이 상승했을 때 더 작은 가격 하락을 제공하기 때문이다.

시장은 볼록성을 고려하여 채권 가격을 결정한다. 따라서 투자자들은 높은 볼록성을 제공하는 채권에 대해서 높은 가격(또는 낮은 수익률)을 지불하도록 요구된다.

투자자들은 볼록성에 대해 얼마만큼 지불하도록 시장에 의해 요구되는가? 만약 투자자들이 앞으로 수익률이 조금 변할 것으로 예상한다면 그들은 볼록성에 대해 많은 비용을 지불하려 하지 않을 것이다. 반대로, 큰 이자율의 변동이 예상된다면 높은 볼록성을 가진 채권은 높

은 가격(낮은 수익률)에 팔릴 것이다. 수익률이 하락할수록 채권의 볼록성은 증가한다. 또한 일정한 수익률과 만기에서는 표면이율이 낮을수록 채권의 볼록성은 커진다. 채권의 볼록성은 듀레이션이 증가함에 따라 가속도로 증가한다.

❶ 볼록성의 특성

　　ㄱ. 동일한 듀레이션에서 볼록성이 큰 채권은 작은 채권보다 수익률의 상승이나 하락에 관계없이 항상 높은 가격을 지님

　　ㄴ. 수익률이 하락할수록 채권의 볼록성은 증가

　　ㄷ. 일정한 수익률과 만기에서 표면이자율이 낮을수록 채권의 볼록성은 커짐

　　ㄹ. 채권의 볼록성은 듀레이션이 증가함에 따라 가속도로 증가

　　ㅁ. 볼록성은 채권의 달러 듀레이션(DD) 변화율을 측정

　　ㅂ. 달러 듀레이션(DD)의 변화는 볼록성이 커질수록 증가

　　ㅅ. 듀레이션이 동일해도 채권 현금흐름의 분산도가 클수록 볼록성이 더 높음

❷ Convexity vs Price : 만일 채권 B Convexity가 채권 A Convexity보다 크고, 두 채권의 듀레이션은 같다면, 수익률 움직임의 방향과 관계없이 B채권의 가격이 항상 A채권보다 크다. 따라서 B채권은 더 낮은 유통수익률을 보이게 됨

　　또 수익률 변동성이 향후 더 커진다고 예상되면 B채권의 수익률은 더욱 낮게 형성될

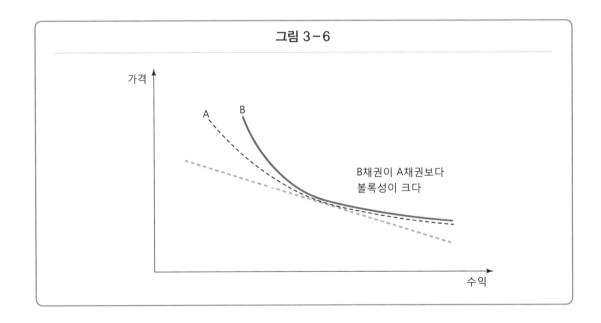

그림 3-6

가능성이 많음. 반대로 변동성이 작아진다고 예상된다면 낮은 수익률이 형성된 B채권을 팔고 A채권으로 교체(Sell Convexity)

실효 듀레이션과 실효 볼록성

1   실효 듀레이션

일반채권에 대한 듀레이션(혹은 수정 듀레이션)을 산출하는 이유는 궁극적으로 (작은)수익률 변화에 대한 가격 민감도를 추정하기 위한 것이다. 그런데 기존의 듀레이션 산출개념은 현금흐름이 확정되어 수익률과 채권 가격의 관계가 원점에 대해 볼록한 완만한 곡선의 형태를 지닌 경우를 전제로 한 것이다.

따라서 옵션부채권 등과 같이 채권의 현금흐름이 변화하여 수익률과 채권 가격 간의 관계가 일반채권과 같지 않을 경우에는 원래의 듀레이션 선정방식을 이용한 채권 가격의 변화에 대한 추정값은 대상으로 하는 실제 채권 가격의 변화와 큰 차이를 나타낼 수도 있다.

이 경우 채권 가격과 수익률의 관계가 일반채권과 동일하지 않다고 하더라도 (작은)수익률 변동에 대한 채권 가격의 민감도를 추정하기 위해서는 실제(작은) 수익률 변동에 대한 실제 채권 가격의 변화를 이용할 수 있다.

이와 같은 개념에 의해 추정되는 수익률 변화에 대한 대상 채권의 가격 민감도를 나타낸 것을 실효 듀레이션이라고 한다. 이는 다음과 같은 과정을 통해 산출된다.

❶ 먼저 기준 수익률을 정한 후 이 수익률에 따른 가격을 산출. 이 가격을 P_0라고 함
❷ 이 기준 수익률에 작은 수준의 수익률(Δr)을 뺀 후 이 수익률에 따른 가격을 산출. 이 가격은 P_-라고 함
❸ 기준 수익률에서 같은 크기의 수익률(Δr)을 더한 후 이 수익률에 의한 가격을 산정. 이 때의 가격은 P_+라고 표시

❹ 다음의 식에 의하여 수익률 변화에 대한 가격 변화를 추정

$$\text{실효 듀레이션}(\textit{Effective Duration}) = \frac{P_- - P_+}{2 \cdot (P_0)(\varDelta r)}$$

> ! **예시**

표면이율 8%, 잔존기간 3년인 연단위 이표채가 수익률 10%에서의 단가는 $9,502.63(P_0)$이다. 이 경우 10bps($\varDelta r$)의 수익률 변화를 염두에 두고 실효수익률을 산출하면 다음과 같이 계산된다.

먼저 수익률 9.9%에서의 단가는 9,526.66원(P_-)이고 10.1%에서의 단가는 9,478.68원(P_+)이므로

$$\text{실효 듀레이션} = \frac{9,526.66 - 9,478.68}{2 \times 9,502.63 \times 0.001} = 2.5246$$

그런데 이 채권에 대한 수정 듀레이션을 기존의 방식으로 보다 엄밀히 산출하면

$2.5249 \left(= \dfrac{\frac{26,392.19}{9,502.63}}{(1 + 0.1)} \right)$ 이므로 옵션이 없는 채권의 경우에는 실효 듀레이션과 수정 듀레이션과의 차이가 크지 않음을 알 수 있다.

> **2** **실효 볼록성**

일반 채권에 있어 (수정)듀레이션에 의한 가격 변동 추정에 오차가 존재함으로써 볼록성이 개념이 도입된 것과 마찬가지로 실효 듀레이션의 경우도 실효 볼록성의 개념이 필요하다. 실효 볼록성은 다음과 같은 산식에 의해 계산된다.

$$\text{실효 볼록성} = \frac{P_- + P_+ - 2 \cdot P_0}{(P_0)(\varDelta r)^2}$$

앞의 예시에서 채권의 실효 볼록성은 다음과 같다.

$$\text{실효 볼록성} = \frac{9,526.66 + 9,478.68 - 2 \cdot 9,502.63}{9,502.63 \times (0.001)^2} = 8.42$$

이 채권에 대해 일반적인 방식에 의한 채권 볼록성 산정 결과는 8.94이므로 실효 볼록성과 큰 차이가 나지 않음을 볼 수 있다.

chapter 04

금리체계

수익률 곡선 및 선도 이자율

채권의 수익률은 채권의 가격결정에서 설명한 것과 같이 시장이자율, 만기, 표면이자율, 채무불이행의 위험, 세금 등 여러 가지 요인에 의해 달라진다. 이와 같은 채권수익률의 결정요인 중에서 다른 조건이 모두 같고 만기까지의 기간만 다를 경우 만기까지의 기간과 채권수익률과의 관계를 채권수익률의 기간구조 또는 이자율의 기간구조라 부른다. 그리고 채권수익률의 기간구조는 흔히 수익률 곡선으로 표시한다.

1 수익률 곡선(Yield Curve)

수익률 곡선은 위험과 세금 등 모든 다른 조건이 동일하고 만기만이 다른 채권들에 대해 일정 시점에 있어서의 수익률을 보여주는 것이다. 다시 말하면 수익률 곡선이란 만기까지 기간의 차이에 따라 달라지는 채권수익률의 변동 상황을 나타낸 것이다.

수익률 곡선의 형태(Shape of Yield Curve)로는 우상향(upward sloping) 또는 정상형(normal) 수익률 곡선과 우하향(downward sloping) 또는 비정상형(inverted) 수익률 곡선, 낙타형(humped) 수익률

곡선, 수평형(flat) 수익률 곡선 등이 있다.

수익률 곡선은 만기수익률과 잔존만기의 좌표 상에서 구성되며 특정 시점에 동일한 신용도의 채권수익률을 대상으로 하여 잔존 만기별 차이만 가지고 구성된다.

수익률 곡선은 Par Yield Bond로 구성하는 것이 일반적이다. 즉 채권의 발행금리와 그 채권의 수익률(YTM)이 가장 근접한 이표채권을 이용하게 된다. 그러나 이러한 방법은 off-the-run issue(발행 후 일정기간이 경과하여 거래가 빈번하지 않은 채권, 이와는 달리 최근 발행되어 빈번하게 거래되는 채권은 on-the-run issue)와 관련된 정보를 제대로 반영하지 못하므로 수익률 곡선을 조정해줄 필요가 생긴다. 이를 조정해 주는 방법으로 Spot Yield Curve(만기상환금액 이외에는 만기까지 별도의 현금흐름이 발생하지 않은 채권의 만기기간과 수익률간의 관계를 나타냄)를 사용하거나 만기 대신에 듀레이션을 이용하여 그래프를 그리면 표면 금리가 다른 다양한 채권 정보를 반영할 수 있다.

❶ 수익률 곡선의 유형과 의미

ㄱ. 우상향형 형태 : 현실적으로 자주 관찰되는 일반적인 수익률의 형태로 장기금리가 높고 단기금리가 낮음. 이러한 수익률 곡선은 순수 기대가설 측면에서 볼 때 통화정책이 상대적으로 완화 상태에 있음을 나타내는 것이며 금융완화에 따른 향후 높은 인플레이션의 기대로 상대적으로 장기금리가 불안한 경우. 또한 경기상승이 시작되는 회복기에 시장참여자들이 향후 수익률 상승을 예상하여 장기채보다 단기채를 선호하는 경우에도 형성되는 형태

한편 유동성 선호 가설 측면에서 우상향형 형태의 수익률 곡선은 유동성을 중요시 할 경우 나타나는 정상적인 모양이며 금리 안정기에 주로 나타나고 만기가 긴 장기채권일수록 가격 변동이 크고 불확실성이 높기 때문에 이에 대한 위험 프리미엄이 커져서 상대적으로 장기금리가 높다고 봄

ㄴ. 우하향형 형태 : 우하향형 형태의 수익률 곡선은 단기금리 수준이 장기금리 수준을 상회하는 형태. 순수 기대가설 측면에서 볼 때 이러한 형태의 수익률 곡선은 통화정책이 긴축적임을 반영하는 것이며 통화긴축에 따른 장래의 물가안정 기대로 장기금리가 상대적으로 안정적인 경우에 나타남

또한 향후 금리가 하락할 것으로 기대되거나 경기활황기의 금리 수준이 상당히 높은 수준에 있을 때 나타나는 형태로 일반적으로 경기상승의 정점 근방에서 볼 수 있음. 한편 편중 기대 이론 측면에서는 향후 예상되는 수익률의 하락폭이 유동성 프리미엄을 초과함으로서 단기채권보다 장기채권 투자수익이 높다고 예상되는 경

우에 해당되는 형태

ㄷ. 수평형 곡선 형태 : 장·단기 채권의 유동성 프리미엄 수준과 수익률 하락 예상폭이 동일하여 단기금리와 장기금리가 거의 같은 수준이 되는 형태. 이러한 형태는 장기적으로 수익률이 불변이거나 수익률 예측이 어려운 경우에도 나타나고, 우하향에서 우상향으로 변화해가거나 우상향에서 우하향으로 변화해가는 과도기에도 나타나는 형태

ㄹ. 낙타형 수익률 곡선 : 처음에는 만기가 길어짐에 따라 수익률이 상승하다가 일정한 만기에서 정점에 이른 다음부터는 체감하는 형태. 이는 단고장저(短高長低)형 곡선의 한 변형이라고 볼 수 있으며 일반적으로 나타나는 시기도 우하향 형태와 유사. 즉, 장기적으로는 금리의 하향안정이 기대되나, 갑작스런 통화긴축으로 채권시장이 일시적으로 위축될 경우에 나타남

❷ 기간구조의 변동 : 평행 기간구조의 변동이란 단기·중기·장기의 만기수익률이 같은 방향으로 이동하는 경우를 말하며 나비형(butterfly) 기간구조변동은 단기와 장기 만기수익률은 같은 방향으로 이동하는 반면 중기 만기수익률은 이와 반대 방향으로 이동하는 경우를 말함

비틀림형 기간구조변동(twist)이란 중기의 만기수익률은 크게 움직이지 않은 상태에서 단기와 장기의 만기수익률이 서로 반대방향으로 이동하는 경우

❸ 금리 기간구조의 활용분야

ㄱ. 만기를 이용한 채권수익률 전략 : 투자자들은 채권의 특징, 표면이자의 크기 및 발행인의 특성 등을 고려하여 채권 포트폴리오를 구성하는데 이자율이 자주 변하는 환경에서는 만기가 수익률에 가장 큰 영향을 미치는 요소이므로 만기별 채권수익률 전략을 세울 수 있음

ㄴ. 선도 이자율의 기대값 평가 : 수익률을 제고하기 위해서는 선도 이자율의 정확한 예측이 선행되어야 하는데 이는 기간구조 분석을 통해 가능. 따라서 기간구조 분석을 통해서 시장의 예측 공감대에 의해 형성된 선도 이자율의 기대값을 정확히 평가할 수 있음

ㄷ. 채권의 가치평가 및 가격결정 : 금리의 기간구조를 이용하여 채권의 가치를 평가할 수 있음. 수익률 곡선은 시간에 대한 순수한 기대를 나타내기 때문에 채권의 가격을 결정하는 데는 기간이 유사한 대체상품의 수익률이 고려되어야 함. 수익률 곡선

을 분석하게 되면 대체수익률을 어느 정도 알 수 있기 때문에 채권의 가격결정에 도움이 됨

ㄹ. 만기가 다른 채권 간의 투자기회 포착 : 채권은 만기가 같으면 수익률의 직접 비교가 가능하기 때문에 기간 효과의 측정에 별 의미가 없음. 그러나 만기가 상이한 경우에는 두 채권 간의 수익률을 직접 비교하기가 어렵기 때문에 조정이 이루어져야 함. 따라서 만기가 상이한 채권 간의 수익률을 비교 가능하도록 조정하게 되면 수익률 차이를 알 수 있어 투자기회를 포착할 수 있음

❹ 수익률 기간구조(곡선)의 예시 : 금융투자협회에서는 민간채권평가회사들의 채권 시가평가 수익률을 공시. 이 수익률들은 대상채권의 거래되는 시장 만기수익률

2 STRIPS Curve/Spot Curve

수익률 곡선 혹은 수익률의 기간구조는 만기수익률, 현물수익률 그리고 선도수익률의 만기 기간과의 관계를 포괄하는 개념이다. 그런데 만기수익률에는 이표효과가 포함될 수 있고, 선도수익률은 미래의 단기수익률을 의미한다. 따라서 수익률(이자율)과 만기기간의 관계는 현물수익률로 가장 잘 표현될 수 있다. 현물수익률은 무이표채의 수익률이기 때문에 이는 스트립 수익률 곡선(Strip Yield Curve)과도 같은 개념으로 간주된다.

스트립 수익률 곡선은 미래 만기일에 원금을 일시 지급을 약속한 채권(할인채)의 수익률을 도면으로 나타낸 것이다. 미국 국채시장에서는 STRIPS(Separate Trading of Registered Interest and Principal of Securities) 프로그램에 의해 만기가 10년, 30년인 미국 국채 이자와 원금을 각각 분리시켜(coupon stripping) 개별적으로 거래할 수 있다. 이러한 스트립스 시장에서 거래되는 수익률을 만기와 함께 도면상에 표시하면 스트립 수익률 곡선을 얻게 된다.

예시

다음과 같은 가상채권의 예를 살펴보자.

채권 1 : 가격 10,000 표면이율 5%, 1년 만기 일시지급

채권 2 : 가격 10,095 표면이율 6%, 2년 만기, 1년마다 이자 지급

① 채권 1, 2의 만기수익률을 구하라.

(풀이)

채권 1의 만기수익률은 $10,000 = \dfrac{500 + 10,000}{1 + Y1}$ 이므로 $Y1 = 5\%$

채권 2의 만기수익률은 $10,095 = \dfrac{600}{1 + Y2} + \dfrac{10,600}{1 + Y2^2}$ 에 의해 $Y2 = 5.485\%$.

② 채권 1, 2를 이용하여 스트립 수익률을 구하라.

(풀이)

$10,000 = \dfrac{500 + 10,000}{1 + y1}, \quad y1 = 5\% = Y1$

여기서 스트립 수익률은 표준 수익률과 동일함을 알 수 있다.

두 번째 채권은 1년, 2년차에 걸쳐 원리금을 지급하기로 했으므로 두 가지의 스트립스를 보유한 셈이 된다. 즉 1년 후 600원을 지급하는 할인채와 2년 후 10,600원을 지급하는 할인채이다.

$10,095 = \dfrac{600}{(1 + y1)^1} + \dfrac{10,600}{(1 + y2)^2} = \dfrac{600}{1 + 0.05} + \dfrac{10,600}{(1 + y2)^2}, \quad y2 = 5.5\%$

스트립스의 구성요소를 이용하여 또 다른 합성 채권을 만들어 낼 수 있으며 만기수익률은 실제로 스트립 수익률들의 복합 평균치가 된다. 원금스트립과 이자스트립의 가격이 정상적으로 평가되었다면 이들을 매수하여 합치면 원래의 미국 국채의 가치와 동일해야 할 것이다 (STRIPS-bonds parity).

서로 다른 미래 시점에서 원리금을 지급할 것을 약속하는 이표채는 순수 할인채(스트립)의 포트폴리오로 간주되며, 이표채 가격에 내재된 스트립 수익률 곡선은 현물 수익률 곡선(Spot Rate Curve/Zero Coupon Curve)이라 불린다.

현물 이자율은 이론적으로 도출된 무이표채의 수익률이라 할 수 있다. 현물 이자율 곡선은 무이표채의 수익률(현물 이자율)과 만기 사이의 관계를 나타낸다.

채권은 일련의 무이표채권으로 간주될 수 있다. 국채의 가격은 기간별 현금흐름을 이에 상응하는 현물 이자율로 현가화한 값들의 합으로 나타난다. 만일 그렇지 않다면 매입-스트립 (purchase-and-strip)전략에 의해 차익거래 이익을 얻을 수 있게 된다.

3 Forward Curve(선도 이자율 곡선)

2년짜리 할인채권에 투자하는 방법의 대안으로 1년채를 먼저 매입하고 다시 1년 후 1년 만기 할인채를 재매입하는 방법을 생각해보자. 두 투자안이 동일한 효과를 내기 위해서는 1년 후 재투자 수익률이 얼마이어야 하는가?

앞의 예의 채권 1, 2를 이용하여 Implied Forward Rate(내재 선도 이자율)를 구해보자.

스트립(현물) 수익률은 현재 단기이자율 ($y1$)과 선물이자율의 기하평균치가 된다.

현재 1년에 대한 수익률은 스트립(현물) 수익률 곡선에 의해 주어진다($y1 = 5\%$).

이에 따라 1년 후의 잠재 선도 이자율은 다음과 같이 구한다.

$$(1+y2)^2 = (1+0.05)(1+f1)$$

앞의 사례에서 $y2$는 5.5%이므로 $f1 = 6\%$가 된다.

따라서 투자 1년 후의 1년채 만기 이자율이 6%일 것으로 확신한다면 2년 할인채를 지금 투자하는 것과 1년물을 투자한 후 1년 이후 다시 1년채에 투자하는 것은 동일한 투자효과를 가져온다. 또는 2년 할인채를 지금 투자한다면 투자자는 1년 내재 선도 이자율(6%)로 투자를 확정한 것과 마찬가지이다. 이와 같이 만기수익률과 스트립(현물) 수익률, 선도 이자율은 각기 다르다는 것을 알 수 있다.

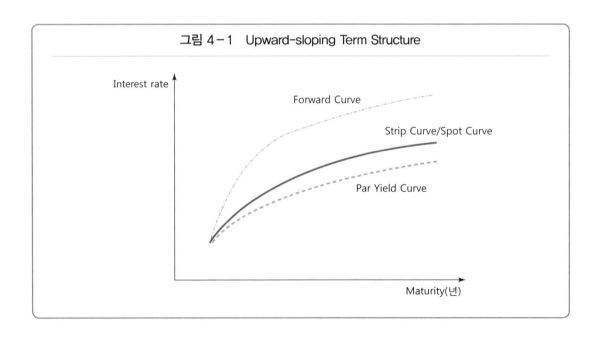

그림 4 – 1   Upward-sloping Term Structure

만기(년)	1	2
만기수익률(Y)	5.000%	5.485%
스트립(현물) 수익률(y)	5.000%	5.500%
선도 이자율(f)	6.000%	–

만기수익률은 스트립(현물) 수익률들의 복합 평균치이므로 스트립(현물) 수익률이 상승(하락)하면 만기수익률 또한 상승(하락)하지만 스트립(현물) 수익률보다는 덜 상승(하락)할 것이다. 또한 만기수익률과 스트립(현물) 수익률의 차이는 만기가 짧을수록 작으며 만기가 길어질수록 커진다.

4 선도 이자율(Forward Rates)

선도 이자율 $_nf_t$은 현재 시점 n기 후부터 t기까지의 선도 이자율을 의미한다.

$_2f_1$: 현재 시점 2년 후부터 1년 동안의 선도 이자율(t : 1년)

$_4f_1$: 현재 시점 2년 후부터 6개월 동안의 선도 이자율(t : 6개월)

차익거래 논리와 기대 이론에 근거하여 선도 이자율은 현물 이자율 곡선으로부터 유도될 수 있다.

$$(1+Z_n)^n(1+{}_nf_t)^t = (1+Z_{n+t})^{n+t}$$
$$(1+Z_2)^2(1+{}_2f_1)^1 = (1+Z_3)^3$$

단, $_2f_1$: 현재 시점 1년 후부터 6개월 선물 이자율

Z_2 : 1년 현물 이자율

Z_3 : 1.5년 현물 이자율

만일 그렇지 않다면 차익거래 기회가 존재한다.

$If\,(1+Z_2)^2(1+{}_2f_1)^1 > (1+Z_3)^3$

borrow at Z_3; then lend at Z_2 and long at $_2f_1$

$If\,(1+Z_2)^2(1+{}_2f_1)^1 < (1+Z_3)^3$

borrow at Z_2 and short at $_2f_1$; then lend at Z_3

장기 현물 이자율과 단기 내재 선도 이자율(short-term implied forward rates)의 관계는 다음과 같이 나타낼 수 있다.

$$(1+Z_T)^T = (1+Z_1)(1+{}_1f_1)(1+{}_2f_1)\cdots(1+{}_{T-1}f_1)$$

채권의 현금흐름을 현가화 즉, 채권의 가격을 결정하는 데 있어 현물 이자율을 이용하나 내재 선도 이자율을 사용하나 그 차이가 없다.

• 무이표채(zero-coupon bond)의 가격결정

$$\frac{100}{(1+Z_n)^n(1+{}_nf_t)^t} = \frac{100}{(1+Z_{n+t})^{n+t}}$$

$$\frac{100}{(1+Z_{10})^{10}} = \frac{100}{(1+Z_6)^6(1+{}_6f_4)^4}$$

5 선도(forward), 현물(spot) 그리고 만기(par) 수익률 곡선

T기간의 현물 이자율은 현물 이자율과 선도 이자율의 기하평균으로 나타낼 수 있다.

$$Z_T = [(1+Z_1)(1+{}_1f_1)(1+{}_2f_1)\cdots(1+{}_{T-1}f_1)]^{1/T} - 1$$

그리고 만기수익률은 현물 이자율의 가중평균으로 나타낼 수 있다.

❶ 이자율 상승(upward-sloping) 기간구조 : 선도(forward curve) > 현물(spot rate curve) > 만기수익률(par yield curve)

❷ 이자율 하락(downward-sloping) 기간구조 : 선도(forward curve) < 현물(spot rate curve) < 만기수익률(par yield curve)

예시

H기업(주) 회사채 만기와 만기수익률이 다음과 같을 때 기간 1의 현물 이자율(S_1), 기간 2의 현물 이자율(S_2) 그리고 기간 2에 기대되는 선도 이자율($f_{1,2}$)을 구하라. 액면 100,000원, 표면금리 12%, 그리고 연 1회 이자지급을 가정하라.

만기(년)	가격(원)	만기수익률(%)
1	103,000	8.74
2	102,000	10.83

(풀이)

만기수익률은 다음과 같이 계산된다.

$$102,000 = \frac{12,000}{(1 + 0.1083)} + \frac{112,000}{(1 + 0.1083)^2}$$

액면금리 채권이므로 다음과 같이 선도 이자율을 구한다.

$$2년\ 만기 : 102,000 = \frac{12,000}{(1 + 0.0874)} + \frac{112,000}{(1 + 0.0874)(1 + f_{1,2})}$$

$$선도\ 이자율\ f_{1,2} = 13.23\%$$

현물 이자율은 다음과 같이 계산된다.

$$102,000 = \frac{12,000}{(1 + S_1)} + \frac{112,000}{(1 + S_2)^2}$$

$$기간\ 1의\ 현물\ 이자율\ S_1 = 8.74\%$$

$$기간\ 2의\ 현물\ 이자율\ S_2 = \sqrt{(1 + 0.0874)(1 + 0.1323)} - 1 = 10.96\%$$

section 02 기간구조이론

1 불편 기대 이론(unbiased expectation hypothesis)

채권수익률의 기간구조를 설명하는 이론 중에서 가장 대표적인 이론으로 처음 피셔(Fisher)에 의해 제기되어 러츠(Lutz)에 의해 개발된 이론이다.

이 이론은 투자자들이 미래 이자율에 대하여 정확한 동질적 기대를 가지면 수익률 구조는 이에 따른 기대수익률에 의해 결정된다는 것이다. 이 경우 장기채권수익률은 그 기간 중에 성립될 것으로 예상하는 단기채권수익률(기대 현물 이자율)의 기하평균과 같아지게 된다.

만약 3년 만기의 장기채권수익률을 $R_{0,n}$이라 하고 그 기간 중에 실현될 것으로 예상되는 각 연도의 단기채권수익률은 각각 $E(r_{0,1})$, $E(r_{1,2})$, $E(r_{2,3})\cdots E(r_{n-1,n})$이라고 한다면 n년 만기의 장기채권수익률은 다음과 같이 표시된다.

$$(1+R_{0,n})^n = (1+E(r_{0,1}))(1+E(r_{1,2})\cdots\cdots(1+E(r_{n-1,n})$$

위의 식으로부터 미래기간에 대한 기대 현물 이자율은 다음과 같이 계산될 수 있다.

$$E(r_{t,1}) = \frac{(1+R_{0,t+1})^{t+1}}{(1+R_{0,t})^t} - 1$$

불편 기대 가설이 주는 중요한 의미는 수익률의 곡선 형태가 미래의 단기이자율에 대한 투자자의 기대에 의하여 결정된다는 점이다. 예컨대 만약 현재의 이자율 수준이 매우 낮아 모든 투자자들이 미래의 단기이자율이 상승하리라 예상한다면 수익률 곡선은 우상향할 것이고, 그와 반대로 현재의 이자율 수준이 높아 미래의 단기이자율 수준이 하락하리라 예상한다면 수익률 곡선은 우하향하게 될 것이다.

선도 이자율(forward interest rate)은 현재 시점에서 요구되는 미래기간에 대한 이자율로서 현재 시점의 장·단기 현물 이자율을 이용(기하평균)하여 구할 수 있다. 이를 내재 선도 이자율

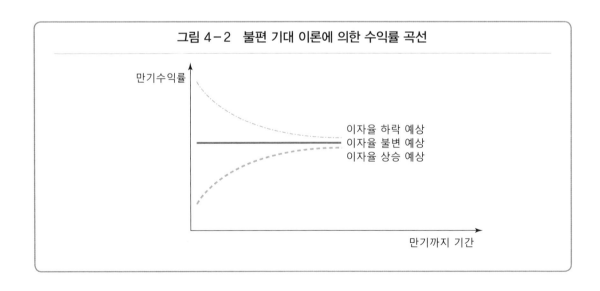

그림 4-2 불편 기대 이론에 의한 수익률 곡선

(Implicit Forward Rate)이라 하며 그 일반식은 다음과 같다.

$$(1+_{t+m}f_{n-m})^{n-m}=(1+_tR_n)^n/(1+_tR_m)^m$$

예컨대 현재 시점($t=0$)에서 만기가 2년 및 1년의 현물 수익률($_0R_2$와 $_0R_1$)을 이용하여 현재 시점에서 본 1년 후 1년 만기 선도 이자율($_1f_1$)을 구할 경우에는

$$(1+_1f_1)=(1+_0R_2)^2/(1+_0R_1)^1$$
$$(n=2,\ m=1\ 적용)$$

한편, 불편 기대 이론이 성립하기 위해서는 다음과 같은 제한적 가정하에서 전개된다는 사실이 중요하다.

첫째, 모든 투자자는 위험중립형이라는 것이다. 다시 말하면 투자자는 채권의 만기가 장기일 경우 예상할 수 있는 여러 가지 위험이나 현재의 소비에 대한 시간선호 등에 대한 보상을 요구하지 않고 오직 기대수익만을 극대화한다는 것이다. 둘째, 단기채권과 장기채권은 완전 대체관계에 있다는 가정이다. 이는 단기채권시장과 장기채권시장 간에 차익거래(arbitrage transaction)가 성립한다는 것으로 장·단기 채권 간에 수익률의 차이가 발생할 경우 차익거래 이익을 얻기 위한 거래가 일어나 장·단기채권의 수익률은 곧 균형 상태를 이루게 된다는 점이다. 만약 증권의 매매에 따른 거래비용이 발생할 경우 장·단기 채권의 수익률 차이에 따른 차익거래가 항상 발생할 것으로 단정하기는 어렵다. 셋째는 미래의 이자율을 정확하게 예상할 수 있다는 가정이다. 장기채권의 수익률은 미래의 단기이자율의 기하평균이므로 미래의 이자율을 예상할 수 없을 경우 장기채권수익률도 알 수 없다. 한편 미래의 이자율을 예상할 수 있다고 하더라도 투자자에 따라 그 예상이 다를 수 있다면 장·단기 이자율을 결정하는데 이러한 예상의 분포를 고려해야 할 것이다.

❗ 예시

1년 만기 현물 이자율(8%)과 1년 만기 선도 이자율이 다음과 같다고 가정할 경우 불편 기대 이론에 의해 채권의 각 만기별 수익률을 구하고 또한 수익률 곡선 형태는 어떠한가?

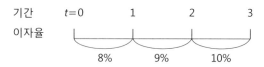

$$
\begin{array}{llll}
\text{기간} & t=0 & 1 & 2 & 3 \\
\text{이자율} & & & & \\
& & 8\% & 9\% & 10\% \\
\end{array}
$$

현재 1년 만기 현물 이자율$(_0R_1) = 8\%$

1년 후 1년 만기 선도 이자율$(_1f_1) = 9\%$

2년 후 1년 만기 선도 이자율$(_2f_1) = 10\%$

(풀이)

① 1년 만기 채권수익률$(_0R_1) = 8\%$

② 2년 만기 채권수익률$(_0R_2) = 8.5\%$

$$(1 + _0R_2) = [(1 + 0.08)(1 + 0.09)]^{\frac{1}{2}}$$

③ 3년만기 채권수익률$(_0R_3) = 9.0\%$

$$(1 + _0R_3) = [(1 + 0.08)(1 + 0.09)(1 + 0.10)]^{\frac{1}{3}}$$

④ 수익률 곡선은 우상향 형태

2 유동성 프리미엄 이론

불편 기대 이론이 갖는 중요한 단점은 투자들이 위험에 대하여 중립적인 투자가를 전제하고 있다는 점이다. 다시 말하면 기대 이론에서는 모든 투자가들이 미래의 이자율을 확실하게 예측할 수 있다고 가정하고 또한 위험에 대한 투자가들의 선호를 고려하지 않고 있다. 그러나 채권에 대한 위험을 고려할 경우 장기채권은 단기채권에 비해 위험이 크며 현금화 될 수 있는 유동성도 작은 것이 일반적이다. 따라서 모든 투자가들은 기본적으로 유동성을 선호하게 되어 만기가 길수록 증가하는 위험에 대한 유동성 프리미엄을 요구하게 된다는 것이 유동성 프리미엄 이론이다. 최초로 힉스(Hicks)에 의해 제시된 이론으로서 유동성 선호 이론 또는 기대 위험회피 이론이라고도 한다. 이 이론에 따르면 장기채권수익률은 기대 현물 이자율에 유동성 프리미엄을 가산한 값의 기하평균과 같다는 것이다. 이 경우 선도 이자율은 기대 현물 이자율에 유동성 프리미엄을 가산한 것이 될 것이다. 한편 매기의 유동성 프리미엄은 만기까지의 기간이 길어질수록 체감적으로 증가한다고 한다. 그러면 L_n을 n년 만기채권의 유동성 프리미엄이라고 정의하면 n년 만기 장기채권의 수익률은 다음과 같다.

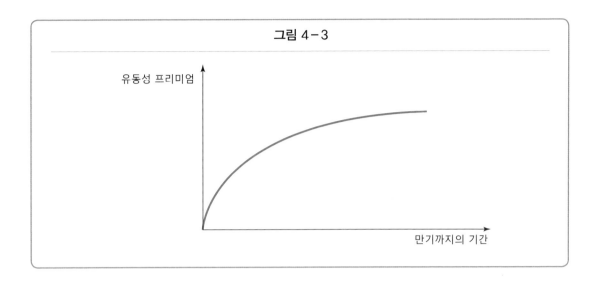

그림 4-3

유동성 프리미엄

만기까지의 기간

$$R_{0,n} = \sqrt[n]{(1+r_{0.1})(1+E(r_{1.2})+L_1)\cdots(1+E(r_{n-1.n})+L_{n-1})} - 1$$

단, $L_1 < L_2 < L_3 \cdots < L_n$

힉스는 이 모형에서 유동성 프리미엄 L_n은 장기로 갈수록 커지는 것으로 보았는데 이를 현금수요기간을 도입하여 다음과 같이 설명하고 있다.

일반적으로 자금의 제공자는 자본 손실 위험을 줄이기 위해 단기 채권을 수요하므로 현금공급기간이 짧고 기업은 투자에 소요되는 자금을 장기에 걸쳐 안정적으로 조달하기를 원하므로 현금수요기간이 길다. 따라서 $L_1 < L_2 \cdots < L_n$이 되지 않을 경우 단기채권에 대한 초과수요와 장기채권의 초과공급 현상이 발생함으로써 시장의 균형이 이루어지지 않는다는 것이다. 이와 같이 유동성 프리미엄 이론이 지니는 중요한 의미는 미래의 이자율이 일정할 것으로 예상한다고 하더라도 수익률 곡선은 유동성 프리미엄의 영향으로 인하여 우상향하는 형태를 가질 것이라는 점이다. 이는 수익률 곡선이 실제로 우상향하는 것이 보다 일반적이라는 사실과 일치하고 있다. 또한 장기채권의 수익률에 유동성 프리미엄이 포함될 경우 만기가 서로 다른 채권을 소유함으로써 기대되는 수익률은 동일하지 않게 된다. 따라서 불편 기대 이론과는 달리 만기가 서로 다른 채권들은 완전한 대체재가 될 수 없다.

3 편중 기대 이론

불편 기대 이론과 유동성 프리미엄 이론의 결합으로 수익률 곡선이 어느 시기의 기대 선도 이자율과 유동성 프리미엄을 동시에 반영한다는 이론이다.

$$(1 + {}_tR_n) = [(1 + {}_tR_1)(1 + {}_{t+1}f_1 + L_2)(1 + {}_{t+2}f_1 + L_3)\cdots$$

$$\cdots(1 + {}_{t+n-1}f_1 + L_n)]^{\frac{1}{n}}$$

이 가설에 의해서 낙타형 모습의 수익률 곡선이 잘 설명될 수 있는데 이 낙타형 모습의 곡선은 만기가 길어질수록 처음에는 이자율이 상승하나 최고점에 도달한 후에는 하락하는 형태이다.

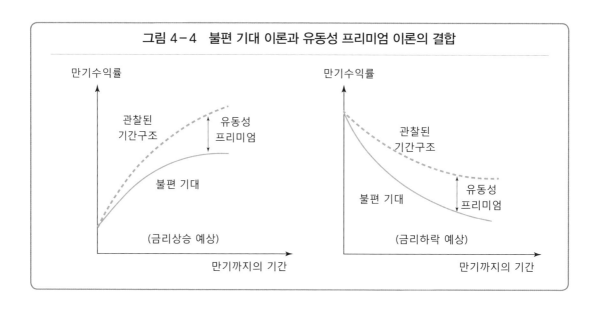

그림 4-4 불편 기대 이론과 유동성 프리미엄 이론의 결합

4 시장분할 이론

시장분할 이론은 컬버슨 등에 의해 제시된 이론으로 불편 기대 이론과 극단적인 대조를 이루고 있다. 이 이론은 채권시장이 몇 가지 중요한 경직성으로 인하여 몇 개의 하위시장으로

세분되어 있다는 가정 위에 성립하고 있다. 즉, 채권시장의 투자가들은 개인, 금융기관, 보험회사 또는 각종 연금, 기금 등과 같이 여러 가지 이질적인 투자가 집단으로 구분될 수 있다. 그리고 이러한 각 집단들은 그 집단의 제도적 또는 법률적 여건과 또 그 집단이 보유하고 있는 자금의 성격, 운용방식의 차이에 따라 채권투자에 있어서 만기까지의 기간의 장단에 대하여 민감한 선호를 갖고 있다는 것이다.

이와 같이 시장분할 가설의 이론적 근거는 금융기관들의 헤징 행태에서 찾고 있다. 금융기관들은 이자율 변동 위험을 회피하기 위해 그들의 부채와 만기가 일치하는 자산에 투자한다는 것이다.

따라서 단기부채가 많은 금융기관들은 단기채권에만 투자하고 장기부채가 많은 장기금융기관들은 장기채권에만 투자하게 되며 이들 장단기채권시장은 장·단기 채권 간에 차익거래가 가능하지 않은 완전히 분리된 시장이기 때문에 장단기 채권의 수익률은 양자 간에 아무런 관련이 없이 각각 분할된 시장에서 각각의 수요 공급에 따라 결정된다는 것이다.

따라서 수익률 곡선은 만기별로 체계적인 관련성을 갖지 않고 각 하위시장 나름대로의 수익률 곡선을 갖게 된다. 그리고 각 하위시장에서의 채권에 대한 수요와 공급의 상태에 따라 단기채권의 수익률이 장기채권의 수익률보다 높을 수도 있고 낮을 수도 있다. 이 이론의 타당성 여부는 그 가정의 현실성 여부에 있다. 특히 시장이 완전히 분리되어 장단기시장 간에 재정거래가 존재하지 않고 투자자의 투자선택 기준을 위험의 극소화, 즉 영의 위험(zero risk)에

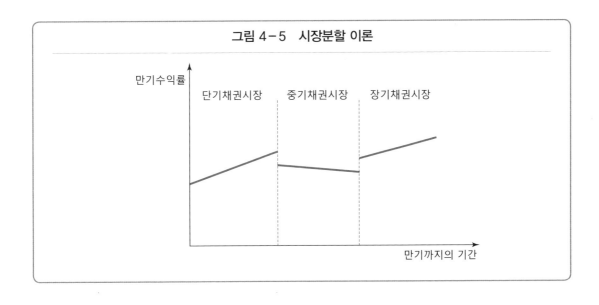

그림 4-5 시장분할 이론

한정한 가정이 비판의 초점이 되고 있다. 한편, 이 이론이 내포하고 있는 경제적 의의를 살펴보면 통화당국은 장단기채권시장의 수급사정을 변경시킴으로써 장단기이자율의 차별을 기할 수 있다는 것이다. 이 점에 있어서도 시장분할 이론은 불편 기대 이론과 대조를 이룬다.

지금까지 채권수익률의 기간구조를 설명하는 가장 기본적인 4가지 이론을 살펴보았다. 이외에도 선호 영역 가설(preferred habitat hypothesis)도 있다. 이에 의하면 투자자는 원칙적으로 시장분할 이론에 따라 위험을 싫어하는 헤징 형태를 보이며 개개인의 현금수요기간에 해당하는 만기채권을 선호하나 다른 만기 영역 채권의 기대수익이 현저하게 클 경우 약간의 위험을 감수하고라도 기대수익률이 큰 채권을 선택하게 된다는 것이다. 따라서 선호 습관 가설은 하위시장에 따라 유동성 프리미엄 Ln은 0보다 클 수도 작을 수도 또는 같을 수 있다고 주장하고 있다. 선호 영역 가설은 완화된 구조의 시장분할이론으로 볼 수 있다.

section 03 수익률의 위험구조

채권은 미래의 이자와 원금상환액이 계약에 의해 결정되어 있는 확정이자부 증권이다. 그러나 이자와 원금상환액이 언제나 계약대로 실현되는 것은 아니며, 따라서 채권의 수익 역시 위험을 갖게 된다. 또 경우에 따라서는 임의상환 가능성과 같이 채권 계약 자체가 불확실성을 내포할 수 있다. 이처럼 채권수익률의 확률분포에 영향을 미치는 모든 요인은 채권의 위험의 크기에 영향을 미칠 것이며 채권의 수익률도 달라지게 된다. 이렇게 채권의 위험이 달라짐에 따라 나타나는 채권수익률의 체계적 차이를 채권수익률의 위험구조라 한다. 채권수익률은 채무불이행 위험의 크기에 따라 증가하게 된다. 그리고 무위험채권의 수익률과 채무불이행 위험을 갖는 채권의 수익률의 차이는 위험 프리미엄으로서 채권의 경우 특히 수익률 스프레드라고 부르기도 한다. 수의 상환위험(callable risk)은 채권의 발행자가 만기 이전에 시장 가격 또는 일정 금액으로 채권을 매입·소각할 수 있는 권리를 가질 때 나타나는 위험이다. 일반적으로 발행조건 가운데 수의 상환 조항이 있는 채권의 경우 발행회사는 금리 하락 시기에 발행된 채권을 미리 정해진 가격(call price)으로 상환하는 한편, 낮은 수익률로 새로운 종류의 채권을 발행할 수 있는데 이때 투자자의 입장에서는 새로운 종류의 채권을 매입함으로써 당초의 수익률을 달성할 수 없기 때문에 투자손실이 발생하게 되어 투자자에게 불리한 영향을 미치게 된다.

1 위험의 종류

채권에 투자할 경우 투자자는 예기치 않은 손실을 입을 위험에 노출되게 된다. 이러한 위험은 크게 분산투자로도 회피가 불가능한 이자율 변동 위험(interest rate risk), 구매력 위험(inflation risk) 등의 체계적인 위험과 분산투자로 회피가 가능한 신용위험(credit risk), 중도상환위험(call risk), 시장·유동성 위험(market·liquidity risk) 등으로 나뉘게 된다.

(1) 이자율 변동 위험(Interest rate Risk)

채권의 가격은 이자율의 변동 방향과는 반대로 움직인다. 즉 이자율이 상승(하락)하면 채권가격은 하락(상승)한다. 채권을 만기까지 보유하고자 하는 투자자와는 달리, 만기일 이전에 채권을 매각하고자 하는 투자자의 경우, 채권을 매입한 이후의 이자율의 상승은 곧 투자손실(capital loss)의 현실화를 의미한다.

(2) 구매력 위험(Purchasing Power Risk)

물가가 상승할 것으로 예상하는 경우 투자자는 현재의 이자율에 예상 물가상승률을 가산한 이자를 요구하게 된다. 그러나 예상 물가가 그대로 적중하기는 어려우므로 예상과 실적 간에 괴리가 발생하게 된다. 구매력 위험 또는 인플레이션 위험(Inflation Risk)은 채권투자로부터 실현된 이득이 물가상승으로 인해 발생하는 구매력 손실을 충분히 보충하지 못하는 위험을 말한다.

(3) 재투자위험(Reinvestment Risk)

채권투자에 따른 수익은 표면이자(coupon interest payments), 채권의 매매, 중도상환, 만기에 발생하는 자본이득·손실(capital gain·loss), 중도 현금흐름으로부터 얻어지는 이자(coupon payment or principal repayments) 등의 세 가지 경로를 통해서 창출된다. 투자자가 채권의 매수수익률을 실현시키기 위해서는 중도에 발생하는 현금을 매수수익률과 동일한 수익률로 재투자되어야만 한다. 만기일 이전 중간에 발생하는 현금들에 대한 재투자 수익률의 불확실성에서 비롯되는 위험을 재투자위험이라고 한다.

(4) 신용위험 · 채무불이행 위험(Credit Risk · Default Risk)

채권 투자자가 발행자로부터 채권에 명시되어 있는 원금 또는 이자를 전부 또는 일부를 받지 못하는 위험을 말한다. 정부가 발행한 국채는 무위험 자산으로 인식되지만 정부 이외의 발행자에 대한 신용상태는 민간 신용평가기관이 평가한 신용등급에 의해 가늠해 볼 수 있다.

보다 광의의 개념으로는 발행자의 신용등급의 하락 등으로 인한 실질자산가치의 하락 위험이나 발행자가 속하는 산업, 국가에 대한 전체 위험도 포함된다.

(5) 중도상환위험(Call Risk, Prepayment Risk)

채권 만기 이전에 발행자가 채권의 일부 또는 전부를 중도상환 요구할 수 있는 채권을 콜옵션채권(callable bond)이라고 한다. 발행자는 향후 시장수익률이 발행수익률보다 하락할 경우 기존에 고금리로 발행한 채권을 중도상환하거나 낮은 수익률로 채권을 새로이 발행하고자 할 것이다.

콜옵션부사채에 투자할 경우 투자자는 다음과 같은 세 가지 불리한 면이 있다. 첫째는 콜옵션부사채는 현금흐름이 일정치 않다는 것이고, 둘째는 수익률이 하락할 경우 발행자의 중도상환 요구로 재투자위험에 노출될 수 있다는 점과 마지막으로 수익률 하락으로 인한 채권의 평가이익이 경감된다는 점이다. 특히, MBS나 ABS의 경우 시장이자율이 낮아질 경우 Prepayment Risk가 증대된다.

(6) 환율 위험(Foreign-Exchange Rate Risk)

외평채 등과 같이 외화표시 채권에 투자하는 경우 발생하는 현금흐름은 환율시세의 변동에 영향을 받을 수밖에 없다. 따라서 투자자는 환율 위험에 노출되어 있다고 볼 수 있다.

(7) 시장위험(Market Risk) 또는 유동성 위험(Liquidity Risk)

시장위험 또는 유동성 위험은 보유하고 있는 채권을 현재시장 가격으로 또는 시장 가격에 근접한 가격으로 얼마나 쉽게 매각할 수 있는가를 말한다. 매매단위가 큰 기관투자자들로 구성되어 있는 채권시장의 경우 소액 거래를 하고자 하는 투자자는 유동성 위험에 직면할 수 있다. 한편 시장조성을 하는 딜러들이 존재하는 경우 시장성 · 유동성 위험은 채권딜러가 제시하고 있는 매도호가와 매수호가 간의 스프레드에 의해 주로 측정할 수 있다. 동 스프레드가 크면 클수록 시장위험은 크다고 볼 수 있는 것이다. 현재 활동하고 있는 시장조성자의 많고 적음이 매도·매수호가 스프레드에 영향을 줄 수 있다. 시장조성자가 많으면 많을수록, 매도·매수호가 스프레드는 좁혀지는 경향이 있다.

2 약정수익률과 실현수익률

채권의 위험을 평가하기 위해서는 미래에 실현될 이자 및 원금상환액의 확률분포를 추정하고 채권의 기대수익률을 계산하여야 한다. 그러나 기대수익률을 계산하기 위해서는 먼저 약정수익률과 실현수익률의 차이를 구분하여야 한다. 약정수익률이란 약정된 이자 및 원금을 모두 회수할 수 있을 경우의 수익률을 말하는 것으로 이자 및 원금상환액의 현재가치와 채권의 시장 가격을 일치시켜주는 할인율과 같다. 그러나 투자가들이 미래에 실제로 회수하게 될 금액이 약정된 금액보다 적어질 가능성은 얼마든지 있다. 예를 들어 어떤 채권의 만기 이전에 그 발행주체가 도산을 한다고 가정하면 투자가들은 채권을 매입할 때에 약속받은 수익률보다 낮은 수익률을 얻게 될 것이다. 또한 실현될 것으로 예상되는 이자 또는 원금 상환액은 그 채권 또는 발행주체의 위험 정도에 따라 달라질 수 있기 때문에 하나의 확률분포로서 나타낼 수 있다. 실현수익률 역시 확률분포를 이룬다. 실현수익률의 확률분포는 비대칭적인 형태를 갖는다. 실현수익률이 약정수익률에 가까울수록 높은 확률을 갖는 것이 일반적이다.

한편 채권의 기대수익률은 이러한 확률분포로서 표시되어 있는 실현수익률에 대한 기대값을 말한다. 일반적으로 채무불이행의 위험이 적은 채권은 실현수익률의 확률분포가 약정수익

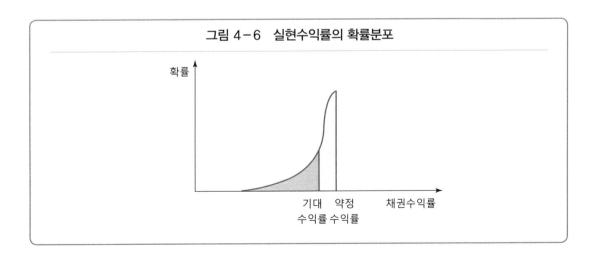

그림 4-6 실현수익률의 확률분포

률에 가깝게 되고 반대로 위험이 큰 채권은 기대수익률이 약정수익률보다 훨씬 작아지게 된다.

 예시 1

다음과 같은 조건으로 발행된 채권이 현재 시장에서 950원에 거래되고 있다. 그런데 이 회사가 계속된 경영 부실로 만기에 가서 원금을 전액 상환할 능력이 없고 그 중 일부인 935원을 상환할 수 있다고 할 때 이 채권의 약정수익률과 실현수익률은?

액면 가격은 1,000원, 만기가 3년, 표면이자율이 10%(이자지급은 1년마다 후급), 무위험이자율은 8%이다.

(풀이)
① 약정수익률

$$950 = \frac{100}{(1+R)} + \frac{100}{(1+R)^2} + \frac{100+1,000}{(1+R)^3} \quad \therefore R=12\%$$

② 실현수익률

$$950 = \frac{100}{(1+R)} + \frac{100}{(1+R)^2} + \frac{100+935}{(1+R)^3} \quad \therefore R=11\%$$

약정수익률은 12%이고 실현수익률은 11%가 된다.

 예시 2

앞의 예의 경우에서 만약 회사의 부도율이 5%라고 가정하면 이 채권의 기대수익률은?

(풀이)
① 기대이자지급액 : 100×0.95(1−부도율)=95
② 기대원금상환액 : 1,000×0.95(1−부도율)=950

따라서 기대수익률은

$$950 = \frac{95}{(1+R)} + \frac{95}{(1+R)^2} + \frac{95+950}{(1+R)^3}$$

∴ R=10%가 된다.

3   수익률 스프레드(yield spread)

채권의 수익률 스프레드란 일반적으로 위험이 전혀 없는 채권의 수익률과 채무불이행의 위험이 있는 채권의 수익률과의 차이를 말하는 것으로 위험 프리미엄이라고도 한다. 채권의 경우 위험이 전혀 없는 것으로 간주되는 국공채의 수익률과 지급불능의 위험이 있는 일반 회사채의 수익률은 서로 차이가 있다. 또한 일반 회사채들 간에도 채권 또는 그 발행 주체가 갖고 있는 위험의 정도에 따라 수익률의 차이가 발생한다. 이는 위험이 높은 채권에 투자하는 경우에 높은 위험을 부담하는 대가로 추가적인 수익을 요구하게 되기 때문이다.

채권의 수익률 스프레드를 정의하면,

수익률 스프레드＝약정수익률－무위험수익률

수익률 스프레드를 구성하는 총위험 프리미엄은 크게 두 종류가 있다. 그 하나는 채무불이행의 가능성 또는 지급불능의 가능성에 대한 프리미엄이고 다른 하나는 미래 불확실성에서 기인하는 위험 프리미엄이다. 지급불능 가능성에 대한 프리미엄이란 채권의 약정수익률과 기대수익률과의 차이를 말하는 것으로 이는 이자나 원금상환액의 절대액의 감소로부터 발생하는 위험에 대한 대가이다. 반면에 위험 프리미엄이란 지급불능의 가능성이 아니라 기대수익

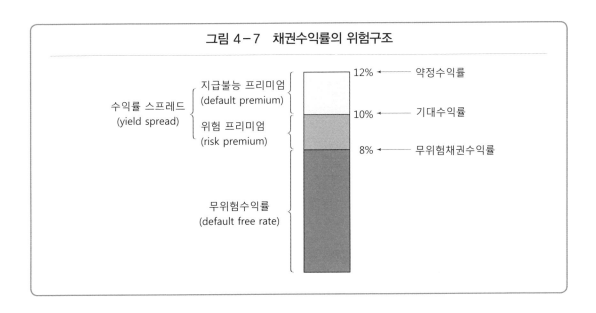

그림 4-7   채권수익률의 위험구조

의 불확실성에 기인하는 위험에 대한 대가라고 볼 수 있다. 따라서 이 위험 프리미엄은 기대수익률과 무위험수익률과의 차이를 의미한다. 예를 들어 어떤 채권의 약정수익률이 12%이나 지급불능의 가능성이 높기 때문에 기대수익률은 10%라고 하자. 또한 동일한 만기를 갖고 있는 무위험채권의 수익률은 8%라고 가정할 때, 이 채권의 약정수익률 12%는 무위험수익률 8%에 위험 프리미엄 2%(10%~8%)와 지급불능 프리미엄 2%(12%~10%)를 합한 것과 같고 수익률 스프레드는 4%(12%~8%)가 된다.

chapter 05

채권운용전략

투자목표의 설정

투자목표는 우선, 투자자금의 성격을 명확히 하고 이에 따라 채권 포트폴리오의 유동성, 수익성, 리스크 허용도 등의 기준을 가지고 설정해야 할 것이다. 예를 들어 금융기관의 경우는 예금으로 조달한 자금을 대출과 채권에 운용하고 있다. 이 자산과 부채의 금리 민감도에 격차가 생기면 운용수익은 불안정하게 된다. 따라서 자산·부채 종합관리(ALM)의 틀 안에서 채권 포트폴리오의 목적을 명확히 해야 할 것이다. 연금자산운용의 경우는 장래의 퇴직연금지급에 대비해 적립한 자금이라는 성격 때문에 운용목표는 단기적인 유동성보다도 장기적인 수익성 확보에 중점을 두고 있다. 따라서 물가상승률 이상의 운용성과가 기대되는 자산분배(Asset Mix)와 운용전략이 필요할 것이다. 일반 법인의 경우는 사업계획에 따른 여유자금, 계절 변동적인 여유자금, 월중 변동의 여유자금 등 보유자금의 유동성에 중점을 둔 포트폴리오의 목표 설정이 필요할 것이다. 투자목표는 또한 투자자의 자금 성격 외에 운용체제, 운용능력, 정보수집 체제 등에 의해 영향을 받는다.

채권투자전략의 수립

채권투자전략은 개별 채권들에 대한 비교분석과 포트폴리오 분석을 통해 결정되며 크게 적극적 투자전략, 소극적 투자전략으로 분류된다.

적극적 투자전략은 채권시장이 비효율적이라는 가정하에 미래 금리 예측 등을 통해 위험을 감수하면서 이에 상응하는 기대수익률을 추구하는 전략을 의미한다.

소극적 투자전략은 현재의 채권 가격에 모든 투자정보가 이미 반영되어 있다는 효율적 시장가설에 입각해 미래 금리변동에 대한 예측을 행하지 않고 만기보유 또는 인덱스펀드 투자와 같은 방법에 의존하는 전략들과 특정 유동성 목적 등을 만족시키기 위해 만기를 일치시키는 전략 등을 의미한다.

채권투자전략을 수립할 때 유의해야 할 것은 첫째, 경제환경의 변화이다. 경제환경의 변화로 인해 현재의 최적 포트폴리오가 미래에도 최적일 것이라고 기대하기는 어려우므로 전략을 수립할 때 경제환경변화에 대한 예측이 선행되어야 한다. 둘째로 포트폴리오 투자목표의 변화에 주의하여야 한다. 대부분의 투자자는 동시에 복수의 투자목표를 추구하는 경우가 일반적이므로 투자관리를 시스템화하여 복잡한 문제의 해결이 가능하도록 해야 한다. 셋째, 투자목표의 적합성 문제이다. 예를 들어 금융기관별 부채성격의 차이 등으로 인해 금융기관들의 투자목표는 금융기관별로 상이할 수밖에 없는데 전략수립 이전에 조직차원에서의 투자목표의 적합성이 인지되어야 한다.

표 5-1 **채권투자전략의 종류와 투자목적**

적극적 투자전략 : 수익성 위주 투자	채권 교체 전략, 금리예측 전략, 수익률 곡선 전략
소극적 투자전략 : 안정성, 유동성 등을 추구	만기보유 전략, 인덱스펀드 전략, 면역 전략, 현금흐름 일치 전략, 상황적 면역 전략

적극적 채권운용전략

적극적 투자전략이란 단기적인 관점에서 위험을 감수하면서 채권투자 수익을 극대화시키고자 하는 전략이다. 이 전략의 핵심은 수익률 예측과 채권 비교평가분석으로 요약될 수 있다. 수익률 예측은 시장환경 변화에 대한 채권수익률의 기간구조 변화 형태를 예측함으로써 수익 극대화에 가장 적합한 방법이나 일관성 있는 기간구조 예측이 쉽지 않다.

채권 비교 평가 분석은 일시적으로 가격 불균형 상태에 있는 채권을 발견하여 수익률을 제고시키는 방법이다. 다시 말하자면, 시장에서 가격 이외의 모든 조건들이 동일한 채권들을 비교 평가하거나 질적인 차이(예를 들면, 발행 조건은 동일하나 발행자의 신용에 따라 위험에 차이가 나는 경우)를 지닌 채권들을 비교·분석함으로써 상대적으로 저평가 혹은 고평가된 채권을 찾아 채권 교체매매를 통하여 투자수익을 극대화시키는 전략이다.

수익률 예측 전략이 투자대상 채권들에 대한 시장 만기수익률의 절대적 방향성에 대한 예측을 통해 기대수익률을 추구하는 전략인 데 비해, 채권 비교평가 분석은 투자대상 복수 채권들의 시장 만기수익률의 상대적 방향성에 대한 예측을 통해 기대수익률을 추구하는 전략이라고 할 수 있다.

1 금리예측 전략(금리 예상에 의한 채권 교체 운용)

금리 변화가 예상될 경우에는 장·단기채의 교체를 통해 채권 포트폴리오의 방어적 또는 공격적 운용을 함으로써 투자 수익을 극대화할 수 있다. 다만 금리 예측의 어려움으로 금리 예측이 잘못될 경우 어느 정도까지 위험을 받아들일 수 있는가(위험의 허용 범위)와 동시에 만기 구성의 분산도를 고려해 투자하지 않으면 안 된다. 이 위험의 허용 범위는 채권 포트폴리오 운용에 있어 요구되는 유동성과 수익성 수준에 의해 좌우된다.

앞에서 살펴보았듯이 채권의 가격 변동은 채권 잔존기간(만기), 이자수입(이표채인 경우), 만기수익률(유통수익률), 이자 지급조건 등의 요인에 따라 좌우된다.

(1) 잔존기간(만기)

채권의 잔존기간(듀레이션)이 길수록 수익률 변동에 따른 채권 가격의 변동폭은 커지므로 채권투자자는 투자 가능한 채권의 가격 변동을 미리 파악하여 수익률 변화에 따른 적절한 운용전략으로 투자수익을 극대화하여야 한다.

❶ 수익률 하락 예상 시 투자전략 : 수익률 하락이 예상되면 수익률 변동에 따른 채권 가격의 변동폭이 큰 장기 국고채 등 장기채를 매수하여 운용수익률을 높일 수 있음
❷ 수익률 상승 예상 시 투자전략 : 수익률 상승이 예상되면 현금보유비중을 늘리거나, 수익률 변동에 따른 채권 가격의 변동폭이 작은 통안채를 비롯한 금융채 등 잔존기간이 1년 이하인 단기채를 매입하여 수익률 상승에 따른 투자손실을 최소화하여야 함

(2) 이자수입(표면이자율) : 이표채의 경우

듀레이션과 표면이자율의 크기는 역의 상관관계에 있다. 즉 표면이자율이 클수록 듀레이션은 짧아지므로 가격 변동성도 작아진다. 이는 표면이자율이 클수록 중도 현금흐름이 많아지기 때문이다. 그러나 복리채나 할인채의 경우는 중도 현금흐름이 없으므로 듀레이션은 만기(잔존기간)와 일치하며 가격 변동성도 표면이자율과 무관하다. 따라서 여기서의 투자전략은 이표채나 분할상환채에만 국한된다.

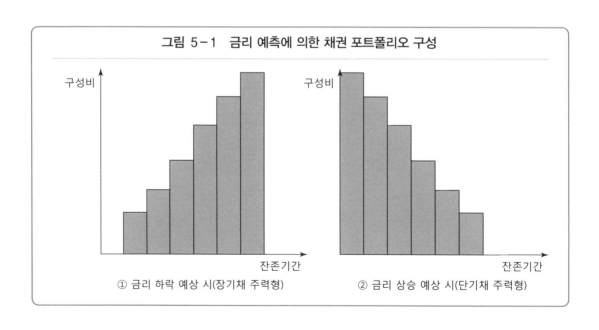

그림 5-1 금리 예측에 의한 채권 포트폴리오 구성

① 금리 하락 예상 시(장기채 주력형)   ② 금리 상승 예상 시(단기채 주력형)

❶ 수익률 하락 예상 시 투자전략 : 수익률 하락이 예상되면 듀레이션이 상대적으로 긴 표면금리가 낮은 금리확정부 채권을 매입하면 운용수익률을 높일 수 있음

❷ 수익률 상승 예상 시 투자전략 : 수익률 상승이 예상되면 현금보유비중을 늘리거나, 상대적으로 듀레이션이 짧은 표면금리가 높은 금리연동부채권 등을 매입하면 투자손실을 줄일 수 있음

(3) 만기수익률(유통수익률)

만기수익률 수준은 듀레이션과 역의 상관관계를 가진다. 즉, 만기수익률이 높을수록 듀레이션은 짧아지고 가격 변동성도 작아진다. 그러므로 수익률 하락이 예상될 때, 만기가 같을 경우 만기수익률이 낮은 채권이 듀레이션이 길어지므로 유리하다.

(4) 이자지급조건

수익률 상승이 예상되면 변동금리부 이자지급조건의 채권을 매입하여 표면이자 수익을 증가시킬 수 있고, 수익률 하락이 예상되면 고정금리부 이자지급조건의 채권을 매입하여 표면이자수익의 감소를 예방할 수 있다.

2 채권 교체 전략

채권 교체란 포트폴리오에 포함되어 있는 채권을 다른 채권으로 교체하는 것을 말한다. 이러한 채권 교체는 주로 독점적 정보를 기초로 단기적인 이득을 얻기 위하여 이루어지나, 채권시장이 효율적인 경우에는 초과이득을 얻을 수 없다. 채권 교체 전략의 종류는 다양하나 흔히 이용되는 전략은 다음과 같다.

(1) 동종 채권 교체(Substitution Swap)

채권시장에는 때때로 표면 이자율, 만기는 물론 시장성, 질적 등급 등 거의 모든 조건이 사실상 완전히 서로 대체될 수 있는 채권들이면서도 일시적인 시장의 불균형에 의해서 서로 가격이 다른 경우가 있다. 이러한 경우에 현재 가지고 있는 채권을 거의 같은 조건이면서도 일시적인 시장의 마찰요인에 따라 가격이 낮게 평가되어 있는 채권으로 교체하는 것을 말한다.

대부분의 경우 동일한 조건의 새로운 채권이 대량 발행되거나 시장 제약 요건(규정, 관행 등)으로 채권의 수요와 공급의 일시적인 불균형이 생길 때 발생한다.

Substitution Swap 이외에 동일한 듀레이션에서 더 높은 Convexity를 갖는 채권으로 교체하는 Convexity Switch 등을 사용하기도 한다.

(2) 이종 채권 교체

채권수익률은 개별 채권의 위험, 만기 등에 따라 수익률 차이를 보이게 되는데, 미래 상황의 예측에 따라 상대적으로 저평가 된 다른 성격의 채권으로 교체하는 전략이 이종 채권 교체 전략이다.

❶ Yield Give-Up Swap/Yield Pick-Up Swap : 일반적으로 경기 국면이 호황에서 불황으로 전환할 때는 이자율 하락과 함께 신용 등급이 높은 채권과 낮은 채권의 수익률 스프레드가 확대되는 경향이 있음. 경기 위축으로 채권 발행 기업들의 유동성이 부족해짐에 따라 신용 등급이 낮은 채권의 수익률은 상승할 가능성이 있는 반면 우량 채권 수익률은 더욱 떨어질 수 있기 때문임(Flight-to-quality). 이와 같이 현재 보유 채권의 만기수익률보다 더 낮은 수익률의 채권(higher credit)으로 교체하는 전략을 Yield Give-up Swap이라 함

이와 반대로 경기 호황으로 전환 시에는 수익률 스프레드가 축소됨. 따라서 현재 보유 채권의 만기수익률 보다 높은 Low Credit, High Yield Bond로 교체하는 전략을 Yield Pick-Up Swap이라 함

Yield Pick(Give)-Up 전략은 채권의 신용도에 따른 교체 전략으로 사용되기도 하지만, 포트폴리오의 신용도는 그대로 유지한 채 채권의 만기구조를 길게 바꾸어 포트폴리오의 만기수익률을 높이는 등의 '수익률 제고'라는 의미로 많이 사용

❷ Sector(Rotation) Swap : Sector Swap은 매우 광범위하게 사용이 되는 용어이나 일반적으로 채권의 종목별, 산업별로 historic yield spread를 사용하는 채권 교체 전략을 말함. 일시적으로 특정 종목별(Issue specific switch), 특정 산업(Issuer sector switch)의 채권 가격이 고평가 되거나 저평가 되어 historic spread에서 벗어나는 경우가 생김. 이런 경우 고평가 채권을 매도하고 저평가 채권으로 교체하여 투자수익률을 높이게 됨. 예를 들면 석유 생산과 관련된 채권은 국제 원유 가격과 연동되어 수익률이 독자적으로 움직일 수 있음

❸ Credit Swap : 보유하고 있는 개별 채권 또는 보유 채권 발행자의 국가 신용도가 악화되고 있는 경우, 신용도의 개선이 예상되는 채권으로 교체하는 전략으로 앞서 언급한 Sector Swap의 일종으로 보기도 함. 채권 펀드 운용자는 자체 신용 분석, 증권회사의 리서치, 신용평가회사의 Credit alert (watch) list를 통해 정보를 입수하여 의사결정을 하게 되나, 현실적으로는 Credit alert가 나오기 이전에 의사결정이 이루어져야 할 것임

투자등급(BBB- 이상)과 투기등급(BB+ 이하) 사이에서의 Crossover sector 변화 시에 효과가 가장 크게 나타남

ㄱ. Credit Upside Swap : 신용 등급의 상승이 예견되는 채권을 매입

ㄴ. Credit Defense Swap : 신용 등급의 하락이 예상되는 보유 채권의 적극적인 매도

3 스프레드(Spread) 운용전략

스프레드 운용전략은 서로 다른 두 종목 간의 수익률 격차가 어떤 이유에선가 일시적으로 확대 또는 축소되었다가 시간이 경과함에 따라 정상적인 수준으로 되돌아오는 특성을 이용하여 수익률의 격차가 확대 또는 축소되는 시점에서 교체매매를 행함으로써 투자효율을 높이고자 하는 전략이다.

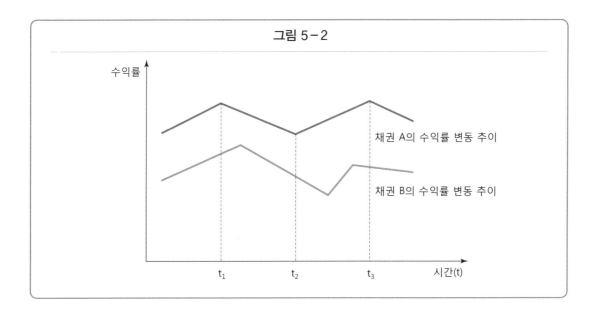

그림 5-2

(1) 스프레드 운용의 기본

t_1 시점	t_2 시점	t_3 시점
A : 채권 매수	A : 채권 매도	A : 채권 매수
B : 채권 매도	B : 채권 매수	B : 채권 매도

(2) 스프레드 지수

두 종목 간의 수익률 격차를 이용한 스프레드 운용 시 매매 시점 포착을 위해서는 통계학적인 방법을 이용해 현재 두 종목 간의 수익률 격차가 정상적인 수준인지 비정상적인 수준인지를 파악하게 되는데, 비정상적인 수준까지 수익률 격차가 확대된 시점이 바로 매매 시점으로 이의 명확한 판단을 위해서는 다음과 같은 스프레드 지수를 활용하고 있다.

스프레드 지수＝(현재 스프레드－평균 스프레드)/스프레드 표준편차

여기서 스프레드 지수가 '＋' 또는 '－' 표준편차의 범위 밖에 있을 때, 두 종목 간의 수익률 격차는 비정상적인 신호를 나타내고 있는 것으로 판단하고 교체매매를 하게 되는데, 투자자의 성향에 따라 교체매매를 원하지 않을 경우 스프레드 지수가 높은 시점에서 교체매매를 행하려 할 것이다.

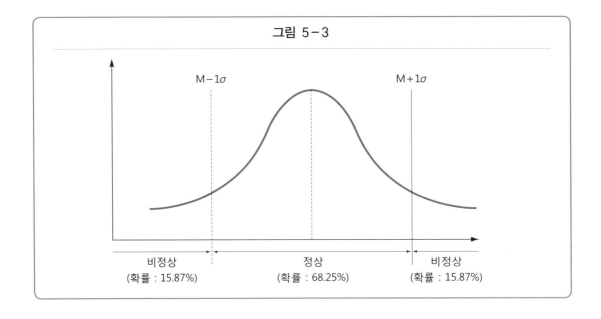

그림 5-3

4 수익률 곡선 타기 전략(Yield Curve Riding Strategy)

개별 종목의 수익률은 잔존기간, 표면이자율 등에 따라 각기 다르게 나타난다. 수익률 곡선의 형태가 결정되는 방식은 여러 가지 가설로 설명되고 있다. 그 중 두 가지 가설을 살펴보면 첫째, 불편 기대 가설에 기초한 것으로 수익률 곡선은 채권시장에 참가하는 다수 투자자의 장래 금리 예측의 집적이므로 장래에 금리가 상승할 것으로 예측되는 경우 수익률 곡선은 단기채의 수익률은 낮고 장기채의 수익률은 높은 상승형 곡선이 되며, 반대로 장래에 금리가 떨어질 것으로 예측되는 경우의 수익률 곡선은 단기채의 수익률은 높고 장기채의 수익률은 낮은 하강형 곡선이 된다는 것이다. 또 하나의 개념은 유동성 프리미엄 가설인데 이것은 잔존기간이 긴 경우에는 유동성이 낮으므로 그만큼 수익률은 높아진다고 하는 것이다.

흔히 내재 선도 이자율을 미래의 현물 이자율과 동일시하는 경우가 많은데 이는 스트립 수익률 곡선이 불편 기대 가설을 따른다면 맞지만, 유동성 프리미엄 이론을 따른다면 그렇지 않다.

불편 기대 가설과 유동성 프리미엄 가설의 두 가지 개념은 상호 배타적이거나 독립적인 것이 아니고 현실적인 수익률은 양자가 서로 결합되어 형성하는 것이다. 이 양자의 개념을 동시에 고려하면 장래에 금리가 변하지 않는다 하더라도 유동성 프리미엄이 작용하여 수익률 곡선은 우상향하게 된다. 따라서 불변인 금리 수준하에서도 잔존기간이 짧아짐에 따라 수익률은 떨어진다는 것을 알 수 있다.

우상향 곡선의 경우 잔존 기간이 짧아짐에 따라 수익률이 저하되어 채권 가격이 상승하게 된다. 이러한 경우 일정 투자기간 후 매도를 하게 되면 그 기간의 경과이자와 더불어 수익률 하락에 따른 시세차익을 얻게 되는데 이때의 시세차익은 금리 수준의 변동에 의한 것이 아니고 잔존 기간이 짧아짐에 기인한 것이다.

수익률 곡선 타기 전략은 수익률 곡선이 우상향의 기울기를 가진 경우에 한하여 실시될 수 있는 채권투자기법으로, 이 전략에는 수익률 곡선 상의 롤링 효과(Rolling Effect)와 숄더 효과(Shoulder Effect)가 있다.

(1) 롤링 효과(Rolling Effect)

수익률 곡선은 일반적으로 우상향의 형태를 보이는 때가 많다. 이때 금리 수준이 일정하더라도 잔존기간이 짧아지면 그만큼 수익률이 하락하여 채권 가격이 상승하게 되는데 이것을 롤링 효과라 한다.

예를 들어 10년 만기채를 매입하여 상환 시까지 그대로 보유하는 것보다는 10년 만기채의 잔존기간이 9년이 되는 시점에서 매각하고 다시 10년 만기채에 재투자하는 것이 수익률 하락폭만큼 투자효율을 높일 수 있게 된다. 이러한 관계를 이용하여 투자효율을 높이려는 적극적인 투자전략을 수익률 곡선 타기 전략이라고 한다.

그러나 이 전략을 이용할시 외부적 시장여건에 변화가 없음을 가정해야 하는 전제조건이 필요하다. 즉, 우상향의 기울기를 가지는 수익률 곡선의 형태가 앞으로는 변하지 않을 것이라고 예상하는 것인데, 만일 금리 상승기의 시장 상황에 놓여져 있다면 롤링 효과는 역의 결과를 초래하게 되는 수가 있다고 보아야 한다. 즉, 보유채권의 잔존기간 단축에서 오는 수익률 하락폭(가격 상승)이 금리 상승에서 오는 장기채권의 수익률 상승폭(가격 하락)을 커버하기 어려워질 것이기 때문이다.

또한 채권수익률의 기간구조 이론 중 불편 기대 이론이 타당하고 그 예상이 정확하다면 이 전략은 유용하지 않을 것이다. 즉, 미래 금리가 상승하여 오히려 손실을 볼 수도 있다. 그리고 거래비용을 고려한다면 수익률 곡선 타기 전략에 따르는 거래비용에 의해 추가적 이익은 감소하거나 제거될 수도 있다.

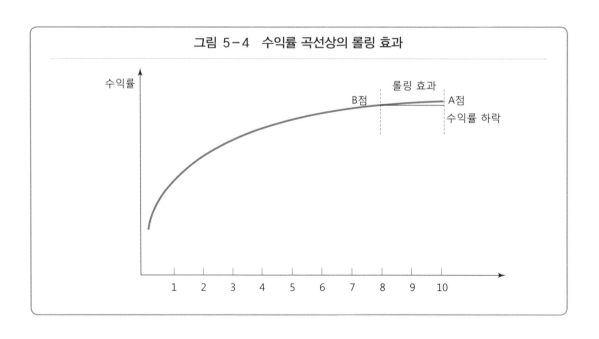

그림 5-4 수익률 곡선상의 롤링 효과

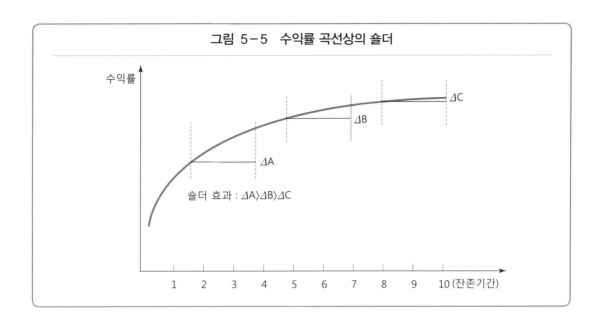

그림 5-5 수익률 곡선상의 숄더

수익률

ΔA

ΔB

ΔC

숄더 효과 : ΔA〉ΔB〉ΔC

1   2   3   4   5   6   7   8   9   10 (잔존기간)

(2) 숄더 효과(Shoulder Effect)

일반적으로 수익률 곡선은 각 잔존기간별로 그 수익률 격차가 일정하지 않다. 10년 만기채가 9년 만기채로 잔존기간이 단축되는데 따른 수익률 하락폭보다 2년 만기채가 1년 만기채로 단축되는데 따른 수익률 하락폭이 더 크다. 이러한 현상은 단기채로 갈수록 두드러지는데 이와 같이 중·단기채에서 볼 수 있는 극단적인 수익률 하락폭을 수익률 곡선상의 숄더라고 한다.

이처럼 수익률 하락이 급격한 구간에 있는 채권에 투자하면 동일기간 동안 장기채에 투자하여 수익률 하락에서 얻는 가격 상승 이익보다 더 큰 가격 차익을 얻을 수도 있다.

5   수익률 곡선 전략

(1) Barbell형 채권운용

단기채권(유동성 확보)과 장기채권(수익성 확보)만 보유하고 중기채권은 보유하지 않는 전략으로 향후 Yield Curve가 Negative Butterfly형이 되는 시나리오의 경우이다. 즉, 단기채와 장기채에 비해 중기채의 수익률이 상대적으로 더 오르거나 덜 하락할 것으로 예상될 때 유용한 전략이다. 또한 투자자의 유동성 확보 정도에 따라서 단기채의 편입 비율이 결정된다. 단기금리가 상승하고, 장기금리가 떨어진다고 예상되는 경우에도 여전히 유효한 전략이 될 수 있다. 단기적으로 금리가 상승하여도 단기채권은 높은 유동성으로 인해 매도가 수월하거나 만기 상환이 가능하고 장기금리가 하락하면 장기채 보유로 매매차익을 얻을 수 있는 것이다. 이에 따라 만기가 짧은 쪽에는 신용도가 낮아도 만기수익률이 높은 회사채를, 긴 쪽에는 국공채 위주로 포트폴리오를 구성하기도 한다.

그러나 이 전략은 관리가 어려우며 관리 비용이 높다는 단점이 있다. 즉 단기채 부분은 사다리형의 경우와 같이 만기상환금을 자동적으로 재투자하면 되지만, 장기채 부분은 중기화하는 채권을 매각하여 장기채를 매입하여야 하므로 관리가 어렵고 장기채 부분의 교환에 따른 수수료 비용이 증가하게 된다.

(2) Bullet형 채권운용

중기채 중심의 채권 포트폴리오를 구성하는 것으로 향후 Yield Curve가 가파르게(steeply) 되거나 Positive Butterfly형이 되는 시나리오의 경우이다. 즉, 단기채와 장기채에 비해 중기채의 수익률이 상대적으로 덜 오르거나 더 하락할 것으로 예상될 때 유용한 전략이다. 또한, 장기채를 사는 경우 장기금리의 상승으로 평가손을 볼 수 있고, 단기채를 사면 단기금리의 하락으로 재투자 수익률이 떨어질 수 있는 경우라면 중기채 중심의 포트폴리오 구성이 유리할 것이다.

중기채를 팔고, 장단기채를 매입하여 장단기 수익률 변동에 대비하는 전략을 Bullet to Barbell Trade라 하며, 이와 반대의 경우를 Barbell to Bullet Trade라 한다. 이를 통틀어 Butterfly Trade라고 한다.

Barbell은 현금 흐름이 분산되어 있어 Bullet보다 항상 더 높은 Convexity를 가지게 되며, 특히 일반적인 수익률 구조(upward)에서는 더 높은 수익률을 내게 되어 있다.

소극적 채권운용전략

소극적 운용전략은 투자자가 투자 목표를 감안하여 채권 포트폴리오를 구성한 후 만기일에 또는 중도상환 시까지 보유하고 있다가 상환한 후 다시 비슷한 채권 포트폴리오를 구성함으로써 정해진 투자원칙에 따라 기계적으로 운용하는 방법이다.

대표적인 소극적 투자 전법으로는 만기보유 전략, 사다리형 만기전략, 채권 면역 전략, 현금흐름 일치 전략 등이 있다.

1 만기보유 전략

채권을 매입하여 만기까지 보유함으로써 투자 시점에서 미리 투자 수익을 확정하는 전략이다. 이 전략의 장점은 미래에 대한 금리 예측이 필요가 없어 간편하다는 것이다. 이 경우 미래 수익률을 확정시키기 위해서는 이표채 등과 같이 재투자위험이 존재하는 채권보다는 스트립채권 등과 같이 만기에만 현금흐름이 발생하는 채권에 투자하는 것이 더 유리하다.

2 사다리형 만기 전략

사다리형 채권운용은 채권별 보유량을 각 잔존 기간마다 동일하게 유지함으로써 시세변동의 위험을 평준화시키고 수익성도 적정 수준을 확보하려는 전략이다. 포트폴리오 구성 채권이 매년 일정 수준만큼 상환되기 때문에 유동성을 확보할 수 있고 보유채권이 만기상환되면, 다시 수익률이 높은 장기채권에 투자함으로써 수익률의 평준화를 기할 수 있는 것이다.

사다리형 포트폴리오의 최장 만기 연한은 투자자의 유동성 필요 정도에 따라 결정된다. 예를 들어 매년 상환되는 채권의 원금이 전체 채권액의 20%가 되도록 하려면 최장기 만기는 5년이 된다. 사다리형 채권투자전략의 장점은 다음과 같다.

❶ 보유채권의 만기가 도래하였을 경우 상환 자금으로 장기채에 재투자하기만 하면 되므

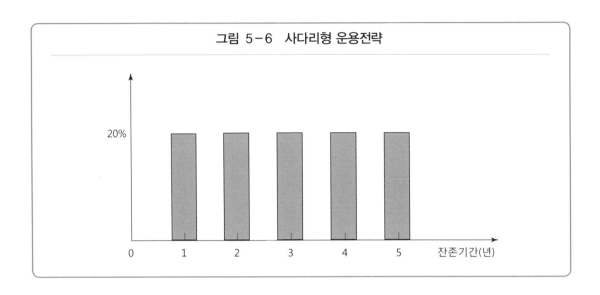

그림 5-6 사다리형 운용전략

로 관리가 용이

❷ 평균 수익률이 상대적으로 높음. 일반적으로 수익률 곡선이 투자 기간이 길수록 우상향하므로 만기 상환되는 자금이 장기채에 재투자되므로 장기채의 수익률이 높다고 볼 때, 가장 높은 수익률로 운용되는 것

❸ 금리 예측이 필요하지 않다는 점. 앞으로의 금리 동향과 관계없이 상환 자금을 그 시점에서의 장기채에 재투자만 하면 되므로 채권운용에 있어서 가장 어려운 문제인 금리 예측에서 벗어날 수 있다는 점이 사다리형 채권투자전략의 가장 큰 매력임

❹ 다양한 잔존 기간을 가진 채권 포트폴리오이므로 유동성이 필요한 경우 매각할 채권의 선택 폭이 넓음. 높은 수익률 수준에서는 단기채, 낮은 수익률 수준에서는 장기채를 매각함으로써 매매이익을 창출할 수 있음

그러나 사다리형 채권투자전략의 문제점으로는 평균적으로 수익률은 높을 수 있으나 효율적이고 적극적인 채권 운용에 비해서는 수익이 낮을 수 있고 투자자가 투자 자금을 좀 더 효율적으로 운용하기 위하여 투자시기 선택과 채권수익률 동향에 집착하게 되면 사다리형 채권투자전략의 이점을 상실하게 된다.

3 채권 면역 전략

(1) 전통적 면역 전략

　채권 면역 전략은 목표투자기간 중 시장수익률의 변동에 관계없이 채권매입 당시에 설정하였던 최선의 수익률을 목표기간 말에 큰 차이 없이 실현하도록 하는 기법이다. 면역 전략은 1952년 레딩톤(F. M. Reddington)에 의해 소개되었는데 채권수익률의 상승은 채권 가격의 하락을 초래하나 반면 이자수입의 재투자수입은 증가하며 채권수익률 하락 시에는 그 반대의 효과가 발생한다는 점을 이용함으로써 면역이 가능해진다. 즉 채권의 투자수익률은 채권 가격 변동에 의한 매매손익과 재투자수익의 상충적 성격을 이용하여 일정 수준 이상으로 유지될 수 있다는 것이다.

　구체적인 방법으로는 투자자의 목표 투자기간과 채권의 듀레이션을 일치시킴으로써 면역 상태를 유도할 수 있다. 그러나 현실적으로 이러한 듀레이션을 가진 채권이 없거나 자산규모가 매우 커서 단일채권으로는 면역 전략을 수행하기 어려운 경우가 발생한다. 이 때에는 채권 포트폴리오를 구성하여 포트폴리오의 듀레이션을 목표투자기간과 일치시킴으로써 면역상태를 이끌어 낼 수 있다. 즉 여러 종목의 채권들에 적절한 비율로 분산 투자함으로써 목표투자기간과 일치하는 가중 듀레이션을 구할 수 있고 이로써 채권 면역이 가능해진다.

　채권 가격은 금리 하락 시 상승하나 재투자수익(중도에 받는 현금 유입을 하락된 금리로 재투자)은 감소하고, 금리가 상승하면 그 반대현상이 일어나게 된다. 그러므로 서로 상반된 두 효과를 적절히 배합하면 이자율 변동 위험을 극소화시킬 수 있게 되는데 이는 듀레이션과 투자기간

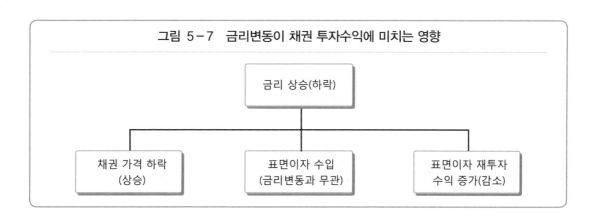

그림 5-7 　금리변동이 채권 투자수익에 미치는 영향

구분	표면이자 수입 및 재투자수입	채권 매각대금	총 현금유입액
수익률 2%pt 상승 (9% ⇒ 11%)	$800 \times (1+0.11)^{1.78}$ $+ 800 \times (1+0.11)^{0.78}$ $= 1,831$	$P = \dfrac{10,800}{(1+0.11)^{0.22}}$ $= 10,554$	12,385 ($= 1,831 + 10,554$)
수익률 변동이 없을 경우 ($r = 9\%$)	$800 \times (1+0.09)^{1.78}$ $+ 800 \times (1+0.09)^{0.78}$ $= 1,788$	$P = \dfrac{10,800}{(1+0.09)^{0.22}}$ $= 10,597$	12,385 ($= 1,788 + 10,597$)
수익률 2%pt 하락 (9% ⇒ 7%)	$800 \times (1+0.07)^{1.78}$ $+ 800 \times (1+0.07)^{0.78}$ $= 1,745$	$P = \dfrac{10,800}{(1+0.07)^{0.22}}$ $= 10,640$	12,385 ($= 1,745 + 10,640$)

을 일치시킴으로써 이루어진다.

예를 들어 어느 투자자가 2.78년 후에 자금이 필요한데 그때까지의 수익률 변동 위험을 제거하고자 한다면 듀레이션이 2.78년인 채권에 투자하면 가능하게 된다. 즉, 잔존만기가 3년인 1년 단위 이표채(표면이율 8% 후급)를 시장수익률 9%로 매입, 2.78년 후에 매각한다고 가정하자.

$$\text{채권의 듀레이션} = \frac{1 \times 733.94 + 2 \times 673.34 + 3 \times 8339.58}{9.746} = 2.78(년)$$

투자기간(2.78년) 동안 시장수익률이 다음과 같이 변동하였을 경우의 투자수익을 비교하면, 투자 종료 시점에서 발생하는 총 현금 유입액은 수익률 변동과 아무런 상관없이 동일함을 알 수 있다.

다음과 같은 성격을 가진 자금을 운용하고자 할 경우에는 면역 전략이 효율적이라 할 수 있다.

❶ 조달기간과 조달비용이 확정되어 있는 자금운용에 있어서 금리위험을 회피하고 현시점에서 목표 시점(투자가 끝나는 시점)의 운용 수익률을 고정시키고자 하는 경우

❷ 금리가 높은 시기에 자산 운용을 일정기간 높은 수익률로 고정시키고자 하는 경우

이상에서 설명한 채권 면역 전략은 이자율 변동 위험을 제거시키는 투자 기법으로서 이용이 확산되고 있고 수학적으로 타당성이 인정되고 있으나 실제로는 시장에 다양한 듀레이션을 갖는 채권이 존재하고 투자금액도 일정 수준 이상이 되어야 효율적인 전략이 될 수 있다. 그 외에도 면역 전략의 전제조건인 수익률 곡선에 대한 가정과 듀레이션 개념의 이용으로 인해 면역 전략 자체도 위험요소를 지니고 있으며 면역 전략에 의해 구성된 채권 포트폴리오도 상

| 표 5-2 | 투자기간과 듀레이션 차이에 따른 이자율 변동 효과 |

구분	D<HP	D>HP	D=HP
이자율 상승 시	재투자수익 증가>가격 하락 손실 → RY>PY	재투자수익 증가<가격 하락 손실 → RY<PY	재투자수익 증가=가격 하락 손실 → RY=PY
이자율 하락 시	재투자수익 감소)가격 상승 이익 → RY<PY	재투자수익 감소<가격 상승 이익 → RY>PY	재투자수익 감소=가격 상승 이익 → RY=PY
비고	재투자수익 효과>가격효과	재투자수익 효과<가격 효과	재투자수익 효과=가격 효과

D : 듀레이션, RY : 실현수익률, PY : 약속수익률, HP : 투자기간

황의 변화에 따른 리밸런싱의 필요가 있음을 시사하고 있다.

(2) 자산 부채의 연계 면역 전략(순자산가치 면역 전략)

자산과 부채의 듀레이션 갭을 최소화하여 순자산 가치의 변동성을 최소화하고자 하는 방법이다. 이자율 변화에 대한 양자의 가격 탄력성과 탄력성의 민감도에 착안하여 이자율이 어떻게 움직이든 간에 자산의 가치가 부채의 가치 이상이 되도록 면역을 취하게 된다. 즉 자산의 시장가치 가중 듀레이션과 부채의 시장가치 가중 듀레이션을 일치시키는 것을 말한다.

시중은행의 경우 자산과 부채의 만기 구조가 다르게 구성된다. 은행의 부채는 예금이며 단기성 예금이 많아 짧은 듀레이션을 가지게 된다. 반면 자산은 대출로 구성되어 좀 더 긴 듀레이션을 가진다. 이자율이 상승하면 자산가치가 부채가치에 비해 더 크게 하락하여 순자산가치가 감소할 가능성이 많다.

이렇듯 자산부채 종합관리(ALM)에 있어 자산과 부채의 듀레이션 차이를 일정 수준 이하로 제한하는 duration gap management가 중요하게 된다.

자산과 부채의 듀레이션을 각각 D_A, D_L이라 하면 금리 변화에 따른 기업의 가치변화는 다음과 같다.

| 표 5-3 | D_A : 자산 포트폴리오의 듀레이션, D_L : 부채 포트폴리오의 듀레이션 |

구분	금리 상승		금리 하락	
DGAP	+	−	+	−
자산(Asset)	장기 ⊖	단기 ⊖	장기 ⊕	단기 ⊕
부채(Liability)	단기 ⊖	장기 ⊖	단기 ⊕	장기 ⊕
기업가치	−	+	+	−

한편 순자산가치, 즉 $K(=A-L)$에 따른 영향은 다음과 같다.

$$\varepsilon = \frac{\Delta P}{P} \bigg/ \frac{\Delta r}{r} = -\frac{r}{1+r} \cdot D \rightarrow \frac{\Delta P}{P} = -D \cdot \frac{\Delta r}{1+r}$$

마찬가지로 이자율 변동에 따른 자산과 부채의 가치 변화 정도는

$$\frac{\Delta A}{A} = -D_A \cdot \frac{\Delta r}{1+r}, \quad \frac{\Delta L}{L} = -D_L \cdot \frac{\Delta r}{1+r}$$

따라서 $\Delta K(=\Delta A - \Delta L)$는 $\Delta K = -\left(D_A - \frac{L}{A} D_L\right) \cdot A \cdot \frac{\Delta r}{1+r}$

$$DGAP = D_A - \frac{L}{A} D_L$$

 예시

자산이 200(종합 듀레이션 5), 부채가 150(종합 듀레이션 3), 자본이 50인 경우 금리가 일률적으로 10%에서 12%가 되면 자본가치는 어떻게 되는가?

(풀이)

자산항목	금액	듀레이션	부채항목	금액	듀레이션
현금	20	0	단기부채	50	1
단기자산	100	2	장기부채	100	4
장기자산	80	10	자본	50	
자산 종합 듀레이션		5	부채 종합 듀레이션		3

자본가치 $\Delta V = [150 \times 3 - 200 \times 5] \dfrac{0.02}{(1+0.1)} = -10$

즉 자본가치는 10만큼 줄어들어 40이 된다.

(3) 상황대응적 면역 전략(Contingent immunization)

상황대응적 면역 전략은 Leiboitz와 Weinberger(1982)에 의해 처음 제시된 전략이다. 이 전략은 포트폴리오가 목표로 하는 최소한의 투자목표를 설정해 놓고 현재의 투자성과가 이 목표달성을 하는 데 초과적인 여유수익이 있는 수준이라면 적극적인 전략을 구사하며 또한 투자 종료 시까지 초과수익이 계속될 경우 적극적인 전략이 계속 유지된다. 그러나 현재의 투자

성과에서 추가적인 손실이 발생하면 목표로 하는 최소한의 수익달성이 불가능해질 경우 바로 면역 전략으로 전환함으로써 이루고자 하는 최소한의 투자 수익목표를 면역하는 혼합 전략이다. 이 전략은 동적 자산배분(Dynamic Asset Allocation : DAA)이라고도 한다.

예컨대 현재 100억 원을 투자하는 투자자가 3년 만기 6%의 연복리 수익률 이상이면 만족한다고 하자. 따라서 3년 후 이 투자자가 얻고자 하는 최소 수익은 $119.1[=100 \times (1+0.06)^3]$억 원이다. 그런데 현재 복리채의 시장수익률이 7%라고 하면 이 최소 수익을 실현하기 위하여 투입하여야 할 채권의 투자원금은 $97.22\left[=\dfrac{119.1}{(1+0.07)^3}\right]$억 원이 된다.

따라서 투자자는 처음에는 100억 원을 가지고 적극적인 투자전략을 구사한다. 그리고 이러한 전략을 통해서 포트폴리오의 가치가 면역 전략을 필요로 하는 최소 자산가치선(AB) 이상을 유지할 수 있다면 투자기한까지 적극적인 투자전략을 유지할 수 있고 이를 통하여 목표로 했던 최소한의 투자수익(119.1억) 이상의 수익을 실현할 수 있을 것이다.

그러나 적극적인 투자전략의 수행 결과 투자손실이 발생하여 면역 전략을 필요로 하는 최소 가산가치선(AB)에 도달하면 더 이상의 적극적 전략의 수행이 불가능해진다. 이 경우에는 목표로 했던 최소한의 투자수익(119.1억 원)의 확보를 위하여 바로 면역 전략으로 들어가는 것이다. 이 경우 면역 필요를 위한 최소 자산가치선은 시간에 따라 달라짐을 명심해야 한다.

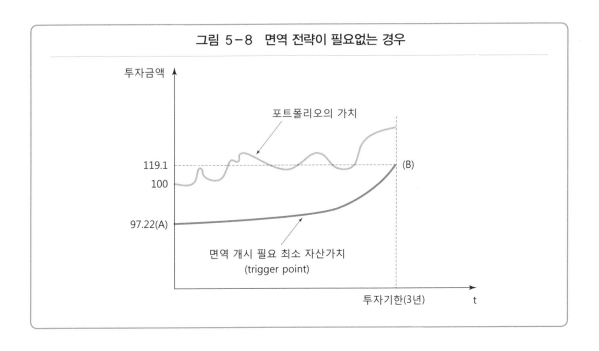

그림 5-8 면역 전략이 필요없는 경우

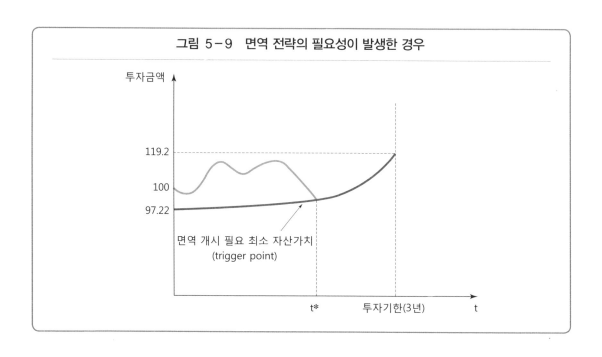

그림 5-9 면역 전략의 필요성이 발생한 경우

투자금액

119.2

100

97.22

면역 개시 필요 최소 자산가치
(trigger point)

t*   투자기한(3년)   t

4 현금흐름 일치 전략

현금흐름 일치 전략은 효율적인 자산-부채 종합관리(ALM)를 위한 채권 포트폴리오 투자전략의 일종으로서, 이는 기본적으로 채권 포트폴리오로부터 발생되는 현금유입액이 향후 예상되는 현금유출액을 상회하도록 적절히 채권 포트폴리오를 구성함으로써 부채상환을 보장하고, 이자율 변동 위험을 제거함과 동시에 이를 위한 자금조달비용을 최소화하는 방법이다. 예를 들어서 아파트 분양에 당첨되어 1년 동안 4개월 단위로 3회 2천만 원씩 필요한 경우에는 잔존기간 4개월, 8개월, 1년인 채권을 각각 구입하여 만기 세후 금액으로 2천만 원에 일치하게 하면 이자율 변동 위험 또는 유동성 위험을 제거시킬 수 있다.

5 채권 인덱싱 전략

(1) 인덱싱 전략

채권 인덱싱 전략은 채권시장 전체의 흐름을 그대로 따르는 포트폴리오를 구성하여 채권시장 전체의 수익률을 달성하려는 전략이다. 이는 채권시장이 효율적 시장이라는 전제하에서 어떠한 투자전략으로도 위험을 고려할 경우 시장 전체의 수익을 초과하는 수익률을 실현할 수 없다고 판단하기 때문이다.

채권 인덱싱 전략이 각광을 받는 이유 중 하나는 자문수수료 및 거래비용이 적극적 투자전략에 비해 저렴하기 때문이다.

채권시장 전체의 움직임을 정확히 반영하고 활용이 용이한 채권 인덱스를 개발한다는 것은 매우 광범위하여 여간 어려운 일이 아니다. 미국의 경우 채권시장은 크게 4개 시장으로 나누어지는데 국공채(Treasury and Federal Agency Securities)시장, 지방채(Municipal Securities)시장, 회사채시장, 자산유동화증권시장 등이다. 이에 따라 채권지수를 두 부류로 구별할 수 있는데 한 부류는 위의 4개의 시장을 넓게 포괄하는 broad market index이고 또 한 부류는 각 시장의 지수인 bond subindex이다.

최근 고객용 지수인 customized index개발이 활발히 이루어지고 있는데 이는 인덱스 전략을 사용하려는 특정 고객의 투자제약조건과 목표에 부합하면서 시장의 흐름을 반영하도록 짜여진 지수를 말한다. 이 지수는 상대적으로 긴 듀레이션을 갖는 부채를 적절히 상환할 수 있는 포트폴리오를 구성하고자 하는 연금펀드를 위해 개발된 것이다.

따라서 인덱싱 전략을 사용하려는 투자자는 자신의 투자목표에 부합하도록 broad market index나 bond subindex, customized index 중 하나를 선택하여야 하며 만일 투자자가 회사채시장이 전체 채권시장의 흐름을 주도한다고 생각한다면 회사채시장의 흐름을 가장 잘 반영하는 채권지수를 선택하여야 할 것이다.

인덱싱 전략을 위한 지수 포트폴리오를 구성하기 위해서는 tracking error에 특히 관심을 가져야 한다. 이는 지수 포트폴리오와 지수 자체와의 구성의 차이 그리고 지수 산정 시의 채권 가격과 지수 포트폴리오를 구성할 때의 채권 가격의 차이에 의해 발생하게 되는 오차이다.

지수 포트폴리오를 구성하는 가장 용이한 방법은 지수를 구성하는 모든 종목을 각 종목이 지수에서 차지하는 비중에 맞추어 매입하는 방법이다. 그러나 채권 매입에 따른 거래비용과 지수 포트폴리오로부터 나오는 원리금 등 수입의 재투자에서 tracking error가 발생할 수가 있으며 더구나 broad market index는 4,000종목 이상으로 구성되어 있기 때문에 많은 거래비용이 소요될 뿐만 아니라 어떤 종목들은 지수 산정 시의 채권 가격으로도 매입할 수 없는 경우가 있다.

또 다른 방법은 전체 종목 중 일부만을 샘플로 매입하여 포트폴리오를 구성하는 방법이 있으나 이는 샘플 수의 많고 적음에 따라 tracking error가 크게 차이가 나는 단점이 있다.

표 5-4 인덱싱 전략의 장점과 단점

장점	단점
• 투자자가 불확실한 미래에 대한 예측을 할 필요가 없고 시장 평균적 투자성과를 확보할 수 있다. • 적극적 투자전략에 비해 자문수수료 등의 비용이 절약된다. • 펀드매니저의 자의적 판단이 많이 제한된다.	• 채권지수의 투자성과가 최적의 투자성과를 의미하지는 않는다. • 투자자의 부채구조를 고려한 유동성 및 위험 등의 관리에 활용하기에는 부적합하다. • 포트폴리오 구성방법이 매우 기계적이어서 펀드매니저는 좋은 투자기회가 있어도 이를 포기해야 한다.

인덱싱 전략에는 다음과 같은 장단점이 있다. 장점으로는 첫째, 매니저의 자의성 축소로 이 자율 예측 실패의 위험을 사전에 방지할 수 있으며 둘째, 적극적 운용 펀드에 비해 매매회전율이 낮아 거래비용 및 자문수수료가 상대적으로 저렴하다. 셋째로 적극적 운용 시의 실적평가는 위험 수준의 상이성 및 지수 선정의 자의성 때문에 정확한 평가가 어려우나 인덱싱 전략의 경우에는 선정된 지수가 정확한 기준이 될 수 있어 실적평가의 객관성을 높일 수 있다.

단점으로는 첫째, 지수발표기관이 지수를 만들어 낸 시점의 채권 가격과 투자자가 지수 포트폴리오를 구성하는 시점의 채권 가격이 서로 상이할 뿐만 아니라 포트폴리오 구성 시 편입시켜야 할 채권의 유통물량이 부족할 때는 인덱싱 전략의 효과적 운영이 곤란하며, 둘째, 지수 포트폴리오나 지수 포트폴리오의 총수익률은 각 포트폴리오로부터 발생하는 현금흐름 재투자에 의해서도 영향을 받기 때문에 양 포트폴리오의 현금흐름 재투자가 상이하게 이루어질 경우 차이가 발생할 수 있고, 셋째로는 지수가 심하게 변화하거나 채권 가격이 심하게 변동할 경우 포트폴리오의 재조정이 자주 일어나야 함에 따라 tracking error가 커질 수 있다. 넷째로 인덱스 편입 종목을 위주로 투자함에 따라 고수익 종목을 포기해야 하는 높은 기회비용을 감수해야 하는 점도 있다.

(2) 인덱스의 종류

❶ 지수산출 유형별

ㄱ. 총 수익지수(Total Return Index) : 자본손익, 이자수익, 재투자수익을 합친 채권의 총 투자수익을 지수화한 것

예) JP morgan

ㄴ. 가격지수(Price Index) : 가격 변동을 지수화하고 이자율 지수를 보완한 것

예) S&P, Financial times

　　ㄷ. 수익률 지수(Yield Index) : 수익률 변화를 지수화한 것

예) Nikkei, Moody's

❷ 편입종목 선택에 의한 분류

　　ㄱ. All bond Index : 투자 가능한 모든 채권 편입

　　ㄴ. Tracker Bond Index : 시장가치와 유동성이 높은 종목을 편입

　　ㄷ. Bellweather Bond Index : 유동성이 높은 소수의 채권만 편입

❸ 채권 가격에 의한 분류

　　ㄱ. 순 가격지수(Clean Price Index) : 경과이자를 제거하고 자본손익만 지수화한 것

　　ㄴ. 시장 가격지수(Gross Price Index) : 경과이자를 포함한 것

　　ㄷ. 총수익지수(Total Return Index) : 재투자수익까지 포함한 것

❹ 기타 분류

　　ㄱ. Broad market Index : 시장 전체를 포함

　　ㄴ. Bond Subindex : 각 채권 종류별 지수

　　ㄷ. Customized Index : 고객용 지수

　　ㄹ. 삼성-매경지수, 협회-Bloomberg, 매경-Bloomberg, 한경-KIS지수

구분	삼성-매경지수	협회-Bloomberg	매경-Bloomberg	한경-KIS 지수
산정주기	주간, 월간	일간	주간	일간
산정방식	총수익지수	총수익지수	총수익지수	순 가격, 시장 가격, 총수익지수
채권 가격	내부 모형 방식	협회 수익률	5개 증권사 수익률	시장 평가기관
편입종목	All Bond Index	Tracker Bond Index	Bellweather Bond Index	All Bond Index
만기구분	3개월 이상	6개월 이상	6개월 이상	3개월 이상
등급조건	투자적격 + 부적격	투자적격	투자적격	투자적격
기타	거래대금 1억 이상	잔액 50억 이상	해외투자가용	재투자 수익조정

KIS : KOBI 30/대표종목 30종목/index fund 기준

자산으로 보유하고 있는 현물채권의 가치 변화를 국채선물을 통하여 헤지하려면 현물채권 가격 변화를 국채선물의 가격 변화를 통해 상쇄시킬 수 있어야 한다.

현물채권의 수익률 변화(Δr)에 따른 현물채권의 가격 변동을 ΔP라고 하면

$$\Delta P = -\frac{D_u}{(1+r)} \times \Delta r \times P,$$

여기에서 D_u : 현물채권의 듀레이션

또한 국채선물의 선도 수익률 변화(ΔrF)에 따른 국채선물의 가격 변동을 ΔF라고 하면

$$\Delta F = -\frac{D_F}{(1+r_F)} \times \Delta r_{F \times F},$$

여기에서 D_F : 국채선물의 듀레이션

현물채권을 국채선물로 헤지하려면 $\Delta P = \Delta F$ 가 되어야 하므로

$$-\frac{D_u}{(1+r)} \times \Delta r \times P = -\frac{D_F}{(1+r_F)} \times \Delta r_F \times F$$

그런데 국채선물의 가치(F)는 국채선물 1계약당 가격(P_F)에 계약수(N_F)를 곱한 것과 같기 때문에 위 식은

$$-\frac{D_u}{(1+r)} \times \Delta r \times P = -\frac{D_F}{(1+r_F)} \times \Delta r_F \times P_F \times N_F$$

로 표현된다.

따라서 현물채권의 자산가치를 유지하기 위한 매도 포지션을 취하기 위하여 맺어야 할 국채선물의 계약수는

$$N_F = \frac{D_u \times P \times \dfrac{\Delta r}{(1+r)}}{D_F \times P_F \times \dfrac{\Delta r_F}{(1+r_F)}}$$

가 된다.

만약 현물 수익률이 7.0%인 상태에서 해지해야 할 현물채권의 가치가 205.36억 원이고 국채선물의 가격이 103.40라고 하면 국채선물의 1계약의 가격은 103,400,000원이다. 이 경우 현물채권의 듀레이션이 2.701(년)이고, 국채선물의 듀레이션이 2.703(년)일 때 만약 현물채권의 수익률 변동률과 선도 수익률 변동률이 동일하다면 $\left[\dfrac{\Delta r}{(1+r)} = \dfrac{\Delta r_F}{(1+r_F)}\right]$이고 맺어야 할 선물 매도계약수($N_F$)는

$$N_F = \frac{2.701 \times 20,536,000,000}{2.703 \times 103,400,000} \times \frac{\dfrac{\Delta r}{(1+r)}}{\dfrac{\Delta r_F}{(1+r_F)}} = \frac{2.701 \times 20,536,000,000}{2.703 \times 103,400,000} = 198.46$$

이므로 약 198계약의 매도 포지션을 취하면 된다.

01 액면가 10,000원인 A기업 전환사채의 시장 가격은 15,000원이다. A기업의 현재 주가가 7,000원이고 전환사채의 전환 가격은 5,000원이라면 이 전환사채의 괴리율은?

① 6.7%

② 7.1%

③ 16.7%

④ 40%

02 다음 중 수의 상환사채(callable bond)에 대한 설명으로 적절하지 않은 것은?

① 미래 현금흐름이 보통사채보다 불확실하다.

② 수의 상환이 이루어지면 재투자위험에 노출될 수 있다.

③ call option이 채권의 듀레이션을 증가시켜 금리변동에 따른 채권 가격의 변화를 증가시킨다.

④ 보통회사채보다 투자자에게는 불리한 채권이다.

03 다음 중 편중 기대 이론에 대한 설명으로 적절하지 않은 것은?

① 유동성 프리미엄으로 인해 장기채수익률은 단기채 수익률보다 항상 높다.

② 불편 기대 이론과 유동성 프리미엄 이론의 결합으로 볼 수 있다.

③ 이 이론에 의해 낙타형 수익률 곡선이 잘 설명될 수 있다.

④ 수익률 곡선이 수평한 경우 미래 금리는 하락할 것으로 예상한다.

해설

01 ② Parity가격 $= \dfrac{7,000}{5,000} \times 10,000 = 14,000$원, 괴리율 $= \dfrac{15,000 - 14,000}{14,000} = 0.071$ 즉, 7.1%

02 ③ call option으로 듀레이션을 감소하게 되고 따라서 금리변동 위험도 줄어든다.

03 ① 편중 기대 이론은 불편 기대 이론과 유동성 프리미엄 이론의 결합으로 미래금리가 하락할 것으로 예상될 경우 장기채수익률이 더 낮을 수 있다.

04 다음 중 말킬의 채권 가격 정리로 적절하지 않은 것은?

① 채권의 잔존만기가 길수록 금리변동에 따른 채권 가격 변동폭은 커진다.

② 채권의 잔존만기가 길수록 금리변동에 따른 채권 가격 변동폭은 커지나 그 변동률은 체감한다.

③ 만기가 일정할 때 채권수익률 하락으로 인한 가격 상승폭은 같은 폭의 채권수익률 상승으로 인한 가격 하락률보다 작다.

④ 표면이자율이 높을수록 금리변동에 따른 채권 가격의 변동폭이 작다.

05 다음 중 전통적 면역 전략에 대한 설명으로 적절하지 않은 것은?

① 목표기간 말 투자 종료 시의 실현수익률이 금리 변동에 관계없이 채권 매입 당시의 만기수익률과 큰 차이 없이 실현되게 하는 전략이다.

② 재투자수익 효과와 가격 변동 효과가 서로 상쇄하여 가능하다는 이론이다.

③ 수익률 곡선이 우상향할 때만 가능한 전략이다.

④ 이론적으로는 할인채는 만기까지 보유함으로써 가능하다.

06 만기 3년, 맥컬레이 듀레이션이 2.8년, 표면금리는 매 3개월마다 지급되는 회사채의 만기수익률이 8%라면 이 채권의 수정 듀레이션은?

① 약 2.54   ② 약 2.59

③ 약 2.69   ④ 약 2.74

해설

04 ③ 가격 상승폭이 더 크다.

05 ③ 수익률 곡선이 수평하다는 가정이 필요하다. 할인채는 만기와 듀레이션이 일치하므로 이론적으로는 할인채는 만기까지 보유함으로써 가능하다.

06 ④ $MD = \dfrac{D}{(1 + r/m)} = \dfrac{2.8}{(1 + 0.02)} = 2.745$, 약 2.74

07 어느 이표채의 수정 듀레이션이 2.8이라 한다. 볼록성(convexity)까지 고려할 때 다음 중 올바르게 설명한 것은?

① 이 채권의 수익률이 1%p 하락하면 채권의 가격은 2.8%보다 더 상승할 것이다.

② 이 채권의 수익률이 1%p 상승하면 채권의 가격은 2.8%보다 더 하락할 것이다.

③ 이 채권의 수익률이 1%p 하락하면 채권의 가격은 2.8% 상승할 것이다.

④ 이 채권의 수익률이 1%p 상승하면 채권의 가격은 2.8% 하락할 것이다.

08 다음 중 듀레이션에 대한 설명으로 적절하지 않은 것은?

① 포트폴리오의 듀레이션은 포트폴리오 내 각 채권의 듀레이션의 가중평균과 같다.

② 다른 조건이 동일하면 표면금리가 낮을수록 듀레이션이 작다.

③ 다른 조건이 동일하면 만기가 길수록 듀레이션도 크다.

④ 듀레이션은 현가로 산출된 가중평균 만기이다.

09 다음 중 볼록성(convexity)에 대한 설명으로 적절하지 않은 것은?

① 수익률이 높을수록 채권의 볼록성은 커진다.

② 채권의 볼록성은 듀레이션이 증가함에 따라 가속도로 증가한다.

③ 수익률과 만기가 일정할 때, 표면금리가 낮을수록 볼록성은 커진다.

④ 동일한 듀레이션에서 볼록성이 큰 채권은 볼록성이 작은 채권보다 수익률의 상승이나 하락에 관계없이 항상 높은 가격을 가진다.

10 1년 만기 현물 이자율(spot rate)은 4%이다. 2년 만기, 표면금리 4%, 연후급인 채권의 만기수익률이 6%이고 가격이 9,633원이라면 2년 만기 현물 이자율은?

① 약 5% ② 약 5.5% ③ 약 6.05% ④ 약 6.5%

해설

07 ① 볼록성 때문에 2.8%보다 더 상승하고 금리 상승 시에는 2.8보다는 덜 하락한다.

08 ② 표면금리가 낮을수록 듀레이션은 커진다.

09 ① 수익률이 높을수록 볼록성은 작아진다.

10 ③ $9,633 = \dfrac{400}{1+0.06} + \dfrac{10,400}{(1+0.06)^2} = \dfrac{400}{(1+0.04)} + \dfrac{10,400}{(1+S_2)^2}$ 에서

$9,248 = \dfrac{10,400}{(1+S_2)^2}, (1+S_2)^2 = \dfrac{10,400}{9,248} = 1.125$ ∴ S_2는 약 6.05%

11 1년 만기 현물 이자율(spot rate)이 4%, 2년 만기 현물 이자율이 5%라 할 때 불편 기대 이론에 의한 잠재 선도 이자율(implied forward rate)은?

① 약 4%   ② 약 4.5%

③ 약 5%   ④ 약 6%

12 수익률 곡선 타기 전략에 관한 설명으로 적절하지 않은 것은?

① 예상 운용기간보다 만기가 긴 채권을 매입한다.

② 수익률 곡선이 우상향일 때 가능한 전략이다.

③ 만기 이전에 채권을 매각하여 자본차익 효과를 기대한다.

④ 불편 기대 이론이 타당하고 그 예상이 정확하다고 전제한다.

13 6개월마다 이자가 지급되는 어느 이표채의 채권 등가 베이스에 의한 수익률이 8%라면 연 이표지급 베이스(annual-pay basis)에 의한 만기수익률은?

① 약 7.85%   ② 약 8%   ③ 약 8.16%   ④ 약 8.31%

14 기간구조 이론 중 불편 기대 이론의 가정으로 적절하지 않은 것은?

① 모든 투자자는 위험중립형이다.

② 단기채와 장기채는 완전 대체관계에 있다.

③ 수익률 곡선이 수평이동한다.

④ 미래의 이자율을 정확하게 예상할 수 있다.

해설

11 ④ $(1+0.05)^2 = (1+0.04)(1+f)$, $(1+f) - \dfrac{(1+0.05)^2}{(1+0.04)} = 1.0601$

∴ 6.01%, 약 6%

12 ④ 불편 기대 이론이 맞다면 오히려 손실이 발생하는 전략이다.

13 ③ 연이표지급 베이스란 실효 연 수익률을 의미하므로 $\left(1 + \dfrac{0.08}{2}\right)^2 - 1 = 0.0816$ ∴ 8.16%

14 ③ ①, ②, ④가 필요한 가정이며 수익률 곡선의 이동은 전혀 무관한 내용이다.

정답 01 ② | 02 ③ | 03 ① | 04 ③ | 05 ③ | 06 ④ | 07 ① | 08 ② | 09 ① | 10 ③ | 11 ④ | 12 ④ | 13 ③ | 14 ③

15 현재 스프레드가 4%, 과거의 스프레드 평균이 3%이고, 스프레드 표준편차가 0.5%이면 스프레드 지수는?

16 총자산 100조, 부채 80조, 자기자본 20조인 은행의 부채의 평균 멕컬레이 듀레이션이 4년이라 한다. 순자산 면역 전략(DGAP=0)이 되기 위해서는 총자산의 평균 멕컬레이 듀레이션은?

17 현재 소유하고 있는 현물채권의 가치는 20억 원이고 국채선물의 가격은 105라 한다. 현물채권의 듀레이션은 2.5년이고 국채선물의 듀레이션이 2.8년이고 현물채권과 선도 수익률의 수익률 변동이 동일하다면 헤징을 위해 선물계약은 어떻게 맞어야 하는가?

18 액면가 10,000원, 만기 2년, 만기수익률 7%인 할인채가 있다. 채권 면역 전략을 위해 이 채권은 얼마간 보유해야 하는가?

19 액면 금액 10,000원, 표면금리가 5%이고 만기 5년인 연 단위 복리채의 만기 시 지급금액은?

20 액면가 10,000원인 전환사채의 전환 가격은 20,000원이고, 이 전환사채 발행기업의 주가는 18,000원일 때 패리티(Parity) 및 패리티 가격은?

21 위 문제(20번)의 전환사채가 시장에서 거래되는 가격이 9,500원이면 괴리는?

정답

15 2, (4%−3%)/0.5%=2

16 3.2년, 80/100×4=3.2

17 17계약 매도, (2.5×20억)/(2.8×1.05억)×1/1=17

18 2년, 할인채이므로 만기가 곧 듀레이션이다.

19 12,762원(10,000(1+0.05)^5=12,762원)

20 90%(18,000/20,000=0.9), 9,000원(90%×10,000원=9,000원)

21 500원(9,500−9,000=500)

22 액면가 10,000원, 만기수익률이 10%, 만기가 1년 20일 남은 할인채의 가격은?

23 액면가 10,000원, 표면금리가 8%인 채권의 시장 가격이 9,200원일 때 경상수익률은?

24 액면가 10,000원인 6개월 후급 이표채의 만기수익률이 8%라면 실효 연 수익률은?

25 액면가 10,000원, 만기 3년, 표면금리 8%인 채권의 현재 가격은 9,600원이다. 이 채권의 만기수익률을 간이법으로 계산하면?

26 수익률이 5%인 영구채의 맥컬레이 듀레이션과 수정 듀레이션은?

27 A채권의 현재 가격은 9,500원이고 만기수익률은 5%라 한다. 이 채권의 수익률이 1%p 상승하면 채권 가격은 9,320원이 되고 1%p 하락하면 9,700원이 된다고 한다. 이 채권의 실효 듀레이션과 실효 블록성은?

28 1년 만기 현물 이자율이 4%, 내년의 1년 만기 예상금리가 5%이다. 불편 기대 이론에 의하면 2년 만기 현물 이자율은?

29 약정수익률이 10%인 회사채가 있다. 무위험채권의 수익률은 6%이고, 이 회사채의 기대 수익률이 9%라면 이 회사채의 지급불능 프리미엄, 위험 프리미엄 및 수익률 스프레드는?

정답

22 9,041원($10,000/(1+0.1)(1+0.1 \times 20/365)=9,041$)

23 8.7%($800/9,200=0.087$)

24 8.16%($(1+0.04)^2-1=0.0816$)

25 약 9.52%($\{800+(10,000-9,600)/3\}/(10,000+9,600)/2=0.0952$)

26 21년, $(1+0.05)/0.05=21$, 20, $21/(1+0.05)=20$

27 2, $(9,700-9,320)/(2 \times 9,500 \times 0.01)=2$, 21.05, $(9,700+9,320-2 \times 9,500)/(9,500)(0.01)^2=21.05$

28 약 4.5%, $(1+S_2)^2=(1+0.04)(1+0.05)$에서 $S_2=4.499\%$

29 1%, $10\%-9\%=1\%$, 3%, $9\%-6\%=3\%$, 4%, $10\%-6\%=4\%$

part 03

파생상품투자운용 및 투자전략

chapter 01

파생상품 개요

파생상품의 기본 분류

파생상품(Derivatives)은 한마디로 기초자산(underlying asset)으로부터 파생된(derived) 자산이다.

파생상품은 상품의 종류와 거래기법에 따라 선물, 옵션, 스왑, 선도거래 등으로 분류된다. 또한 거래소를 통한 거래의 여부에 따라 장내파생상품과 장외파생상품으로 분류가 된다. 또한 파생상품의 기초자산은 주가지수, 개별 주식, 금리, 채권, 통화, 상품 등 아주 다양하다.

A. 기본 상품(거래기법)

① 선물(futures)

② 옵션(options)

③ 스왑(swap)

④ 선도(forward)

B. 거래 메커니즘(거래장소)

① 장내파생상품

② 장외파생상품

장내파생상품(exchange-traded derivative products)

장내파생상품은 말 그대로 거래소(exchange)에 상장되어 거래(traded)되는 파생상품이다. 주로 선물과 옵션이 그 대상이 되는데 거래소에 상장이 된다는 것은 많은 규칙과 규제(rules and regulations)의 대상이 되는 것을 의미하는 동시에 계약의 크기나 거래방법이 표준화(standardization) 또는 규격화 되어 거래가 간편하고 매우 쉽게 일어날 수 있다는 것을 의미한다. 따라서 장내파생상품은 대개 유동성을 확보하기 쉽고 한번 취한 포지션을 쉽게 반대매매를 통해 만기전 청산할 수 있도록 설계되어 있다. 우리나라에서 파생상품이 상장되어 있는 거래소는 한국거래소(Korea Exchange : KRX)이다.

미국의 경우 여러 개의 선물거래소가 있는데 특히 선물거래의 본 고장인 시카고에는 유명한 선물 및 옵션거래소 3개가 있다. 이들은 시카고상품거래소(Chicago Board of Trade : CBOT), 시카고상업거래소(Chicago Mercantile Exchange : CME), 그리고 시카고옵션거래소(Chicago Board of Option Exchange : CBOE)이다. 2007년 7월 시카고상업거래소(CME)가 시카고상품거래소(CBOT)를 인수 합병함으로써 CME Group Inc.가 탄생하였으나, 각 거래소의 브랜드 인지도가 워낙 높았던 만큼 여전히 독립된 거래소 명칭을 사용하는 사람들이 많다.

장외파생상품(OTC Derivative Products)

장외파생상품은 거래소 이외의 장소에서 거래당사자들 간의 계약을 통해 거래가 일어나는 파생상품이다. 장외파생상품을 영어로 OTC(Over-The-Counter) Derivatives라고 한다. 일대일 계약을 통해 거래하는 경우 아무래도 거래소를 통한 거래보다는 거래상대방을 찾기 어려워 거래가 성사되기가 힘들기 때문에 유동성이 줄어든다. 즉, 한번 포지션을 취하면 이를 해지하거나 반대매매를 하기가 쉽지 않은 것이다.

그 대신에 장외거래의 특징은 상품설계의 유연성, 즉 맞춤형(customization) 거래가 가능하다는 점이다. 거래상대방끼리만 동의하면 어떠한 조건도 삽입이 가능하다. 물론 지나치게 한쪽에게 불리하거나 사기성이 있는 조건의 경우 만기에 가서 사후적으로 문제가 될 수 있으므로 삽입하지 말아야 할 것이지만 이론적으로는 이것까지도 가능한 것이다. 간간히 장외파생상품거래에 문제가 생기는 경우가 있는데 이 경우 민사소송이 진행된다는 점도 특징적이다.

선도거래와 스왑거래는 바로 장외파생상품에 해당한다. 그리고 옵션 중에서 일부 옵션은 장내에서 거래가 일어나지만 표준화하기 어려운 조건이 독특한 옵션들은 장외거래를 통해 거래가 일어나는데 이를 장외옵션이라 한다.

장외거래는 경제주체들 사이에서 일어나기는 하지만 실제로는 장외거래를 필요로 하는 고객(일반기업)과 장외파생상품을 전문적으로 취급하는 금융회사 등 시장조성자(market maker) 사이에서 일어나는 것이 대부분이다. 예를 들어 금리스왑의 경우 이를 전문적으로 취급하는 전문기관이 있으므로 스왑 포지션을 취하고 싶은 고객은 이들 전문기관에 연락을 취하고 상황을 제시하면 어떤 조건으로 스왑을 할 수 있는지 호가(거래 예상 가격)를 받아서 거래를 할 수 있다. 이들 전문기관은 다양한 고객들을 접하면서 언제든지 시장에 지속적으로 호가를 제공하게 함으로써 이들의 거래상대방이 되어주는 역할을 하는데, 이 경우 일반적인 딜러와는 약간 다른 측면이 있으므로 이들을 웨어하우스(warehouse)라는 표현을 써서 부르기도 한다. 결국 장외파생상품은 시장조성자와 고객 간의 일대일 계약 형태로 일어나는 것이 대부분이다.

C. 거래대상(기초자산)

① 주가지수

② 개별 주식

③ 금리

④ 채권

⑤ 통화(외환, 환율)

⑥ 상품(원자재)

⑦ 임의의 선물계약

⑧ 신용위험(credit risk)

파생상품의 거래대상은 주가, 금리, 환율, 상품, 신용위험 등 매우 다양하다. 위의 거래대상 중 독특한 ⑦은 임의의 선물계약을 기초자산으로 취급하고 있는데 이는 선물옵션(futures option : option on futures)을 전제로 한 분류이다. 즉, 선물의 유동성이 확보될 경우 현물이 아닌 선물계약에 대한 옵션을 거래소에 상장하여 거래하는 경우가 종종 있다. 예를 들어 옥수수 선물의 경우 선물계약이 활발하므로 옵션이 도입될 때 옥수수 현물이 아닌 옥수수 선물계약을 기초자산으로 하는 옵션을 도입하는 것이다. 일종의 2차 파생상품인 셈이다. 미국의 경우 국채, 주가지수, 통화, 상품에 대한 선물 중 유동성이 좋은 선물계약을 대상으로 선물옵션이 주로 상장되어 있다. 우리나라의 경우 한때 한국선물거래소(현, 한국거래소)가 최초로 국채선물에 대한 선물옵션을 상장하였지만 유동성을 확보하지 못해 거래가 중지된 바 있다.

⑧로 분류된 신용위험에 대한 파생상품은 2008년 글로벌 금융위기를 계기로 상당히 부각되면서 급격히 성장하고 있는 상품으로 주로 신용파산스왑(Credit Default Swap, CDS), 신용연계채권(Credit Linked Note, CLN) 등이 여기에 속한다.

section 02 파생상품 투자전략

파생상품을 가지고 구사할 수 있는 투자전략은 대개 네 가지 정도로 분류된다. 바로 투기적 거래, 헤지거래, 차익거래, 스프레드 거래의 네 가지이다.

1 투기적 거래(speculation)

파생상품을 이용한 투자전략 중에서 가장 먼저 지적될 만한 것은 역시 투기적 거래이다. 선물거래를 예로 들어보자. 한국거래소에 상장이 되어 있는 주가지수선물거래는 가격이 1포인트 움직일 때마다 25만 원의 돈이 움직인다. 이것은 일종의 게임의 룰이다. 따라서 만일 어느 투자자가 주가지수선물이 100포인트일 때 주가지수선물 한 계약에 매수 포지션을 취하였다면 그는 100포인트×25만 원/포인트=2,500만 원에 해당하는 포지션을 취한 셈이다. 이를 명목원금 혹은 액면금액이라 한다. 그러나 그는 이 돈의 15%만 초기 증거금으로 납부하면 주문을 내고 포지션을 취할 수 있다. 즉, 2,500만 원짜리 거래를 하는데 15%×2,500만 원=375만 원만 있으면 가능하다. 따라서 2,500만 원 기준으로 10%, 즉 250만 원의 수익을 올렸다고 할 때 이 투자자는 사실상 $\frac{250만 원}{375만 원}$=67%의 수익을 올린 셈이다. 예상하고 취한 포지션의 방향이 맞으면 높은 수익을 얻을 수 있는 것이다. 그러나 똑같은 논리로 명목원금대비 −10%의 수익이 난다면, 즉 250만 원의 손해를 본다면 이 투자자는 사실상 −67%의 수익률을 낸 것이며 무려 투자금의 $\frac{2}{3}$를 잃은 것이다. 또한 옵션거래의 경우 후에 설명되겠지만 내재되어 있는 레버리지 효과(손익 확대 효과)가 선물거래보다도 더 크기 때문에 더욱 고수익－고위험의 투자기회를 제공하게 된다. 따라서, 이들 상품의 경우 지금까지 설명하였듯이 레버리지가 높기 때문에 시장 가격이 급격히 불리한 방향으로 움직이면 큰 손실이 발생할 수 있다.

2 헤지거래(hedging)

헤지거래는 위험을 회피하기 위한 거래이다. 선물거래나 옵션거래가 위험하기는 하지만 경우에 따라서는 효과적인 위험관리수단이 될 수 있다. 아주 간단한 예로 선도거래를 들 수 있다. 이 거래는 '물건'(기초자산)을 미래의 시점에서 미리 정한 가격에 사거나 팔기로 계약을 해놓는 것이다.

복잡한 예를 하나 들어보자. 시가가 엄청난 규모의 주식이 편입된 주식형 펀드 A를 관리하는 펀드매니저가 있다고 하자. 그런데 이 매니저는 주식가치 하락을 강하게 예견하고 있다고 하자. 이때 최선은 주식을 다 매도하여 정리하는 것이다. 그러나 이 방법은 위험하다. 대량매도가 일어나는 순간 주가가 정말로 떨어지는 상황이 초래될 가능성이 있다. 자신이 우려하는 상황을 스스로 창출해내게 되는 것이다. 말 그대로 '큰 손의 슬픔'이다. 이 경우 주가 하락이 예상되는 상황에서 이 매니저가 취할 수 있는 좋은 방법은 주식을 그대로 둔 채 포지션 하나를 더 추가하는 방법이다. 즉, 주가 하락이 일어날 경우 이익을 볼 수 있는 포지션을 하나 추가하는 것이다. 이 추가 포지션을 구축하는 순간 이 매니저는 주가가 하락 시 추가 포지션에서 이익을 보게 되므로 원래 포지션에서의 손실을 상쇄할 수 있다.

이처럼 원래 포지션을 그대로 둔 채 추가 포지션을 취하여 전체적으로 손익을 중립적으로 만드는 기법을 헤징(hedging)이라 한다. 파생상품으로 추가 포지션을 구성하는 과정에서 가장 많이 쓰이는 것이 주가지수선물 매도인데, 이 경우 파생상품은 헤지 목적으로 이용되었다고 볼 수 있다.

이를 요약해보자.

	주가 하락 시	주가 상승 시
원래 포지션 A	손실	이익
추가 포지션 B	이익	손실
전체 손익(A+B)	0	0

이처럼 헤징은 포지션 A의 가치가 하락할 것 같은 상황에서 이를 그대로 둔 채 포지션 B를 추가로 취함으로써 '포지션 A의 손익＋포지션 B의 손익＝0'이 되도록 만드는 작업을 의미하는 것이다.

3 차익거래(arbitrage)

어떤 물건이 I시장에서는 100, II시장에서는 120의 가격에 거래된다고 하자. 이 경우 대부분의 투자자들은 I시장에서 물건을 사다가 II시장에서 매도하려고 할 것이다. 당연히 20의 이익이 생긴다. 그것도 무위험이다. 이처럼 두 시장에서 거래되는 물건이 동일한데 가격에 차이가 날 경우 이를 이용하여 차익을 챙기는 거래를 차익거래(arbitrage trading, 혹은 재정(裁定)거래)라 한다. 그러면 이론적으로 이 상황이 유지 가능한가? 답은 '그렇지 않다'이다. 다들 I시장에서 물건을 사들이게 되면 I시장 가격은 오르게 된다. 다들 II시장에서는 물건을 팔려고 하다보면 II시장에서 물건 가격은 떨어진다. 결국 양시장 간 물건 가격의 차이는 줄어들고(예를 들어 양쪽 다 110) 결국 정상적인 상황에서는 양시장 간 물건 가격이 같아진다. 균형에서는 가격차가 없어야 한다.

혹은 이런 경우도 가능은 하다. I시장에서 II시장까지 물건을 옮기는 비용이 20 정도 든다면 II시장에서의 물건 가격은 120까지도 가능하다. 왜냐하면 I시장에서 물건을 사가지고 II시장까지 가는데 비용이 20이 들게 되므로 II시장 가격이 120 정도 되면 이러한 거래를 해봤자 전혀 이익이 없기 때문이다. 따라서 I시장에서 II시장까지 물건의 운반비용이 들면 I시장 가격과 II시장 가격이 운반비용만큼 차이가 나는 것이 오히려 정상이다.

현물시장과 선물시장은 해당 기초자산이 거래되는 두 개의 서로 다른 시장이다. 따라서 시장은 다르지만 거래되는 '물건'은 동일하다. 따라서 차익거래의 가능성이 존재한다. 두 시장 간 상대적인 균형 가격을 기준으로 실제 가격이 균형보다 높을 경우 가격이 높은 시장에서 물건을 팔고 가격이 낮은 시장에서는 사들임으로써 차익을 얻을 수가 있다. 두 시장 간에는 차익거래 기회가 존재할 수 있지만 이는 그리 오래가지 못한다. 즉, 매우 짧은 시간 내에 균형을 회복하는 것이다. 여기서 균형 가격을 언급한 것은 이유가 있다. 양 시장 간에는 시차가 존재하므로 일종의 운반비용이 존재한다. 따라서 운반비용 정도 차이가 나는 것이 정상이고 이러한 의미에서 양 시장 간 가격이 완전히 같아지는 것은 오히려 균형이 아니다.

이처럼 현물시장 가격과 선물시장 가격 간의 차이(이를 베이시스라 한다)가 이론적인 수준을 벗어날 경우 이러한 비정상적 가격차를 이윤으로 획득하는 거래가 현선(현물과 선물) 차익거래이다. 요약하면 차익거래는 ① 현선 간 가격차가 균형을 벗어날 경우 양 시장 간 가격 차이를 이윤으로 획득하려는 거래로서, ② 무위험투자가 되고, ③ 결국 이러한 기회는 오래지 않아 사라지게 된다는 특징이 있다.

4   스프레드 거래(spread)

시장에서 보면 선물계약 I과 선물계약 II 혹은 옵션계약 I과 옵션계약 II가 상당히 밀접한 관계를 가지고 움직이는 경우가 있다.

즉, 둘 사이의 관계가 어느 정도 정형화된 관계를 가지고 있다고 할 때 스프레드 거래의 가능성이 생긴다. 예를 들어 선물계약 I과 선물계약 II 사이의 가격차이가 과거 통계상 적게는 5 많게는 10까지 벌어진다고 하자. 그리고 선물계약 II가 선물계약 I보다 항상 가격 수준이 높다고 하자. 그런데 만일 둘 사이의 가격차가 6 정도로 관찰된다면 이러한 상황을 이용하여 이익을 챙기려는 투자자가 나타난다. 즉, 가격차가 좁아질대로 좁아졌으니 이제는 가격차가 넓어질 가능성이 크다고 판단이 되는 상황인 것이다. 이제 가격이 높은 선물계약 II를 매수하고 가격이 낮은 선물계약 I은 매도하면 둘 사이의 가격차가 확대되는 경우 확대된 만큼 이익을 얻을 수 있다.

예를 들어 가격차가 6일 때 이 포지션을 구축한 후 얼마 지나서 둘 사이의 가격차이가 9 정도로 벌어진다면 이 투자자는 매수한 선물계약 II는 매도로 정리하고 매도한 선물 I은 매수로 정리하면 9−6=3 정도의 이익을 얻을 수 있다. 이처럼 둘 사이의 가격차가 지나치게 벌어지거나 좁혀질 경우 가격차의 움직임을 이용하여 이익을 보려는 거래를 스프레드 거래라 한다. 차익거래와의 차이점은 위험의 존재여부이다.

가격차가 현재 6이지만 얼마든지 5 혹은 4나 3까지 줄어들 수 있다. 물론 넓어질 수도 있다. 따라서 스프레드는 일종의 투기거래로서 둘 혹은 그 이상의 자산 사이의 가격차이가 대상이 되는 거래라 볼 수 있고 이 거래에서의 위험은 가격 수준에 대한 투기적 거래보다는 일반적으로 작다고 볼 수 있다.

chapter 02

선도거래와 선물거래의 기본 메커니즘

선도거래

　우리가 '물건'을 거래할 경우 대부분 현물방식으로 거래된다. 물건과 돈이 거래 시점에서 즉시 교환되는 것이다. 물건과 돈이 교환되는 것을 실물 인수도(physical delivery)라 한다. 현물거래는 이와 같이 그때그때의 시세대로 돈을 지불하고 실물 인수도가 일어나는 경우를 의미한다. 그러나 가만히 따져보면 이 둘이 즉시 교환되지 않는 경우도 많다. 아파트를 사고팔 때 우리는 가격을 미리 정한 후 일정한 계약금을 내고 계약을 확정시킨 후 일정기간 동안 중도금과 잔금을 지급한 후 드디어 최종 실물 인수도가 일어난다. 이처럼 부동산 거래에는 선도거래적인 요소, 다시 말해 계약 시점과 실물 인수도 시점(만기시점)에 차이가 나는 요소가 가미되어 있다. 선도거래에는 현재 시점(t)과 만기 시점(T)이 있다. 현재 시점은 계약 시점이고, 만기 시점은 계약의 집행시점이 된다. 현재 시점에서는 당사자 간에 다음 사항이 모두 결정되고 계약이 이루어진다. 만기에서는 계약한 대로 집행이 된다.

❶ 거래대상
❷ 만기
❸ 거래수량
❹ 거래 가격

❺ 매수자
❻ 매도자

| 1 | **배추 밭떼기 거래** |

배추 밭떼기 거래에서는 배추 재배농가와 유통업자 사이에 현재 시점(배추출하 시점 이전)에서 다음 사항이 모두 정해지고 만기(김장철)에 가서는 이 계약대로 집행된다.

(1) 현재 시점에서의 계약사항

❶ 거래대상＝배추
❷ 만기＝가을의 배추출하 시점
❸ 거래수량＝일정 규모의 밭에서 나는 배추 모두(약 10,000포기)
❹ 거래 가격＝1,000만 원(포기당 1,000원 기준)
❺ 매수자＝유통업자
❻ 매도자＝배추 재배농가

(2) 만기 시점(계약집행 시점)의 거래 : 실물 인수도(physical delivery)가 발생

김장철, 즉 만기 시점에 가면 〈그림 2-1〉과 같이 실물 인수도가 일어난다. 즉, 물건과 돈이 교환되는데 김장철의 관점에서 보면 1,000만 원은 과거에 정해진 가격이다. 즉, 현재 가격을 무시하고 과거에 정해진 가격대로 실물 인수도가 이루어지는 것이다. 이처럼 미리 계약을 하고 만기 시점에 가서 정한 가격대로 실물 인수도가 이루어지는 거래를 선도거래(forward)라 한다.

그러면 이 거래를 계약의 만기 시점, 즉 김장철에 가서 형성되는 배추 현물시세가 나올 때

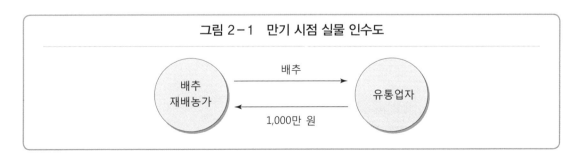

그림 2-1 만기 시점 실물 인수도

의 관점에서 평가해보자.

(3) 만기 시점의 손익평가

만기 시점 기준의 평가는 간단하다. 만기 때의 배추 현물시세와 계약 가격을 비교하면 된다.

예를 들어, 만기 때의 배추시세가 600원/포기가 되었다면 재배농가의 표정이 밝아질 것이다. 시세가 600만 원짜리인 물건을 밭떼기 거래 덕분에 1,000만 원에 팔 수 있게 되었기 때문이다. 사후적으로 400만 원의 이익을 본 것이다. 반대로 유통업자는 표정이 어둡다. 시세가 600만 원인 물건을 1,000만 원에 사들여야 하기 때문이다. 400만 원의 사후적 손실이 발생한 것이다. 이를 수식기호로 표시해 보자.

S_T : 만기 시점(T) 배추시세(현물시세) = 600원/포기

$F_{t,T}$: 계약 가격 = 1,000원/포기(미리 정해진 가격 = t시점에서 T시점을 만기로 하는 계약 가격)

❶ 재배농가의 이익 = $F_{t,T} - S_T$ = 1,000 − 600 = 400원/포기

❷ 유통업자의 이익 = $S_T - F_{t,T}$ = 600 − 1,000 = −400원/포기

사후적으로 볼 때 매수 계약자의 이익과 매도 계약자의 이익의 합은 0이 되므로 선도거래는 사후적 제로섬 게임(expost zero sum game)이라고 불린다. 이를 그래프로 표시하면 〈그림 2-2〉와 〈그림 2-3〉과 같이 나타난다.

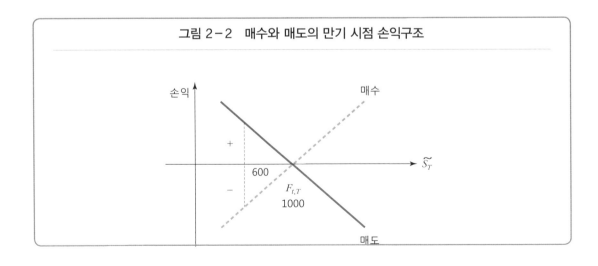

그림 2−2 매수와 매도의 만기 시점 손익구조

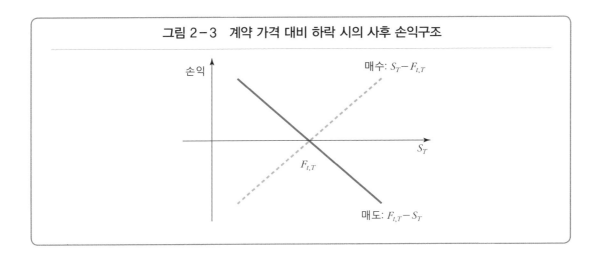

그림 2-3 계약 가격 대비 하락 시의 사후 손익구조

손익

매수: $S_T - F_{t,T}$

S_T

$F_{t,T}$

매도: $F_{t,T} - S_T$

2 선물환 거래(forward exchange)

선물환 거래는 과거부터 고객과 은행 사이의 일대일 계약으로서 환위험관리에 유용하게 쓰이는 계약이다. 이 계약은 위에서 설명한 배추 밭떼기 거래처럼 계약 시점과 실물 인수도 집행 시점의 두 시점에 걸쳐 거래가 이루어지는 전통적인 파생상품거래이다. 그러면 선물환 거래에 대해 살펴보자. A기업은 수출기업이다. 그런데 90일 후에 수출대금 100만 달러가 유입이 될 예정이다. A기업의 CFO는 90일 후에 환율시세가 걱정이 되어 선물환 거래를 통해 리스크를 제거하기로 결정하였다. 그는 B은행 선물환 담당자와 연락을 취하여 다음과 같은 조건으로 선물환 거래를 하기로 결정하였다.

(1) 현재 시점 : 계약 시점

❶ 거래대상=달러
❷ 만기=90일 후
❸ 거래수량=100만 달러
❹ 거래 가격=1,200원/달러
❺ 매수자=B은행
❻ 매도자=A기업(수출기업)

이제 계약은 되었고 집행 시점까지 기다리면 된다.

(2) 만기 시점

계약집행 시점(실물 인수도가 이루어짐)인 만기에 가면 〈그림 2-4〉처럼 실물 인수도가 일어나면서 계약이 종료가 된다.

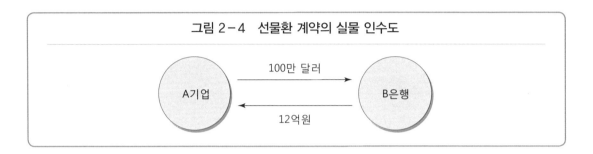

그림 2-4   선물환 계약의 실물 인수도

(3) 선도거래의 사후적 가치평가
(계약 가격 = 선물환 가격 = $F_{t,T}$ = 1,200원/달러)

이제 이 그림을 토대로 두 가지 경우를 상정해 보자. 90일 후 현물환 시세가 1,000원/달러에 형성된 경우와 1,250원/달러에 형성된 경우의 두 가지 경우이다. 전자의 경우 매도계약을 한 A기업이 200원/달러의 이익을 보게 되고, 후자의 경우 매수계약을 한 B은행이 사후적으로 50원/달러의 이익을 보게 된다(다음 표).

(단위: 원)

	S_T = 1,000	S_T = 1,250
A기업 = 매도자	+200	−50
B은행 = 매수자	−200	+50

이제 이를 자세히 살펴보자. 먼저 만기 시점 현물환 시세가 1,250원이 된 경우를 상정해보자.

❶ 선물환 계약 가격이 1,200원/달러인 상황에서 사후적으로 현물환 시세가 1,250원/달러가 될 경우, '시세가 1,250원/달러임에도 불구하고 1,200원/달러의 가격에 100만 달러를 거래'해야 하는 상황이 A기업과 B은행에게 발생. 즉, '시세보다 싸게' 매수, 매도가 이루어지게 됨. 이 경우,

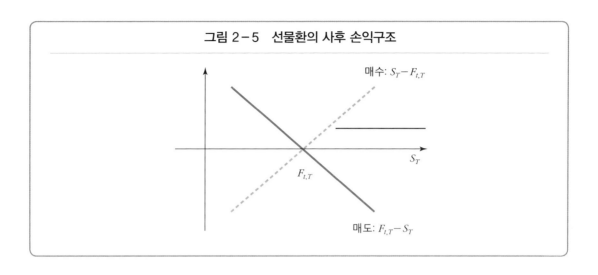

그림 2-5 선물환의 사후 손익구조

매수: $S_T - F_{t,T}$

$F_{t,T}$

S_T

매도: $F_{t,T} - S_T$

'싸게 매수'는 사후적 이익(+50원/달러)

'싸게 매도'는 사후적 손실(-50원/달러)

이 발생한다. 매수자는 B은행이고 매도자는 A기업이므로 B은행 5,000만 원 이익, A기업 5,000만 원 손실의 상황이 발생

❷ 선물환 계약 가격이 1,200원/달러인 상황에서 사후적으로 1,000원/달러가 될 경우, '시세가 1,000원/달러임에도 불구하고 1,200원/달러의 가격에 100만 달러를 거래'해야 하는 상황이 발생. 즉, '시세보다 비싸게' 매수, 매도가 이루어지는 셈이므로,

'비싸게 매수'는 사후적 손실(-200원/달러)

'비싸게 매도'는 사후적 이익(+200원/달러)

이 발생한다. 매수자는 B은행이고 매도자는 A기업이므로 B은행 2억 원 손실, A기업 2억 원 이익의 상황이 발생

이제 이를 일반적으로 정리해 보자. 만기 시점 현물 가격이 선물환 계약 가격 대비,

❶ 오를 경우, 즉 $S_T > F_{t,T}$ 일 경우
매수 포지션을 가진 투자자는 사후적으로 이익
매도 포지션을 가진 투자자는 사후적으로 손해
이때, 이익이나 손실규모의 절대치는 ($|S_T - F_{t,T}|$)

❷ 떨어질 경우, 즉 $S_T < F_{t,\,T}$일 경우

매수 포지션을 가진 투자자는 사후적으로 손해

매도 포지션을 가진 투자자는 사후적으로 이익

이때, 이익이나 손실규모는 절대치 $|S_T - F_{t,\,T}|$가 됨

(4) 두 개의 선도계약이 발생한 경우

이제 두 개의 선도계약이 반대방향으로 발생한 경우를 설명해보자. 예를 들어 A기업이 원금 100만 달러, 만기 90일, 선물환 가격 1,200원/달러의 선물환 매수계약을 B은행과 체결하였다(계약체결 시점 9월 말/만기 시점 12월 말). 이제 한 달이 지나서 10월 말이 되었다. 그런데 그 사이에 외환시장에 충격이 와서 두 달 만기(만기 12월 말) 달러 선물환 시세가 1,300원/달러 정도로 상승하였다. 한 달 만에 시장 상황이 변하여 향후 달러가치가 더욱 상승할 것이라는 기대가 형성된 결과이다. 이를 관찰하던 A기업이 한 달이 지난 10월 말에 원금 100만 달러/만기 2개월/선물환 가격 1,300원/달러의 선물환 매도계약을 C은행과 체결하였다고 하자. A기업의 포지션은 어떻게 되는가? A기업은 만기에 가서

① B에게 12억 원을 지급하고 100만 달러를 사들인 후,
② C에게 100만 달러를 지급하고 13억 원을 받을 수 있다.

만기 시점 달러시세와 상관없이 무조건 1억 원의 이익을 얻게 되는 것이다(〈그림 2-6〉 참조).

만기 시점이 동일한 선물환에 대해 한번은 매수, 한번은 매도계약을 체결할 경우 이는 매수

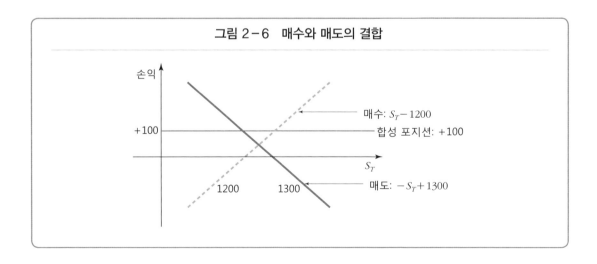

그림 2-6 매수와 매도의 결합

계약과 매도계약의 차이에 해당하는 이익 혹은 손실을 확정하는 일이 된다. 앞에서처럼 매수계약 가격은 1,200원/달러, 매도계약 가격은 1,300원/달러일 경우 이 기업은 (1,300 − 1,200)원/달러×100만 달러＝1억 원의 이익을 보게 된다. 매수계약 가격이 매도계약 가격보다 낮기 때문이다. 반대의 경우는 어떠한가? 즉, 매도계약을 먼저 체결하고 나중에 매수계약을 체결한 경우를 상정해 볼 때 매수나 매도계약의 순서는 중요하지 않다. 어차피 계약집행은 만기 시점에 가서 이루어지므로 계약의 순서는 상관이 없고 매수가격이 매도계약 가격보다 낮기만 하면 또는 매도 가격이 높기만 하면 이익을 보게 된다. 이것이 선물계약에서 가능한 반대매매의 원리이다. 높은 가격에 매도하고 가격이 떨어졌을 때 낮은 가격에서 매수를 할 경우 이익을 본다. 단, 만기는 동일한 계약이어야 한다.

(5) 선도거래의 일반적인 특징

이상에서 살펴본 선도거래의 특징은 다음과 같이 요약될 수 있다.

❶ 앞으로 얼마가 될지 모르는 가격을 미리 정해 놓음으로써 위험회피 효과를 거둘 수 있음
❷ 특히 가격이 폭락할 경우 기업의 파산위험이 증가하므로 이러한 거래는 기초자산으로 포함된 기업의 파산 위험을 줄여주는 효과가 있음
❸ 사후적으로 현물시세가 결정된 후 이 거래를 평가하는 경우 사후적 제로섬 게임이 되어 거래의 한 쪽 당사자가 손실을 볼 가능성이 있다는 점에서 주의해야 함
❹ 사후적 제로섬 게임의 특징은 손해를 본 당사자가 계약을 제대로 이행하지 않을 가능성, 즉 계약의 거래 상대방 계약불이행 위험(default risk)이 존재하는 것임

3	차액결제 선물환(Non-Deliverable Forward : 이하 NDF)

이제 선도계약의 변형된 형태인 현금결제 선도계약(Non-Deliverable Forward : NDF)에 대해 살펴보자.

NDF형태의 선도계약은 파생상품거래의 이해에 매우 중요하다. 이러한 결제방식은 선도계약을 응용한 형태로서 실제로는 상당히 빈번하게 이루어지고 있는데 이를 명시적으로 따로 떼어내어 언급을 하는 경우가 그다지 많지는 않다. 유일하게 차액결제 선물환 거래(NDF)가 이 방식에 의한 선물환 거래로서 알려져 있다. 이 거래방식은 실제로는 금리선도거래(Forward Rate

Agreement : FRA)에도 그대로 적용되고 있는 중요한 거래방식이므로 여기서는 보다 명시적으로 고려해보기로 한다. 위에서 언급한대로 일반적인 선도거래 결제는 계약의 만기 시점에서 미리 정한 선도계약 가격으로 '물건'이 인도되고 '돈'이 지급되는 구조를 가지고 있다. 이때 우리는 '물건'과 '돈'이 교환되는 과정을 실물 인수도(physical delivery)라 한다. 그런데 NDF는 이러한 정상적인 선도거래를 약간 바꾸어 다음과 같은 방식으로 만든 것이다.

> 정상적 선도거래
> = 만기 시점에서 현물시세 S_T 대로 거래(실물 인수도 시 현물 가격 적용) + (만기 시점 현물시세 − 선도계약 가격의 차이 = $|S_T - F_{t,T}|$)만큼 차액결제

이 경우 만기 시점의 현물시장은 항상 존재하므로 만기에 가서 '물건'이 만기 시점 현물시세대로 인수도 되도록 하고 NDF거래의 당사자들은 만기 시점 현물 가격과 계약된 선도 가격의 차이만을 결제하는 경우 정상적인 선도거래의 효과를 그대로 누릴 수 있다.

위에서 본 예를 그대로 적용해 보자. 90일 후 만기가 되는 100만 달러짜리 선물환 계약의 계약 가격이 1,200원/달러라 하자. 만기 시점에 이르러 현물환율이 1,000원이 되었다고 하자. 이를 NDF형태로 바꾸면 다음과 같다.

❶ 만기 시점 현물환율 1,000원/달러로 100만 달러를 결제 : 10억 원을 현물환 시장에서 매수자와 매도자가 각자 결제(이 부분은 각자 알아서 할 문제이고 계약에는 포함되지 않음)

❷ (1,200-1,000)원/달러×100만 달러 = 2억 원의 차액을 양 당사자가 결제 : 결국 ① 부분은 각자 알아서 현물환 시장을 통해 결제하고, ② 부분, 즉 만기 시점 현물환과 선도계약 가격의 차액을 결제하도록 하기만 하면 정상적인 선도계약이 가능해지는 것이다. 이를 그림으로 나타내면 〈그림 2-7〉과 같다.

〈그림 2-7〉을 보면 가장 큰 특징이 NDF형태의 선물환 계약을 하는 당사자끼리는 '물건'(달러)을 주고받지 않고 현금만 주고받는다는 점, 결제액수는 미리 약정한 선물환 계약 가격과 만기 시점 현물환 시세의 차이만을 결제한다는 점이다. 결국 이러한 차액결제만 해도 이를 현물환 거래와 결합하면 얼마든지 정상적 선도계약을 만들어 낼 수 있다.

그러면 최근 역외선물환 거래(차액결제 선물환 거래)로 알려진 외국인 간의 원화대상 NDF거래에 대해 살펴보자.

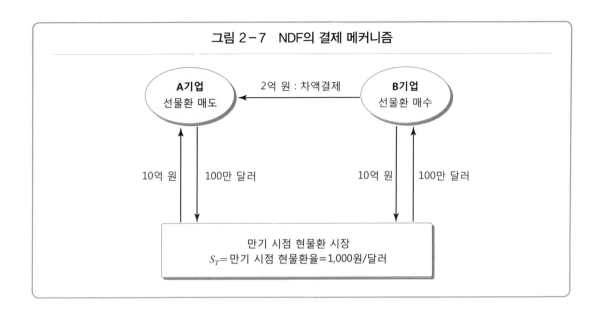

그림 2-7   NDF의 결제 메커니즘

A기업
선물환 매도

2억 원 : 차액결제

B기업
선물환 매수

10억 원   100만 달러

10억 원   100만 달러

만기 시점 현물환 시장
$S_T=$ 만기 시점 현물환율$=1,000$원/달러

(1) 외국인 간 원화에 대한 NDF거래(역외선물환)

❶ 거래대상 : 원화

❷ 만기 : 90일 후

❸ 수량 : 100억 원

❹ 가격 : $\dfrac{1}{1,200}$ 달러/원

❺ 매수자 : 외국기업 C

❻ 매도자 : 외국기업 D

이처럼 외국법인 둘이서 당사자가 되어 선물환 거래를 하되 NDF형태로 결제할 것을 약정하는 경우, 이들은 한국 금융기관과 무관하게 역외에서 당사자 간에 거래를 체결시킬 수 있게 된다. 즉, 한국의 원/달러시장을 이용할 경우 각자 알아서 이용하면 되고 이들 당사자끼리는 한국 외환시장을 거치지 않고 달러를 이용한 현금결제를 통해 거래를 종료시킬 수 있게 된다.

(2) 만기 시점 결제구조

90일 후 서울 외환시장에서 원화가치가 1,000원/달러 곧 $\dfrac{1}{1,000}$달러/원이 되었다고 하자. 이 경우 NDF계약 가격은 $\dfrac{1}{1,200}$달러/원이었는데 원화의 가치가 $\dfrac{1}{1,000}$달러/원으로 상승했으므로 원화 매수자인 C기업이 이익을 보게 된다. 이때 결제액수는 다음과 같다.

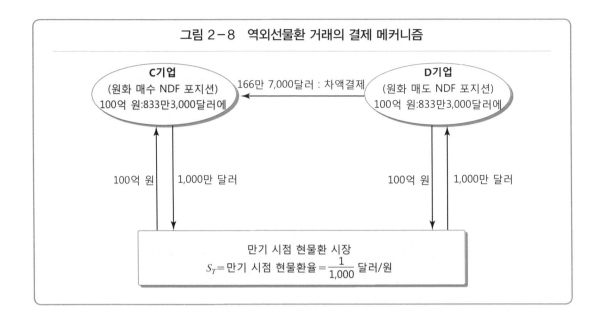

그림 2-8   역외선물환 거래의 결제 메커니즘

C기업
(원화 매수 NDF 포지션)
100억 원:833만3,000달러에

166만 7,000달러 : 차액결제

D기업
(원화 매도 NDF 포지션)
100억 원:833만3,000달러에

100억 원   1,000만 달러

100억 원   1,000만 달러

만기 시점 현물환 시장
$S_T =$ 만기 시점 현물환율 $= \dfrac{1}{1,000}$ 달러/원

$$100억\ 원 \times \left(\frac{1}{1,000} - \frac{1}{1,200} \right) 달러/원 = 약\ 166만\ 7,000달러$$

결국 D가 C에게 166만 7,000달러를 지급함으로써 결제가 종료된다. 이들이 비록 원화에 대한 포지션을 취하기는 했지만 이들 사이에 원화가 오가는 일은 없고 달러만이 결제되므로 이들은 한국 금융시장을 거치지 않고서도 외국 금융시장에서 달러로 결제를 하면 된다. 물론 〈그림 2-8〉에서 보듯이 이들이 각자 원화거래가 있을 경우 이는 한국 외환시장에서 이루어지게 된다. 그러나 이는 각자가 알아서 할 부분이고 NDF거래 자체에서는 달러만이 결제된다.

section 02 선물거래

선물거래는 기본적으로 만기 시점을 정해놓고 만기 시점에서 기초자산을 미리 정한 가격에 매도 혹은 매수하기로 하는 거래를 의미한다. 이를 만기 시점의 기초자산 가격에 대한 현재 시점의 베팅성 거래로 이해해도 된다. 선물거래의 묘미는 역시 신용위험을 없애고 반대매매를 자유롭게 할 수 있다는 데 있다. 신용위험을 없앤다는 것은 이익을 볼 경우 거래상대방의 계약 체결 위험 등을 걱정할 필요 없이 확실하게 이익을 챙길 수 있도록 제도적 장치를 마련해 놓았다는 것이다. 반대매매가 자유롭다는 것은 만기가 동일한 선물계약에 매수와 매도가 자유롭게 취해지므로 한번 계약한 부분을 얼마든지 반대매매를 통해 중간에 청산할 수 있도록 해놓았다는 뜻이다.

신용위험을 없애기 위해서 ① 증거금, ② 일일정산제도가 도입되어 있다. 증거금제도는 충분한 현금 혹은 유가증권을 가진 투자자만이 보유액수에 비례하여 선물 포지션을 보유할 수 있도록 해 놓은 것이다. 이를 거꾸로 표현하면 선물 포지션을 많이 보유하려면 현금이나 유가증권이 많아야 된다. 일일정산제도는 만기가 되기 전의 임의의 거래일에 매수나 매도 포지션을 취하고 나서 반대매매를 하지 않고 포지션을 다음날로 넘길 경우 당일 선물 종가로 정산을 해야 하는 제도이다. 즉, 투자자의 포지션은 유지되지만 일단 당일 종가까지 현금으로 정산을 해야만 포지션을 그 다음날로 넘길 수 있다. 따라서 평가손익은 없다. 실현손익만이 있는 것이다. 즉, 투자자에게 불리한 가격 변화가 일어난 경우 다음날은 거꾸로 움직일 수 있는 가능성이 있지만 일단 손해 본 부분은 정산하고 가자는 취지이며, 만일 정산할 돈이 모자라면 선물시장에서 포지션을 강제로 청산하도록 하여 손실을 책임지지 못하는 경우를 미리 배제하자는 것이다. 물론 유리한 가격 변화가 일어난 투자자의 경우 정산을 통해 본인 구좌로 이익분이 입금되므로 유리하다.

이제 예를 들어 선물거래 메커니즘을 설명해보자. 한국거래소에 상장된 미국 달러선물은 1계약의 단위가 1만 달러이고 만기일은 매월 셋째 월요일이다. 이제 임의의 거래일의 가격 변화 시나리오가 다음과 같다고 하자. 수많은 거래자가 거래에 참여하였지만 그 중에서도 A, B, C, D의 네 거래자에게 초점을 맞추어 논의를 진행해보자.

1 증거금

우선 투자자들은 초기 증거금 이상의 자금이 계좌 안에 들어 있어야 자신이 원하는 주문을 접수시킬 수 있다. 물론 주문은 자신이 계좌를 개설한 증권회사 또는 선물회사의 계좌 담당직원에게 전화를 걸어도 되고 홈트레이딩시스템을 통해 직접 주문을 입력해도 된다. 이때 초기 증거금의 크기를 액면금액의 10%라 가정하자(이는 거래소가 기초자산의 변동성을 고려하여 정한다).

A의 경우를 보자.

① 액면금액＝1,200원/달러×1만 달러(1계약)＝1,200만 원

② 초기 증거금＝1,200만 원×10%＝120만 원

③ 유지 증거금＝120만 원의 75%＝90만 원

여기서 유지 증거금은 일종의 임계점(trigger point)의 역할을 하는데 증거금이 이 수준 이하로 하락 시 추가 조치가 발동하게 된다. 추가 조치라 함은 증거금 수준을 원래 수준으로 회복시켜야 하는 의무가 부과되는 것을 의미한다. 예를 들어 일일정산을 실시하는 과정에서 A의 구좌에서 돈이 빠져나가면서 증거금 수준이 유지 증거금 이하로 하락하는 상황이 발생하였다고 하자. 이 경우 추가 조치가 발동한다. 증거금 수준을 처음 주문을 낼 때 수준, 곧 초기 증거금 수준으로 회복시켜야 한다. 초기 증거금 수준이 100, 유지 증거금 수준이 75라 하고 일일정산 후 증거금 수준이 60이라 하자. 이때 증거금 수준을 100으로 회복시키려면 40이 필요한데 이를 변동 증거금이라 한다. 이를 그림으로 나타내면 〈그림 2-9〉와 같다.

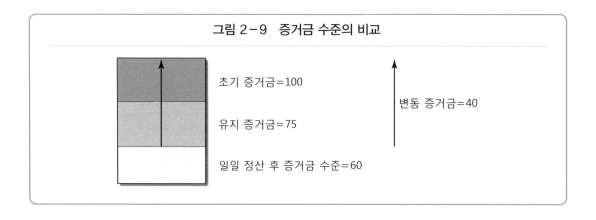

그림 2-9 증거금 수준의 비교

초기 증거금=100

유지 증거금=75

변동 증거금=40

일일 정산 후 증거금 수준=60

표 2-1   거래 시나리오

	10 : 00	10 : 10	10 : 20	……	3 : 45(종가)	손익	결제액수
선물 가격 (원/달러)	1,200	1,300	1,350		1,320		
A	매수 ⟶	전매도			중간청산	+100	+100만 원
B	매도―	⟶	환매수		중간청산	−150	−150만 원
C		매수 ―	―	―	일일정산	+20	+20만 원
D			매도 ―	―	일일정산	+30	+30만 원
누적 거래량	1	2	3				
미결제 약정	10 : 00현재1	10 : 10현재1	10 : 20현재1		장 마감현재1		

이제 〈표 2-1〉에 나온 대로 거래 시나리오를 진행시켜보자.

❶ 10시 : 선물 가격 1,200원/달러
　　ㄱ. 투자자 A : '만기까지 혹은 그 이전에 달러의 가치가 1,200원보다 올라갈 것이다'라
　　　는 예상을 토대로 '매수' 주문
　　ㄴ. 투자자 B : '만기까지 혹은 그 이전에 달러의 가치가 1,200원보다 떨어질 것이다'라
　　　는 예상을 토대로 '매도' 주문
　　　→ 이제 이들 주문이 거래소의 매매체결 전산시스템에 접수되어 체결되면 투자자
　　　　A는 '1,200원/달러 매수 포지션'을, 투자자 B는 '1,200원/달러 매도 포지션'을 1
　　　　계약씩 보유
❷ 10시 10분 : 선물 가격 1,300원/달러
　　갑자기 뉴스가 전해지면서 급박한 상황이 전개되기 시작. 한국 국가신용등급 하락과
　같은 악재가 돌출하면서 선물만기일 달러 가격에 대한 예상치가 바뀌면서 선물 가격이
　급격히 상승. 투자자 A는 거래 개시 10분 만에 예상이 맞아 떨어지고 있고 B는 거래 개
　시 10분 만에 시장이 반대방향으로 가면서 손실이 발생. 투자자 A는 이익을 충분히 보

앉다고 판단하고 10분 만에 포지션을 정리하기로 하였는데 구체적으로는 원래 취한 매수 포지션의 반대 포지션인 '매도주문'을 냄. 한편 이 시점에서 투자자 C는 선물 가격이 만기 이전에 1,300원/달러 보다 더 오른다는 예상을 토대로 매수주문을 낸다. 이 두 주문이 접수되어 체결되면 다음의 결과가 나옴

ㄱ. 투자자 A : 원래 1,200원/달러 매수 포지션이 있었는데 다시 1,300원/달러 매도주문을 내서 이 주문이 체결되면 두 번째 매도주문은 매수 포지션을 청산하기 위한 매도가 되고 이를 전매(도)라고 함. 이 경우 A는 1,200원 매수 대비 1,300원 매도 포지션을 취하였으므로 이익이 나는데 그 규모는 $(1,300-1,200)$원/달러$\times$1만 달러 $=100$만 원이 된다. 〈그림 2-10〉에서 A의 이익을 확인할 수 있음

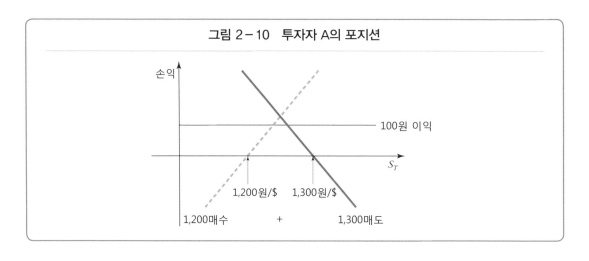

그림 2-10　투자자 A의 포지션

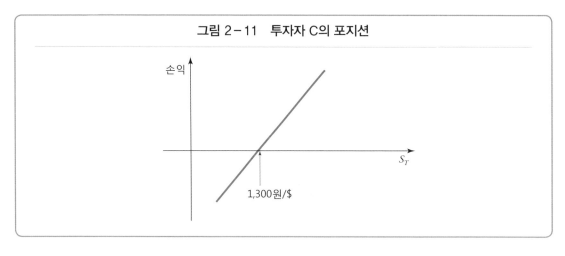

그림 2-11　투자자 C의 포지션

ㄴ. 투자자 C : 1,300원/달러 이상으로 상승 시 이익을 보는 신규 매수 포지션이 취해지게 됨(〈그림 2-11〉)

❸ 10시 20분 : 선물 가격 1,350원/달러

포지션을 취한지 10분 후부터 시장이 자신의 예상과는 반대방향으로 가면서 계속 땀을 흘리고 있던 B가 가격이 더 오를 경우 계속 손해가 눈덩이처럼 불어날 것을 우려하여 청산하기로 결정. B의 청산방법은 앞서 취한 매도 포지션의 반대인 매수 포지션을 취하는 것인데 구체적으로는 1,350원/달러의 가격에 선물 매수주문을 내면 됨. 이처럼 포지션을 정리하는 매수주문을 환매수 주문이라 함. 한편 투자자 D는 향후 1,350원/달러보다는 하락을 할 것을 예상하여 매도주문을 냄. 이 두 주문이 접수되어 체결될 경우 다음의 결과가 나옴

ㄱ. 투자자 B : 매수 포지션을 가진 상태에서 매도주문을 내고 이 주문이 체결될 경우 이 매도 포지션은 원래의 매수 포지션을 청산하는 매수, 즉 환매수가 됨. 이때 투자자 B의 손해는 오른 만큼 즉 $(1{,}350 - 1{,}200)$원/달러$\times 1$만 달러$=150$만 원으로 확정된다. 투자자 B의 손실은 〈그림 2-12〉에 나타나 있음

ㄴ. 투자자 D : 1,350원보다는 떨어질 것이라는 예상을 토대로 매도주문을 내고 이 주문이 체결이 되면 신규 매도 포지션을 보유

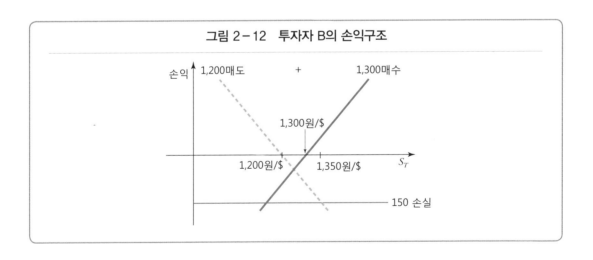

그림 2-12 투자자 B의 손익구조

❹ 3시 45분 : 당일 선물 종가 1,320원/달러

이렇게 하루 종일 거래가 이루어진 후 마지막 종가=정산 가격이 1,320원/달러로 끝

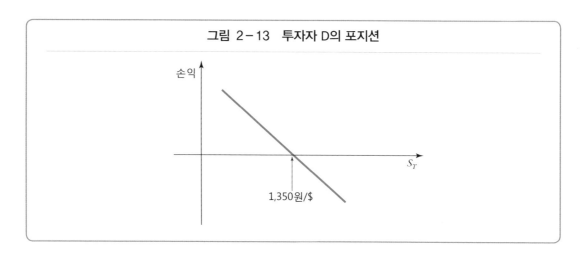

그림 2-13 투자자 D의 포지션

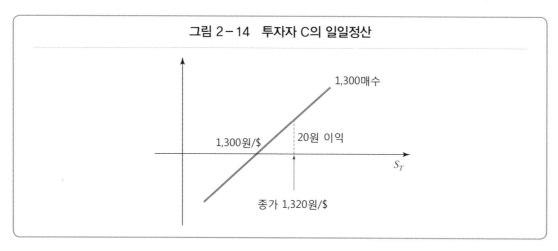

그림 2-14 투자자 C의 일일정산

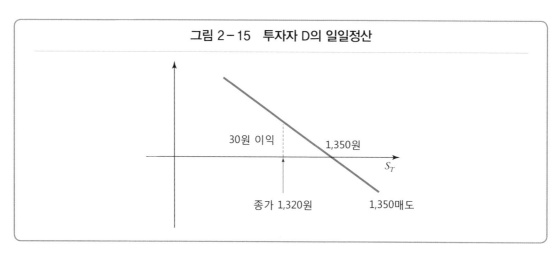

그림 2-15 투자자 D의 일일정산

났다고 하자. A와 B는 이미 포지션을 정리. 그러나 C와 D는 포지션을 정리하지 않고 포지션을 다음날로 넘기기로 하여 반대매매를 하지 않았음. 이때 거래소는 아직 포지션을 정리하지 않은 C와 D에 대해서는 종가까지 정산을 함. 즉, 포지션은 살아있지만 종가인 1,320원까지 '일일정산'을 실시하는 것. C의 경우 '1,300원/달러 매수 포지션'이 있는데 종가가 1,320원이므로 20원이 상승하여 이익을 본 것으로 처리하여 20원×1만 달러=20만 원을 수취(〈그림 2-14〉)

또한 D의 경우 1,350원 매도 포지션이 있는데 1,320원까지 30원 하락하였으므로 30원의 이익을 본 것으로 처리하여 30원×1만 달러=30만 원을 수취(〈그림 2-15〉)

3 총정리

❶ 투자자 A : 1,200원/달러 매수 → 1,300원/달러 전매도 → 100원/달러 이익
❷ 투자자 B : 1,200원/달러 매도 → 1,350원/달러 환매수 → 150원/달러 손실
❸ 투자자 C : 1,300원/달러 매수 → 1,320원/달러까지 일일정산 → 20원/달러 이익
❹ 투자자 D : 1,350원/달러 매도 → 1,320원/달러까지 일일정산 → 30원/달러 이익
　ㄱ. 이익의 합 : 100(A)＋20(C)＋30(D)＝150원/달러
　ㄴ. 손실의 합 : 150원/달러(B)

이제 이 이익과 손실은 1달러당 이익과 손실이므로 여기에 한 계약의 크기인 1만 달러를 곱하면 다음과 같은 개별 손익이 나온다.

❶ 투자자 A : ＋100원/달러×1만 달러＝100만 원 이익
❷ 투자자 B : －150원/달러×1만 달러＝150만 원 손실
❸ 투자자 C : ＋20원/달러×1만 달러＝20만 원 이익
❹ 투자자 D : ＋30원/달러×1만 달러＝30만 원 이익

결국 거래소는 B의 구좌에서 150만 원 손해 본 액수만큼 출금을 하여 A에게 100만 원, C에게 20만 원, D에게 30만 원을 지급하고 그날의 결제를 끝낸다. 이처럼 선물 포지션에는 평가손익이란 없다. 모든 손익은 그날로 실현되고 실제로 다음날까지 입금이 된다. 단 투자자 A와 B는 반대매매에 의한 정산손익이고 투자자 C와 D는 일일정산에 의한 손익이다.

4　거래량

　거래량은 두 투자자, 즉 매수와 매도가 연결될 때마다 하나씩 증가한다. 따라서 10시에 A와 B 간에 거래가 체결되면서 누적거래량은 1개, 10시 10분에 A와 C 간에 한 계약 체결되면서 누적거래량은 2개, 10시 20분에 다시 한 계약이 체결되면서 누적거래량은 3개로 늘어난다. 이처럼 거래량은 체결될 때마다 하나씩 증가하는 속성을 가지고 있고 일정 시점까지의 누적거래량 개념이 많이 쓰이고 있다.

5　미결제약정

　미결제약정은 선물과 옵션의 독특한 개념으로서 일정 시점 기준으로 반대매매를 하지 않고, 즉, 결제되지 않고 대기 중인 계약이 몇 계약 정도 되는가를 계산한 개념이다. 위의 예에서 보면 10시 정각에 A와 B 간에 거래가 체결되면서 미결제약정은 A와 B 간의 1계약이 된다. 10시 10분 기준으로 A가 포지션을 정리하면서 C가 새로이 진입하였다. 이제 B매도/C매수의 한 쌍이 남아있다. 미결제약정은 여전히 1계약이다. 10시 20분에 B가 포지션을 정리하고 D가 진입하면서 이제 C매수/D매도의 구도가 되었다. 미결제약정은 여전히 1계약이다. 이처럼 미결제약정은 일정 시점을 기준으로 정의되며 거래량과는 달리 누적이 되지 않는다. 즉, 10시까지 몇 계약인가? 라는 질문은 성립되지 않고 10시 기준 몇 계약인가? 라는 질문은 성립한다. 장이 끝난 상태에서 미결제약정이 몇 개인가? 라는 질문은 적절한 질문이며 이처럼 장이 끝난 상태에서의 미결제약정의 숫자는 곧 일일정산 대상이 되는 계약이 몇 계약인가를 보여준다.

6　만기 시점의 결제방식(실물 인수도방식과 현금 결제방식)의 비교

　선물계약에 있어서 결제방식은 크게 두 가지가 있다. 실물 인수도(physical delivery)와 현금 결제(cash settlement)방식이다. 앞에서 설명한 미국 달러선물의 경우 실물 인수도방식을 채택하고 있으므로 우선 실물 인수도방식에 대해 설명해보자. 앞에서 설명한대로 A와 B는 포지션을 일

찍 정리하였지만 C와 D는 헤징을 위해서 주문을 낸 투자자들로서 자신의 포지션을 만기까지 보유한다고 하자. C는 1,300원/달러 매수 포지션이고 D는 1,350원/달러 매도 포지션인데 이들이 만기까지 반대매매 없이 포지션을 보유한다면 이들은 이제 만기에서 다음 두 가지 의무를 이행해야 포지션을 끝내게 된다.

❶ 만기 시점에서 마지막 일일정산 : 만기일 종가로 정산
❷ 실물 인수도(physical delivery) : 1만 달러를 실제로 인수도

우선 만기 시점에서 선물 가격은 현물 가격과 동일해지면서 막을 내림. 이제 만기 시점 선물 가격＝현물 가격＝1,250원이라 하자. 이제 ①에 따라 C와 D는 1,250원까지 일일정산을 실시. 물론 이들은 만기일 전일 일일정산을 하였으므로 한번만 더 일일정산을 하면 됨. 따라서 만기일 전일의 선물 종가가 1,260원이었다면 이들은 10원×1만 달러＝10만 원에 해당하는 일일정산을 실시. 그러면 이들이 마지막 일일정산을 끝낸 상황에서 이들이 처음 포지션을 취할 때부터 마지막 일일정산을 끝내는 시점까지 누적 총손익은 얼마일까? 즉, 다 합쳐서 얼마의 돈이 들어오거나 빠져나갔을까? 결론은 이렇다. 매일매일의 일일정산의 합은 포지션을 처음 취했을 때의 선물 가격과 마지막 종가의 차이와 같음. 그 이유는 다음의 논리를 도입하면 쉽게 설명할 수 있음. 처음 포지션을 취한 가격이 F_0라 하고 일일정산 기준가 즉 일별 종가가 각각 F_1, F_2, $\cdots$, F_{10}이라 하자(만기까지 10일 간 포지션을 유지하였다고 하자). 이때 일일정산에 따른 누적 총손익은 $(F_{10} - F_9) + (F_9 - F_8) + \cdots + (F_2 - F_1) + (F_1 - F_0) = F_{10} - F_0$가 됨

결국 어느 수열에서 이웃한 항 간의 차이의 합(일일정산 누적 총손익)은 처음항과 끝항의 차이와 동일한 것임. 이때 이웃한 항끼리의 차이가 바로 매일매일의 일일정산의 크기를 의미하므로 이들의 합은 결국 포지션 취할 때의 가격과 마지막 종가와의 차이가 되는 것임. 결국 중간에 어떤 가격들이 나타났었느냐는 중요하지 않고 처음과 마지막 가격의 차이가 누적총손익을 결정하게 되는 것임

이제 C와 D의 총누적 일일정산 손익은 다음과 같음

ㄱ. C : '1,300원 매수 포지션'을 취한 후 1,250원까지 계속 일일정산을 실시하였는데 포지션을 취한 가격 대비 만기 시점에서의 가격이 떨어졌으므로 누적총손익은 '손실 50원'
ㄴ. D : '1,350원 매도 포지션'을 취한 후 1,250원까지 계속 일일정산을 실시하였으므로, 즉 포지션을 취할 당시 대비 만기 가격이 하락하였으므로 누적 총손익은 '이익

100원'. 따라서 마지막 일일정산의 결과,

C의 구좌는 −50원×1만 달러=50만 원 손실

D의 구좌는 100원×1만 달러=100만 원 이익

을 기록하게 된다.

❸ 실물 인수도는 어떠한가?

실물 인수도 의무는 끝까지 포지션을 반대매매를 통해 청산하지 않은 C와 D가 의무적으로 이행해야 하는 과정. 즉, C는 한 계약 매수이고 D는 한 계약 매도이므로 이들은 한 계약에 해당하는 물건, 즉 1만 달러에 대해 D는 이를 넘기고 돈(원화)을 받고 C는 이를 수취하고 돈(원화)을 지불. 즉, 〈그림 2-16〉과 같은 실물 인수도 절차가 진행. 여기서 주목할 부분은 바로 1,250만 원 부분이다. 즉, 1만 달러를 1,250원(만기 시점 현물환율)에 따라 실물 인수도하는 것임

이는 약간의 혼란을 야기할 수 있는 부분임. 그러나 자세히 보자. 결국 C는 1달러당 1,250원을 지급하지만 그의 구좌에서 이미 50원 손실을 보았음

결국 1만 달러를 1달러당 1,300원에 사는 셈임. D의 경우 1만 달러를 달러당 1,250원을 수취하고 넘김. 그러나 그는 이미 달러당 100원의 이익을 일일정산을 통해 얻었음. 결국 달러당 1,350원을 받고 넘기는 셈이 됨. 궁극적으로 C는 1,300원 매수이고 D는 1,350원 매도가 된 셈이다. 이제 이를 정리해보자.

'만기 시점의 현물 가격정산+일일정산 누적손익=선물 포지션 취할 당시의 가격에 의한 매수 또는 매도'가 성립. 일일정산 누적손익은 $F_T - F_0$가 되는데 $F_T = S_T$이므로 일일정산 누적손익은 $|S_T - F_0|$가 됨. 결국 일일정산을 통해 만기 시점 현물 가격과 현재 시점 선물 가격의 차이를 정산하는 것. 이는 정확하게 위에서 설명한 차액결제 선도거

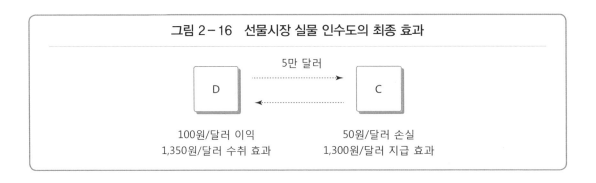

그림 2-16 선물시장 실물 인수도의 최종 효과

5만 달러

D ⟶ C

100원/달러 이익   50원/달러 손실
1,350/달러 수취 효과   1,300/달러 지급 효과

래(NDF)의 본질과 일치. 결국 한국거래소는, '만기 시점 현물 가격까지 일일정산+만기 시점 현물 가격을 토대로 한 실물 인수도'를 통해 선도거래와 동일한 거래가 가능하도록 조치해 놓은 것임

실물 인수도가 없는 현금 결제방식(cash settlement)은 간단함. 만기 시점에서 결정되는 마지막 선물 가격=만기 시점 현물 가격까지 마지막 일일정산만을 하면 모든 의무가 해제되는 것임. 실물 인수도는 필요없음. 어차피 실물 인수도가 있어도 만기 시점 현물 가격을 토대로 이루어지므로 이 부분은 투자자가 각자 필요에 따라 현물시장을 이용하여 실시하면 됨. 선물시장에서는 일일정산을 통한 $|S_T-F_0|$의 결제시스템 곧 만기 시점 현물 가격과 포지션을 취할 당시의 선물 가격의 차이만을 결제하도록 하면 결국 이는 선도거래와 동일한 결제시스템을 만들 수 있게 됨. 만기 시점 현물 가격에 의한 현물거래는 필요하면 각자 실시하면 되므로 선물시장에서 별도로 실물 인수도가 이루어지도록 할 필요가 없다는 얘기임. 이는 주가지수선물과 금리선물에 대해 주로 응용됨

section 03 **선도거래와 선물거래**

〈표 2-2〉에서 볼 수 있는 바와 같이, 선도계약은 계약 당사자가 상호 합의에 의해 거래조건이 결정된다. 반면에 선물계약은 공인된 거래소에서만 거래되며 거래조건이 표준화되어 있다. 선도계약에서는 일반적으로 만기일에 특정 상품을 인도·인수하나, 선물계약에서는 반대매매를 통해 만기일 이전에 계약이 종료될 수 있다.

선도계약은 거래의 중개자 없이 계약 당사자가 직접 거래하므로 당사자의 신용이 중시된다. 반면에 선물계약은 계약 당사자가 청산소(clearing house)를 통해 간접적으로 연결되므로 당사자의 신용이 큰 문제가 되지 않는다.

다시 말해서, 선물계약에서는 거래당사자가 중개자인 청산소에 거래증거금을 예치하여야 하므로 당사자의 신용이 중시되지 않는다. 그리고 선도계약에서는 결제 시점과 만기일이 한정되어 있으나, 선물계약에서는 일일정산을 통해 매일 결제된다.

그리고 선도계약은 당사자 간에 계약이 직접 이루어지므로 유동성이 낮다. 반면에 선물계

약은 공개된 선물시장에서 이루어지는 거래이므로 유동성을 확보하기가 쉽다.

또한 선도계약은 가격과 거래제한이 없는 반면, 선물계약은 가격과 서래제한이 있다. 마지막으로 선도계약의 참여 거래자의 범위는 제한적인 반면에 선물계약의 참여 거래자의 범위는 제한적이지 않다.

표 2-2 선도계약과 선물계약의 차이점

구분	선도계약	선물계약
① 거래의 표준화 여부	• 거래조건이 비표준화됨	• 거래조건이 표준화됨
② 상품의 인도 · 인수 여부	• 일반적으로 만기일에 인도 · 인수됨	• 대부분 만기일 이전에 반대매매됨
③ 거래소 유무	• 장외거래 중심	• 정형화된 거래소 내 거래
④ 결제 시점	• 만기일 결제됨	• 일일정산됨
⑤ 유동성	• 직접계약이므로 유동성이 낮다.	• 간접계약이므로 유동성이 높다.
⑥ 가격과 거래제한	• 가격과 거래제한이 없다.	• 가격과 거래제한이 있다.
⑦ 참여 거래자 범위	• 한정된 거래자	• 다수의 거래자

chapter 03

선물 총론

선물거래의 경제적 기능

선물거래는 일반적으로 주가(지수), 금리, 환율, 상품 등 여러 가지 자산을 대상으로 이루어지고 있다. 이처럼 다양한 대상에 대해 이루어지고 있는 선물거래는 여러 가지 경제적 기능을 수행하고 있는데 이를 열거해보면 다음과 같다.

1 가격발견(price discovery) 기능

선물거래는 미래의 일정한 시점을 정하고 그 시점의 자산 혹은 상품 가격에 대한 예상을 토대로 경제주체들이 매수 혹은 매도계약을 하는 형태의 거래이다. 따라서 경제주체들의 미래 자산 가격에 대한 예상이 반영되어 가격이 결정되므로 이 가격은 경제주체들에게 미래의 자산 혹은 상품 가격에 대한 귀중한 정보를 제공하게 된다. 한 달 만기 옥수수 선물의 가격은 한 달 후의 실제 옥수수 가격에 대한 귀중한 정보를 제공하는 것이다. 물론 선물시장 참가자들이 정보를 생산하려고 거래하는 것은 아니다. 그들은 자신의 이익을 추구하고 위험을 관리하기 위해 거래를 수행하지만 이 거래의 결과 형성되는 가격은 귀중한 정보가 되는 것이다. 물론 현재 시점 현물 가격도 미래에 대한 예상을 반영하기도 하므로 가격발견 기능은 선물만이 수행하는 것은 아니다. 그러나 경제주체들의 미래에 대한 예상을 반영할 수 있는 명시적인 시장이 존재한다는 것 자체가 보다 정확한 가격 형성에 도움을 주게 된다는 사실을 고려한다면 선물시장에서 형성되는 가격은 미래 가격에 대해 매우 중요한 정보를 수행한다고 볼 수 있다. 가격발견 기능을 수식으로 표현해보자. 즉,

$$E_t(S_T) = F_{t,T}$$

의 관계가 가격발견 기능을 잘 보여준다. 여기서 $E_t(S_T)$는 만기 시점의 현물 가격에 대한 기대치를 나타내고 $F_{t,T}$는 현재 시점 선물계약 가격이다. 물론 현재 시점에서 동일한 대상에 대한 현물시장이 존재하는 경우 미래 예상은 현물 가격에도 반영이 된다. 예를 들어 선물 만기 시점에서 자산 가격이 오를 것 같으면 지금 선물 가격만이 아니라 현물 가격도 상승한다.

2 콘탱고(contango)와 백워데이션(backwardation)

현물 가격과 선물 가격 간의 관계에서 선물 가격이 현물 가격보다 높은 한편, 선물 가격 내에서 만기가 먼 원월물(deferred futures)의 가격이 만기가 가까운 근월물(nearby futures)의 가격보다 높은 경우, 즉 $F_{t,T} > S_t$의 관계가 성립할 경우 콘탱고(contango) 상태 또는 정상시장(normal market)이라고 표현한다.

다시 말해서 선물 가격이 현물 가격보다 높은 것이 정상적이라는 뜻이다. 반대로 현물 가격이 선물 가격보다 높은 한편, 선물 가격 내에서 만기가 가까운 근월물의 가격이 만기가 먼 원월물의 가격보다 높은 경우, 즉 $F_{t,T} < S_t$의 관계가 성립할 경우를 백워데이션(backwardation) 상태 또는 역조시장(inverted market)이라 표현한다. 다시 말해서 현물 가격이 선물 가격보다 높다는 것은 보유비용(cost-of-carry)의 반영이라는 측면에서 볼 때 거꾸로 되었다는 뜻이다.

한편 선물 가격과 미래의 예상 현물 가격(expected future spot price) 간의 관계를 표현할 때는 콘탱고(contango) 또는 노말백워데이션(normal backwardation)이라는 용어가 사용된다. 선물계약의 만기 시점에서 선물 가격은 현물 가격에 수렴하게 되는데, 콘탱고 상태에서 선물 가격은 시간의 경과에 따라 하락하게 되는 반면 노말백워데이션 상태에서 선물 가격은 시간의 경과에 따라 상승하게 된다.

이를 좀 더 구체적으로 살펴보도록 하자. 선물시장 가격은 만기 시점의 기대치에 영향을 받기는 하나 동시에 현재 시점의 헤징압력이 어떻게 작동하는가에 따라 달라질 수 있다. 그런데 헤징에는 매수헤지와 매도헤지 두 가지 종류가 있다. 따라서 어느 쪽 헤지물량이 더 많은가가 현재 시점 선물 가격에 영향을 미친다.

예를 들어보자. 콘플레이크를 만드는 기업 Kellogg는 자신이 필요한 원료 옥수수를 미리 정한 가격에 사들이기로 계약함으로써 가격 상승 위험을 헤지하려는 목적으로 선물시장에 매수 포지션을 취한다. 이를 매수헤지라 한다. 반대로 옥수수의 유통업자는 옥수수 가격 하락을 걱정하여 가격 하락 위험을 방지하기 위해 옥수수 선물에 매도 포지션을 취함으로써 리스크를 헤지하려고 한다. 이를 매도헤지라 한다. 만일 시장에서 매수헤지물량이 매도헤지물량보다 많을 경우 이 시장에서는 매수헤지 우위(hedgers are net long)가 발생하고 반대로 매도헤지가 많을 경우 매도헤지 우위(hedgers are net short)가 발생한다. 이 부분은 매우 중요한데 그 이유는 헤저(헤지거래자, hedger)들에게 매수헤지 우위가 발생하면 투기적 거래자들은 전체적으로 매도우위가 되어야 시장이 균형이 되고 반대로 매도헤지 우위가 발생하면 투기적 거래자들은 전체적으로 매수우위가 되어야 균형이 된다.

헤지거래자들의 전체 포지션의 합계를 전제로 투기적 거래자들의 포지션이 정해지는 것이다. 따라서 헤저들이 매도우위가 될 경우 현재 선물 가격은 만기 시점 현물 가격 기대치(expected future spot price)보다 떨어지게 되고, 반대로 헤저들이 매수우위를 보일 경우 현재 선물 가격은 만기 시점 현물 가격 기대치보다 올라가게 된다. 이를 간단하게 수식으로 표현해보자.

❶ 헤저들이 매도우위인 경우 $F_{t,T} < E_t(S_T)$가 성립. 이 경우를 노말백워데이션(normal backwardation) 상태라 함. 투기거래자들이 매수를 취하도록 유도하기 위해서는 선물 가격이 만기 시점에 예상되는 현물시세보다 낮아야 함. 이 경우 선물 가격이 예상현물시세보다 낮아진 부분만큼은 일종의 리스크 프리미엄. 매도헤저들은 개념적으로 볼 때 선물 가격이 현물 예상가보다 낮음에도 불구하고 자신의 위험을 헤지하기 위해 예상 현물시세보다 낮은 선물 가격에 매도 포지션을 취하게 됨. 반대로 매수 포지션을 취하는 투기적 거래자들은 잠재적으로 리스크 프리미엄만큼 낮은 선물 가격에 매수를 취하게 되므로 이익을 볼 수 있는 가능성이 커짐. 결국 매도헤저는 리스크 프리미엄만큼의 잠재적 손실을 감수하면서 선물에 매도를 취하게 되고 투기적 거래자들은 리스크 프리미엄만큼의 잠재적 이익을 취하면서 선물 매수 포지션을 취하게 됨. 만기 시점 현물시세가 100 정도는 되리라고 예상되는 상황에서 매도를 통해 리스크를 회피하려는 헤저들이 우위를

보일 경우 98 정도에라도 매도 포지션을 취하려는 헤저들이 많아지고 이 경우 98의 가격에 매수 포지션을 취하는 투기거래자들은 대략 2 정도의 이익을 얻을 수 있는 기회를 얻게 되고 이로 인해 보다 활발하게 매수 포지션을 취하게 되는 것임. 즉, 이 가격차 2는 투기자들이 매수를 취하는 데 따른 일종의 보상으로서의 리스크 프리미엄이 되는 것임

❷ 반대로 헤저들이 매수우위인 경우 가격은 $F_{t, T} > E_t(S_T)$의 관계가 성립. 이 경우를 콘탱고(contango) 상태라 함. 매수헤징을 하는 헤저가 상대적으로 매도헤저보다 많을 경우 위와는 반대의 상황이 나오게 됨. 즉, 옥수수를 미리 사려는 헤저들이 옥수수를 미리 팔아서 헤징을 하려는 농산물유통업자보다 많으면 매수 압력이 커지고 선물 가격은 만기 시점 예상 현물시세보다 높아짐. 그럼에도 불구하고 이 높아진 가격에 선물매수를 취하므로 매수헤저에게는 잠재적 손실이 발생하고 매도투기자들은 예상 현물가와 선물시세의 차이만큼 잠재적 이익이 발생. 만기 시점 현물시세가 100 정도로 예상될 경우 이보다 높은 102의 가격에라도 위험회피 투자자들이 매수 포지션을 취하는 것임. 따라서 이 두 가격의 차이 2는 투기거래자들이 매도 포지션을 취하는 데 따른 보상인 리스크 프리미엄으로 인식될 수 있음

3 위험전가(risk transfer)

선물시장을 포함한 파생상품시장은 기본적으로 위험을 거래하는 시장이다. 예를 들어 정부가 은의 가격을 일정하게 고정시켜 놓고 있다고 하자. 이 경우에도 은의 수요자가 존재하고, 자금이 필요한 은보유자가 있을 것이므로 은의 현물거래는 일어난다. 그러나 이 경우 은 선물거래는 일어나지 않게 된다. 왜냐하면 은의 가격이 변동되지 않고 있으므로 미래의 일정 시점의 은의 가격도 현재와 동일할 것이고 이에 따라 경제주체들은 미래 가격을 미리 고정시킬 필요가 없어지게 되는 것이다. 이처럼 선물거래는 가격의 변동성이 존재하고 그 변동폭이 상당히 큰 종목일수록 활발하게 일어나게 된다. 그 이유는 변동성이 클수록 경제주체의 미래에 대한 예상에 차이가 나게 되고 이러한 예상의 차이는 결국 위험의 크기가 커지게 됨을 의미하므로 이를 회피하고자 하는 위험회피 수요와 이를 토대로 수익을 올리려는 투기적 거래가 결합이 되어 활발한 선물거래가 진행되는 것이다. 이렇게 보면 선물시장은 미래의 자산 가격의 불

확실성을 토대로 서로 예상이 다른 다수의 투자자 사이에서 위험이 거래되는 시장이라고 볼 수 있다. 헤지에는 매도헤지와 매수헤지가 있다.

(1) 매도헤지

선물환으로 예를 들어보자. 어느 수출기업이 90일 후에 유입될 100만 달러에 대해 환위험을 헤지하고 싶어 한다고 하자. 물론 90일이 지나서 달러가 유입되면 유입시점의 현물환율 시세대로 달러를 매각하면 되지만 이 경우 얼마가 될지 모른다는 면에서 리스크가 존재한다고 판단하면 이 기업은 미리 100만 달러에 대해 선물환 매도계약을 체결함으로써 환율 변동에 따른 리스크를 헤지할 수 있다. 이처럼 선물환 매도계약을 통해 환위험을 헤지할 경우 이를 매도헤지라고 한다.

(2) 매수헤지

어떤 수입기업을 예로 들어보자. 이 수입기업이 원하는 물품을 수입하려면 우선 달러가 있어야 한다. 수입결제 시점이 90일 후라 할 때 환율의 변동으로 인해 미리 달러시세를 고정시키고 싶을 때 이 기업은 달러를 미리 사들이기로 계약을 할 수가 있다. 바로 선물환 매수계약을 미리 체결하면 현재 가능한 선물환율로 원하는 달러를 확보해 놓을 수 있다. 이처럼 매수계약을 통해 리스크를 회피하는 행위를 매수헤지라 한다.

4 효율성 증대 기능

선물시장의 존재는 경제주체들에게 동일한 자산이나 상품에 대해 투자할 수 있는 기회를 두 가지로 증가시킨다. 즉, 동일한 자산에 대한 현물시장과 선물시장이 동시에 존재할 경우 투자자들은 어느 한쪽 시장에만 투자할 수도 있고 두 시장에 모두 투자할 수도 있다. 이 과정에서 두 시장에서 형성된 가격에 불균형이 존재할 경우 투자자들은 고평가된 쪽을 매도하고 저평가된 쪽을 매수하는 차익거래(arbitrage transaction)를 통해 이익을 창출할 수 있고 이에 따라 불균형은 즉시 해소되게 된다. 따라서 선물시장의 존재는 현물시장만이 존재하는 경우에 비해 양 시장을 보다 효율적으로 만들면서 시장에서 형성되는 가격이 모든 정보를 신속하게 반영하도록 하는 효과를 가져온다.

5　거래비용 절약

　주가지수선물의 경우 선물거래의 대상이 개별 주식이 아니라 주가지수이므로 현물시장에서의 개별 종목 투자와는 달리 시장 전체에 대한 투자를 아주 쉽게 할 수 있다. 현물시장에서 전체 시장 움직임에 대한 투자를 수행하기 위해서는 지수를 구성하는 모든 종목을 매입해야 하므로 거래비용이 상당히 많이 들게 된다. 이에 비해 주가지수선물시장에의 투자는 적은 비용으로 주가지수를 구성하는 모든 종목에 투자한 것과 동일한 효과를 낼 수 있으므로 투자자들에게 매력적인 투자기회를 제공하게 된다. 또한 선물시장에서는 미래의 일정 시점의 자산가격의 하락을 예상한 투자자가 매도 포지션을 취함으로써 자신의 예상을 쉽게 실현시킬 수가 있다는 장점이 있다. 현물시장에서 이와 같은 효과를 얻는 투자를 하기 위해서는 대주(貸株)제도를 이용해야 하는데 대주제도는 우선 시장 전체의 하락 움직임에 상관이 없는 종목을 고를 경우 원하는 효과를 얻을 수 없다는 단점이 있고, 종목 또한 증권사가 지정하는 종목에 한해서 허용이 된다는 단점이 존재한다. 이에 반해 선물거래를 할 경우 적은 비용으로 쉽게 매도 포지션을 취할 수 있으므로 보다 효율적인 투자가 가능해진다.

6　부외거래

　선도계약을 체결한 기업은 초기에는 계약만을 체결할 뿐 아무런 자금이동이 일어나지 않는다. 실제적인 자금이동은 계약의 만기가 되어야 일어나게 되는 것이다. 이처럼 파생금융상품의 거래에는 계약 시점과 이행 시점이 존재하게 되고 계약 시점에서는 자금이동이 일어나지 않게 되므로 만기일 이전까지 파생금융상품의 거래사실은 대차대조표에서 각주사항이 된다. 즉, 부외거래(簿外去來)로 처리되는 것이다. 따라서 선물거래를 많이 하는 기업과 전혀 하지 않는 기업이 있을 경우 공시가 제대로 되지 않으면 대차대조표 상으로는 별 차이가 없게 되는 경우가 발생하게 된다. 파생상품거래가 가진 이러한 문제점을 시정하기 위해 공시제도를 강화하고 시가평가를 하여 파생상품의 평가손익을 대차대조표 자본계정(기타포괄손익누계액)에 반영시키도록 하고 있다.

선물 가격(엄밀히 선도 가격)의 균형 수준이 얼마인지를 이해하기 위해서는 차익거래 불가능 조건(no arbitrage)을 이해해야 한다. 그런데 이를 보여주는 좋은 예가 있다. 바로 이자율 등가(Interest Rate Parity : IRP) 조건을 이용한 선물환의 균형 가격결정이론이다. 이에 대한 자세한 설명을 통해 선물의 균형 가격 개념을 이해하도록 하자. 우선 다음의 두 가지 전략을 상정해보자. 달러가 거래되는 두 개의 시장, 곧 현물환 시장과 선물환 시장이 있다고 하자. 이때 투자자가 취할 수 있는 차익거래는 다음의 두 가지가 가능하다. 매수차익거래와 매도차익거래이다. 물론 이 거래는 외환시장에서는 외환스왑(FX Swap)거래라고 불린다. 이는 현물환 매수＋선물환 매도 혹은 반대의 거래를 통칭하는 용어이다. 즉, 이를 요약하면 다음과 같다.

현물시장   선물시장

❶ 매수   매도 → 매수차익거래(cash and carry arbitrage)

❷ 매도   매수 → 매도차익거래(reverse cash and carry arbitrage)

현물환 시세가 주어졌을 때 ❶과 ❷의 어느 전략도 차익거래 이익을 낼 수 없도록 선물환 시세가 형성된 경우, 이를 균형 가격이라 부르고 이때 균형 선물환 시세는 다음과 같이 결정된다.

$$F_{t,T}\left(1 + r^f \times \frac{T-t}{365}\right) = S_t\left(1 + r \times \frac{T-t}{365}\right) \qquad \cdots (3\text{-}1)$$

단, r^f : 외국 이자율, r : 국내 이자율

그런데 이 식을 약간 변형하면 다음과 같다.

$$F_{t,T}\left(1 + r^f \times \frac{T-t}{365}\right) = S_t\left(1 + r \times \frac{T-t}{365}\right) \qquad \cdots (3\text{-}2)$$

$$\rightarrow F_{t,T} = S_t \frac{\left(1 + r \times \dfrac{T-t}{365}\right)}{\left(1 + r^f \times \dfrac{T-t}{365}\right)}$$

$$\rightarrow F_{t,T} \cong S_t\left(1 + (r - r^f) \times \frac{T-t}{365}\right)$$

식 (3-2)는 선물환 시세가 양국 간 금리차를 반영하여 결정된다는 관계식으로서 이자율 등가식(Interest Rate Parity : IRP)이라고 부른다.

$$F_{t,T} > S_t \left(1 + (r - r^f) \times \frac{T-t}{365} \right)$$

다음의 예를 가지고 설명해 보자.

현물환율＝1,200원/달러

원화이자율(r)＝연 4%

달러이자율(r^f)＝연 2%

균형 선물환율＝1,224원/달러

1년 만기 선물환 가격 F＝1,230원/달러

단, 조달 및 운용금리는 동일하다고 하자. 이 경우 현재 시점의 차익거래는 다음과 같이 네 개의 시장에 걸쳐서 진행된다.

❶ 원화자금시장 : 원화자금을 1,200원 빌려옴(조달금리 연 4%)

　이 경우 1년 후에 1,248원을 상환해야 함(미리 알고 있는 확실한 값)

❷ 원-달러 현물환 시장 : 조달한 자금 1,200원으로 현물환 시장에서 1달러를 매입(현물환율 1,200원/달러)

❸ 달러자금시장 : 사들인 1달러를 달러자금시장에서 운용(금리 연 2%). 이를 운용 시 1년 후에 1.02달러를 수취(이는 미리 알고 있는 확실한 값이다)

❹ 원-달러 선물환 시장 : 1년 후 수취하게 될 1.02달러를 선물환 시장에서 매각(선물환율 1,230원/달러). 그런데 선물환 시장에서 달러를 매각한다는 것은 곧 1년 후에 가서 1.02달러를 인도하고 1,254.6원을 받기로 지금 계약하는 것

　ㄱ. 1년이 지나서 만기가 되면 미리 정해놓은 대로 집행

　　a. 수취액수 : 선물환 계약대로 1.02달러를 넘기고 1,254.6원 수취

　　b. 지급액수 : 원화조달 부분에 대한 원리금 1,248원을 상환

　　　　　→ 6.6원 무위험차익 발생

ㄴ. 이익의 본질 : 여기서 이익의 크기는 IRP조건의 좌변과 우변의 차이. 즉,

$$\left(F_{t,T}\left(1+r^f\times\frac{T-t}{365}\right)\right)-\left(S_t\left(1+r\times\frac{T-t}{365}\right)\right)$$
$$=1,230\times(1.02)-1,200\times1.04$$
$$=1,254.6-1,248=6.6$$이 되는 것이다.

2   매도차익거래

$$F_{t,T}<S_t\left(1+(r-r^f)\times\frac{T-t}{365}\right)$$

다음의 예를 가지고 설명해 보자.

현물환율＝1,200원/달러
원화이자율(r)＝연 4%
달러이자율(r^f)＝연 2%
균형 선물환율＝1,224원/달러
1년 만기 선물환 가격 F＝1,220원/달러

단, 조달 및 운용금리는 동일하다고 하자. 이 경우 현재 시점의 차익거래는 다음과 같이 네 개의 시장에 걸쳐서 진행된다.

❶ 달러자금시장 : 달러자금을 1달러 빌려옴(조달금리 2%)
  이 경우 1년 후 1.02달러를 상환해야 함(미리 알고 있는 확실한 값)
❷ 원-달러 현물환 시장 : 조달한 달러 1달러를 현물환 시장에서 매각하여 1,200원으로 교환(현물환율 1,200원/달러)
❸ 원화자금시장 : 1달러를 팔아서 마련한 1,200원을 원화자금시장에서 운용(금리 연 4%). 이 경우 1년 후 1,248원을 원리금으로 수취(이는 미리 알고 있는 확실한 값이다)
❹ 원-달러 선물환 시장 : 1년 후 상환해야 할 1.02달러만큼을 선물환 시장에서 매수(선물환율 1,220원/달러). 여기서 선물환 시장에서 달러를 매수한다는 것은 곧 1년 후에 가서 1,244.4원을 지급하고 1.02달러를 받기로 지금 계약하는 것
  ㄱ. 1년 후 : 미리 정해진 시나리오대로 집행

a. 수취액수 : 1,200원 원화 운용에 대한 원리금 1,248원을 수취

b. 지급액수 : 선물환 시장에서 1,244.4원을 넘기고 1.02달러 수취

→ 3.6원 무위험차익 발생

　이 관계식을 보면 차익거래와 균형 선물 가격의 관계를 알 수 있음. 선물 가격이 현물 대비 비싸면 돈을 빌려다가 현물시장 매수/선물시장 매도를 실시. 반대의 경우 '기초자산'을 빌려다가 현물시장 매도/선물시장 매수를 실시. 결국 이 과정에서 현물과 선물 가격이 변하게 되고 이러한 전략은 양 시장을 이용한 차익거래가 불가능해질 때까지 계속됨. 균형에서는 차익거래가 불가능하고 시장은 안정을 되찾음

　이때 '기초자산'을 빌려다가 현물시장에서 매각하는 행위를 보통 공매도(空賣渡; short selling)라 함. 공매도는 이론적으로 볼 때는 해당 기초자산을 만들어서 매각(발행)하는 행위까지 포함. 그러나 실제의 경우에 없는 자산을 만들어 팔 수는 없는 것이고 결국 가장 일반적인 방법은 자산을 보유하고 있는 투자자를 찾아서 자산을 빌려다가 현물시장에서 매각하여 자금을 운용한 후 일정기간 후 다시 기초자산을 되사서 돌려주는 행위를 포함

　이처럼 선물시장의 선물 균형 가격은 철저하게 차익거래 불가능조건으로부터 구해짐. 두 시장 간의 가격이 정상적인 상태를 유지하고 있다는 것은 두 시장 간의 차익거래가 불가능한 상황과 같다는 것. 위에서 본 예에서 달러를 기초자산으로 보고 달러이자율은 기초자산에 대한 일종의 배당으로 보면 모든 관계가 분명해짐. 주가지수선물의 경우 현물지수가 S_t일 때 균형 선물 가격 $F_{t,T}$은 다음과 같이 나타남

$$F_{t,T^*} = S_t \left(1 + (r - d) \times \frac{(T - t)}{365} \right)$$

　여기서 d는 주가지수에 대한 배당률로서 주가지수 구성종목의 배당액수를 각각의 시가로 나눈 배당률을 시가총액 구성비율대로 가중평균을 한 값이 됨. 이처럼 선물의 균형 가격은 결국 현물시장 가격에 일정한 액수를 더한 값으로 나타나는데 이를 일반적으로 보유비용(cost of carry)이라 함. 그 이유는 이렇다. '물건'(기초자산)을 지금 가지고 있다면 이를 지금 매각하면 자금이 들어오고, 이를 운용하면 일정기간 후(예를 들어 1년) 원리금만큼의 확실한 소득이 보장. 그런데 지금 만일 이 투자자가 물건을 나중에 넘기기로 지금 계약만 하는 방법, 즉 선물계약 매도라는 방법을 선

택한다면 그는 자금흐름에 대한 확실한 운용수익, 즉 이자만큼 손실을 보게 됨. 결국 물건을 지금 팔지 않고 나중에 넘기기로 하고 지금 계약만 하는 경우 지금 받을 수 있는 현물 가격에 금리만큼을 얹어서 나중에 받을 가격을 설정하는 것이 정상. 결국 가장 중요한 보유비용은 이자율이 됨. 그런데 만일 '물건'을 넘기기로 한 시점까지 보유하는 데에 따른 이익이 생긴다면 어떻게 될까? 물론 물건보유자는 이를 감추고 싶겠지만 이는 이미 다 알려진 정보라고 가정하자. 이 경우 물건을 넘겨받기로 한(선물계약 매수) 투자자는 자기가 지불할 선물 가격의 인하를 요구할 것임. 물건을 지금 팔지 않고 나중에 팔기로 계약을 하는 경우에 만기까지 물건보유에 따라 생길 수 있는 이익은 선물시장 가격에서 차감하는 방법을 통해 균형 가격이 설정되는 것임. 이처럼 보유에 따른 비용은 추가되고 이익은 차감되어 선물 가격이 설정되면 선물시장과 현물시장 간 차익거래가 불가능해지면서 이 가격이 균형 가격이 되는 것임

ㄴ. 주가지수선물의 균형 가격

$$F_{t,T}^* = S_t\left(1 + (r - d) \times \frac{(T - t)}{365}\right)$$

지금 넘기면 S_t를 받아서 이를 운용하여 이자를 만들어낼 수 있는데 이를 지금 안 넘기고 나중에 넘기기로 지금 계약만 해놓는 것임. 따라서 주식을 나중에 넘기기로 계약을 하는 바람에 자금운용에서 발생하는 금리수익을 못 받게 되므로 이 부분이 선물 가격을 올리는 역할을 함. 반면 주식을 지금 안 넘기고 나중에 넘기기로 계약만 한 후 주식을 보유하고 있을 경우 선물만기 시점 이전에 발생하는 배당을 받을 수 있으므로 이 부분은 선물계약 가격을 낮추는 역할을 하게 됨

예시

$S_t = 100$ $r = $연 4% $d = $연 2% $T - t = $잔여만기$ = 3$개월

주가지수선물 이론 가격$= F_{t,T}^* = 100\left(1 + (0.04 - 0.02) \times \frac{91}{365}\right) = 100.5$

거래전략

선물시장은 위에서 설명한 대로 미래 일정 시점에서의 자산 혹은 상품 가격에 대한 예상을 토대로 참가자들이 계속 이에 대한 베팅을 실시하는 시장이다. 따라서 미래에 대한 예상을 토대로 계속 거래가 일어나고 새로운 정보가 시장에 도착할 때마다 가격이 계속 바뀌게 되며 이러한 거래는 미리 정한 만기 시점이 될 때까지 계속된다. 이와 같이 거래되는 선물계약을 토대로 여러 가지 형태의 전략이 가능한데, 가장 기본적인 유형으로서는 투기적 거래, 헤지거래, 차익거래 및 스프레드 거래가 있다. 그러면 각각의 유형에 대해 좀 더 자세히 살펴보기로 하자.

1 투기적 거래

일반적인 현물자산의 경우 투자자가 이익을 창출하는 방법은 주로 '저가매수 후 고가매도 전략'(buy low and sell high strategy)이 된다. 예를 들어 현물주식을 매입하는 투자자나 부동산을 매입하는 투자자는 모두 자산 가격이 미래에 상승할 것이라는 기대를 가지고 이러한 전략을 실행하는 것이다. 즉, 자산 가격이 미래에 상승할 것이라는 기대를 토대로 먼저 일정한 자금을 투입하여 자산을 매수한 후 자산 가격이 예상대로 상승하면 이를 매도하는 전략을 통해서 이윤을 획득하는 것이다. 이러한 행위를 우리는 투자라고 부르기도 하고 투기라고 부르기도 한다.

선물거래도 이처럼 투자 내지는 투기의 목적으로 이용될 수 있다. 원리는 간단하다. 선물계약의 만기 이전에 선물 가격이 현재보다 상승할 것으로 예상하는 투자자는 초기 증거금을 납부하고 선물계약에 매수 포지션을 취하면 된다. 일정기간 후 선물 가격이 예상대로 상승하면 포지션 청산을 위해 매도 포지션을 취하는 전매도(long liquidation)를 실행하여 이익을 실현할 수 있다. 여기서 주의할 것은 선물계약에는 만기가 있다는 점이다. 따라서 만기 이전에 가격이 오르지 않을 경우에는 원하는 이익을 실현할 수가 없다. 현물자산의 경우에는 오를 때까지 얼마든지 원하는 만큼 기다릴 수가 있으나, 선물에서는 이러한 기다림이 허용되지 않는다.

물론 자본력이 뒷받침이 되고 가격이 상승하리라는 확신이 강하면 투자자들은 자신의 포지

션을 롤오버(roll-over)시킬 수 있다. 예를 들어 3월 만기 주가지수선물에 매입 포지션을 취하였
는데 만기에 거의 다 가서도 가격이 오르지 않을 경우 일단 3월 만기물에 대한 포지션은 전매
도를 통해 청산하고 6월물에 대해 다시 매입 포지션을 취할 수 있는 것이다. 만일 6월물의 가
격이 예상대로 상승하면 이익을 실현할 수 있다. 물론 이때 3월물 매입 포지션을 청산할 때의
선물 가격이 매입 당시의 가격보다 하락하였을 경우, 투자자는 일단 전매도를 통해 손실을 실
현하고서야 롤오버를 시킬 수가 있는 것이다. 이 점이 선물계약을 일반적인 현물거래와 다르
게 하는 부분이다.

또한 선물시장에서는 자산 가격이 하락할 것이라고 예상할 경우, 신규 매도 포지션(short
position)을 취한 후 예상대로 자산 가격이 하락 시 포지션 청산을 위해 매수 포지션을 취하는
환매수(short covering)를 통하여 이익을 실현하는 형태의 '고가매도 후 저가매수전략'(sell high and
buy low strategy)도 가능하다. 물론 주식시장에서의 대주(貸株)제도(공매도(short selling) 제도)도 이
와 동일한 효과를 내는 전략이지만, 대주의 경우 종목이나 포지션에 제약이 많고 비용도 많이
들게 되므로 선물거래에 있어서의 매도 포지션을 취하는 것만큼 효율적이지는 못하다.

선물시장에서 자신의 예상을 토대로 활발하게 투자가 이루어질 경우, 자산 가격 하락 시에
도 이익을 창출하는 투자자가 존재하고 반대로 자산 가격 상승 시에도 손해를 보는 투자자가
존재하게 된다. 따라서 자산 가격 상승 시 모두가 이익을 보고 하락 시에는 모두가 손해를 보
게 되는 일방향적 시장이 아닌 양방향적 시장이 경제 내에 등장하게 되는 것이다. 이처럼 자산
가격 변동의 방향을 예측하고 이를 토대로 한 포지션을 시장에서 취하여(시장에 대한 예상의 실현)
이익을 실현하고자 하는 전략이 투기적 거래인 바 이 전략에서는 방향성 베팅(directional betting)
이 가장 중요하게 된다.

2 헤징

선물시장의 존재 이유 중에 중요한 것이 위험의 전가(risk transfer)가 가능해진다는 점이다.
즉, 선물거래를 통해 투자자는 자신이 노출되어 있는 자산 가격 변동 위험을 회피할 수 있게
되는 것이다. 헤지거래는 투자자가 현재 보유한 현물 포지션, 혹은 향후 보유하게 될 현물 포
지션의 가치가 하락할 가능성에 대비하여 선물로 반대 포지션을 취함으로써 가치하락 위험을
회피하는 거래를 말하는데 이에는 앞에서 설명한 매수헤지와 매도헤지가 있다. 그럼 우선 베

이시스의 개념부터 알아보자.

(1) 베이시스(basis)

베이시스란 임의의 거래일에 있어서 현물 가격과 선물 가격의 차이를 의미하는 용어이다. 즉, 시장 베이시스 $b_{t,T}$는 $F_{t,T} - S_t$로 표시가 된다. 베이시스의 개념과 연관하여 언급되어야 할 것은 바로 보유비용(cost of carry)의 문제이다. 보유비용은 현물을 보유한 채 지금 즉시 매각하지 않고 선물 매도계약만을 체결한 후 만기일까지 보유하였다가 매도계약을 이행할 경우 만기일까지 부담해야 하는 비용을 의미한다. 이렇게 보면 보유비용은 결국 이론 선물 가격과 현물 가격의 차이와 동일해진다. 위에서 본 주가지수 이론 선물 가격 공식, $F_{t,T}^* = S_t\left(1 + (r-d) \times \dfrac{(T-t)}{365}\right)$를 이용하면 보유비용은 $S_t(r-d) \times \dfrac{(T-t)}{365}$가 된다.

(2) 제로베이시스 헤지와 랜덤베이시스 헤지

현물을 보유한 상태에서 선물을 이용하여 헤지를 하는 경우 크게 두 가지로 나누어 볼 수 있다. 첫째는 보유현물과 선물 포지션을 선물 만기 시점까지 가서 청산하는 경우이고, 두 번째는 선물 만기 시점 이전에 보유현물과 선물 포지션을 청산하는 경우이다. 첫 번째의 경우 선물 만기 시점까지 가서 청산을 할 경우 선물 만기 시점의 베이시스는 영이 되므로 베이시스 위험이 사라지는 효과가 생긴다. 이를 제로 베이시스 헤지(zero basis hedge)라 한다. 예를 들어 보자. 선물 가격의 움직임이 다음과 같다고 하자.

	t	T
현물 가격	100	90
선물 가격	102	90

이제 투자자 A가 현물을 보유한 상태에서 t시점에서 선물에 매도 포지션을 취하였다고 하자. 그리고 그는 만기까지 이 포지션을 보유한 후 만기 시점에서 이 포지션을 청산하였다. 손익은 얼마인가?

❶ 현물은 100에서 90이 되어 10만큼 하락. 만기 시점에서 청산 시 10만큼의 손실이 발생

❷ 선물 매도 포지션은 102에 매도 후 만기 시점에 가서 90이 되므로 일일정산이익이 12가 됨. 따라서 현물손실과 선물이익을 합치면 $-10 + 12 = 2$가 된다. 결국 현물을 102에 매

도한 것과 동일한 효과가 나옴

두 번째는 선물을 이용한 헤지를 하는 과정에서 만기 시점까지 보유하지 않고 선물 만기 이전에 포지션을 청산하는 경우인데 이를 랜덤 베이시스 헤지(random basis hedge)라 한다. 예를 들어보자. 선물 가격의 움직임이 다음과 같다고 하자. 여기서 t'는 선물 만기 시점 이전 임의의 시점을 의미한다.

	t	t'
현물 가격	100	90
선물 가격	102	92
베이시스	2	2

이 경우 t시점에서 현물 100 선물 102일 때 선물을 매도한 후 t'시점에 가서 현물과 선물을 동시에 청산할 경우 현물에서는 10의 손실이 나지만 선물에서는 10의 이익이 발생하여 손실과 이익이 상쇄된다. 여기서는 베이시스가 t시점과 t'시점에서 모두 2로서 변하지 않았다. 만일 선물 가격의 움직임이 다음과 같다면 어떨까?

	t	t'
현물 가격	100	90
선물 가격	102	93
베이시스	2	3

이 경우 t시점에서 선물 매도 후 t'시점에서 두 포지션을 모두 청산할 경우 현물에서는 10 손실, 선물에서는 9 이익이 발생하여 총손실이 −1이 된다. 이는 베이시스가 2였다가 청산 시점에서 3으로 증가하여 발생하는 문제인데 결국 포지션 청산 시점의 베이시스가 불확실함으로 인해 발생하는 문제점이고 중간 청산 시 베이시스의 움직임을 예측할 수 없다는 점에서 베이시스 리스크에 노출이 되는 것이다. 결국 선물로 헤지를 하되 랜덤 베이시스 헤지를 할 경우 이는 시장가 하락에 따른 현물의 가치 손실 가능성, 곧 시장 리스크를 피하기 위해 현물 손실분을 선물이익을 통해 보전하는 전략을 취할 경우 베이시스 리스크에 노출이 된다는 점을 알 수 있다. 결국 랜덤 베이시스 헤지는 시장 리스크를 피하기 위해 베이시스 리스크를 취하는 전략이라고 표현할 수 있다.

(3) 헤지비율

헤지비율 문제는 선물을 이용한 헤지를 시행함에 있어서 매우 중요한 개념으로 작용한다. 이는 대부분 현물 포지션을 선물로 헤지하는 과정에서 둘 사이에 약간의 차이가 존재할 경우 발생하는 개념이다. 즉, 랜덤 베이시스 헤지를 시도할 경우 현물 가격의 변화와 선물 가격의 변화가 일정한 폭을 가지지 않게 되고, 현물 포지션과 선물 포지션 간에 약간의 괴리가 발생한다. 헤지비율은 이러한 상황에서 적정한 선물 포지션의 크기를 산정하는 데에 사용되는 개념이다. 우선 예를 들어보자.

시가가 100억 원인 주식 포트폴리오(이하 포트폴리오 A)포지션이 있다. 이 포지션의 가치가 하락할 것을 염려한 투자자가 이 포지션을 정리하는 대신 KOSPI 200 주가지수선물을 이용하여 이를 헤지하기로 결정하였다. 이때 KOSPI 200 주가지수선물의 가격은 100포인트라 하자. 남은 것은 주가지수선물 매도 포지션을 몇 계약 취하는가 하는 것이다. 언뜻 봐서는 간단한 것 같은데 조금 깊이 들어가면 간단하지 않다. 왜냐하면 주가지수선물과 포트폴리오 A가 똑같은 비율로 움직이지는 않기 때문이다. 따라서 적정한 비율을 발견하여 이를 조정해주는데, 이때 현물 포지션의 크기에 대한 선물 포지션 크기의 비율을 헤지비율이라 하고 이를 찾아서 적용하는 것이 중요한 작업이 된다.

❶ 우선 첫 번째 단계는 현물 포지션의 크기와 선물 포지션의 액면가 간의 단순비율을 찾는 단계. 이 단계에서는 현물 포지션의 시가를 선물 한 계약의 액면금액으로 나누는 작업이 진행. 이때 주가지수선물 한 계약의 액면가는 100포인트×25만 원=2,500만 원으로 계산. 따라서 1단계 계약수는 다음과 같이 계산

$$\frac{100억 원}{25만 원 \times 100포인트} = 400계약$$

❷ 이제 두 번째 단계에서는 이 계약수에 헤지비율을 곱하는 작업을 하게 됨. 즉, 현물 포지션의 헤지비율이 1.5이면 1.5에 400을 곱해서 매도계약수는 600계약. 만일 헤지비율이 0.8이라면 매도계약수는 320계약. 그렇다면 헤지비율을 어떻게 결정하는가? 이에는 두 가지 방법이 있음

첫째는 주식 포트폴리오의 베타값을 이용하는 방법. 주지하다시피 주식 포트폴리오의 베타값은 포트폴리오에 포함된 주식종목들의 베타값을 가중평균한 값. 이는 해당 주

식 및 해당 주식 포트폴리오가 시장 전체 대비 얼마나 민감하게 움직이는가를 나타내는 지표. 이때 주식시장 전체의 움직임과 주가지수선물은 거의 일대일로 움직이므로 결국 주식시장 전체에 대한 민감도로서의 베타값은 주가지수선물에 대한 민감도로 볼 수 있음. 따라서 포트폴리오의 베타값을 1단계 계약수에 곱하면 헤지에 필요한 선물계약수를 얻을 수 있음

만일 ① 베타값이 0.9라면 0.9×400＝360계약 매도
　　　② 베타값이 1.1이라면 1.1×400＝440계약 매도가 된다.

두 번째는 최소분산 헤지비율(minimum variance hedge ratio : MVHR)을 사용하는 방법. MVHR은 다음과 같은 방법으로 구해짐. 선물시장의 헤지는 현물의 가격 변화에 따른 손익($S_{t+1} - S_t = \Delta S$)을 선물 포지션에서의 손익($F_{t+1, T} - F_{t, T} = \Delta F$)으로 커버하는 방법. 이때 현물에 대한 선물계약의 비율을 h라 하면 현물 포지션과 선물 포지션을 합친 총포지션의 손익은 ($\Delta S - h\Delta F$)가 됨. 그렇다면 적정 h를 구하는 방법은 무엇인가? 바로 총손익 포지션의 분산이 최소화되도록 h를 구하는 것임. 이를 수식으로 표현해보자. 우선 총포지션의 분산은 $Var(\Delta S - h\Delta F)$로 표시. 이제 우리의 목표는 총포지션의 분산이 최소화되도록 하는 h를 구하는 것임. 이는 $Min_h[Var(\Delta S - h\Delta F)]$로 표시 가능. 이때 ΔS와 ΔF는 모두 일정기간 후 얼마가 될지 모르는 확률 변수이므로,

$$[Var(\Delta S - h\Delta F)]$$
$$= [Var(\Delta S) + h^2 Var(\Delta F) - 2hCov(\Delta S, \Delta F)]$$

이 됨. 여기서 $f(h) = [Var(\Delta S) + h^2 Var(\Delta F) - 2hCov(\Delta S, \Delta F)]$로 정의할 경우 $f(h)$를 최소화하는 h값은 $f(h)$를 h로 미분한 값이 0이 되도록 하는 점에서 달성. $f(h)$를 h로 미분하여 0으로 놓을 경우 이를 달성하는 h값은 $h^* = \dfrac{Cov(\Delta S, \Delta F)}{Var(\Delta F)}$로 나타난다. 결국 공분산과 분산의 비율로 나타나는 것임. 그런데 이 공식을 상관계수($\rho_{S,F} \times \dfrac{Cov(\Delta S, \Delta F)}{\sigma_S \times \sigma_F}$, 단 σ_S와 σ_F는 ΔS와 ΔF의 표준편차)를 이용하여 다시 써보면 $\rho_{S,F} \times \dfrac{\sigma_S}{\sigma_F}$가 됨을 알 수가 있음. 여기서 $\rho_{S,F}$는 두 변수 사이의 상관계수

그런데 바로 이 h^*가 다음의 수식으로 표현되는 단순 회귀식에서의 기울기 계수(회귀계수)를 나타내는 공식과 같아짐. 즉, $\Delta S = \alpha + \beta\Delta F + \varepsilon$로 표시되는 회귀식에서 ΔS와 ΔF의 과거 데이터를 ΔS_t와 ΔF_t로 표시할 경우 β값에 대한 추정치는 다음과 같음

$$\hat{\beta} = \frac{\displaystyle\sum_{t=1}^{T}(\varDelta S_t - \overline{\varDelta S_t})(\varDelta F_t - \overline{\varDelta F_t})}{\displaystyle\sum_{t=1}^{T}(\varDelta F_t - \overline{\varDelta F_t})^2}$$

단, $\overline{\varDelta S_t}$와 $\overline{\varDelta F_t}$는 $\varDelta S_t$와 $\varDelta F_t$의 평균임.

그런데 여기서 지적될 수 있는 부분은 분자의 경우 두 변수의 $\varDelta S$와 $\varDelta F$의 공분산에 대한 추정치이고 분모의 경우 $\varDelta F$의 분산에 대한 추정치가 되므로 위에서 유도한 $h*$에 대한 추정치가 되는 것임. 결국 현물 가격 변동분을 선물 가격 변동분에 대해 회귀분석을 한 경우의 회귀계수의 추정치에 해당하는 값이 바로 최소분산 헤지비율에 해당하는 값이 되는 것임

3 차익거래

차익거래의 기본은 앞에서 설명하였으므로 여기서는 주가지수 차익거래를 중심으로 살펴보기로 한다.

(1) 주가지수 차익거래의 기본

주가지수 차익거래는 현물지수와 선물 가격의 차이가 이론적인 수준을 벗어날 경우 현물지수와 선물 가격의 차이만큼을 이익으로 취하는 거래를 의미한다. 여기에서 구체적으로는 현물 매수·선물 매도 혹은 현물 매도·선물 매수 포지션을 취하게 되는데 전자를 매수차익거래, 후자를 매도차익거래라고 한다. 이 메커니즘을 좀 더 자세히 보기 위해 〈그림 3-1〉을 보자. 〈그림 3-1〉에서 임의의 시점 t의 현물지수는 S_t, 선물 가격은 $F_{t,T}$를 가리키고 있다. 이때 선물의 이론 가격은

$$F_{t,T}^* = S_t\Big(1 + (r - d) \times \frac{(T - t)}{365}\Big)$$

로 표시된다. 여기서 r은 t시점부터 선물만기인 T시점까지의 이자율, d는 같은 기간의 배당률을 의미한다. 그런데 우리나라에서는 배당률이 특별한 경우를 제외하고는 거의 무시할 수 있

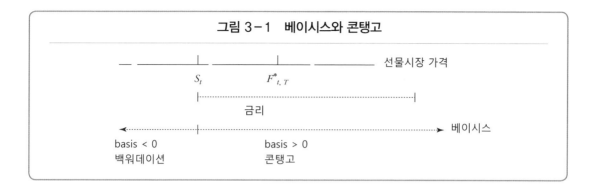

그림 3-1 베이시스와 콘탱고

선물시장 가격

S_t $F^{*}_{t,T}$

금리

베이시스

basis < 0   basis > 0
백워데이션   콘탱고

는 수준이므로 선물의 균형 가격과 현물지수의 차이가 현재 시점부터 선물만기 시점까지의 금리(일반적으로 CD금리)에 의해 설명될 수 있다.

배당률이 무시할 수 있는 수준이라서 주가지수선물의 이론 가격이 대략 $S_t(1+r)$ 정도의 크기를 지닌다면 이론 가격과 현물지수 간의 차이는 금리 정도가 되는 셈이고, 이를 이용하여 여러 가지 전략을 개발할 수 있게 된다. 이 경우 매수(매도)차익거래 기회는 실제 선물 가격이 이론 선물 가격보다 상승(하락)할 경우 발생하는데, 매수(매도)차익거래를 위해서는 현물 주식 매수(매도) · 선물 매도(매수) 계약 체결의 과정을 거치게 된다. 따라서 매수차익거래는 $F_{t,T} > F^{*}_{t,T}$일 때 가능하고, 매도차익거래는 $F_{t,T} < F^{*}_{t,T}$일 때 가능하다.

❶ 베이시스를 이용한 설명 : 매수 및 매도차익거래 가능성을 베이시스를 이용하여 설명할 수도 있음. 베이시스란 (선물 가격 – 현물 가격)을 의미하는데 이론 베이시스 $b^{*}_{t,T}$는 (이론 선물 가격 – 현물 가격), 즉 $b^{*}_{t,T} = F^{*}_{t,T} - S_t$가 되고, 시장 베이시스 $b_{t,T}$는 (실제 선물 가격 – 현물지수), 즉 $b_{t,T} = F_{t,T} - S_t$가 됨. 따라서 매수차익거래는,

$$[F_{t,T} > F^{*}_{t,T}] \rightarrow [F_{t,T} - S_t > F^{*}_{t,T} - S_t] \rightarrow [b_{t,T} > b^{*}_{t,T}]$$

가 성립할 때 가능하고 매도차익거래는,

$$[F_{t,T} < F^{*}_{t,T}] \rightarrow [F_{t,T} - S_t < F^{*}_{t,T} - S_t] \rightarrow [b_{t,T} < b^{*}_{t,T}]$$

가 성립할 때 가능

❷ 매수차익거래의 예 : 선물만기까지 3개월이 남은 현재 시점에서 주가지수 S_t가 100포인트이고 이론 선물 가격이 102포인트라고 하자. 이때 실제 시장 선물 가격이 104포인트라면 매수차익거래 기회가 존재하게 됨. 즉, 이론 베이시스는 2포인트인데 실제 베이시

스는 4포인트인 것임. 여기서 이론 베이시스는 일반적으로 현재 시점부터 선물 만기 시점까지의 금리를 반영한다는 사실을 상기하면 결국 실제 베이시스가 '이론 베이시스+α', 즉 '금리+α'만큼의 크기를 가지므로 현물 매수·선물 매도의 매수차익거래전략이 시행 가능한 것임

(2) 인덱스 포트폴리오와 프로그램 매매

매수차익거래에서는 현물 매수·선물 매도 포지션을 취하게 된다. 위의 예에서 보듯이 현물을 100포인트에 매수하고 선물을 104포인트에 매도할 경우 선물 매도계약은 쉽게 체결되지만, 현물 매수는 문제가 된다. 즉, 이론적으로는 주가지수를 100포인트에 매입해야 하지만 주가지수는 거래되지 않고, 주가지수를 구성하는 종목만이 거래가 되므로 주가지수를 매입하는 행위는 곧 KOSPI 200지수를 구성하는 모든 종목을 지수편입비율에 따라 일정 액수만큼 매입하는 전략으로 연결된다. 이때 주의할 것은 매입 가격이다. 100포인트라는 가격은 없다. 각 종목별 가격이 있을 뿐이다. 그러나 현재 시점의 주가지수가 100포인트라는 것은 편입대상 주식의 시가총액이 기준 시점 대비 100%라는 얘기이며 이 시가총액을 계산하는 데에는 200종목에 대한 현재 시점(비교 시점)의 개별 주식 가격이 있어야 지수가 계산 가능하다.

현재 시점의 200종목의 주가를 (P'_1, P'_2, $\cdots$, P'_{200})이라 하자. 현물을 100포인트에 매입하는 것은 200종목의 주식을, 100포인트라는 주가지수 계산에 이용된 가격 한 세트, 곧 (P'_1, P'_2, $\cdots$, P'_{200})으로 매입하는 것이다. 즉 첫 번째 종목은 P'_1의 가격에, 두 번째 종목은 P'_2의 가격에, 200번째 종목은 P'_{200}의 가격에 매입하되 매입자금 전체에서 해당 종목이 차지하는 비중은 해당 종목이 주가지수 산정에서 차지하는 비율 곧 시가총액 비중대로 하는 것이다. 예를 들어 주가지수 차익거래 규모가 100억 원인데 현재 ○○전자 시가총액비중이 25%이고 ○○전자 주가가 40만 원이라면 100억 원 중 ○○전자 매입자금은 전체의 25% 곧 25억 원이 된다. 따라서 ○○전자 주식은 25억 원÷40만 원=6,250주를 매입하면 되는 것이다. 이런 식으로 200종목을 모두 편입하여 100억 원 어치를 사들이면 이것이 곧 현물을 100포인트에 매입한 것과 동일한 효과를 얻게 되는 것이다.

그런데 가격이 바뀌기 전에, 즉 주가지수가 100포인트에서 변하기 전에 빨리 200종목을 한꺼번에 매입하는 것은 상당한 기술이 필요하다. 즉, 주문을 한꺼번에 체결시키는 기술이 필요한 것이다. 프로그램 매매가 바로 이 기술이다. 한국거래소는 프로그램 매매를 '15종목 이상에 대해서 한꺼번에 주문을 내는 경우'로 규정하고 이에 대해 신고를 하도록 하고 있다. 프로

그램 매매는 미리 주문을 입력해 놓은 상태에서 시장 가격이 차익거래 혹은 기타 전략에 적절한 가격으로 형성될 경우 지체 없이 프로그램을 실행하여 미리 짜 놓은 포트폴리오에 대한 주문이 실행되도록 하는 방법이다.

이렇게 보면 프로그램 매매는 차익거래라는 전략을 수행하는 데에 필요한 일종의 기술이다. 프로그램 매매 자체는 차익거래 이외에도 다른 목적으로 사용되는데 차익거래 이외의 목적을 위한 거래는 통계상으로 비차익거래라는 항목으로 편입시키고 있다. 이렇게 구성된 포트폴리오를 인덱스 포트폴리오라고 부르는데 이는 KOSPI 200 인덱스의 변화를 그대로 100% 반영하기 위한 목적으로 제작된 포트폴리오인 것이다. 그런데 주지하다시피 200종목 전부를 차익거래용 포트폴리오에 편입하는 것은 상당한 비용이 수반되는 등 여러 가지 면에서 무리가 따른다. 따라서 200종목 전체를 대상으로 한 인덱스 포트폴리오보다는 이를 50 내지 100종목 정도로 압축을 한 인덱스 포트폴리오가 구성되는 것이 보통이다.

이 경우 인덱스 포트폴리오를 구성하는 데에는 시가총액 상위종목, 예를 들어 1위에서 100위까지를 편입시키는 식의 단순한 방법부터 각종 최적화 전략을 통한 적정 포트폴리오를 구성하는 방법까지 다양한 방법이 쓰이게 된다. 이렇게 KOSPI 200지수의 흐름을 쫓아가기 위해 구성된 포트폴리오를 추적 포트폴리오(tracking portfolio)라고 부르는데 추적 포트폴리오에서 중요한 것은 바로 추적오차(tracking error)의 문제이다. KOSPI 200지수가 10% 상승하였는데 50종목으로 구성된 추적 포트폴리오는 7% 상승하였다면 추적오차가 3%가 발생한 셈이고 차익거래는 실패하게 되는 것이다. 즉, 지수에는 편입되어 있으나 추적 포트폴리오 구성에서는 제외된 종목이 주로 상승함으로써 주가지수는 상승하였으나 추적 포트폴리오의 가치는 별로 상승하지 않을 경우 심각한 추적오차가 발생하게 되고 각종 전략에 차질이 발생하게 되는 것이다.

(3) 차익거래 포지션 정리와 관련한 이슈들

위에서 본대로 현물지수가 100포인트, 주가지수선물 가격이 104포인트라고 가정할 때 차익거래를 시행하는 시점의 베이시스는 4포인트가 된다. 그렇다면 차익거래의 청산 시점은 언제인가? 주가지수 차익거래의 경우 청산 시점이 만기가 된다. 만기에는 어떤 일이 일어나는가? 만기에는 바로 시장 베이시스가 제로가 된다. 즉 $F_{T,\,T}=S_T$가 성립하면서 $b_{T,\,T}=F_{T,\,T}-S_T=0$이 성립하는 것이다. 따라서 차익거래의 청산 시점은 곧 만기, 다시 말해 베이시스가 제로가 되는 시점인 것이다. 이제 만기 시점 주가지수를 두 가지로 상정해 보자.

❶ $F_{T, T} = S_T = 110$포인트

ㄱ. 선물계약 : 104포인트 매도계약은 만기 시점 선물 가격이 110포인트까지 상승하는 바람에 6포인트에 해당하는 손실이 발생

ㄴ. 현물 포트폴리오 : 100포인트 매수이므로 110포인트로 상승 시 10포인트에 해당하는 이익이 발생(이는 10%의 이익을 의미하므로 100억 원 규모의 차익거래라면 현물 포지션에서 10억 원의 이익이 발생)

ㄷ. 선물 6포인트 손실, 현물 10포인트 이익을 합치면 순익 4포인트가 발행되며 이를 현물 매수포인트 100포인트에 대한 비율로 보면 4%의 이익을 보게 됨. 이 중 2포인트는 이론 가격에 반영된 보유비용 수익인 이자수익이고, 나머지 2포인트는 초과이익이 됨

❷ $F_{T, T} = S_T = 90$포인트

ㄱ. 선물계약 : 104포인트 매도계약은 90포인트까지 하락하는 경우 14포인트(104pt−90pt)의 이익이 발생

ㄴ. 현물 포트폴리오 : 100포인트 매수이므로 90포인트까지 10포인트(90pt−100pt)의 손실이 발생

ㄷ. 따라서 4포인트의 이익을 보게 되며 이를 현물 매수포인트 100포인트에 대한 비율로 보면 4%의 이익을 보게 됨

이를 보면 차익거래의 정의에 맞게 만기 시점에 이 포지션을 청산할 경우 (금리+α)로 미리 알고 있는 수준의 이익을 선물 손실+현물 이익 혹은 선물 이익+현물 손실을 통해 발생시키는 것임. 이를 다시 설명해보자. 매수차익거래를 시행할 당시 베이시스는 104−100=4포인트였음. 그런데 매수차익거래를 청산하는 만기 시점의 베이시스는 지수 수준에 상관없이 0포인트임. 베이시스는 4포인트에서 0포인트로 줄어들었고 매수차익거래 투자자는 베이시스의 감소분만큼의 이익을 챙기는 것임. 결국 매수차익거래는 베이시스 수준이 양수일 때 다시 말해 (금리+α)일 때 시행하여 베이시스가 확실하게 제로가 되는 만기에 청산함으로써 베이시스의 감소분을 이익으로 발생시키는 거래임. 따라서 매수차익거래의 청산 시점이 선물만기 시점이라는 것 자체보다도 베이시스가 제로가 된다는 것이 더 중요

그러면 선물만기일 이전에는 베이시스가 제로가 되는 시점이 없는가? 우리나라의 경우 선물만기일 이전에 베이시스가 제로 혹은 마이너스가 되는 일이 비일비재함.

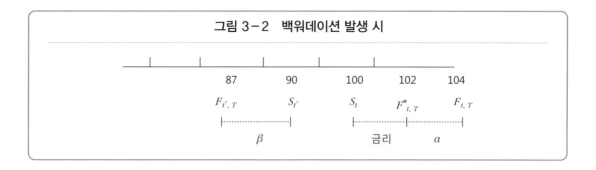

그림 3-2　백워데이션 발생 시

만기일이 아직도 남은 상태에서 베이시스가 제로가 된다면 투자자는 즉시 매수차익 거래 포지션을 청산하여 이익을 조기에 실현하고 이 이익을 가지고 남은 기간 동안 채권투자를 하여 금리를 추가로 더 취득할 수도 있고 아니면 기다렸다가 한번 더 차익거래를 실시하여 추가 이득을 얻을 수도 있음

ㄹ. 선물만기일 이전에 백워데이션(backwardation) 상황이 발생할 경우 : 예를 하나 들어 보자. 현재 시점에서 주가지수선물 가격이 87포인트로서 현물지수 90포인트보다도 3포인트 가량 더 낮아져 있다고 하자. 이처럼 선물 가격이 현물지수보다 더 낮아진 상태, 다시 말해 베이시스가 음수가 된 상태를 백워데이션시장이라고 부르는데, 선 물만기 시점 이전에 백워데이션 상황이 발생 시 매수차익거래 투자자는 추가적인 이익을 얻을 수 있는 기회를 얻게 됨. 왜냐하면 104포인트에 매도한 선물을 87포인 트에서 환매수를 통해 청산 시 17포인트의 이익을 얻는 반면 100포인트에 매수한 현물은 90포인트까지 10포인트의 손해가 발생하면서 전체 이익은 7포인트가 되는 것임. 현물 매수 가격 100포인트와 연결시킬 경우 약 7%의 이익이 발생하게 됨. 이 7포인트의 이익은 금리 2포인트, 추가 이익 2포인트, 그리고 사후적으로 발생한 백 워데이션 규모 3포인트의 3가지 요소를 합쳐서 7포인트가 되는 것임

여기서 특기할 만한 점은 바로 백워데이션의 규모. (금리+α)에 해당하는 4포인 트는 매수차익거래 투자자가 포지션을 구축할 당시 이미 그 크기가 확정되어 있음. 그러나 백워데이션과 관련한 3포인트는 그 크기가 얼마가 될지 그리고 발생할지 안 할지 전혀 모르는 상태였고 사후적으로 시장 상황이 백워데이션으로 발전한 후에 야 실현시킬 수 있는 이익인 것임. 따라서 청산 시점에서의 백워데이션의 절대치(여 기서는 90−87=3포인트)는 사전적으로 알 수 없는 확률변수이므로 $\tilde{\beta}$라고 표시하면, 매 수차익거래의 이익규모는 사실상 (금리+α+$\tilde{\beta}$)가 된다고 볼 수 있음. 결국 이렇게

보면 매수차익거래로부터의 이익은 미리 알고 있는 요소인 '금리+α', 그리고 미리는 알 수 없지만 사후적으로 발생 시 실현시킬 수 있는 요소인 '$\tilde{\beta}$'의 두 가지 요소로 구별해 볼 수 있고, 이로 인해 매수차익거래 투자자는 포지션 구축 시점에서는 얼마가 될지 알 수 없는 요소를 전제로 때로는 α가 제로인 경우, 즉 베이시스가 금리 정도밖에는 안 되는 경우에도 매수차익거래를 시행하는 경우도 있고, 심지어는 베이시스가 거의 제로인 상황에서도 매수차익거래 포지션을 구축하는 경우도 발생하는 것임. 베이시스 트레이딩은 베이시스의 움직임이 상당히 제한되어 있다는 점에서 위험도가 매우 작고 만기일에는 반드시 한번 제로가 된다는 점에서 베이시스가 플러스일 때만 구축을 하면 손해는 보지 않는다는 특징이 있음

4 스프레드 거래

스프레드 거래는 만기 또는 종목이 서로 다른 두 개의 선물계약을 대상으로 한쪽 계약을 매수하는 동시에 다른 쪽 계약은 매도하는 전략을 의미한다. 이 전략은 가격이 비슷하게 움직이는 두 개의 선물계약을 대상으로 행해지는데 두 선물 가격의 움직임의 차이를 이용하여 이윤을 획득하려는 투자전략이다. 예를 들어 매수 포지션을 취한 선물계약의 가격이 10틱(여기서 틱이란 최소 변동 단위를 의미한다)이 올랐고, 매도 포지션을 취한 계약의 가격은 8틱이 올랐다면 매수 쪽에서는 10에 해당하는 이익이 발생하고, 매도 쪽에서는 8에 해당하는 손실이 발생하므로 전체적으로는 2만큼의 순이익이 발생하게 된다. 이처럼 같은 방향으로 움직이는 두 개의 계약에 서로 다른 포지션을 취하게 되므로, 스프레드 거래는 기본적으로 다른 전략에 비해 위험이 적다고 볼 수 있다.

그러나 이 전략도 경우에 따라서는 매우 투기적으로 이용될 수 있다. 즉, 관련이 있는 두 선물 가격을 볼 때 한쪽은 상대적으로 고평가되어 있고 다른 쪽은 상대적으로 저평가되어 있을 경우 고평가된 쪽을 매도하고 저평가된 쪽을 매수함으로써 큰 이익을 올릴 수 있다고 판단될 경우 투자자는 양 선물계약에 큰 포지션을 구축하여 이익을 실현할 수 있는 것이다. 이처럼 스프레드 거래는 두 선물계약의 움직임이 방향은 비슷하더라도 변동폭은 다를 수 있다는 점을 이용하여 수익을 창출하는 전략인 것이다. 이와 같은 스프레드 거래는 크게 시간 스프레드(calendar spread)와 상품 간 스프레드(inter-commodity spread)의 두 가지 정도로 구분해 볼 수 있다.

(1) 시간 스프레드(calendar spread)

이는 동일한 품목 내에서 서로 만기가 다른 두 선물계약에 대해 각각 매수와 매도 포지션을 동시에 취하는 전략으로서, 만기가 다른 선물계약의 가격들이 서로 변동폭이 다르다는 것을 전제로 하여 포지션을 구축하게 된다는 특징이 있다. 이 스프레드는 동일한 상품에 대해 사용된다는 면에서 상품 내 스프레드(intra-commodity spread)라고 불리기도 한다. 이때 투자자는 두 가지 전략을 사용할 수 있다. 첫째는 근월물 매입/원월물 매도전략이고, 둘째는 근월물 매도/원월물 매입전략이다.

첫 번째 전략은 강세시장에서는 근월물 가격이 원월물보다 많이 오를 것이고 약세장에서는 근월물의 가격이 원월물에 비해 덜 떨어질 것이라는 예상에 의거한 것이다. 즉, 근월물이 원월물에 비해 상대적으로 강세를 보임에 따라 두 선물계약의 가격차이가 지금보다는 더 작아지게 된다는 예상에 근거하여 구축되는 포지션인 것이다. 따라서 이 전략은 강세 스프레드(bull spread)라고도 불리운다. 두 번째 전략은 위와는 반대로 강세장에서는 근월물의 가격보다 원월물의 가격이 많이 오를 것이고 약세장에서는 근월물의 가격이 보다 많이 떨어질 것이라는 예상에 의거하여 구축되는 포지션이다. 이는 근월물이 원월물에 비해 약세를 보일 것이므로 두 계약의 가격차이가 지금보다 더 벌어질 것이라는 예상에 근거하여 구축되는 포지션인바 이를 약세 스프레드(bear spread)라고도 부른다.

> **예시**
>
> 예 3월물 선물 가격이 100포인트, 6월물 선물 가격이 102포인트라 하자. 그런데 이 두 선물계약의 가격차는 통산 3포인트 정도는 되어야 하는데 2포인트로 줄어든 상태라고 하자. 이 경우 어떤 투자자들은 이러한 가격의 차이 곧 스프레드의 움직임을 자신의 이익실현의 대상으로 삼아 투자를 한다. 결국 이 차이가 3포인트까지 벌어진다고 예상을 할 경우 이 투자자는 3월물 100포인트 매도/6월물 102포인트 매수 포지션을 구축함으로써 이익의 기회를 가질 수 있게 된다(물론 차익거래와는 달리 보장은 없다). 만기 시점 이전에 두 가격의 차이가 벌어질 경우 이 투자자는 이익을 본다. 예를 들어 시장 가격이 전반적으로 상승하면서 3월물 120포인트/6월물 123포인트가 되었다고 하자. 100포인트에 매도한 3월물을 120포인트에 환매수할 경우 20포인트의 손실이 발생한다. 그러나 102포인트에 매수한 6월물의 경우 123포인트에 전매도할 경우 21포인트의 이익을 본다. 결국 $-2+3=+1$포인트의 이익이 발생한다. 이를 정리해보자.
>
> ① 3월물 : 100매도 → 120환매수 : -20

② 6월물 : 102매수 → 123전매도 : ＋21

순이익 : ＋1(스프레드가 2에서 3으로 1포인트 상승한 만큼 이익)

만일 시장이 전반적으로 하락하여 3월물 80포인트 6월물 83포인트가 되었다고 해도 결과는 같다. 스프레드가 ＋2에서 ＋3으로 상승한 것이다. 이를 정리하면 다음과 같다.

① 3월물 : 100매도 → 80환매수 : ＋20

② 6월물 : 102매수 → 83전매도 : －19

순이익 : ＋1(스프레드가 2에서 3으로 1포인트 상승한 만큼 이익)

이처럼 스프레드 거래는 두 가지의 선물 혹은 옵션에 대해 두 가격의 차이가 커질 것인지 혹은 줄어들 것인지의 예상을 토대로 포지션을 취하는 경우를 의미한다. 두 가지 계약에 대해 한쪽은 매수 다른 쪽은 매도 포지션을 취하게 되고 두 계약의 가격차가 예상하는 방향으로 움직일 경우 이익을 보고 반대로 움직이는 경우 손실을 보게 되므로 일종의 가격차이에 대한 베팅성 거래라고 볼 수 있다.

(2) 상품 간 스프레드(inter-commodity spread)

어떤 경우에는 기초자산이 서로 다른데도 두 자산 가격이 서로 밀접하게 연관되어 움직이는 경우 스프레드 거래가 가능해진다. 예를 들어 미국의 단기재무성채권(T-Bill) 금리는 달러자금의 국내 이자율에 해당하고 유로달러 금리는 달러자금의 역외시장금리를 의미하므로 두 이자율은 밀접하게 연관되어 움직인다. 따라서 투자자는 단기재무성채권과 유로달러 금리선물에 서로 반대의 포지션을 취함으로써 두 금리선물의 움직임 폭의 차이에서 오는 이익을 향유할 수 있게 된다. 이 스프레드 전략은 상당히 일반화된 스프레드 전략으로서 보통 'TED스프레드'라고 한다.

(3) 상대가치투자(relative value trading)

차익거래와 스프레드 거래는 모두 가격차이를 전제로 투자를 한다는 점에서 공통점이 있다. 그리고 앞에서 설명한대로 차익거래의 경우 현물과 선물 또는 선물과 선물 간 가격차인 베이시스를 토대로한 거래가 되므로 일종의 베이시스 트레이딩으로 해석이 가능한 측면이 있다.

이처럼 스프레드, 차익거래, 베이시스 거래 등은 모두 두 가지 이상의 자산 간 가격차를 수익의 원천으로 하고 있다는 점에서 '상대가치투자'라는 개념으로 통칭되기도 한다.

chapter 04

옵션 기초

section 01 옵션의 정의

옵션은 만기 시점의 수익구조가 행사 가격에 대해 비대칭인 구조를 가지는 특이한 자산이다. 그만큼 구조가 복잡해지기는 하지만 이에 비례해서 다양한 상품을 만들기 쉬운 구조를 가지게 되므로 이에 대한 이해는 각종 금융상품을 이해하는 데에 매우 중요한 역할을 하게 된다. 옵션의 정의는 다음과 같고 5가지 사항에 의해 정의된다.

❶ 주어진 자산을 → 기초자산(underlying asset)

❷ 미래의 일정 시점에서 → 만기(maturity)

❸ 미리 정한 가격에 → 행사 가격(strike/exercise price)

❹ 매수(매도)할 수 있는 권리 → 콜(풋) 옵션(call, put option)

❺ 이러한 권리를 사용하는 시점을 '만기 시점 한 번'으로 제한한 경우 이를 유럽식 옵션(European option)이라 하고 '만기 시점 이전에 아무 때나 한 번'으로 폭넓게 지정한 경우 이를 미국식 옵션(American option)이라 함

그러면 콜옵션과 풋옵션에 대해 알아보자.

우선 한국거래소에서 거래가 가능한 다음의 개별 주식 콜옵션을 보자. '○○전자 주식 1주를/9월 둘째 목요일에/주당 30만 원에/매수할 수 있는 권리'를 위의 정의에 맞추어 보면 다음과 같다.

❶ 기초자산   = ○○전자 주식 1주
❷ 만기   = 9월 둘째 목요일
❸ 행사 가격   = 30만 원
❹ 콜·풋 중에서 = 콜옵션
❺ 유럽식·미국식 중에서 유럽식(여기서 유럽식으로 정의된 부분은 한국거래소가 개별 주식옵션을 처음 디자인할 때부터 개별 주식옵션은 유럽식으로 설계를 한 데 따른 것이다) ○○전자 콜옵션을 보유한 경우 어떠한 이익이 발생하는가? 즉, 이 콜옵션은 본질적으로 어떠한 가치를 지니고 있는가? 이를 〈그림 4-1〉을 통해 살펴보자.

〈그림 4-1〉에서 보듯이 이 콜옵션을 만기까지 보유한 경우 보유자는 다음 두 가지 상황에 직면할 수 있다.

① 만기 시점의 ○○전자 주가가 30만 원보다 상승할 경우

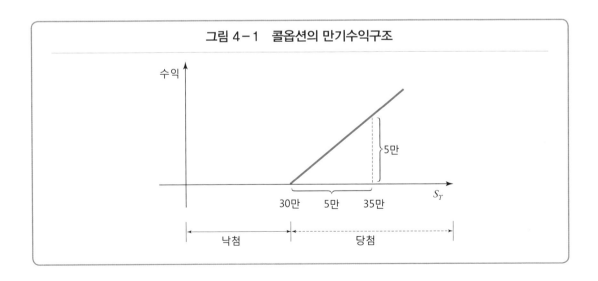

그림 4-1 콜옵션의 만기수익구조

② 만기 시점 ○○전자 주가가 30만 원 이하인 경우

①의 경우 콜옵션은 이익을 창출한다. 예를 들어 만기 시점 주가가 35만 원인 경우 시가가 35만 원씩이나 하는 주식을 콜옵션 덕분에 30만 원에 매입할 수 있으므로 무려 5만 원의 이익을 챙길 수 있다. 그런데 〈그림 4-1〉에도 표시되어 있듯이 이익규모 5만 원은 바로 다름 아닌 '30만 원 대비 오른 만큼'에 해당하는 숫자이다. 결국 '○○전자 주식을 30만 원에 사들일 수 있는 권리'로 정의되는 콜옵션의 이익규모는 '만기 시점 주가가 행사 가격 대비 오른 만큼'으로 나타나는 것이다. 따라서 콜옵션 자체를 '행사 가격 대비 오른 만큼 이익을 볼 수 있는 권리'라고 정의해도 상관이 없다. 이 정의는 특히 주가지수옵션의 경우 의미가 있다. 왜냐하면 주가지수옵션의 경우 기초자산이 주식이 아닌 주가지수이므로 '주가지수를 일정한 가격에 사들일 수 있는 권리'라는 정의는 어울리지 않는다. 따라서 주가지수 콜옵션의 경우 '행사 가격보다 오른 만큼 이익 보기'로 이해하면 훨씬 더 본질에 가까운 이해를 할 수가 있다. 예를 들어 행사 가격이 100인 KOSPI 200 주가지수콜옵션의 경우 만기 시점에서 주가지수가 '100보다 오른 경우 오른 만큼 이익 보기'의 개념으로 이해하면 된다. 따라서 주가지수가 110이 되면 10포인트만큼 이익이고 1포인트당 10만 원으로 환산하게 되어 있으므로 이익규모는 10포인트이면 100만 원이 된다. ②의 경우 옵션은 전혀 이익을 창출하지 못한다. 그 대신 사후적으로 돈이 추가로 나갈 일은 없다. 만기 시점 주가가 30만 원에 못 미치는 경우 권리행사를 포기하기 때문이다. 예를 들어 주가가 25만 원이 된 경우 25만 원이 된 주식을 30만 원에 사들일 필요는 없다.

즉, 콜옵션은 주식을 30만 원에 사들일 수 있는 권리이지 의무는 아니므로 권리를 포기하면 되는 것이다. 물론 추가로 손실은 없다. 옵션을 휴지통에 넣으면 그만이다. 이제 이를 수식을 이용하여 표현해 보자. 만기 시점의 주가를 S_T, 옵션의 행사 가격을 X라 하면 ① 이익을 보게 되는 경우, ② 이익이 없는 경우에 대해 각각 다음의 수식으로 수익구조를 표현할 수가 있다.

① $S_T > X (= S_T - X > 0) \rightarrow y = S_T - X$ (=행사 가격 대비 오른 만큼)
② $S_T < X (= S_T - X < 0) \rightarrow y = 0$ (=수익 0)

2 풋옵션

풋옵션에 대한 논의는 위에서의 콜옵션의 정의 중에서 '사들일 수 있는 권리'를 '팔 수 있는 권리'로 바꾸고 나서 나머지 논의를 그대로 적용하면 된다. 우선 한국거래소에서 거래가 가능한 다음의 개별 주식 풋옵션을 보자. '○○전자 주식 1주를/ 9월 둘째 목요일에/ 주당 30만 원에/ 매도할 수 있는 권리', 이를 옵션의 정의에 맞추어 보면 다음과 같다.

❶ 기초자산   = ○○전자 주식
❷ 만기   = 9월 둘째 목요일
❸ 행사 가격   = 30만 원
❹ 콜·풋 중에서   = 풋옵션
❺ 유럽식·미국식 중에서 = 유럽식

물론 이 풋옵션의 경우에도 〈그림 4-2〉에서 보듯이 만기까지 보유한 경우 보유자는 다음 두 가지 상황에 직면할 수 있다. 풋옵션의 이익구조는 콜옵션과는 정반대이다.

① 만기 시점의 ○○전자 주가가 30만 원 미만인 경우
② 만기 시점의 ○○전자 주가가 30만 원 이상인 경우

①의 경우 풋옵션은 이익을 창출한다. 예를 들어 만기 시점의 주가가 25만 원인 경우 시가

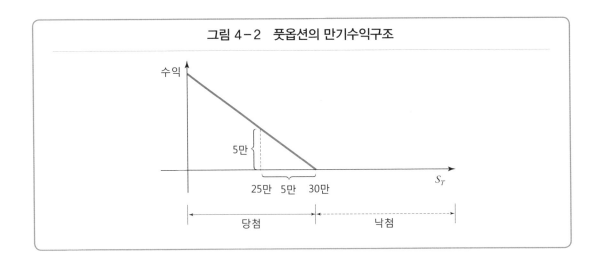

그림 4-2 풋옵션의 만기수익구조

가 25만 원으로 떨어진 주식을 풋옵션 덕분에 30만 원에 매도할 수 있으므로 무려 5만 원의 이익을 챙길 수 있다. 그런데 〈그림 4-2〉에도 표시되어 있듯이 이익규모 5만 원은 바로 다름 아닌 '30만 원 대비 떨어진 만큼'에 해당하는 숫자이다. 결국 '○○전자 주식을 30만 원에 팔 수 있는 권리'로 정의되는 풋옵션의 이익규모는 '만기 시점 주가가 행사 가격 대비 떨어진 만큼'으로 나타나는 것이다. 따라서 풋옵션 자체를 '행사 가격 대비 떨어진 만큼 이익 볼 수 있는 권리'라고 정의해도 상관이 없다. 이 정의는 앞에서와 마찬가지로 특히 주가지수옵션의 경우 의미가 있다. 왜냐하면 주가지수옵션의 경우 기초자산이 주식이 아닌 주가지수이므로 '주가지수를 일정한 가격에 팔 수 있는 권리'라는 정의는 어울리지 않는다. 따라서 주가지수 풋옵션의 경우 '행사 가격보다 떨어진 만큼 이익 보기'로 이해하면 훨씬 더 본질에 가까운 이해를 할 수 있는 것이다.

예를 들어 행사 가격이 100인 KOSPI 200 주가지수 풋옵션의 경우 만기 시점에서 주가지수가 '100보다 떨어진 경우 떨어진 만큼 이익 보기'의 개념으로 이해하면 된다. 따라서 주가지수가 90이 되면 10포인트만큼 이익이고 콜옵션의 경우와 마찬가지로 1포인트당 10만 원으로 환산하게 되어 있으므로 이익규모는 10포인트이면 100만 원이 된다.

②의 경우 풋옵션은 전혀 이익을 창출하지 못한다. 동시에 사후적으로 돈이 추가로 나갈 일은 없다. 만기 시점 주가가 30만 원보다 상승한 경우 권리행사를 포기하기 때문이다. 예를 들어 주가가 35만 원이 된 경우 35만 원이 된 주식을 30만 원에 팔 필요는 없다. 즉, 풋옵션은 주식을 30만 원에 팔 수 있는 '권리'이지 '의무'는 아니므로 권리를 포기하면 되는 것이다.

이제 이를 수식을 이용하여 표현해보자. 만기 시점의 주가를 S_T, 옵션의 행사 가격을 X라 하면 ① 이익을 보게 되는 경우, ② 이익이 없는 경우에 대해 각각 다음의 수식으로 수익구조를 표현할 수가 있다.

① $S_T < X(=X-S_T>0) \rightarrow y=X-S_T$ (=행사 가격 대비 떨어진 만큼)
② $S_T > X(=X-S_T<0) \rightarrow y=0$ (= 수익 0)

옵션의 발행과 매수(공급과 수요)

　여기서는 이해를 빠르게 하기 위해 상장되어 있는 상장주식과 상장옵션의 거래를 중심으로 논의를 전개해보자. 하나의 자산이 거래되는 시장에는 수요와 공급이 있다. 예를 들어 주식의 경우 주식의 공급자는 해당 주식을 발행하는 기업(A기업)이 되는 반면 주식의 수요자들은 해당 주식을 사들이는 투자자(이하 B투자자)들이 된다. 처음에 A기업이 A주식을 시장에 발행하면 B투자자들은 이 주식을 사들이게 된다. 여기서 분명한 것은 B투자자들이 처음에 취할 수 있는 투자 포지션은 A기업 주식의 매수라는 점이다. 투자자들이 처음부터 A주식을 매도할 수는 없는 것이다. 물론 A기업 주식을 사들인 B투자자가 일단 A기업 주식을 보유한 상태에서는 당연히 보유주식을 매도할 수는 있다. 그러나 자신이 보유한 수량 이상을 매도할 수는 없다. A기업 주식을 1,000주 보유하고 있다면 1,000주 만큼에 대해서만 매도주문을 낼 수 있는 것이지 2,000주나 3,000주 매도주문을 낼 수는 없게 되어 있다. 이것이 의미하는 것은 분명하다. 기업이 아닌 일반 투자자들은 주식을 공급하는 발행자의 역할을 할 수가 없는 것이다. 이 때문에 일반 투자자의 경우 ① 최초 포지션은 항상 매수로 시작해야 하고, ② 자신이 보유한 물량보다 큰 매도주문을 낼 수는 없다.

　그러면 옵션의 수요와 공급은 어떠한가? 옵션의 수요자는 돈(프리미엄)을 내고 옵션을 사들이는 투자자들을 의미한다. 반면 옵션의 공급 쪽은 이 돈(프리미엄)을 받고 옵션을 발행하는 발행자를 의미한다. 즉, '돈 내고 옵션 사들이기'와 '돈 받고 옵션 발행하기'에 의해 시장이 형성되는 것이다. 여기서 중요한 것은 옵션의 발행자가 어느 특정한 집단으로 한정되어 있지 않다는 점이다. 즉, 거래소의 회원사에 거래계좌를 가지고 있는 투자자라면 누구나 옵션을 '돈 내고 살'수도 있고 '돈 받고 발행'할 수도 있다. 물론 일단 옵션을 사들인 후에는 계좌에 옵션이 존재하게 되므로 사들인 옵션을 '돈 받고 팔아넘길' 수도 있고(전매도), 옵션을 발행한 후에 해당 옵션을 '돈 내고 되사들일' 수도 있다(환매수). 여기서 중요한 것은 이처럼 해당 자산의 발행이 자유롭다면 무한히 발행될 수도 있지 않은가라는 의문을 가질 수 있게 되는데 물론 이는 이론적으로는 가능하나 실제로는 불가능하다. 이유는 옵션의 발행 포지션에 부가되는 의무사항 곧 증거금 규정 때문이다. 이에 대해서는 계속해서 살펴보자. 위에서 본대로 옵션의 매수자 곧 '돈 내고 사들이기' 포지션을 취한 투자자들에게는 기본적으로 다음의 두 가지 가능성이 주어져 있다.

❶ 옵션이 당첨될 경우 → 당첨금에 해당하는 액수를 수취할 수 있는 권리 발생

❷ 옵션이 낙첨이 될 경우 → 당첨금 0

반대로 옵션을 '돈 받고 발행'한 투자자는,

❶ 옵션이 당첨될 경우 → 당첨금에 해당하는 액수를 지급해야 할 의무 발생

❷ 옵션이 낙첨이 될 경우 → 받은 돈 다 챙기기

의 두 가지 상황이 존재한다. 결국 옵션을 사들인 투자자는 마치 복권을 구입할 때처럼 돈을 내고 복권을 매수한 후 당첨되면 당첨금을 받되, 낙첨이 되면 수익이 0이 되지만 복권을 살 때 낸 돈만큼은 손실을 보게 된다. 반대로 옵션을 발행한 투자자는 일단 돈을 받고 옵션을 발행하게 되고, 이 경우 옵션이 당첨이 되면 당첨금을 지급해야 할 의무가 생기면서 손실이 발생하게 된다. 그러나 낙첨이 되면 처음에 받은 돈을 다 자기 것으로 챙길 수 있게 된다. 따라서 옵션매수자는 처음에 옵션매수대금을 지급함과 동시에 자신의 '의무'를 다하게 되고 만기에 가서 권리가 발생하느냐 안 하느냐의 상황에 처하게 된다. 반대로 옵션 발행자는 처음에 옵션 발행대금을 지급 받으면서 '권리'를 누리게 되고 이제 만기에 가서 당첨금을 지급해야 할 '의무'가 발생하느냐 안 하느냐를 가려야 할 상황에 처하게 된다. 여기서 가장 큰 문제는 당첨금 액수이다. 한마디로 이는 사전적으로 알 수가 없다. 만기에 가서야 알 수가 있다. 따라서 투자자를 믿고 옵션 발행을 완전 자유화하면 아마 옵션 매수자로부터 돈을 일단 받은 후 이를 빼돌리고 당첨이 되도 당첨금을 지급하지 못하는 사태가 나타날지도 모른다. 따라서 거래소는 옵션 발행자에 한해 증거금제도를 운영하고 있다. 즉, 옵션을 발행하려면 옵션 프리미엄보다 훨씬 많은 규모의 증거금을 계좌에서 징구하게 된다. 따라서 계좌에 자금이 별로 없는 투자자는 옵션을 발행하기가 힘들게 된다. 물론 얼마 안 되는 자금으로도 매수는 얼마든지 할 수가 있다. 이처럼 발행자에게 부과하는 증거금 의무로 인해 옵션의 공급은 무한대로 증가할 수는 없고 발행자＝공급, 매수자＝수요 측면을 형성하면서 옵션시장의 기본이 형성이 되는 것이다.

 예시

▶ KOSPI 200 주가지수옵션

만기가 9월이고 행사 가격이 100인 주가지수 콜옵션(이하 C(100))의 호가 테이블이 아래의 표와 같다고 하자(실제와 무관하게 가상의 숫자로 처리하였음).

매도물량	매도호가	매수호가	매수물량
100	1.08		
200	1.07		
300	1.06		
		1.05	350
		1.04	250
		1.03	150

❶ 투자자 A는 C(100) 10계약을 즉시 매수하고자 한다. 어떻게 주문을 내면 되는가?

　　답 : 가장 가격이 낮은 매도주문에 대해 매수주문을 내면 된다. 즉, 가격 1.06(＝10만 6,000원)에 매수수량 10계약을 내면 된다.

　　　이 경우 이 주문은 즉시 접수되면서 미리 대기 중인 1.06 매도주문과 연결되어 체결이 되며 투자자 A의 계좌에는 10개 매수 포지션이 취해지게 된다. 또한 장이 끝나고 나면 계약당 10만 6,000원씩 10개, 즉 106만 원이 지출이 된다. 추가 주문 및 변동이 없다고 가정하면 1.06의 가격에서 매도주문수량은 290개로 줄어들면서 호가 테이블은 다음 표와 같이 변할 것이다.

매도물량	매도호가	매수호가	매수물량
100	1.08		
200	1.07		
290	1.06		
		1.05	350
		1.04	250
		1.03	150

❷ 투자자 B는 해당 옵션을 20계약을 발행하고 싶어 한다. 물론 그는 이 옵션이 낙첨이 될 가능성이 크다고 보고 있다. 그는 또한 시장이 변하기 전에 즉시 발행 포지션을 취하고 싶어 한다. 단 B의 계좌에는 옵션 증거금을 커버할 만큼 충분한 자금이 있고 해당 C(100) 옵션 포지션은 전혀 없다.

　　답 : 1.05에 호가되어 있는 매수주문 350개를 전제로 20계약 매도주문을 내면 된다.

　이 경우 B의 주문은 1.05 매수호가주문을 내고 있는 대기주문에 연결되면서 1.05에 20계약이 체결되고 B의 계좌에는 20계약 매도 포지션이 취해지게 된다. 이것이 바로 옵션 발행이다.

왜냐하면 B의 계좌에는 해당 옵션 포지션이 전혀 없었는데 B는 신규 매도주문을 낸 것이고 이 주문이 체결이 된 것이다. 만일 주식계좌였다면 이 상황은 성립되지 않는다. ○○전자 주식이 없는 투자자가 ○○전자 주식 10주 매도주문을 내면 이 주문은 아예 접수조차 되지 않는다. 그러나 옵션의 경우 증거금 이상의 자금을 확보하고 있으면 돈만 있는 계좌로부터의 매도주문이 접수됨은 물론 체결까지 된다. 이제 매도주문을 낸 투자자 B는 이 주문이 체결되면서 10만 5,000원을 받고 C(100)을 발행한 것이며 만기까지 보유 시 당첨금을 지급할 의무를 지니게 된다. 결국 계약당 30만 원이 넘는 액수의 증거금이 B의 계좌에서 징수가 되고, 장이 끝나면 옵션 한 계약당 10만 5,000원씩 20계약에 대한 발행(매도)대금인 210만 원이 B의 계좌로 입금이 된다. 추가 주문 및 변동이 없다고 가정하면 1.05의 가격에서 매수주문수량은 330개로 줄어들면서 호가 테이블은 다음 표와 같이 변할 것이다.

매도물량	매도호가	매수호가	매수물량
100	1.08		
200	1.07		
290	1.06		
		1.05	330
		1.04	250
		1.03	150

이를 토대로 투자자 A와 B의 콜옵션 매수와 매도에 대해서 만기수익구조를 분석해보면 다음과 같이 나타난다.

1 콜옵션 매수 → 투자자 A(C(100) 매수, 매수 가격 1.06)

(1) 만기 총수익 구조

A는 만기까지 갈 경우 당첨금이 발생하거나 0이 되거나 하는 두 가지 상황에 처하게 된다. 따라서 투자금액을 무시한 만기 총수익 구조는 〈그림 4-3〉과 같다.

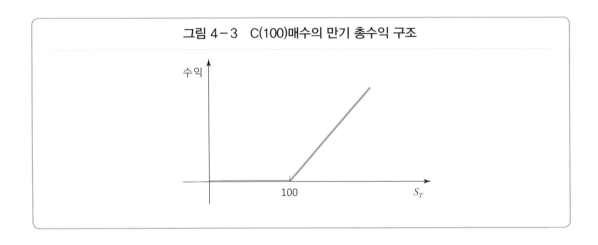

그림 4-3 C(100)매수의 만기 총수익 구조

(2) 만기 순수익 구조

위에서 본 총수익 구조는 만기에 가서 받게 될 수익의 구조를 정리한 것인데 문제는 이 구조에는 초기 투자액수 부분이 포함되어 있지 않다는 점이다. 즉, A는 초기에 1.06만큼을 투자한 후에야 위와 같은 만기 총수익 구조를 얻을 수 있었으므로 초기 투자액수를 감안할 경우 순수익구조는 〈그림 4-4〉와 같이 된다.

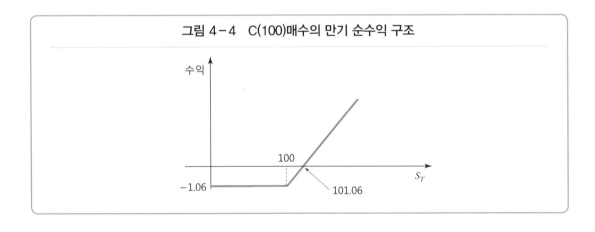

그림 4-4 C(100)매수의 만기 순수익 구조

2 콜옵션 매도 → 투자자 B(C(100) 매도, 매도 가격 1.05)

(1) 만기 총수익 구조

투자자 B는 만기까지 갈 경우 당첨금을 지급하거나 영이 되거나 하는 두 가지 상황에 처하게 된다. 따라서 투자금액을 무시한 만기 총수익 구조는 〈그림 4-5〉와 같다.

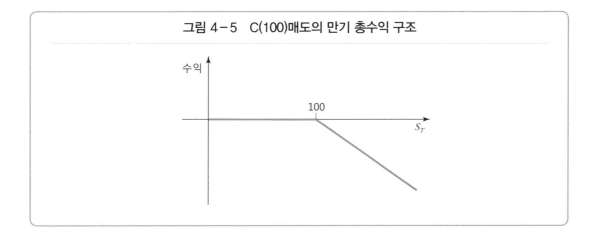

그림 4-5 C(100)매도의 만기 총수익 구조

(2) 만기 순수익 구조

위에서 본 총수익 구조는 만기에 가서 발생할 수익구조를 정리한 것인데 문제는 이 구조에는 옵션 발행에 따른 초기수입 부분이 포함되어 있지 않다는 점이다. 즉, B는 초기에 1.05만큼 발행대금을 받았고 이에 따라 위에서와 같은 만기 총수익 구조를 가지게 되었다. 만일 만기에 이 옵션이 낙첨이 되어 아무런 지출이 발생하지 않을 경우 옵션 발행대금을 모두 챙길 수 있게 되므로 순익이 발행하게 된다. 이를 감안할 경우 순수익 구조는 〈그림 4-6〉과 같이 된다.

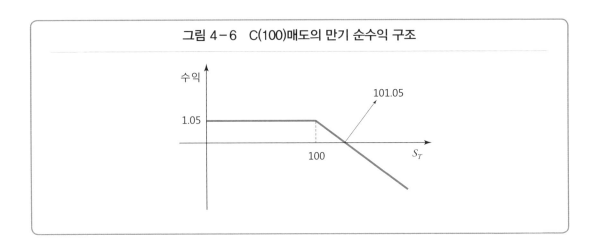

그림 4-6 C(100)매도의 만기 순수익 구조

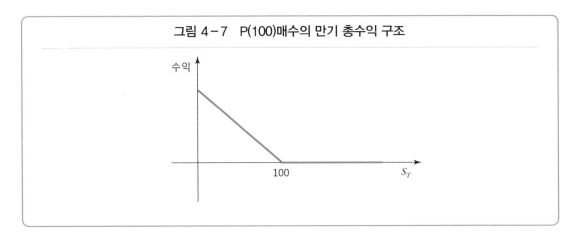

---

3 풋옵션 매수

풋옵션에 대해서도 동일한 논리가 적용되므로 풋옵션 매수 및 매도에 대한 총수익 구조와 순수익 구조를 정리하면 다음과 같다. 단, 적용되는 예에서 풋옵션의 행사 가격도 콜옵션과 동일하게 100이라 하고 매수의 예에서는 1.2포인트에 매수했다고 가정하고 매도한 경우 1.19 포인트에 매도하였다고 가정하자.

(1) 만기 총수익 구조

그림 4-7 P(100)매수의 만기 총수익 구조

(2) 만기 순수익 구조(1.2포인트 매수)

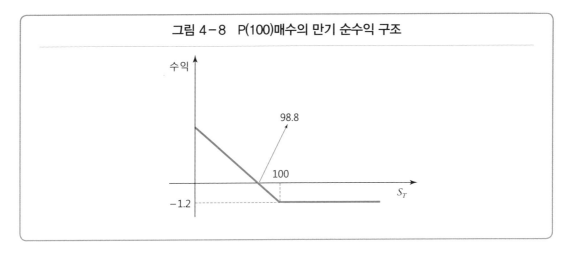

그림 4-8   P(100)매수의 만기 순수익 구조

4　풋옵션 매도(1.19포인트 매도)

(1) 만기 총수익 구조

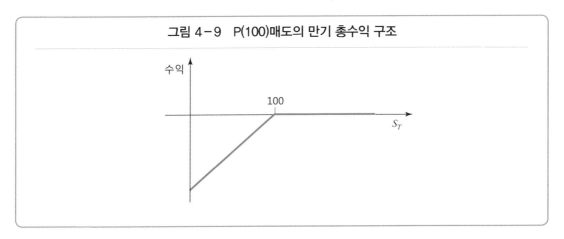

그림 4-9   P(100)매도의 만기 총수익 구조

(2) 만기 순수익 구조

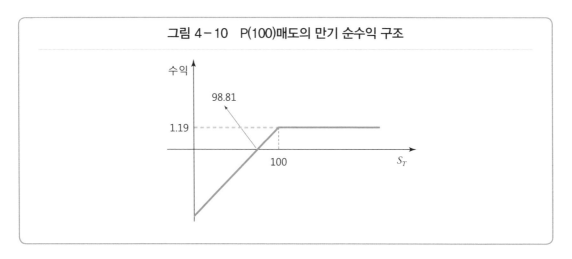

그림 4-10 P(100)매도의 만기 순수익 구조

section 03 | 만기일 이전의 옵션거래(전매도, 환매수)

위에서 본대로 옵션의 경우 기본이 되는 포지션은 돈 내고 사들이기(매수)와 돈 받고 발행하기(매도)의 두 가지이다. 이 두 가지가 옵션 수요와 옵션 공급의 기본 포지션으로 작동하는 것이다. 그렇다면 이렇게 한 번 발행되고 매수된 옵션은 만기까지 그냥 보유되는가? 그런 일은 그다지 많지 않다. 결론부터 얘기하면 만기일 이전에 보유하고 있는 옵션을 처분하거나 되사들임으로써 포지션을 중간 청산하는 경우가 빈번하고 이처럼 포지션 취하기와 포지션 정리하기를 반복하는 경우가 대부분이라는 것이다.

그렇다면 이처럼 거래가 빈번하게 되는 이유가 무엇인가? 이는 바로 위에서 본대로 옵션이 가진 복권적 특성과 당첨금이 행사 가격 대비 오른 만큼 혹은 떨어진 만큼으로 사후적 결정이 된다는 특성에 의해 나타나는 부분이기도 하다. 앞에서 본 개별 주식콜옵션의 경우 만기일이 추첨일이고 만기일에 주식 가격이 30만 원을 초과하면 당첨, 못 미치면 낙첨이 되는 구조를 가지고 있다. 또한 옵션이라는 복권의 당첨금은 행사 가격 대비 초과 상승분 만큼이 된다. 30만 원보다 더 오르면 오를수록 당첨금이 커지므로 결국 복권의 당첨 여부와 아울러 당첨금이 모두 사후적으로 만기일에 결정되는 구조를 가지고 있다. 따라서 옵션의 가치는 상황에 따라 수시로 변동한다.

예를 들어 만기일이 하루 남았는데 ○○전자 주식 가격이 25만 원이라면 행사 가격이 30만 원인 개별 주식 콜옵션은 거의 확실하게 낙첨이 된 상태이므로 가치가 거의 없다. 거래되어 보았자 1,000원이나 2,000원 정도의 낮은 가격을 형성할 것이다. 그러나 만기일이 3일 남은 상태에서 이미 주식 가격이 35만 원이고 시장이 계속 상승추세라면 이 복권은 당첨확률도 높고 당첨금도 상당한 수준이 될 것이라고 예측할 수 있는 객관적 근거가 있다. 이 옵션의 유통 가격은 높아질 것이고 이 옵션을 비싼 값에라도 매입하고자 하는 투자자가 나서게 되고 이 경우 꽤 비싼 가격에 팔아넘길 수 있게 된다.

예를 들어 ○○전자 주식이 옵션만기일 이전에 40만 원은 충분히 갈 것 같다 할 때 이 옵션의 프리미엄은 6~7만 원 정도도 가능할 것이다. 결국 옵션 자체의 가격이 당첨 여부와 당첨금 예상 수준에 따라, 즉 기초자산인 주식의 움직임에 따라 같이 장단을 맞추면서 변하게 된다. 이때 옵션의 가격을 옵션 프리미엄(option premium)또는 옵션 가격(option price)이라고 부르는데 옵션 프리미엄의 변화율은 기초자산의 변화율보다 상당히 크게 된다. 이처럼 만기일 이전에 거래가 활발하게 일어나는 옵션의 경우 그때그때의 상태를 반영하여 프리미엄이 계속 변하게 되므로 현재 상태, 즉 만기일 이전에 임의의 거래일에 기초자산 가격을 기준으로 내가격, 등가격, 외가격으로 구분하는 분류가 가능해진다. 이는 만기전 임의의 거래일에 옵션의 상태를 평가함에 있어서 현재 시점 기준으로 당첨 상태인가 낙첨 상태인가가 중요한 판단기준이 된다.

예를 들어보자. 〈그림 4-11〉에서 보듯이 c(80), 즉 행사 가격이 80인 콜옵션이 있다고 하자.

이 콜옵션의 프리미엄은 상황에 따라 급변하는데 이 변화하는 궤적이 곡선으로 나타나 있는 프리미엄의 궤적이다. 만일 현재 주가지수가 83포인트라면 c(80)은 기초자산의 현재가를 기준으로 당첨 상태이고 현재가 기준 당첨액은 3포인트이다(물론 이는 실제 당첨금은 아니지만 옵션의 가치를 결정하는 데에 중요한 정보이다). 이때 우리는 c(80)이 내가격 상태(in-the-money : ITM)라고 표현하고 현재가 기준 당첨금 액수를 본질가치(intrinsic value : IV)라고 표현한다. 이를 '내재가치'라고도 하는데 뒤에 가면 옵션의 '내재변동성'(implied volatility)이라는 단어에서 '내재'(implied)의 개념이 쓰이고 있으므로 'intrinsic value'에서의 'intrinsic'은 '내재'보다는 '본질'이라는 표현이 더욱 적절한 것으로 판단된다. 옵션은 왜 본질적으로 가치가 있는가? 라는 질문에 대해 결국 '콜옵션은 만기에 행사 가격 대비 오른 만큼, 풋옵션은 행사 가격 대비 떨어진

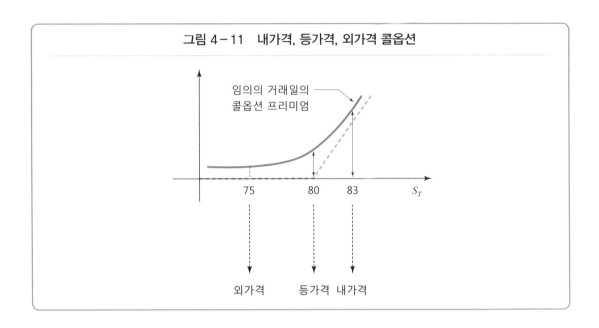

그림 4 – 11 내가격, 등가격, 외가격 콜옵션

임의의 거래일의
콜옵션 프리미엄

75   80   83 S_T

외가격   등가격 내가격

만큼 이익을 볼 수 있으므로'라고 답을 하게 된다는 면에서 본질가치가 적절하다고 보인다.

c(80)의 현재 시점 프리미엄이 3.5포인트라 하자. 이 중에서 3포인트는 본질가치이다. 그렇다면 나머지 0.5포인트는 무엇인가? 이는 시간가치(time value)라고 부르는 요소이다. 앞으로 기초자산 가격이 더 오르면 더 이익을 볼 수 있다는 희망을 반영한 요소이다. 정리해보자.

$$c(80) = 3.5p = IV_t + TV_t$$
$$= Max(0,\ S_t - X) + TV_t = Max(0, 83 - 80) + TV_t = 3p + 0.5p$$

가 성립한다. 여기서 IV_t는 현재 시점에서의 옵션의 본질가치로서 크기는 3포인트이고, TV_t는 현재 시점에서의 옵션의 시간가치를 의미하고 크기는 0.5포인트이다.

이제 현재 시점의 주가지수가 75포인트라 하자. 이 옵션은 현재가를 기준으로 낙첨인 상태이다. 이를 외가격 상태(out-of-the-money : OTM)라 한다. 이 경우 옵션의 현재 시점 프리미엄이 0.3포인트라면,

$$c(80) = 0.3p = IV_t + TV_t$$
$$= Max(0,\ S_t - X) + TV_t = Max(0, 75 - 80) + TV_t = 0 + 0.3p$$

가 된다. 본질가치는 0이고 시간가치가 0.3포인트로서 옵션 가치 전체가 다 시간가치로 형성되어 있는 것이다.

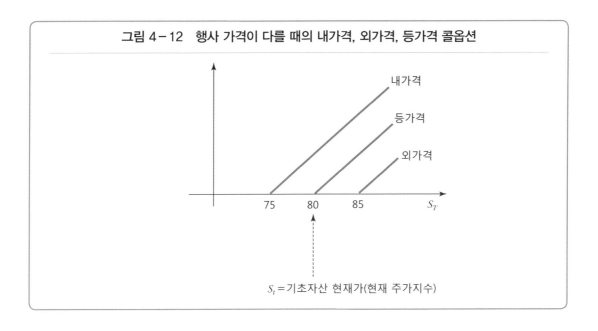

그림 4–12   행사 가격이 다를 때의 내가격, 외가격, 등가격 콜옵션

S_t = 기초자산 현재가(현재 주가지수)

만일 현재 시점 주가지수가 80포인트 근처라면 이 옵션의 본질가치는 여전히 0이고 이에 따라 옵션의 현재 시점 프리미엄이 옵션의 시간가치에 의해서 형성이 되어있는 부분은 외가격 옵션과 동일하지만 특별히 행사 가격과 기초자산 현재 가격이 동일하다는 성격을 강조하여 이를 등가격(at-the-money : ATM) 옵션이라 한다. 행사 가격이 다른 여러개의 옵션이 있는 경우는 어떤가? 〈그림 4-12〉에서 보듯이 기초자산 현재가는 80인데 행사 가격이 75, 80, 85인 세 가지 옵션이 존재하는 경우 이들은 각각 내가격, 등가격, 외가격 옵션이 된다.

❶ c(75)는 기초자산의 현재가를 기준으로 5포인트 만큼 당첨금이 발생한 상태이므로 내가격 상태

❷ c(80)은 현재가와 행사 가격이 동일하므로 등가격 옵션

❸ c(85)는 현재가 80포인트를 기준으로 아직도 낙첨 상태이므로 외가격 옵션

만기 시점 이전의 풋옵션 프리미엄 구조는 콜옵션과 거의 동일하다. 이는 〈그림 4-13〉과 〈그림 4-14〉에 표시되어 있다.

위에서 본대로 콜옵션의 프리미엄은 아래로 볼록한 구조로서 기초자산 가격 증가 시 가격이 급하게 상승하는 구조를 가지고, 풋옵션은 반대로 기초자산 가격의 하락 시 가치가 급격하게 상승하는 구조를 가진다. 장내 옵션은 만기일 이전에 아무 때나 매도자와 매수자 간에 가격이 맞기만 하면 얼마든지 발행되고 유통될 수 있는 구조를 가진다. 또한 만기일까지의 기

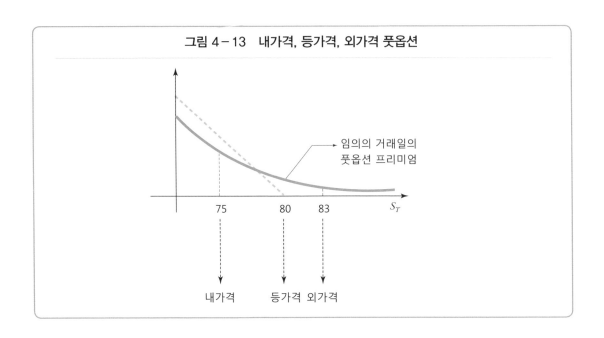

그림 4-13 내가격, 등가격, 외가격 풋옵션

임의의 거래일의
풋옵션 프리미엄

75   80   83 S_T

내가격   등가격 외가격

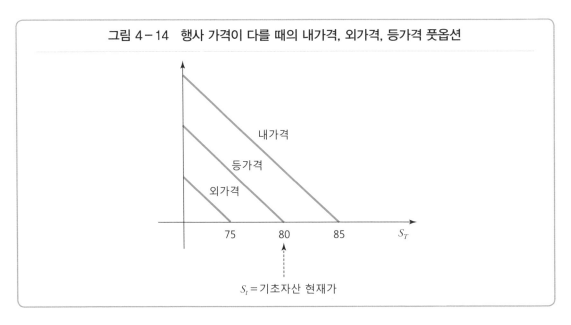

그림 4-14 행사 가격이 다를 때의 내가격, 외가격, 등가격 풋옵션

내가격

등가격

외가격

75   80   85 S_T

S_t = 기초자산 현재가

간, 기초자산의 변동성을 포함하여 당첨 가능성과 예상 당첨액수가 계속 상황에 따라 바뀌면서
활발하게 거래가 일어난다.

chapter 05

옵션을 이용한 합성전략

수평 스프레드와 수직 스프레드

옵션 스프레드는 선물 스프레드처럼 만기나 행사 가격 등이 서로 다른 두 종류 이상의 옵션에 대해 각각 매도와 매수 포지션을 동시에 취하는 전략을 의미한다. 이 경우 옵션의 독특한 수익구조를 이용하여 투자자가 원하는 현금흐름을 창출할 수 있다는 장점이 있으므로 옵션 합성 스프레드 전략은 매우 광범위하게 쓰이고 있다.

미국의 월스트리트저널 등에서 옵션 프리미엄의 종가를 한꺼번에 나타내는 표를 보면 세로 방향으로는 서로 다른 행사 가격이 배열되고 가로방향으로는 서로 다른 만기구조가 배열된다. 이러한 관행에 의거해서 수평 스프레드(horizontal spread)는 만기가 서로 다른 두 개의 옵션에 대해 매수·매도가 동시에 취해지는 경우를 의미하고 수직 스프레드(vertical spread)는 행사 가격이 서로 다른 두 개 이상의 옵션에 대해 매수 및 매도를 동시에 취하는 경우를 의미한다. 빈도는 낮지만 대각 스프레드(diagonal spread)는 만기도 다르고 행사 가격도 다른 두 개 이상의 옵션을 가지고 스프레드 포지션을 구축한 경우를 의미한다.

section 02 불 스프레드(bull spread)

불 스프레드는 대표적인 수직 스프레드이다. 이는 기초자산 가격이 상승 시 이익을 보는 포지션으로서 콜옵션과 풋옵션을 사용한 두 가지가 있다.

1 콜 불 스프레드(call bull spread)

행사 가격이 80인 콜옵션과 85인 콜옵션을 각각 c(80)과 c(85)라고 표시하자. 콜 불 스프레드는 c(80)매수/c(85)매도전략을 통해 포지션 구성을 하게 된다. 우선 옵션 프리미엄 부분을 잠시 보류하고 만기 시점의 총이익과 총손실을 그래프로 그려보자. 〈그림 5-1〉의 좌측은 c(80)의 매수 포지션이 만기 시점에서 창출한 이익구조를 그린 것이고, 우측은 c(85)의 매도 포지션이 만기 시점에서 창출할 총손실을 나타낸 것이다. 이 두 가지 그림은 프리미엄 부분을

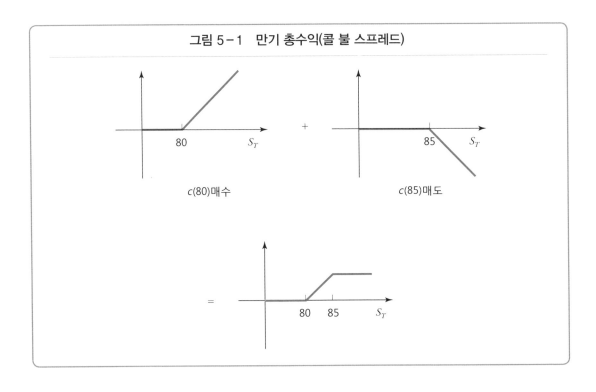

그림 5-1 만기 총수익(콜 불 스프레드)

일단 보류하고 그래프를 나타낸 것이다. 이제 두 그래프의 만기 시점 총손익을 합성하여 그래프를 그리면 아래쪽과 같이 된다.

이제 이 포지션을 구축하는 데에 초기 순지출이 발생하는지 초기 순수입이 발생하는지 살펴보자. 이는 위의 그림만을 보아도 알 수 있는 문제이기는 하다. 만기 시점의 총수익은 돈을 받든지 못 받든지의 상황으로 요약될 수 있다. 돈을 지급하는 상황은 나타나지 않는다. 이 경우 이 전략의 시행 초기에 돈을 받고 시작할까? 돈을 내고 시작할까? 답은 '돈을 내고 시작한다'이다. 만일 '돈을 받고 시작한다'가 답이면 이 투자자는 돈을 받고 시작한 후 만기에 가서 다시 더 돈을 받든지 안 받든지의 상황이 가능하므로 누구나 다 이 포지션을 취하려고 할 것이다. 이러한 흐름은 결국 옵션 가격을 변화시키게 되어 궁극적으로는 돈을 지불하고 시작하는 방향으로 프리미엄 구조가 변하게 될 것이다. 결국 이 포지션을 구축하는 데에는 초기 순지출＝초기 비용이 발생한다. 왜냐하면 매수 대상인 c(80)이 매도 대상인 c(85)보다 값이 비싸기 때문이다. 초기 비용의 크기는 c(80)의 프리미엄과 c(85)의 프리미엄의 차이만큼이 된다. 즉, c(80)－c(85)가 되는 것이다. 이때 c(80)＞c(85)이므로 c(80)－c(85)는 양수가 되어 초기 비용이 양수가 된다. 따라서 마지막으로 초기 비용을 감안하여 만기 시점 순수익 구조를 나타내면 〈그림 5-2〉와 같다.

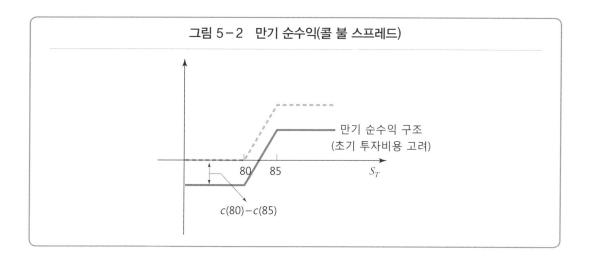

그림 5-2 만기 순수익(콜 불 스프레드)

풋 불 스프레드(put bull spread)

풋옵션을 합성하여 불 스프레드를 구성하는 방법은 이렇다. 행사 가격이 80인 풋옵션과 85인 풋옵션을 각각 p(80)과 p(85)라고 표시하자. 이때 풋 불 스프레드는 p(80) 매수/p(85) 매도 전략을 시행하는 것을 의미한다. 이 전략을 시행할 경우 우선 만기 시점에서 총수익 구조는 〈그림 5-3〉과 같이 된다.

이제 이 포지션을 구축하는 데에 초기 순지출이 발생하는지 초기 순수입이 발생하는지 살펴보자. 이는 위의 그림만을 보아도 알 수 있는 문제이기는 하다. 만기 시점의 총수익은 돈을 주든지 안 주든지의 상황으로 요약될 수 있다. 돈을 받는 상황은 없다. 이 경우 이 전략의 시행 초기에 돈을 받고 시작할까? 돈을 내고 시작할까? 답은 '돈을 받고 시작한다.'이다. 만일 '돈을 내고 시작한다.'가 답이면 이 투자자는 돈을 내고 전략을 시작한 후 만기에 가서 다시 더 돈을 주든지 안 주든지의 상황이 전개되므로 아무도 이 포지션을 취하지 않으려고 할 것이다. 이러한 흐름은 결국 옵션 가격을 변화시키게 되어 궁극적으로는 돈을 받고 시작하는 방향으로 구조가 변하게 될 것이다. 따라서 이 포지션을 구축하는 데에는 초기 순수입=초기 수익

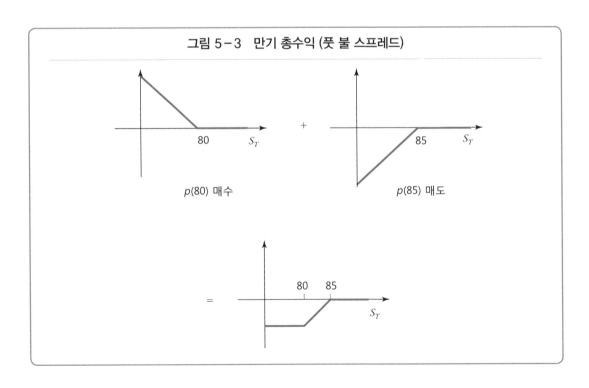

그림 5-3   만기 총수익 (풋 불 스프레드)

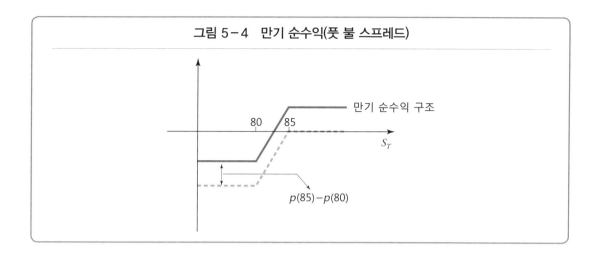

그림 5-4 만기 순수익(풋 불 스프레드)

만기 순수익 구조

80   85

S_T

$p(85)-p(80)$

이 발생한다. 왜냐하면 매수 대상인 p(80)이 매도 대상인 p(85)보다 값이 싸기 때문이다. 초기 수익의 크기는 p(80)의 프리미엄과 p(85)의 프리미엄의 차이 만큼이 된다. 즉, p(85)−p(80) 이 되는 것이다. 이때 p(80)<p(85)가 성립하므로 p(85)−p(80)은 양수가 되어 초기 수익이 양수가 된다. 따라서 초기 순수익을 감안하여 만기 시점 순수익 구조를 나타내면 〈그림 5-4〉 와 같다.

콜이나 풋옵션으로 합성한 불 스프레드의 특징은 그림에서 보는 대로 제한된 손실과 이익 으로 요약될 수 있다. 기초자산 가격이 80 이상 상승할 가능성이 크기는 하지만 그 상승폭이 제한적일 것 같다고 예상을 할 경우 불 스프레드가 유용하다. 이익의 규모는 제한되어 있더라 도 기초자산 가격이 상승 시에 이익을 본다는 점에서 불 스프레드라는 이름이 붙어있다. 콜 불 스프레드의 경우 80 이상 상승 시 이익을 보는 c(80)옵션을 매수하되 85 이상 상승 시 손실 을 보도록 하는 c(85)를 매도함으로써 초기 투자비용을 줄이고 시장이 85정도까지 제한적으 로 상승시 c(85)가 무효화되는 경우를 전제로 투자를 하되 혹시라도 기초자산 시장가가 85 이 상으로 상승할 경우에도 5만큼의 수익이 보장된다는 점에서 이 포지션은 투자비용과 수익을 제한하는 방법을 통해 내재된 위험관리장치가 작동하도록 하는 포지션이라는 특징이 있다. 풋 불 스프레드도 마찬가지 특징을 가진다.

또 하나 실제로 거래를 해볼 경우 불 스프레드가 가진 장점은 시간가치 감소로부터 상당 부 분 자유롭다는 점이다. 물론 이는 뒤에 가서 옵션 포지션 분석에서 쎄타부분과 같이 언급되어 야 할 문제이지만 여기서 간단하게 살펴보자. 기초자산 가격 상승을 예상하여 콜옵션 매입 포 지션만을 보유하고 있을 경우 시간이 흐르는 데도 상승이 일어나지 않으면 옵션의 가치는 급격히 감소한다. 즉, 시간가치 감소 현상(time decay)이 옵션 보유자에게 불리하게 작용하는 것이다. 즉, 콜옵션만을 보유하는 경우 빨리 상승해야 이익이지 시간이 지체되면 프리미엄이 떨어져 버리는 것이다. 이를 시간가치 감소라 한다. 이에 비해 불 스프레드 포지션을 보유할 경우 시장 가격 상승이 늦어져도 느긋해진다. 왜냐하면 매수한 옵션 c(80)은 시간가치 감소로 인해 손해를 보지만 매도 대상 옵션, 즉 c(85)에 대해서도 시간가치 감소가 일어나는데, 매도 대상 옵션의 시간가치 감소는 투자자에게 유리하게 작용하므로 전체적으로 유리한 부분과 불리한 부분이 상쇄가 되는 특징이 있다. 결국 시간가치 감소 현상의 영향이 매우 작아지게 되므로 상승이 더디어지더라도 큰 어려움이 없이 포지션을 계속 보유해도 된다는 장점이 있다.

section 03 수평 스프레드(horizontal spread)

수평 스프레드(시간 스프레드, time spread, calendar spread)는 만기가 다른 두 개의 옵션에 대해 포지션을 구축하는 것이다. 만기가 짧은 옵션을 매도하고 동일 행사 가격의 만기가 긴 옵션을 매수하는 전략을 매수시간 스프레드라 하고, 만기가 짧은 옵션을 매수하는 동시에 동일 행사 가격의 만기가 긴 옵션을 매도하는 전략을 매도시간 스프레드라 한다. 예를 들어, 3월 만기 옵션을 매도하고 동일 행사 가격의 4월 만기 옵션을 매수함으로써 매수시간 스프레드 포지션을 만들 수 있다. 이때 총수익구조는 〈그림 5-5〉와 같이 나타난다. 물론 두 옵션의 행사 가격은 동일해야 한다(예를 들어 80). 이때 3월 만기 옵션의 만기 시점(예를 들어 3월 두 번째 목요일)에 가면 3월 만기 옵션은 끝나지만 4월 만기 옵션은 아직도 만기까지 한 달이 남아있게 된다. 이때 3월 두 번째 목요일의 기초자산 가격이 행사 가격과 동일한 80 근처로 실현되면 우선 3월 만기 옵션 매도 포지션은 등가격으로 끝나게 되어 손실이 없다. 한편 4월 만기 옵션 매수 포지션도 역시 등가격이지만 이 옵션은 한 달의 시간가치를 보유하게 되므로 결국 이 포지션을 취한 투자자는 자산 가격 변동성이 적을 경우 이익을 창출하게 된다. 이를 그림으로 나타내면 〈그림 5-6〉과 같다.

물론 이 포지션의 구축 시점에서 c(4월 만기)를 매수하고 c(3월 만기)를 매도하는데 c(4월 만기) > c(3월 만기)이므로 초기에 비용이 들게 된다. 따라서 초기 비용을 감안한 순손익 구조

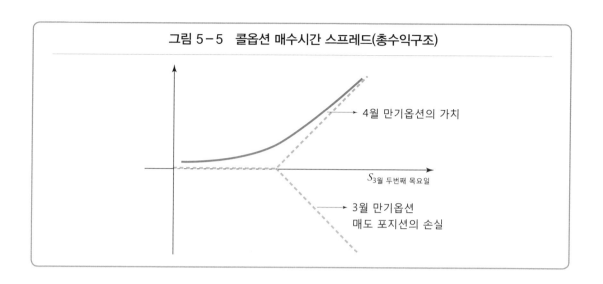

그림 5-5   콜옵션 매수시간 스프레드(총수익구조)

4월 만기옵션의 가치

$S_{3월\ 두번째\ 목요일}$

3월 만기옵션
매도 포지션의 손실

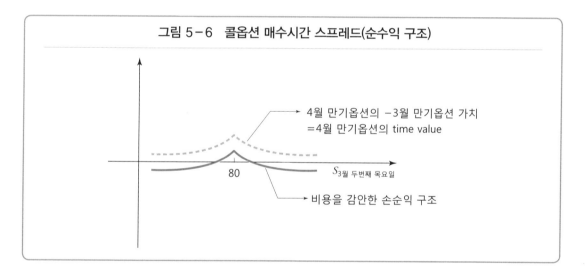

그림 5-6   콜옵션 매수시간 스프레드(순수익 구조)

4월 만기옵션의 −3월 만기옵션 가치
=4월 만기옵션의 time value

80

$S_{3월\ 두번째\ 목요일}$

비용을 감안한 손순익 구조

는 점선으로 나타난다. 이 그래프에 나타난 시간 스프레드, 즉 근월물 매도(3월 만기옵션 매도)/원월물 매수(4월 만기옵션 매수)는 기본적으로 '변동성 작다'에 베팅을 하는 경우이다. 그런데 '변동성 작다'에 베팅을 하는 방법은 여러 가지가 가능하므로 수평 스프레드는 그 자체가 그리 독특한 투자전략이라고 보기는 어렵다. 그러나 만일 다른 모든 조건은 일정한데 만기만 다른 두 옵션의 프리미엄이 상당히 근접해있다면 투자자는 이 사실을 이용하여 시간 스프레드를 통해 이익기회를 창출할 수 있다. 이 경우 적은 비용으로 이익을 볼 수 있는 기회가 창출되는 것이다.

매입시간 스프레드는 기초자산의 가격의 변동성이 작은 상황에서 옵션의 시간가치 잠식효과를 이용하는 전략이라 할 수 있다. 대조적으로, 매도시간 스프레드는 만기가 짧은 등가격옵션을 매입하는 동시에 만기가 긴 등가격 옵션을 매도하므로 옵션의 시간가치 잠식 효과 측면에서는 손실을 볼 수 있지만, 기초자산의 가격의 변동성이 클 경우 시간가치의 잠식 효과를 피하면서 옵션 프리미엄의 차이에 의한 이익을 얻게 된다.

section 04 **스트래들(straddle)**

스트래들 매수 포지션(long straddle)은 동일한 만기와 동일한 행사 가격을 가지는 두 개의 옵션, 즉 콜과 풋옵션을 동시에 매수함으로써 구성되는 포지션이다. 이는 기초자산 가격이 현재 시점에 비해 크게 상승하거나 하락할 경우에 이익을 보게 되고 횡보할 경우 손실을 보게 되는 포지션이다. 예를 들어 행사 가격이 80인 콜과 풋옵션을 동시에 매수할 경우 두 옵션의 프리미엄의 합이 4 정도라면 이 포지션을 구축한 투자자는 80을 기준으로 기초자산 가격이 4 이상 떨어지거나 올라가야만 이익을 볼 수 있는 것이다. 이처럼 스트래들 포지션은 기초자산 가격

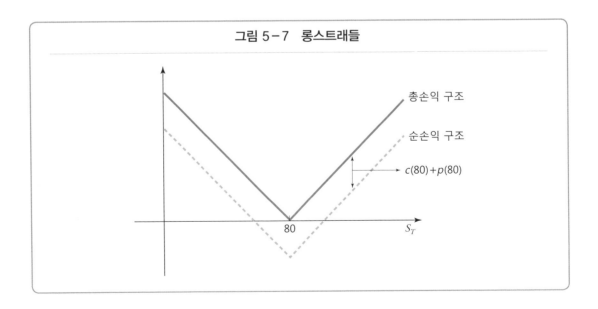

그림 5-7 롱스트래들

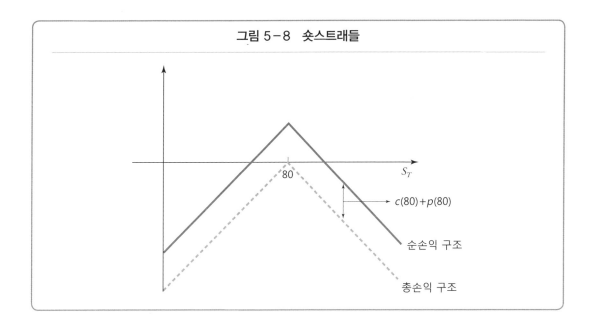

그림 5-8 숏스트래들

S_T

80

$c(80)+p(80)$

순손익 구조

총손익 구조

의 방향성은 상관없이 변동성이 클 것이다 혹은 작을 것이다에 대해 베팅을 할 수 있도록 한다. 이는 옵션 이외의 자산으로는 구성이 거의 불가능한 독특한 전략이라고 볼 수 있다. 동일한 행사 가격을 가진 풋옵션과 콜옵션을 동시에 매도하는 경우 이를 숏스트래들(short straddle)이라 하는데 이는 변동성이 작을 것이라는 예상을 토대로 취하게 되는 포지션이다. 롱스트래들과 숏스트래들의 두 포지션을 그림으로 나타내면 〈그림 5-7〉과 〈그림 5-8〉과 같다.

스트랭글(strangle)

스트랭글 매수 포지션은 기본적으로 스트래들과 거의 동일한 포지션으로서 콜옵션과 풋옵션을 동시에 매수하는 전략이다. 이때 스트래들과 다른 점은 매수 대상이 되는 콜과 풋옵션의 행사 가격이 서로 다르다는 점이다. 즉, 스트래들이 c(80)과 p(80)을 동시에 매수하는 전략이라면 스트랭글은 행사 가격이 c(85)와 p(75)를 동시에 매수하는 전략이다. c(85)의 프리미엄은 c(80)보다 싸고 p(75)의 프리미엄 역시 p(80)보다 작다. 결국 c(85) + p(75) < c(80) + p(80)

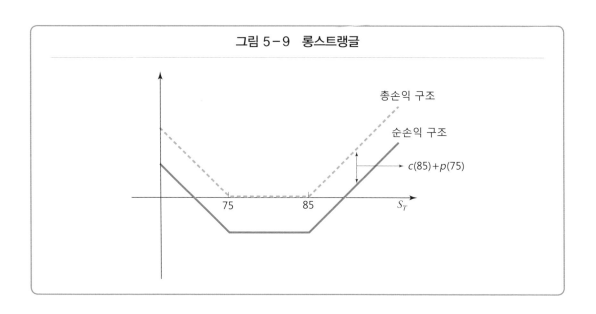

그림 5-9 롱스트랭글

이 성립하므로 스트랭글은 풋옵션과 콜옵션을 매수함으로써 기초자산 가격 변동이 클 것이라는 예상을 토대로 투자를 하되 스트래들보다 초기 투자비용이 절약되는 투자라고 볼 수 있다. 〈그림 5-9〉에 롱스트랭글(long strangle) 포지션이 표시되어 있다.

한편, 숏스트랭글(short strangle)은 큰 행사 가격의 콜옵션과 작은 행사 가격의 풋옵션을 동시에 매도하는 전략으로, 기초자산 가격이 두 행사 가격 사이나 근방에서 움직일 때 이익을 볼수 있다. 숏스트래들에 비해 이익을 취할 수 있는 구간은 더 넓으나 최대 이익의 크기는 작다.

chapter 06

옵션 프리미엄과
풋-콜 패리티

section 01 ## 미국식 콜옵션과 유럽식 콜옵션

미국식 콜옵션에 대해 성립하는 중요한 사실 중에 하나는 '무배당주식에 대한 콜옵션을 조기행사하는 것은 최적이 아니다'라는 명제이다. 여기서 무배당주식이란 옵션만기일까지는 기초자산인 주식에 배당이 없는 경우를 의미한다. 이 명제의 의미는 다음의 두 가지 정도로 확장될 수 있다.

❶ 무배당주식에 대한 미국식 옵션을 처분하려면, 행사하지 말고 유통시장에서 돈(옵션 프리미엄)을 받고 파는 것이 최적
❷ 다른 모든 조건이 일정한 경우 미국식 옵션이 유럽식 옵션보다 비싼 것이 일반적인데 무배당주식의 경우 이론적으로 미국식 콜옵션과 유럽식 콜옵션의 프리미엄은 같음

이제 이들에 대해 살펴보자. 콜옵션을 보유한 상태에서 배당 예정일자와 액수가 발표되었다고 하자. 배당 예정일자가 옵션만기 이전이라면 유럽식 콜옵션의 경우 재앙이다. 배당기준일 배당락이 일어나면서 주식가치는 하락하는데 옵션 보유자는 이에 대해 전혀 배당을 받지 못한다(무상증자의 경우는 보상을 받는다).[1] 따라서 유럽식 옵션의 프리미엄은 하락하게 된다. 그러

---

1 현금배당은 배당금이 없음

나 미국식 콜옵션의 경우에는 배당기준일 전일에 콜옵션이 내가격인 경우 이를 행사하면 미리 정한 가격을 내고 주식을 받으면서 배당도 받게 되어 배당락으로 인한 피해를 방지할 수 있다. 결국 배당이 존재하는 경우 미국식 콜옵션은 유럽식 콜옵션보다 더 가치가 있게 되는 것이다. 그러나 옵션만기일 이전에 배당이 없다면 얘기는 달라진다. 즉, '무배당주식'의 의미는 이처럼 옵션만기일 이전에는 배당이 없다는 얘기이다. 이 경우 콜옵션을 굳이 행사할 필요가 없어진다. 옵션을 처분하고 싶으면 옵션 행사를 하지 말고 콜옵션 자체를 그냥 돈을 받고 팔아넘기면 되는 것이다. 그리고 돈을 받고 팔아넘기는 전매도의 경우가 보다 더 큰 이익을 실현해 준다. 이를 좀 더 자세히 보자. 앞에서 본 것처럼 만기 시점 이전의 임의의 시점에서 옵션의 가치는 시간가치와 내재가치로 나누어진다. 이를 수식으로 표현하면

$$c_t = Max(0, S_t - X) + TV_t = IV_t + TV_t$$

가 된다. 여기서 IV_t는 옵션의 내재가치, TV_t는 옵션의 시간가치이다. 이제 이 시점에서 콜옵션의 보유자가 이를 행사한다면 어떻게 되는가? 옵션이 내가격일 경우 행사되므로 그는 X를 지불하고 가치가 S_t인 주식을 받게 되므로 $S_t - X$의 이익이 창출된다. 그런데 이 이익규모는 바로 옵션의 내재가치이다. 결국 옵션 행사로부터의 이익은 옵션의 내재가치만큼 밖에 안 되는 것이다. 그런데 이 옵션을 적정가치를 받고 옵션시장에서 팔아넘기면 어떠한가? 그는 옵션의 내재가치만이 아니라 시간가치까지 플러스된 액수를 받게 된다. 결국 행사로부터의 이익보다 시간가치만큼 더 이익이 발생하는 것이다.

결국 미국식 옵션이라고 해도 이를 행사함으로써 처분하는 것보다는 옵션 프리미엄만큼 받고 팔아넘기는 것이 더 나은 전략이 되는 것이고 이는 결국 옵션 조기행사의 유인을 없애게 된다. 조기행사의 유인이 없다면 미국식 콜옵션이 유럽식 콜옵션보다 더 가치가 있어야 할 하등의 이유가 없어진다. 조기행사하면 프리미엄이 사라지는 것이다. 결국 무배당주식에 대한 미국식 콜옵션과 유럽식 콜옵션의 가치는 동일해진다. 여기서 우리는 아주 중요한 부분을 언급해야 한다. 바로 시간가치의 문제이다. 콜옵션을 돈 받고 팔면 내재가치＋시간가치를 받고, 행사하면 내재가치만큼을 받는다고 할 때 시간가치가 양수라야 돈을 받고 파는 것이 유리하다. 그러면 콜옵션의 시간가치는 항상 양수인가? 답은 '그렇다'이다. 그 이유는 이렇다. 우선 옵션이 외가격이면 만기까지 행사 가격보다 오를 수 있는 가능성으로 인해 시간가치가 양수가 된다. 문제는 내가격인 경우이다. 이미 많이 이익을 본 상태이므로 혹시 떨어질 수 있는 가능성이 부각되면 옵션의 시간가치가 음수가 되는 것이 아닌가라는 의문을 제기할 수 있다. 그

러나 전략은 간단하다. 유럽식 콜옵션을 보유한 상태에서 옵션이 내가격이 될 때 콜옵션을 그대로 둔 채 기초자산에 매도 포지션을 취하면 내재가치 이상의 이익이 보장된다. 예를 들어보자. 콜옵션의 행사 가격이 100이라 하자. 주식 가격이 120이 되었다고 할 때 콜옵션을 보유한 채 주식에 대해 120의 가격에 공매도 포지션을 취하면 이 투자자의 포지션은 〈그림 6-1〉과 같게 된다.

즉, 만기에 가서 주가가 100 이상인 경우 20이 보장되고 100 이하인 경우 떨어진 만큼 추가 이익이 발생한다. 결국 만기에 가서 20 이상의 이익이 보장되므로 이 포지션의 가치는 20 이상이 된다. 또 하나 주식을 공매도, 즉 빌려다 팔 경우 자금이 유입된다. 이 경우 120의 자금이 유입되므로 이에 대한 이자수익이 발생한다. 만기에 가서는 콜옵션을 행사함으로써 주식을 100에 사들여서 빌려온 주식을 상환하면 되므로 추가 자금수요는 없다. 120에 대한 이자부분으로 인해 이 포지션의 현재 시점 가치는 20을 넘게 되는 것이다.

풋옵션은 어떠한가? 풋옵션의 경우 시간가치는 음수가 될 수 있다. 예를 들어 주가가 만기 이전에 10이 되었다고 하자. 이 경우 풋옵션 보유자는 90의 이익을 고정시키기 위해 10의 자금을 조달하여 주식을 사들이게 된다. 우선 10에 대한 이자비용이 발생한다. 그리고 만기에 가서 이 주식을 행사하여 100에 팔 경우 현금이 들어오는데 문제는 현금유입 시점이 만기라는 점이다. 결국 만기수익이 90 이상으로 고정되지만 이는 현재 시점에서 볼 때 90 이하의 가치를 가진다. 결국 풋옵션의 시간가치는 음수가 될 수 있다. 극단적인 예는 만기 이전 임의의 시점에 주가가 0이 된 경우이다. 이때 풋옵션 보유자는 즉시 가치가 0인 주식을 0의 자금으로

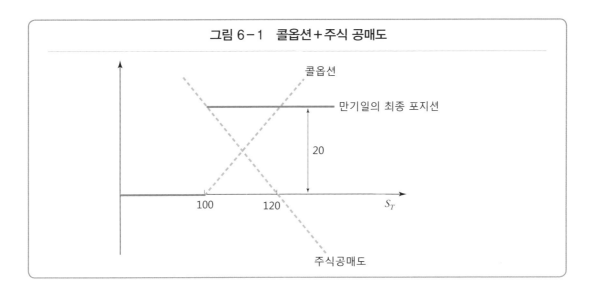

그림 6-1 콜옵션 + 주식 공매도

매입하여(이자비용이 없음) 보유한다. 이 경우 만기가 되면 풋옵션을 행사하여 100을 받고 주식을 팔 수가 있다. 이 역시 현금유입 시점은 만기이므로 현재 시점의 가치는 100보다 작아진다. 정확히 100의 현재 할인가 정도가 최고 가치가 된다. 따라서 풋옵션이 내가격인 경우에 프리미엄이 내재가치보다 못한 경우가 발생하고 이 경우 돈을 받고 팔아버리면 내재가치보다 적게 받고 파는 경우가 생긴다. 따라서 이 경우에 미국식 풋옵션 보유자는 유럽식 풋옵션 보유자보다 월등하게 유리하다. 미국식 풋옵션 보유자는 시간가치만큼 손해볼 일이 없다. 옵션을 그냥 팔지 말고 행사를 하면 내재가치만큼의 이익을 올릴 수 있다. 따라서 옵션의 행사 유인이 존재하고 미국식 풋옵션은 유럽식 풋옵션보다 항상 가치가 있게 된다.

section 02 옵션의 프리미엄 사이에 성립하는 기본 관계식

향후 논의를 위해 다음의 변수를 정의하자.

❶ $c_t < S_t$

유럽식 콜옵션의 현재 시점 프리미엄은 기초자산 가격보다는 작다.

☞ 증명

X가 양수일 경우 만기 시점에서 $Max(0, S_T - X) < S_T$가 성립한다. 즉, 콜옵션으로부터의 수익의 크기가 기초자산 자체의 만기 시점 가격보다는 항상 작게 된다. 그런데 현재 시점에서 콜옵션을 매입하는 데 드는 투자비용은 c_t이고 기초자산을 매입하는 데 드는 비용은 S_t가 되므로 투입비용면에서 콜옵션 매입비용이 기초자산 매입비용보다도 작아야 정상이다. 즉, 산출이 큰 쪽이 투입도 커야만 정상인 것인데 이것이 바뀌면 차익거래가 가능하므로 균형 상태가 아니다. 따라서 $c_t < S_t$가 성립한다.

❷ $p_t < B_t$

유럽식 풋옵션의 현재 시점 프리미엄은 만기 시점에서 X만큼을 지급하는 순수할인채의 현재 할인가보다 작다(B_t는 채권행사 가격을 현재 시점으로 할인한 가격, 현재 할인가).

만기 시점에서 $Max(0,\ X-S_T)<X$가 성립한다. 위에서와 마찬가지로 산출이 상대적으로 크면 투입도 상대적으로 커야 정상이다. 그런데 만기 시점에서 좌변의 산출을 만들어내려면 현재 시점에서 풋옵션을 매수해야 하고 우변의 산출을 만들어내려면 현재 시점에서 채권을 매입해야 한다. 따라서 풋옵션의 현재 시점 프리미엄은 채권의 현재 할인가보다 작아야 정상이다. 즉, $p_t<B_t$가 성립한다.

❸ $c_t>S_t-B_t$

유럽식 콜옵션의 현재 시점 프리미엄은 기초자산 현재가에서 채권(만기에 X만큼을 지급하는 채권)의 현재 할인가를 뺀 값보다 크다.

☞ 증명

현재 시점에서 기초자산을 매입하는 동시에 옵션만기 시점에서의 원리금이 X만큼 되도록 자금을 조달하는 경우 이 포지션(A라 하자)에 대한 현재 시점에서의 순투입비용은 S_t-B_t가 된다. 그런데 A포지션은 만기 시점에 가면 매수한 주식이 S_T만큼의 가치를 가지게 되지만 조달한 자금의 원리금 X만큼을 갚아야하므로 포지션의 순가치는 S_T-X가 된다. 한편 콜옵션의 만기 시점 가치는 $Max(0,\ S_T-X)$가 된다. 따라서 수식의 정의에서 $Max(0,\ S_T-X)>S_T-X$가 성립하므로 콜옵션에 대한 투입비용이 A포지션에 대한 투입비용보다 커야 정상이다. 따라서 $c_t>S_t-B_t$가 성립한다.

❹ $p_t>B_t-S_t$

유럽식 풋옵션의 현재 시점 프리미엄은 채권(만기에 X만큼을 지급하는 채권)의 현재 할인가에서 기초자산 현재가를 뺀 값보다 크다.

☞ 증명

현재 시점에서 기초자산에 공매도(short selling) 포지션을 취하는 동시에 옵션만기 시점에서의 원리금이 X만큼 되도록 자금을 운용하는 경우 이 포지션(E라 하자)에 대한 현재 시점에서의 순투입비용은 B_t-S_t가 된다. 그런데 E포지션은 만기 시점에 가면 공매도한 주식이 S_T만큼의 가치를 가지게 되면서 운용한 자금의 원리금 X만큼이 유입되므로 포지션의 순가치는 $X-S_T$가 된다. 한편 풋옵션의 만기 시점 가치는 $Max(0,\ X-S_T)$가 된다. 따라서 수식의 정의에서 $Max(0,\ X-S_T)>X-S_T$가 성립하므로 풋옵션에 대한 투입비용이 E포지션에 대한 투입비용보다 커야 정상이다. 따라서 $p_t>B_t-S_t$가 성립한다.

풋-콜 패리티와 그 응용

풋-콜 패리티 조건은 옵션에 관련된 여러 가지 관계식 중에서 가장 중요한 역할을 하는 이론이다. 기본적으로 이 식은 풋옵션 및 콜옵션의 프리미엄과 기초자산 및 채권가치 간의 관계를 보여주지만, 또 한편으로 이를 확장 시 여러 가지 포지션들 간의 동등성(equivalence)을 보여주는 식으로 이용될 수 있다.

1   풋-콜 패리티 조건

만기와 행사 가격이 동일한 유럽식 풋현물옵션과 콜현물옵션 프리미엄 사이에는 다음의 관계가 성립한다.

$p_t + S_t = c_t + B_t$

풋옵션 가격＋기초자산의 현재 가격＝콜옵션 가격＋만기 시점 행사 가격만큼 지급하는 채권의 할인가치

단, 기초자산은 무배당주식이다.

2   포지션 사이의 동등성

증명과정에서 얻을 수 있는 중요한 결과물 중에 하나는 포트폴리오 A와 포트폴리오 D에 대한 평가를 함에 있어서 이 두 포트폴리오는 만기 시점 수익도 같고($V_T(A) = V_T(D)$) 현재 시점에서의 가치도 동일하므로($V_t(A) = V_t(D)$) 이 두 포트폴리오 사이에 동등성이 성립한다는 점이다. 즉, 현재 시점에서 두 포트폴리오 중에서 어느 쪽에다 투자해도 투자비용도 같고 만기수익도 동일하게 되므로 어느 쪽에다 투자해도 동일하다는 명제가 성립하는 것이다. 이를 수식으로 표현하면,

$$p_t + S_t \sim c_t + B_t$$

의 관계가 성립한다. 그런데 이를 토대로 좌변과 우변 간 포지션을 이항해도 동등성이 성립하므로 다음의 4가지 관계가 도출이 된다.

❶ $p_t \sim c_t + B_t - S_t$

❷ $S_t \sim c_t + B_t - p_t$

❸ $c_t \sim p_t + S_t - B_t$

❹ $B_t \sim p_t + S_t - c_t$가 성립한다.

❶은 콜옵션 매수＋채권 매수(자금 운용)＋주식 대차거래의 합은 풋옵션과 동일

❷는 콜옵션 매수＋채권 매수＋풋옵션 발행의 합은 주식 매수와 동일한 포지션

❸은 풋옵션 매수＋주식 매수＋채권 발행(자금 조달)의 합은 콜옵션과 동일한 포지션

❹는 풋옵션 매수＋주식 매수＋콜옵션 발행의 합은 채권과 동일한 포지션

이러한 관계를 잘 이용할 경우 우리는 장외시장에서도 그때그때 필요한 포지션을 직접 구성하기가 여의치 않을 경우 원하는 포지션을 합성해낼 수 있는 근거를 얻게 된다. 또 하나 예를 들어보자.

❺ $S_t - c_t \sim B_t - p_t$의 관계도 성립하는데 좌변은 콜옵션 1계약 매도＋주식 1주 매수의 커버된 콜옵션 포지션이다. 따라서 이 포지션은 채권 매수＋풋옵션 매도와 동일해짐을 알 수가 있음

| 3 | 옵션을 이용한 차익거래 |

(1) 컨버전(conversion)

컨버전전략은 합성 매도 포지션과 현물 매수 포지션을 병행하는 전략이다. 여기서 합성 매도는 동일한 행사 가격의 풋옵션 매수·콜옵션 매도를 통해서 기초자산 가격의 하락 시 이익을 보도록 포지션을 구축하는 방법이다. 예를 들어 행사 가격이 100인 풋옵션을 매수하는 동시에 행사 가격이 100인 콜옵션을 매도할 경우 기초자산 가격이 100보다 떨어질 경우 떨어진 만큼 이익, 100 이상일 경우 오른 만큼 손해를 보는 포지션, 다시 말해 100에 대한 선물 매도

포지션과 동일한 포지션이 창출이 된다. 이를 합성 매도 포지션이라 한다. 이러한 합성 매도 포지션과 현물 매수 포지션을 동시에 취할 경우 우리는 옵션만기 시점과 동일한 시점에서 만기가 되는 가상적인 선물을 이용한 매수차익거래 포지션을 만들어낼 수 있게 되는데 이를 컨버젼전략이라 한다.

이를 수식으로 보면 다음과 같다. 위의 증명과정에서 본대로 풋-콜 패리티에 따르면 $p_t + S_t = c_t + B_t$가 성립해야 하는데 좌변이 우변보다 작은 상황이 발행하였다고 하자. 즉, 현재 시점에서 $p_t + S_t < c_t + B_t$가 성립하는 경우 투자자는 이를 이용하여 차익거래를 시행할 수 있게 되는 것이다. 이를 풋-콜 패리티의 증명과정에서 등장한 두 개의 포트폴리오 A, D와 연결시켜보자. 앞에서 본대로 균형에서는 A와 D의 현재 시점 가치는 동일해야 한다. 즉, $V_T(A) = V_T(D)$가 성립해야 하는 것이다. 그런데 위에 열거된 상황은 $V_T(A) < V_T(D)$가 성립하는 상황이다. 따라서 일시적으로 저평가된 포트폴리오 A를 매수하는 동시에 고평가된 포트폴리오 D를 매도할 경우 우리는 이 두 포트폴리오의 가치 차이를 무위험이익으로 챙길 수 있게 됨을 알 수 있다.

그러면 구체적으로 어떤 전략을 시행하는가? 우선 포트폴리오 D의 매도는 콜 매도와 채권 매도, 곧 콜옵션을 발행하여 프리미엄을 챙기는 동시에 채권 발행(자금 차입)을 통해 자금을 조달하는 것을 의미한다. 한편으로 이 자금을 가지고 포트폴리오 A의 매수, 곧 풋옵션과 주식의 매수를 하면 된다. 결국 콜 매도, 풋 매수(합성 매도) 및 주식 매수와 자금 차입이 동시에 일어나므로 합성 매도와 현물 매수가 동시에 일어나는 것과 동일하다. 이때 현물 매수와 합성 매도를 합쳐서 지수에 대한 매수차익거래라고 보면 자금을 차입하여 지수차익거래를 실시하는 것은 일종의 cash and carry전략인 것이다.

(2) 리버설전략

리버설전략은 앞에서 본 컨버젼과 정반대이다. 이는 콜 매수＋풋 매도의 합성 매수 전략과 현물 매도 곧 대차거래전략을 병행하는 것이다. 이는 일종의 주가지수 매도차익거래라고 파악될 수 있다. 위에서 본대로 이 전략은 $p_t + S_t > c_t + B_t$가 성립할 경우 시행되는 전략이다. 먼저 포트폴리오 A를 매도(발행)하여 자금을 조달한다. 즉, 풋옵션을 발행하여 프리미엄을 챙기는 동시에 현물주식을 빌려서 파는 대차거래를 통해 자금을 확보하고 이 중 일부를 가지고 콜옵션을 매수하고 채권을 매수하면 일부 자금이 남는데 이 부분이 차익거래에서의 이익이 되는 것이다.

이제 풋-콜 패리티의 증명과정에서 나타난 두 가지 결과에 대해 주목해 보자. 우리는 포트폴리오 A와 D의 만기 시점 가치가 동일해짐을 보이면서 두 포트폴리오가 모두 만기 시점에서는 $Max(S_T, X)$가 됨을 확인하였다. 우선 이 식을 그래프로 나타내보자. 즉, $y=Max(S_T, X)$의 그래프를 (S_T, y)평면에 나타내보자.

❶ 만기 시점에서 기초자산 가격 S_T가 X보다 작아질 경우 즉 $S_T<X$의 조건이 성립할 경우 y값은 둘 중에 더 큰 X가 되어 $y=X$가 성립

❷ 만기 시점에서 기초자산 가격 S_T가 X보다 커져서 $S_T>X$가 성립할 경우 y는 S_T가 되어 $y=S_T$가 성립

이를 정리하면

　　　$S_T \leq X$이면 $y=X$, $S_T>X$이면 $y=S_T$가 되는 것이다.

이를 그림으로 나타내면 〈그림 6-2〉에서 굵은 선으로 표시된 함수가 된다.

이 그래프는 매우 흥미로운 수익구조를 가짐을 알 수 있다. 즉, 만기 시점의 기초자산 가격(이하 주식 가격)이 X(이하 100이라 하자)보다 클 경우 주식 가격 만큼을 챙길 수 있고 주식 가격이

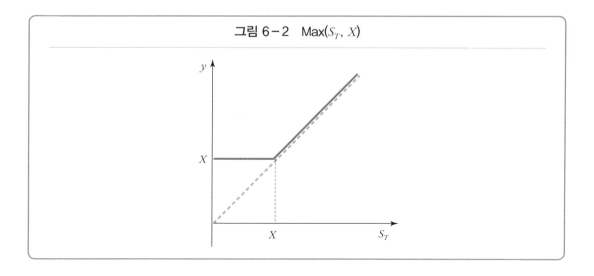

그림 6-2   Max(S_T, X)

$X(=100)$보다 하락하더라도 100을 보장받게 되는 것이다. 이를 다시 해석해 보면 주식 가격 상승 포텐셜(upward potential)을 유지한 채 주식 가격 하락에 대한 방어벽이 구축되어 있다고 (downward protection) 해석이 가능하다. 일반적으로 기초자산을 주식 포트폴리오라 할 때 포트폴리오의 가치가 상승할 경우 상승한 만큼의 이익을 다 챙기되 일정 수준 이하로 하락 시 방어벽을 구축하는 전략을 포트폴리오 보험전략(portfolio insurance)이라 한다. 이러한 포트폴리오 전략은 미리부터 위험관리를 전제로 거래를 시작한다는 점에서 의미가 있다. 그런데 지금까지 우리의 논의에 의하면 포트폴리오 A 또는 포트폴리오 D를 보유할 경우 만기가치가 바로 $Max(S_T, X)$로서 위 그림의 굵은 선에 해당한다. 결국 둘 중 어느 포트폴리오든지 보유하면 투자자는 포트폴리오 보험전략을 시행하고 있는 것이다. 그러면 이 전략들에 대해 좀 더 자세히 살펴보자.

(1) 포트폴리오 A : 방어적 풋 전략(protective put)

현재 시점에서 포트폴리오 A를 구입한다는 것은 곧 기초자산인 주식 포트폴리오를 매입하는 동시에 그 포트폴리오에 대한 풋옵션을 매수한다는 것이다. 이 경우 만기 시점에서 주식 가격이 X보다 상승할 경우 풋옵션은 무의미해지지만 오른 주식 가격으로 인한 포트폴리오의 가치 상승분은 그대로 투자자의 몫이 된다. 반대로 만기 시점에서 주식 가격이 X보다 하락할 경우에는 풋옵션을 통한 이익이 발생하면서 포트폴리오 가치 하락분을 상쇄하게 되어 전체 포트폴리오의 가치를 옵션 행사 가격 수준에서 방어할 수 있게 된다. 이처럼 주식 포트폴리오를 보유한 상태에서 보험을 드는 것과 비슷하게 풋옵션을 매입하는 전략을 방어적 풋 전략이라고 한다. 이 전략은 상당히 효과적인 전략임은 사실이지만 상당한 보험료를 지불해야 하는데 곧 풋옵션을 매입하는데 따른 프리미엄 지출 규모가 꽤 크다는 부분이 단점이다. 보험효과가 확실한 만큼 비용도 꽤 드는 것이다.

(2) 포트폴리오 D : 이자 추출 전략(cash extraction)

현재 시점에서 포트폴리오 D를 사들인다는 것은 채권 매수와 동시에 콜옵션 매수전략을 병행하는 것이다. 이를 이자 추출 전략이라 한다. 그 논리는 아주 간단하다. 일정 액수의 자금(예를 들어 100억 원)을 운용함에 있어서 원금을 보존하는 동시에 주식 가격 상승 시 이익도 아울러 챙기는 방법은 ① 일단 채권을 95억 원 정도 매수하여 투자 만기 시점(예를 들어 1년 후)에 가서 원리금이 100억 원이 되도록 한 후, ② 나머지 5억 원 정도의 현금은 이자 차액 여유분으로 해석할 수 있고 이 여유분 만큼의 현금을 추출하여 콜옵션 같이 레버리지가 큰 상품에 투자하는 것이다. 콜옵션의 경우 기초자산 가격 상승 시 상당한 수익이 나올 수 있게 되므로 주식 가격 상승 포텐셜은 콜옵션으로 챙기고 하락 부분에 대해서는 채권을 통해 방어하는 것이다. 이러한 전략을 약간 확장하면 채권 매입 후 남는 여유분을 레버리지가 큰 상품, 즉 고수익 고위험 투자대상에 얼마든지 투자할 수 있는 것이다. 예를 들어 그 투자대상은 콜옵션뿐만 아니라 풋옵션이나 선물 및 혹은 기타 높은 레버리지 투자형 상품도 될 수 있는 것이다. 또한 이 전략은 수익률을 일정 수준 이상으로 방어하는 목적에도 사용될 수 있다. 예를 들어 95억 원의 채권을 매입한 후 나머지 5억 원에 대해 2.5억 원 이하로 가치가 하락할 경우 즉시 포지션을 청산하고 채권으로 전환하도록 할 경우 수익률을 대략 2.5%에서 방어할 수 있게 된다. 기업이 발행하는 전환사채(CB)를 매입할 경우 투자자는 일정 수익률을 보장받는 동시에 CB발행기업 주식의 가격이 상승할 경우 상승분 만큼 이익을 보게 된다. 따라서 CB매입전략은 일종의 이자 추출 전략으로 해석될 수 있으며 이는 광범위한 의미의 포트폴리오 보험전략이라고 볼 수 있는 것이다(단 기업의 파산위험은 고려대상에서 제외하였다).

(3) 동적 자산배분 전략 : 협의의 포트폴리오 보험전략

방어적 풋 전략에서는 상승 포텐셜은 주식으로, 하락 위험은 풋옵션으로 커버하였고, 이자 추출 전략에서는 상승 포텐셜은 콜옵션으로, 하락 위험은 채권으로 커버하였다. 그렇다면 두 전략에서 주식은 상승 포텐셜, 채권은 하락 위험 방어의 역할을 하고 있음을 알 수 있다. 동적 자산배분 전략은 이처럼 주식과 채권으로 자금을 운용함으로써 상승 포텐셜과 하락 위험 방어라는 두 가지 목표를 동시에 달성하고자 하는 전략이다. 즉, 자금운용 초기에 주식과 채권에 대략 50% 정도씩 자금을 배분한 후 주가의 움직임에 따라 편입비율을 변화시켜 나가는 것이다. 즉, 주식이 오르면 상승 포텐셜을 극대화하기 위해 채권을 팔고 주식을 사들임으로써 주식의 편입비율을 늘여나간다. 반대로 주가가 하락 시 운용자금의 가치를 방어하기 위해 주식을 팔고 채권을 사들인다. 결국 주가가 오르면 주식을 더 사들이면서 시장의 상승추세를 쫓아가고 주가가 하락하면 주식을 팔아서 채권으로 갈아타는 전략을 통해 자금의 가치를 방어한다. 이를 수식으로 표현해 보자. 일정 자금을 운용함에 있어서 주식의 편입비율을 $\omega_S(S_t)$, 채권의 편입비율을 $\omega_B(S_t)$라 하면 $\omega_S(S_t) + \omega_B(S_t) = 1$이 성립한다. 또한 S의 변화에 따른 두 비율의 변화에 대해 다음의 관계도 성립한다.

$$\frac{\partial \omega_S}{\partial S_t} > 0, \quad \frac{\partial \omega_B}{\partial S_t} < 0$$

이 전략은 다음과 같은 특징이 있다. 첫째, 프리미엄을 따로 지불할 필요가 없다. 방어적 풋 전략이나 현금 추출 전략에서는 옵션 매수에 따른 프리미엄 유출이 꽤 커지는 단점이 있는데 동적 자산배분에서는 일단 포트폴리오 전체를 주식과 채권으로 운용함으로써 따로 프리미엄 을 지급할 필요가 없다. 결국 옵션을 직접 매수하지 않고 옵션 포지션을 복제해 냄으로써 옵 션 프리미엄 만큼을 절약할 수 있는 것이다. 둘째, 편입 비율을 상황에 따라 계속해서 조정해 간다. 주식 가격 상승 시 주식 편입비율을 늘이고 하락 시 주식 편입비율을 줄이는 것이다. 주 식 편입대상 이외의 자금은 채권에 투입한다. 따라서 채권의 편입비율은 주식 가격의 방향과 반대로 움직인다. 이처럼 자산 편입비율이 주식 가격의 향방에 따라 계속해서 변해가게 되므 로 이 전략을 동적 자산배분 전략이라고 부르게 된다. 주가가 상승하여 주식 편입비율은 계속 늘여가다가 주가가 일정 수준 이상이 될 경우 주식 편입비율이 100%가 되어 주식 가격 상승 포텐셜을 100% 가까이 누릴 수 있게 된다. 반대로 주식 가격이 하락 시 주식 편입비율은 계속 감소하게 되고 일정 수준 이하가 될 경우 주식 편입비율을 0%, 채권 편입비율은 100%가 되므 로 포트폴리오 가치 하락을 일정 수준에서 방어할 수 있게 된다. 셋째, 자산비율 조정 간격의 문제가 있다. 즉, 주식 가격 상승비율과 편입비율 간의 조절을 어떻게 하느냐는 문제이다. 다 시 말해 주식 가격이 상승했는데(예를 들어 5%) 주식은 얼마만큼 더 매입할 것이냐 하는 문제가 중요한 것이다. 물론 이는 옵션 가격결정 모형을 이용하면 어느 정도 해결할 수 있다. 옵션 가 격결정 모형을 이용 시 주식 편입비율을 콜옵션의 델타값과 동일하게 유지하면 포트폴리오 가치를 대략 콜옵션의 행사 가격 수준에서 방어할 수 있다. 다시 말해 방어 수준을 콜옵션의 행사 가격으로 설정한 후 이 값을 대입하여 얻어진 콜옵션의 델타값을 주식 편입비율로 이용 하면 된다. 콜옵션의 델타값은 0에서 1사이의 값을 가지고 주식 가격 상승 시 증가, 주식 가격 하락 시 감소하므로 이 숫자를 주식 편입비율(0%에서 100% 사이)로 이용할 수 있음을 직관적으 로 이해할 수 있다. 이제 풋-콜 패리티 조건을 이용하면 이러한 자산 편입비율에 대해 보다 엄 밀한 숫자를 추출해 낼 수 있다. 이를 수식으로 살펴보자. 앞에서 설명한 풋-콜 패리티에 따르 면 $p_t + S_t = c_t + B_t$가 성립한다. 그런데 블랙-숄즈 공식에 따르면 무배당주식에 대한 유럽식 콜 옵션의 가치는 $c_t = S_t N(d_{1,t}) - e^{-r\tau} X N(d_{2,t})$로 표시된다. 여기서

$$d_{1,t} = \frac{\ln\left(\dfrac{S_t}{X}\right) + \left(r + \dfrac{1}{2}\sigma^2\right)\tau}{\sigma\sqrt{\tau}}, \quad d_{2,t} = d_{1,t} - \sigma\sqrt{\tau} \text{ 가 되고}$$

$N(x)$는 표준 정규분포를 따르는 확률변수가 $(-\infty, x)$ 구간의 값을 가질 확률을 의미한다. 이제 블랙-숄즈 공식의 c_t 값을 풋-콜 패리티 공식에 대입하자.

$$p_t + S_t = c_t + B_t$$
$$= S_t N(d_{1,t}) - e^{-r\tau} X N(d_{2,t}) + B_t$$
$$= S_t N(d_{1,t}) + B_t(1 - N(d_{2,t}))$$

가 성립한다. 그런데 $N(d_{1,t}) + (1 - N(d_{2,t})) > 1$이 성립하므로

$$\omega_S = \frac{N(d_{1,t})}{N(d_{1,t}) + 1 - N(d_{2,t})}, \qquad \omega_B = \frac{1 - N(d_{2,t})}{N(d_{1,t}) + 1 - N(d_{2,t})}$$

로 정의하면 $\omega_S + \omega_B = 1$이 성립한다. 결국 이와 같이 정의된 ω_S와 ω_B를 각각 주식과 채권에 대한 편입비율로 사용할 경우 동적 자산배분 전략을 보다 엄밀하게 시행할 수 있게 된다. 그리고 주식 편입비율은 대략 $N(d_{1,t})$의 값을 가지는데, 이는 위에서 설명한 바와 같이 콜옵션의 델타값에 해당하는 숫자이므로 동적 자산배분 전략은 콜옵션 복제전략에 해당한다고 볼 수 있다.

(4) 동적 헤징전략 : 채권 대신 선물을 이용하기

주가지수선물을 균형 가격 수준에서 매도하는 동시에 현물주식을 매수할 경우 투자자는 선물 만기 시점까지의 금리 수준에 해당하는 이익을 챙길 수가 있다. 따라서 이 전략은 합성 채권 매수 전략이라고 한다. 우리나라의 경우 현물채권시장의 유동성이 그다지 좋은 편이 아니므로 동적 자산배분 전략을 수행하는데 있어서 상당한 한계점이 노출된다. 즉, 주식 가격 상승에 따라 주식 편입비율을 늘릴 필요가 있을 때 투자자는 채권을 매도해야만 주식 투자 자금을 마련할 수 있는데 채권시장의 유동성이 안 좋을 경우 채권 매도가 늦어지게 되고 그만큼 주식 매수 시점도 늦어져서 경우에 따라 상당한 차질이 빚어질 수 있다. 따라서 이러한 한계를 극복하는데 있어서 합성 채권 매도전략이 매우 유용할 수도 있다. 이는 자금의 100%를 모두 주가지수와 연동된 인덱스 포트폴리오에 투자를 해놓고 주가지수선물 매도 포지션을 조절함으로써 포트폴리오 보험전략을 시행하는 것으로서 선물 포지션만을 조정해가면 된다는 점에서 매우 편리한 전략이라고 볼 수 있다. 이를 간단한 모형을 이용하여 살펴보자.

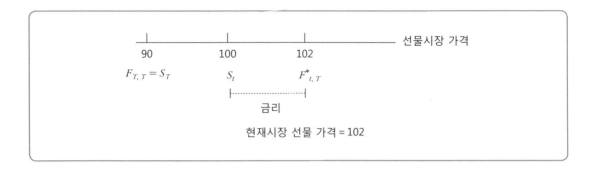

위의 그림에는 일반적인 선물시장 상황이 표시되어 있다. 현재 시점에서 3개월 후 만기가 되는 선물 가격은 이론 가격 수준과 같은 102포인트를 가리키고 있고 현물지수는 100포인트 이다. 그리고 만기일에 가서 선물 최종 정산지수=만기일 현물 종가지수는 90포인트로 끝났 다. 이 상황을 전제로 한 투자자가 현재 시점에서 100억 원의 매수차익거래 포지션, 즉 '현물 100억 원 매수+선물 100억 원 매도'포지션을 취하면 어떻게 될까? 주지하다시피 선물 이론 가격은 금리(우리나라에서는 CD금리)를 반영하므로 이 투자자는 만기일에 가서 금리만큼만 이익 을 보고 포지션을 정리하게 되므로 아무런 이익이 없는 것처럼 보인다. 즉, 90포인트로 끝난 현물 및 선물 가격을 전제로 현물에서는 10포인트 손해(약 10억 원 손해), 선물에서는 12포인트 이익(약 12억 원 이익)을 발생시키면서 100억 원의 2%, 즉 2억 원의 이익을 올리는데 이는 순전 히 금리 수준과 동일하므로 경제적 손익은 제로가 된다고 볼 수 있다. 이러한 거래를 소위 합 성채권(synthetic bond)전략이라고 부르는데 그 이유는 현물 매수·선물 매도가 금리만큼의 이익 을 얻게 되는데 원래 금리만큼을 취득하는 투자전략은 바로 채권 매수전략과 동일하기 때문 이다.

따라서 이를 이용한 동적 헤지전략을 수행시 주식 및 채권 편입비율 자체는 동적 자산배분 전략에서 구한 옵션 가격결정 이론으로부터 구한 후에 실제로 이를 운용하는 과정에서는 주 식 포지션과 주가지수선물 포지션만으로 운용을 하게 된다. 예를 들어 보자. 우선 초기자금을 100억 원이라 할 때 이 금액의 100%만큼을 주가지수와 동일하게 움직이는 인덱스 포트폴리 오에 투자를 하되 전체의 50%, 즉 50억 원 정도에 해당하는 주가지수선물 매도 포지션을 취하 게 되면 이 포지션은 주식 50억 원, 채권 50억 원과 동일한 포지션이 된다. 왜냐하면 주가지수 선물 매도 50억 원과 인덱스 포트폴리오 중 50억 원이 합쳐져서 합성채권 50억 원 매수 포지 션이 되면서 인덱스 포트폴리오 중 나머지 50억 원은 그대로 주식 매수 포지션으로 유지되므 로 주식 50억 원, 채권 50억 원과 동일한 포지션이 되어 주식 50%, 채권 50%의 포지션이 만들어지는 것이다. 만일 주식 60%, 채권 40% 포지션을 만들고 싶으면 100억 원의 인덱스 포트폴리오 포지션은 그대로 둔 채 주가지수선물에 40억 원 정도의 매도 포지션을 취하면 된다.

결국 채권 편입비율과 선물 매도비율이 동일해지도록 하면 동적 자산배분에서 구한 주식과 채권의 편입비율을 인덱스 포트폴리오와 주가지수선물을 가지고 구해낼 수 있다.

chapter 07

옵션 가격결정

이항 모형 가격결정

이 모형은 기본적으로 0시점과 1시점만이 존재하는 1기간 모형으로서 옵션의 기초자산인 주식이 만기에 두 가지의 가격만을 가질 수 있다고 가정하여 옵션 가격을 구하는 방법이다. 여기서 우선 지적할 것은 이 모형에서 쓰이는 논리적인 흐름은 모두 블랙-숄즈 공식을 그대로 따르고 있다는 점이다. 블랙-숄즈가 정한 복잡한 확률과정 대신에 이 모형은 주가 움직임이 다음 기에 두 가지 가능성만이 있다고 보는 간단한 상황으로 세팅을 바꾸고, 이 간단한 세팅 하에서 블랙-숄즈모형과 동일한 논리로 옵션 가격결정에 접근하고 있다. 따라서 쉬운 것부터 보고 어려운 것을 보면 더욱 이해가 빠르리라는 기대를 하면서 우선 쉬운 모형을 다루어 보기로 한다. 여기서 분명히 해야 할 것은 이 쉬운 모형이 블랙-숄즈모형보다 나중에 발표되었다는 점이다. 우선 이 모형에 대한 설명을 시작하기 전에 '커버된 콜옵션 전략'(covered call writing)에 대해 살펴보기로 하자. 블랙-숄즈는 이 전략을 이용하여 옵션 가격결정 모형을 만들어내고 있다. 원래 이 전략은 한편으로 콜옵션을 한 계약 매도하는 동시에 다른 편으로 기초자산을 적정 수량만큼 매수함으로써 일종의 무위험 포지션을 창출하는 전략을 의미한다. 콜옵션 매도는 기초자산 가격이 상승할 경우 손해를 보게 되는 포지션이므로 콜옵션 매도와 기초자산 매수 포지션이 결합될 경우 이는 기초자산의 움직임에 대해 중립적인 포지션이 된다. 실제로 많은 기관투자가들은 주식을 상당량 보유하고 있는 경우가 많은데 이때 보유주식을 근거로 하여 콜옵션을 매도함으로써 프리미엄 수입을 챙기는 '커버된 콜옵션 전략'을 실행하고 있다. 여기서 분명히 해야 할 것은 콜옵션과 기초자산 간의 비율이 꼭 1 : 1일 필요는 없다는 점이다. 만기 시점 이전에는 오히려 이 비율을 1 : x로 가져가는 것이 무위험을 만들어 낼 수 있게 된다. 이에 대해서는 뒤에서 좀 더 설명하기로 한다. 이제 콜옵션 프리미엄을 구하는 작업을 시작해보자.

❶ 0시점의 주식 가격이 100이라 하고 만기＝1시점에 가서 주식 가격은 150 또는 50이 될 수 있다고 하자. 이 구조를 그림으로 표현할 경우 〈그림 7-1〉과 같다.

　여기서 우리가 주목할 부분은 100의 가격을 가진 주식이 한 기간 후 150 또는 50이 된다는 부분을 조금 달리 해석하여 투자의 비용-수익구조로 해석이 가능하다는 점이다. 즉 초기에 자금 100의 비용을 들여 주식에 투자하면 한 기간 후 150 또는 50의 수익을 얻을 수 있다는 해석이 가능한 것이다. 이 구조는 주가의 움직임을 보여주는 동시에 주식 투자의 비용-수익구조를 보여주고 있는 것이다. 0시점의 100은 투자에 있어서 초기투자비용으로, 1시점의 150 또는 50은 1시점에 있어서 투자수익으로서 해석할 경우 의미는 분명해진다. 나아가 이 구조는 또 하나의 중요한 정보를 전해주고 있다. 바로 다음 기에 150 혹은 50의 수익을 주는 주식의 가격이 현재 100으로 가격이 매겨지고 있다는 점이다. 이는 바로 위험중립적 확률을 도출해내는 근거가 되는 논리인데 뒤에서 자세히 설명하기로 한다.

❷ 콜옵션의 비용-수익 구조 : 이제 주가의 움직임을 토대로 행사 가격이 100인 등가격 콜옵션 투자의 비용-수익구조를 구해보자. 행사 가격이 100이므로 1시점에서 주가가 150

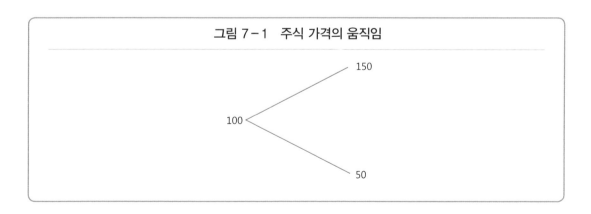

그림 7-1　주식 가격의 움직임

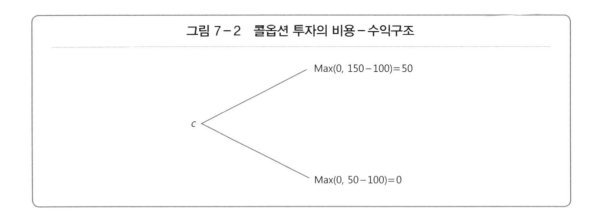

그림 7-2 콜옵션 투자의 비용-수익구조

c

Max(0, 150−100)=50

Max(0, 50−100)=0

이 될 경우 50의 수익이 발생하고 주가가 50이 될 경우 낙첨이 되어 수익은 0이 된다. 옵션 프리미엄을 c라 할 때 0시점에서 c만큼을 투입할 경우 만기 시점에서 50 또는 0의 수익이 산출되는 것이다. 콜옵션 투자의 비용-수익구조를 그림으로 표현하면 〈그림 7-2〉와 같다.

❸ 커버된 콜 매도전략($CCW(1, x)$ 전략)의 비용-수익구조 : 이제 주식 매수와 콜옵션 매도를 병행하는 커버된 콜전략을 실행한다고 하자. 이때 콜옵션과 주식비율은 1 : 1이 아니고 1 : x라고 하자. 이 전략에 대한 투자의 비용-수익구조는 약간 복잡하다.

　　우선 0시점에서 투자자는 콜옵션을 한 계약 발행(매도)하는 동시에 주식을 x개 매수한다. 지금부터 이를 $CCW(1, x)$ 전략이라 하자. 이때 매도 대상 콜옵션의 행사 가격은 100이고 프리미엄은 c이다(우리의 목표는 c가 얼마인지를 구하는 것이다). 이 경우 0시점 순 투자비용은 주식을 매수하느라고 지급한 돈 $100x$에서 콜옵션을 발행하여 받은 돈 c를 뺀 가격이 된다. 즉, $(100x-c)$가 된다. 그러면 이러한 투자에서의 수익은 어떠한가? 두 가지가 가능하다.

　ㄱ. 주가가 150이 된 경우를 보자. 주가가 150으로 상승 시 0시점에서 매수한 주식의 1시점 가치는 $150x$가 되지만 이 경우 0시점에서 발행한 옵션이 당첨되면서 당첨금을 지급해야 하므로 산출액수는 $150x-50$이 된다.

　ㄴ. 주가가 50이 될 경우 보유한 주식의 가치는 $50x$가 되지만 옵션이 외가격이 되면서 당첨금 지급이 없어지므로 수익은 $50x$가 된다. 이제 커버된 콜매도 전략의 비용-수익구조를 그림으로 표현하면 〈그림 7-3〉과 같다.

❹ 이제 여기서 아주 중요한 질문을 하나 던질 수 있다. 즉, 커버된 콜옵션 포지션의 가치

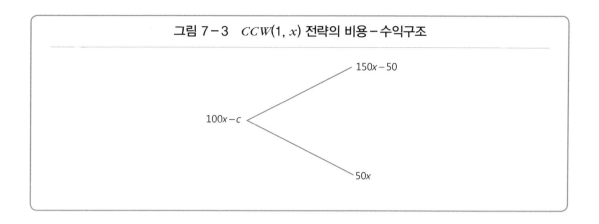

그림 7-3 $CCW(1, x)$ 전략의 비용-수익구조

$100x - c$

$150x - 50$

$50x$

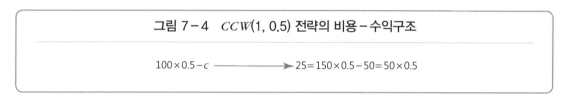

그림 7-4 $CCW(1, 0.5)$ 전략의 비용-수익구조

$100 \times 0.5 - c \longrightarrow 25 = 150 \times 0.5 - 50 = 50 \times 0.5$

가 주식 가격이 오르든지 내리든지 가치의 불변인 상황이 가능한가? 즉 무위험투자가 될 수 있는가? 가능하다면 어느 경우인가? 답은 주식 가격이 올랐을 때의 포지션 가치인 $(150x - 50)$이 주식 가격이 떨어졌을 때의 포지션 가치인 $50x$와 동일해질 경우에 가능해진다. 결국, $150x - 50 = 50x$, 즉 x가 0.5가 될 때 투자자의 포지션은 주식 가격의 등락에 무관한 무위험 포지션, 즉 무위험이자율만큼 수익이 나는 채권 포지션과 동일한 포지션이 되는 것이다. 옵션을 한 계약 발행하는 동시에 주식을 0.5개 매수 시 이러한 무위험 포지션이 가능해지는 것이다. $CCW(1, 0.5)$가 무위험전략이 되는 것이다. 이제 x가 0.5인 특수상황에서 커버된 콜 매도전략이 어떻게 변하는가 보자. 우선 초기 투자비용을 보자. x가 0.5인 경우 투자자는 초기에 가격이 100인 주식 0.5단위를 50을 지불하여 매수하는 동시에 프리미엄이 c인 옵션을 한 계약 발행하게 되고 이때 초기 순투자비용은 $100x - c = 100 \times (0.5) - c = (50 - c)$가 된다. 한편 만기에 가서 커버된 콜포지션의 가치는 주식 가격의 등락과 무관해진다. 즉, $150x - 50 = 50x \rightarrow 150 \times 0.5 - 50 = 50 \times 0.5 = 25$가 된다. 즉, $(50 - c)$의 초기 투자가 1기 후에 확실한 수익 25를 내주는 것이다. 이를 그림으로 표현하면 〈그림 7-4〉와 같다.

❺ 커버된 콜에서 매도 대상 옵션과 주식의 비율을 (1 : 0.5)로 유지할 경우 무위험투자가

되면서 50−c의 투입 대비 25이 확실한 수익이 나온다고 할 때 수익이 고정된 투자의 수익률은 무위험이자율과 동일해져야 한다. 왜냐하면 이 투자로부터의 수익률이 무위험이자율보다 높아지면 이러한 투자로 우선 많은 돈이 몰리게 된다. 이 경우 주식 매수 수요가 증가하고 옵션 발행이 증가하면서 따라서 현재 시점에서 주가 상승＋옵션 발행가 하락이 나타나면서 투입액수가 늘어나게 되어 투자수익률은 줄어들 것이다. 만일 투자수익률이 무위험이자율에 못 미치면 어떠한가? 이러한 투자가 줄어들면서 주식 매입 수요의 감소에 따른 주가 하락과 옵션 발행 위축에 따른 옵션 프리미엄의 상승덕분에 초기 순투자액수가 하락하면서 투자수익률은 다시 높아지게 된다. 결국 수익이 미리 고정된 무위험투자에 대한 수익률은 무위험이자율과 동일해지므로 $CCW(1, 0.5)$ 전략의 투자비용 $(50−c)$와 수익액수 25 사이에는 다음의 관계가 성립한다.

$$(50−c)(1+r) = 25$$

여기서 한 기간 동안의 무위험이자율을 r이라고 가정하였는데 이는 0시점에서 이미 알려진 숫자이다. 이제 편의상 $r=1\%$라고 가정하자. 이때

$$(50−c)(1+0.01) = 25$$
$$→ ∴ c = 25.24$$

가 성립한다. 이 모형을 좀 더 살펴보면 우리는 중요한 사실을 발견할 수 있다. 즉, 옵션 가치를 산정함에 있어서 옵션과 주식을 결합하여 채권 포지션을 창출한 후 채권의 가격과 일대일 관계를 가지는 무위험이자율과 주식 가격으로부터 거꾸로 옵션의 가격을 유도해낸 것이다. 이러한 논리는 블랙과 숄즈가 그의 옵션 가격결정 모형을 유도할 때 이용한 방법을 그대로 이항 모형에 적용한 것으로서 옵션 가격의 결정 과정을 이해하는 데에 매우 중요한 역할을 한다.

1 주가의 움직임

블랙-숄즈모형은 기초자산인 주식의 움직임을 기술함에 있어서 다음의 방법을 이용하였다. 즉, 옵션만기까지는 주식에 대한 배당이 없다고 가정하고(무배당주식의 가정) 주가의 수익률은 다음과 같은 기하적 브라운운동(Geometric Brownian Motion)을 따른다고 가정한다.

$$\frac{dS}{S} = \mu dt + \sigma dz \qquad \cdots (7\text{-}1)$$

여기서 $dz = \varepsilon\sqrt{dt} \rightarrow$ 브라운운동(Brownian motion) 확률과정

$\varepsilon \sim N(0, 1) =$ 표준 정규분포를 의미한다.

식 (7-1)을 이용하면,

$$dS = \mu S dt + \sigma S dz$$

로 표시된다. 따라서,

$$dS = A dt + B dz$$

로 표현하면,

$$A = \mu S, \quad B = \sigma S$$

가 성립한다.

2 콜옵션의 움직임 기술

이토의 보조정리(Ito' Lemma)에 의하면 독립변수 S가 브라운운동을 따를 경우, 이를 독립변수로 갖는 함수 C가 연속성을 포함, 일정한 조건을 만족시킬 경우 C도 브라운운동을 따르게

된다. 결국 주가가 브라운운동을 따르면 콜옵션 프리미엄을 나타내는 함수도 브라운운동을 따르게 되는 것이다. 이를 수식으로 표현해보자. 콜옵션 프리미엄을 C라 할 때, C는

$$C = C(S_t, X, r, \sigma, \tau)$$

로 나타난다. 이때 C도 브라운운동을 따르게 되므로 이토의 보조정리에 따르면

$$dC = \left(C_t + AC_S + \frac{1}{2}B^2\right)dt + (BC_S)dz$$

가 된다. 따라서 이를 정리하면 다음과 같다.

$$dC = \left(C_t + \mu S C_S + \frac{1}{2}\sigma^2 S^2 C_{SS}\right)dt + (\sigma S C_S)dz \qquad \cdots (7\text{-}2)$$

$$\text{여기서 } C_{SS} = \frac{\partial^2 C}{\partial S^2}, \quad C_S = \frac{\partial C}{\partial S}, \quad C_t = \frac{\partial C}{\partial t}\text{를 의미한다.}$$

3 $CCW(1, \varDelta)$ 전략의 움직임

이제 $CCW(1, \varDelta)$ 전략의 움직임을 기술해보자. $CCW(1, \varDelta)$ 전략은 콜옵션을 1계약 매도하는 동시에 주식을 $\varDelta$개 매수하는 전략이다. 뒤에서 설명하겠지만 $\varDelta$는 $\frac{\partial C}{\partial S}$를 의미한다. 이 포지션을 수식으로 표현할 경우 다음과 같이 표현된다. 즉, $CCW(1, \varDelta)$ 전략에 따른 포지션을 y라 할 때,

$$y = -C + \varDelta S(\text{콜옵션 1계약 매도} + \text{주식 } \varDelta\text{개 매수})$$

로 나타난다. 그런데 앞에서 본대로 콜옵션의 델타값은 $\frac{\partial C}{\partial S}$가 되므로 이를 C_S로 표시할 수 있다. 이를 이용하여 $CCW(1, \varDelta)$ 전략의 움직임을 기술하면,

$$dy = d(-C + \varDelta S) = -dC + C_S dS = Gdt + Hdz \qquad \cdots (7\text{-}3)$$

가 된다. 이제 식 (7-1)과 식 (7-2)를 식 (7-3)에 대입하여 G와 H를 구하면 다음과 같이 된다.

$$G = \mu S C_S - \left(C_t + \mu S C_S + \frac{1}{2}\sigma^2 S^2 C_{SS}\right) = -C_t - \frac{1}{2}\sigma^2 S^2 C_{SS}$$

$$H = -C_S \sigma S + C_S \sigma S = 0\text{이 된다.}$$

여기서 재미있는 것은 $CCW(1, \varDelta)$ 전략의 움직임을 기술해보면 확률과정을 나타내는 dz항의 계수가 제로가 되어 이 과정이 무위험이 되고 $dy = (G)dt$가 되는 것이다. 그런데 위험이 없는 무위험투자로부터의 수익률은 정상적인 상황에서 무위험이자율과 같아져야 한다. 비록 콜옵션 1계약 매도＋주식 $\varDelta$개 매수를 통해 무위험 포지션을 합성했으므로 이 전략이 채권전략자체는 아닐지라도 일단 위험이 없는 경우 이 전략의 수익률이 무위험이자율과 달라지면 균형이 아니다. 비록 합성된 채권일지라도 그 수익률은 무위험이자율과 같아져야 정상적인 균형 상황이라는 논리를 대입하는 것이다. 바로 이 부분이 블랙-숄즈 공식이 차익거래 불가능 상황이 균형 조건이라는 비차익거래균형(no arbitrage) 가정을 도입한 부분이다. 콜옵션 매도와 주식 매수를 결합하여 채권 포지션을 만들고 이렇게 합성된 채권 포지션의 수익률이 균형상황에서는 무위험이자율과 동일해진다는 논리를 도입함으로써 주식 가격과 채권 가격으로부터 콜옵션의 균형 가격을 도출해낸 것이다.

$CCW(1, \varDelta)$ 전략의 초기 투자비용 대비 수익률 $\dfrac{dy}{y}$는 다음과 같이 표시된다.

$$\frac{dy}{y} = \frac{Gdt}{(-C + C_{SS})} = \frac{-C_t - \frac{1}{2}\sigma^2 S^2 C_{SS}}{-C + C_{SS}} = rdt$$

마지막 두 항을 정리하면 유명한 블랙-숄즈 2차 편미분 방정식이 도출된다. 즉,

$$\frac{\sigma^2}{2} S^2 C_{SS} + rSC_S + C_t = rC \qquad \cdots (7\text{-}4)$$

단, 만기 시점의 콜옵션 수익구조가 이 미분방정식의 임계조건(boundary condition)이 되는데 이는 바로 다음 식 (7-5)의 조건이 된다.

$$c(S_T, X, r, \sigma, \tau) = Max(0, S_T - X) \qquad \cdots (7\text{-}5)$$

이 미분방정식을 열전달방정식(heat equation)을 이용하여 풀면 해는 다음과 같다.

$$c(S, X, r, \sigma, \tau) = S_t N(d_{1,\,t}) - B_t N(d_{2,\,t}) \qquad \cdots (7\text{-}6)$$

이 식을 보면 위에서 설명한 부분을 확인할 수 있다. S_t는 주식의 현재가이고, B_t는 옵션만기 시점에서 X만큼을 지급하는 채권의 현재 할인가이다. 결국 콜옵션의 균형 프리미엄이 현재 시점 기초자산 가격 S_t와 현재 시점의 채권 가격 B_t를 기본으로 하여 $N(d_1)$이나 $N(d_2)$를 이용한 확률조정 계수를 가미하여 기술되는 것이다. 참고로 여기서 $N(d_1)$은 콜옵션의 델타값이

고 $N(d_2)$는 콜옵션이 당첨될 확률, 즉 내가격으로 끝날 확률을 의미한다.

블랙 – 숄즈 공식의 변수 설명

블랙-숄즈 공식에는 수많은 변수가 나타나고 있다. 이제 이 변수들을 하나하나 설명해보자.

1 **기본변수들**

$$d_{1,t} = \frac{\ln\left(\frac{S_t}{X}\right) + \left(r + \frac{1}{2}\sigma^2\right)\tau}{\sigma\sqrt{\tau}}$$

$$d_{2,t} = d_{1,t} - \sigma\sqrt{\tau}$$

S_t = 기초자산의 현재가

X = 콜옵션의 행사 가격

r = 만기까지의 무위험이자율(연율)

τ = 잔여만기를 연 단위로 표시한 값

σ = 변동성 계수($\frac{dS}{S} = \mu dt + \sigma dz$에서 처음 등장함)

2 **표준 정규분포와 $N(d_1, t)$와 $N(d_2, t)$**

평균이 0이고 분산이 1인 표준 정규분포의 확률 밀도 함수 $f(z)$는 다음과 같이 표시된다.

$$f(z) = \frac{1}{\sqrt{2\pi}} e^{-z^2/2}$$

이때 정규분포를 따르는 확률 밀도 함수의 모습을 그림으로 나타내면 대략 다음과 같다. 이때 〈그림 7-5〉에서 보듯이 $N(d_{1,t})$는 표준 정규분포에서 $-\infty$부터 $d_{1,t}$까지의 면적을 의미하

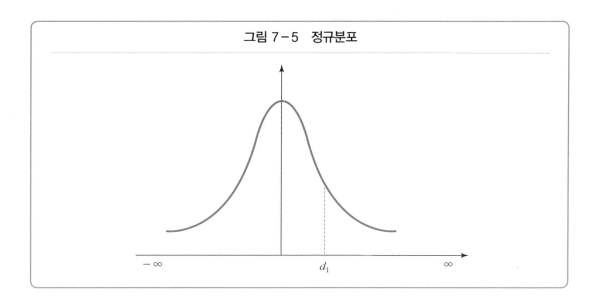

그림 7-5　정규분포

는 변수이다.

$$N(d_{1,t}) = Prob(\tilde{z} < d_{1,t}) = \int_{-\infty}^{d_{1,t}} f(z)\,dz$$

$$f(z) = \frac{1}{\sqrt{2\pi}} e^{-z^2/2}$$

3　관계식 Ⅰ : $N(d) = 1 - N(-d)$

이는 〈그림 7-6〉을 보면 금방 알 수 있는 관계이다. $-\infty$부터 d_1까지의 면적이 $N(d_1)$이므로 $1-N(d_1)$은 d_1부터 $+\infty$까지의 면적이다. 그런데 정규분포는 0에 대해 대칭구조를 가지므로 d_1부터 $+\infty$까지의 면적은 $-\infty$에서 $-d_1$까지의 면적과 동일해진다. 이를 표현하면 〈그림 7-6〉과 같다.

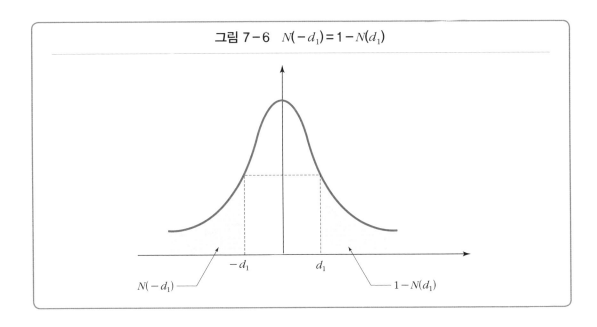

그림 7-6 $N(-d_1)=1-N(d_1)$

$N(-d_1)$

$-d_1$ d_1

$1-N(d_1)$

4　관계식 Ⅱ : 풋옵션의 프리미엄

　블랙-숄즈는 콜옵션의 프리미엄을 나타내는 공식을 구하고 이를 풋-콜 패리티에 대입하여 풋옵션의 프리미엄을 구하였다. 우선 풋-콜 패리티에 의하면 $p_t+S_t=c_t+B_t$가 성립하고 따라서,

$$p_t=c_t+B_t-S_t \qquad\qquad\qquad \cdots (7\text{-}7)$$

가 된다. 블랙-숄즈 공식에 의하면

$$c_t=S_tN(d_{1,t})-B_tN(d_{2,t}) \qquad\qquad\qquad \cdots (7\text{-}8)$$

가 성립하므로 이를 식 (7-7)의 풋-콜 패리티에 대입하면

$$p_t=S_tN(d_{1,t})-B_tN(d_{2,t})+B_t-S_t$$

가 된다. 그런데 $N(d)<1$이 성립하므로 이를 정리하면

$$p_t=B_t(1-N(d_{2,t}))-S_t(1-N(d_{1,t}))$$

가 된다. 그런데 위에서 보았듯이 $1 - N(d_1) = N(-d_1)$이 성립하므로 이를 정리하면,

$$p_t = B_t N(-d_{2,t}) - S_t N(-d_{1,t}) \qquad \cdots \text{ (7-9)}$$

가 성립한다.

section 04 이항 모형과 위험중립 확률

위에서 이항 모형을 다루는데 있어서 가장 특징적인 것 중에 하나가 바로 확률과 관련된 부분이었다. 현재 주가 100, 1기후 주가는 150 혹은 50, 그리고 한 기간 동안의 무위험이자율은 r, 이 정보만으로도 우리는 행사가가 100인 콜옵션의 적정 프리미엄을 도출할 수 있었다. 이항 모형에서 가장 중요한 확률구조가 없어도 적정가치가 도출이 된 것이다. 즉, 150으로 상승할 확률과 50으로 떨어질 확률이 없이도 옵션 가치는 도출이 되었다. 이는 어떻게 가능했는가? 바로 $CCW(1, \Delta)$전략을 통해 무위험 포지션을 합성해 낼 수 있었기 때문이다. 주식과 콜옵션으로 무위험 포지션이 합성되는 순간 확률구조는 무의미해진 것이다. 주가가 오를 확률이 크면 주식 매수에서는 이익을 볼 확률이 커지지만 옵션 매도에서 손해 볼 확률이 커지는 셈이고, 주가가 떨어질 확률이 커지면 주식 매수에서 손실을 볼 확률이 커지지만 옵션 매도에서 손해 볼 확률이 작아지는 셈이므로 결국 $CCW(1, \Delta)$ 전략에서 이익이냐 손해냐가 확률구조와 상관이 없어지는 것이다. 결국 확률구조 없이 옵션 프리미엄을 구할 수 있다면 거꾸로 모형에 내재된 확률구조를 한 가지 추출하여 가격결정에 쓸 수 있는 여지가 있다. 여기서 위험중립적 확률구조가 제시된다. 즉, 상승확률을 p, 하락확률을 $1-p$로 설정하되 이 확률구조를 가지고 구한 기대치를 무위험이자율로 할인할 경우 적정가치가 도출되도록 하는 확률구조가 한 가지 존재한다. 앞에서 본 예의 경우 주식의 현재가 부분과 옵션 가치에 대한 부분을 토대로 다음의 관계가 성립한다고 볼 때 p값을 하나 도출할 수 있다.

$$\text{주가에 대해} : 100 = \frac{150 \times p + 50 \times (1 - p)}{1 + r}$$

$$\text{옵션 가치에 대해} : 25.24 = \frac{50 \times p + 0 \times (1-p)}{1+r}$$

여기서 r을 1%라고 하면 모든 경우에 대해 $p=0.51$이 된다. 따라서 이 모델에서 위험중립적 확률 p를 51%라고 가정하면 이 확률을 이용하여 기대치를 구한 후 이를 무위험이자율로 할인한 값이 바로 자산의 적정가치가 되는 것을 알 수가 있다. 이처럼 위험중립적 확률구조는 유일하게 결정되며 이 방법을 사용할 경우 매우 간편하게 옵션을 포함한 자산의 가치를 도출해 낼 수 있는 장점이 있다.

section 05 다기간 이항 모형

위의 논의를 2기간 모형으로 확장해 보자. 단 다음의 예는 기초자산인 주가가 블랙-숄즈 공식의 가정대로 로그 정규분포를 따른다는 점을 이항 모형에 충실하게 반영하는 방법을 도입

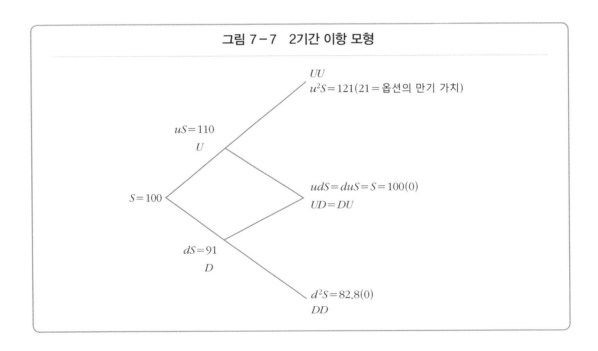

그림 7-7 2기간 이항 모형

하여 구성하였다. 주가의 '수익률'이 브라운운동을 따르면 이는 곧 정규분포를 따른다는 의미이므로 이 경우 주가의 '수준'은 로그 정규분포를 따르게 된다.

1 주어진 상수들

$\Delta t = \dfrac{1}{12} year$ (한 기간의 길이를 한 달로 설정)

$ud = 1$ (한 번 상승 후 하락 시 혹은 한 번 하락 후 상승 시 제자리)

$r = 10\%$

$a = e^{r\Delta t} = 1.008368$

$\sigma = 33\%/year$ (기초자산의 변동성)

$u = e^{\sigma\sqrt{\Delta t}} = 1.1$

$d = e^{-\sigma\sqrt{\Delta t}} = 0.91$

2 주가의 움직임

❶ 초기 100

❷ 한 기간 후

한 번 상승 시 $uS = 110$, 한 번 하락 시 $dS = 91$

❸ 두 기간 후

두 번 상승 시 $u^2S = 121$,

두 번 하락 시 $d^2S = 82.8$

한 번 상승하고 한 번 하락하면 $udS = duS = S = 100$

3 위험중립적 확률 p 구하기

$p = \dfrac{a-d}{u-d} = 0.5177$

4 옵션의 가치 구하기(행사 가격 100)

우선 마지막 단계인 2기 후 3개의 마디별로 옵션의 가치를 구해보자.

❶ uu : 두 번 상승 시 주가가 121이므로 옵션 가치는 $Max(0, 121-100)=21$

❷ ud=du : 한 번 상승 후 하락 혹은 한 번 하락 후 상승 시 주가가 100이므로 옵션 가치는 $Max(0, 100-100)=0$

❸ dd : 두 번 하락 시 주가가 82.8이므로 옵션 가치는 $Max(0, 82.8-100)=0$

다음으로 한 기간 앞선 두 개의 마디별로 옵션 가치를 구해보자.

$$\text{u} : \frac{21 \times 0.5177 + 0 \times 0.4823}{1 + r\Delta t} = 10.78$$

$$\text{d} : \frac{0 \times 0.5177 + 0 \times 0.4823}{1 + r\Delta t} = 0$$

이제 초기 시점의 옵션 가치를 구해보자.

$$0\text{시점} : \frac{10.78 \times 0.5177 + 0 \times 0.4823}{1 + r\Delta t} = 5.53$$

따라서 행사 가격이 100이고 2기간 후 만기가 되는 유럽식 콜옵션의 가치는 5.53이 되는 것이다. 이제 이 과정을 한꺼번에 합쳐서 표시하면 다음과 같다.

0시점 옵션 가치

$$= \frac{p^2 \times [u^2 S - X] + p(1-p) \times [udS - X] + (1-p)p \times [duS - X] + (1-p)^2 \times [d^2 S - X]}{(1 + r\Delta t)^2}$$

$$= \frac{p^2 \times [S_{uu} - X] + p(1-p) \times [S_{ud} - X] + (1-p)p \times [S_{du} - X] + (1-p)^2 \times [S_{dd} - X]}{(1 + r\Delta t)^2}$$

$$= \frac{p^2 \times [S_{uu} - X] + 2p(1-p) \times [S_{ud} - X] + (1-p)^2 \times [S_{dd} - X]}{(1 + r\Delta t)^2}$$

여기서 우리는 다기간 이항 분포 모형의 특징을 잡아낼 수 있다. 즉, 전체 기간수가 n 기간이라 하면 이 과정은 소위 독립시행의 확률과 동일한 구조를 가진다. 즉, 예를 들어 $n=3$으로서 3기간 모형이라면 최종 마디가 4가지가 나온다.

① 세 번 연속 상승 uuu

→ 확률 : $_nC_0 \times p^n(1-p)^0 = p^3$

② 두 번 상승 한 번 하락(uud, udu, duu)

→ 확률 : $_nC_1 \times p^2(1-p)^1 = 3p^2(1-p)^1$

③ 한 번 상승 두 번 하락(ddu, dud, udd)

→ 확률 : $_nC_2 \times p^1(1-p)^2 = 3p^1(1-p)^2$

④ 세 번 연속 하락(ddd)

→ 확률 : $_nC_n \times p^0(1-p)^n = p^0(1-p)^3$

5 전체 기간수가 n일 경우

n번 연속 상승 → 확률 : $_nC_0 \times p^n(1-p)^0 = p^n$ ··· (7-10)

$n-1$번 상승 1번 하락 → 확률 : $_nC_1 \times p^{n-1}(1-p)^1$

$n-2$번 상승 2번 하락 → 확률 : $_nC_2 \times p^{n-2}(1-p)^2$

......

$(n-k)$번 상승 k번 하락 → 확률 : $_nC_k \times p^{n-k}(1-p)^k$

1번 상승 $n-1$번 하락 → 확률 : $_nC_{n-1} \times p^1(1-p)^{n-1}$

n번 연속 하락 → 확률 : $_nC_n \times p^0(1-p)^n$

→ 총 가능 상황 : $n+1$ 가지

결국,

❶ 가장 마지막 단계에서의 옵션 가치, 즉 만기 시점 내재가치를 정확하게 구한다.

❷ 마지막 시점의 마디별로 구해진 내재가치를 가지고 한 단계씩 뒤로 후퇴하면서 각각의 마디별로 옵션의 가치를 구해간다.

❸ ❷에서 나타난 한 단계씩의 후진방법을 생략하는 방법은 모든 단계별 확률구조를 요약한 식 (7-10)을 이용하는 방법이다. 즉, 마지막 단계별 각각의 마디별 확률이 구해지므로 마지막 내재가치 $n+1$개에 대해서 그 각각의 마디별 내재가치에 $(n+1)$가지의 확률을 각각 곱한 후 다 더하여 기대치를 구하고 이 기대치를 n기간에 해당하는 무위험이자율로 할인하면 옵션의 가치가 도출이 된다.

즉,

$$C_{uuuu\cdots u}\times p^{n} + C_{uuu\cdots ud}\times {}_nC_1 p^{n-1}(1-p)^1 + \cdots\cdots$$

$$C_{dddd\cdots du}\times {}_nC_1 p^1(1-p)^{n-1} + C_{ddd\cdots dd}\times {}_nC_n p^0(1-p)^n$$

를 구하면 ❷를 생략하고 전체구조를 토대로 옵션 가치를 한꺼번에 구할 수 있다(단, $C\cdots$는 옵션의 내재가치를 의미함).

section 06 기초자산의 변동성과 변동성 계수

블랙-숄즈 공식에서는 기초자산 움직임을 기술하는 첫 시작점에서 변동성 계수 σ가 등장한다. 이는 곧 ① 변동성 계수를 알고 있다, ② 변동성 계수는 상수이다라는 2가지 의미를 포함하고 있다. 그러나 그 후 진행된 많은 연구결과는 이를 부정하고 있다. '얼마인지 정확하게는 모르겠고, 확실한 것은 상수는 아니다'라는 얘기다. 지금도 기초자산의 변동성과 옵션의 관계라는 주제에 대해 많은 연구들이 계속 진행 중이나 그다지 뾰족한 수는 없는 것 같다. 예를 들어 기초자산의 움직임에 대한 가정을 바꾸어서 적용하거나, 옵션의 변동성 계수 자체가 확률과정을 따른다고 가정하거나 아니면 변동성 자체가 확률과정은 아니라도 시간에 따라 가변적인 과정(예를 들어 GARCH 과정)을 따른다거나 하는 변형된 가정을 토대로 연구가 진행되었다. 이 경우 옵션 프리미엄의 변화를 살펴보고 이러한 가정의 변화가 실제 옵션 프리미엄을 얼마나 잘 설명하는가를 분석하는 것이 중요한 주제이다. 또한 항상 비교 대상은 블랙-숄즈 공식이다. 그리고 약간은 낫지만 블랙-숄즈 공식을 완전히 극복한 연구는 없는 것 같다. 그만큼 블랙-숄즈 공식은 상당한 의미를 가진다. 간단하면서도 굉장히 설명력이 좋은 공식이다. 기초자산의 움직임이 정규분포를 따른다는 다소 잘못된 가정(주가나 환율 모두 정규분포는 아니라는 것이 수많은 연구의 결과이다)에서 출발하였지만 현실적인 설명력이 매우 뛰어나다는 것이 이 모형의 특징이다. 변동성 계수를 구하는 방법으로 제시된 것 중에 두 개만 살펴보기로 하자. 첫 번째는 과거 변동성(historical volatility)이고 두 번째는 내재 변동성(implied volatility)이다. 이에 대해 간단히 살펴보자.

과거 변동성은 그야말로 과거에 실현된 가격 자료로부터 구한 변동성 계수이다. 혹자는 이를 역사적 변동성이라고 번역을 하는데, 역사적이라는 단어는 잘못하면 역사적 사건(historic event)이라는 단어에 나타난 역사적(historic)이라는 단어와 혼동의 여지가 있으므로 되도록 '과거'라는 단어로 표현하는 것이 낫다. historical은 말 그대로 '과거에 일어났던'이라는 의미를 가지고 있으므로, 되도록 과거 변동성이라는 단어가 보다 본질에 가깝다고 보인다. 여기서 주의해야 할 것은 과거 가격 수준을 가지고 표준편차를 구하면 안 된다는 것이다. 즉, 기초자산 가격 시계열에서 일단 수익률의 시계열을 구한 후 이 수익률 시계열에서 표준편차를 구하면 일단 우리가 원하는 과거 변동성이 도출된다. 이때 주의할 것은 수익률 시계열을 구할 때 일반적인 퍼센티지 수익률을 구하지 말고 log difference를 적용한 연속복리 수익률(continuously compounded rate of return)을 사용해야 한다는 점이다. 예를 들어보자. 가격 수준의 시계열이 다음과 같다고 하자.

0시점	1시점	2시점
{100	50	100}

이때 우리가 흔히 쓰는 퍼센티지 수익률을 구하면,

$$1기\ 수익률 = y_1 = -50\% = -0.5$$
$$2기\ 수익률 = y_2 = +100\% = +1.0$$

이 된다. 수익률 시계열이 $\{-0.5\ +1.0\}$이 되는 것이다. 이 경우 수익률 시계열의 평균치는 $\frac{(-0.5+1.0)}{2} = +0.25$가 되어 한 기간당 평균 상승률이 25%가 된다. 문제는 실제 가격은 제자리로 돌아온 데에 불과하다는 점이다. 100에서 50으로 떨어졌다가 다시 제자리로 회복한 데에 불과한데 퍼센티지 수익률은 +25%를 기록하고 있다. 이처럼 대칭성이 없다는 것이 퍼센티지 수익률의 한계이다. 퍼센티지 수익률의 기본적인 근거는 단리금리와 유사하다.

즉, $S_0(1+y) = S_1$에서 y를 구하면, $y = \frac{(S_1 - S_0)}{S_0}$가 된다. 그런데 연속 복리개념을 도입할 경우 어떻게 되는가? $S_0 e^y = S_1$로 표시를 한 후 양변에 자연로그를 취하여 y를 구하면,

$$\ln(S_0 e^y) = \ln(S_1)$$

$$\rightarrow \ln(S_0) + y = \ln(S_1)$$
$$\rightarrow y = \ln(S_1) - \ln(S_0) = \ln\left(\frac{S_1}{S_0}\right)$$

가 된다. 이 수익률 개념을 위의 가격 시계열 자료에 적용해보자.

$$1기 수익률 = y_1 = \ln(50) - \ln(100)$$
$$2기 수익률 = y_2 = \ln(100) - \ln(50)$$

가 된다. 이 수익률 시계열을 볼 때 알 수 있는 것은 두 기간 수익률의 평균치가 $y_1 + y_2$ 가 0이 된다는 점이다. 결국 평균치도 0이 되어 가격 수준이 제자리로 돌아올 경우 평균치가 0으로 나온다는 장점이 있다. 이처럼 연속 복리수익률이 가진 장점이 있으므로 대부분의 연구들이 수익률을 구할 때 log difference를 사용하고 있음을 알 수 있다. 이제 다음의 주제를 살펴보자. 우리는 변동성 계수 σ를 구할 때 보통 연변동성 개념을 가지고 결과를 도출한다. 그런데 변동성 계수는 1년 개념인데 자료는 일별 자료(daily data)를 쓰기도 하고 주별(weekly data) 혹은 월별 자료(monthly data)를 쓰기도 한다. 이처럼 자료 간격이 달라지는 경우 이를 조정하는 방법은 무엇인가? 바로 조정계수를 쓰는 방법이다. 즉, 일별 자료에서 구한 표준편차에는 $\sqrt{250}$을 곱하고 주별 자료에서 구한 표준편차인 경우에는 $\sqrt{52}$를 곱하고, 월별 자료에서 구한 표준편차에는 $\sqrt{12}$를 곱하여 크기를 조정한다. 그 근거는 다음과 같다. 일별 가격 자료가 $S_0, \ S_1, \ S_2, \ \cdots \ S_{250}$으로 주어져 있다고 하자. 그리고 다음을 가정하자.

❶ 사전적으로 볼 때 이들 모두가 표본(sample)으로서 확률변수이다.

❷ 임의의 시점에서 수익률 $y_t = \ln(S_t) - \ln(S_{t-1})$의 평균은 μ, 분산은 σ^2으로 t에 관계없이 모두 동일하다(identically distributed의 가정).

❸ 각각의 표본은 서로 독립적이다. 즉, 오늘의 가격과 내일의 가격은 서로 독립적으로 결정된다(independently distributed의 가정).

우리의 목적은 연간 변동성의 추정치를 구하는 것이다. 우선 연간 수익률을 수식으로 표시해보자. 연속 복리수익률을 사용 시 연간 수익률은 $\ln(S_{250}) - \ln(S_0)$로 나타난다. 그러면 이 수익률의 분산은 $Var(\ln(S_{250}) - \ln(S_0))$로 나타난다. 그런데,

$$\ln(S_{250}) - \ln(S_0)$$
$$= (\ln(S_{250}) - \ln(S_{249})) + (\ln(S_{249}) - \ln(S_{248})) \cdots$$

$$\cdots + (\ln(S_2) - \ln(S_1)) + (\ln(S_1) - \ln(S_0))$$

가 성립한다. 수열의 처음항과 끝항의 차이는 연속된 항들의 차이의 합이다. 중간항들이 −로 들어오고 다시 +항이 들어와서 +와 −가 다 서로 상쇄되어 버리기 때문이다. $x_2 - x_0 = (x_2 - x_1 + x_1 - x_0)$가 성립하는 것이다. 따라서 연율 수익률의 분산은 다음과 같이 표시된다.

$$
\begin{aligned}
&Var(\ln(S_{250}) - \ln(S_0)) \\
&= Var[(\ln(S_{250}) - \ln(S_{249})) + (\ln(S_{249}) - \ln(S_{248})) \cdots \\
&\quad \cdots + (\ln(S_2) - \ln(S_1)) + (\ln(S_1) - \ln(S_0))] \\
&= Var(y_{250} + y_{249} + \cdots + y_2 + y_1) \\
&= 250\sigma^2
\end{aligned}
$$

이다. y_t항들이 통계적으로 독립적이므로 더한 값들의 분산은 분산을 더한 값과 동일하다. 공분산이 0이 되기 때문이다. 결국 우리는 1년 수익률의 분산은 일일 수익률 분산의 250배가 된다는 사실을 확인할 수 있다. 주지하다시피 여기서 250은 1년 간 거래일의 숫자이다. 따라서 1년 수익률의 분산은 주별 수익률의 52배가 되고 월별 수익률의 12배가 된다. 여기서 주목할 부분은 분산이 250배, 52배, 12배가 된다는 점이다. 그렇다면 표준편차는 어떻게 될까? 표준편차는 분산에 √를 취한 값이므로 연수익률의 표준편차는 일일 수익률 표준편차의 $\sqrt{250}$배가 된다. 주별 수익률 표준편차의 $\sqrt{52}$배, 월별 수익률 표준편차의 $\sqrt{12}$배가 된다. 그런데 변동성 계수는 표준편차를 가지고 쓰게 되므로 결국 연율 변동성 계수는 일별 자료에서 구한 변동성 계수에 $\sqrt{250}$을 곱함으로써 얻어낼 수 있게 된다. 이를 정리하면 다음과 같다. 연변동성 계수를 σ_{yearly}라 할 때, σ_{yearly}는 일별 자료의 경우 $\sqrt{250} \times \sigma_{daily}$로 구할 수도 있고, 주별 자료의 경우 $\sqrt{52} \times \sigma_{weekly}$로 구할 수도 있고, 월별 자료의 경우 $\sqrt{12} \times \sigma_{monthly}$로 구할 수도 있다.

2 내재 변동성(Implied Volatility)

내재 변동성은 한마디로 옵션 프리미엄에 반영된 미래 변동성에 대한 예상치라고 볼 수 있다. 사실 우리에게 가장 중요한 변수는 지금부터 만기까지의 실제 기초자산 변동성 계수 곧 실제 변동성 $\sigma*$이다. 그런데 이 값은 시간이 지나서 실제 가격 움직임이 밝혀져야만 알 수가 있다. 따라서 우리는 현재 시점에서 실제 변동성에 대한 일종의 예상치를 구하는 셈이고 이 중에 하나가 과거 변동성이고 다른 하나가 내재 변동성이다.

과거 변동성이 과거에 일어난 가격의 변화로부터 실제 변동성에 대한 추정치를 구하는 작업이라면 내재 변동성은 현재 일어나고 있는 변화를 반영하여 실제 변동성에 대한 예측치를 도출해보는 작업이다. 현재 변화가 어디에 반영되는가? 바로 옵션 프리미엄에 반영된다. 예를 들어보자. 열흘 후 중대발표가 있다는 뉴스가 전해졌다고 하자. 이 중대발표의 내용이 호재가 될지 악재가 될지 도저히 알 수가 없고 확률은 50 : 50인데 호재일 경우 시장이 급등하고 악재이면 시장이 급락한다고 하자. 주식시장은 어떻게 반응하는가? 우선 주식시장은 관망분위기로 갈 수밖에 없다. 도저히 모르겠다면 기다려야 하고 매매는 오히려 자제될 수조차 있다. 활기를 띄는 곳은 옵션시장이다. 당장 많은 투자자들이 스트래들 매수주문을 낼 것이다. 콜옵션도 사고 풋옵션도 사들여서 양다리 걸치기를 하는 투자자들이 많아진다. 물론 호재라고 생각하는 투자자는 콜옵션 매수주문을 내고, 악재라고 생각하는 투자자는 풋옵션 매수주문을 낼 것이다. 이 와중에서 콜옵션과 풋옵션 프리미엄이 동시에 상승하는 것이다. 기초자산 가격은 별로 변하지도 않는데 옵션 프리미엄은 상승하는 것이다. 이유는 단 한가지이다. 변동성이 증가한 것이다. $C = C(S_t, X, r, \sigma, \tau)$라 할 때 독립변수 중에 S_t, X, r, τ는 그대로 있고 C는 상승하

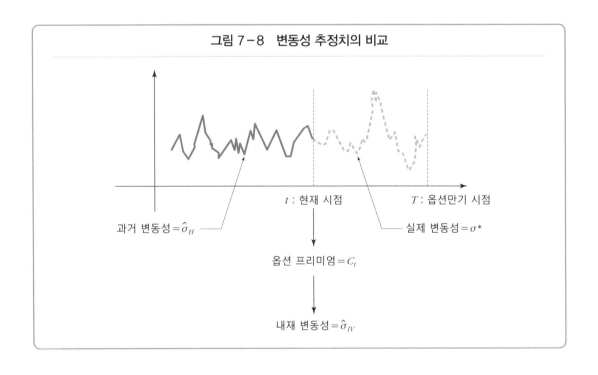

그림 7-8 변동성 추정치의 비교

t : 현재 시점 T : 옵션만기 시점

과거 변동성 = $\hat{\sigma}_H$ 실제 변동성 = σ^*

옵션 프리미엄 = C_t

내재 변동성 = $\hat{\sigma}_{IV}$

였다. 이 경우 C의 상승을 설명할 수 있는 유일한 방법은 σ의 증가이다. 결국 옵션 프리미엄에 반영된 미래 변동성에 대한 예상의 변화를 내재 변동성이 추출해주는 것이다. 이처럼 내재 변동성은 현재 시점의 옵션 프리미엄에 반영된 변화를 추출해 준다는 점에서 의미가 있는 자료이다. 즉, $\widehat{C} = C(S_t, X, r, \tau, \widehat{\sigma_{IV}})$에서처럼 좌변에 실제 콜옵션 프리미엄을 대입하고 우변에 S_t, X, r, τ값을 대입하면 옵션 프리미엄 공식(예를 들어 블랙-숄즈 공식)은 σ만이 미지수인 방정식이 되고, 이때 좌변과 우변을 동일하게 만드는 σ값이 바로 $\widehat{\sigma_{IV}}$가 되는 것이다. 혹자는 이를 일기 예보에 비유한다. 과거의 자료를 바탕으로 오늘 오후에 '맑음'이라는 예보가 전해졌다. 그런데 오전 늦게부터 갑자기 천둥번개가 치고 비가 오기 시작하였다. 이 경우 오후에도 계속 비가 올 가능성이 크다. 여기서 '맑음'의 예보는 과거 변동성에 해당한다. 당장 비가 오는 모습을 보면서 오후에 '흐리고 비'일 것이라고 예측하는 것은 내재 변동성에 해당한다. 실제 변동성은 물론 오후가 되어보아야 안다. 비가 지속되면 과거 변동성보다는 내재 변동성이 의미가 있었던 셈이고 잠깐 비가 온 후 금방 날이 개면 과거 변동성이 맞은 셈이다. 물론 이 두 개의 지표가 서로 충돌을 일으키기 보다는 상호보완적인 경우가 많지만 그러나 실제의 예에서 보면 가끔은 두 개가 상당히 차이가 나는 경우도 있다. 어느 것이 더 잘 맞는가? 영원한 숙제일 것이다.

3 변동성 스마일(Volatility Smile)과 변동성 스머크(Volatility Smirk)

변동성 계수 중에서 옵션 프리미엄을 이용한 내재 변동성의 문제점 중에 하나는 우변에 S_t, X, r, τ를 다 대입하고 좌변에 해당 옵션의 시장 프리미엄을 대입할 때마다 $\widehat{\sigma_{IV}}$가 하나씩 구해진다는 점이다. 예를 들어 옵션 프리미엄의 종가를 보니 행사 가격이 95인 콜옵션의 프리미엄은 2p이고 행사 가격이 100인 콜옵션의 프리미엄은 0.35p라 하자. 이 경우 두 옵션 프리미엄을 블랙-숄즈 공식에 대입한 후 내재 변동성을 구했을 때 전자는 21.56%, 후자는 19.85%가 도출되었다고 하자. 이처럼 행사 가격에 따라서 내재 변동성은 달라지고 있다. 물론 이 부분을 해석함에 있어서 투자관점에서 보면 내재 변동성이 낮은 후자의 옵션이 상대적으로 가격이 싼 것으로 평가할 수 있다는 얘기도 된다. 그 이유는 이렇다. 콜옵션을 기준으로 행사가가 낮으면 프리미엄이 당연히 높고 행사 가격이 높으면 프리미엄이 당연히 낮다. 따라서 행사 가격이 다른 두 옵션의 경우 상대적인 가격 비교가 어렵다. 그런데 내재 변동성은 이를 해결해

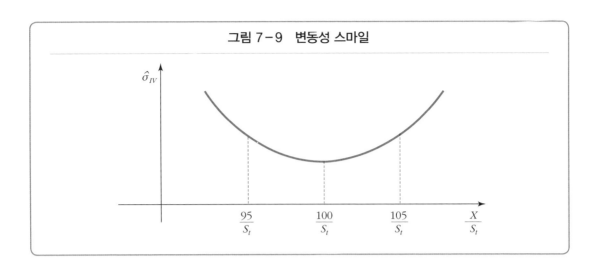

그림 7-9 변동성 스마일

주는 지표이다. 즉, 두 옵션의 행사 가격이 다르다는 것을 충분히 감안할 경우 어느 쪽이 더 싸고 비싼가를 보여주는 지표가 된다. 따라서 내재 변동성이 낮게 나오는 경우 이 옵션은 행사 가격이 다른 것까지 감안해도 상대적으로 싸다는 해석이 가능하고 내재 변동성이 높은 경우 행사 가격이 다른 것까지 감안했을 때 옵션 프리미엄이 비싸다는 얘기가 된다. 또한 행사가가 100인 풋옵션의 경우 프리미엄이 5.1p인데 내재 변동성은 16.9%로 구해진다.

이처럼 내재 변동성의 특성상 옵션의 종류별로 수치가 다르게 나타나는 현상은 과거부터 계속 관찰되어온 부분인데 이 중에서 눈길을 끄는 것은 옵션을 내가격, 등가격, 외가격으로 분류하여 내재 변동성을 구했을 때 나타나는 결과이다. 이를 그림으로 표현하면 〈그림 7-9〉와 같다.

〈그림 7-9〉를 보면 x축에 $\frac{X}{S_t}$값을 표시하므로 콜옵션을 기준으로 내가격인 경우 왼쪽에, 등가격인 경우 가운데에, 외가격인 경우 오른쪽에 표시가 된다. 그런데 과거 연구결과를 보면 특히 미국의 경우 주가가 하루에 25% 가까이 폭락한 블랙먼데이(1987년 10월 19일) 이전까지는 등가격 옵션의 내재 변동성이 가장 낮고 내가격과 외가격 옵션의 내재 변동성이 상대적으로 높은 현상이 지속적으로 관찰되었다. 이를 그래프로 표현해보면 웃는 입 같은 모습이 나타난다는 점에 착안하여 이 현상을 변동성 스마일(volatility smile)이라고 명명하였다.

그러나 블랙먼데이 이후 약간의 변화가 생기면서 오히려 내가격 옵션의 내재 변동성이 가장 낮아지고 외가격 옵션의 변동성은 여전히 높은 현상이 관찰되었다. 이를 그래프로 표현해보면 〈그림 7-10〉과 같이 나타나는데 이는 마치 찌그러진 입 같다고 해서 변동성 스머크(volatility smirk) 현상이라고 명명하였다.

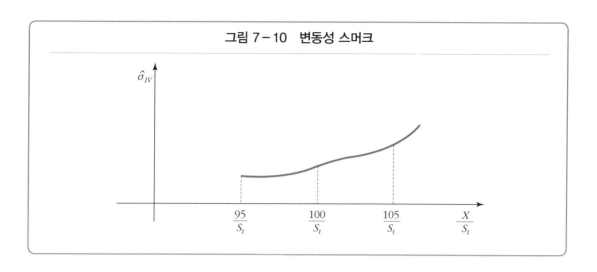

그림 7 – 10 변동성 스머크

그러나 이를 굳이 구별하는 것은 그다지 중요하지 않다. 중요한 것은 수익 여부(moneyness), 즉 외가격, 내가격, 등가격 여부에 따라 옵션의 내재 변동성이 달라진다는 점이고 이러한 결과는 결국 변동성이라는 것이 상수는 아니라는 점에 대한 인식을 분명히 해주는 결과라고 볼 수 있는 것이다. 지금도 옵션과 변동성에 대해 많은 연구들이 진행되고 있다.

chapter 08

옵션 및 옵션 합성 포지션의 분석

옵션 프리미엄의 민감도 지표

1 델타(Δ)

(1) 정의

델타(delta)는 기초자산의 가격이 변화할 때 옵션 프리미엄이 얼마나 변하는가 하는 민감도를 보여주는 지표이다.

이때 민감도를 측정하는 방법으로는 독립변수의 변화분에 대한 종속변수의 변화분의 비율을 가지고 나타내는 방법도 있고 독립변수의 변화율에 대한 종속변수의 변화율의 비율을 나타낸 값도 있다. 델타값은 전자의 방법을 쓴 경우이다. 즉, 독립변수인 기초자산 가격의 변화분에 대한 종속변수의 변화분의 비율을 나타낸 값이다. 이 비율은 1차 미분치인 기울기로 나타낸다. 따라서 이를 수식으로 표현하면 다음과 같다.

$$\Delta = \frac{\partial c}{\partial S}\Big|_{S_t, X, r, \sigma, \tau}$$

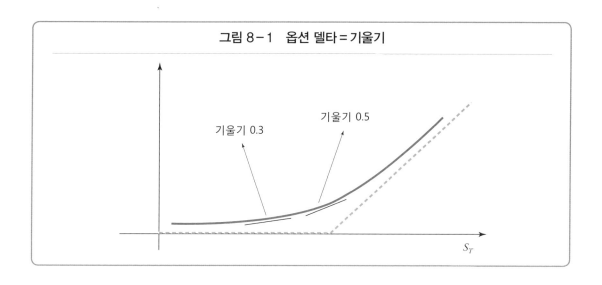

그림 8-1 옵션 델타 = 기울기

즉, 어느 델타는 독립변수들의 값이 한 세트 주어졌을 때 기초자산 값이 약간 변하는 경우 프리미엄이 얼마나 민감하게 변하는가를 보여주는 지표이다. 주지하다시피 어떤 함수의 1차 미분치는 이 함수를 그래프로 표현할 경우 지정된 점에서의 기울기(slope)를 의미한다. 예를 들어 행사 가격이 100인 콜옵션의 경우 현재가가 100이라면 등가격 상태(ATM)가 되는데 이 경우 델타값은 약 0.5가 된다. 또한 ITM옵션의 경우 그림에서 보듯이 기울기가 0.5보다 커지면서 과내가격(deep in-the-money)의 경우 1까지 증가한다. 또한 반대로 과외 가격(deep out-of-the-money)의 경우 기울기는 0까지 감소한다. 따라서 콜옵션의 델타는 0에서 1 사이의 값을 가지게 된다. 반대로 풋옵션의 경우 −1에서 0까지의 값을 가지게 된다.

(2) 속도

옵션의 델타값을 해석함에 있어서 이를 옵션의 프리미엄이 기초자산의 변화를 반영하는 속도(speed)로 해석할 수도 있다. 속도라는 개념은 거리를 시간으로 미분한 1차 미분치로 해석이 가능하므로 1차 미분치의 또 다른 해석으로 받아들이면 된다.

(3) 블랙-숄즈 공식에 따른 델타의 표시값

블랙-숄즈 공식을 이용하여 옵션 프리미엄을 S로 미분할 경우 델타값을 구할 수 있는데 콜옵션의 경우 $N(d_1)$이 바로 델타값이 된다. 같은 방법으로 콜옵션과 만기와 행사 가격이 동일한 풋옵션의 델타값을 구하면 $-(1-N(d_1))$이 된다. 따라서 만기와 행사 가격이 동일한 콜옵

션의 절대치와 풋옵션의 절대치를 합하면 $|\Delta_C| + |\Delta_P| = 1$이 됨을 알 수 있다.

(4) 헤지비율

앞에서 이항 모형을 이용한 옵션 가격결정 모형에서 보았듯이 콜옵션 한 단위를 매도한 후 기초자산을 0.5단위 매수 시 전체 포지션은 무위험 포지션이 된다(이를 $CCW(1, 0.5)$ 전략이 무위험 이라는 기호로 표시하였다). 이때 0.5는 바로 매도 대상이 된 옵션의 델타에 해당하는 숫자인 바, 위의 예에서는 현재 가격과 행사 가격이 100으로 동일한 ATM옵션을 가정하였기 때문에 델타 값이 0.5로 나타난 것이다. 〈그림 7-1〉과 〈그림 7-2〉를 보자. 1시점에서 주식의 가격은 50에서 150까지 변하는데 옵션 수익은 0에서 50까지 변한다. 이 비율을 구하면 $\frac{50}{100} = 0.5$가 된다. 만일 이항 모형에서 행사 가격과 기초자산 가격이 다르게 되는 경우를 가정할 때 이 비율은 달라진다. 예를 들어 ITM옵션을 가정할 경우 이 비율은 0.5보다 상승할 것이고 OTM옵션을 가정할 경우 이 비율은 0.5보다 하락하게 된다. 이처럼 '콜옵션 한 계약 매도＋주식 델타 계약 매수'포지션은 무위험 포지션이 되므로 우리는 델타(Δ)를 헤지비율로 해석할 수 있다. 단, 이 경우 비율을 조정하면 '콜옵션 $\frac{1}{\Delta}$계약 매도＋주식 1계약 매수'포지션 또한 무위험 포지션이 되므로 헤지비율을 $\frac{1}{\Delta}$로 표시하는 수도 있다. 이는 앞에서 설명한 $CCW(1, \Delta)$ 전략과 밀접한 관계가 있다. 즉, 헤지비율을 이용하여 옵션과 기초자산 포지션의 합으로 구성된 커버된 콜 매도 포지션 전체의 델타를 제로로 유지하는 것이 $CCW(1, \Delta)$ 전략이 되는 것이다. 이를 좀 더 자세히 살펴보자.

(5) 옵션 헤지비율과 델타중립적 헤지(delta neutral hedge)

앞에서 본대로 $CCW(1, \Delta)$ 전략, 즉 콜옵션을 한 계약 매도하고 기초자산(이하 '주식'으로 통칭)을 콜옵션의 Δ개만큼 매수하는 전략은 의미 있는 포지션이 된다. 이는 바로 무위험 포지션이 되는데, 이 부분은 블랙-숄즈 공식과 이항 모형을 이용한 가격결정에서 아주 유용하게 이용하는 논리이다. 이 전략은 또한 옵션의 시장조성자가 유용하게 쓰는 전략이기도 하다. 즉, 옵션을 취급하는 전문기관의 경우 고객들이 콜옵션 매수를 요청할 경우 고객들이 원하는 콜옵션을 장외에서 매도＝발행하는 동시에 매도한 옵션의 Δ개만큼 주식을 매수하는 전략을 통해 전체 포지션의 델타 값을 제로로 만드는 것이다. 뒤에 가서 설명하겠지만 포지션의 델타는 옵션 자체의 델타를 토대로 구성되나 매수인 경우 플러스로, 매도인 경우 마이너스로 나타나게 되는 특징이 있다. 따라서 $CCW(1, \Delta)$를 의도적으로 유지하는 경우 이 포지션 전체의 델타는 제로가 된다. 그 이유는 이렇다. $CCW(1, \Delta)$ 전체 포지션의 델타는 콜옵션 매도의 델타와 주식 Δ개 매수의 델타의 합으로 나타나는데 콜옵션 매도의 델타값은 $-\Delta$이고, 주식 Δ개 매수의 델타는 $\Delta \times 1$이 되어 Δ가 된다. 결국 두 포지션의 합이 $CCW(1, \Delta)$이므로 $CCW(1, \Delta)$ 전략의 전체 델타는 제로가 된다. 이를 수식으로 표현해보자. $CCW(1, \Delta)$ 전략은 콜옵션 1개 매도+주식 Δ개 매수이므로 전체 포지션을 나타내는 함수를 y라 할 때 y는 다음과 같이 표현된다.

$$y = -C + \Delta \times S (\text{콜 매도} + \text{주식 } \Delta \text{개 매수})$$

따라서 전체 포지션의 델타값을 Δ_y라 하면, Δ_y는 다음과 같이 표시된다.

$$\Delta_y = \frac{\partial y}{\partial S} = \frac{\partial}{\partial S}[-C + \Delta S] = -\frac{\partial C}{\partial S} + \Delta \frac{\partial S}{\partial S} = -\Delta + \Delta \times 1 = -\Delta + \Delta = 0$$

(6) ITM으로 끝날 확률과의 연관관계

여러 문헌에서 델타값을 콜옵션이 내가격으로 끝날 확률, 곧 당첨될 확률로 해석하는데 이는 엄밀하게 따져서 틀린 얘기이다. 옵션이 내가격으로 끝날 확률, 엄밀히 내가격으로 끝날 위험중립적 확률의 크기는 블랙-숄즈 공식에 나타난 $N(d_{2,t})$가 된다. 단 $d_{1,t}$와 $d_{2,t}$의 차이는 $\sigma\sqrt{\tau}$만큼인데 σ도 대개 1보다 작고 τ도 대개 1보다 작아서 이들을 곱한 값은 일반적으로 매우 작게 되므로 $N(d_{1,t})$와 $N(d_{2,t})$의 차이는 그다지 크지 않다. 따라서 델타값 $N(d_{1,t})$를 $N(d_{2,t})$의 근사치로 해석하는 것은 의미가 있다. 그러나 그 자체가 콜옵션이 내가격으로 끝날 확률이라고 해석하는 것은 무리가 있다.

2 감마(Γ)

(1) 정의

감마(gamma)는 기초자산의 변화에 따른 델타값의 변화비율을 나타내는 값이다. 따라서 $\frac{\partial \Delta}{\partial S}$로 정의된다. 그런데 Δ자체가 S에 대한 c의 1차 미분치이므로 이를 확장하면 $\frac{\partial}{\partial S}\left(\frac{\partial c}{\partial S}\right) = \frac{\partial^2 c}{\partial S^2}$으로 해석이 가능해진다. 따라서 감마는 옵션 프리미엄의 기초자산 가격에 대한 2차 미분치라고 정의할 수 있다.

(2) 그래프상의 볼록도

어떤 함수의 2차 미분치는 그래프상에서 곡률로 나타난다. 즉 함수가 선형(linear)인 경우 임의의 점에서의 기울기가 일정하고 점에 따라 변하지 않으므로 감마값은 영으로 나타나는데 만일 아래로 볼록할 경우 기울기가 전반적으로 증가하고 있으므로 감마값은 양수가 된다. 따라서 콜옵션이나 풋옵션의 매수 포지션의 경우 프리미엄 구조가 기초자산 변화에 대해 아래로 볼록하므로 감마값은 양수가 된다.

3 가속도

감마는 델타가 변하는 속도인데 델타는 속도라고 볼 수 있으므로 속도가 변하는 속도는 곧 가속도가 된다. 따라서 기초자산의 변화에 따른 옵션 프리미엄 변화의 가속도로 해석할 수 있다.

4 기초자산 현재가와 감마의 크기

〈그림 8-2〉에서 보듯이 콜옵션의 프리미엄 구조를 그래프로 나타내면 그래프의 기울기 변화가 가장 큰 지점, 곧 가장 볼록한 지점은 바로 기초자산 가격이 행사 가격과 비슷한 지점이 된다. 즉, 옵션이 ATM인 경우가 가장 옵션의 볼록도가 커지는 점이 된다. 반면에 기초자산 가격이 행사 가격으로부터 멀어질수록 옵션의 프리미엄 구조의 기울기 변화가 거의 없다. 즉, 프리미엄 구조가 거의 직선에 가깝게 되고 따라서 〈그림 8-2〉에서 보듯이 옵션의 감마값은 기초자산 현재가가 X근처에 있을 때 가장 커지게 된다.

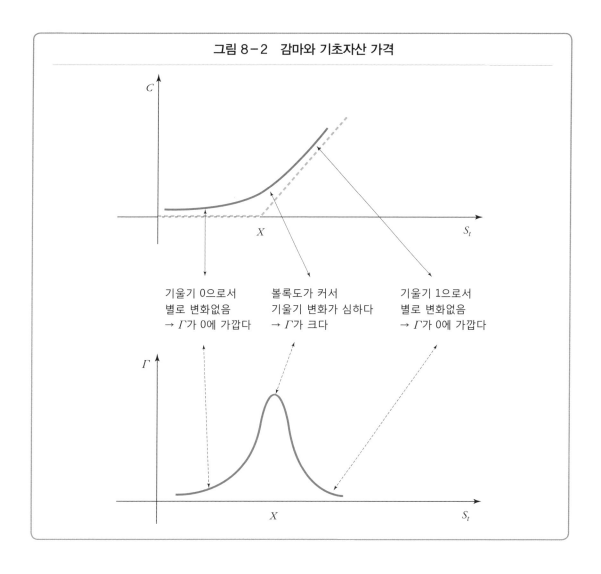

그림 8-2 감마와 기초자산 가격

기울기 0으로서
별로 변화없음
→ Γ가 0에 가깝다

볼록도가 커서
기울기 변화가 심하다
→ Γ가 크다

기울기 1으로서
별로 변화없음
→ Γ가 0에 가깝다

5 잔여만기와 감마값

감마값은 ATM 근처에서 가장 큰 숫자를 가지는데 이 볼록한 정도는 〈그림 8-3〉에서 보듯이 시간이 흘러서 만기가 다가올수록 점점 더 커지게 된다. 즉 잔여만기가 작을수록 커지게 되는 것이다. 반면 볼록도가 0에 가깝게 작은 영역은 더 축소되어 가기 때문에 〈그림 8-4〉에서 보듯이 감마값은 만기가 가까울수록 더욱 뾰족한 형태 다시 말해 첨도가 커지는 모습을 볼 수가 있다.

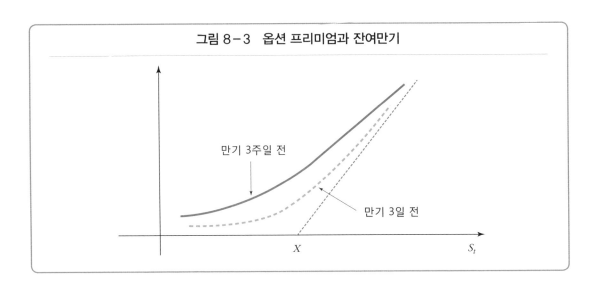

그림 8-3   옵션 프리미엄과 잔여만기

만기 3주일 전

만기 3일 전

X

S_t

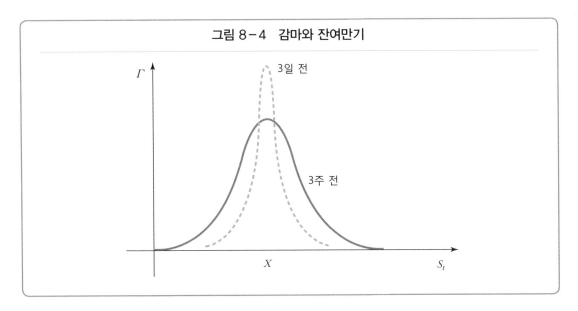

그림 8-4   감마와 잔여만기

Γ

3일 전

3주 전

X

S_t

(1) 정의

쎄타(theta)는 시간의 경과에 따른 옵션 가치의 변화분을 나타내는 지표이다. 따라서 $\dfrac{\partial c}{\partial t}$ 로 정의될 수 있다. 이 값은 옵션의 시간가치 감소(time decay)를 나타내는데 일반적으로 콜옵션이나 풋옵션을 보유한 투자자는 기초자산 가격의 큰 변화가 없이 시간만 경과할 경우 옵션의 시간가치가 감소함에 따라 손실을 보게 된다.

(2) 블랙-숄즈 2차 편미분 방정식과의 연관

일반적으로 볼 때 쎄타의 절대치 $|\theta|$와 감마의 절대치 $|\Gamma|$의 크기는 정의 관계를 가지므로 부호는 반대이지만 절대치는 비례하게 된다. 이는 블랙-숄즈가 옵션 가격결정을 위해 유도한 2차 편미분 방정식을 분석하면 금방 유도되는 성질이다. 앞에서 본대로 2차 편미분 방정식은 다음과 같은 형태를 가지고 있다.

$$\frac{\sigma^2}{2}S^2 C_{SS} + rSC_S + C_t = rC$$

이를 우리가 분석한 틀에 맞추어 보면 C_{SS}는 옵션 프리미엄을 나타내는 함수를 기초자산에 대해 두 번 미분한 값으로서 감마를 의미하고 C_S는 옵션 델타, C_t는 옵션의 쎄타를 의미한다. 이제 다음을 이용하자.

❶ rC는 일정한 숫자로 볼 수 있다.
❷ 편의상 델타 중립적인 포지션, 즉 $\Delta = 0$을 가정하자.

이 경우 이 식은

$$\frac{\sigma^2}{2}S^2 C_{SS} + C_r = \text{일정 숫자}$$

가 되므로 이를 다시 쓰면

$$\frac{\sigma^2}{2}S^2 \Gamma + \theta = \text{일정 숫자}$$

로 해석이 가능하다. 결국 감마와 쎄타는 서로 반대부호를 가지게 되고 한쪽의 절대치가 증가하면 다른 쪽의 절대치도 커지게 되므로 감마와 쎄타의 절대치는 서로 정의 관계를 가지게 된다.

7 베가(V)

(1) 정의

베가(vega)는 변동성 계수의 변화에 따른 옵션 프리미엄의 변화분을 나타내는 지표이다. 이 지표는 $\frac{\partial c}{\partial \sigma}$ 로 정의가 가능하다. 일반적으로 변동성 계수는 시장의 급등락 가능성이 커질 경우 증가하게 된다.

(2) 변동성 증가에 따른 옵션 프리미엄 상승의 예

90년대 초반 얘기다. 이라크가 쿠웨이트를 침공하여 점령하자 유가는 한번 크게 오른 후 잠시 소강상태를 보이고 있었다. 이때 조지 부시(아버지) 미국 대통령은 이라크에게 경고 메시지를 발표하면서 10일의 여유를 줄 테니 퇴각하라고 권고하였다. 이때 원유 관련 거래자들은 열흘 후 유가에 대해 다음과 같이 예상을 하였다. '이라크가 퇴각하면 크게 떨어질 것이다. 만일 이라크가 퇴각하지 않으면 장기전에 돌입할 것이므로 한 번 더 크게 오를 것이다. 그런데 후세인의 속셈을 정말 알 수가 없으므로 오를지 떨어질지 정말 불확실하다.' 이러한 예상을 토대로 많은 트레이더들이 콜옵션과 풋옵션을 동시에 매입하는 스트래들 매수 혹은 스트랭글 매수 포지션을 취하기 시작하였다. 콜과 풋에 동시에 매수세가 몰리자 콜과 풋옵션 프리미엄이 모두 상승하기 시작하였다. 반면 원유 선물 가격은 10일 후 급등 가능성과 급락 가능성이 동시에 존재하므로 크게 오르거나 떨어지지 않는 지루한 장세가 연출이 되었다. 결국 기초자산 가격은 별로 안 변하고 있는데 콜과 풋옵션 프리미엄이 함께 동반 상승하는 상황이 발생하였는 바, 이는 바로 변동성 증가가 가져다준 상황이라고 해석할 수 있는 것이다. 결국 후세인은 퇴각하지 않았고 그 후 한참을 지나서 사막의 폭풍 작전이 전개되었다.

8 로우(ρ)

(1) 정의

로우(rho)는 금리의 변화에 따른 옵션 프리미엄의 민감도를 나타내는 지표이다. 따라서 이

지표는 $\dfrac{\partial c}{\partial r}$ 로 정의가 가능하다.

(2) 콜옵션의 로우값은 양수이고 풋옵션의 로우값은 음수이다.

이를 말로 설명하면 다음과 같다. 콜옵션은 자신에게 유리할 경우 행사 가격을 지불하고 기초자산을 매입할 수 있는 권리를 의미하는 바, 여기서 미리 정해진 값은 '지불할 액수'이다. 반대로 풋옵션은 자신에게 유리할 경우 기초자산을 넘기고 행사 가격만큼을 받을 수 있는 권리이므로 미리 정해진 것은 '수취할 액수'이다. 따라서 만기가 이르기 전에 금리가 상승할 경우 콜옵션의 경우 '지불할 돈'의 현재가치가 감소하고 풋옵션의 경우 '받을 돈'의 현재가치가 감소한다. 결국 금리 상승은 콜옵션에게는 호재이고 풋옵션에게는 악재이다. 또한 여기서 한 가지 더 지적될 부분은 금리의 상승이 기초자산의 가격을 상승시키거나 하락시키는 부분은 로우값과 상관이 없다는 점이다. 이는 옵션지표들의 정의가 모든 편미분으로 정의되었다는 점을 상기하면 해답이 나온다. 즉, 모든 다른 조건이 일정한 상태에서 금리만 상승할 경우를 전제로 로우값이 정의되므로 금리의 상승이 가져오는 기타의 변화는 해당 지표에서 파악되어야 한다. 이제 옵션 자체의 포지션의 부호를 정리해보자.

	콜옵션	풋옵션
델타	$+$	$-$
감마	$+$	$+$
쎄타	$-$	$-$
베가	$+$	$+$
로우	$+$	$-$

이 포지션의 부호 이외에 블랙-숄즈 공식을 이용할 경우의 공식은 다음과 같이 나타난다.

	콜옵션	풋옵션
Δ	$N(d_1)$	$-N(-d_1)$
Γ	$\dfrac{f(d_1)}{S_t\sigma\sqrt{\tau}}$	$\dfrac{f(d_1)}{S_t\sigma\sqrt{\tau}}$
V^0	$f(d_1)S_t\sqrt{\tau}$	$f(d_1)S_t\sqrt{\tau}$
θ	$-\dfrac{S_tf(d_1)\sigma}{2\sqrt{\tau}}-rB_tN(d_2)$	$-\dfrac{S_tf(d_1)\sigma}{2\sqrt{\tau}}+rB_1N(-d_2)$
ρ	$\tau B_tN(d_2)$	$-\tau B_tN(-d_2)$

여기서,

$$f(d_1) = \frac{1}{\sqrt{2\pi}} e^{-\frac{1}{2}d_1^2}$$

(표준 정규분포의 확률 밀도 함수 자체의 d_1에서의 함수값=높이)

S_t = 기초자산 현재가

B_t = 옵션만기 시점에서 행사 가격만큼을 지급하는 채권의 현재 할인가

τ = 옵션만기까지 남은 기간(연 단위로 표시)

r = 옵션만기까지 남은 기간 동안의 이자율(연단위로 표시)

$$d_1 = \frac{\ln\left(\dfrac{S_t}{X}\right) + \left(r + \dfrac{1}{2}\sigma^2\right)\tau}{\sigma\sqrt{\tau}}$$

$$d_2 = d_1 - \sigma\sqrt{\tau}$$

section 02 | 포지션 가치의 민감도 분석

1 | 포지션 분석의 기초

이제 포지션 분석에 대해 알아보자. 우선 포지션 분석은 함수 분석이라는 점을 분명히 해야한다. 투자자가 보유한 옵션 포지션은 함수로 나타낼 수 있고 현재 상태에서 그 함수가 어떤 모습을 하고 있는지 포지션 분석을 통해 짐작할 수 있다는 면에서 의미 있는 작업이 된다. 간단한 예를 들어보자. 콜옵션 1계약 매수 포지션을 보유한 투자자가 있다. 당연히 현재 상태에서 $\Delta > 0$, $\Gamma > 0$, $\theta < 0$, $V > 0$, $\rho > 0$로 나타난다. 따라서 기초자산이 상승하면 이익을 보고, 상승하면 할수록 더욱 이익에 가속도가 붙고, 다른 변화 없이 시간만 경과할 경우 손실을 보게되며, 변동성이 증가하면 이익을 보고 이자율이 상승하면 이익을 보게 된다. 자 이제 콜옵션 1계약 매도 포지션을 보유하고 있는 투자자가 있다고 하자. 이 투자자의 포지션 분석 결과는 어떻게 되는가? 이 투자자의 포지션이 콜옵션과 관계가 있기는 하지만 콜옵션 매수와는 차이

가 있다. 즉, 이 투자자는 기초자산 상승 시 옵션 프리미엄이 상승한 만큼 손해를 보게 되고, 자산 가격이 상승할수록 손실에는 가속도가 붙으며, 다른 모든 변화는 없고 시간만 경과 시 옵션 프리미엄이 하락한 만큼 이익을 보게 되고 변동성 증가 시 옵션 프리미엄 상승에 따른 손실을 보게 된다. 이자율이 상승하여 콜옵션 가치가 상승 시 손실을 본다. 한마디로 모든 포지션의 부호가 콜옵션 매수와 완전하게 반대방향을 가리키고 있다.

표 8-1 옵션의 매수·매도 포지션에 대한 민감도 부호

구분		델타	감마	쎄타	베가
Call	매수	+	+	−	+
	매도	−	−	+	−
put	매수	−	+	−	+
	매도	+	−	+	−

2 숫자를 이용한 분석 : 〈표 8-2〉의 숫자를 이용하기

〈표 8-3〉에는 롱스트래들 포지션의 분석이 되어 있다. 콜옵션과 풋옵션을 동시에 매입하는 형태의 이 전략은 6번 전략의 경우 델타값이 0, 감마값이 ⊕로서 가격이 크게 움직일 때 이익

표 8-2 분석대상 옵션의 민감도 지표의 크기

45일 만기(단기옵션)		기초자산 가격 = 100.00				변동성 = 15%	이자율 = 6.00%			
	콜옵션					풋옵션				
행사 가격	이론 가격	델타(%)	감마	쎄타	베가	이론 가격	델타(%)	감마	쎄타	베가
95	5.41	84	4.6	−.013	.08	.45	−16	4.6	−.014	.08
100	2.08	51	7.5	−.023	.14	2.08	−49	7.5	−.023	.14
105	.51	18	5.0	−.015	.09	5.48	−82	5.0	−.015	.09
136일 만기(중기 옵션)		기초자산 가격 = 100.00				변동성 = 15%	이자율 = 6.00%			
	콜옵션					풋옵션				
95	6.46	71	3.5	−.010	.20	1.57	−27	3.5	−.011	.20
100	3.57	51	4.3	−.013	.24	3.57	−48	4.3	−.013	.24
105	1.72	31	3.8	−.011	.21	6.61	−69	3.8	−.011	.21

을 보게 되는 포지션이며 이때 예상대로 쎄타값은 ⊖부호를 가지게 된다.

〈표 8-4〉에는 롱스트랭글 포지션의 포지션 분석이 정리되어 있다. 이 포지션은 기본적으로 스트래들과 비슷한 포지션이지만 행사 가격이 매우 낮은 풋옵션과 행사 가격이 매우 높은 콜옵션을 매입하는 전략이라는 측면에서 약간의 차이는 있게 된다. 즉 매입 대상이 되는 콜과 풋옵션이 모두 값이 싼 옵션이라는 점에서 포지션의 구축비용이 적게 든다는 특성이 있는데 표에서 보듯이 전체적인 부호들은 스트래들과 비슷하게 됨을 알 수 있다.

표 8-3   롱스트래들

	델타	감마	쎄타	베가
5. 100 단기 콜옵션 20계약 매입 100 단기 풋옵션 20계약 매입	$+20 \times +51$ $+20 \times -.49$ $+20$	$+20 \times 7.5$ $+20 \times 7.5$ $+300.0$	$+20 \times -.023$ $+20 \times -.023$ $-.920$	$+20 \times .14$ $+20 \times .14$ $+5.60$
6. 105 중기 콜옵션 69계약 매입 105 중기 풋옵션 31계약 매입	$+69 \times +31$ $+31 \times -69$ 0	$+69 \times 3.8$ $+31 \times 3.8$ $+380.8$	$+69 \times -.011$ $+31 \times -.011$ -1.100	$+69 \times .21$ $+31 \times .21$ $+21.00$

표 8-4   롱스트랭글

	델타	감마	쎄타	베가
7. 105 단기 콜옵션 8계약 매입 95 단기 풋옵션 9계약 매입	$+8 \times +18$ $+9 \times -.16$ 0	$+8 \times 5.0$ $+9 \times 4.6$ $+81.4$	$+8 \times -.015$ $+9 \times -.014$ $-.246$	$+8 \times .09$ $+9 \times .08$ $+1.44$
8. 95 중기 콜옵션 10계약 매입 105 중기 풋옵션 10계약 매입	$+10 \times +71$ $+10 \times -69$ $+20$	$+10 \times 3.5$ $+10 \times 3.8$ $+73.0$	$+10 \times -.010$ $+10 \times -.011$ $-.210$	$+10 \times .20$ $+10 \times .21$ $+4.10$

3   숏스트래들 전략의 포지션 분석

이제 등가격 콜옵션과 등가격 풋옵션을 동시에 매도하는 스트래들 매도 포지션을 분석해보자. 위에서 본대로 우리의 분석대상 함수는 $y = -(C+P)$로 표시가 된다. 스트래들 매수와는 정반대의 포지션이다. 이를 그래프로 나타내면 〈그림 8-5〉가 된다. 우선 $S_t = 100$에서 델타=

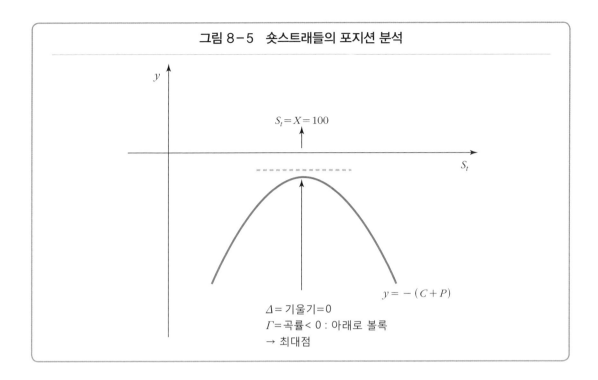

그림 8-5　숏스트래들의 포지션 분석

기울기=0이고 감마=곡률은 음수이다.

❶ 포지션 델타

$$\Delta_y \mid_{S_t=100} = \frac{\partial y}{\partial S} \mid_{S_t=100} = \frac{\partial}{\partial S}(-[C+P] \mid_{S_t=100})$$

$$= -\left(\frac{\partial C}{\partial S} \mid_{S_t=100} + \frac{\partial P}{\partial S} \mid_{S_t=100}\right) = -(\Delta_C \mid_{S_t=100} + \Delta_P \mid_{S_t=100})$$

$$\fallingdotseq -(0.5 + (-0.5)) \fallingdotseq 0$$

❷ 포지션 감마

$$\Gamma_y = \frac{\partial^2 y}{\partial S^2} = \frac{\partial^2}{\partial S^2}(-[C+P]) = -\left(\frac{\partial^2 C}{\partial S^2} + \frac{\partial^2 P}{\partial S^2}\right)$$

$$= -(\Gamma_C + \Gamma_P) = -((+) + (+)) < 0$$

가 됨을 확인할 수 있다. 나머지도 모두 반대이다.

❸ 포지션 쎄타는 양수이다. 따라서 스트래들 매도 포지션을 취한 후 다른 모든 조건은 일정한 채 시간만 계속 흐르면 두 개의 옵션의 시간가치 감소에 따른 프리미엄 감소가 일어나므로 언제든지 환매수를 통해 가치 감소분만큼 이익을 챙길 수 있는 여지가 있다.

❹ 포지션 베가는 음수이다. 따라서 변동성 증대는 시간가치 감소와 반대방향의 상황을 초래하므로 손실을 초래한다. 스트래들 매도는 시장 변동성이 낮을 때, 즉 기초자산 가격이 횡보를 할 때 가장 유리한 포지션이다.

일반적으로 시장 가격이 별로 변동하지 않을 경우 이익을 볼 여지는 거의 없다. 물론 큰 손실도 안 난다. 이때 스트래들 매도는 아주 좋은 대안이다. 옵션을 두 종류 다 매도를 한 후 이들의 시간가치 감소를 즐기기만 하면 된다. 최상의 경우는 기초자산 가격이 계속 횡보하다가 100으로 끝나는 경우이다. 100으로 끝나면 콜옵션도 풋옵션도 모두 당첨금이 0이다. 스트래들 매도 포지션은 두 개의 옵션의 프리미엄 전부를 이익으로 챙길 수 있게 해준다. 물론 예상과 반대로 시장이 움직여서 급등이나 급락이 일어날 경우 풋옵션이나 콜옵션 중 한쪽에서 큰 손실이 발생하여 옵션 매도에 따른 프리미엄보다 더 큰 액수만큼 손실을 볼 수도 있다. 바로 이 부분이 스트래들 매도의 특징이다. 우리나라에서는 흔히들 양매도라 부르는 이 전략은 시장 가격의 급등락이 없을 때 꾸준하게 이익을 볼 수 있는 포지션이라는 면에서 그 특징이 있다.

4 콜 불 스프레드 전략에 대한 포지션 분석

(1) 콜 불 스프레드 포지션 가치의 본질

이제 콜 불 스프레드의 포지션 분석에 대해 논의해보자. 이 포지션은 앞에서 본 대로 행사가가 낮은 콜옵션을 매수하는 동시에 행사가가 높은 콜옵션을 매도하는 전략이다. 콜 불 스프레드의 본질이 무엇인가? 기본적으로는 만기까지 기초자산 가격이 제한적으로 상승할 것으로 예상이 되는 경우 행사가가 낮은 옵션을 매수하되 행사가가 높은 옵션을 매도함으로써 제한된 상승에 따른 이익을 챙기면서 투자비용은 줄이겠다는 전략으로 볼 수 있다. 이 전략을 조금 더 심도 있게 들여다보면 이는 만기 시점 이전에라도 언제든지 포지션을 청산하여 이익을 볼 수 있는 포지션인데, 단 포지션의 가치 상승은 〈그림 8-6〉에 표시된 대로 누운 S자 형태를 따라 일어난다는 것이다. 예를 들어보자. 시장이 80 근처인 상태에서 c(80) 매수/c(85) 매도의 불 스프레드 전략을 시행하였다고 하자. c(80)의 프리미엄은 3포인트, c(85)는 1.0포인트라고 하자. 포지션 구축에는 초기 투자비용이 2포인트가 들어간다.

시간이 흐른 후 기초자산 시장 가격이 실제로 상승하였다고 하자. c(80)과 c(85)가 모두 상

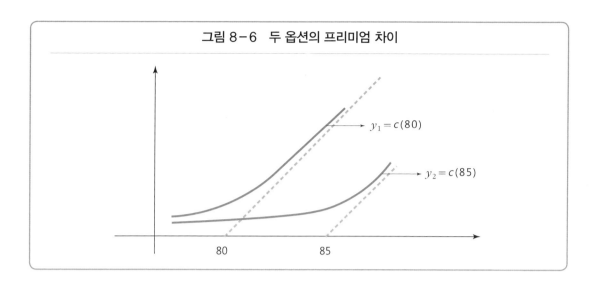

그림 8-6　두 옵션의 프리미엄 차이

$y_1 = c(80)$

$y_2 = c(85)$

80　　　85

승하지만 〈그림 8-6〉에서 보듯이 c(80)의 상승폭이 훨씬 더 크다. 결국 두 옵션의 프리미엄 차이가 벌어지는 현상이 발생한다. 따라서 불 스프레드 포지션의 가치는 상승하게 된다. 이유는 이렇다. 두 옵션 간 가격차가 초기의 2포인트보다 더 벌어질 경우 언제든지 매수한 옵션을 팔아버리고(전매도) 매도한 옵션을 되사들이면(환매수) 가격차가 벌어진 만큼 이익을 얻을 수 있게 된다. 예를 들어 기초자산 가격이 상승하여 콜옵션들도 c(80)은 5포인트로, c(85)는 2포인트로 상승하였다고 하자. 이 경우 투자자는 언제든지 3p에 매수한 c(80)은 5p에 팔아버리고 (전매도하여 2p이익), 1p에 매도했던 c(85)는 2p에 되사들여서(환매수하여 1p손실) 결국 순이익 1p를 낼 수가 있다. 이 이익의 근거가 무엇인가? 결국 두 옵션의 가격차 곧 스프레드가 '2p(=3p-1p)에서 3p(=5p-2p)로 증가한 만큼'이라고 볼 수 있다. 결국 불 스프레드는 만기까지 보유한다는 전제를 하지 않더라도 포지션 구축 후 만기 시점 이내에 기초자산 가격이 상승하여 두 옵션 가격차가 벌어진 만큼 이익을 보는 포지션으로 해석하면 정확한 것이다. 물론 만기까지 보유하여 기초자산 가치가 포지션 구축 시점보다 상승할 경우 당연히 이익을 보게 된다.

(2) 콜 불 스프레드 포지션의 민감도 분석

이제 이에 대한 분석을 하기 위해 우선 분석대상 포지션을 함수로 나타내보자. 이 경우 c(80)은 매수하고 c(85)는 매도하므로 분석대상 함수는 $y = c(80) - c(85)$로 표시가 된다. 이제 이를 그래프로 표현해보자. 〈그림 8-7〉에 그래프를 유도하는 방법이 표시되어 있다. c(80)을 나타내는 그래프에서 c(85)를 나타내는 그래프의 차이를 표시하면 〈그림 8-7〉과 같이 옆으로

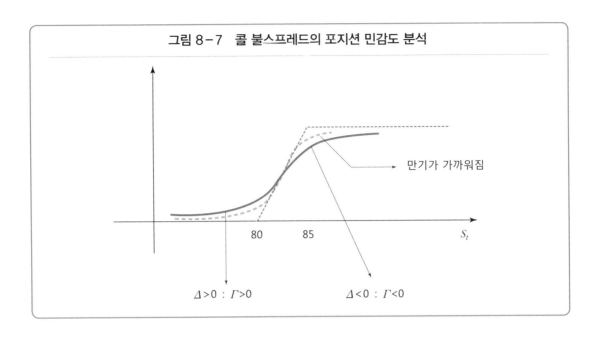

그림 8-7 콜 불스프레드의 포지션 민감도 분석

만기가 가까워짐

S_t

$\Delta > 0 : \Gamma > 0$

$\Delta < 0 : \Gamma < 0$

누운 S자 형태의 그래프가 나타난다. 이 그래프가 바로 콜 불 스프레드 포지션의 전체 가치를 나타내는 그래프로서 우리의 분석대상이 된다. 여기서 우리가 주목할 것은 바로 현재 상태에 따라 분석지표가 상당히 달라진다는 점이다. 특히 주목할 부분은 그림에 표시되어 있는 대로 현재가가 80 근처인 경우와 85 근처인 경우에 따라 상황이 달라진다는 점이다.

우선 현재가가 80인 경우의 포지션 지표에 대해 알아보자. 이 경우에는 그림에 표시된 대로 그래프가 아래로 볼록하면서 위로 상승하고 있다. 가속도가 붙고 있는 것이다. 따라서 델타는 양수, 감마도 양수인 상황이다. 이에 따라 쎄타는 음수가 되고 베가는 양수이다. 결국 c(80) 매수/c(85) 매도의 콜 불 스프레드의 경우 80 근처에서 시장 상황이 지속되면 시간가치 감소로 인해 손실을 보게 된다. 물론 손실폭은 c(80) 매수만 한 경우보다는 작다. 매도 대상이 된 c(85)의 시간가치 감소가 포지션 보유자에게는 이득이 되는 만큼 손실폭은 줄어들지만 전체적으로 볼 때는 c(80)의 시간가치 감소가 크므로 일부 손실이 나게 되는 것이다. 이 부분은 〈그림 8-7〉에서 점선그래프로 나타나고 있다.

시간이 지나면 두 옵션의 프리미엄 차이를 나타내는 $y = c(80) - c(85)$의 그래프가 이동을 하되 만기 시점 수익구조를 나타내는 그래프 쪽으로 수렴하는 형태가 된다. 따라서 80 근처에서는 아래로 이동하는 형태로 나타나고 85 근처에서는 위로 이동하는 형태가 된다. 이것이 의미하는 것이 바로 시간가치의 움직임이다. 80 근처에서 두 옵션의 시간가치 움직임이 전체적으로 불리하게 작동하는 것으로 나타나고 85 근처에서는 시간가치 감소가 유리하게 작동하는 것으로 나타난다. 이유는 분명하다. 항상 등가격 옵션의 시간가치 감소가 기타 옵션보다 크다는 사실을 염두에 두면 된다. c(80) 매수/c(85) 매도의 콜 불 스프레드 전략은 80 근처에서는 매수된 c(80)이 등가격이고 매도한 c(85)가 외가격이다. 따라서 매수 옵션의 시간가치 감소가 크게 되므로 시간가치 감소에 불리하게 노출되어 있다. 그런데 현재가가 85 근처라고 하자. 이 경우 c(85)가 등가격이고 c(80)이 내가격이 된다. 매도해 놓은 c(85)가 등가격이 되면서 시간가치 감소가 커지는데 이 포지션 보유자에게 유리한 상황이다. 내가격 옵션의 시간가치 감소는 등가격보다 작으므로 85 근처에서 횡보를 보일 경우 시간가치 부분은 포지션 보유자에게 이익이 된다. 결국 80 근처에서 포지션 쎄타는 음수, 85 근처에서 포지션 쎄타는 양수가 된다. 이를 요약해보자.

	Δ	Γ	θ	V
$S_t=80$ 근처 :	+	+	−	+
$S_t=85$ 근처 :	+	−	+	−

결국 80 근처에서는 시장 가격 상승과 동시에 변동성의 확대를 원하지만 85 근처에 오면 이제 상당한 이익을 본 상태에서 시간만 흐르면서 변동성이 축소되기를 원하는 상태가 되는 것이다.

01 다음 자료를 기초로 KOSPI 200 주가지수선물의 균형 가격은?

> ㉠ 현재 KOSPI 200 주가지수 : 150.00포인트
> ㉡ 선물만기까지 남은기간 : 3개월
> ㉢ 이자율 : 연 4%
> (단, 배당률은 무시한다)

① 151.50
② 153.00
③ 154.50
④ 156.00

02 3월물 선물 150포인트 1계약 매수/6월물 선물 155포인트 1계약 매도의 스프레드 포지션을 취한 투자자는 다음 중 어느 경우에 포지션을 정리하면 이익을 보는가?

	3월물	6월물		3월물	6월물
①	170	180	②	120	126
③	130	135	④	140	143

03 다음 중 우리나라의 국고채 선물에 대한 설명으로 옳지 않은 것은?

① 현금 결제방식을 채택하고 있다.

② 가격의 한 눈금(1tick) 변화는 0.05포인트이다.

③ 액면가가 1억 원이고 이표율이 5%인 국고채를 표준물로 채택하고 있다.

④ 3, 6, 8, 12월의 세 번째 화요일이 만기이다.

해설

01 ① 150(1+0.04*(3/12))

02 ④ 가격차이가 좁아지면 이익을 본다.

03 ② 한 눈금은 0.01이다.

04 다음 중 옵션 델타에 관한 설명으로 옳지 않은 것은?

① 옵션 프리미엄을 그래프로 표시할 경우 해당 지점의 기울기에 해당한다.

② ATM 콜의 경우 약 0.5 정도의 값을 가진다.

③ 옵션 매도에 대한 헤지비율과 연관되어 있다.

④ 옵션이 내가격으로 끝날 확률에 해당하는 값이다.

05 한 투자자가 행사 가격이 150인 KOSPI 200 주가지수 콜옵션을 3.0에 5계약 매수/행사가격이 155인 콜옵션을 1.0포인트에 5계약 매도하였다. 옵션만기 시점의 주가지수가 155로 끝났다면 이 투자자의 순손익규모는?

① 30만 원 이익   ② 30만 원 손실

③ 150만 원 이익   ④ 150만 원 손실

06 KOSPI 200 주가지수가 150포인트이고 이자율은 6%(연) 옵션만기까지는 1달이 남았다고 하자. 행사 가격이 150인 유럽식 콜옵션의 프리미엄이 3.0포인트라면 같은 행사 가격을 가진 풋옵션의 정상적 프리미엄 수준은?(단, 배당은 무시)

① 3.00포인트   ② 2.75포인트

③ 2.5포인트   ④ 2.25포인트

해설

04 ④ 옵션이 내가격으로 끝날 확률은 델타($N(d_1)$)가 아니라 $N(d_2)$이다.

05 ③ 불스프레드의 예 $[(155-150-3.0)+1.0] \times 5 \times 10$만 원 $= 3.0 \times 5 \times 10$만 원

06 ④ $p = c + B - S$에서 $B = \dfrac{150}{1+r\tau} = \dfrac{150}{1+0.06 \times \left(\frac{1}{12}\right)}$ 또는 $B = 150 \times e^{-0.06 \times (1/12)} \cong 149.25$이므로,

$p = 3 + 149.25 - 150 = 2.25$

07 다음 중 컨버전에 해당하는 것은?(단, 주식이 기초자산이다. 자금조달은 옵션만기 시전에서 행사 가격에 해당하는 금액을 원리금으로 지급할 만큼 자금을 조달하는 것을 의미하며 채권은 옵션만기 시점에서 행사 가격에 해당하는 금액을 지급받는 채권임)

① 주식 매수＋풋옵션 매수＋콜옵션 매도＋채권 매수
② 주식 매수＋풋옵션 매수＋콜옵션 매도＋자금 조달
③ 주식 매도＋풋옵션 매도＋콜옵션 매수＋채권 매수
④ 주식 매도＋풋옵션 매도＋콜옵션 매수＋자금 조달

08 초기 증거금이 100, 유지 증거금이 75라 하자. 한 투자자가 일일정산을 한 결과 증거금 수준이 60까지 하락하였다고 할 때 이 투자자에 대한 변동 증거금은?

① 60   ② 40
③ 25   ④ 75

09 다음 설명에서 옳지 않은 것은?

① 선물만기일 종가에 베이시스는 제로이다.
② 베이시스가 음수이면 백워데이션 시장이라 한다.
③ 베이시스가 양수이면 선물 가격은 프리미엄 상태이다.
④ 선물 가격이 프리미엄 상태이면 매수차익거래가 들어갈 수 있다.

10 선물근월물의 가격이 100, 원월물 가격이 102인 상태에서 근월물 가격이 갑자기 오르면서 가격차이가 급격히 좁혀졌다. 이때 투자자가 이 스프레드는 다시 넓어질 것이라고 예상한다면 어떤 전략을 취하겠는가?

① 근월물 매수 원월물 매도   ② 근월물 매도 원월물 매수
③ 근월물 매수 원월물 매수   ④ 근월물 매도 원월물 매도

해설

07 ② P와 S는 매수, C와 B는 매도
08 ② 60과 100의 차이만큼
09 ③ 베이시스가 양수라도 이론가 대비 저평가일수 있음(디스카운트 상태가 가능)
10 ② 넓어질 경우 근월물 매도/원월물 매수

11 대형 우량주를 다량 매수하기로 계획하고 있는 한 펀드매니저는 자신이 주문을 낼 경우 시장에 충격을 주어 시장 가격이 상승하고 이에 따라 주식 평균 매입 가격이 급속히 상승함으로써 수익을 올리는 데에 해가 된다는 것을 잘 알고 있다. 이때 이 펀드매니저가 자신의 매입 가격을 낮추기 위해 헤지를 한다면 그는 구체적으로 어떤 전략을 구사할 수 있는가?

① 주식 현물 매수 후 선물 매도　　② 선물 매도 후 주식 현물 매수
③ 주식 현물 매수 후 선물 매수　　④ 선물 매수 후 주식 현물 매수

12 매수차익거래를 위한 프로그램 매수가 이루어질 경우 이론적으로 현물 가격과 선물 가격은 차익거래 실시 이전에 비해 어떻게 되는가?

① 현물 상승 선물 하락　　② 현물 하락 선물 상승
③ 현물 상승 선물 상승　　④ 현물 하락 선물 하락

13 다음에서 최소분산 헤지비율을 구하는 방법으로 적절하지 않은 것은?

① 선물 가격 변화분과 현물 가격 변화분의 공분산을 선물 가격 변화분의 분산으로 나눈 값을 취한다.
② 선물 가격 변화분과 현물 가격 변화분의 공분산을 현물 가격 변화분의 분산으로 나눈 값을 취한다.
③ 현물 가격 변화분을 선물 가격 변화분에 대해 회귀분석을 한 회귀계수를 취한다.
④ 현물 가격 변화분을 선물 가격 변화분에 대해 회귀분석을 하여 베타계수를 취한다.

14 다음 중 변동성이 감소할 때 이익을 보는 포지션은?

① 콜옵션 매수　　② 풋옵션 매수
③ 스트래들 매수　　④ 스트랭글 매도

해설

11　④ 예상헤지로서 선물 매수 후 현물 매수하여 매입가 상승분을 선물 매수로 헤지
12　① 현물 매수＋선물 매도 → 현물 가격은 오르고 선물 가격은 떨어진다.
13　② 선물 가격 변화분과 현물 가격 변화분의 공분산을 선물 가격 변화분의 분산으로 나누기
14　④ 옵션 매도는 변동성 감소 시 이익

정답 01 ① | 02 ④ | 03 ② | 04 ④ | 05 ③ | 06 ④ | 07 ② | 08 ② | 09 ③ | 10 ② | 11 ④ | 12 ① | 13 ② | 14 ④

15   ATM 옵션을 이용한 숏스트래들 전략을 시행 시 현재 현물지수가 행사 가격과 동일한 상태에서 숏스트래들 포지션의 델타는 대략 얼마인가?

※ 다음은 달러 통화선물 거래 가격이다. 물음에 답하시오(단, 한 계약은 1만 달러임)(16~19).

(단위 : 원/달러)

시가	고가	저가	종가
1,200	1,300	1,050	1,250

16   1계약을 시가에 매수한 후 종가에 매도 시 손익은?

17   2계약을 고가에 매수한 후 종가에 매도 시 손익은?

18   1계약을 저가 매수 · 종가 매도 시 손익은?

19   5계약을 고가 매도 후 종가에 매수하면 손익은?

정답

15   0(숏스트래들의 최대점에 해당함. 최대점에서 기울기는 0)
16   +50만 원(= (1,250 − 1,200) × 1만 달러)
17   −100만 원(= 2 × (1,250 − 1,300) × 1만 달러)
18   +200만 원(= (1,250 − 1,050) × 1만 달러)
19   +250만 원(= 5 × (1,300 − 1,250) × 1만 달러)

※ KOSPI 200주가지수 옵션거래에 대한 다음 그림을 보고 물음에 답하시오(숫자는 프리미엄). (단, 각 거래자의 거래계약수는 1계약을 가정)(20~24).

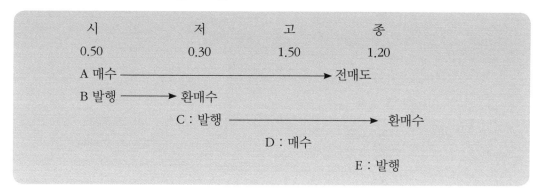

20 A는 시가에 해당 옵션을 매수한 후 고가에 전매도 하였다. 손익은?

21 B는 시가에 해당 옵션을 매도(=발행)한 후 저가에 매수(=환매수)하였다. B의 손익은?

22 C는 저가에 해당 옵션을 매도(=발행)한 후 종가에 매수(=환매수)하였다. C의 손익은?

23 포지션을 다음날로 넘기는 투자자는 누구인가?

24 위 표를 기준으로 장 종료 시 미결제약정의 숫자는?

25 주가지수 콜옵션과 풋옵션의 행사 가격이 100, 현재 현물지수 100, 옵션만기까지의 이자율은 0일 경우 콜옵션 가격이 3포인트라면 풋옵션의 가격은?

정답

20 +10만 원(+1P×10만 원=+10만 원)
21 +2만 원(+0.2P×10만 원=+2만 원)
22 −9만 원(−0.9P×10만 원=−9만 원)
23 D와 E(반대매매를 통해 정리하지 않음)
24 1(미결제약정은 D와 E 한 쌍)
25 3p(이자율이 0이므로 $B=X$, $p+S=c+X$가 성립, $S=X$이므로 $c=p$)

part 04

투자운용
결과분석

certified investment manager

chapter 01

서론

section 01 성과평가의 정의

주식, 채권, 파생상품 등을 이용한 일련의 운용과정이 수행되면 다음 단계로 그 성과에 대한 평가과정이 수반된다.

성과(performance)란 단순히 수익률이나 위험 등 운용에 관련된 한쪽 측면만 바라보는 것이 아니라, 운용과정에서 행한 의사결정 및 시장 상황 등을 종합적으로 고려해야 한다. 따라서, 성과평가(performance evaluation)란 수익률과 위험뿐만 아니라 포트폴리오 구성을 포함한 운용과정을 함께 고려하여 평가하는 것을 말한다. 일상생활에서는 흔히 성과와 수익률을 동일시하는 경향이 있지만, 엄밀한 의미에서 수익률만을 대상으로 분석하는 수익률 평가와 운용과정에 대해 종합적인 분석을 행하는 성과평가는 구분해서 사용해야 한다.

$$성과(Performance) = f(수익률, 위험, 포트폴리오 구성 등)$$

성과평가는 계획수립(Plan), 실행(Do), 성과평가(See)라는 3단계의 의사결정 순환고리로 이루어진 투자 프로세스를 구성하는 중요 활동이다. 계획수립(Plan) 단계에서는 투자자의 재무목표를 파악하고 재무상태를 진단하며 투자환경에 대한 점검과 예측활동을 통해 투자목표를 설정

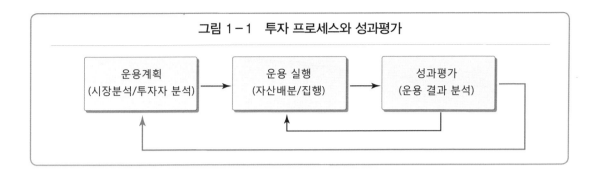

그림 1-1　투자 프로세스와 성과평가

| 운용계획
(시장분석/투자자 분석) | → | 운용 실행
(자산배분/집행) | → | 성과평가
(운용 결과 분석) |

한다. 실행(Do) 단계에서는 투자대상 자산군별로 자산 구성비를 결정하고, 투자대상 상품을 선정하며, 간접투자를 하는 경우에는 펀드매니저 및 펀드를 선정한다. 성과평가(See) 단계에서는 투자자산의 구성이 적정한가와 투자한 상품의 성과가 적정한가에 대해 평가한다.

성과평가는 한 번의 투자 프로세스로 끝나는 것이 아니라, 재귀순환(feedback)과정을 거쳐 계획을 수정하고 실행 단계에서 포트폴리오 재조정(rebalancing) 등을 하도록 영향을 주게 된다.[1]

성과평가와 유사한 의미로 사용되는 용어로 운용 결과 분석, 펀드평가가 있다. 성과평가, 운용 결과 분석, 펀드평가 모두 재무설계사, 기관투자가, 개인투자자들이 행하는 평가 행위를 의미하지만, 운용 결과 분석은 지나치게 사후적인 분석만을 강조하는 면이 강하며, 펀드평가는 펀드라는 상품에 국한된 것처럼 보인다. 이에 반해 성과평가는 특정한 상품이나 사후적인 분석만을 대상으로 하지 않고, 모든 자산군을 대상으로 자산배분과 운용을 행하는 대형 투자 기관의 사전적인 의사결정의 효율성을 분석하는 것을 포함하며, 여러 개의 펀드를 운용하는 전문 자산운용사나 펀드매니저의 성과에 대한 분석 또한 포함하는 포괄적인 개념이라 할 수 있다.[2]

1　투자자 관점에서 투자 프로세스에 중점을 두고 설명한 것이다. 운용회사의 펀드매니저 관점에서는 운용계획 → 운용 실행 → 성과평가의 과정은 동일하나 세부 수행과정에는 차이가 발생하게 된다.
2　본과에서는 포괄적인 의미의 성과평가보다는 펀드의 운용 결과 분석에 초점을 맞추어 설명하고 있다.

성과평가의 목적과 평가 프로세스

1   성과평가의 목적과 주체별 활용 목적

성과평가의 목적은 일정기간 동안 얻어진 투자결과가 운(luck)에 의해 달성된 것이냐 아니면 기술(skill)과 실력(ability)에 의해 달성된 것인가를 판명하는 것이다. 하지만 이 판단은 쉽지 않고 항상 논란의 여지를 가지고 있다. 여러가지 통계치를 사용하며, 계산하는 과정과 해석하는 과정에서 주관적인 견해가 반영될 가능성이 높다. 운용 결과를 평가하고 우열을 판단하는 데 유일한 정답이란 존재할 수 없으며, 처해있는 여건과 평가자의 목적에 따라 다양한 결과가 도출될 수 있다. 성과평가의 주체도 개인투자자, 연기금, 자산운용사 등으로 다양하며 평가주체별로 평가의 활용 목적도 차이가 있기 때문이다.

연기금의 경우 기금의 목적을 달성할 수 있도록 자산배분 전략을 수립한 후 기금내부에 있는 펀드매니저뿐만 아니라 자산운용사나 투자자문사와 같이 기금 외부에 있는 펀드매니저들에게 운용을 위탁한다. 사후적으로는 각각의 공헌도에 따라 적절한 보상이 이루어져야 하며, 외부 위탁 운용의 계속 또는 회수 여부에 대한 결정을 해야 하는데 이를 위해 성과평가를 활용한다.

개인투자자들 역시 자신의 투자과정에 대한 분석을 필요로 한다. 투자자의 각종 제약조건을 전제로 현재의 투자 포트폴리오에 대한 진단을 통해 포트폴리오의 조정이 필요한지를 점검할 필요가 있으며, 유망한 펀드를 선택하거나 이미 투자한 펀드들이 투자목적에 맞게 운용되고 있는가를 분석할 필요가 있는데 이러한 과정에 필수적인 것이 성과평가이다.

자산운용사나 펀드매니저는 투자 프로세스를 평가하고 통제하기 위해 성과평가를 필요로 하며, 자신의 성과에 대한 마케팅이나 고객에 대한 서비스 차원에서도 성과평가가 필요하다.

수익률에 영향을 미치는 요소에 대한 사전적인 예측 등을 통해 성과를 높이는 것이 운용이지만, 이를 위해서는 지속적으로 수익률과 위험에 대한 측정을 하는 성과평가를 해야만 목표한 성과를 달성할 수 있을지에 대한 판단을 할 수 있게 된다. 특히 성과 요인 분석은 성과의 원천이 무엇인지를 파악할 수 있게 하며, 나아가 운용자가 사용하는 전략의 장점과 단점을 계량적으로 파악하여 운용능력을 제고할 수 있도록 해준다.

운용사나 펀드매니저는 자신들의 성과평가 내용을 고객에 대한 보고서 및 마케팅 자료에 이용하기도 한다. 고객에 대한 성과평가 보고서를 통해 투자자는 펀드 운용자를 모니터링 할 수 있으며 매니저의 철학, 투자 프로세스에 대해 검토할 수 있는 기초 자료로 활용할 수 있다. 점차적으로 인맥보다는 성과에 따라 투자자금을 유치할 확률이 커짐에 따라 성과를 보여주기 위한 다양한 방법들이 나타나고 있다. 국내 운용사들이 도입한 GIPS(국제투자성과기준, Global Investment Performance Standards)[3]는 기관투자자를 포함한 외부 고객들에게 성과를 보여주기 위한 성과측정방법의 표준화를 위한 자산운용업계의 노력이라 할 수 있다.

이와 같이 성과평가의 목적은 다양하며, 평가 주체별로 성과평가의 활용목적도 다양하다. 성과평가는 평가의 활용 목적에 따라 분석의 대상이나 기법이 다를 수밖에 없으므로, 성공적인 자산운용이나 자금관리를 위해 다양한 평가방법을 적절하게 선택하여 평가에 활용해야 한다.

2	성과평가의 프로세스

성과평가의 활용목적에 따라서 성과평가 프로세스의 세부 내용은 달라질 수도 있으나, 성과평가는 평가의 대상이나 평가의 목적에 관계없이 기본적으로 〈그림 1-2〉와 같은 절차를 거쳐서 진행된다.

(1) 성과평가 1단계 : 투자자산의 회계처리

성과평가는 가장 먼저 투자자산의 가치평가와 회계처리로부터 시작된다. 투자자산의 가치를 정확하게 파악하기 위한 회계처리는 성과에서 가장 기초적인 정보를 만들어낸다는 측면에서 매우 중요하다. 투자자산의 회계가치평가는 일반적으로 투자자들이 간과할 수 있는 기능이지만 상당히 전문적인 기법이 요구된다. 투자자산에 대해 계속해서 변화하는 시장가치를 반영하고 실행 과정에서 추가로 취득한 자산의 가치도 평가해야 하는 측면에서 투자자산의 회계처리는 성과평가의 1단계 활동으로 정의될 수 있다.

투자자산의 합리적인 평가를 위해 일반적으로 통용되는 규범에서는 투자자산에 대해 시가평가를 원칙으로 하되 시장가치가 쉽게 발견되지 않는 경우에는 이론가치 등을 보완적으로

---

3 미국 공인재무분석사협회(CFA Institute)는 투자전문가들이 만든 비영리단체로서 CFA(Chartered Financial Analyst) 자격시험을 관리하며, 투자전문가들이 지켜야 하는 윤리기준, 성과평가 및 표시를 하기 위한 기준 등을 발표하고 있다. AIMR(The Association for Investment Management and Research)이라는 명칭을 사용하다가 2004년 5월부터 CFA Institute라는 명칭으로 바뀌었다. 최근 미국 공인재무분석사협회와 같이 GIPS®를 준용하거나 국가 특성에 맞게 일부 수정한 기준을 채택한 나라들이 많이 생겨나고 있다.

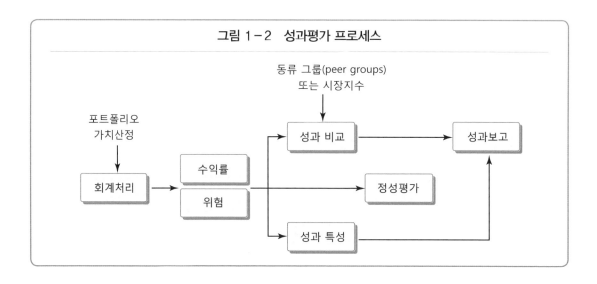

그림 1-2 성과평가 프로세스

사용할 수 있는 공정가치(fair value) 평가를 채택하고 있다. 또한 항상 손익의 실태를 정확하게 파악할 수 있도록 발생주의 방식의 회계처리를 적용해야 한다.

(2) 성과평가 2단계 : 수익률 계산

회계처리를 마친 자산에 대해 여러 가지 방식으로 수익률을 산출할 수 있으며 방식마다 서로 다른 결과를 가져온다. 그래서 일정한 규칙을 수립하고 가능하면 의사결정에 혼란을 초래하지 않는 수익률 계산방식을 적용해야 한다. 이때 사용되는 수익률 산출방식으로는 금액가중 수익률과 시간가중 수익률이 대표적이다.

수익률 산출기간의 단위는 일, 주, 월, 분기, 연간 등 다양하게 정해질 수 있다. 여러 가지 다양한 기간수익률을 계산하되, 단기적인 평가를 피하기 위해서는 가능한 장기간 수익률을 산출하여 투자자에게 제공하는 것이 중요하다.

수익률은 운용자 단위로도 측정할 수 있다. 여러 펀드를 운용하는 운용자의 능력을 평가하기 위해서는 운용자가 운용하는 여러 펀드의 성과를 모두 반영하며 왜곡이 발생하지 않는 방식으로 수익률을 표현해야 한다. 자산배분 전략과 같은 투자설계를 효과적으로 수행하기 위해서는 운용자 단위로 산출된 시간가중 수익률을 사용해야 한다.

(3) 성과평가 3단계 : 위험 계산

성과평가의 기본적인 지표는 수익률이지만, 수익률을 달성하기 위해 부담한 위험의 크기도 중요하다. 투자자금의 성격, 자산배분 전략, 활용 용도에 따라 다양한 위험지표를 선정하고 활용해야 한다. 따라서 수익률이 보인 변동성과 같은 절대적인 위험 뿐만 아니라 기준 지표를 잣대로 한 상대적인 위험 등을 추가로 측정해야 하며, 목표수익률을 달성해야 하는 경우에는 하락 위험 등을 추가로 측정할 수도 있다.

다만, 위험을 지나치게 과대평가하여 의사결정의 변경을 초래하면 전체적으로 투자의 효율성이 저하될 수 있다는 점에 유의하여야 한다.

(4) 성과평가 4단계 : 성과의 비교

성과가 양호한지 불량한지 여부를 판단하기 위해서는 객관적인 비교기준이 필요하다. 성과는 이러한 객관적 기준과 비교하여 평가하여야 한다. 실현된 성과를 전체적 관점에서 시장지수 또는 보다 구체적으로 설정된 기준 지표(Benchmark) 성과와 비교하거나 동류 그룹(Peer Group)의 성과와 비교해야 한다.

성과 비교의 대상은 일차적으로 수익률이며, 수익률을 달성하기 위해 부담한 위험의 크기도 중요한 비교 대상이다. 또한 수익률과 위험을 각각 비교하면 수익률 평가와 위험 평가의 결과가 다르게 나타남으로써 판단이 어려울 수 있으므로, 수익률과 위험을 동시에 고려한 위험조정 성과지표를 비교하여야 한다.

성과비교의 최종 결과는 성과평정으로 나타난다. 개인투자자, 연기금, 자산운용사 등 성과평가의 주체에 따라 차이가 있을 수 있으나 일반적으로 운용시작 전에 설정된 목표수익률, 위험한도 등의 달성 여부, 기준 지표 대비 비교성과, 동류 그룹 대비 비교성과 등을 복합적으로 고려하여 성과평정을 하게 된다. 가장 대표적인 성과평정은 집합투자기구 평가회사가 부여하는 펀드의 등급(Rating)이라 할 수 있다.

(5) 성과평가 5단계 : 성과 특성 분석

성과는 실력에 의해서도 또는 우연에 의해서도 나타날 수 있다. 또한 성과는 과거의 결과일 뿐 미래에 지속되리라는 보장이 없다. 포트폴리오 분석이나 성과 요인 분석과 같은 성과 특성 분석을 하는 이유가 여기에 있다.

포트폴리오 분석은 성과의 결과와는 달리 성과의 과정을 설명해 준다. 과거의 포트폴리오를 분석함으로써 성과가 나타난 이유를 확인할 수 있으며 현재의 포트폴리오를 분석함으로써 펀드매니저의 미래시장에 대한 대응전략 등을 파악할 수 있다.

수익률을 달성한 구체적인 능력이나 원천을 알기 위해서는 성과 요인 분석을 추가적으로 행하여야 한다. 성과 요인 분석은 전체 포트폴리오를 구성하는 자산군 또는 개별 종목의 기여도를 분석하는 관점과 자산배분 및 종목 선정 등의 투자활동별 기여도를 확인하는 과정이다.

포트폴리오를 구성하는 개별 증권이나 세부단위를 구분하고 각각의 수익률을 계산한 후 의사결정 종류별로 포트폴리오 전체의 수익률에 기여한 정도를 계산할 수 있으며, 포트폴리오 수익률에 대한 개별 증권의 상대적인 기여도와 기준 지표 수익률을 비교함으로써 자산배분과 종목 선정 등의 활동이 부가가치에 기여한 정도를 계산할 수 있다.

(6) 성과평가 6단계 : 정성평가

장기적인 성과는 운용자의 질적인 특성에 의해 나타날 확률이 크다. 조직이나 인력, 운용 철학과 프로세스 및 운용지원 시스템 등이 양호하면 장기적으로 양호한 성과를 실현할 것이며, 반대의 경우 불량한 성과가 나타날 것이다. 이에 반해 단기적 성과는 일시적이고 충동적인 운용 선택이 시장의 흐름에 우연히 맞아 양호하게 나타나는 등 운용자의 능력과 무관하게 나타날 가능성도 있다.

투자의사결정을 위해서는 향후에도 성과의 지속성이 있는지 운용자의 운용능력이 실제로 양호한지 여부를 판단해야 하며 이를 위해 필요한 분석이 바로 운용자의 질적인 특성을 분석하는 정성평가라 할 수 있다.

(7) 성과평가 7단계 : 성과 발표 및 보고

성과는 법률과 규정에 따라 발표되고 보고되어야 한다. 수익률과 위험 등의 수치를 기존 투자자에게 제공하여야 하며, 잠재적인 고객에게도 알려야 한다. 기존 투자자의 경우 자신이 투자한 결과에 높은 관심을 지니고 있기 때문에 고객이 투자한 상품에 대한 평가보고서를 주기적으로 제공하여야 하며, 잠재적인 고객의 경우 개별 상품의 성과보다는 운용자의 능력에 더 많은 관심이 있으므로 운용자의 능력을 판단할 수 있는 보고서가 제공되어야 한다.

이런 목적을 달성하기 위해서는 운용자가 운용하는 동일한 전략의 모든 펀드 성과를 적정하게 반영하여 공정하게 성과를 측정하여야 하며, 객관성 있는 기준에 따라 보고 자료가 작성되어 발표되어야 한다.

성과평가의 주제

성과평가는 성과 우열을 측정함으로써 투자의 효율성 및 운용능력을 측정하기 위한 것과 성과의 원인과 특성을 파악하기 위한 것으로 크게 나누어 살펴볼 수 있다.

1 투자 효율성 및 운용능력의 측정

수익률과 위험을 측정하고 나면 이를 종합하여 투자의 효율성을 평가할 수 있다. 성과평가자는 일차적으로 투자가 효율적으로 이루어졌는지에 대해 관심을 갖고 있으며, 운용자가 운용능력을 가지고 있는지에 대해 관심을 가지고 있다. 투자 효율성과 운용능력을 나타내는 지표들은 다음과 같은 것들이 있다.

❶ 기준 지표 또는 비슷한 수준의 위험을 가진 다른 펀드와 비교한 성과
❷ 위험조정 성과 관점에서의 지표
❸ 위험조정 수익률 관점에서 적극적인 운용에 따른 부가가치 획득 여부
❹ 운용기간 동안에 운용자가 달성한 부가가치의 크기
❺ 과거의 성과에서 운용자의 능력을 판단할 수 있는 증거의 유무

2 성과 원인과 특성 분석

성과평가의 또 다른 관심사는 성과의 우열이 어떻게 발생하였는지, 운용능력이 수익률 향상에 어떻게 기여하는지에 관한 것이다. 예를 들어 기술주에 대한 선호가 높을 때 기술주에 대한 투자비중을 확대하여 수익률이 상승하였다면, 성과 원인 및 특성 분석을 통해 이러한 의사결정이 수익률에 기여한 정도를 측정할 수 있다. 성과 원인 및 특성 분석을 통해 다음과 같은 사항을 알 수 있다(❶~❸은 주로 펀드 단위에서 일어나는 활동에 대한 분석이며, ❹~❺는 연기금과 같이 대형 운용조직에 대한 운용성과진단을 위한 분석이다).

❶ 펀드에 포함된 증권이나 섹터별 수익률과 펀드의 총수익률에 기여한 비율

❷ 선물 및 옵션과 같이 수익구조를 변화시키는 상품의 영향

❸ 추가적인 성과를 달성한 성과요소 및 포트폴리오가 운용자의 투자 스타일과 일치하는지 여부

❹ 자산배분이나 다른 의사결정이 기준 지표 등에 대해 기여한 정도

❺ 운용을 위한 의사결정구조가 구분되어 있다면 각 의사결정구조들이 총 수익률에 기여한 정도

section 04 | 내부성과평가와 외부성과평가

성과평가는 평가의 주체가 내부인지 외부인지에 따라서 차이가 있다. 이는 평가자가 획득할 수 있는 평가 관련 정보의 양과 질에 주로 기인한다. 즉, 내부자는 투자설계에서부터 운용에 이르는 전 과정에 걸쳐 모든 정보에 접근해 성과를 평가할 수 있으나 외부자는 운용자로부터 제공받는 한정된 정보만으로 평가해야 하기 때문이다.

내부성과평가와 외부성과평가의 차이는 〈표 1-1〉과 같다.

표 1-1 **내부성과평가와 외부성과평가**

구분	내부성과평가	외부성과평가
평가의 특징	• 기준 지표 등 운용목표 및 전략에 대한 정확한 정보 보유 • 보유 포트폴리오 및 매매정보 보유 • 운용전략별로 정해진 기준 지표 대비 평가	• 개략적인 운용목표 및 전략정보 보유 • 제한적인 포트폴리오 및 매매정보 보유 • 비슷한 전략별로 동류 그룹을 구성하여 상대 평가
기준 지표 (BM)	• 운용 개시 전에 정의 • 정상 포트폴리오 또는 맞춤 기준 지표 적용 가능	• 운용 개시 후 확인되는 경우가 많음 • 시장 인덱스 또는 사후적 최적 기준 지표 적용
성과지표	• 초과수익률 : 실현수익률－기준 지표 수익률 • 위험 : 기준 지표 대비 잔차 위험 • 성과지표 : 사전적인 정보비율	• 젠센의 알파(사후적 기준 지표 초과수익률) • 사후적 증권특성선상의 잔차 위험 • 사후적 분석을 통한 정보비율
스타일 분석방법	• 포트폴리오에 기초 • 자산구성 변화에 따라 민감하게 변화 • 동적인 전략을 실행하는 경우 스타일 판정 불가	• 샤프의 방법(수익률에 기초) • 사후적으로 평균적인 스타일 확인 • 스타일 변화 발생 시 확인 지연
성과 요인 분석	• 기준 지표 대비 자산배분 성과분석 가능 • 스타일 성과, 시장 예측 및 종목 선정 능력 분석 가능	• Treynor-Mazuy 모형 등을 활용한 성과분석 • 단기적인 타이밍 및 종목 선정 능력 분석

chapter 02

성과평가 기초사항

펀드의 회계처리

정확한 성과평가를 위해서는 먼저 펀드나 포트폴리오가 보유한 자산에 대한 회계처리가 정확하게 이루어지고 난 후, 자산가치의 증감을 수익률로 계산하는 과정이 필요하다. 펀드 회계처리는 '펀드가 보유한 모든 투자자산은 시장에서 거래될 수 있는 공정 가격을 적용하며 발생주의 방식으로 손익을 인식한다'는 기본원칙을 적용한다.

1 공정가치 평가

공정가치(fair value) 평가방법이란 투자대상 유가증권을 시장 가격을 적용하여 평가하되, 시장거래가 활발하지 않는 등 평가일 현재 신뢰할 만한 시장 가격이 없는 경우에는 이론 가격이나 평가위원회가 평가하는 적정 가격 등으로 평가하는 것을 말한다. 시장 가격이란 흔히 현재가(last price)라고 불리기도 하는 것으로, 현재 시점에서 오래되지 않은 가장 최근에 시장에서 거래된 가격을 의미한다. 시장 가격으로 측정하기 어려운 대상은 유동성이 낮거나 최근의 유효한 시장 가격이 존재하지 않는 채권·부동산·비상장주식 등인데, 이런 상품들은 미래에 예상되는 현금흐름을 할인한 이론 가격 또는 일정한 기간 내에 매도 가능한 예상 가격 등을 적용할 수 있다.

채권에 대한 시가평가 제도에서 채권을 시가로 평가한다는 것은 바로 시장에서 거래될 수 있는 공정한 가치로 평가한다는 의미이다. 채권의 시장 가격은 측정하기도 어려우며, 거래가 활발하지 않은 경우에는 시장에서 거래된 가격을 공정 가격으로 보기 어려운 측면도 있다. 따라서 시가평가라는 용어보다는 공정가 평가라는 용어가 더 적합하다고 할 수 있다.

채권 이외에도 거래가 활발하지 않은 비상장주식, 기업어음, 부동산 및 실물자산 등도 시장 가격을 측정하기 어렵다.

자본시장법 제238조는 집합투자재산을 시가에 따라 평가(시가평가 : market valuation)하되, 평가일 현재 신뢰할 만한 시가가 없는 경우에는 공정가액으로 평가하도록 하고 있다. 이러한 평가업무를 수행하기 위하여 평가위원회를 구성하고 운용하며, 집합투자재산의 평가와 절차에 관한 기준을 마련하도록 하고, 시가가 형성되지 않는 채권 등의 경우에는 운용회사에서 자체적으로 자산의 가격을 결정하지 않고 채권평가회사와 같은 자산 가격 산정을 전문으로 하는 외부의 전문기관이 공급하는 가격을 사용하도록 하였다.

2   발생주의 회계

발생주의(accrual basis) 회계란 손익에 영향을 끼치는 거래가 발생하면 현금의 수입이나 지출과 관계없이 그 발생 시점에서 손익을 인식하는 방식이다. 이는 거래의 대가로 주고받는 현금의 지출이나 수입이 없더라도 펀드의 상태 변화나 손익이 발생하면 이를 기준으로 펀드의 순자산을 증가시키거나 감소시키는 방식으로 거래를 인식하는 방법이다. 다만, 손익이 발생한 시점을 정확하게 인식하기 어려우며, 인식 시점에 대한 견해가 서로 다를 수 있기에 실현주의(청구권의 발생 등 수익이 실현된 것으로 볼 수 있는 결정적 사건 발생 시 회계 기록)와 수익-비용 대응의 원칙을 적용한 발생주의에 따라 회계처리를 하게 된다.

기금이나 펀드의 경우 전문적인 운용과 투자가치의 엄격한 산출을 위해서 발생주의 회계처리를 통해 투자수익률을 산출하여야 한다.

❶ 수익인식(실현주의) : 이익창출 활동과 관련하여 결정적 사건 또는 거래가 발생될 때 수익을 인식한다.

❷ 비용인식(수익-비용 대응의 원칙) : 발생된 원가를 그와 관련된 수익이 인식되는 회계기간에 비용으로 인식한다.

❸ 현금의 수입 및 지출과 무관하게 거래가 발생한 시점에서 손익을 인식한다.

발생주의 회계처리와 달리 현금주의(cash basis) 회계처리에서는 현금의 수입 시점에 수익을 인식하며, 현금의 지출 시점에 비용으로 인식한다. 이러한 회계처리를 펀드에 도입하게 되면 펀드의 수익과 수익을 창출하기 위한 비용이 정확하게 대응되지 못하며 손익을 인식하는 시점이 지나치게 지연되는 문제가 생긴다. 특히, 펀드는 다수의 투자자가 서로 다른 투자기간을 가지고 있기 때문에 각 기간에 해당하는 손익이 투자자에게 적절하게 귀속되지 못하는 현상이 발생할 수 있다.

3 체결일 기준 회계처리

체결일 기준(execution date basis) 회계처리는 거래의 이행이 확실시되는 경우에는 체결이 확정되는 날에 회계장부에 기록하고 체결일 이후의 손익을 바로 반영하는 방식이다.

유가증권 등의 거래는 주문(order), 체결(execution), 결제(settlement)의 과정을 거치는데, 이러한 과정이 동시에 발생하지 않고 지연되는 것이 보통이다. 우리나라 주식거래의 경우 체결일부터 제3영업일에 결제가 발생하며, 채권의 거래는 익영업일에 주로 결제가 일어난다. 해외 상품에 대한 거래나 외국 증권시장에서의 거래에서는 체결 이후 결제에 걸리는 기간이 더 길어지기도 한다. 소유권의 이전이나 거래대금과 유가증권의 교환은 결제일에 발생하지만, 이 때까지 회계처리를 지연시키지 말고 체결일에 모든 회계처리를 하는 것이 체결일 기준 회계처리방식이다.

체결 시점에 거래 가격이 결정되고 체결일 이후의 손익은 모두 펀드에 반영될 수밖에 없다. 따라서 체결일에 회계처리를 해야 투자 시점에 따른 손익을 정확하게 인식할 수 있으며, 성과평가의 기준이 되는 시장지수 또는 기준 지표의 측정 기간과 일치시킬 수 있다.

표 2-1   성과분석을 위한 회계처리 원칙

원칙	내용	비고
공정가 평가 (fair value)	• 자산 및 부채의 가치를 시장에서 평가하는 공정한 가격으로 측정, 시장가, 현재가 적용 • 유동성이 충분하지 않아 현재의 시장 가격을 알 수 없는 경우에는 현금흐름을 시장금리로 할인한 이론적인 가격을 사용할 수 있음	장부가(book-value) 원가(cost)주의
발생주의 원칙 (accrual basis)	• 이자나 배당 등이 실제로 지급되지 않았더라도 발생할 것이 확실한 경우에는 수익으로 인식 • 운용보수 등의 비용도 실제 지급하지 않더라도 시간의 경과에 따라 인식	현금주의 (cash basis)
체결 시점 (execution date)	거래의 체결이 확인되면, 실제로 현금흐름에 따라 결제가 일어나지 않았더라도 회계상에 반영(예 : 유가증권 매수 체결 시점의 회계처리 : 미수증권 · 미지급금)	결제 시점 (settlement date)

4 GIPS®의 평가 규칙

기금이나 펀드의 편입자산을 공정가 평가와 발생주의 방식으로 평가한 자산가치에서 부채 가치를 차감한 것을 순자산가치(NAV : Net Asset Value)라고 하며, 이를 기준으로 투자자들이 펀드를 거래하거나 기금의 성과를 평가하게 된다. 우리나라에서는 순자산가치를 단위 금액으로 나눈 것을 기준 가격이라고 표현하며 일반적으로 1,000원 또는 5,000원을 단위로 하여 작성하고 있다.

GIPS® 집행위원회가 운용사들에게 요구하는 포트폴리오의 평가 규칙을 살펴보면 다음과 같다.[1]

---

1 *Global Investment Performance Standards*(GIPS), http://www.gipsstandards.org, 2010.(한국투자성과위원회 번역본)에 포함된 회계처리(Input Data)에 대한 주요 내용이다.

표 2-2 GIPS®의 평가 규칙

RQ1. 국제 성과평가기준에 따랐음을 입증하기 위해 필요한 모든 자료와 정보는 확보되고 유지되어야 한다.

RQ2. 2011년 1월 1일 또는 그 이후에 시작하는 기간에 대하여, 포트폴리오는 공정가치의 정의와 부합되며 GIPS의 평가원칙과 일치하도록 가치평가되어야 한다.

RQ3. 2001년 1월 1일 및 그 이후에 시작하는 기간에 대하여, 최소한 월간 단위로. 2010년 1월 1일 및 그 이후에 시작하는 기간에 대하여, 모든 대량 현금흐름이 발생한 날에 포트폴리오 가치가 평가되어야 한다.

RQ4. 2010년 1월 1일 또는 그 이후에 시작하는 기간에 대하여, 달력의 월말 또는 그 달의 마지막 영업일 현재로 포트폴리오를 가치평가하여야 한다.

RQ5. 2005년 1월 1일 또는 그 이후에 시작하는 기간에 대하여, 체결일 기준 회계를 사용하여야 한다.

RQ6. 발생주의 회계는 확정이자부 증권과 이자수입을 얻는 모든 투자상품에 대해 사용되어야 한다. 확정이자부 증권의 가치는 미수수익을 포함하여야 한다.

RQ7. 2006년 1월 1일 또는 그 이후에 시작하는 기간에 대하여, 컴포지트는 일관된 연단위 가치평가 개시일과 가치평가 종료일을 가져야 한다. 컴포지트가 달력상의 연도가 아닌 회계연도로 보고되지 않는 한, 가치평가 개시일과 종료일은 달력상의 연도말 또는 마지막 영업일이어야 한다.

* 의미를 명확히 하기 위해 '한국투자성과위원회'에서 번역한 '국제투자성과기준'과 표현이 상이할 수 있음

GIPS®에서는 다음과 같은 가치평가의 계층구조를 제시하여 공정가치 결정에 반영할 것을 권고하고 있다.

❶ 투자상품은 입수할 수 있으면 측정일에 활발한 시장에서 동일한 투자상품에 대하여 객관적이고 관측가능하며 조정되지 않은 공시된 시장가격을 사용하여 가치평가되어야 한다. 입수할 수 없으면 투자상품은 다음을 사용하여 가치평가되는 것이 좋다.

❷ 활발한 시장에서 유사한 투자상품에 대하여 객관적이고 관측가능한 공시된 시장가격. 입수할 수 없거나 적절하지 않다면, 투자상품은 다음을 사용하여 가치평가되는 것이 좋다.

❸ 활발하지 않은 시장(투자상품에 대한 거래가 거의 없고, 가격이 최근의 것이 아니거나, 또는 시간이나 시장조성자에 따라서 가격 견적이 상당히 변하는 시장)에서 동일하거나 유사한 투자상품에 대한 공시된 가격. 입수할 수 없거나 적절하지 않다면, 투자상품은 다음을 사용하여 가치평가되는 것이 좋다.

❹ 공시된 가격 이외에 그 투자상품에 대하여 관측가능한, 시장에 근거한 입력자료. 입수할 수 없거나 적절하지 않다면, 투자상품은 다음을 사용하여 가치평가되는 것이 좋다.

❺ 측정일에 시장이 활발하지 않은 경우, 투자상품에 대한 주관적이고 관측불가능한 입력자료. 관측불가능한 입력자료는 관측가능한 입력자료와 가격을 입수할 수 없거나 적절하지 않은 경우에만 공정가치를 측정하기 위하여 사용하는 것이 좋다. 관측불가능한 입력자료는 시장참여자들이 투자상품을 가치평가하는 경우 사용하는 가정에 대한 회사 자신의 가정을 반영하는데, 그 상황에서 이용가능한 최선의 정보에 근거하여 도출되는 것이 좋다.

section 02 투자수익률 계산

펀드의 수익률은 펀드의 기초 대비 기말의 가치 변화를 기초가치로 나누어 계산한다. 그러나 계산기간 도중에 투자자금이 증가하거나 감소하면 펀드의 가치변화와 실제 투자성과와 다르게 된다. 이러한 문제점을 극복하기 위해 금액가중 수익률과 시간가중 수익률이라는 두 가지 방법이 개발되어 사용되고 있으며 펀드의 수익률 계산은 시간가중 수익률을 사용하는 것을 원칙으로 하고 있다. GIPS® 집행위원회가 운용사들에게 요구하는 수익률 계산규칙을 살펴보면 다음과 같다.

표 2 – 3 GIPS®의 수익률 계산규칙

RQ1. 총수익률이 사용되어야 한다.

RQ2. 회사는 외부 현금흐름을 감안한 시간가중 수익률을 계산하여야 한다. 주기적인 그리고 하위기간 수익률은 기하적으로 연결되어야 한다. 2001년 1월 1일 또는 그 이후에 시작되는 기간에 대하여, 회사는 최소한 월간으로 포트폴리오 수익률을 계산하여야 한다. 2005년 1월 1일 또는 그 이후에 시작하는 기간에 대하여, 회사는 일별 가중 외부 현금흐름을 감안한 포트폴리오의 수익률을 계산하여야 한다.

RQ3. 포트폴리오가 보유하고 있는 현금 및 현금 등가물에서 발생하는 수익은 모든 수익률 계산에 포함되어야 한다.

RQ4. 모든 수익률은 해당기간 중 발생한 실제 매매비용을 공제한 후에 계산되어야 한다. 회사는 추정된 매매비용을 사용하지 않아야 한다.

RQ5. 통합보수에서 실제 매매비용을 확인하여 분리할 수 없는 경우, 보수공제 전 수익률을 계산할 때, 수익률은 통합보수 전체를 공제하거나 또는 매매비용을 포함하는 통합보수의 부분이 공제되어야 한다. 회사는 추정된 매매비용을 사용하지 않아야 한다. 보수공제 후 수익률을 계산할 때, 수익률은 통합보수 전체를 공제하거나 또는 매매비용과 운용보수를 포함한 통합보수의 부분이 공제되어야 한다. 회사는 추정된 매매비용을 사용하지 않아야 한다.

RQ6. 컴포지트 수익률은 기간 초의 가치 또는 기간 초의 가치와 외부 현금흐름을 모두 반영하는 방법을 사용하여 개별 포트폴리오 수익률을 자산 가중함으로써 계산되어야 한다.

RQ7. 컴포지트 수익률은 다음과 같이 계산되어야 한다. 2006년 1월 1일 또는 그 이후에 시작하는 기간에 대하여, 개별 포트폴리오의 수익률을 최소한 분기별로 자산가중한다. 2010년 1월 1일 또는 그 이후에 시작하는 기간에 대하여, 개별 포트폴리오의 수익률을 최소한 월별로 자산가중한다.

1 금액가중 수익률

금액가중 수익률(dollar-weighted rate of return)은 투자자가 얻은 수익성을 측정하기 위하여 사용한다. 금액가중 수익률은 측정기간 동안 얻은 수익금액을 반영하는 성과지표이다. 수익금액은 펀드매니저의 투자판단 뿐만 아니라 투자자의 판단, 즉 펀드에 추가로 투자하거나 인출하는 시점과 규모에 의해서도 결정된다. 금액가중 수익률은 펀드매니저와 투자자의 공동의 노력의 결과로 나타나는 수익률 효과가 혼합되어 있는 것이다. 이것은 펀드매니저의 성과를 측정하는 데 사용되는 시간가중 수익률과 구분된다.

1기간 동안 펀드의 순자산가치가 변화한 경우의 수익률(rate of return)은 다음 식으로 나타낼 수 있다.

$$수익률(R) = \frac{MV_1 - MV_0}{MV_0}$$

MV_0 : 기간 초 펀드의 순자산가치

MV_1 : 기간 말 펀드의 순자산가치

위 식을 정리하면 $MV_0 = \dfrac{MV_1}{(1+R)}$ 이 된다. 이 식은 미래의 순자산가치를 수익률로 할인하면 현재의 순자산가치와 일치한다는 것을 의미한다. 기간초의 순자산가치를 투자행위의 하나로 생각하고 기간 말의 순자산가치를 하나의 수익으로 생각하여 일반화하면, 펀드에 투자한 현금흐름의 현재가치와 펀드로부터의 수익의 현재가치를 일치시키는 할인율이 수익률이라는 것이다.

이러한 관점에서 계산한 수익률을 내부수익률(IRR : Internal Rate of Return)[2]이라고 하는데, 이 수익률은 기간별로 투자된 금액과 관련되어 있으므로 금액가중 수익률[3]로도 불린다. 이를 수식으로 정확하게 표현하면 다음 식의 'r'이 금액가중 수익률이 된다. 즉, 각 기간별로 현금유입액에서 현금유출액을 차감한 순현금흐름(CF_t)을 할인하여 합산한 값을 0으로 만드는 할인율이 총기간의 금액가중 수익률이 된다.

$$금액가중\ 수익률(r) : \sum_{t=0}^{T} \frac{CF_t}{(1+r)^{t/T}} = 0$$

$CF_t = t$기 동안의 순현금흐름(현금유입 - 현금유출)

T = 세부기간 수

구체적으로 다음과 같은 사례를 들어보자. 0기말에 최초의 투자자금인 50,000원으로 주식을 1주 매입하여 포트폴리오를 구성하고, 1기 말에 1,000원의 현금배당금을 수령하였다. 또한 1기 말에 60,000원의 자금이 추가적으로 유입되었으며 이 자금으로 동일한 주식을 1주 더 매

표 2-4 금액가중 수익률 계산 사례

시점 (기간 말)	펀드자금 증감	펀드규모	1주당 시장가격	1주당 배당금	총배당금	펀드 내 주식 수
0	+50,000	50,000	50,000	0	0	1
1	+60,000	110,000	60,000	1,000	1,000	2
2	-160,000	0	80,000	750	1,500	0

2 기간을 일정하게 구분(예 : 월간)한 전통적인 방법과 구분해서, 현금유출입이 발생한 모든 시점을 구분하여 계산한 방법을 수정 내부수익률(modified IRR)이라고 부르기도 한다.

3 금액가중 수익률은 세부 기간별 수익률을 (세부기간의 길이×투자금액)으로 가중한 수익률과 거의 같은 값을 갖는다.

입하고, 2기 말에 총보유주식 2주에 대해 1,500원의 현금배당금을 수령하고 주식을 모두 매각하여 160,000원의 현금을 수령하였다.

이와 같은 사례에서 금액가중 수익률을 계산하면 다음과 같다.

$$50,000 + \frac{60,000}{(1+R)^{1/2}} = \frac{1,000}{(1+R)^{1/2}} + \frac{(1,500 + 160,000)}{(1+R)^{2/2}}$$

(현금유출액 : 주식 매입 = 현금유입액 : 배당금 + 주식 매각액)

$$-50,000 + \frac{1,000 - 60,000}{(1+R)^{1/2}} + \frac{(1,500 + 160,000)}{(1+R)^{2/2}} = 0$$

위 수식을 풀면 할인율(R)은 약 69.41%가 된다. 이 할인율이 전체 기간(이 예에서는 2기간) 동안의 금액가중 수익률로 계산한 총수익률이다.

금액가중 수익률을 펀드매니저의 능력을 평가하는 지표로 사용하기에는 몇 가지 문제가 있다. 금액가중 수익률은 최초 및 최종의 자산규모, 자금의 유출입 시기에 의해 영향을 받는다. 그런데, 현금 유입과 유출의 시점 및 규모는 펀드매니저가 결정할 수 없으며 투자자가 직접 결정하는 것이 일반적이기 때문에, 금액가중 수익률은 펀드매니저의 의사결정 이외의 변수에 영향을 받는다. 금액가중 수익률은 총운용 기간 동안 단 한번 계산되고 시장수익률을 측정하는 방식과도 차이가 있기 때문에, 운용기간 도중 각 시점별로 펀드성과와 시장수익률을 비교하기도 어렵다. 따라서 금액가중 수익률은 펀드매니저의 능력을 평가하는 지표로는 적합하지 않다(단, 캐피탈콜 방식으로 투자가 이루어지는 경우에는 펀드매니저가 현금흐름 유출입을 결정하므로 예외이다). 그러나 투자자가 실제로 획득한 수익을 투자기간을 고려하여 측정하는 데에는 가장 정확한 것으로 알려져 있다.

2 시간가중 수익률(time-weighted rate of return)

시간가중 수익률은 펀드매니저가 통제할 수 없는 투자자금의 유출입에 따른 수익률 왜곡현상을 해결한 방법으로 펀드매니저의 운용능력을 측정하기 위하여 사용된다. 시간가중 수익률은 총투자기간을 세부기간으로 구분하여 세부기간별로 수익률을 계산한 다음 세부기간별 수익률을 기하적으로 연결하여 총수익률을 구한다. 세부기간이 짧을수록 수익률 왜곡현상은 감소하는데, 1일 단위로 세부기간을 구분하여 수익률을 측정하는 것을 순수한 시간가중 수익률이라고 부르며, 이를 Daily Valuation Method라고도 한다. 순수한 시간가중 수익률을 계산하기 위하여 반드시 일별로 수익률을 측정할 필요는 없으며 자금의 유출입이 발생한 시점별로 구분하여 수익률을 측정하여도 순수한 시간가중 수익률을 얻을 수 있다. 세부기간을 주간이나 월간으로 설정함으로써 순수한 시간가중 수익률과 차이가 나는 방법을 시간가중 수익률과 구분하여 근사적 시간가중 수익률(approximation of time-weighted rate of return)로 구분하기도 한다.

펀드의 경우 투자 단위당 순자산가치를 매일 계산하여 발표하는 것이 일반적인데, 이것을 기준 가격이라고 부른다. 이 기준 가격의 변화율은 시간가중 수익률과 동일하기 때문에, 기준 가격[4]은 시간가중 수익률을 지수화한 것으로 볼 수 있다.

만약 어느 펀드에서 수익률을 측정하는 대상 기간 동안 n번의 자금유출입이 발생한 경우 시간가중 수익률은 다음 공식과 같이 계산된다.

시간가중 수익률(TWR)

$$= \left[\frac{V_1}{V_0 + C_1} \times \frac{V_2}{V_1 + C_2} \times \frac{V_3}{V_2 + C_3} \times \cdots \times \frac{V_n}{V_{n-1} + C_n} \right] - 1$$

$$= \left[(1 + R_1)(1 + R_2)(1 + R_3) \cdots (1 + R_n) \right] - 1$$

$$= \prod_{t=1}^{n} (1 + R_t) - 1$$

$V_t = t$기말의 펀드 가치, $C_t = t$기의 순현금흐름액, $R_t = t$기의 수익률

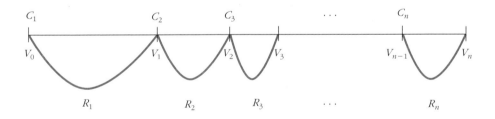

즉, 운용 도중 발생한 현금유출입 C_1, C_2, $\cdots$, C_n으로 인한 수익률 왜곡현상을 없애기 위해, 현금유출입이 발생할 때마다 수익률을 계산한 다음, n개의 세부기간 수익률을 연속적으로 연결한다.

---

4 대부분의 펀드는 설정일로부터 1년 단위로 펀드의 투자실적을 확정하는 결산을 하게 된다. 이익분배 및 수익증권 재투자 형태로 이루어지게 되는데 이때 펀드의 기준 가격은 일반적으로 최초 기준 가격으로 환원되나 반드시 그렇게 되는 것은 아니다. 만약 기준가격 조정이 있게 되면 수익률을 산출할 경우에 이와 관련한 분배율을 반드시 고려하여야 한다. 기준가 외에 수정기준가격이 추가로 산출되기도 하는데 이는 분배율을 고려한 총누적수익률 정보를 제공한다.

앞에서 금액가중 수익률을 계산할 때 사용한 동일한 예를 기초로 현금유출입이 발생한 시점별로 수익률을 계산한 뒤 이를 기하적으로 연결하는 시간가중 수익률을 계산하면 아래와 같다.

표 2-5 시간가중 수익률 계산 사례

시점 (기간 말)	펀드자금 증감	1주당 시장가격	주당배당금	총배당금	펀드 내 주식 수	펀드 수익률
0	+50,000	50,000	0	0	1	—
1	+60,000	60,000	1,000	1,000	2	22.00%
2	−160,000	80,000	750	1,500	0	34.58%

1기간의 수익률 : $(1,000+60,000)/50,000-1=22.00\%$

2기간의 수익률 : $(1,500+160,000)/120,000-1=34.58\%$

따라서 시간가중 수익률로 계산한 총수익률은 $(1+0.22) \times (1+0.3458)-1=0.6419$, 즉 64.19%이다. 이렇게 각 세부기간별 수익률을 곱하여 연결하는 방법을 기하적 연결(geometric linking)이라고 한다.

3 수익률 측정 시 고려사항

❶ 평균 수익률 : 동일한 기간에 대해 측정한 T개의 수익률을 기초로 평균 수익률을 계산하는 방법으로는 기하평균(geometric mean)과 산술평균(arithmetic mean) 두 가지가 있다. 산술평균 수익률은 항상 기하평균 수익률보다 크거나 같으므로 양자를 목적에 맞게 사용해야 한다.

산술평균 수익률 $= \dfrac{R_1 + R_2 + \cdots + R_T}{T}$

기하평균 수익률 $= \sqrt[T]{(1+R_1)(1+R_2)\cdots(1+R_T)} - 1$

만약 과거 T년 동안의 연도별 수익률을 사용하여 연평균 수익률을 산출하려면 기하평균 수익률을 사용하는 것이 바람직하다. 그리고 연도별 예상 수익률을 추정하려는 목적으로는 산술평균 수익률이 더 적합하다. 〈표 2-5〉의 예를 이용하여, 단위기간의 평균 수익률을 계산하면 다음과 같다.

$$산술평균 수익률 : (22.00\% + 34.58\%)/2 = 28.29\%$$

$$기하평균 수익률 : \sqrt{(1 + 0.2200)(1 + 0.3458)} - 1$$
$$= 28.14\%$$

❷ 연환산 수익률(annualized return) : 측정기간이 1년이 아닌 수익률을 연간 단위로 환산한 것을 연환산 수익률이라고 한다. 그러나 분기 또는 월 수익률과 같이 1년 미만의 수익률을 연율화하면 수익률이 확대되어 표현되므로 불공정행위가 될 수 있으며, 단기간의 수익률 변동을 감안하지 못한 점을 비난받을 수 있다. 특히, 주식형 펀드처럼 수익률 변동이 심한 펀드의 경우 수익률의 연율화는 바람직하지 못하며, GIPS®에서는 기간이 1년 미만인 수익률은 연율로 표기하지 말 것을 요구하고 있다.

❸ 계산사례 : 1분기 중 다음과 같은 수익률을 달성한 경우 분기 총수익률은,

1월: +3.06%, 2월: −1.95%, 3월: +5.01%

1분기 시간가중 수익률 = (1.0306×0.9805×1.0501) − 1 = 0.0611

모두 4개 분기 동안 수익률이 다음과 같다면 연수익률은 다음과 같이 계산된다.

1분기: +6.11%, 2분기: +4.06%, 3분기: −3.54%, 4분기: +2.95%

연수익률(시간가중 수익률) = (1.0611×1.0406×0.9646×1.0295) − 1 = 0.0965

모두 8개 분기(2년간) 수익률이 다음과 같다면 연평균 수익률은 다음이 된다.

1분기: +6.11%, 2분기: +4.06%, 3분기: −3.54%, 4분기: +2.95%

5분기: +8.34%, 6분기: +5.20%, 7분기: −1.95%, 8분기: +4.86%

총수익률(시간가중 수익률) = (1.0611×1.0406×0.9646×1.0295×1.0834×1.0520×
0.9805×1.0486) − 1 = 0.284919

연평균 수익률(기하평균 수익률) = $\sqrt{1 + 0.284919}$ − 1 = 0.1335

4 운용사의 수익률

투자자가 가입한 펀드의 수익률을 사후적으로 측정하고 분석하기 위해서는 운용사의 수익

률이 상대적으로 중요하지 않을 수 있으나, 투자자가 새로운 투자계획을 수립하고 투자할 펀드를 고르기 위해서 운용사의 수익률은 반드시 분석해야 하는 대상이다. 문제는 운용사가 펀드 한 개만을 운용하는 것이 아니라 여러 개의 펀드를 운용한다는 데 있다. 특정 펀드의 수익률은 높다고 하더라도 다른 펀드의 수익률은 나쁠 수 있다. 따라서 운용사에 대한 정확한 판단을 위해서는 다음의 사항들을 고려하여 운용사의 평균적인 수익률을 계산해서 분석해야 할 필요가 있다.

❶ 대표 펀드(representative accounts)의 문제 : 여러 개의 펀드 중에서 대표적이라고 생각되는 펀드만으로 전체의 성과를 판단할 때 나타날 수 있는 오류를 의미한다. 대표 펀드로는 규모가 큰 펀드, 운용기간이 긴 펀드 등을 선택할 수 있으나, 대표 펀드로 선정되지 않은 펀드의 성과는 누락됨으로써 더 나은 판단을 할 수 있는 가능성을 차단하는 문제가 생긴다.

❷ 생존계정의 편의(survivorship biases) : 성과를 측정하는 시점에 운용되고 있는 펀드만을 대상으로 성과를 측정할 때 생길 수 있는 오류를 의미한다. 성과가 좋은 펀드의 경우 신규 자금이 유입되는 등 운용이 지속되지만, 운용성과가 좋지 않은 펀드의 경우 투자자들의 환매 증가 등으로 펀드가 해지되어 과거의 운용기록(record)으로만 남는 경향이 있다. 따라서 성과측정 시점에 운용 중인 펀드만을 대상으로 성과를 측정하는 것은 운용사의 실제 운용능력보다 더 좋은 성과를 보인 것처럼 나타날 가능성이 높다. 이러한 생존계정의 오류를 피하기 위해서는 성과평가 기간 동안 운용되었던 모든 펀드를 평가대상으로 하여야 한다.

❸ 성과의 이전 가능성(portability of investment results) : 운용사의 합병에 따른 수익률 측정이나 펀드매니저가 다른 운용사로 이직하였을 때 운용능력을 어느 시점부터 측정해야 하는가 하는 문제가 있다. 운용성과는 펀드매니저 개인의 능력만이 아니라 운용할 수 있는 환경, 즉 운용사의 운용 철학, 운용을 지원하는 리서치, 리스크 관리 등이 복합적으로 영향을 주게 된다. 이러한 환경의 동질성을 담보할 수 없다면 성과의 연속성을 주장하기 어렵다.

❹ 시간에 따른 성과 변동의 문제(varying time periods) : 운용성과를 측정하는 기간에 따라 운용성과는 상당한 편차를 보인다. 특정 기간에 좋은 성과를 보인 운용사라고 하더라도 다른 기간에는 좋지 않은 성과를 보이는 경우가 흔히 발생한다. 따라서 적정한 시점을 택하기만 하면, 다른 펀드보다 좋은 성과를 보인 것처럼 나타내는 것이 가능해진다.

| 표 2-6 | 통합계정 수익률 계산사례 |

기간	펀드 A			펀드 B			통합계정 수익률
	기초 순자산	기말 순자산	수익률	기초 순자산	기말 순자산	수익률	
1	1,000	1,100	10.0%	1,000	1,200	20.0%	15.0%
2	1,100	1,300	18.2%	1,200	1,300	8.3%	13.0%
3	500	600	20.0%	1,500	1,300	−13.3%	−5.0%
4	1,500	1,300	−13.3%	500	600	20.0%	−5.0%
전체	−	−	35.2%	−	−	35.2%	17.3%

운용사의 수익률은 투자대상이나 투자전략이 유사한 그룹, 즉 동류 그룹(Peer Group)별로 구분하여 측정하는 것이 바람직한데, GIPS®에서는 통합계정(Composite)이라는 표현을 사용하고 있다. 통합계정 수익률은 통합계정에 속한 펀드들을 대상으로 세부 기간별 순자산가중 수익률을 계산한 후, 세부기간별 수익률을 기하적으로 연결하는 방식인 시간가중방식으로 계산한다(〈표 2-3〉 GIPS®의 수익률 계산규칙 RQ6, RQ7 참조).

운용사의 통합계정 수익률을 계산하는 방법을 예로 들어 설명하면 다음과 같다. 각 기간에서의 현금흐름은 기초에 발생하며, 기중에는 발생하지 않는 것으로 가정하였다. 이때 각 기간별 통합계정 수익률은 해당 기간에 존재했던 펀드의 수익률을 기초 순자산으로 가중평균하여 계산한다. 기중에 현금흐름이 발생하였다면, 기중의 현금흐름을 무시하고 기초 순자산으로 가중할 수도 있으며 기중 현금흐름을 적정하게 반영하는 방법[5]으로 가중할 수도 있다. 이렇게 계산한 각 기간별 통합계정 수익률을 기하적으로 연결하여 전체 기간에 대한 통합계정 수익률을 계산한다.

통합계정 수익률은 개별 펀드의 모든 운용행위가 통합계정에서 이루어지는 것으로 간주하고 계산한 것과 동일하다는 것이다.

예를 들어 기간 4의 통합계정 수익률은 펀드 A와 펀드 B의 기초 순자산의 합에 대한 펀드 A와 펀드 B의 기말순자산의 비율로 표현될 수 있다.

기간 4의 통합계정 수익률 = (1,300 + 600)/(1,500 + 500) − 1 = −5.0%

---

5 이러한 방법으로는 수정Dietz방법(modified Dietz method), 수정IRR방법(modified IRR method) 등이 있다. CFA Institute, *Global Investment Performance Standards Handbook* 참조.

또한 전체 기간의 통합계정 수익률은 개별 펀드의 전체 기간 수익률과는 상당한 차이를 보일 수도 있다. 위의 예에서 개별 펀드들은 모두 35.2%의 수익률을 올렸지만, 통합계정 수익률을 17.3%로 나타난다. 이런 결과는 기간 3과 기간 4에서 순자산액이 적은 펀드에서는 높은 수익률을 보였으나, 순자산액이 큰 펀드에서는 낮은 수익률을 보였기 때문이다. 즉, 전체 기간의 통합계정 수익률은 펀드별 전체 기간 수익률의 가중평균이 아니다.

section 03 투자위험

펀드투자의 위험은 수익률의 변동성, 기대한 수익률을 달성하지 못할 가능성, 현금흐름이 부합되지 않을 가능성, 미래 수익의 불확실성 등 여러 가지 견해가 존재하나 일반적으로 실현수익률이 예상(또는 기대)수익률과 어긋날 가능성을 의미한다. 만약 실현수익률이 기대수익률보다 어긋날 가능성이 높으면 위험이 높으며, 가능성이 낮으면 위험이 낮다고 할 수 있다. 투자위험은 투자에 있어서 바람직하지 못한 속성이며, 위험을 많이 부담할수록 높은 수익률로 보상받아야 한다. 동일한 수익률을 가진 두 가지의 포트폴리오가 있다면 투자자들은 위험이 낮은 포트폴리오를 선호할 것이다. 마찬가지로 위험이 같은 두 가지의 포트폴리오가 있다면 수익률이 높은 포트폴리오가 선호될 것이다. 사후적으로 포트폴리오의 성과는 수익률-위험 차원(return-risk basis)에서 평가되므로 평가에 적용될 위험에 대한 정의는 펀드운용에 큰 영향을 주게 된다.

1 위험의 종류

위험의 종류는 자산이 독립적으로 가지는 위험을 측정한 절대적 위험(absolute risk)과 특정대상과 비교하여 위험을 측정한 상대적 위험(relative risk)으로 분류할 수도 있으며, 수익률이 기준 대비 높은 경우와 낮은 경우를 동일하게 반영하여 측정한 전체 위험과 기준에 비해 낮은 수익률만을 고려하여 측정한 하락 위험(downside risk)으로 구분할 수도 있다. 또한 이들 위험은 측

표 2-7　위험의 종류

종류		지표	사용용도
절대적 위험 (absolute risk)	전체 위험	• 표준편차	수익률의 안정성을 중시하는 전략
	하락 위험 (downside risk)	• 절대 VaR • 하락 편차 • 반편차 • 적자 위험	• 목표수익률을 추구하는 전략 • 보다 정확한 의미의 위험 측정
상대적 위험 (relative risk)	전체 위험	• 베타 • 잔차 위험 • 추적오차	• 자산배분 전략에 기초한 장기투자전략 • 기준 지표가 미리 정해진 투자
	하락 위험	상대 VaR	

정 시점에 따라 사전적 위험(ex-ante risk)과 사후적 위험(ex-post risk)으로 다시 분류할 수 있다.

투자자가 자산배분 전략을 수립하고 나서 주식펀드와 채권펀드에 가입한 경우, 주식펀드는 기준 지표인 종합주가지수만큼의 위험을 부담하고, 채권펀드도 역시 기준 지표인 채권지수만큼의 위험을 부담하려는 의도가 있는 것으로 볼 수 있다. 따라서 이들 펀드를 평가할 경우 표준편차나 절대 VaR과 같은 절대적 위험을 사용하기보다는 종합주가지수, 채권지수와 같은 기준 지표의 위험에 대비한 상대적 위험을 사용하면 충분하다.

한편, 연기금이나 자산운용회사는 미래의 수익을 위해 그에 수반되는 위험을 부담하는 것이므로 과거 수익률을 이용하여 측정한 사후적 위험은 단지 참고자료이며, 미래의 환경변화에 따라 펀드 수익률에 나타날 영향을 측정하는 사전적 위험이 더 중요한 의미를 가진다. 따라서 단순히 과거 위험을 측정할 것이 아니라 미래의 수익에 나타날 위험을 적극적으로 측정해야 한다.

이상과 같이 투자자금의 성격, 자산배분 전략, 활용 용도 등에 따라 다양한 위험 지표 중 적합한 것을 선정하여 활용해야 한다.

2　표준편차(standard deviation)

1950년대에 최초로 위험을 계량화함으로써 투자론의 기초를 수립한 Markowitz는 수익률의 변동성(volatility)을 위험이라고 정의하였다. 이때 변동성은 계량적으로 표준편차로 측정되며, 기준 지표와 비교하는 상대적인 지표가 아니라 절대적인 위험 수준을 나타내는 지표이다.

표준편차는 투자위험을 측정할 때 가장 일반적으로 사용되는 것으로 투자수익률이 평균으로부터 얼마나 떨어져 있는가를 나타내는 통계지표이다. 따라서 표준편차가 큰 펀드는 위험이 높다고 볼 수 있다.

$$분산(\text{Variance})^6 = \frac{\displaystyle\sum_{i=1}^{n}(R_p - \overline{R})^2}{n-1}$$

$$표준편차(\text{standard deviation}) = \sqrt{분산}$$

$$연율\ 표준편차^7 = 표준편차 \times \sqrt{연간\ 기간수}$$

R_p = 펀드의 기간 수익률(기간 구분은 일정)

$\overline{R}$ = 펀드의 평균 수익률

운용 목표를 절대적인 수익률의 안정성에 둔다면 바람직한 위험지표는 수익률의 변동성인 표준편차이다. 그러나 모든 펀드에 대해 일괄적으로 수익률의 변동성만을 강조하는 것은 바람직하지 않을 수 있다. 예를 들어 주식펀드의 경우 벤치마크를 정하지 않고 안정성만을 강조하게 되면 운용자는 주식을 매도하거나 주가지수선물을 매도하여 실질적인 주식 편입비중을 줄임으로써 안정성을 확보할 수도 있는데, 이와 같이 주식 편입비중을 줄임으로써 주식펀드의 안정성을 확보하는 것은 운용 효율성 차원에서 바람직하지 못하다고 할 수 있다.

수익률의 표준편차를 산출하기 위해서는 기간별 수익률, 수익률의 평균, 편차 등을 계산해야 한다. 위의 계산 예에서 분산과 표준편차는 다음과 같이 계산할 수 있다.

$$월간\ 분산 = (0.0256 + 0.0036 + 0.0121 + 0.0576 + 0.0081)/(5-1) = 0.02675$$

$$월간\ 표준편차 = \sqrt{분산} = 16.36\%$$

$$연간\ 표준편차 = 월간\ 표준편차 \times \sqrt{12} = 56.66\%$$

수익률 분포가 정규분포를 보인다면 실현수익률이 기대수익률보다 낮을 가능성은 표준편차에 비례하므로, 표준편차는 위험을 측정하는 지표로 충분하다. 정규분포를 가정하면, 표준

---

6 표본(sample)의 불편분산(unbiased variance)은 편차제곱의 합을 $(n-1)$로 나누어 구하며, 모집단(population)의 분산은 편차제곱의 합을 n으로 나누어 구한다. 엑셀 등 일반적인 통계분석툴에서 제공하는 분산은 표본의 불편 분산이다.

7 이 식으로 연율 표준편차를 구하는 것은 측정된 수익률이 자기 상관(autocorrelation)이 없다는 가정을 전제로 하고 있으므로, 이 식을 이용하기 위해서는 측정된 수익들의 자기 상관성을 검토해야 한다. 자기 상관성이 있는 경우에는 자기 상관을 조정하여 연율 표준편차를 계산해야 한다.

표 2-8   표준편차의 계산사례

월간	펀드수익률(%)	편차(%)	(편차)²
1월	20.0	$20-4=\quad16.0$	$(16.0\%)^2=0.0256$
2월	10.0	$10-4=\quad\ 6.0$	$(6.0\%)^2=0.0036$
3월	15.0	$15-4=\quad11.0$	$(11.0\%)^2=0.0121$
4월	-20.0	$-20-4=-24.0$	$(-24.0\%)^2=0.0576$
5월	-5.0	$-5-4=\ -9.0$	$(-9.0\%)^2=0.0081$
합계	20.0	0.0	0.1070

주) 5개월간 평균 수익률=4.0%

편차를 이용하여 아래와 같이 잠재적인 손실확률 및 규모를 측정할 수 있다.

❶ 평균으로부터 1 표준편차 범위 내에 수익률이 있을 확률은 68.3%
❷ 평균으로부터 2 표준편차 범위 내에 수익률이 있을 확률은 95.5%
❸ 평균으로부터 3 표준편차 범위 내에 수익률이 있을 확률은 99.7%

그러나 수익률 분포가 정규분포를 이루지 않는다면, 실현수익률이 기대수익률보다 낮을 가능성은 표준편차만으로 측정할 수 없으며 수익률 분포의 또 다른 통계적 특성, 즉 첨도나 왜도 같은 지표를 포함하여야 한다.

왜도(skewness)란 분포의 '기울어진 정도'를 나타낸다. 자료 집단의 분포가 왼편 또는 오른편으로 얼마나 기울어져 있는가를 측정하는 통계량이다. 분포의 우측 꼬리가 좌측 꼬리 대비 더 길게 늘어지면 왜도는 양(+)의 값을 가진다. 그리고 분포의 좌측 꼬리가 우측 꼬리 대비 더 길게 늘어지면 왜도는 음(-)의 값을 가진다. 왜도가 양의 값을 가지면 평균과 비교해서 상당히 높은 수익률이 발생할 확률이 높다는 것을 의미한다. 그 반대로 왜도가 음의 값을 가지면 평균과 비교해서 상당히 낮은 수익률이 발생할 확률이 높다는 것을 의미한다.

첨도(kurtosis)란 수익률 분포에서 가운데 봉우리 부분이 얼마나 뾰족한가를 측정하는 지표이다. 정규분포는 첨도의 값이 3이며, 정규분포보다 뾰족한 높은 봉우리를 가지는 분포는 첨도가 3 이상의 값을 가지고, 정규분포보다 완만한 봉우리를 가지는 분포는 첨도가 3 이하의 값을 갖는다.[8] 첨도가 3 이상의 값을 가져서 뾰족한 높은 봉우리를 가지는 경우에는 평균 근처의

---

8 확률분포의 뾰족한 정도를 나타내는 kurtosis는 제4차모멘트(x^4)와 관련되어 있다. 엑셀을 비롯한 일반적인 통계분석도구에서는 정규분포의 뾰족한 정도를 나타내는 값이 0이 되도록 조정한 것을 kurtosis라고 부른다.

수익률이 발생할 가능성이 정규분포보다 높다는 것을 의미하며, 반대로 3 이하의 값을 가져서 완만한 봉우리를 가지는 경우에는 평균 수익률 근처의 수익률이 발생할 가능성이 정규분포보다 낮다는 것을 의미한다.

연율화한 표준편차는 수익률을 측정하는 단위기간에 따라 상당한 차이가 나타난다. 월간 수익률을 기초로 측정한 연율화한 표준편차는 주간이나 일간 수익률에 기초해 연율화한 표준 편차보다 큰 값을 나타낸다. 이러한 현상은 수익률 관측치 간에 자기 상관(auto-correlation)이 있기 때문으로, 필요로 하는 가장 정확한 추정치를 얻기 위해서는 자기 상관이 없는 단위측정기간을 이용하거나 투자하고자 하는 기간과 단위 측정 기간을 일치시키는 것이 바람직하다.

수익률 측정 단위의 기간이 길수록 그 분포는 정규분포와 유사하게 나타난다. 따라서 주식이나 채권처럼 일반적인 상품에 대해서도 표준편차를 위험의 지표로 이용하기 위해서는 수익률분포가 정규분포라고 할 수 있는 월간수익률이나 주간 수익률을 이용하는 것이 바람직하며 일간 수익률은 정규분포로 보기 어려우므로 이용하지 않는 것이 바람직하다.

3 하락 위험

정규분포가 아닌 수익률 분포, 특히 왜도가 음(−)의 값을 가지거나 첨도가 3 이상의 값을 가지는 수익률 분포에 대해 위험을 표준편차만으로 측정하면 위험이 실제보다 과소평가된다. 옵션, 구조화된 금융상품, 헤지펀드 또는 파생상품을 적극적으로 활용하는 펀드의 수익률 분

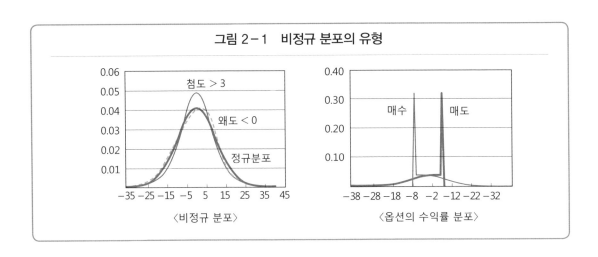

그림 2−1 비정규 분포의 유형

〈비정규 분포〉   〈옵션의 수익률 분포〉

포는 정규분포를 보이지 않는 것이 일반적이다. 예를 들어 아래의 옵션의 수익률 분포도를 보면, 매수 포지션과 매도 포지션의 수익률 분포는 완전히 대칭형태를 이루고 있다. 따라서 매수 포지션의 표준편차와 매도 포지션의 표준편차는 동일하다. 이는 매도 포지션의 위험이 훨씬 크다고 느끼는 투자자의 정서와 상이하다. 따라서 수익률이 정규분포를 보이지 않는 상품에 대한 위험을 측정하는 많은 지표들이 개발되고 있는데, 하락 위험들이 여기에 속한다. 대부분의 하락 위험지표들은 매도 포지션의 위험이 매수 포지션의 위험보다 큰 것으로 나타난다.

하락 위험(Downside Risk)은 실현수익률이 특정 수익률보다 낮을 가능성을 나타냄으로써 투자위험의 의미를 보다 정확하게 나타낸다. 표준편차는 평균 수익률보다 높은 수익률을 보일 가능성 역시 위험으로 간주하는 데 비해, 하락 위험은 펀드의 수익률이 특정 수익률 이하로 하락할 가능성 또는 극단적인 상황에서 나타날 수 있는 최대 손실 가능성에 초점을 두고 있다. 하락 위험 측정치는 다음의 특징을 갖는다.

❶ 특정 수익률이란 평균 수익률이 아니라 투자전략에 의해 정해진다. 구체적으로 무위험 수익률, 원금보장 수익률, 기준 수익률 등으로 다양하게 정해질 수 있다.
❷ 특정 수익률 이하로 하락한 경우만을 위험으로 간주한다.
❸ 수익률 분포가 정규분포가 아닐 때에는 표준편차보다 하락 위험이 좀 더 좋은 위험지표가 된다.

(1) 절대 VaR(absolute Value-at-Risk)

절대 VaR이란 펀드에서 미래의 정해진 기간 동안, 주어진 확률 수준에서 발생할 수 있는 최대의 손실 가능액을 의미한다. 이때 주어진 확률 수준을 보통 유의 수준(significance level)이라고 부르며, '1−유의 수준'을 신뢰 수준(confidence level)이라고 부른다. 만약 펀드 수익률의 분포가 정규분포라고 가정하면 펀드에서 발생할 수 있는 손실 가능액은 수익률의 표준편차를 이용하여 다음과 같이 산출될 수 있다.

$$\text{VaR(과거치, 95\% 신뢰 수준)} = \text{펀드 순자산총액} \times 1.65 \times \sigma_R$$
$$\sigma_R = \text{수익률의 표준편차}$$

그러나 수익률의 분포가 정규분포가 아니라면, 수익률의 분포 특성을 보다 정확히 나타낼 수 있는 왜도나 첨도 등의 통계치들을 필요로 한다. 한편 절대 VaR은 전통적으로 투자자산의 규모를 감안하여 금액기준으로 나타냈는데, VaR을 투자규모로 나눈 값을 %VaR로 나타내고 이용하기도 한다.

전통적인 위험지표는 자산의 유형별로 다르게 적용된다. 주식의 경우에는 표준편차나 베타, 채권의 경우에는 듀레이션, 옵션의 경우에는 델타나 감마 등을 적용하는 것이 그러한 예이다. 따라서 다양한 투자대상을 가지고 있는 기관투자자나 펀드에서는 전체 자산에 대한 위험을 나타낼 수 있는 적정한 지표가 없었다. 그러나 VaR은 개별 자산들의 고유 특성을 무시하고 하나의 통합된 수치로 위험의 크기를 나타낸다는 장점을 가지고 있다.

VaR의 이론적 정합성과 통합 위험지표라는 장점에도 불구하고 펀드의 위험관리지표로서 활용하고자 할 때 몇 가지 사항을 고려하여야 한다. 우선 VaR은 개념 정의상 향후에 발생할 가능성이 있는 예상 위험치를 의미하지만 예측을 위한 통계치가 과거 시계열 자료를 통한 예측기법에 의존할 수밖에 없으므로 통계모형의 예측력에 대한 논란이 존재한다. 다음으로 은행 등의 자금운용과 달리 펀드는 집합투자규약 및 투자설명서에 의해서 투자가능 상품의 범위와 최대 포지션이 정해져 있으므로 VaR의 유용성이 제한될 수밖에 없다.

가장 큰 문제점은 VaR에 의하여 위험의 크기를 측정하였다고 하더라도 포트폴리오를 투자하고 있는 기관투자가나 운용사의 경우 이를 활용할 방법이 마땅치 않다는 점이다. 은행 등의 경우에는 VaR의 크기에 비례하여 일정 수준의 자기자본을 유지해야 하기 때문에 전사적으로 VaR에 의한 리스크관리가 필수적이다. 그러나 운용회사의 펀드는 펀드별로 고객이 상이하고 투자 대상에 대한 제한도 상이하기 때문에 VaR의 절대적 크기에 의해 위험을 관리하기 어렵다. 특히, 펀드의 VaR값은 시장 전망을 통한 운용전략에 따라 영향을 받을 수밖에 없다. 펀드 매니저가 향후 중장기적 금리 하락추세가 지속할 것이라는 전망하에 채권펀드를 장기채 위주로 편입할 경우 듀레이션은 증가하며 이는 곧 VaR의 증가를 의미한다. 자산운용사의 펀드는 절대적 위험관리가 아닌 약관상으로 용인된 위험 범위 내에서 초과수익률을 실현하는 것이 목표이기 때문에 VaR에 의한 획일적인 위험관리는 역효과를 가져올 가능성이 크다.

(2) 하락 편차(downside-deviation)와 반편차(downside semi-deviation)

하락 편차는 나타나는 수익률이 최소 수용 가능 수익률(MAR : Minimum Acceptable Return) 이하로 하락하는 것이 위험이라는 관점에서 최소 수용 가능 수익률보다 낮은 수익률이 발생하는 경우만을 대상으로 표준편차를 계산한 것을 말한다. 즉, 최소 수용 가능 수익률 이상의 수익률이 발생한 경우에는 편차를 계산하지 않으며 최소 수용 가능 수익률 이하의 수익률이 발생한 경우에만 편차를 계산한다.

$$\text{하락 편차} = \sqrt{\frac{\sum_{i=1}^{n}(d_{i}^{-})^{2}}{n-1}}, \quad d_{i}^{-} = \min(0, \quad R_{i} - MAR),$$

$R_{i} =$ 펀드 수익률, $n =$ 기간 개수, $\min(\quad) =$ 두 값 중 작은 값

투자전략에 따라 최소 수용 가능 수익률은 달라질 수 있는데, 목표수익률, 무위험수익률, 평균 수익률, 기준 지표 수익률 등을 이용할 수 있다.

반편차(downside semi-deviation)는 수익률이 평균 수익률 이하로 하락한 경우만을 대상으로 측정한 표준편차이다.[9] 표준편차는 평균 이상의 수익률이 발생한 경우에도 영향을 받지만 반편차는 평균 수익률 이하로 펀드의 수익률이 하락한 경우에만 영향을 받는다.

$$\text{반편차} = \sqrt{\frac{\sum_{i=1}^{n}(d_{i}^{-})^{2}}{n-1}}, \quad d_{i}^{-} = \min(0, \quad R_{i} - \overline{R}),$$

$R_{i} =$ 펀드 수익률, $\overline{R} =$ 평균 수익률

$n =$ 기간 개수, $\min(\quad)$: 두 값 중 작은 값

(3) 적자 위험(shortfall risk)

수익률이 특정 수익률 이하로 하락할 가능성을 적자 위험이라고 한다. 실현수익률의 분포에 대한 적절한 가정이나 실제 발생한 빈도를 분석함으로써, 어떤 목표수익률(target return)을 설정하더라도 실현수익률이 목표수익률 이하로 나타날 확률을 계산할 수 있다.

실현수익률의 분포가 정규분포라면, 이를 표준 정규분포로 전환하여 목표수익률 이하가 발생할 확률을 계산할 수 있다. 실현수익률이 정규분포가 아닌 경우에는 해당하는 분포를 이용하여 발생할 확률을 계산하거나, 발생한 횟수를 기초로 확률을 측정한다.

$$\text{적자 위험} = P[\text{실현수익률} < \text{목표수익률}]$$
$$= \frac{(\text{실현수익률} < \text{목표수익률})\text{인 관측치의 수}}{\text{수익률 관측치의 수}}$$

$P[\quad] =$ 발생 확률(probability)

자산운용계획을 세우는 경우 자금의 수요에 따라 자금부족 현상이 발생하지 않도록 하기 위하여 자금부족이 발생할 수 있는 가능성을 통제한다. 장기간 자금을 운용하는 연금의 경우

---

9 반편차를 하락 편차와 구분하지 않고 동일한 의미로 사용하기도 한다.

에는 목표수익률 이하의 수익률이 나타날 가능성을 적정 수준 이하로 통제하기 위하여 적자위험을 위험지표로 이용하기도 한다.

4   상대적 위험

상대적 위험(relative risk)은 주로 기준 지표 등과 비교하여 측정한 위험을 말한다. 투자자가 자산배분 전략을 수립하여 국내 주식, 국내 채권, 해외 주식, 해외 채권 등과 같은 자산군별로 투자자금을 배분한 경우에 각 자산군별 위험을 측정하기 위해 상대적 위험을 활용한다. 국내 주식이라면 기준 지표인 종합주가지수와 같은 수준의 위험이 기본이 되며, 이보다 높은 위험을 부담하고 있는지 혹은 낮은 위험을 부담하고 있는지를 측정한다.

일반적인 관점에서 특정 변수와 펀드 수익률 간의 상대적인 관계를 나타내는 지표라면 모두 상대적인 위험지표라고 할 수 있다. 예를 들어 경제성장률, 이자율, 환율 등이 펀드 수익률에 영향을 준다고 가정하면 이들 변수들과 펀드 수익률 간의 민감도나 상관관계가 상대적 위험 지표가 된다. 이러한 변수 등에 대한 상대적 위험을 측정하기 위해서는 BARRA모형이나 APT모형과 같은 다중 요인 모형(multi-factor model)을 사용해야 하나 펀드 수익률에 영향을 주는 변수를 명확히 정의하기 어렵고 논란의 여지가 많아 사용 시 주의를 기울여야 한다.

(1) 베타(beta)

베타란 펀드의 수익률이 기준 수익률의 변동에 대해 어느 정도의 민감도를 가지고 있는가를 나타내는 지표이다. 포트폴리오와 개별 증권 모두 증권특성선(SCL : Securities Characteristic Line)에 의해 베타를 산출할 수 있다. 증권특성선은 포트폴리오나 개별 증권의 수익률과 시장수익률(또는 기준 수익률) 간의 선형관계를 나타내는 함수식으로 다음과 같은 회귀모형(regression model)을 통하여 얻을 수 있다.

$$R_{jt} = \alpha_j + \beta_j R_{mt} + e_{jt}$$
$$R_{jt} = t\text{기간의 포트폴리오 또는 증권의 수익률}$$
$$R_{mt} = t\text{기간의 시장수익률}$$

위 식에서 α_j는 절편이며, β_j는 기울기, e_{jt}는 잔차라고 한다. 여기서 기울기인 β_j는 시장수익률이 변화할 때 특정 포트폴리오나 증권이 얼마나 민감하게 반응하는가를 계량적으로 측정한

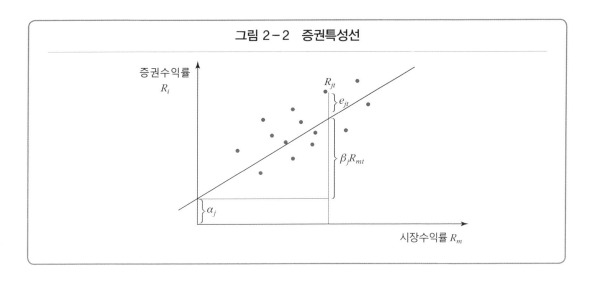

그림 2-2   증권특성선

것이다. 따라서 β계수가 클수록 시장수익률 변동에 보다 민감하게 반응하는 것으로 해석할 수 있으므로, $\beta > 1$의 경우 공격적으로 운용한 포트폴리오이며, $\beta < 1$인 경우 방어적으로 운용한 포트폴리오라고 볼 수 있다. 앞 식에서 잔차항 e_{jt}는 시장 전체의 변동과는 무관한 개별 증권의 특성에 의해 발생한 수익률의 변동을 측정한 것이다.

예를 들어 시장수익률이 1% 상승한다면, 베타가 1인 펀드[10]는 1%의 수익률이 예상되며 베타가 0.8인 펀드는 0.8%의 수익률이 나타날 것으로 예상할 수 있다. 시장이 하락하는 경우에는 각각 −1%와 −0.8%의 하락 수익률이 예상된다.

(2) 잔차 위험(residual risk)

초과 수익률(excess return)은 일정기간 동안의 펀드 수익률에서, 같은 기간 펀드별로 정해진 기준 수익률을 차감한 것을 말한다.

초과 수익률 $= R_p - R_B$
R_p = 펀드 수익률, R_B = 기준 수익률

초과 수익률은 평가대상이 되는 기준 수익률(벤치마크)의 종류에 따라 여러 가지 형태가 있다. 종합주가지수와 같은 벤치마크 대비 초과 수익률이 있으며, 동일한 형태의 여러 펀드들의 평균 수익률인 유형 수익률(category return)[11] 대비 초과 수익률도 있다.

10 인덱스펀드의 경우 베타가 1에 가까운 값을 가지게 된다.
11 제3장 4. 기준 지표로서의 동류 집단(peer group)수익률 참조.

초과 수익률의 변동성을 잔차 위험이라고 하여 위험지표로 이용하는데, 추적오차(tracking error)라고 부르기도 한다.

$$잔차\ 위험(\sigma_{TE}) = sd(R_p - R_B)$$

$$= \sqrt{\frac{\sum_{t=1}^{n}((R_{p,t} - R_{B,t}) - \overline{R_{p-B}})}{n-1}}$$

$sd(\quad) = $ 표준편차,　$R_p = $ 펀드 수익률

$R_B = $ 기준 수익률,　$\overline{R_{p-B}} = $ 잔차의 평균

$R_p - R_B = $ 잔차

동일한 초과 수익률을 달성한 두 개의 펀드가 있다면, 초과 수익률이 심하게 등락하는 펀드는 그렇지 않은 펀드에 비해 위험이 큰 것으로 보며, 잔차 위험이 그러한 크기를 측정한다.

증권특성선을 추정하기 위한 다음의 회귀분석식에서 나타나는 오차항(e)의 표준편차(모형의 표준오차)를 잔차 위험이라고 부르기도 한다.

$$R_{jt} = \alpha_j + \beta_j R_{mt} + e_{jt}$$

$R_{jt} = t$기간의 포트폴리오 또는 증권의 수익률

$R_{mt} = t$기간의 시장수익률

(3) 상대 VaR(relative Value-at-Risk)

상대 VaR이란 기준 지표가 정해져 있는 펀드에서 정해진 기간 동안 주어진 확률 수준에서 발생할 수 있는 최대의 기준 지표 대비 손실 가능액을 의미한다. 만약 초과 수익률이 정규분포를 보인다면 펀드에서 발생할 수 있는 기준 지표 대비 상대 손실 가능액은 다음과 같이 산출될 수 있다.

$$상대\ VaR(과거치,\ 5\%\ 유의\ 수준) = 순자산액 \times 1.65 \times \sigma_{TE}$$

$\sigma_{TE} = $ 잔차 위험

만약 초과 수익률이 정규분포를 따른다면 상대 VaR은 잔차 위험만으로 계산 가능하므로 상대 VaR과 잔차 위험은 동일한 개념이며, 초과 수익률의 분포가 정규분포가 아니라면, 잔차 위험만으로는 상대 VaR을 추정할 수 없다.

기준 지표가 정해져 있는 펀드나 기관투자가의 외부위탁 투자자금의 경우 각 자금운용자는

기준 지표보다 저조한 운용성과가 발생할 가능성을 통제해야 하므로 각 펀드매니저는 상대 VaR을 이용하게 된다. 연기금 입장에서는 전체 자산에 대한 절대 VaR을 이용하여 기금 전체의 위험 수준을 통제하고, 상대 VaR을 이용하여 각 펀드매니저들의 투자행위를 통제하게 된다.

5   '위험'이라는 지표의 한계

과거 일정기간 동안의 수익률에 기초하여 측정한 위험은 간단명료하게 펀드의 특성을 나타 내지만, 투자자나 펀드매니저들에게 충분한 의미를 전달해주지 못하므로 한계를 지니고 있다. 투자자나 펀드매니저들은 미래의 투자위험을 알고자 하는데, 단순하게 과거 수익률의 표준편차와 같은 위험 측정치를 미래의 투자위험으로 간주하는 것은 바람직하지 않기 때문이다. 투자자들이나 펀드매니저들은 과거 수익률에 대한 평가보다는 미래의 투자위험을 예측할 수 있게 되기를 원하며, 성과평가자의 주된 관심은 미래 수익률의 변동 폭, 즉 미래위험이 되어야 한다.

결론적으로 위험이란 펀드 수익률의 미래 위험을 예측하고 판단할 수 있는 도구가 되어야 한다. 과거 수익률로 측정된 위험은 미래 위험에 대한 충분한 대푯값이 되지 못하므로 다양한 위험지표가 필요해지는 것이다. 펀드성과에 대한 평가 또한 펀드의 미래 수익률에 영향을 줄 수 있는 요인을 규명하여 이를 현재 시점에서 성과 평가에 사용하는 것이 바람직하다. 즉, 펀드 수익률에 영향을 줄 수 있는 요인들을 규명하고, 펀드 수익률이 이들 요인들과 어떤 관계를 가지고 있는가를 추정하는 것이 필요하다.

성과 평가자는 가능하면 향후 일정기간 동안 펀드에 영향을 줄 수 있는 주요 요인(factor)들을 규명하고, 요인 간의 상관성, 운용상황의 변화와 요인 간의 관계, 운용전략의 효과적인 달성을 위한 요인통제 수준 등을 예측할 수 있어야 한다. 이 과정에서 사후적인 위험과 사전적인 위험이 차이가 있다는 점을 분명하게 인식해야 한다. 과거 수익률로 측정된 사후적인 위험(ex-post risk)은 미래의 위험에 대한 사전적인 위험(ex-ante risk)과 긴밀하게 일치되지 않는 경우가 많다. 사후적인 위험은 계산이 편리하며 펀드위험에 대한 많은 정보를 제공해 주지만, 완벽한 사전적인 위험지표가 되지 못한다. 그러므로 미래위험에 대한 적극적인 예측이 필요하다.[12]

---

12   수익률에 기초한 이동평균법(moving average), 지수가중이동평균법(exponentially-weighted moving average), 거시경제변수를 이용한 다중 요인 모형 등이 이용되며, 보유 포트폴리오 분석이나 스타일 분석이 이용되기도 한다.

chapter 03

기준 지표

기준 지표의 의의

펀드매니저는 펀드운용 시 기준 지표(benchmark), 즉 운용의 목표와 기준을 정하여 운용하며 펀드 평가자는 펀드 운용 결과가 효율적이었는지 판단하기 위해 기준 지표를 활용한다. 투자자는 펀드에 투자할 때 기준 지표를 참고하여 투자정책을 계획하고 실행하여야 한다. 이와 같이 기준 지표란 운용자, 평가자, 투자자에게 펀드 운용 및 투자를 계획하고 실행하고 점검하는 데 도움을 주는 중요한 수단이다. 또한 투자자와 펀드매니저 간의 인식을 공유하게 하며 수익률과 위험을 평가하는 중요한 지표이다.

성과를 평가할 때 기준 지표와 지수(index)는 종종 유사한 의미로 사용하기도 한다. 그러나 지수가 기준 지표로 가장 널리 사용되고 있을 뿐 같은 의미는 아니며, 성과를 평가하는 핵심적인 출발점으로는 기준 지표를 사용하여야 한다. 성과평가에 있어서 기준 지표는 일반적으로 '투자전략을 효과적으로 실행했는지 여부를 판단하는 기준이 되는 독립적인 수익률'로 정의할 수 있다.

기준 지표는 자산운용의 지침이나 제약조건이 될 수 있는 최소한의 기준 역할을 하며, 사후적으로는 투자성과를 평가하는 잣대로 사용될 수 있다. 따라서 기준 지표는 투자자산의 구성방법이나 운용전략에 따라 달라진다. 또한 반드시 운용에 들어가기 전에 펀드매니저와 투자자 간의 계약[1]을 통해 엄밀하게 정해져야 한다.

기준 지표의 바람직한 특성과 종류

1 기준 지표의 바람직한 특성

기준 지표는 투자지침으로서의 역할과 평가기준으로서의 역할 등 다양한 활용 목적을 달성하기 위하여 다음과 같은 속성을 가지고 있어야 한다.

❶ 명확성(Unambiguous) : 기준 지표를 구성하고 있는 종목명과 비중이 정확하게 표시되어야 하며, 원칙이 있고 객관적인 방법으로 구성되어야 한다.

❷ 투자 가능성(Investable) : 실행 가능한 투자대안이어야 한다. 적극적인 운용을 하지 않는 경우에 기준 지표의 구성 종목에 투자하여 보유할 수 있어야 한다.

❸ 측정 가능성(Measurable) : 일반에게 공개된 정보로부터 계산할 수 있어야 하며, 원하는 기간마다 기준 지표 자체의 수익률을 계산할 수 있어야 한다.

❹ 적합성(Appropriate) : 기준 지표가 매니저의 운용 스타일이나 성향에 적합하여야 한다.

❺ 투자의견을 반영(Reflective of current investment opinions) : 펀드매니저가 현재 벤치마크를 구성하는 종목에 대한 투자지식(긍정적, 부정적, 중립적)을 가져야 한다. 즉, 해당 종목에 대한 상태를 판단할 수 있어야 한다.

❻ 사전적으로 결정(Specified in advance) : 벤치마크는 평가기간이 시작되기 전에 미리 정해져야 한다.

GIPS집행위원회가 운용사들에게 권고하는 기준 지표에 대한 규칙을 살펴보면 다음과 같다.

---

1 펀드의 경우 펀드의 투자전략 및 운용방법에 따른 기준 지표를 투자설명서에 기재하도록 하여 펀드가입 전 투자자에게 설명·제공한다.

| 표 3-1 | GIPS®의 기준 지표의 권고사항(GIPS 공시부분에서 발췌) |

RQ4. 회사는 벤치마크 개요를 공시하여야 한다.

RQ29. 회사가 컴포지트에 대한 적절한 벤치마크가 존재하지 않는다고 판단하면, 회사는 벤치마크가 제시되지 않는 이유를 공시하여야 한다.

RQ30. 회사가 벤치마크를 변경하였다면, 회사는 그 변경의 일자, 개요 및 이유를 공시하여야 한다.

RQ31. 맞춤 벤치마크 또는 복수 벤치마크의 결합이 사용된다면, 회사는 벤치마크의 구성요소, 비중, 그리고 재조정 과정을 공시하여야 한다.

2 기준 지표의 종류

유효한 기준 지표를 정하기 위해서는 〈표 3-2〉와 같이 투자대상 자산의 종류만이 아니라 투자전략, 투자 스타일, 고객의 특성 등을 고려하여야 한다. 주식 포트폴리오의 경우 거래소에 상장된 모든 주식을 포함하는 KOSPI가 1차적인 기준 지표가 될 수 있으며, 코스닥종목에만 투자할 경우에는 코스닥지수가 기준 지표가 될 수 있다. 대형주, 중형주, 소형주로 투자범위를 한정하게 되면 대형주지수, 중형주지수, 소형주지수가 각각의 기준 지표가 된다. 국제적으로 분산투자를 하는 해외투자용 주식형 펀드의 경우에는 MSCI World Index 또는 MSCI Emerging Market Index 등을 사용하게 된다. 채권 포트폴리오의 경우 모든 발행 채권을 대상으로 하는 종합채권지수가 1차적인 기준 지표가 될 수 있으며, 듀레이션과 신용등급상 제한이 부과되어 있으면 이를 반영한 스타일·섹터지수가 조금 더 실효성 높은 기준 지표가 된다.

| 표 3-2 | 기준 지표의 결정기준 |

- 자산집단(주식, 채권, 부동산, 해외증권 등)
- 투자전략 또는 운용 스타일
- 포트폴리오의 위험 특징
- 고객의 특성(세금, 유동성 필요 정도, 위험선호도 등)

실제로 널리 이용되는 기준 지표의 종류는 〈표 3-3〉과 같다.

표 3-3 기준 지표의 종류

종류	설명	사례
시장지수 (market index)	• 자산 유형에 소속된 모든 대상 종목을 포함한 것으로 가장 넓은 대상을 포함 • 운용에 특이한 제약조건이 없는 경우에 적합함	• 종합주가지수 • 종합채권지수
섹터/style지수 (sector index)	• 자산유형 중 특정한 분야나 특정한 성격을 지니는 대상만을 포함 • 특정 분야에 집중 투자하는 경우 적합	중소형주, 가치주, 성장주, 국공채, 회사채
합성지수 (synthesized index)	• 2개 이상의 시장지수나 섹터지수를 합성하여 별도로 계산 • 복수의 자산 유형에 투자하는 경우에 적합	혼합형 펀드를 위한 벤치마크
정상 포트폴리오 (normal portfolio)	• 일반적인 상황에서 구성하는 포트폴리오 • 채권형 BM으로 많이 활용	• KOBI120 • KOBI30
맞춤 포트폴리오 (customized PF)	• 특정 펀드의 운용과 평가를 위한 포트폴리오 • 일반성이 적은 펀드를 평가하기 위함	• 보험형 • 펀드평가용

section 03 정상 포트폴리오

1 기준 지표로서의 시장지수의 적용상 한계

앞에서 논의한 바람직한 기준 지표의 속성 중에서 '투자 가능성(Investable)' 조건은 현재 증권시장에서 만들어져 있는 많은 시장지수를 기준 지표로 사용하기에 부적합한 것으로 만든다. 법률 또는 내규 등에 의해 시장성이 없거나 유동성이 부족한 주식에 투자할 수 없는 펀드라면 KOSPI 등 시장지수를 기준 지표로 적용하기 어렵다. 이는 채권의 경우 더욱 심각한데 채권지수 중 일부 회사채지수는 발행량이 적고 거래량도 적어서 펀드매니저가 시장에서 전혀 투자할 수 없는 채권을 많이 포함하여 산출되므로 이를 기준 지표로 적용하기 곤란한 경우가 존재한다.

2 정상 포트폴리오의 정의

정상 포트폴리오란 매니저들이 일반적인 상황에서 선택하는 종목집단을 말한다. 이러한 정상 포트폴리오를 대상으로 측정한 수익률을 정상 포트폴리오 수익률이라고 한다.

채권 포트폴리오의 경우 운용회사의 리스크관리위원회가 투자할 수 있도록 사전에 승인한 채권 중 매매가 가능할 정도로 유동성이 확보되는 종목만이 펀드매니저가 투자할 수 있는 채권이다. 따라서 이러한 특성을 가진 채권만으로 새로운 지수를 생성하여 펀드매니저의 성과 측정 지표로 삼는 것이 바람직하다. 주식 포트폴리오의 경우에도 기금이나 펀드의 운용계획 상 투자할 수 있는 주식의 종류에 제한이 있는 경우 KOSPI를 적용하여 평가하기보다는 정상 포트폴리오를 적용하여 평가하는 것이 바람직하다.

정상 포트폴리오 수익률은 펀드매니저의 능력을 가장 정확하게 평가할 수 있는 지표이지만, 투자자 입장에서는 '명확성(Unambiguous)과 측정 가능성(measurable)' 조건을 충족시키기 어렵다는 한계를 지니고 있다. 따라서 정상 포트폴리오를 대외적인 기준 지표로 사용하기에는 적합하지 않다. 기금이나 펀드의 가입자들에게 펀드성과의 우열을 알려주기 위해서는 주가지수, 채권지수와 같이 시장에서 쉽게 구할 수 있는 지수를 기준 지표로 사용하는 것이 바람직하다.

section 04 동류 집단 수익률

펀드 유형(Fund Category)이란 펀드의 성과를 상대적으로 비교 측정하기 위하여 투자목적, 투자자산, 투자전략, 투자 스타일, 특징 등이 유사한 펀드들 끼리 묶어 놓은 동류 집단(Peer group)을 말한다.

객관적이고 공정한 펀드 운용 결과 분석을 위해서는 일차적으로 기준 지표를 잣대로 평가하여야 한다. 하지만 기금이나 펀드 가입자 관점에서는 투자할 펀드의 선택이나 펀드투자의 성공 여부를 판단하기 위해서는 동일한 형태의 다른 펀드들과 상대적인 성과 우열을 가리는 것이 필요하다. 이를 위해 펀드의 유형을 분류하고 동류 집단 수익률 측정을 통해 상대적 성과 우열을 가리게 된다. 기준 지표를 절대적 지표라 한다면 동류 집단 수익률은 상대적 기준 지표라 할 수 있다.

펀드 유형은 법률과 표준약관 등에 근거하여 정해진 원칙에 따라 분류해야 하는데 일반적으로 펀드평가사의 분류기준을 활용하는 것이 바람직하다. 펀드평가사는 펀드의 운용대상을 기초로 실제 운용패턴, 수익률, 위험 등의 특성을 반영하여 유형을 분류한다.[2]

주식에 투자하는 펀드와 채권에 투자하는 펀드를 스타일에 따라 분류하기도 한다. 주식의 경우 성장 · 가치 여부와 대 · 중 · 소형주 여부에 따라 분류하고, 채권의 경우 듀레이션의 장 · 중 · 단기와 신용등급의 고 · 중 · 저에 따라 분류한다. 이러한 스타일 분류는 각 스타일의 집합투자기구들이 시장 국면변화에 따라 상이한 운용성과를 나타내는 특성을 지니고 있기에 투자자 자산배분 시에 별도 자산 유형으로 고려되어 자산배분 성과를 높여주는 특성을 지니고 있다.

해외투자가 활성화됨에 따라 투자지역을 기준으로 집합투자기구의 유형을 달리 분류하는 것이 일반화되었다. 유럽 주식펀드와 중국 주식펀드, 국내 주식펀드는 각기 다른 운용성과를 보이며 다른 유형으로 분류되어야 객관적인 성과평가, 즉 펀드 간 상대비교가 가능하기 때문이다.

일반적으로 동일그룹의 펀드라면 수익과 위험의 구조가 유사하기 때문에 기준 지표가 유사하다는 특징을 지닌다. 이는 기준 지표가 유형분류의 기준이 되기도 한다는 것을 의미한다.

펀드가 어떤 유형에 속하는가에 따라 상대적인 평가결과가 달라질 수 있다. 동류 집단 수익률을 이용하여 펀드의 상대적인 성과평가를 할 때 먼저 유형분류기준 등을 따져보고 어떤 유형분류에서 나온 평가결과인지 알아야만 한다. 펀드평가사로 하여금 유형분류 기준을 금융투자협회(www.kofia.or.kr)와 각 펀드평가사 홈페이지 등에 공시하게 하도록 한 것이 바로 이것 때문이다.

동류 집단 수익률은 투자대상 자산군이나 투자전략을 반영하는 널리 알려진 지수가 없는 경우에 진가를 발휘한다. 부동산, 사모주식, 벤처투자 등은 이들의 성과를 나타내기에 적정한 지수가 거의 없으며 따라서 적절한 기준 지표를 찾을 수 없다. 이 경우 펀드들의 운용성과에 대한 특징을 더 잘 나타낼 수 있는 동류 집단 수익률을 기준 지표 대신으로 사용하여 운용 결과를 판단하는 것이 더 적절할 수 있다.

동류 집단 수익률은 성과비교에서 몇 가지의 장점을 가진다. (1) 동류 집단 수익률은 투자자들을 위한 투자대안으로서 유효하게 달성할 수 있는 포트폴리오의 결과물을 의미한다. (2)

---

2 펀드평가사별 유형분류 기준과 상세 유형분류는 금융투자협회(www.kofia.or.kr) 또는 각 펀드평가사의 홈페이지를 통해 공시되어 있다. 이를 참조하라.

동류 집단 수익률은 거래비용을 감안하며 투자자들이 행한 의사결정을 반영한다.

그러나 동류 집단 수익률만을 성과측정을 위한 기준 지표로 사용하는 데에는 다음 몇 가지 단점이 있다.

❶ 실시간으로 기준 지표에 대한 정보를 얻을 수 없다.

❷ 동류 집단이 적절하게 결정되고 적절하게 전체 자산 유형이나 관리스타일을 표현하는 지를 감시할 수 있는 절차가 설정되어 있지 않다.

❸ 동류 집단에서 일부가 탈락함으로써 생존 편의(survivorship bias)가 발생할 수 있다.

❹ 복제하거나 투자하는 것이 불가능하다.

❺ 중립 포지션이 알려져 있지 않으므로, 운용자가 중립 포지션을 취하는 것이 불가능하다.

section 05 │ 주식의 기준 지표

주식운용의 기준 지표로 이용할 수 있는 시장지수는 다음과 같은 역할을 한다.

첫째, 주식의 기준 지표는 투자대상 시장의 평균적인 성과를 보여준다. 따라서 기준 지표 대비 운용성과를 비교하여 당초 투자전략대로 운용이 이뤄지고 있는지 평가할 수 있다.

둘째, 주식의 기준 지표는 여러 형태의 분석 자료로 활용할 수 있다. 예를 들면, 기준 지표 의 과거 데이터로부터 연간수익률, 누적수익률, 수익률의 변동성, 다른 투자대상 시장과의 상 관관계 등에 대한 정보를 산출할 수 있으며 투자자들은 이러한 정보들을 전략적 자산배분을 하는 데 유용하게 활용할 수 있다.

셋째, 주식의 기준 지표는 투자대상 시장의 성과를 복제하고자 하는 인덱스 운용전략의 기 준이 된다.

주식운용의 기준 지표로 이용할 수 있는 시장지수로는 국내 주식의 경우 KOSPI, KOSPI 200, KOSDAQ 종합지수 등이 있으며, 해외 주식의 경우 MSCI World Index 등이 있다.

KOSPI는 한국 주식시장을 대표하는 주가지수로서 주식투자자에게 가장 널리 알려져 있다. KOSPI는 주가에 주식수를 곱한 시가총액식 주가지수로서 1983년 1월 4일부터 산출하여 발표하고 있다. 산출식은 다음과 같다.

$$KOSPI = \frac{비교시점의\ 시가총액}{기준시점의\ 시가총액} \times 100$$

지수를 산출할 때 지수 편입 종목 중 권리락(유·무상증자, 주식배당 등)이 발생하는 종목이 있는 경우에는 추가로 발행될 주식을 상장된 것으로 간주해서 비교 시가총액을 계산하게 되며 후에 실권주가 발생하는 경우에는 신주의 상장일에 다시 차감하고 있다. 또한 권리락 등으로 주가에 변동이 발생하는 경우 산식에 따라 연속성을 유지하기 위하여 기준 시가총액을 수정한다.

2 국내 주식 : KOSPI 200

KOSPI 200은 1996년 5월 3일 개장한 주가지수 선물시장과 1997년 7월 7일 개장한 주가지수옵션시장의 거래대상으로 개발된 주가지수이다. KOSPI 200은 전체 상장 종목 중에서 200 종목만으로 산출하는 주가지수로서 시장 대표성, 업종 대표성 및 유동성 등을 감안하여 선물 및 옵션거래에 적합하도록 구성되었다. KOSPI 200의 기준일은 1990년 1월 3일이며 기준지수는 100이다. KOSPI 200은 유동 시가총액[3]을 가중치로 사용한 유동시가총액식 주가지수이며 기타 지수산출 및 연속성 유지 방법은 KOSPI와 동일하다.

---

3   시가총액 산정 시 유동주식수만을 반영한 것을 말한다. KOSPI 200은 2007.6.14.부터는 비유동주식수의 50%＋유동주식수로 가중한 방식을, 2007.12.14.부터는 유동주식수로 가중한 방식으로 산출되고 있다.

3 국내 주식 : KOSDAQ 종합지수

KOSDAQ 종합지수는 코스닥시장의 전 종목을 대상으로 산출하는 시가총액식 지수로서 산정방법이나 관리절차가 KOSPI와 거의 동일하다.

4 해외 주식 : MSCI 지수

MSCI가 전 세계 주식 중 대형주를 대상으로 발표하는 주식지수도 전 세계 기관투자가들이 해외투자 시 기준 지표로 가장 많이 활용하고 있으며, World Index 외에 여러 종류의 세부지수로 이루어져 있다. 전 세계 주식을 대상으로 인덱스를 형성하는 일은 매우 어려운 작업이다. 해외 투자자들이 포트폴리오에 편입하기 어려운 규모의 종목이나 유동성이 좋지 않은 종목들이 매우 많기 때문이다. 따라서 MSCI는 해외 기관투자가들이 활용하기에 적합한 지수를 만들기 위해 몇 가지 기준을 적용하고 있다. 기준 중 가장 중요한 것은 유동주식(free float) 가중방법이다. MSCI는 지수화하고자 하는 주식시장을 파악한 다음 유동주식을 감안하여 조정된 시가총액을 계산한다. MSCI 주식지수는 기관투자가 입장에서 충분히 투자가 가능하도록 하기 위해서 특정 종목을 인덱스에 포함할 때 일정한 가중치로 조정하고 있다. 가중치의 계산방법은 그 종목의 유동주식수로 조정된 가중치를 이용한다. MSCI는 전체 주식 총액 중에서 국제 투자자가 공개된 시장에서 구입이 가능한 주식을 유동주식이라고 정의한다. 실무적으로 투자를 하는데 제약이 되는 전략적인 지분 보유, 외국 투자자에 대한 지분 취득의 제약조건을 감안한다.

5 스타일 지수

스타일 지수는 연기금이나 개인투자자들이 펀드를 대상으로 포트폴리오[4]를 구성할 때 필요하거나 투자한 펀드에 대한 성과평가를 위해 필요하다. 특히 연기금과 같은 기관투자가들은

---

4 이를 fund of funds(FoFs)라고 한다.

전략적 자산배분의 단계에서 성과 향상을 위해 자산집단(asset class)에 대한 분산투자를 사용한다. 미국의 경우 S&P, Russell, Wilshire 등과 같은 여러 금융정보 제공회사들이 스타일 지수를 산출하여 발표하고 있다.

S&P의 경우 미국의 주식시장을 규모를 중심으로 구분한 스타일 지수와 가치·성장의 관점으로 구분한 스타일 지수를 발표하고 있다. 규모의 관점에서 구분한 스타일 지수로는 S&P 500, S&P MidCap 400, S&P SmallCap 600, S&P Composite 1500, S&P 900, S&P 1000 등이 있다.

가치·성장의 관점에서 구분한 스타일 지수로는 S&P/Citigroup Style지수가 있다. S&P/Citigroup Style지수는 규모를 중심으로 구분한 기존의 6개 S&P지수 모두에 대해 가치주 지수와 성장주 지수로 구분하여 발표하고 있다.

표 3-4   S&P/Citigroup지수의 성장·가치 요소

성장요소	가치요소
• 5년간의 주당순이익 성장률 • 5년간의 주당매출액 성장률 • 5년간의 내부성장률(ROE×이익유보율)	• BPR(장부 가격 대 주가비율) • CPR(현금흐름 대 주가비율) • SPR(매출액 대 주가비율) • 배당수익률(배당 대 주가비율)

표 3-5   S&P/Citigroup의 일반 스타일 지수와 순수 스타일 지수의 특징

특성	일반 스타일 지수	순수 스타일 지수
모집단 포함 범위	전체 포함	선택적으로 포함
종목의 중복 여부	혼합종목은 가치주 지수와 성장주 지수에 시가총액이 나누어 포함	중복 없음
가중방식	시가총액	스타일 점수
포함 범위	넓음	좁음

section 06 ┃ 채권지수와 채권의 기준 지표

　채권지수(bond index)란 일정기간 동안 특정 집단의 채권 가치 변화를 지수화한 지표로, 투자한 채권의 시장가치 변화나 각종 수익을 모두 포함하여 산출된다. 채권지수는 채권투자의 성과를 판단할 수 있는 기준 지표가 되므로 투자자들이 합리적으로 채권투자를 실행할 수 있는 토대가 된다.

　선진국에서는 채권의 가치 변동이 정확하게 반영되어 있는 여러 가지 채권지수가 보급되어 있어 각종 채권투자전략이 발달되어 있으며, 투자자들이 채권투자성과를 평가하는 데 별다른 어려움이 없다. 우리나라에서도 집합투자기구, 은행, 보험사들이 보유한 채권에 대해 시가평가가 실시됨에 따라 채권평가사들이 각각 채권지수를 만들어 기준 지표로 활용하는 데 도움을 주고 있다.

　채권의 시장지수는 주식의 종합주가지수처럼 산출되지만 상당한 차이점을 가진다. 채권지수도 종합지수(Composite index)가 존재하며, 다시 세부적으로 채권 잔존만기와 발행주체–신용등급이라는 두 가지 축으로 구분되어 발표된다. 채권지수를 산정방식에 따라 구분해보면 총수익지수(total return index) 이외에 가격지수, 이자지수 및 Yield지수 등으로 구분할 수 있다. 이들 중 채권의 실질적 성과평가에 적합한 지수는 총수익지수이다. 채권지수를 구분하는 또 다른 기준은 지수의 산출을 위해 사용한 채권의 모집단(universe)에 따라 구분하는 것이다. 채권지수는 대부분의 채권을 모집단으로 하여 작성한 시장지수(market index)와 투자기관들의 투자목적에 적합하도록 특화시켜 설계된 맞춤지수(customized index)로 나누어 볼 수 있다.

1 ┃ 한국의 채권지수

　국내의 채권평가회사들이 발표하고 있는 채권지수는 주로 총수익지수이며, 가능하면 많은 채권들을 포함하고 있다. 채권평가회사들은 채권을 국채(국고채, 국민주택채권), 지방채, 특수채(한전채 등), 통안채, 금융채(은행채 등), 회사채(보증채, 무보증채, 자산유동화증권) 등으로 분류하고 채권만기별로 3개월–1년, 1–2년, 2–3년, 1–3년, 3–5년, 5년 이상 등으로 나누어 지수를 산출하고 있다. 또한, 유통되고 있는 모든 채권을 포함하지 않고 특수한 성격을 가지는 지수를 발표하기도 한다. 예를 들어 KOBI 30은 30종목으로 구성되는데 듀레이션이 1.0을 가지도록 매월 구성종목을 조정하며, KOBI 120은 120종목으로 구성된 것으로 듀레이션이 2.0을 가지도록 구성종목이 매월 조정되고 있다. 이는 채권 거래규모가 100억 단위로 크다는 점과 인덱스펀드 등의 운용전략의 지표로 활용할 수 있다는 점을 고려한 것이다.

2 외국의 채권지수

시장에 존재하고 투자가 가능한 모든 채권의 시장가치 변화를 지수화하는 것을 목적으로 하는 지수를 시장지수라고 한다. 시장지수는 다시 광역 시장지수(broad-based market index)와 부분 시장지수(specialized market index)로 구분하여 볼 수 있다. 1980년대 개발되어 세계적으로 널리 보급되어 있는 채권지수들은 대부분 채권시장의 전부를 모집단으로 하는 광역 시장지수들이다. Barclays Capital Aggregate Index, 씨티그룹이 발표하는 글로벌 국채지수(WGBI : World Government Bond Index), JP모건이 발표하는 글로벌 채권지수(GBI : Global Bond Index) 등이 대표적 예이다.

chapter 04

위험조정 성과지표

위험조정 성과지표의 유형

수익률과 위험요소를 동시에 고려하여 성과를 측정하는 지표를 위험조정 성과지표(RAPM : Risk-Adjusted Performance Measure)라고 하는데, 선택되는 수익률 및 위험지표와 위험을 조정하는 방식에 따라 다양한 위험조정 성과지표가 존재한다. 위험을 고려하는 방식에 따라 위험조정 성과지표의 유형을 구분하면, 크게 단위 위험당 초과수익률과 위험조정 수익률로 구분할 수 있다.

1 단위 위험당 초과수익률(excess return per risk)

단위 위험당 초과수익률은 가장 널리 쓰이는 위험조정 성과지표로 초과수익률/위험의 형태를 띤다. 단위 위험당 초과수익률에는 샤프비율, 트레이너비율, 정보비율 등이 포함된다.

$$단위\ 위험당\ 초과수익률 = \frac{초과수익률}{위험}$$

이 지표는 무위험자산 또는 기준 포트폴리오에 대하여 무제한적으로 차입하거나 투자하는 것이 가능하다는 전제를 묵시적으로 가지고 있다. 무위험자산이나 기준 포트폴리오로부터 차입하여 평가대상 펀드에 투자하는 데 제한이 없다고 가정하기 때문에, 부담하는 위험을 증가시킨다면 평가지표에 비례하여 무제한의 수익률을 올릴 수 있다. 또한 위험을 줄이기 위해서는 필요한 만큼을 무위험자산이나 기준 지표에 투자할 수 있다. 이런 관점에서 규모에 영향을 받지 않는(scaleless) 지표라고도 불린다. 파생상품에 대한 투자를 통한 레버리지 효과로 인해 차입이나 대출의 효과를 영위할 수 있는 가능성이 높아지기는 하였지만, 무제한적인 차입 또는 대출 효과를 올리는 것은 현실적으로 불가능하다. 따라서 위험과 수익률의 특성이 비슷하지 않은 펀드들, 즉 동류 집단이 아닌 펀드들을 단위 위험당 초과수익률만으로 비교하여 평가하는 것은 적절하지 않다.

형식적으로는 다양한 초과수익률과 다양한 위험지표 중 어떤 조합을 이용해서라도 단위 위험당 초과수익률 지표를 만들 수 있다. 그러나 선택한 초과수익률과 위험지표의 조합이 투자자가 추구하는 투자전략과 목표에 부합하지 않는다면 의미 있는 평가결과를 도출할 수 없다. 또한 초과수익률의 측정치와 위험의 측정치도 밀접한 관계가 있는 것으로 선택해야 측정한 평가지표에 의미를 부여할 수 있다. 또한 무위험자산 및 기준 지표를 정확하게 정의하고 그 수익률을 측정하는 것이 필요하다. 이들을 잘못 선택하거나 잘못 측정하면 의미없는 평가결과를 얻을 수도 있다. 특히, 무위험수익률이나 기준 지표 수익률과 유사한 정도의 수익률을 달성한 펀드에 대한 평가결과는 영향을 매우 크게 받는다.

2 위험조정 수익률(risk-adjusted return)

위험조정 수익률은 젠센의 알파, 효용 함수처럼 수익률에서 위험에 따른 적정수익률을 차감하는 형태를 말한다. 위험조정 수익률은 단위 위험당 초과수익률과 달리 단순한 비율이 아니라 수익률 형태를 띠고 있으므로 이해하기가 용이하며, 무위험자산(또는 기준 포트폴리오)에 대한 차입이나 대출 가능성과 관계없이 해당 펀드 자체로 획득한 성과를 측정한다.

위험조정 수익률＝수익률－f(위험)

$f($ $)$: 부담한 위험에 대한 적정수익률을 측정하는 함수

여기서 위험에 대한 적정수익률을 측정하는 방법이 다양한데, 바로 이것이 위험조정 수익률을 구분하는 핵심사항이다. 이때 포함될 수 있는 위험의 종류는 한 가지만 아니라, 여러 가지 위험 측정지표들을 동시에 고려할 수도 있다. 예를 들어 수익률이 정규분포를 보이지 않는 경우, 표준편차와 함께 왜도나 첨도를 포함할 수도 있다. 또한, 위험에 따르는 적정수익률은 시장의 평균적인 수준만이 아니라 투자자의 위험선호도 등에 따라 다르게 측정할 수도 있다.

section 02 젠센의 알파

1 정의

Jensen은 각 포트폴리오의 성과분석 시 수익률을 위험과 함께 고려해야 한다고 주장하였다. 즉, 펀드의 성과분석 시 상대적인 성과가 아니라 위험을 고려한 절대적인 성과의 분석이 중요하다는 것이다. 다음과 같은 자본자산 가격결정 모형(CAPM)에서 상수항(α_p)이 젠센의 알파인데, 우수한 성과를 보인 펀드는 상수항(α_p)이 0보다 큰 값을 가지게 된다.

$$R_p - R_f = \alpha_p + \beta_p(R_B - R_f),$$
$$\text{즉, } \alpha_p = (R_p - R_f) - \beta_p(R_B - R_f)$$
$$R_p = \text{펀드 수익률}, \quad R_f = \text{무위험수익률}, \quad R_B = \text{기준 지표 수익률}$$
$$\beta_p = \frac{cov(R_p,\ R_B)}{\sigma_B^2}$$

젠센의 알파는 부담한 위험 수준에 대해 요구되는 수익률보다 펀드가 얼마나 더 높은 수익률을 달성하였는가를 나타내는 값으로서, 펀드매니저의 능력을 측정하는 데 사용할 수 있다. 능력이 뛰어난 펀드매니저는 지속적으로 양(+)의 알파값을 달성하지만, 능력이 열등한 펀드매니저는 지속적으로 음(-)의 알파값을 초래한다. 미래에 대한 예측력이 없는 펀드매니저가 증권을 단순하게 구입 후 보유하는 경우 기준 지표의 수익률과 동일한 수익률을 얻게 되는데, 이때에는 젠센의 알파가 0으로 나타난다.

젠센의 알파를 추정할 때는 다음과 같은 점들을 고려해야 한다.

❶ 수익률 추정구간 : 펀드의 순자산가치(기준 가격)를 이용하여 일간, 주간, 월간 단위로 수익률을 계산할 수 있다. 그러나 젠센의 알파를 추정하기 위해서는 회귀분석(regression analysis)을 해야 하는데, 이를 위해서는 각 변수들의 분포에 대한 가정(정규분포, 독립성 등)이 충족되어야 한다. 그러므로 정규분포를 이루기 어려운 일간 수익률을 사용하는 것은 부적절하며, 주간 수익률도 조심스럽게 사용해야 한다. 가장 바람직한 것은 월간 이상의 기간에 대한 수익률을 이용하는 것이다.

❷ 분석기간 : 유의적인 결과가 도출되기 위해서는 30개 이상의 수익률을 대상으로 하는 것이 바람직하다. 이는 월간 단위로 할 때 약 3년의 관측기간을 필요로 한다.

❸ 무위험수익률 : 투자대상 중에서 파산의 가능성이 없고 이자율 위험이 극히 적은 증권의 수익률을 의미한다. 미국의 경우 재무성증권 중 가장 단기증권인 Treasury-Bill(3개월물)의 이자율이 주로 사용되며, 우리나라에서는 CD수익률(91일 물) 등이 주로 사용된다.

❹ 기준 포트폴리오 수익률 : 기준 포트폴리오는 펀드의 투자목적에 부합되는 것을 선택해야 한다. 단순한 주식펀드인 경우 종합주가지수를 사용하면 되지만 대형가치형 펀드의 경우 대형가치라는 투자제한(스타일)에 부합되는 지수를 개발하여 적용하는 것이 바람직하다.

젠센의 알파로 펀드매니저를 평가할 때 두 가지 문제점이 주로 발생한다. 첫째, 사용하는 시장 포트폴리오 또는 기준 포트폴리오의 종류에 따라 매우 상이한 결과가 나올 수 있다는 점이다. 주식형 펀드의 경우 KOSPI, 코스닥지수 또는 새로 만들어진 다른 기준 포트폴리오를 사용하면, 사용하는 기준 포트폴리오에 따라 젠센의 알파와 베타 값이 달라진다. 그러므로 각 펀드에 적합한 기준 포트폴리오를 정확히 선정하는 것이 무엇보다 중요하다.

둘째, 젠센의 알파는 회귀분석이라는 통계기법을 사용하므로 통계적인 유의성이 확보되지 않는 경우는 그 값의 크기나 부호를 해석하지 말아야 한다.

효용 함수를 이용한 평가지표

대부분의 평가지표들은 투자자의 선호도를 반영하지 않고 기준 지표에 내재된 평균적인 선호도만을 반영하여 평가함으로써, 투자자 개개인에서 나타나는 특성이 반영되지 않고 모든 투자자에게 동일한 평가결과를 제시한다. 또한, 사후적으로 달성된 기준 지표의 특성을 반영함으로써, 평가의 전제가 되고 있는 투자자의 위험선호의 원칙(높은 수익률 추구, 낮은 위험 추구)이 유지되지 않아 해석상 어려움을 초래하기도 한다. 투자자의 효용을 이용한 평가방법은 사후적으로 나타난 수익률에 내재된 평균적인 선호도를 이용하지 않고, 투자계획단계에서 파악한 투자자 개개인에서 나타나는 위험선호도를 반영한 평가 방법이다. 이 방법에서는 위험에 대한 조정 즉, 부담한 위험에 대한 요구수익률을 사전적으로 결정하고 실현수익률이 요구수익률을 초과한 정도로 평가하게 된다. 포트폴리오 j에 대한 투자자 i의 효용은 일반적으로 다음 식으로 표현할 수 있다.

$$효용_{ij} = U_i(실현수익률_j, \ 위험_j)$$
$$= 실현수익률_j - f_i(위험_j)$$
$$f_i(\quad) = 투자자 \ i가 \ 위험에 \ 대해 \ 요구하는 \ 수익률$$

위 식은 투자자마다 수익률과 위험에 대해 느끼는 효용 함수에 따라 부담한 위험에 대해 요구하는 수익률이 다를 수 있음을 나타낸다. 이렇게 투자자마다 다른 위험선호를 반영한 평가는 투자상담 등의 컨설팅업무에 활용하기 좋다. 그러나 일반적으로 공표하기 위한 평가의 경우는 투자자의 평균적인 효용 함수를 추정하여 사회적인 위험선호도(societal risk preference)의 관점에서 평가하는 것이 바람직하다.

투자자의 위험선호도에 대한 기본 특성을 모두 반영한 가장 간단한 형태의 효용 함수는 총위험에 대해 2차 함수 형태를 띠는 것으로 다음의 식으로 표현할 수 있다. 이 식에서 $\lambda = 1/\tau$로 위험회피 계수와 위험 허용 지수는 반비례의 관계를 가진다.

$$U_p = R_p - \lambda \cdot \sigma_p^2, \ 또는$$
$$U_p = R_p - \frac{1}{\tau}\sigma_p^2$$
$$R_p = 포트폴리오 \ 수익률$$
$$\sigma_p^2 = 포트폴리오 \ 수익률의 \ 분산$$

λ= 위험회피 계수(risk aversion factor)

τ= 위험 허용 지수(risk tolerence)

위 식에서 위험회피 계수와 위험 허용 지수의 크기는 투자자들이 위험에 대해 느끼는 정도를 의미하는데, 위험을 싫어해서 위험에 대해 요구하는 수익률이 높을수록 위험회피 계수는 커지게 된다. 상품별로는 위험 수준이 큰 주식의 경우에는 위험회피 계수가 작으며, 위험 수준이 낮은 채권은 위험회피 계수가 커진다. 이러한 형태의 효용 함수는 여러 자산군에 대한 자산배분 계획을 수립할 때 투자자의 위험선호도를 반영하기 위해 이용되곤 한다. 효용 함수를 이용한 성과평가는 투자계획단계에서 설정된 투자자의 선호도를 그대로 반영함으로써 투자계획과 평가가 일관성을 유지할 수 있다. 또한, 사전적으로 결정된 위험선호도는 위험·수익에 대한 기본원칙이 유지됨으로써 해석상의 곤란함이 초래될 가능성이 없다. 이런 장점에도 불구하고 투자자의 정확한 위험선호도를 측정하기 어렵다는 점과 일반적으로 공표되는 평가는 모든 투자자에게 공통적인 위험선호도를 반영하는 것이 일반적이기 때문에 대외적으로 공표되는 평가자료 에 이용되기 어려우며 재무설계에 대한 컨설팅업무 등에 활용된다.

단위 위험당 초과수익률 형태의 평가지표에 비해 위험조정 수익률은 다음과 같은 장점을 가진다.

❶ 위험조정 수익률은 기준 수익률 측정의 오류로부터 나타나는 영향 정도가 작다. 단위 위험당 초과수익률은 초과율 계산의 기준이 되는 수익률에 민감하다. 즉, 부담한 위험의 차이가 아무리 크더라도 초과수익률이 음(−)인 펀드는 초과수익률이 양(+)인 펀드보다 높은 성과를 보인 것으로 평가 받을 수 없다. 그런데 기준 수익률을 잘못 측정한 경우 평가의 결과는 심각한 오류를 일으킨다. 예를 들어 수익률이 4.1%이고 표준편차가 40%인 펀드 A와 수익률이 3.9%이고 표준편차가 10%인 펀드 B가 있다고 하자. 무위험수익률을 4.0%라고 측정하였다면 A 펀드는 B 펀드보다 성과가 높은 것으로 나타난다. 그런데, 실제의 무위험수익률이 3.8%였다면 정확한 평가는 B 펀드가 A 펀드보다 나은 성과를 보인 펀드이다. 그러나 위험조정 수익률은 지표 계산상 기준 수익률을 직접 활용하지 않으므로, 기준 수익률 측정의 오류가 평가결과에 끼치는 오류의 정도는 덜 심각하다.

❷ 무위험수익률 또는 기준 수익률로부터의 차입 또는 이들 상품에 대한 투자를 가정하지

---

1 국내 펀드평가사인 제로인(ZEROIN)의 경우 사회적 위험선호도를 가정한 효용 함수에 기초하여 평가등급을 산출하고 있다. www.funddoctor.co.kr의 평가방법론 참조.

않으므로 수익률의 확대 현상에 의한 착시현상을 줄일 수 있다. 예를 들어 초과수익률이 1%이며 표준편차가 1%인 채권형 펀드 A와 초과수익률이 20%이며 표준편차가 30%인 주식형 펀드 B의 샤프비율을 계산하면 각각 1과 2/3로 나타나므로 채권형 펀드 A가 주식형 펀드 B보다 성과가 훨씬 좋은 것으로 평가된다. 그러나 이런 평가 결과는 실제 펀드에 투자한 투자자의 입장과 다를 가능성이 높다.

section 04 | 샤프비율

1 정의

노벨경제학상 수상자인 윌리엄 샤프(W. Sharpe)는 개별 증권의 수익률이 모든 증권에 영향을 주는 어떤 공통요인에 의해 영향을 받는다고 가정하였다. 즉, 모든 증권은 필연적으로 시장 전반적인 변화에 의해 영향을 받게 되는데, 이때 시장요인이 모든 주식에 영향을 주는 요인이고, 나머지 요인은 개별 주식에만 영향을 주는 요인이라고 가정하였다.

개별 증권의 가격 변동＝시장 전체(공동요인)에 의한 가격 변동
＋개별 기업 고유요인에 관련한 가격 변동

이와 같이 샤프는 위험을 시장위험뿐만 아니라 총위험으로 규정하고 총위험과 수익률 간 관계를 규명하였다.

샤프는 자본시장선(CML : Capital Market Line)의 원리를 이용하여 '투자수익률 대 변동성 비율(reward-to-variability ratio)'로 포트폴리오 성과를 측정하였다. 자본시장선(CML)을 이용하여 기준 지표와 같은 성과를 달성한 포트폴리오의 샤프비율은 다음과 같이 표현된다.

$$SR_p = SR_B$$

$$\frac{\overline{R_p} - \overline{R_f}}{\sigma_p} = \frac{\overline{R_B} - \overline{R_f}}{\sigma_B}$$

SR_p = 펀드의 샤프비율

SR_B = 기준 지표의 샤프비율

$\overline{R_p}$ = 펀드의 평균 수익률

$\overline{R_B}$ = 기준 지표의 평균 수익률

$\overline{R_f}$ = 무위험자산의 평균 수익률

σ_B = 기준 지표 수익률의 표준편차

σ_p = 펀드 수익률의 표준편차

위 식의 좌변은 포트폴리오 p를 보유함으로써 실제로 부담한 총위험(표준편차) 한 단위당 실현된 위험 프리미엄(포트폴리오의 샤프비율)을 나타내며, 우변은 기준 포트폴리오의 총위험 한 단위당 실현된 위험 프리미엄(기준 포트폴리오의 샤프비율)이다. 이 비율이 높을수록 위험조정 후 성과가 좋음을 의미하고 비율이 낮을수록 성과가 저조함을 의미한다. 즉, 샤프비율은 총위험 한 단위당 어느 정도의 보상을 받았는가 하는 위험 보상율을 의미하며 값이 클수록 투자성과가 우수한 것으로 평가한다.

2 활용방법

샤프비율을 여러 펀드의 성과를 비교하는 데 이용하기 위해서는 다음 두 가지 조건이 충족되어야 한다. 첫째, 운용기간이 동일한 펀드들만이 서로 샤프비율을 비교할 수 있다. 둘째, 평가대상 펀드들은 모두 동일한 기준 포트폴리오를 가지고 있어야 한다. 이상의 두 가지 조건을 충족시켜야 샤프비율을 이용하여 펀드들의 성과의 우열을 가리고 순위를 부여할 수 있다. 이 외에도 샤프비율을 활용할 때 다음과 같은 점을 고려해야 한다.

❶ 수익률 측정 단위기간(월간, 주간), 평가대상기간(1년, 2년, 3년)에 따라 상이한 결과가 도출될 수 있다.

❷ 적어도 3년 이상의 기간 동안 월간 수익률로 측정해야 정규분포라는 통계적인 속성을 확보할 수 있다.

❸ 여러 가지 자산집단이나 펀드를 대상으로 충분하게 분산투자하지 않고 있는 투자자에게는 샤프비율이 트레이너비율보다 적합한 펀드평가 방법이다.

샤프비율을 계산하기 위해서는 다음과 같은 절차를 따르게 된다. 펀드의 월간 수익률을 계산할 때 월중에 분배락[2]이 발생하였다면 이를 감안한 수정 기준 가격을 사용해야 한다.

❶ 먼저 각 펀드 및 무위험자산의 월평균 수익률을 산출한다.
❷ 펀드의 월평균 수익률에서 무위험자산의 월평균 수익률을 차감하여 월간 평균 무위험 초과수익률을 계산한다.
❸ 월간 평균 무위험 초과수익률을 총위험(표준편차)으로 나누어 샤프비율을 계산한다.
❹ 필요한 경우 일반적인 평가지표 표시방식인 연율화된 지표로 표기한다.

계산 결과 다음의 표와 같은 결과를 얻었다면, 채권형 펀드 B가 채권형 펀드 A보다 샤프비율이 더 높다. 이는 B 펀드가 A 펀드보다 수익률이 높지만 위험이 낮기 때문에 위험조정 후 수익률 측면에서 더 높은 운용능력을 발휘한 결과라고 해석할 수 있다. 주식형 펀드의 경우는 C 펀드가 D 펀드보다 수익률이 높으면서 위험도 낮아 샤프비율을 통해 위험을 고려한 성과를 산출한다 하더라도 C 펀드의 투자능력이 우월한 것으로 나타난다.

표 4-1 샤프비율 계산 결과

	채권형 A	채권형 B	주식형 C	주식형 D
총수익률	22.291%	22.657%	29.343%	22.880%
월평균 수익률	0.619%	0.629%	0.815%	0.636%
무위험 초과수익률	0.286%	0.296%	0.482%	0.302%
표준편차	0.353%	0.327%	7.234%	7.439%
Sharpe비율	0.810	0.904	0.067	0.041

위 표에서 나타난 샤프비율은 월평균 수익률과 월간 수익률의 표준편차로 계산한 결과이다. 이를 만약 연 수익률(annualized return)과 연 표준편차로 전환하여 계산하면, 순위는 동일한

---

2 펀드가 결산을 하는 경우 기준 가격을 하락시키고 이익금은 재투자하기 때문에 이를 수정한 기준 가격으로 펀드 수익률을 계산해야 한다. 결산 이외에도 펀드의 약관에 따라 분배하는 경우도 있는데, 이때에도 마찬가지이다.

결과이지만 숫자는 상당히 달라진다. 우선 월간 수익률을 연율화하기 위해서는 월평균 초과수익률을 12배하면 되고, 월간수익률로 계산된 표준편차를 연율화하기 위해서는 월 표준편차에 $\sqrt{12}$ 배하면 된다. 따라서 연간 단위로 바꾸어 샤프비율을 계산한 결과는 다음 표와 같게 되며 월간 수익률을 이용한 샤프비율과 동일한 평가 결론을 내릴 수 있다. 투자자들에게 혼란을 주지 않기 위해 샤프비율을 비롯한 각종 평가지표는 연율화된 값으로 표현하는 것이 일반적이다.

표 4-2   연율화된 값으로 계산한 샤프비율

	채권형 A	채권형 B	주식형 C	주식형 D
연 표준편차	1.222%	1.134%	25.058%	25.769%
연 무위험 초과수익률	3.430%	3.552%	5.781%	3.627%
Sharpe비율	2.807	3.133	0.231	0.141

section 05   트레이너비율

1   정의

트레이너(J. L. Treynor)는 투자에 대한 위험 측정치로 표준편차 대신 체계적 위험인 베타계수를 이용한 평가지표를 만들었다. 이 지표는 증권시장선(SML : Securities Market Line)을 평가에 활용한 것으로, 포트폴리오가 잘 분산되어 있다면 투자자가 부담하는 위험은 체계적 위험만이 남게 되며 비체계적 위험은 대부분 분산투자 효과로 인해 제거된다는 생각에 근거한 것이다. 따라서 트레이너비율은 체계적 위험 한 단위당 실현된 위험 프리미엄을 의미하는데, 그 값이 클수록 포트폴리오의 성과가 우월하며, 작을수록 성과가 열등한 것으로 평가한다. 샤프비율과 대비하여 'RVOL(reward-to-volatility ratio)'이라고 불리기도 한다.

$$TR_p = TR_B, \quad \frac{\overline{R_p} - \overline{R_f}}{\beta_p} = \overline{R_B} - \overline{R_f}$$

TR_p＝펀드의 트레이너비율

TR_B＝기준 지표의 트레이너비율

$\overline{R_p}$＝펀드의 평균 수익률, $\quad \overline{R_B}$＝기준 지표의 평균 수익률

$\overline{R_f}$＝무위험자산의 평균 수익률, $\quad \beta_p$＝펀드의 베타

만약 시장이 균형을 이룬다면, 포트폴리오의 체계적 위험 한 단위당 실현된 위험 프리미엄인 좌변(포트폴리오의 트레이너비율)은 우변의 기준 포트폴리오의 위험 프리미엄(기준 포트폴리오의 트레이너비율)과 같다는 것을 의미한다. 만약 좌변이 우변보다 크다면 펀드매니저의 성과를 우수하다고 평가하며, 작다면 펀드매니저의 성과가 열등하다고 평가한다. 이 지표도 샤프비율과 마찬가지로 운용기간이 동일하고 기준 포트폴리오가 동일한 펀드들 간에만 서로 비교하고 순위를 부여할 수 있다.

2 활용 시 유의사항

트레이너비율을 활용할 때에는 다음과 같은 점을 고려해야 한다.

❶ 수익률 측정 단위기간(월간, 주간) 및 평가대상기간(1년, 2년, 3년)에 따라 상이한 결과가 나타날 수 있다.

❷ 적어도 3년 이상 월간 수익률로 측정해야 정규분포라는 통계적인 속성을 확보할 수 있다.

❸ 전체 자산을 충분하게 분산투자하고 있는 경우에는 트레이너비율에 의한 평가결과와 샤프비율에 의한 평가결과가 유사하다.

3 샤프비율과 트레이너비율의 비교

샤프비율은 위험의 지표로 총위험(표준편차)을 사용하고, 트레이너비율은 체계적 위험(베타)을 사용한다.

만약 어떤 포트폴리오가 완전하게 분산투자하고 있다면 샤프비율과 트레이너비율에 의한 평가결과는 거의 동일하다. 그러나 소수 종목에 집중투자하는 포트폴리오의 경우 트레이너비율에서는 순위가 높더라도, 샤프비율에서는 순위가 낮을 수 있다. 즉, 포트폴리오가 얼마나 분산투자하고 있는가에 따라 두 지표에 의한 평가결과의 유사성이 결정된다.

4   젠센의 알파와 트레이너비율의 비교

젠센의 알파와 트레이너비율은 동일하게 증권시장선에 근거를 두고 있다. 그러나 젠센의 알파는 체계적 위험을 부담한 것에 따르는 요구수익률을 초과하여 달성한 수익률의 절대값으로 평가하는데 반해, 트레이너비율은 체계적 위험에 대한 무위험 초과수익률의 비율로 평가한다. 따라서 두 지표에 의한 평가결과는 일반적으로 동일하지 않다. 그러나 부담한 체계적 위험의 정도가 유사하다면 두 평가지표에 의한 평가순위는 유사하게 나타난다.

section 06   정보비율(Information Ratio)

1   정의

정보비율이란 Treynor와 Black[3]이 주장한 것으로 적극적인 투자성과를 위험을 고려하여 평가하려는 목적을 가지고 있으며, 투자자들이 수익률을 선호하고 위험을 회피하려 한다는 가정을 한다. 정보비율의 특징은 펀드의 위험조정 후 수익률이 잔차 위험(tracking error) 또는 분산 가능한 위험에 대한 노출로 달성된 것인가를 파악하고자 하는 데 있다.

정보비율(IR) = 초과수익(value added)/위험(risk)

---

3 J. L. Treynor and F. Black, "How to Use Security Analysis to Improve Portfolio Selection," *Journal of Business*, January 1973, p. 66~88.

2 정보비율의 두 가지 형태

정보비율의 구체적인 산출방법은 두 가지가 존재한다. 먼저 기준 수익률과 펀드 수익률 간의 차이인 초과수익률을 이용하는 방법이 있으며, 두 번째로는 회귀모형의 절편(젠센의 알파)과 표준오차(regression standard error)를 이용하는 방법이 있다.

> 방법 1 : (펀드 수익률 − 기준 수익률)/잔차 위험
> 방법 2 : (젠센의 알파)/회귀모형의 표준오차

❶ 초과수익률을 이용한 정보비율 : 펀드 수익률과 기준 수익률 간의 차이를 분자로, 잔차 위험을 분모로 하는 평가지표이다.

$$정보비율 = \frac{\overline{R_p} - \overline{R_B}}{sd(R_p - R_B)}$$

R_p = 펀드 수익률,　R_B = 기준 지표 수익률,　$sd(\ \ )$ = 표준편차
$\overline{R_p}$ = 펀드의 평균 수익률,　$\overline{R_B}$ = 기준 지표의 평균 수익률

기준 지표가 미리 정해져 있는 펀드에서 평가할 대상은 절대적인 펀드 수익률이 아니라 기준 수익률과의 차이인 초과수익률이다. 이때 펀드운용에서 부담한 위험은 펀드 수익률의 변동성(표준편차)이 아니라 펀드 수익률과 기준 수익률 차이의 변동성인데, 이를 잔차 위험이라고 부른다.

이 지표는 펀드가 기준 지표를 벗어나는 위험을 부담하는 경우에는 그에 합당한 부가가치(value added)를 원한다는 의미를 가지고 있다. 즉, 기준 지표를 초과하기 위하여 추가적으로 부담한 위험과 그에 따라 달성한 초과수익률을 동시에 고려하여 평가하는 지표이다.

❷ 회귀분석모형을 이용한 정보비율 : 젠센의 알파를 회귀모형의 표준오차(standard error)[4]로 나누어 산출한다. 즉, 펀드의 위험조정 후 수익률을 비체계적 위험으로 나누어 평가하는 지표이다.

---

4 젠센의 알파를 측정하는 과정에서 산출된 회귀선과 실제 수익률의 차이(잔차)의 변동성을 의미한다.

$$정보비율 = \frac{\alpha_p}{SD(\varepsilon_p)}$$

$\alpha_p =$ 젠센의 알파

$SD(\varepsilon_p) =$ 사후적 증권특성선(SCL) 잔차의 표준편차

회귀분석모형을 이용한 정보비율은 초과수익률을 이용한 정보비율과 달리 사전에 정의된 기준 수익률이 없는 경우에 적용할 수 있다는 특징을 가지고 있다. 사후적 증권시장선에서 $R_f + \beta_p(R_m - R_f)$ 는 포트폴리오 p가 부담한 체계적 위험(β_p)에 따르는 요구수익률로써 사후적인 기준 수익률로 볼 수 있다. 따라서 사후적으로 젠센의 알파는 기준 수익률에 대한 초과수익률, 회귀모형의 표준오차는 잔차 위험이 된다.

이 지표는 기준 수익률이 명확히 알려져 있지 않은 경우에도 펀드가 부담한 체계적 위험을 기초로 사후적인 기준 수익률을 추정함으로써 사후적인 정보비율을 측정할 수 있지만, 사후적으로 추정한 기준 수익률이 실제로 투자자가 의도한 기준 수익률과 다를 수 있으므로 사용하는 데 주의를 기울여야 한다.

3 정보비율의 적용(예시)

다음 그림 A, B는 3년간 월간 단위로 측정한 주식펀드의 기준 지표 대비 초과수익률을 나타내고 있다. A 펀드가 B 펀드보다 큰 편차를 보이고 있지만, A 펀드의 수익률이 B 펀드의 수익률보다 충분히 높게 나타난다면 A 펀드의 성과가 더 낫다고 볼 수도 있다.

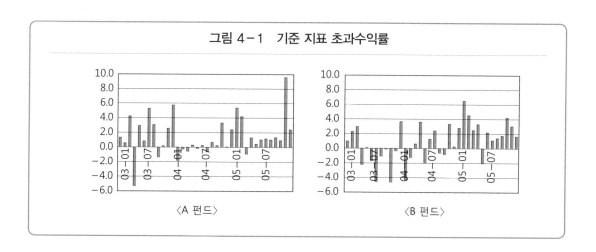

그림 4-1 기준 지표 초과수익률

〈A 펀드〉 〈B 펀드〉

표 4-3   추적오차를 이용한 정보비율의 계산 결과

펀드	기준 지표	초과수익률의 평균	잔차 위험	정보비율(연율)
A 펀드	0.9* KOSPI 200 + 0.1* CD	1.43%	2.59%	0.55(1.91)
B 펀드	0.9* KOSPI 200 + 0.1* CD	0.76%	2.57%	0.29(1.02)

〈표 4-3〉은 초과수익률을 이용하여 A, B 펀드의 정보비율을 계산한 것이다. 정보비율을 계산하는 방법은 펀드의 수익률에서 기준 지표 수익률을 차감한 초과수익률의 평균을 계산한 후, 이를 초과수익률의 표준편차(잔차 위험)로 나누는 것이다.

월간 수익률을 기초로 산출한 정보비율을 연율로 표기하기 위해서는 계산된 정보비율에 $\sqrt{12}$를 곱하면 된다. A 펀드의 잔차 위험이 B 펀드에 비해 약간 높지만 초과수익률의 평균은 A 펀드가 B 펀드보다 훨씬 높기 때문에 정보비율은 A 펀드가 훨씬 높게 나타난다.

젠센의 알파를 이용한 방법으로 정보비율을 계산하기 위해서는 펀드의 월간 수익률(종속변수)을 기준 지표의 월간 수익률(독립변수)에 대해 회귀분석을 실시한다. 이때 각 수익률에서는 무위험수익률을 차감해야 한다. 회귀분석의 결과 도출된 y절편은 '평균 부가가치'이며, 회귀모형의 표준오차는 위험으로 간주된다. 이렇게 계산된 y절편(젠센의 알파)을 표준오차로 나누면 정보비율을 얻을 수 있으며, 월간 수익률을 기초로 산출한 정보비율을 연율로 표기하기 위해서는 계산된 정보비율에 $\sqrt{12}$를 곱하면 된다.

표 4-4   회귀분석을 통한 정보비율 계산사례

펀드	시장지표	젠센 알파	베타	잔차 위험	정보비율(연율)	설명력(R^2)
A 펀드	KOSPI 200	0.98%	0.97	2.59%	0.38(1.30)	85.08%
B 펀드	KOSPI 200	0.80%	0.76	2.47%	0.32(1.12)	79.69%

A 펀드는 지난 3년간 B 펀드보다 높은 위험을 부담하였지만, 그에 따른 젠센의 알파도 B 펀드보다 높았다. 결과적으로 정보비율은 A 펀드가 B 펀드에 비해 높았기 때문에, 정보비율의 관점에서는 A 펀드의 성과가 더 양호하다.

하락 위험을 이용한 평가지표

1 의의

샤프비율을 변형한 평가지표로서, 샤프비율에서 이용하는 변동성(표준편차) 대신에 하락 위험을 이용하는 평가지표들이 많이 개발되고 있다. 이들 지표는 위험을 측정하는 지표로서의 하락 위험이 가지는 장점을 이용하기 위한 것으로, 소티노 비율(Sortino ratio), RAROC 등이 여기에 속한다.

하락 위험은 투자자가 기대하는 수익률보다 낮은 수익률만을 위험에 반영하기 때문에, 하락 위험을 이용한 평가지표는 투자자가 느끼는 위험에 대한 보상비율을 보다 더 적절하게 표현하게 된다. 특히, 헤지펀드나 파생상품을 적극적으로 이용하는 펀드와 같이 수익률의 분포가 정규분포로 보기 어려운 펀드에 적용하기에 적합하다.

2 소티노 비율(Sortino Ratio)

Frank Sortino에 의해 개발된 소티노 비율은 최소 수용 가능 수익률(MAR : Minimum Acceptable Return)을 초과하는 수익률을 하락 위험으로 나눈 비율을 의미한다. 이때의 하락위험은 수익률이 최소 수용 가능 수익률 이하가 발생한 경우만을 반영한 것이다. 즉, 소티노 비율은 '수익률 대 나쁜 변동성(return-to-bad volatility)'의 비율을 측정한 것으로 볼 수 있다.

$$소티노\ 비율 = \frac{\overline{R_p} - MAR}{DD}$$

$\overline{R_p}$ = 펀드의 평균 수익률

MAR = 최소 수용 가능 수익률

DD = 하락 편차(Downside deviation)

이 지표는 수익률이 최소 수용 가능 수익률보다 높은 수익률이 나타나는 것은 위험으로 간주하지 않기 때문에, 샤프비율 보다 더 나은 방법으로 위험을 평가한다. 소티노비율이 높다는 것은 커다란 손실이 발생할 가능성이 낮다는 것을 의미한다.

이러한 장점에도 불구하고 소티노비율보다는 샤프비율이 더 널리 이용된다. 이는 하락 편차보다는 표준편차가 보다 널리 인지되어 있으며, 주식형 펀드나 채권형 펀드의 수익률 분포는 정규분포와 크게 다르지 않기 때문에 샤프비율로 평가한 것과 소티노비율로 평가한 결과의 차이가 크지 않기 때문이다. 그러나 헤지펀드나 파생상품펀드처럼 수익률 분포가 정규분포로 보기 어렵거나 극단적인 상황에서의 위험에 대한 보상을 평가하는 데에는 소티노비율이 샤프비율보다 유용하다.

3 RAROC(Risk - Adjusted Return On Capital)

RAROC는 VaR을 분모로 사용하는 위험지표이다. VaR은 은행과 같은 금융기관이 보유해야 하는 자본금(Capital)과 관련되어 있기 때문에 주로 금융기관에서 이용하는 성과평가지표이다.

$$RAROC = \frac{\overline{R_p} - \overline{R_f}}{VaR}$$

$\overline{R_p}$ = 펀드의 평균 수익률

$\overline{R_f}$ = 무위험수익률

VaR = 최대 손실액(Value-at-Risk)

RAROC에서 사용하는 VaR은 극단적인 상황에서 입을 수 있는 손실 가능성을 의미하므로, 모든 분산 정도를 반영하는 표준편차보다는 위험을 더 적절하게 평가한다. 그럼에도 불구하고 VaR이 일반적인 위험지표로는 널리 쓰이지 않기 때문에 펀드에 대한 개별적인 평가지표로는 잘 이용되지 않으며, 위험관리와 관련하여 금융기관에서 자산유형별 또는 부서별 성과평가 등에 제한적으로 이용되고 있다.

chapter 05

성과 특성 분석

성과 요인 분석의 내용

성과 요인 분석은 수익률에 영향을 주는 원인이나 요인을 확인하고 달성한 총수익률을 분해하여 각각의 성과 요인별로 할당하는 활동을 말한다. 이러한 분석을 통해 펀드가 부담한 위험에 대비하여 충분한 수익을 획득하였는지를 판단할 수 있으며, 위험부담을 확대할 영역과 위험부담을 최소화해야 하는 영역을 구분할 수 있도록 해준다.

수익률에 영향을 끼치는 요인은 다양하며, 총수익률을 다양한 관점에서 구분해 볼 수 있다. 또한 구체적으로 기여수익률을 측정할 수도 있으며, 특정 요인이나 능력이 수익률 제고에 기여했는지만을 판단하기도 한다.

다음은 총수익률을 성과 요인별로 분해한 다양한 예이다.

❶ 총수익률(비용차감 후 수익률)＝비용차감 전 수익률－관리비용
❷ 총수익률＝주식의 기여도＋채권의 기여도
❸ 총수익률－시장수익률＝(기준 수익률－시장수익률)＋(펀드 수익률－기준 수익률)
❹ 총수익률－기준 수익률＝시장 예측 능력의 기여도＋종목 선정의 기여도
❺ 총수익률＝전략적 자산배분의 기여도＋전술적 자산배분의 기여도＋실제 운용의 기여도
❻ 총수익률＝(스타일별 수익률－기준 수익률)＋(종목 선정의 기여도－스타일별 수익률)

❼ 총수익률 − 기준 수익률 = 신용위험 스프레드 + 만기 스프레드 + 개별 종목 효과

수익률을 분해하거나 성과 요인을 분석하기 위해서는 달성한 성과가 펀드 운용자의 의도적인 요인에 의한 것인지 아니면 우연에 의해 달성된 것인지를 판단할 수 있는 기법을 사용해야한다. 성과 요인 분석 결과 의도한 성과 요인에 의해 수익률을 달성하였다면 그 성과 요인을더욱 활용할 수 있도록 해야 하며, 의도하지 않은 원인에 의해 성과가 나타났다면 그 성과는위험요소가 될 가능성이 높으므로 적절히 통제할 수 있는 방법을 찾아야 한다.

section 02 | 기준 지표를 이용한 성과 분해

기준 지표(benchmark)로 일반적으로 사용되는 것이 투자대상 자산의 전체를 대상으로 측정한 시장지수이다. 그러나 시장 전체보다는 특정 섹터 · 스타일이 보다 나은 성과를 나타낼 것으로 예상되는 경우나, 세부 자산으로 구분하여 각각의 운용자에게 운용을 맡기는 경우에는시장지수와 다른 기준 지표를 정하게 된다. 이런 경우에는 시장지수와 다른 기준 지표를 택함으로써 성과에 어떤 영향을 주었는지를 분석할 필요가 생긴다. 일반적인 투자자에게 널리 알려진 지수는 시장지수이므로, 일반 투자자 입장에서는 펀드별로 특수하게 정의된 기준 지표에 의한 평가가 익숙하지 않을 수도 있다. 이런 필요성에 따라 기준 지표 및 시장지수가 펀드성과와 어떤 관계를 가지는지를 살펴볼 필요가 있다.[1]

$$P = P - B + B$$
$$= M + (B - M) + (P - B)$$
$$= M + S + A$$

P = 포트폴리오 수익률
B = 기준 지표 수익률
M = 시장 인덱스수익률
A = P − B
S = B − M

1 V. Jeffrey, Bailey, Thomas M. Richards, and David E. Tierney, "Benchmark Portfolios and the Manager/Plan Sponsor Relationship," *Current Topics in Investment Management*, New York:Harper & Row, 1990.

위 식에서 포트폴리오가 시장수익률을 초과한 초과수익률은 S+A로 나타난다. A(=P−B)는 펀드매니저가 적극적인 운용을 통해 기준 수익률을 초과한 수익률로 펀드매니저의 능력을 나타내며, S(=B−M)는 시장지수를 기준 수익률로 선택하지 않고 별도의 기준 수익률을 택함으로써 나타나는 초과수익률을 의미한다. 기준 수익률의 선택이 스타일 투자를 위한 것이었다면, S는 스타일 효과, A는 종목 선정 효과로 불리게 된다.

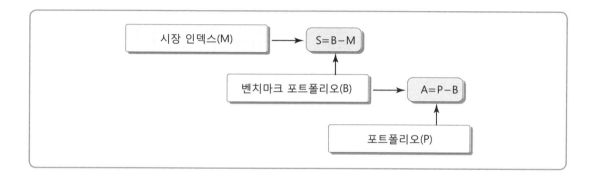

만일 인덱스펀드를 운용하는 경우의 기준 지표(B)는 시장 인덱스(M)가 될 것이기 때문에 S=B−M=0이 되어 기준 지표를 정함에 따른 차이가 없을 것이다. 또한 적극적인 운용을 하지 않기 때문에 A=(P−B)=0으로 나타난다. 만약 적극적인 운용을 행하는 매니저의 기준 지표(B)가 시장 인덱스(M)와 같다고 한다면(S=B−M=0) 위의 식은 P=M+A가 되며, 스타일·섹터 투자가 이루어지지 않는 것으로 볼 수 있다.

section 03 시장 예측 능력과 종목 선정 능력

1 투자능력의 구분

포트폴리오의 성과는 크게 시장을 예측하는 능력(market timing)과 종목 선정 능력(stock selection)으로 구분할 수 있다. 시장 예측이 뛰어나면 자산구성을 변화시켜 적극적인 시장 대응으로 초과수익창출이 가능하다. 반면에 종목 선정 능력이 우수한 경우에는 시장의 흐름과 무관하게 우수한 종목 선정으로 기준 지표보다 좋은 성과를 얻는 것이 가능하다. 따라서, 운용성과의 원인을 분석해 펀드매니저의 능력이 어느 쪽에 있는지 파악하는 것이 매우 중요하다고 할 수 있다.

　시장 예측 능력이란 시장의 흐름을 예측하고 이에 대비한 전략을 구사할 수 있는 능력을 말한다. 이에 대한 전략으로는 크게 두 가지를 들 수 있다. 첫째, 시장의 흐름을 예측하고 저점에 매수하고 고점에 매도하는 전략을 구사하는 전략이다. 둘째, 시장이 강세일 때는 시장에 대한 민감도가 높게 운용하고 시장이 약세일 때는 시장에 대한 민감도가 낮게 운용하는 전략을 들 수 있다. 이와 같은 전략은 일견 매우 유용해 보이나 시장을 정확히 예측하여 초과수익을 거두는 것은 매우 어려워 실제 운용에서 이와 같은 전략으로 지속적으로 우수한 성과를 거두고 있는 펀드는 소수에 불과하다.

　종목 선정 능력이란 시장의 흐름과 무관하게 기준 지표보다 좋은 성과를 보이는 종목을 선정하여 투자하는 전략이다. 이 전략은 실제로 많은 펀드에서 활용되어지고 있으며 운용능력 상위펀드의 대부분이 종목 선정에 뛰어난 능력을 보여주고 있다.

　다만, 시장 예측 전략과 종목 선정 전략을 동시에 활용하여 펀드를 운용하는 경우가 많아 각각의 능력의 보유 여부와 크기에 대해 구분하여 분석하여야 한다.

2　시장 예측 능력과 종목 선정 능력 분석을 위한 수리모형

❶ Treynor-Mazuy의 이차항 회귀분석모형 : Treynor-Mazuy의 이차항 회귀분석모형[2]은 시장 예측 능력을 가지고 운용된 펀드의 수익률은 기준 수익률과 1차함수 관계가 아니라 2차 함수 관계를 갖는다고 가정한다. 즉 시장 예측 능력을 가진 펀드 운용자는 기준 수익률이 상승할수록 기준 수익률에 대한 민감도를 증가시키고 기준 수익률이 하락할수록 기준 수익률에 대한 민감도를 감소시킬 수 있기 때문에, 펀드의 수익률은 기준 수익률에 대하여 2차 함수 관계를 가진다고 본 것이다. 따라서 자본자산 가격 모형(CAPM)을 이용하여 젠센 알파를 계산하는 식에 제곱항을 포함시키고, 이 제곱항의 계수를 시장 예측 능력을 측정하는 지표로 본다. 만약 펀드 운용자가 시장 예측 능력을 가지고 있다

2　J. Treynor and K. Mazuy, "Can Mutual Funds Outguess the Market?," *Harvard Business Review* 44, 1966, pp. 131~136.

면 다음 식에서 $\gamma_p > 0$이며, 또한 종목 선택 능력을 가지고 있다면 $\alpha_p > 0$이 된다.

$$R_p - R_f = \alpha_p + \beta_p(R_B - R_f) + \gamma_p(R_B - R_f)^2$$

$\quad$ R_p＝펀드 수익률, $\quad$ R_f＝무위험수익률

$\quad$ R_B＝기준 지표 수익률

이 지표의 문제점은 시장수익률이 하락할수록 펀드 수익률의 하락을 줄이도록 요구하며, 반대로 시장수익률이 상승할수록 펀드 수익률의 상승을 더욱 가속화하는 운용전략을 요구한다는 점이다. 수익률 곡선이 우상향하는 2차 곡선이 되기 위해서는 주가 상승기에는 주식투자비중을 늘이며(또는 시장 민감도가 높은 종목비중을 높이며), 주식 하락기에는 주식투자비중을 줄이는(또는 시장 민감도가 낮은 종목비중을 높이는) 액티브한 운용전략을 채택해야 한다. 물론 시장 민감도를 조정하기 위해 주가지수선물이나 옵션을 활용할 수도 있다. 하지만 펀드나 기금은 약관이나 운용지침에서 파생상품의 투자를 제한하는 경우가 있어 이런 펀드에 이 모형을 적용하는 것은 적절하지 않다.

❷ Henriksson-Merton의 옵션모형 : Henriksson-Merton 모형[3]에서는 시장 예측 능력이 있는 펀드매니저는 기준 수익률이 상승하는 시기의 시장 민감도가 기준 수익률이 하락하는 시기의 시장 민감도보다 높도록 관리할 수 있다고 가정하고 있다. 시장 예측 능력이 있는 펀드매니저는 기준 수익률이 상승할수록 기준 수익률에 대한 민감도를 증가시키고 기준 수익률이 하락할수록 기준 수익률에 대한 민감도를 감소시킬 수 있다고 가정하는 Treynor-Mazuy 모형과 대비된다. 이러한 Henriksson-Merton 모형은 옵션의 Payoff 그래프와 비슷한 모양으로 다음과 같은 다중회귀식으로 나타나며, 이를 통해 시장 상승기의 시장 민감도 $\beta_p + \gamma_p$와 시장 하락기의 시장 민감도 β_p를 각각 얻을 수 있다. 이때 펀드 운용자가 시장 예측 능력을 가지고 있다면 $\beta_p + \gamma_p > \beta_p$, 즉 $\gamma_p > 0$이며, 종목 선택 능력을 가지고 있다면 $\alpha_p > 0$이 된다.

$$R_p - R_f = \alpha_p + \beta_p(R_B - R_f) + \gamma_p \, Max(0, \, R_B - R_f)$$

$\quad$ R_p＝펀드 수익률

$\quad$ R_f＝무위험수익률

$\quad$ R_B＝기준 지표 수익률

이 지표도 Treynor-Mazuy 모형에 의한 지표와 동일한 문제점을 가지고 있다. 즉, 자

---

3 R. D. Henriksson and R. C. Merton, "On Market Timing and Investment Performance. II. Statistical Procedures for Evaluating Forecasting Skills," *Journal of Business* 54(4), 1981, pp. 513~533.

산배분 전략을 적극적으로 활용할 수 없는 펀드에서는 시장 예측 능력을 나타내는 지표가 양(+)의 값을 가질 가능성이 없으므로, 이러한 펀드에 이 모형을 적용하는 것은 적절하지 않다. 다만, 트레이너-마주이 모형은 시장수익률이 상승함에 따라 체계적 위험을 지속적으로 증가시킬 것을 가정하는 데 비해, 이 모형은 시장수익률의 수준에 따라 체계적 위험을 2가지로만 관리하는 것으로 가정함으로써 현실성이 약간 개선되었다.

3 젠센의 알파, Treynor-Mazuy, Henriksson-Merton 모형 비교

젠센의 알파 모형은 체계적 위험을 변화시킬 가능성을 배제한 채 부담한 체계적 위험이 요구하는 수익률을 초과한 정도를 나타내는 지표로 종목 선정 능력을 나타낸다. 그런데, 시장 예측 능력과 종목 선정 능력을 동시에 보여준 펀드에서 나타나는 젠센의 알파는 시장 상황에 따라서 다양한 값을 가질 수 있다. 따라서 시장 예측 활동과 종목 선정 활동을 동시에 수행한 펀드의 젠센의 알파는 운용능력을 판단하기 위한 지표가 되지 못하며, 순수하게 종목 선정 활동을 행한 펀드에 대해서만 젠센의 알파를 통해 운용능력을 판단할 수 있다.

트레이너-마주이 모형과 헨릭슨-머튼 모형은 시장 예측 능력과 종목 선정 능력을 구분하여 판단할 수 있는 지표를 보여준다. 다만 종목 선정 능력에 의해 수익률에 기여한 정도는 초과 수익률로 나타나지만, 시장 예측 능력에 의한 기여 수익률은 나타나지 않으며 능력의 보유 여부만을 알 수 있다.

시장 예측 활동과 종목 선정 활동을 병행하였는지를 명확히 알 수 없는 펀드에 대해서는 다음과 같이 2단계로 구분하여 종목 선정 능력과 시장 예측 능력의 보유 여부를 판단하는 것이 바람직하다.

❶ 1단계 : 트레이너-마주이 모형이나 헨릭슨-머튼 모형으로 분석한다. 모형 분석 결과 모형의 유의성과 시장 예측 능력에 대한 유의성이 있다면 이 모형에 기초하여 종목 선정 능력과 시장 예측 능력의 보유 여부를 판단한다.

❷ 2단계 : 1단계에서 모형의 유의성이 없거나 시장 예측 능력에 대한 유의성이 없다면, 젠센의 알파를 측정한다. 이 모형에서 모형의 유의성과 알파에 대한 유의성이 있다면 이 모형에 의해 종목 선정 능력의 보유 여부를 판단한다. 모형의 유의성이 없거나 알파에 대한 유의성이 없으면 판단을 유보한다.

section 04 가상 포트폴리오를 이용한 성과 요인 분석

1 특징

수학적 모형을 이용하여 시장 예측 능력과 종목 선정 능력을 구분하는 것은 분석대상 기간의 모든 데이터를 이용하여 계산함으로써 일종의 1기간 분석모형이며, 시장 예측 능력에 대해서는 평균적인 능력의 보유 여부만을 판단할 뿐 실제로 기여한 수익률의 정도를 측정하지는 못한다. 이러한 한계점을 극복하고 실제로 시장 예측 능력에 따라 기여한 수익률과 매 기간마다의 성과 정도를 구분하기 위해서는 가상 포트폴리오 방법(virtual portfolio approach)을 사용할 수 있다. 가상 포트폴리오 방법은 시장 예측 능력과 종목 선정 능력을 구분하기 위해서 사용할 수도 있으며, 스타일이 기여한 수익률의 정도를 각 기간별로 정확하게 측정하기 위해 사용할 수도 있다.

가상 포트폴리오는 성과 요인을 분석하기 위한 일종의 기준 지표 역할을 한다. 다만, 기준 지표가 운용을 시작하기 전에 사전적으로 정해짐으로써 운용을 위한 기준 역할을 하는데 반해, 가상 포트폴리오는 운용과정에서 나타나는 특성을 그대로 반영하는 포트폴리오라는 차이점이 있다. 기준 지표와 가상의 포트폴리오가 일치하지 않는 것은 자율적인 운용의 행태로 인해 나타난 것이며, 그러한 행태가 수익률에 얼마만큼 기여하였는지를 분석함으로써 자율적인 운용이 수익률 제고에 기여했는지 아니면 위험을 높이기만 했는지를 판단할 수 있다.

2 주식형 펀드의 분석사례

주식형 펀드에서 자산배분 효과, 마켓타이밍 효과, 종목 선정 효과로 구분하는 방법을 살펴보기로 한다.

주식형 펀드의 기준 지표가 90%×KOSPI 200+10%×CD라고 한다면 이 펀드를 가장 보수적으로 운용하는 방법은 매 거래일마다 KOSPI 200 인덱스에 90%만큼 투자하며, 나머지는 CD에 투자하는 것이다. 만약 운용기간 동안 평균적인 주식투자비중이 90%와 다르거나 일별 주식 편입비가 평균 주식 편입비와 다르다면 이는 자율적인 운용이 이루어졌다는 것을 의미한다.

평균 편입비가 기준 지표가 요구하는 편입비와 다름에 따라서 나타나는 효과를 자산배분 효과로, 일별 편입비가 평균 편입비와 다름에 따라서 나타나는 수익률 효과를 마켓타이밍 효과로 구분할 수 있으며, 자산배분 효과와 마켓타이밍 효과를 초과하는 수익률은 종목 선정에 의한 효과로 볼 수 있다. 이를 분석하기 위해서 다음과 같이 2개의 추가적인 가상 포트폴리오 수익률을 계산한다.

❶ 평균 자산배분 포트폴리오 수익률 : 평균 편입비를 유지한 경우 예상되는 기대수익률로 '평균 주식 편입비×KOSPI 200 수익률＋(1−평균 주식 편입비)×CD'로 계산한 일별 기대수익률을 해당하는 기간만큼 누적하여 총수익률을 계산한다. 이것은 편입된 주식이 평균적으로 KOSPI 200의 수익률을 올리며, 유동성이 CD의 수익률을 올릴 것으로 기대했을 때 나타나는 수익률이다.

❷ 실제 자산배분 포트폴리오 수익률 : 일별로 주식 편입비를 조절했을 때 기대할 수 있는 수익률로 '일별 주식 편입비×KOSPI 200＋(1−일별 주식 편입비)×CD'로 일별 수익률을 계산한 후 해당 기간의 총수익률을 계산한다.

위 2개의 가상 포트폴리오 수익률과 기준 지표 수익률을 이용하여 다음과 같이 펀드의 수익률을 성과 요인별로 구분할 수 있다.

$$R_p - R_B = (R_p - R_{TA}) + (R_{TA} - R_{AA}) + (R_{AA} - R_B),$$

초과수익률＝종목 선정 효과＋마켓타이밍 효과＋자산배분 효과

R_p＝펀드 수익률,　R_B＝기준 지표 수익률

R_{TA}＝실제 자산배분 수익률

R_{AA}＝평균 자산배분 수익률

참고로 기준 지표가 명확히 정의되어 있지 않은 경우에는 평균 편입비에 의한 가상 포트폴리오를 사후적인 기준 지표로 보고 성과 요인을 구분할 수도 있다.

$$R_p - R_{AA} = (R_p - R_{TA}) + (R_{TA} - R_{AA}),$$

초과수익률＝종목 선정 효과＋마켓타이밍 효과

R_p＝펀드 수익률,　R_B＝기준 지표 수익률

R_{TA}＝실제 자산배분 수익률

R_{AA}＝평균 자산배분 수익률

이 방법은 여러 가지 자산군에 투자하는 혼합형 펀드나 스타일이 다른 세부자산에 혼합하여 투자하는 경우에도 중장기적으로 (세부)자산군에 대한 투자 비중을 적절하게 유지했는지(자산배분 효과), 또는 단기적으로 시장 예측에 따라 투자비중을 조절했는지(마켓타이밍 효과), 해당 (세부)자산군에서 성과가 좋은 종목을 선정했는지(종목 선정 효과)와 함께 각각의 활동에 의한 수익률의 정도를 보여줄 수 있다.

다음 표는 위의 절차에 따라 성과 요인을 분석한 사례를 보여준다. 아래의 표에서 펀드의 성과 요인 분석은 펀드의 총수익률을 성과 요인에 따라 구분한 것이며, 주식만의 성과 요인 분석은 펀드에서 마켓타이밍 효과를 배제하고 주식만의 성과를 분석한 내용이다.

펀드의 성과 요인을 분석하기 위해서는 펀드 자체의 기준 지표를 활용하며, 주식만의 성과 요인을 분석하기 위해서는 주식시장 수익률을 기준 지표로 활용한다.

펀드의 성과 요인 분석에서 보면, 자산배분이나 마켓타이밍에 의한 성과기여도는 대부분의 구간에서 상대적으로 작으며 종목 선정에 의한 성과기여도가 크다는 것을 알 수 있다. 다만, 종목 선정에 의한 성과기여도가 음(−)의 값을 나타내므로 종목 선정 능력이 성과를 불량하게 만들도록 크게 기여하였다고 할 수 있으며 따라서 종목 선정 활동에 대해서 적절히 통제할 필요가 있다.

주식만의 성과를 대상으로 성과 요인을 분석하기 위해서는 주식시장 수익률 이외에 펀드에서 투자한 업종과 동일한 비율로 투자하며 업종 평균의 수익률을 달성한 것으로 가정한 가상

표 5-1 가상 포트폴리오를 이용한 주식형 펀드의 성과 요인 분석

성과 구분		1월	2월	3월	4월	5월
펀드의 성과 요인	펀드수익률	3.40	8.16	−5.16	−5.24	5.63
	기준 수익률	5.08	9.28	−4.21	−4.42	5.98
	초과수익률	−1.68	−1.12	−0.95	−0.82	−0.35
	자산배분	−0.25	−0.39	0.07	0.00	−0.14
	타이밍	0.01	0.01	0.00	−0.04	0.02
	종목 선정	−1.44	−0.73	−1.02	−0.78	−0.23
주식만의 성과 요인	주식만의 수익률	3.49	8.42	−5.59	−5.32	5.66
	주식시장수익률	5.00	9.20	−4.29	−4.51	5.90
	초과수익률	−1.52	−0.78	−1.30	−0.81	−0.23
	업종 선정 효과	−0.72	−0.37	0.14	−0.13	−0.85
	종목 선정 효과	−0.79	−0.40	−1.45	−0.68	0.61

포트폴리오 수익률이 추가로 필요하다. 표에 나타난 분석 결과에서는 업종 선정 활동에 의한 성과와 종목 선정에 의한 성과가 거의 같은 정도의 부정적인 영향을 주는 것으로 나타났다. 따라서, 종목 선정이나 업종 선정 활동을 통제하고 주식시장의 수익률을 추적하는 노력을 더 기울일 필요가 있다.

채권의 성과 요인 분석

채권 포트폴리오의 성과평가도 기본적으로 주식 포트폴리오와 동일하다. 먼저 채권투자의 결과 달성한 수익률이 과연 기준 지표(benchmark)를 상회하였는가를 평가하고, 그 이유는 무엇인가를 살펴보는 것이다. 채권 포트폴리오의 성과를 달성하기 위한 투자전략과 전술의 효과, 거래(trading)로 인한 초과수익, 기업 신용상태 분석을 통한 초과수익 등에 대한 성과 요인 분석을 통해, 펀드운용조직이나 펀드매니저의 역량과 스타일을 파악하여 통제할 수 있다.

1 채권 포트폴리오의 구성요소

채권의 수익률은 투자대상 채권의 잔존만기와 신용등급, 시장이자율의 변화 등에 영향을 받는다. 채권수익률에 영향을 주는 시장변수를 고려하여, 채권수익률을 다음과 같이 4가지 구

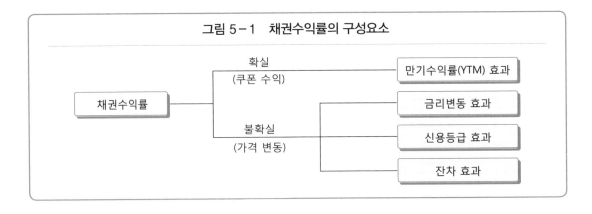

그림 5-1 채권수익률의 구성요소

성요소로 분해할 수 있다.[4]

2 채권 포트폴리오의 위험

개별 채권에 관련된 위험은 이자율 위험, 재투자 위험, 중도상환 위험(call risk), 수익률 곡선 위험(yield curve risk), 변동성 위험, 파산 위험, 환율 위험, 물가상승 위험, 유동성 위험 등이 있다.

여러 채권으로 구성한 포트폴리오의 위험은 개별 채권과 달리 체계적 위험과 비체계 위험으로 구분해 볼 수 있다. 만약 이자율의 변화가 없고, 채권을 만기까지 보유할 경우 발생하는 채권투자의 위험은 부도위험만 존재하게 되며, 이 경우 채권에서는 주식의 경우보다 비체계적 위험의 중요성이 높지 않다.

채권 포트폴리오에서 가장 중요한 관심사는 채권의 수익률에 큰 영향을 주는 시장위험 또는 체계적 위험을 어떻게 통제하는가 하는 점이다. 잔존기간, 표면이자율, 이자지급 횟수, 듀레이션, 컨벡서티 등의 요소가 채권 포트폴리오의 수익률 및 수익률의 변동성에 영향을 준다. 전통적으로 채권 포트폴리오의 체계적 위험은 잔존만기 또는 듀레이션을 변화시켜 통제해왔으며, 구성 채권의 듀레이션을 분산시키는 것이 효과적인 방법 중 하나로 사용되어 왔다. 시장 이자율이 변화할 때 듀레이션이 긴 채권 포트폴리오의 수익률 변동성은 높게 나타나며, 듀레이션이 짧은 채권 포트폴리오의 수익률 변동성은 작게 나타난다.

그러나 이러한 결과는 수익률 곡선(yield curve)이 수평이동(parallel shift)한 경우에만 성립되며, 만약 수평이동하지 않았다면 변화의 내용이 달라질 수 있다.

3 시장선 접근 방법(Market Line Approaches)

주식 포트폴리오의 경우 베타를 이용한 위험조정 후 수익률 계산이 보편화되어 있다. 채권 포트폴리오의 경우에는 베타 대신 듀레이션을 사용하는 방법이 매우 간단하여 널리 사용되고 있다. 채권 포트폴리오의 위험 중 이자율 위험은 잔존만기나 듀레이션을 조정하는 행위와 연

---

4 Peter O. Dietz, H. Russell Fogler, Donald J. Hardy, "The Challenge of Analyzing Bond Portfolio Returns," *Journal of Portfolio Management*, Spring 1980.

관되며, 만약 채권 포트폴리오를 운용함에 있어 투자대상 채권의 신용등급이 제한받는다면 펀드 운용자는 잔존만기를 조정하여 우수한 운용성과를 얻어낼 수 있다. 펀드매니저가 기본적인 평가지표가 되는 채권지수의 듀레이션과 실제 포트폴리오의 듀레이션 차이를 적극적으로 조정함으로써 성과를 달성한다고 가정하면 다음과 같은 평가모형이 가능하다.

$$R_D = -(D_p - D_B) \times \Delta r_B$$
R_D = 듀레이션 효과, D_p = 포트폴리오의 듀레이션
D_B = 기준 지표의 듀레이션, Δr_B = 기준 지표의 금리변동분

주로 주식 포트폴리오에 대한 분석 목적으로 활용되었던 자본시장선(Capital Market Line)이나 증권시장선(Securities Market Line)처럼, 채권 포트폴리오에 대한 성과 분석을 위해 위험×수익률의 평면에 채권시장 포트폴리오를 표시하고, 무위험수익률과 채권시장 포트폴리오를 연결한 선을 기준으로 포트폴리오의 성과를 분석하는 방법을 시장선 접근 방법이라고 부른다. 시장선 접근 방법에서 사용될 수 있는 위험요소로는 듀레이션, 표준편차, 베타 등이 있다. 시장선 접근 방법은 채권시장지수가 본격적으로 발표되기 시작한 1970년대 중반 이후에 나타나기 시작했다.

채권 포트폴리오의 성과분석을 위한 시장선은 위험×수익률의 평면에서 무위험수익률과 채권시장 포트폴리오를 연결함으로써 도출할 수 있다. 개별 채권 포트폴리오도 '위험×수익률' 평면에 나타낼 수 있는데, 채권 포트폴리오의 위치가 시장선보다 위에 있으면 성과가 우수하며, 시장선보다 아래에 있으면 성과가 저조한 것으로 평가한다.

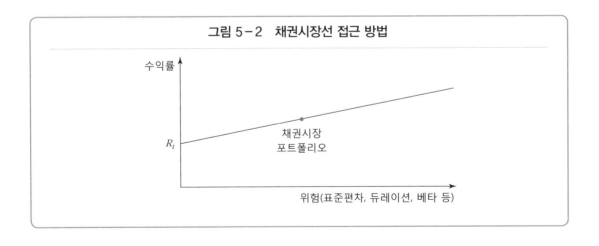

그림 5-2   채권시장선 접근 방법

4 채권형 펀드의 성과 요인 분석사례

채권형 펀드의 기준 지표는 신용등급과 만기를 고려하여 설정되는 것이 보통이다. 따라서 채권형 펀드에서 적극적인 운용의 방편으로는 신용 스프레드를 이용한 투자와 듀레이션을 이용한 투자방법이 있다. 안정적인 채권시장에서는 신용등급이 낮을수록, 만기 또는 듀레이션이 길수록 수익률이 높다. 그러나 시장 상황이 변하는 경우에는 반드시 그러한 결과를 주지는 않는다. 따라서 실제로 실현된 수익률이 어떤 요인에서 기인한 것인지를 분석할 필요가 있다.

이 분석은 채권시장수익률 이외에도 가상의 동일신용 포트폴리오, 동일만기 포트폴리오를 필요로 한다. 이러한 가상 포트폴리오 수익률을 기초로 다음과 같이 성과 요인 분석이 가능하다.

$$R_p - R_B = (R_p - R_D) + (R_D - R_C) + (R_C - R_B)$$

초과수익률＝종목 선정 효과＋만기 선정 효과＋신용 선정 효과

R_p＝펀드 중 채권수익률

R_B＝채권시장수익률

R_D＝동일만기수익률

R_C＝동일신용도수익률

〈표 5-2〉의 분석 결과표를 보면, 수익률에 가장 큰 영향을 미치는 요소는 만기와 관련되어 있으며, 종목 선정 효과와 신용 선정 효과는 상대적으로 그 영향의 정도가 약하다. 만기 선정 효과는 월별로 보면 양(＋)의 효과를 나타낸 횟수가 훨씬 많으나 커다란 손실을 발생시키는 경우가 있으므로 특별히 주의가 필요하며, 종목 선정 효과와 신용 선정 효과는 그 절대값이 크지는 않지만 음(-)의 효과를 나타내는 경우가 많으므로 적절한 통제가 필요하다.

표 5-2 **가상 포트폴리오를 이용한 채권형 펀드의 성과 요인 분석**

	성과 구분	1월	2월	3월	4월	5월
채권만의 성과 요인	채권만의 수익률	−6.87	4.52	4.93	5.47	4.80
	채권시장수익률	1.12	4.29	4.13	4.79	3.98
	초과수익률	−7.99	0.23	0.80	0.68	0.82
	신용 선정 효과	−0.19	−0.22	−0.11	−0.09	−0.09
	만기 선정 효과	−7.06	0.48	0.81	1.55	0.84
	종목 선정 효과	−0.74	−0.04	0.11	−0.78	0.07

section 06 | 자산운용 권한별 성과기여도 분석

1 | 평가의 기본원칙

연기금이나 재무설계사들은 자산배분 등 여러 단계를 거쳐서 투자를 집행한다. 그러므로 투자성과는 전략적 자산배분, 전술적 자산배분, 증권 선택과 같은 활동별로 공헌도를 구분하여 평가해야 한다. 만약 주식부문 펀드매니저가 아무리 열심히 운용하여 종합주가지수를 상회하는 우수한 성과를 달성하더라도, 채권부문 등의 성과부진으로 인하여 기금 전체가 지급해야 할 자금을 제대로 마련하지 못하면 기금이 고갈될 수 있다. 이 경우 기금 전체의 낮은 성과에 대해 주식부문 매니저들에게 책임을 물을 수 없는 것이다.

성과평가에서 가장 중요한 것은 운용과정에의 의사결정 단계별로 부여된 역할에 적합한 성과평가 방법을 적용해야 한다는 점이다. 만약 펀드 운용자에게 투자자금이 배분되고 투자에 관한 모든 권한이 주어졌다면, 펀드의 수익률로 해당 매니저를 평가하면 된다. 그러나 일반적으로 대형 투자자금은 여러 단계의 의사결정을 거쳐 집행되므로 펀드매니저는 주어진 역할에 대해서만 평가받아야 한다. 목표의 수립, 전략의 선택, 자산의 구성이 투자전략부서에서 이루어질 경우 이에 따른 성과에 대해서는 실제 자산을 운용하는 운용부서에게 책임을 물을 수 없다.

2 | 자산배분 전략에 대한 성과평가

자산운용기관들은 운용과정에서 전략적 자산배분에 의한 전략 포트폴리오(policy portfolio), 전술적 자산배분에 의한 전술 포트폴리오(allocated portfolio), 실제로 종목 선택이 완성된 실제 포트폴리오(actual portfolio)의 세 가지 포트폴리오를 만들고 있다. 상당수의 자산운용기관들은 운용담당본부장(CIO : Chief Investment Officer), 각 부문팀장, 그리고 전략위원회 또는 전략팀을 통해 전략적인 자산배분과 전술적인 자산배분을 결정하는 경우가 많다. 이 경우 펀드매니저들은 가장 엄밀하게는 정해진 자산구성계획을 전제로 종목 선택 활동만을 담당하거나, 소규모의 자산배분을 위임받아 집행하게 된다. 운용단계별로 의사결정권한이 명확하게 구분되는 경우, 성과평가는 운용조직을 구성하고 있는 구성원 또는 위원회에 대해 권한과 책임별로 평가해야 한다. 투자의사결정은 크게 전략적 자산배분, 전술적 자산배분, 실제 운용의 3단계로 나누어 볼 수 있으며, 각 단계별 평가방법은 다음과 같다.

❶ 전략적 자산배분 : 연기금의 경우 기금이 고갈되지 않도록 기금 각출료 또는 추가 조성액과 향후 지급해야 할 급여액을 고려하여 장기적으로 투자자산의 구성을 결정하는 것이 중요하다. 특히 연금의 경우 가입자의 사망률, 재해비율, 물가상승률, 투자수익률 등을 장기적으로 검토하여 자산구성을 세워야 한다. 이러한 계획은 주로 연금계리사(actuary)와 같은 전문가들이 의사결정 변수들에 대한 전망치를 관련된 전문가들로부터 제공받아 수립하게 된다. 전략적 자산배분의 목표는 적어도 수십 년 이후 해당 연금이나 기금이 고갈되지 않도록 한다는 관점을 가지므로, 전략적 자산배분의 성과를 단기적으로 평가할 수는 없다.

❷ 전술적 자산배분 : 장기적인 전략적 자산배분이 결정된 후에 시장 상황의 변화를 적극적으로 활용하여 수익을 제고할 수 있도록, 기금운용 실무자들에게 일정한 범위에서 자산구성을 변경할 권한을 부여한다. 이 경우 기금운용 실무자들은 투자전략회의 등을 통해 연간이나 분기 단위 또는 중요한 경제상황의 변화가 발생할 때 자산구성을 변경한다. 이를 전술적 자산배분이라고 하는데 주로 자산집단 간의 상대적인 가치 변화를 적극적으로 활용하는 투자행위를 의미한다.

❸ 실제 포트폴리오 : 여러 가지 자산배분을 통해 자신에게 맡겨진 투자자금을 운용하는 펀드매니저는 가장 엄밀한 의미로는 자산구성을 변경할 권한이 없다. 따라서 실무자인 펀드매니저가 할 수 있는 역할은 종목 선정(stock selection)을 통해 초과수익을 달성하는 것이므로, 펀드매니저는 이런 역할에 부합되게 자산배분의 성과를 제외하고 종목 선정의 성과만으로 평가받아야 한다.

3 평가사례

구체적인 평가방법에 관한 논의를 위해 대형 연기금의 사례를 대상으로 살펴보자.[5] 이 연기

---

5   J. L. Maginn & D. L. Tuttle, *Managing Investment Portfolios*: A Dynamic Process, 2nd ed. 1990.

표 5-3 가상의 기금운용사례

구분		주식	채권	현금자산	총 수익률
자산집단 수익률을 대표하는 지수		주가지수 수익률	회사채지수 수익률	현금성 자산지수 수익률	
구성비	전략배분비율	60.0%	30.0%	10.0%	
	실제 배분비율	50.0%	30.0%	20.0%	
수익률	기준 지표	13.08%	6.56%	4.77%	
	실제 배분비율	11.75%	8.44%	5.53%	
전략적 포트폴리오 (policy portfolio)		7.85% (13.08%×0.6)	6.56%×0.3	4.77%×0.1	10.29%
자산배분 포트폴리오 (allocated portfolio)		6.54% (13.08%×0.5)	6.56%×0.3	4.77%×0.2	9.46%
실제 포트폴리오 (actual portfolio)		5.88% (11.75%×0.5)	8.44%×0.3	5.53%×0.2	9.51%
자산배분 효과		−0.28%	0.00%	−0.55%	−0.83%
종목 선택 효과		−0.66%	0.56%	0.15%	0.05%

금은 전략적인 자산배분으로 주식 60%, 채권 30%, 현금성 자산 10%라는 의사결정을 내리고 장기간 이를 준수해왔다. 실제로는 자금을 운용중인 기금운용부서에서 지난 1년 동안 자산구성을 약간 변경하여 주식의 비중을 10% 줄이고 현금성 자산을 10% 늘리는 전술적인 자산배분을 유지하였다. 이 경우 권한에 따른 평가는 〈표 5-3〉과 같이 요약할 수 있다.

위 사례에서 다음과 같은 의사결정 단계별 평가를 적용할 수 있다.

❶ 전략적 자산배분 : 투자전략 위원회나 연기금의 스폰서를 통해 설정한 전략적 자산배분에 의한 수익률은 각 자산군별 구성비율과 해당 자산군별 기준 지표 수익률을 가중평균하여 산출된다.

자산군별 전략적 자산배분 수익률＝전략적 자산 구성비율×기준 지표 수익률
전략적 자산배분의 총수익률＝자산군별 전략적 자산배분 수익률의 합

전략적 자산배분은 기금의 재정고갈을 방지하면서 동시에 각 시점별 기금지급액을 충족해야 하므로, 전략적 자산배분을 단기적으로 단순하게 평가하기 어렵다.

❷ 전술적 자산배분 : 기금운용자의 판단에 의하여 정해진 비율 이내에서 전략적 자산배분

과 다르게 자산비율을 구성할 수 있다. 만약 전략적 자산배분을 고수한 경우보다 적극적으로 전술적 자산배분을 행한 성과가 더 나쁘게 되면 기금운용자의 중단기적인 자산배분 결정은 잘못된 것으로 평가받게 된다.

> 자산군별 전술적 자산배분 효과(수익률)
> =(전술적 자산 구성비율－전략적 자산 구성비율)×(기준 지표 수익률－
> 전략적 자산배분의 총수익률)

❸ 실제 포트폴리오 : 전략과 전술 수준에서 자산 구성비가 결정되면 최종적으로 펀드매니저가 종목을 선택하고 거래하게 된다.[6] 펀드매니저는 자산 구성비를 변경할 수 있는 권한이 없으므로 종목 선택 활동만을 책임지게 된다. 펀드매니저는 상위개념의 전략과 전술적 자산배분보다는 종목 선택을 통해 펀드매니저에게 주어진 기준 지표(벤치마크)를 상회할 수 있도록 최선을 다하면 된다.

> 자산군별 선택 능력에 의한 수익률
> =(실제 수익률×전술적 자산구성비율)－(기준 지표 수익률×전술적 자산구성비율)

위의 사례에서 구체적인 성과를 평가하면 다음과 같다.

ㄱ. 전략적 자산배분 수익률 : 전략적 자산배분에 따라 각 부문이 기여할 것으로 예상되는 수익률은 (전략적 자산배분의 자산 구성비율×해당 자산집단의 지수 수익률)로 계산할 수 있다.

자산 유형	전략적 자산배분 수익률 계산식	기여분
주식부문	0.6×13.08	7.85%
채권부문	0.3×6.56	1.97%
현금자산부문	0.1×4.77	0.48%
합계	－	10.29%

ㄴ. 전술적 자산배분 효과 : 각 부문의 전술적 자산배분 효과는 (실제 가중치－전략적 자산배분에 의한 가중치)×(자산집단 수익률－전략적 자산배분의 전체 수익률)로 표현된다.

---

6 물론 이 단계에서도 종목 선택에 관한 모든 의사결정을 펀드매니저가 전적으로 수행할 수 없고, 기금운용 조직에서 정한 모델 포트폴리오(model portfolio)나 종목군(universe) 내에서만 종목 선택과 투자비중을 정할 수 있는 경우가 많다.

자산 유형	전술적 자산배분 효과 계산식	전술적 자산배분 효과
주식부문	$(0.50-0.60)\times(13.08-10.29)$	-0.28%
채권부문	$(0.30-0.30)\times(6.56-10.29)$	0%
현금자산부문	$(0.20-0.10)\times(4.77-10.29)$	-0.55%
합계	$-$	-0.83%

ㄷ. 종목 선택 효과 : 각 부문의 종목 선택 능력에 따른 기여분은 (실제 수익률×전술적 자산 구성비율)−(기준 지표 수익률×전술적 자산 구성비율)로 계산된다.

자산 유형	종목 선택 효과 계산식	종목 선택 효과
주식부문	$(11.75\times0.5)-(13.08\times0.5)$	-0.66%
채권부문	$(8.44\times0.3)-(6.56\times0.3)$	0.56%
현금자산부문	$(5.53\times0.2)-(4.77\times0.2)$	0.15%
합계	$-$	0.05%

이상의 분석 결과를 보면, 이 운용조직은 전술적 자산배분활동을 통해 -0.83%의 기준 지표 대비 손실을 실현하였으며, 종목(주식, 채권, 현금자산)의 선택 활동을 통해 0.05%의 초과수익률을 달성하였다. 전체적으로 전략적 자산배분을 유지했을 때 기대되는 수익률보다 낮은 수익률을 달성하였으므로 운용활동의 성과는 저조하다고 볼 수 있다.

section 07 포트폴리오 및 스타일 분석

1 포트폴리오 분석

펀드는 약관 또는 운용지침에 따라 위험을 낮추고 기준 수익률을 달성하기 위해 주식, 채권, 파생상품 등 투자대상 자산에 분산하여 투자하는데 이때 투자된 유가증권 등의 묶음을 포트폴리오라 한다. 수익률, 위험, 위험조정성과 분석 등을 통해 포트폴리오가 주는 성과의 결과물을 살펴본 것이라면 포트폴리오 분석은 결과물이 아닌 포트폴리오 자체의 특성을 분석하는 것이다.

포트폴리오 분석은 펀드 내 자산의 배분비율 및 배분비율 변화 추이를 분석하는 것에서부터 시작하는 것이 일반적이다. 먼저 펀드 내의 투자자산 종류별 구성현황, 즉 주식, 채권, 유동성 등의 배분비율 및 배분비율 변화 추이를 분석하거나 해외에 투자하는 펀드의 경우 지역별 투자자산의 배분현황 및 배분현황 변화 추이를 분석한다. 다음으로 투자자산을 세분화하여 주식이라면 업종별, 종목별로, 채권이라면 신용등급 및 채권종류별, 잔존만기별 배분현황 및 변화 추이를 분석하고 개별 종목별 비중 및 변화 추이 등도 분석한다.

이외에도 회전율, 운용비용, 시가괴리율, 평균 부도율 등 포트폴리오의 특성을 파악하기 위한 다양한 분석기법을 적용하여 포트폴리오 분석을 한다.

포트폴리오 분석을 통해 펀드의 운용전략을 개괄적으로 파악할 수 있다. 분석대상 펀드가 주식을 95% 보유하고 있는데 동류 그룹의 펀드들이 평균적으로 85%의 주식을 보유하고 있다면 해당 펀드는 상대적으로 주식시장에 대해 낙관적 관점을 가지고 있다고 볼 수 있다. 분석대상 펀드가 전기전자업종을 40% 보유하고 있는데 동류그룹 펀드들이 30% 보유하고 있다면 해당 펀드는 상대적으로 전기전자업종에 대하여 다른 펀드들에 비하여 공격적인 운용전략을 수립하였다고 볼 수 있다. 또한 분석대상 펀드가 전기전자업종을 6개월 전 40%를 보유하다 최근 해당 비중을 20%로 급격히 줄였다면 이는 전기전자업종에 대한 운용전략 변화가 발생한 것이라고 판단해야 할 것이다. 이와 같이 펀드가 보유한 자산구성, 업종, 종목 등을 시장의 평균적인 비중이나, 동류 그룹 펀드들의 평균적 보유비중과 비교하여 분석한다면, 해당 펀드가 각각의 자산, 업종, 종목 등에 대해 공격적인 운용전략을 구사하는지 보수적인 운용전략을 구사하는지 여부를 판단할 수 있게 된다.

포트폴리오 분석을 통해 펀드의 특성을 파악하고 위험관리를 할 수도 있다. 예를 들어 분석대상 펀드가 전체 자산을 일 년에 7차례 이상 매매하였다면 매매회전율은 700%이며 이는 상대적으로 빈번하게 매매한 것이다. 이와 같이 빈번하게 구성종목을 교체를 하는 펀드는 그렇지 않은 펀드들 즉, 저평가된 증권을 장기간 투자하는 펀드들에 비해 상대적으로 위험이 큰 것으로 볼 수 있다.

포트폴리오 분석을 통해 펀드의 성과 원인을 구체적으로 파악할 수도 있다. 예를 들어 분석대상펀드가 최근 6개월간 동류 그룹 대비 상대적으로 낮은 수익률을 실현하였다고 가정하자. 6개월 전 포트폴리오 분석 결과 동류 그룹 대비 상대적으로 많은 비중을 보유하고 있는 업종이 전기전자업종이었다면 해당 기간동안 전기전자업종의 상대적인 수익률을 살펴봄으로써 성과 원인을 파악할 수 있다. 만약 전기전자업종이 다른 업종에 비해 하락률이 크다면 이것이 해당 펀드의 낮은 수익률의 원인이라고 판단할 수 있을 것이다.

포트폴리오 분석 중 펀드의 특징과 성과 원인을 가장 명확하게 설명해 주는 것이 스타일 분석이다. 스타일 분석이란 성과에 가장 큰 요인을 주는 변수를 골라내 이를 기준으로 펀드를 분류하는 기법이라 할 수 있다. 일반적으로 주식펀드의 경우 펀드가 보유한 주식의 규모(대형주, 중형주, 소형주 등)와 가치평가 정도(가치주, 성장주 등)에 따라 분류하며, 채권펀드의 경우 펀드가 보유한 채권의 평균 신용등급의 높고 낮음과 평균 만기(듀레이션)의 길고 짧음에 따라 분류한다.

향후 상승이 예상되는 스타일의 펀드에 투자한다면 이는 성공적인 투자결과로 나타날 확률이 높아진다. 실제로 장단기적인 스타일 선택활동이 펀드 운용자에 대한 선택보다 펀드투자 성과에 더 큰 영향을 초래하는 것으로 분석되기도 한다. 자산배분 전략이 기금수익률의 90% 이상을 결정하는 가장 영향력 높은 투자의사결정이라 하지만, 미국의 경우에 시장 상승을 주도할 스타일을 대상으로 투자자금을 할당하는 스타일 배분 전략(style allocation strategy)이 자산배분 전략 못지않게 성과에 높은 영향력을 가지고 있는 것으로 나타났다. 이에 따라 연기금들은 스타일 배분 전략에도 상당한 노력을 집중하고 있다.

3   스타일 분석의 활용방안

스타일 분석은 자산배분 전략 수립을 위한 스타일별 입력 변수의 추정, 투자하고 있는 펀드에 대한 모니터링, 펀드 성격에 대한 추가적인 이해, 그리고 성과평가를 위한 목적 등에 다양하게 활용된다.

❶ 자산배분 전략 수립을 위한 스타일별 입력 변수의 추정 : 투자대상으로 삼는 자산군 내에서 스타일에 따라 세부자산을 구분할 수 있다. 세부 스타일별 수익률 변화나, 세부스타일이 거시 경제변수에 영향을 받는 민감도 분석 등을 통해 세부자산에 대한 기대수익률과 기대위험을 추정함으로써 자산배분계획을 수립하는 데 활용할 수 있다.

❷ 보유 펀드에 대한 모니터링 : 스타일별로 구분하여 투자하고 있는 투자자에게는 보유하고 있는 펀드가 일관성 있게 스타일을 유지하는 것이 중요하다. 투자자는 기존에 보유하고 있는 펀드 스타일에 대한 모니터링을 통해 자신의 투자계획대로 운용되고 있는지

를 확인하고, 투자계획과 다르게 운용되고 있다면 어떤 조치를 취할 것인지를 결정하여야 한다.

❸ 펀드 성격에 대한 추가적인 이해 : 펀드 운용의 결과로 나타나는 수익률을 기초로 측정한 표준편차나 베타 등의 위험지표는 해당 펀드의 성격을 충분히 반영하지 못할 수도 있다. 특히, 분석 대상의 기간이 충분하지 않은 경우에는 이런 오류를 범할 가능성이 높다. 예를 들어 중소형주의 상승률이 지속된 기간만을 대상으로 분석하면 중소형주 펀드의 표준편차가 대형주 펀드의 표준편차보다 훨씬 낮을 수도 있다. 그러나 장기간의 수익률 분석을 통해서 중소형주의 위험성이 대형주의 위험성보다 크다는 것을 알 수 있다. 사후적인 수익률 분석만으로는 알 수 없는 펀드의 내재적인 성격을 스타일 분석을 통해 확인할 수도 있는 것이다.

❹ 성과의 원인 분석 : 성과의 원인을 세밀하게 분석하고자 할 때는 우선적으로 시장 예측 활동과 종목 선정 활동 등과 관련된 성과 요인 분석(attribution analysis)을 하여야 한다. 또한 자산운용의 권한에 따른 전략적 자산배분, 전술적 자산배분, 실제 운용별 성과기여도를 분석하여야 한다. 이러한 거시적인 분석 이외에도 개별 종목 선정 활동에 대한 추가적인 분석을 통해 성과의 세부적인 원인을 분석할 필요가 있다.

이를 위해 스타일 분석(style analysis)이 주로 이용되며 포트폴리오의 특성을 스타일별로 구분하여 적정한 스타일의 선택 여부와 스타일 내에서의 종목 선정 능력을 판단한다.

❺ 스타일 펀드의 평가 : 일반적으로 펀드의 스타일은 약관 및 투자설명서의 기재사항으로 투자자들은 이를 참고하여 펀드를 선택하고 있다. 명시적으로 스타일을 표방하고 있는 대형주 펀드 또는 가치주 펀드의 정확한 평가를 위해서는 종합주가지수와 같은 시장지수가 아닌 대형주 지수나 가치주 지수 등 스타일 지수를 이용하여 평가하여야 한다. 이런 펀드들에 대해서는 스타일 분석을 통해 펀드가 표방하고 있는 스타일이 일관성 있게 유지되는지를 분석하는 것도 중요하다.

명시적으로 스타일을 표방하고 있지 않은 펀드들에 대해 스타일 분석을 행하는 것에는 주의를 요한다. 또한 스타일 분석의 결과가 포트폴리오의 목적과 위험제약을 잘 나타내는지를 확인하여야 한다. 그렇지 않을 경우에는 초과성과에 대해 잘못된 판단을 할 수 있다.

스타일 분석은 다양한 투자스타일에 대한 노출 정도를 판단하기 위해 사용되는 기법이다. 스타일 지수란 주식시장과 같이 광범위한 시장을 4개 혹은 그 이상으로 구분하여 나누어진 각각의 시장에 대해 산출한 지수를 말한다. 스타일 분석모형은 포트폴리오가 각각의 스타일에 얼마만큼의 비중을 가지고 있는지를 확인하는 데 도움을 준다. 스타일 분석의 기본 배경은 소극적인 포트폴리오는 스타일 지수의 조합으로 구성될 수 있다는 것이다. 이와는 달리 운용자가 소극적으로 구성된 포트폴리오의 스타일 지수의 조합을 초과하는 성과를 보였을 때 부가가치를 올린 것으로 생각된다. 부가가치는 시간 경과에 따라서 스타일 지수에 대한 노출 정도를 변경시키거나 스타일 내에서 종목 선정을 통해서 달성될 수 있다.

가장 일반적인 스타일 분석 기법인 샤프의 방법은 포트폴리오 수익률과 스타일 지수와의 상관성에 기초하여 스타일을 판단하는 통계기법으로, 수익률에 기초한 분석기법(return-based approach) 또는 요인에 기초한 분석기법(factor-based approach) 등으로 불린다. 이 기법은 포트폴리오에 포함된 종목구성에 대한 정보 없이 포트폴리오와 스타일 지수의 수익률만을 이용한다. 다음의 조건부 회귀모형(conditional regression model)을 만족시키는 b_j는 j스타일에 대한 평균적인 투자비중을 의미한다.

$$R_{pt} = \sum_{j=0}^{n} b_j F_{jt} + e_t$$

$$\text{subject to } \sum_{j=0}^{n} b_j = 1$$

$$o \leqq b_j \leqq 1, \ \forall b_j$$

$R_{pt}=t$시점의 포트폴리오 수익률

$F_{jt}=t$시점의 j스타일 지수의 수익률

위 모형은 일종의 다중 요인 모형으로서 이 모형에 의한 초과수익률은 다음 식으로 표현될 수 있는데, 이 값은 샤프의 알파로 불린다.

$$\text{샤프의 } \alpha_p = R_p - \sum_{j=1}^{n} b_j F_j$$

R_p=포트폴리오 수익률, $F_j=j$스타일 지수의 수익률

이 분석기법의 문제점은 포트폴리오의 성과가 특정 지수와 유사한 성과를 보이는 경우 실제 포트폴리오에는 전혀 포함되지 않았음에도 해당 스타일에 투자하고 있는 것으로 판단하는 경우가 생긴다는 점이다.

특히 국제펀드에서는 투자가 전혀 이루어지지 않는 지역의 지수에 대한 노출이 나타남으로써 해석을 곤란하게 만들기도 한다. 또한 이 방법은 일정한 기간 동안 측정된 데이터에 기초하여 해당 기간 동안의 평균적인 스타일을 보여주기 때문에 갑작스러운 스타일 변화를 인지하지 못할 수도 있다.

또 다른 방법은 포트폴리오에 기초한 분석기법(portfolio-based approach)으로 포트폴리오를 구성하는 종목분석을 통해 스타일을 판단하는 방법이다. 이 방법의 단점은 실제 투자전략의 변화가 없었음에도 불구하고 시장 상황의 변화나 회계적인 측정값의 변화로 모델이 변했을 경우에도 스타일이 변한 것으로 나타날 수 있다는 데 있다. 또한 초과수익을 추구하기 위해 일시적으로 스타일이 변한 경우에도 민감하게 반응하기 때문에 근본적인 포트폴리오 스타일이 변한 것인지 일시적인 것인지를 판단하기 어렵다.

5 주식의 투자 스타일

주식의 스타일은 주식의 성과패턴에 영향을 끼치는 가장 중요한 2개의 요인이 시가총액과 가치·성장이라는 연구결과에 기초하여 이를 따라 스타일을 분류하는 방법이 많이 사용되고 있다.

시가 규모는 일반적으로 주식시장에서 차지하는 해당 종목의 시가총액 비중을 의미하는데, 대형주는 안정적이지만 장기적으로 낮은 수익률을 보이며 중소형주는 변동성이 크면서 장기적으로 높은 수익률을 보이는 특성이 있다. 가치·성장은 시가 규모를 구분하는 기준보다는 훨씬 다양하며 대체로 다음과 같은 특성에 따라 구분하고 있다.

표 5-4 　주식의 가치·성장 특성

가치주(Value Stock)	성장주(Growth Stock)
• 低PER • 高배당수익률 • 低PBR • 과거 PER에 비해 낮은 PER	• 높은 수익성장률 • 산업평균이나 시장평균보다 높은 수익성장성

6 채권의 투자 스타일

채권도 주식과 비슷한 형태의 스타일 투자가 있다. 채권의 성과와 위험에 영향을 끼치는 중요한 요인은 신용도와 듀레이션이다. 신용도 관점에서는 국채의 경우 부도위험이 없는 무위험자산으로 간주하며, 지방채·금융채·회사채 등은 일정 부분 부도 가능성이 있는 위험자산으로 분류한다. 이에 따라 이들 자산에는 부도 위험에 따른 위험 프리미엄이 이자율에 가산된다. 채권의 만기와 밀접하게 관련되어 있는 듀레이션은 이자율의 변화에 따라 채권의 가격이 영향을 받는 정도를 나타낸다. 또한 채권의 만기는 원리금을 회수할 수 있는 기간과 관련 있으므로 만기에 따른 프리미엄이 붙는 것이 일반적이다. 투자한 채권에서 지급불능이 발생하지 않고 또한 시장 이자율이 변화하지 않는다면 이러한 프리미엄은 투자자의 수익으로 나타나지만, 지급불능이나 시장 이자율의 변화가 나타나는 경우에는 프리미엄보다 더 큰 손실이 발생할 수도 있다. 이러한 관점에서 채권 투자의 스타일을 신용도와 듀레이션의 관점에서 구분하는 것이 일반적이다.

chapter 06

성과 발표 방법

section 01 **성과 발표 방법의 의의**

펀드에 투자하고자 하는 잠재적 투자자는 자신에게 적합한 펀드를 선정하기 위해 자신의 투자목적, 제약조건 등을 고려하여 먼저 투자할 펀드의 유형을 정하여야 한다. 다음으로 정해진 유형에 적합한 운용회사를 선택해야 하며 최종적으로 선정된 운용사의 펀드 중에서 가입할 펀드를 선택하여야 한다. 투자자는 충분한 정보를 확보하고 이를 활용하여 최적의 선택을 하여야 투자의 성공 가능성을 높일 수 있다. 따라서 투자자에게 있어서 펀드유형을 포함한 시장전반에 대한 정보, 운용회사에 대한 정보, 개별 펀드에 대한 정보를 확보하는 것은 매우 중요하다고 할 수 있다.

이에 반해 운용사는 투자자 유치를 위해 가급적 운용사에 유리한 정보만을 공개하고자 할 것이다. 운용사들이 각자의 기준에 따라 자신에게 유리하게 표현한 운용성과를 그대로 활용해 투자자가 의사결정을 하면 예기치 않은 문제가 발생할 수 있다. 한마디로 동일한 기준에 의해 작성되지 아니한 성과자료는 틀린 정보는 아니라 할지라도 활용도가 매우 떨어지는 정보라 할 수 있다.

이러한 문제점을 해결하기 위해서는 운용사가 성과를 측정하고 발표하는 표준화된 지침이 필요하다. 참고로 GIPS® 집행위원회는 성과를 발표함에 있어서 공정(fair)해야 하며 성과에 관해 필요한 모든(full) 정보를 공시해야 함을 강조하고 있다.

section 02 | 성과 측정 및 표시 방법

우리나라에는 펀드에 대한 수익률 측정과 자산의 평가방법을 각종 규정 등에 포함하고 있으나, 운용사의 성과를 측정하고 대외적으로 공시하는 방법[1]에 대해서는 상세한 규정이 부족하다고 할 수 있다.

GIPS®에는 운용사가 자신의 성과를 기존 고객이나 잠재고객에게 제시하기 위한 상세한 기준을 담고 있다. 이 기준에는 성과 측정 및 표시 방법과 관련하여 앞서 설명한 수익률 측정 규칙 외에도 운용사의 통합계정(Composite)구축 방법, 성과 공시 및 보고방법을 담고 있다.

1 | 통합계정(컴포지트, Composite) 구축 방법

통합계정(Composite)이란 유사한 투자약관, 목적, 전략에 따라 운용되는 하나 이상의 포트폴리오들의 집합체를 말한다. 통합계정수익률은 여기에 포함되는 모든 포트폴리오 성과를 자산 가중 평균한 것이다. 적절히 만들어진 통합계정은 운용사의 성과를 공정하게 표시하며, 성과가 일관성을 갖추고 있는지 동류 그룹이나 기준 지표와 비교 가능한지를 판단하는데 결정적인 영향을 준다. 참고로 GIPS®에서 말하는 통합계정은 운용사가 스스로 정의하고 관리하는 것이 차이점이다.

GIPS®에서 규정하는 통합계정을 정하는 방법의 주요 사항은 〈표 6-1〉과 같다.

---

1 자본시장법 및 금융투자협회의 '금융투자회사의 영업 및 업무에 관한 규정'에 관련 규정이 있으나, 구체적인 표시방법이 아니라 투자광고를 할 때 유의사항 정도만이 규정되어 있다.

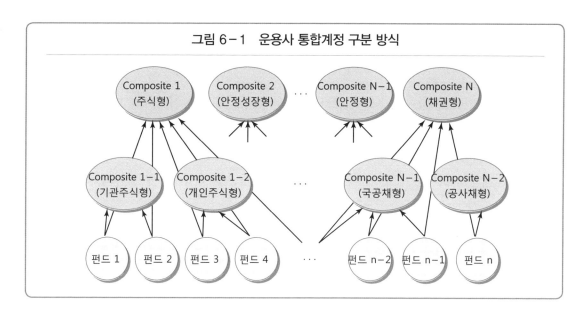

그림 6-1 운용사 통합계정 구분 방식

표 6-1 GIPS®의 통합계정 구성 규칙

RQ1. 실재하고 보수를 지급하며 재량권 있는 모든 포트폴리오는 최소한 하나의 컴포지트에 포함되어야 한다. 보수를 지급하지 않는 재량권 있는 포트폴리오는 적절한 공시와 함께 컴포지트에 포함될 수 있지만, 재량권 없는 포트폴리오는 회사의 컴포지트에 포함되지 않아야 한다.

RQ2. 컴포지트는 오로지 회사에 의해 운용되는 실재하는 자산만을 포함하여야 한다.

RQ3. 회사는 모의실험된 또는 모형 포트폴리오의 성과를 실제 성과에 연결시키지 않아야 한다.

RQ4. 컴포지트는 투자 약관, 목적 또는 전략에 따라 정의되어야 한다. 컴포지트는 컴포지트 정의를 충족하는 모든 포트폴리오를 포함하여야 한다. 컴포지트 정의의 어떠한 변경도 소급해서 적용되지 않아야 한다. 컴포지트 정의는 요청이 있을 시 제공되도록 하여야 한다.

RQ5. 컴포지트는 새로운 포트폴리오가 운용되기 시작한 후 시기적으로 적절하게 일관된 기준으로 그 포트폴리오를 포함하여야 한다.

RQ6. 종료된 포트폴리오는 각각의 포트폴리오가 운용 중이었던 마지막 완전한 측정기간까지 컴포지트의 과거 성과에 포함되어야 한다.

RQ7. 투자약관, 목적 또는 전략의 문서화된 변경 또는 컴포지트의 재정의로 인해 포트폴리오가 하나의 컴포지트에서 다른 것으로 바뀌는 것이 적절하게 된 경우가 아니면 그렇게 하지 않아야 한다. 포트폴리오의 과거 성과는 원래의 컴포지트에 남아있어야 한다.

RQ8. 2010년 1월 1일 또는 그 이후에 시작되는 기간에 대하여, 자산분할이 그 자체의 현금잔고를 가지고 별도로 운용되지 않는다면, 자산분할이 컴포지트에 포함되지 않아야 한다.

RQ9. 만약 회사가 컴포지트에 포함되기 위한 포트폴리오 최소 자산 수준을 설정하였다면, 회사는 그 최소 자산 수준에 미달하는 포트폴리오를 그 컴포지트에 포함시키지 않아야 한다. 컴포지트별 최소 자산 수준에 대한 어떠한 변경사항도 소급하여 적용되지 않아야 한다.

RQ10. 중대 현금흐름의 경우에 포트폴리오를 컴포지트에서 제거하길 원하는 회사는 사전적인 컴포지트별 기준으로 "중대"를 정의하여야 하며, 컴포지트별 정책에 일관되게 따라야 한다.

운용사는 공시(Disclosures)를 통해 제공하는 자료에 대해 상세히 설명하고, 성과를 이해하는데 필요한 적절한 상황정보를 고객 등에 제공하여야 한다.

GIPS®의 성과공시 및 보고 방법은 운용사가 펀드 또는 컴포지트 등의 성과를 고객에게 보여주거나 잠재적인 고객에게 보여주는 방법에 관한 것으로, 공시내용에 포함되어야 할 사항들을 다루고 있다.

운용사가 GIPS®를 준수하기 위해서는 운용사의 성과와 관련된 모든 기준 준수 제시 자료와 채택한 정책에 있는 특정 정보를 공시하여야 한다. 운용사는 GIPS®의 모든 필수사항을 충족하였는지 여부와 이에 대한 검증(Verification)을 받았는지 여부를 공시를 통해 주장해야 한다.

여기서 핵심이 되는 내용은 〈표 6-2〉와 같다.

표 6-2   GIPS®의 공시 방법(핵심내용발췌)

RQ3. 회사는 컴포지트 개요를 공시하여야 한다.

RQ4. 회사는 벤치마크 개요를 공시하여야 한다.

RQ6. 보수공제 후 수익률을 제시할 때 회사는 운용보수와 매매비용에 추가하여 다른 어떤 보수가 공제되는지, 모형 또는 실제의 운용보수가 사용되었는지, 수익률이 성과기준보수를 공제하였는지를 공시하여야 한다.

RQ7. 회사는 성과를 나타내기 위해 사용된 통화를 공시하여야 한다.

RQ8. 회사는 어떤 내부 분산도 지표(Dispersion measure)가 제시되었는지를 공시하여야 한다.

RQ12. 회사는 포트폴리오를 가치평가하는 정책, 성과를 계산하는 정책, 기준 준수 제시 자료를 준비하는 정책들이 요청 시 제공될 수 있다는 것을 공시하여야 한다.

RQ13. 회사는 중요하다면, 위험을 식별하는 데 충분할 정도로 레버리지, 파생상품, 매도 포지션의 사용빈도와 수단의 성격에 대한 설명을 포함하여 그러한 수단들의 존재, 사용, 범위를 공시하여야 한다.

RQ14. 회사는 잠재고객이 기준 준수 제시 자료를 이해하는 데 도움을 줄 수 있는 모든 중요한 사건을 공시하여야 한다.

RQ19. 회사는 컴포지트에 포함될 수 없는 포트폴리오의 최소 자산 수준을 설정하였다면 이를 공시하여야 한다. 또한 회사는 최소 자산 수준에 대한 모든 변경사항을 공시하여야 한다.

RQ20. 회사는 배당, 이자수입 및 자본이득에 대한 원천징수 세금이 중요하다면, 그 처리와 관련한 상세내용을 공시하여야 한다. 회사는, 이 정보가 입수 가능하다면, 벤치마크의 수익률이 원천징수 세금 공제 후인지도 공시하여야 한다.

RQ25. 2006년 1월 1일 또는 그 이후에 시작하는 기간에 대하여, 회사는 보조자문사의 이용 및 보조자문사가 이용된 기간을 공시하여야 한다.

RQ30. 회사가 벤치마크를 변경하였다면, 회사는 그 변경의 일자, 개요 및 이유를 공시하여야 한다.

입력자료를 수집하여 회계처리하고, 수익률을 계산하고, 컴포지트를 구축하고, 필요한 공시사항 등을 결정한 후에, 운용사는 투자성과를 제시(Presentation)하기 위한 제시 자료를 만들고 보고(Reporting)하여야 한다. GIPS®의 제시 자료 및 보고 방법은 〈표 6-3〉과 같다.

표 6-3 GIPS®의 성과보고 방법(주요 항목 발췌)

RQ1. 다음의 항목은 각각의 기준 준수 제시 자료에 나타내어야 한다.
   a. GIPS기준의 필수사항을 충족하는 최소한 5년 성과.
   b. 각각의 연간 컴포지트 수익률.
   e. 각각의 연간 벤치마크의 총수익률.
   f. 각각의 연간 기말 현재 컴포지트에 포함된 포트폴리오의 수.
   g. 각각의 연간 기말 현재의 컴포지트의 자산.
   i. 각각의 연간에 대한 개별 포트폴리오 수익률의 내부 분산도 지표.
RQ2. 2011년 1월 1일 또는 그 이후에 종료되는 기간에 대하여 각각의 연간 기말 현재로 회사는 컴포지트
   와 벤치마크 모두의 3년 연환산된 사후 표준편차(월별 수익률을 이용)를 제시하여야 한다.
RQ4. 1년 미만의 기간에 대한 수익률은 연환산되지 않아야 한다.

운용사의 성과를 볼 때에는 운용사가 운용하는 펀드들 간의 수익률 분산 정도도 살펴볼 필요가 있다. 일반적으로 컴포지트 수익률은 컴포지트에 속한 펀드들의 평균적인 수익률을 의미하며, 컴포지트 수익률의 위험은 컴포지트에 속한 펀드들의 평균적인 표준편차를 표시하는 것이 일반적이다. 그러나 투자판단을 위해서 컴포지트에 포함된 펀드들의 수익률 분포도 중요하게 고려해야 한다.

예를 들어, 특정 유형의 평균 수익률이 동일하게 15%인 운용사 A와 운용사 B가 있다고 하자. A운용사의 유형에 포함된 3개 펀드의 수익률이 각각 20%, 15%, 10%이고, B운용사의 유형에 포함된 3개 펀드의 수익률이 각각 17%, 15%, 13%라고 하면, B운용사의 펀드 중의 1개에 가입하는 것이 보다 안정적인 수익률을 기대할 수 있다. 즉, B운용사가 운용하는 펀드에 가입하는 것이 위험이 작다고 할 수 있다.

section 03 | 검증

    검증은 운용사가 스스로 작성한 자료를 제3자로부터 객관적으로 검토받는 것을 의미한다. 각 기업이 회계자료를 공시할 때, 제3자인 공인회계사의 감사를 받는 것과 같다. 이러한 검증은 단순히 최종의 결과에 대한 검증만이 아니라 성과를 측정하는 절차에 대한 검증을 포함한다.

    검증의 가장 중요한 목적은 운용사가 GIPS®에 맞게 처리했다는 것을 다른 정보 이용자들에게 확인시키기 위한 것이다. 또한 검증과정을 통해서 성과를 측정하는 운용사의 이해정도와 전문성을 증가시킬 수 있으며, 성과결과를 보다 일관성 있게 표현할 수 있다. 그러나 검증은 비용을 수반하는 것이므로 성과표시의 질, 정확성, 적정성과 검증에 따르는 비용 간의 균형을 찾는 것이 중요하다. 운용사는 검증의 마케팅 효과와 검증을 통해 내부통제절차가 향상됨으로써 얻어질 수 있는 효과를 감안해야 한다.

    검증은 적격의 독립적인 제3자에 의해 수행되어야 하며, 검증인은 전체 회사차원에서 GIPS® 기준의 모든 컴포지트 구축 필수사항을 준수하고 있는지와 회사의 정책과 절차가 GIPS® 기준을 준수하여 성과를 계산하고 제시하도록 고안되어 있는지를 평가하여야 한다.

01 다음 중 성과평가 방법에 대한 설명으로 적절하지 않은 것은?

① 동일한 주식형 펀드로 전략이 상이하면 다른 기준 지표를 사용할 수 있다.

② 펀드의 기준 지표와 비교하여 운용성과를 평가한다.

③ 동류 그룹(Peer Group)의 타 펀드 또는 동류 그룹의 평균성과와 비교한다.

④ 투자 지역이 다를 경우에도 투자대상(주식, 채권 등)이 동일하다면 서로 비교평가가 가능하다.

02 펀드성과 측정을 위한 수익률 계산 시 금액가중 수익률의 특징으로 볼 수 없는 것은?

① 운용기간 중에 자금유출입이 있는 경우에 영향을 받는다.

② 유입된 현금흐름의 현재가치와 유출된 현금흐름의 현재가치를 일치시키는 할인율을 의미한다.

③ 운용기간 도중 각 시점별로 펀드성과와 시장수익률을 비교하기 용이하다는 장점을 가진다.

④ 펀드매니저의 능력을 평가하는 방법으로 적합하지 못하다는 단점을 가진다.

03 다음 중 위험을 측정하는 척도로 적절하지 않은 것은?

① 표준편차   ② 벤치마크 대비 수익률

③ 베타   ④ VaR

04 매니저들이 일반적인 상황에서 구성하는 포트폴리오로 채권형 기준 지표로 많이 활용되는 기준 지표 유형은?

① 정상 포트폴리오   ② 섹터·스타일 지수

③ 시장지수   ④ 맞춤 포트폴리오

해설

01 ④ 투자지역이 다른 경우, 기준 지표가 다르므로 올바른 평가라 할 수 없다.

02 ③ 시간가중 수익률의 장점에 해당하는 내용이다.

03 ② 벤치마크 대비 수익률은 수익률과 관련된 성과를 측정하는 지표라 할 수 있다.

04 ① 정상 포트폴리오에 대한 설명이다.

05 다음 중 단위 위험당 초과수익률의 형태로 표현될 수 없는 위험조정 성과지표는?

① 샤프지수

② 트레이너지수

③ 젠센의 알파

④ 소티노지수

06 다음 중 성과 요인 분석에 대한 설명으로 적절하지 않은 것은?

① 젠센의 알파는 시장 예측 능력과 종목 선정 능력을 구분하여 운용능력 보유 여부를 판단할 수 있다.

② 트레이너-마주이 모형은 시장 예측 능력과 종목 선정 능력을 구분하여 운용능력 보유 여부를 판단할 수 있다.

③ 헨릭슨-머튼 모형은 시장 예측 능력과 종목 선정 능력을 구분하여 운용능력 보유 여부를 판단할 수 있다.

④ 젠센의 알파는 시장 예측 능력에 의한 기여수익률을 측정할 수 있다.

07 다음 중 펀드의 스타일을 분석하는 이유가 아닌 것은?

① 자산배분 전략 수립에 활용하기 위해

② 스타일이 다른 펀드 간 성과 우열을 가리기 위해

③ 펀드 성격에 대한 추가적인 이해를 위해

④ 펀드의 성과 원인을 분석하기 위해

08 다음 조건에서 젠센의 알파는?

> ㉠ 시장 연평균 수익률=12%, 무위험수익률=8%
> ㉡ 포트폴리오 수익률=14%, 베타=1.2, 표준편차=0.2

해설

05 ③ 젠센의 알파는 위험조정(차감) 수익률 형태로 표현되는 위험조정 성과지표이다.

06 ④ 젠센의 알파는 시장 예측 능력을 구분하여 운용능력 보유 여부를 판단할 수 없다.

07 ② 스타일 분석은 펀드의 특성을 분석하기 위한 것으로 스타일이 다른 펀드간 성과 우열을 가리기 힘들다.

08 젠센의 알파 $= 0.14 - (0.08 + (0.12 - 0.08) \times 1.2) = 0.012 (= 1.2\%)$

정답 01 ④ | 02 ③ | 03 ② | 04 ① | 05 ③ | 06 ④ | 07 ② | 08 0.012(=1.2%)

금융투자전문인력 표준교재
투자자산운용사 4

2024년판 발행 2024년 1월 31일

편저 금융투자교육원
발행처 한국금융투자협회
　　　　서울시 영등포구 의사당대로 143 전화(02)2003-9000 FAX(02)780-3483
발행인 서유석
제작 및 총판대행 (주)박영사
　　　　서울특별시 금천구 가산디지털2로 53, 210호(가산동, 한라시그마밸리) 전화(02)733-6771 FAX(02)736-4818
등록 1959. 3. 11. 제300-1959-1호(倫)
홈페이지 한국금융투자협회 자격시험접수센터(https://license.kofia.or.kr)

정가 24,000원

ISBN 978-89-6050-736-4 14320
　　　　978-89-6050-732-6(세트)